商法学

（第四版）

Commercial Law

王作全 主编

图书在版编目(CIP)数据

商法学/王作全主编. —4 版. —北京：北京大学出版社，2017.2
(21 世纪法学规划教材)
ISBN 978-7-301-27952-6

Ⅰ. ①商… Ⅱ. ①王… Ⅲ. ①商法—法学—中国—高等学校—教材 Ⅳ. ①D923.990.1

中国版本图书馆 CIP 数据核字(2017)第 011266 号

书　　　　名	商法学（第四版）
	SHANGFAXUE（DI-SI BAN）
著作责任者	王作全　主编
责 任 编 辑	郭薇薇
标 准 书 号	ISBN 978-7-301-27952-6
出 版 发 行	北京大学出版社
地　　　　址	北京市海淀区成府路 205 号　100871
网　　　　址	http://www.pup.cn
电 子 信 箱	law@pup.pku.edu.cn
新 浪 微 博	@北京大学出版社　@北大出版社法律图书
电　　　　话	邮购部 62752015　发行部 62750672　编辑部 62752027
印 刷 者	北京大学印刷厂
经 销 者	新华书店
	787 毫米×1092 毫米　16 开本　35 印张　852 千字
	2002 年 9 月第 1 版　2006 年 10 月第 2 版
	2011 年 9 月第 3 版
	2017 年 2 月第 4 版　2018 年 10 月第 2 次印刷
定　　　　价	62.00 元

未经许可，不得以任何方式复制或抄袭本书之部分或全部内容。
版权所有，侵权必究
举报电话：010-62752024　电子信箱：fd@pup.pku.edu.cn
图书如有印装质量问题，请与出版部联系，电话：010-62756370

丛书出版前言

秉承"学术的尊严,精神的魅力"的理念,北京大学出版社多年来在文史、社科、法律、经管等领域出版了不同层次、不同品种的大学教材,获得了广大读者好评。

但一些院校和读者面对多种教材时出现选择上的困惑,因此北京大学出版社对全社教材进行了整合优化。集全社之力,推出一套统一的精品教材。

"21世纪法学规划教材"即是本套精品教材的法律部分。本系列教材在全社法律教材中选取了精品之作,均由我国法学领域颇具影响力和潜力的专家学者编写而成,力求结合教学实践,推动我国法律教育的发展。

"21世纪法学规划教材"面向各高等院校法学专业学生,内容不仅包括了16门核心课教材,还包括多门传统专业课教材,以及新兴课程教材;在注重系统性和全面性的同时,强调与司法实践、研究生教育接轨,培养学生的法律思维和法学素质,帮助学生打下扎实的专业基础和掌握最新的学科前沿知识。

本系列教材在保持相对一致的风格和体例的基础上,以精品课程建设的标准严格要求各教材的编写;汲取同类教材特别是国外优秀教材的经验和精华,同时具有中国当下的问题意识;增加支持先进教学手段和多元化教学方法的内容,努力配备丰富、多元的教辅材料,如电子课件、配套案例等。

为了使本系列教材具有持续的生命力,我们将积极与作者沟通,结合立法和司法实践,对教材不断进行修订。

无论您是教师还是学生,在适用本系列教材的过程中,如果发现任何问题或有任何意见、建议,欢迎及时与我们联系(发送邮件至 bjdxcbs1979@163.com)。我们会将您的意见或建议及时反馈给作者,供作者在修订再版时进行参考,从而进一步完善教材内容。

最后,感谢所有参与编写和为我们出谋划策提供帮助的专家学者,以及广大使用本系列教材的师生,希望本系列教材能够为我国高等院校法学专业教育和我国的法治建设贡献绵薄之力。

北京大学出版社
2016年12月

第四版前言

为适应我国社会主义市场经济发展对商法学人才的需求而编写的本教材,于2002年出版发行,2006年和2011年分别出版发行第二版和第三版,并多次重印。根据本教材的影响力和质量,经严格评审于2003年获青海省第六届哲学社会科学优秀成果一等奖,2005年获青海省高等教育优秀教学成果一等奖,2006年被批准荣列为普通高等教育"十一五"国家级规划教材。在此基础上,2016年9月本教材第三版又获青海省人民政府首届教学成果二等奖。这些成绩的取得,离不开广大读者的厚爱、北京大学出版社的支持和商法学界同仁的认可,在此,一并表示衷心感谢。

光阴荏苒,本教材自2011年8月出版发行第三版以来已经过五年的时光。这五年间,伴随着我国市场经济体制的不断深入和发展,特别是伴随着基于对市场、政府、商人三者关系新认识基础上的凸显市场在配置资源中的决定性作用和不断扩大商人意思自治空间改革的深化,有关商法的法律法规、理论以及实务等都发生了日新月异的变化。仅就与商事主体相关的法律法规而言,与体现上述宗旨的商事制度改革密切相关,2013年及时修改了《公司法》,2014年后陆续修改了《公司登记管理条例》《企业法人登记管理条件》等几乎与商事主体相关的所有法规,并于2014年修改了《证券法》以及最高人民法院有关公司法的三个权威司法解释。此外,在《保险法》领域,2015年对《保险专业代理机构监管规定》《保险经纪机构监管规定》《保险公估机构监管规定》《保险公司管理规定》《再保险业务管理规定》等所进行的大幅度修改,以及最高人民法院所发布的《关于适用〈中华人民共和国保险法〉若干问题的解释(三)》等,属于必须及时给予回应的重大法规变动。

不仅如此,围绕商事法律制度构建的理论研究更是突飞猛进,成果显著,值得高度关注。同时,随着我国全面推进依法治国进程的加快和法学教育的不断发展,本书的作者们对商法基本问题、基本理论以及基本制度构建等的认识也在不断深化和提高。这些都需要及时准确地反映到教材中来,为广大读者提供内容更加全面、信息量更大更新、理论观点更加系统的商法学教材。基于上述思考,应北京大学出版社的要求,对本教材进行了全面修订。

在此次修订过程中,我们继续保留了原教材已有的"准确标明相关法规条文出处""跟踪最新理论成果""关注前沿问题"以及"强化目录索引功能"等深受读者青睐的编写特点,除此以外,此次修订首先由各位作者全面修改完善其所承担的部分,在此基础上,主要从"精选大量相关案例""推介重要考点司法考试真题""准确锁定关键词条出处""集中介绍权威参考文献"以及"确定文献引用简称"等方面,突出了新的编写特点,旨在增强本教材的实用性和现实针对性。

实际上,本次全面修订又是一次全面刷新教材内容、提升教材质量的努力过程,希望能够获得广大读者的认可。尽管如此,由于我国正处在重要的社会转型时期,商法学的诸多理论与实践问题,在短时间内很难定性、定型,有待深入研究,加之受水平所限,疏漏与不当之处在所难免,恳请读者指正。

　　本教材由王作全任主编,具体撰写修订分工如下(按各章顺序排列):王作全:第一、二、三、四章;王立明:第五、六、七、八、十三、十四章;马旭东:第九、十、十一、十二、十五、十六章;王刚:第十七、十八、十九、二十章;陈晓筠:第二十一、二十二、二十三、二十四、二十五章;孙崇凯:第二十六、二十七、二十八、二十九、三十章。

　　本教材此次修订出版同样得到了北京大学出版社的大力支持,特别是郭薇薇编辑等的鼓励、支持和精心编辑,一并表示最诚挚谢意。

主　编
2016 年 12 月

凡 例

为减少重复和节约资源,本著作自主确定了法规和文献等的简称,等号左边字体加重者为引用时的简称。法规等以法律、其他法规的顺序,以拼音为序相对集中,著作等文献,国内部分以拼音为序,国外部分以国别相对集中,也以拼音为序,特设"凡例"列示如下。

【法规简称】

《半年度报告的内容与格式》=《公开发行证券的公司信息披露内容与格式准则第 3 号——半年度报告的内容与格式》(2014 年修订)

《保险法》=《中华人民共和国保险法》(1995 年颁布,2015 年修改)

《保险法司法解释一》=最高人民法院《关于适用〈中华人民共和国保险法〉若干问题的解释(一)》(2009 年公布)

《保险法司法解释二》=最高人民法院《关于适用〈中华人民共和国保险法〉若干问题的解释(二)》(2013 年公布)

《保险法司法解释三》=最高人民法院《关于适用〈中华人民共和国保险法〉若干问题的解释(三)》(2015 年公布)

《保险公司规定》=《保险公司管理规定》(2009 年公布,2015 年修改)

《财务报表列报》=《会计准则第 30 号——财务报表列报》(2006 年公布,2014 年修改)

《偿付能力规定》=《保险公司偿付能力管理规定》(2008 年公布)

《船舶登记条例》=《中华人民共和国船舶登记条例》(2014 年修改)

《船员条例》=《中华人民共和国船员条例》(2014 年修改)

《次级债券发行管理办法》=《商业银行次级债券发行管理办法》(2004 年公布)

《担保法》=《中华人民共和国担保法》(1995 年颁布)

《发行与承销办法》=《证券发行与承销管理办法》(2013 年公布,2015 年修改)

《公估机构规定》=《保险公估机构监管规定》(2009 年公布,2015 年修改)

《公开发行证券募集说明书》=《公开发行证券的公司信息披露内容与格式准则第 11 号——上市公司公开发行证券募集说明书》(2006 年公布)

《公司登记条例》=《中华人民共和国公司登记管理条例》(1994 年公布,2014 年修改)

《公司法》=《中华人民共和国公司法》(1993 年颁布,2013 年修改)

《公司法解释一》=最高人民法院《关于适用〈中华人民共和国公司法〉若干问题的规定(一)》(2006 年公布,2014 年修改》)

《公司法解释二》=最高人民法院《关于适用〈中华人民共和国公司法〉若干问题的规定(二)》(2008 年公布,2014 年修改》)

《公司法解释三》=最高人民法院《关于适用〈中华人民共和国公司法〉若干问题的规定

（三）》（2010 年公布，2014 年修改）》

《股票发行与交易条例》=《股票发行与交易管理暂行条例》（1993 年公布）

《关联方披露》=《企业会计准则第 36 号——关联方披露》（2006 年公布）

《关于审理票据纠纷案件若干问题的规定》=最高人民法院《关于审理票据纠纷案件若干问题的规定》（2000 年公布，2008 年修改）

《国库券条例》=《中华人民共和国国库券条例》（1992 年公布，2011 年修改）

《海商法》=《中华人民共和国海商法》（1992 年颁布）

《海上交通安全法》=《中华人民共和国海上交通安全法》（1983 年颁布）

《海事诉讼特别程序法》=《中华人民共和国海事诉讼特别程序法》（1999 年颁布）

《海事诉讼特别程序法司法解释》=最高人民法院《关于适用〈中华人民共和国海事诉讼特别程序法〉若干问题的解释》（2002 年公布）

《合伙企业法》=《中华人民共和国合伙企业法》（1997 年颁布，2006 年修改）

《合同法》=《中华人民共和国合同法》（1999 年颁布）

《会计法》=《中华人民共和国会计法》（1985 年颁布，1999 年修改）

《会计基本准则》=《企业会计准则——基本准则》（2006 年公布，2014 年修改）

《会计制度》=《企业会计制度》（2000 年公布）

《季度报告内容与格式特别规定》=《公开发行证券的公司信息披露编报规则第 13 号——季度报告内容与格式特别规定》（2014 年修订）

《金融债券发行管理办法》=《全国银行间债券市场金融债券发行管理办法》（2005 年公布）

《经纪机构规定》=《保险经纪机构监管规定》（2009 年公布，2015 年修改）

《经贸仲裁规则》=《中国国际经济贸易仲裁委员会仲裁规则》（2014 年修改公布）

《民法通则》=《中华人民共和国民法通则》（1986 年颁布，2009 年修改）

《民法通则意见》=最高人民法院《关于贯彻执行〈中华人民共和国民法通则〉若干问题的意见（试行）》（1988 年公布，2008 年修改）

《民事诉讼法》=《中华人民共和国民事诉讼法》（1991 年颁布，2012 年修改）

《民事诉讼法司法解释》=最高人民法院《关于适用〈中华人民共和国民事诉讼法〉的解释》（2014 年公布）

《民事诉讼证据规定》=最高人民法院《关于民事诉讼证据若干问题的规定》（2001 年公布）

《年度报告的内容与格式》=《公开发行证券的公司信息披露内容与格式准则第 2 号——年度报告的内容与格式》（2015 年修订）

《票据法》=《中华人民共和国票据法》（1995 年颁布，2004 年修改）

《票据管理办法》=《票据管理实施办法》（1997 年公布，2011 年修改）

《破产法》=《中华人民共和国企业破产法》（2006 年颁布）

《期货交易条例》=《期货交易管理条例》（2007 年公布，2013 年修改）

《企业法人登记条例》=《中华人民共和国企业法人登记管理条例》（1988 年公布，2014 年修改）

《企业改制相关纠纷解释》=最高人民法院《关于审理与企业改制相关民事纠纷案件若

干问题的规定》(2002年公布,2003年施行)

《企业会计报告》=《企业财务会计报告条例》(2000年公布)

《企业名称规定》=《企业名称登记管理规定》(1991年公布,2012年修改)

《企业所得税法》=《中华人民共和国企业所得税法》(2007年公布)

《企业所得税法条例》=《中华人民共和国企业所得税法实施条例》(2007年公布)

《企业债券条例》=《企业债券管理条例》(1993年公布,2011年修改)

《商业银行法》=《中华人民共和国商业银行法》(1995年颁布,2015年修改)

《收购办法》=《上市公司收购管理办法》(2006年公布,2014年修改)

《税收征管法》=《中华人民共和国税收征收管理法》(1992年颁布,2015年修改)

《税收征管理法细则》=《中华人民共和国税收征收管理法实施细则》(2002年公布,2013年修改)

《特别纳税调整办法》=《特别纳税调整实施办法(试行)》(2009年公布)

《物权法》=《中华人民共和国物权法》(2007年颁布)

《信托法》=《中华人民共和国信托法》(2001年颁布)

《信息公示条例》=《企业信息公示暂行条例》(2014年公布)

《信息披露办法》=《上市公司信息披露管理办法》(2007年公布)

《预算法》=《中华人民共和国预算法》(1994年颁布,2014年修改)

《章程指引》=《上市公司章程指引》(2014年第二次修订)

《招股说明书》=《公开发行证券的公司信息披露内容与格式准则第1号——招股说明书》(2015年修订)

《证券发行办法》=《上市公司证券发行管理办法》(2006年公布,2008年修改)

《证券发行上市保荐办法》=《证券发行上市保荐业务管理办法》(2008年公布,2009年修改)

《证券发行与承销办法》=证券发行与承销管理办法(2013年公布,2015年修订)

《证券法》=《中华人民共和国证券法》(1998年颁布,2014年修改)

《证券公司监管条例》=《证券公司监督管理条例》(2008年公布,2014年修改)

《证券交易所办法》=《证券交易所管理办法》(2001年公布)

《证券投资基金法》=《中华人民共和国证券投资基金法》((2003年颁布,2015年修改))

《治理准则》=《上市公司治理准则》(2002年公布)

《仲裁法》=《中华人民共和国仲裁法》(1994年颁布,2009年修改)

《仲裁法司法解释》=最高人民法院《关于适用〈中华人民共和国仲裁法〉若干问题的解释》(2005年公布,2008年修改)

《重大资产重组办法》=《上市公司重大资产重组管理办法》(2014年公布)

《注册资本登记规定》=《公司注册资本登记管理规定》(2014公布)

《专业代理机构规定》=《保险专业代理机构监管规定》(2009年公布,2015年修改)

【文献简称】

曹康泰:《新〈公司法〉研究报告》=曹康泰 著:《新〈公司法〉研究报告》(中册),中国法制出版社2005年版。

曾月英：《票据法律规制》＝曾月英 著：《票据法律规制》，中国检察出版社2004年版。
陈本寒：《商法新论》＝陈本寒 主编：《商法新论》（第二版），武汉大学出版社2014年版。
陈宪民：《海商法理论与司法实践》＝陈宪民 著：《海商法理论与司法实践》，北京大学出版社2006年版。
董安生：《票据法》＝董安生 主编：《票据法》（第三版），中国人民大学出版社2009年版。
董慧凝：《公司章程自由及其法律限制》＝董慧凝 著：《公司章程自由及其法律限制》，法律出版社2007年版。
樊涛、王延川：《商法总论》＝樊涛、王延川 著：《商法总论》（第二版），知识产权出版社2010年版。
范建：《商法》＝范健 主编：《商法》（第三版），高等教育出版社、北京大学出版社2007年版。
范健、王建文：《商法学》＝范健、王建文 著：《商法学》（第四版），法律出版社2015年版。
范伟红：《法官实用财务会计与司法会计研究》＝范伟红 著：《法官实用财务会计与司法会计研究》，人民法院出版社2005年版。
冯果：《现代公司资本制度比较研究》＝冯果 著：《现代公司资本制度比较研究》，武汉大学出版社2000年版。
冯果：《证券法》＝冯果 主编：《证券法》，武汉大学出版社2014年版。
傅廷中：《海商法论》＝傅廷中 著：法律出版社2007年版。
甘培忠：《企业与公司法学》＝甘培忠 著：《企业与公司法学》（第5版），北京大学出版社2007年版。
高程德：《中国公司法实务》＝高程德 主编：《中国公司法实务》，企业管理出版社1994年版。
高在敏等：《商法》＝高在敏、王延川、程淑娟 编著：《商法》，法律出版社2006年版。
《公司法新解读》＝中国法制出版社 编：《公司法新解读》（第二版），中国法制出版社2010年版。
《公司诉讼典型案例选编》＝北京市朝阳区人民法院民四庭 编：《公司诉讼典型案例选编》，法律出版社2010年版。
顾功耘：《公司法》＝顾功耘 主编：《公司法》，北京大学出版社2000年版。
顾功耘：《最新公司法解读》＝顾功耘 主编：《最新公司法解读》，北京大学出版社2006年版。
何勤华、李秀清：《外国民商法》＝何勤华、李秀清 主编：《外国民商法》，复旦大学出版社2015年版。
贾林青：《保险法》＝贾林青 著：《保险法》（第四版），中国人民大学出版社2011年版。
贾林青：《海商法》＝贾林青 著：《海商法》（第四版），中国人民大学出版社2013年版。
江平：《新编公司法教程》＝江平 主编：《新编公司法教程》，法律出版社1994年版。
柯芳枝：《公司法论》＝柯芳枝 著：《公司法论》，中国政法大学出版社2004年版。
孔祥俊：《公司法要论》＝孔祥俊 著：《公司法要论》，人民法院出版社1997年版。
李建伟：《公司法学》＝李建伟 著：《公司法学》（第三版），中国人民大学出版社2014年版。

李求轶:《公司诉讼:类型化探析》= 李求轶 著:《公司诉讼:类型化探析》,法律出版社2010年版。

李双元、温世扬:《比较民法学》= 李双元、温世扬 主编:《比较民法学》武汉大学出版社1998年版。

李玉泉:《保险法学——理论与实务》= 李玉泉 主编:《保险法学——理论与实务》(第二版),高等教育出版社2010年版。

梁宇贤:《商事法论》= 梁宇贤 著:《商事法论》,中国人民大学出版社2003年版。

凌江红等:《证券法实例说》= 凌江红、凌卫红、刘晰 编著:《证券法实例说》,湖南人民出版社1999年版。

刘德权:《最高人民法院司法观点集成②》= 刘德权 主编:《最高人民法院司法观点集成②》,人民法院出版社2009年版。

刘俊海:《现代公司法》= 刘俊海 著:《现代公司法》,法律出版社2008年版。

刘俊海:《现代证券法》= 刘俊海 著:《现代证券法》,法律出版社2011年版。

刘俊海:《新公司法的制度与创新:立法争点与解释难点》= 刘俊海 著:《新公司法的制度与创新:立法争点与解释难点》,法律出版社2006年版。

刘心稳:《票据法》= 刘心稳 著:《票据法》(修订本),中国政法大学出版社2015年版。

罗培新等:《最新证券法解读》= 罗培新、卢文道等 著:《最新证券法解读》,北京大学出版社2006年版。

毛亚敏:《公司法比较研究》= 毛亚敏 著:《公司法比较研究》,中国法制出版社2001年版。

《民商事审判指导》= 最高人民法院民事审判第二庭 编:《民商事审判指导》(总第14辑),人民法院出版社2008年版。

彭冰:《中国证券法学》= 彭冰 著:《中国证券法学》,高等教育出版社2005年版。

齐斌:《证券市场信息披露法律监管》= 齐斌 著:《证券市场信息披露法律监管》,法律出版社2000年版。

钱卫清:《公司诉讼——司法救济方式》= 钱卫清 著:《公司诉讼——司法救济方式》(最新公司法修订版),人民法院出版社2006年版。

全国人大财经委员会室:《证券法实务导读》= 全国人大财经委员会室 编:《证券法实务导读》,经济日报出版社1999年版。

任自力、周学峰:《保险法总论:原理·判例》= 任自力、周学峰 著:《保险法总论 原理·判例》,清华大学出版社2010年版。

任自力:《保险法学》= 任自力 主编:《保险法学》,清华大学出版社2010年版。

沈德咏:《金融司法解释理解与适用》= 沈德咏 主编:《金融司法解释理解与适用》,法律出版社2014年版。

沈四宝:《西方国家公司法原理》= 沈四宝 著:《西方国家公司法原理》,法律出版社2006年版。

沈四宝:《新公司法修改热点问题讲座》= 沈四宝 主编:《新公司法修改热点问题讲座》,中国法制出版社2005年版。

施天涛:《公司法论》= 施天涛 著:《公司法论》,法律出版社2006年版。

施天涛:《关联企业法律问题研究》＝施天涛 著:《关联企业法律问题研究》,法律出版社1998年版。
施天涛:《商法学》＝施天涛 著:《商法学》(第四版),法律出版社2010年版
施天涛:《证券法释论》＝施天涛 著:《证券法释论》,工商出版社1999年版。
石少侠:《公司法概论》＝石少侠 主编:《公司法概论》,当代世界出版社2000年版。
石少侠:《公司法教程》＝石少侠 主编:《公司法教程》,中国政法大学出版社2002年修订版。
时建中:《公司法原理精解,案例与运用》＝时建中 主编:《公司法原理精解,案例与运用》,中国法制出版社2006年版。
史际春:《公司法教程》＝史际春 主编:《公司法教程》,中国政法大学出版社1995年版。
史正保:《商法学》＝史正保 主编:《商法学》,经济科学出版社2012年版。
司玉琢:《海商法》＝司玉琢 主编:《海商法》(第三版),法律出版社2012年版。
司玉琢:《海商法详论》＝司玉琢 著:《海商法详论》,大连海事大学出版社1995年版。
司玉琢:《海商法专论》＝司玉琢 著:《海商法专论》中国人民大学出版社2007年版。
覃有土:《商法概论》＝覃有土 主编:《商法概论》,武汉大学出版社2010年版。
覃有土:《商法学》＝覃有土 主编:《商法学》(第三版),高等教育出版社2012年版。
王保树:《商法》＝王保树 主编:《商法》(第二版),北京大学出版社2014年版。
王保树:《商法总论》＝王保树 著:《商法总论》,清华大学出版社2007年版。
王保树:《中国商法》＝王保树 主编:《中国商法》,人民法院出版社2010年版。
王红曼:《中国近代金融法制史研究》＝王红曼 著:《中国近代金融法制史研究》,上海人民出版社2013年版。
王作全:《公司法学》＝王作全 著:《公司法学》,北京大学出版社2015年版。
韦经建:《海商法》＝韦经建 著:《海商法》,吉林人民出版社1994年版。
吴定富:《保险法释义》＝吴定富 主编:《〈中华人民共和国保险法〉释义》,中国财政经济出版社2009年版。
吴焕宁:《海商法学》＝吴焕宁 著:《海商法学》,法律出版社1989年版。
吴建斌、郭富青:《商法学案例教程》＝吴建斌、郭富青 主编:《商法学案例教程》,知识产权出版社2007年版。
奚晓明:《〈保险法〉保险合同章条文理解与适用》＝奚晓明 主编:《〈中华人民共和国保险法〉保险合同章条文理解与适用》,中国法制出版社2010年版。
奚晓明:《关于公司法司法解释释三、清算纪要理解与适用》＝奚晓明 主编:最高人民法院《关于公司法司法解释(三)、清算纪要理解与适用》,人民法院出版社2008年版。
肖海军:《营业权论》＝肖海军 著:《营业权论》,法律出版社2007年版。
徐民:《商法学》＝徐民 主编:《商法学》,法律出版社2010年版。
徐强胜:《公司纠纷裁判依据新释新解》＝徐强胜 著:《公司纠纷裁判依据新释新解》,人民法院出版社2014年版。
徐学鹿:《什么是现代商法》＝徐学鹿 著:《什么是现代商法》,中国法制出版社2003年版。
许崇苗 李利:《最新保险法适用与案例精解》＝许崇苗、李利 著:《最新保险法适用与案

例精解》,法律出版社 2009 年版。

杨良宜:《提单及其他付运单证》=杨良宜 著:《提单及其他付运单证》,中国政法大学出版社 2007 年版。

叶林、黎建飞:《商法学原理与案例教程》=叶林、黎建飞主编:《商法学原理与案例教程》,中国人民大学出版社 2006 年版。

叶林:《公司法研究》=叶林 著:《公司法研究》,中国人民大学出版社 2008 年版。

叶林:《证券法》=叶林 著:《证券法》(第四版),中国人民大学出版社 2013 年版。

叶林:《中国公司法》=叶林 著:《中国公司法》,中国审计出版社 1997 年版。

应新龙:《上海海事法院海事案例精选》=应新龙 主编:《上海海事法院海事案例精选》,法律出版社 2011 年版。

於世成:《海商法》=於世成 著:《海商法》,法律出版社 1997 年版。

于莹:《票据法》=于莹 著:《票据法》(第二版),高等教育出版社 2008 年版。

于永芹:《票据法案例教程》=于永芹 主编:《票据法案例教程》(第二版),北京大学出版社 2010 年版。

战玉峰:《金融法学理论与实务》=战玉峰 主编:《金融法学理论与实务》,北京大学出版社 2012 年版。

张舫:《公司收购法律制度研究》=张舫 著:《公司收购法律制度研究》,法律出版社 1998 年版。

张开平:《英美公司董事法律制度研究》=张开平 著:《英美公司董事法律制度研究》,法律出版社 1998 年版。

张丽英:《海商法学》=张丽英 著:《海商法学》,高等教育出版社 2006 年版。

张湘兰:《海商法论》=张湘兰 著:《海商法论》,武汉大学出版社 1996 年版。

赵万一:《商法》=赵万一 主编:《商法》(第四版),中国人民大学出版社 2013 年版。

赵万一:《商法学》=赵万一 主编:《商法学》,法律出版社 2006 年版。

赵旭东:《公司法学》=赵旭东 主编:《公司法学》(第四版),高等教育出版社 2015 年版。

赵旭东:《公司资本制度改革研究学》=赵旭东 著:《公司资本制度改革研究》,法律出版社 2004 年版。

赵旭东:《境外公司法专题概览》=赵旭东 主编:《境外公司法概览》,人民法院出版社 2005 年版。

赵旭东:《商法学》=赵旭东 主编:《商法学》(第三版),高等教育出版社 2015 年版。

赵中孚:《商法总论》=赵中孚 主编:《商法总论》(第四版),中国人民大学出版社 2009 年版。

《证券法释义》=《证券法释义》编写组:《中华人民共和国证券法释义》,中国法制出版社 2005 年版。

郑玉波:《公司法》=郑玉波 著:《公司法》,三民书局 1981 年版。

郑玉波:《海商法》=郑玉波 著:《海商法》,三民书局 1985 年版。

《中国法院 2014 年度案例·金融纠纷》=国家法官学院案例开发研究中心 编:《中国法院 2014 年度案例·金融纠纷》,中国法制出版社 2014 年版。

《中华人民共和国公司法释义》=公司法释义组 编:《中华人民共和国公司法释义》,中国法制出版社 2005 年版。

周友苏:《新证券法论》＝周友苏 主编:《新证券法论》,法律出版社 2007 年版。
朱慈蕴:《公司法原论》＝朱慈蕴 著:《公司法原论》,清华大学出版社 2011 年版。
朱大旗:《金融法》＝朱大旗 著:《金融法》(第三版),中国人民大学出版社 2015 年版。
朱锦清:《证券法学》＝朱锦清 著:《证券法学》(第三版),北京大学出版社 2011 年版。
朱羿锟:《商法学——原理·图解·实例》＝朱羿锟 著:《商法学——原理·图解·实例》(第二版),北京大学出版社 2007 年版。
〔德〕格茨·怀克、克里斯蒂娜·温德比西勒:《德国公司法》＝〔德〕格茨·怀克、克里斯蒂娜·温德比西勒 著:《德国公司法》(第二十一版),殷盛 译,法律出版社 2010 年版。
〔法〕伊夫·居荣:《法国商法》,罗结珍、赵海峰译＝〔法〕伊夫·居荣 著:《法国商法》(第 1 卷),罗结珍、赵海峰 译,法律出版社 2004 年版。
《法国公司法典》＝《法国公司法典》(上),罗结珍 译,中国法制出版社 2007 年版。
《法国公司法规范》＝《法国公司法规范》,李萍 译,法律出版社 1999 年版。
〔韩〕李哲松:《韩国公司法》,吴日焕译＝〔韩〕李哲松 著:《韩国公司法》,吴日焕 译,中国政法大学出版社 2000 年版。
〔美〕罗伯塔·罗曼诺:《公司法基础》＝〔美〕罗伯塔·罗曼诺 编著:《公司法基础》,罗培新 译,北京大学出版社 2013 年版。
〔美〕罗伯特·W.汉密尔顿:《公司法概要》＝〔美〕罗伯特·W.汉密尔顿 著:《公司法概要》,李存捧 译,中国社会科学出版社 1999 年版。
〔日〕大隅健一郎、今井宏:《商法概说①》＝〔日〕大隅健一郎·今井宏 编:《商法概说①》(第七版),日本有斐阁 2001 年版。
〔日〕服部荣三、北泽正启:《商法》＝〔日〕服部荣三、北泽正启 编:《商法》(第八版),日本有斐阁 2001 年版。
〔日〕河本一郎、大武泰南:《证券交易法概论》,侯水平译＝〔日〕河本一郎、大武泰南 著:《证券交易法概论》(第四版),侯水平 译,法律出版社 2001 年版。
〔日〕鸿常夫:《商法总则》＝〔日〕鸿常夫 著:《商法总则》(新订第五版),日本弘文堂 1999 年版。
〔日〕江头宪治郎、山下友信:《商法(总则·商行为)判例百选》＝〔日〕江头宪治郎、山下友信 编:《商法(总则·商行为)判例百选》(第五版),有斐阁 2008 年版。
〔日〕近藤光男:《商法总则·商行为法》＝〔日〕近藤光男 著:《商法总则·商行为法》(第五版),日本有斐阁 2006 年版。
〔日〕井口茂、鹰取信哉:《商法的基础知识》＝〔日〕井口茂、鹰取信哉 著:《商法的基础知识》(改订版),日本自由国民社 2003 年版。
〔日〕铃木竹雄:《票据法·支票法》,前田庸修订,赵新华译＝〔日〕铃木竹雄 著:《票据法·支票法》,前田庸 修订,赵新华 译,法律出版社 2014 年版。
〔日〕末永敏和:《商法总则·商行为法——基础与展开》＝〔日〕末永敏和 著:《商法总则·商行为法——基础与展开》(第二版),日本中央经济社 2006 年版。
〔日〕前田庸:《公司法入门》,王作全译＝〔日〕前田庸 著:《公司法入门》(第十二版),王作全 译,北京大学出版社 2012 年版。

〔日〕青竹正一:《改正商法总则·商行为法》＝〔日〕青竹正一 著:《改正商法总则·商行为法》,日本成文堂2006年版。

〔日〕山下友信、神田秀树:《商法判例集》＝〔日〕山下友信、神田秀树 编:《商法判例集》(第五版),日本有斐阁2012年版。

《日本公司法典》＝《日本公司法典》,吴建斌、刘惠明、李涛 译,中国法制出版社2006年版。

〔英〕戴维·M.沃克:《牛津法律大辞典》＝〔英〕戴维·M.沃克 著:《牛津法律大辞典》,北京社会与科技发展研究所 译,光明日报出版社1988年版。

【相关案例】编目

【相关案例】2-1　商人资格的取得时期　31
【相关案例】2-2　空白支票填充权授予行为与商行为　37
【相关案例】3-1　商事主体设立登记的审查范围　47
【相关案例】3-2　商事登记的对抗效力　47
【相关案例】3-3　商号权与所辖行政区域的关系　52
【相关案例】3-4　以不正当目的使用他人商号　52
【相关案例】3-5　营业转让与商号的继续使用　58
【相关案例】3-6　是企业分立还是营业转让　58
【相关案例】3-7　拒绝提供商业账簿的后果　63
【相关案例】3-8　商人应如何履行制作、保管商业账簿的义务　64
【相关案例】4-1　再审申请人的资格确认　71
【相关案例】4-2　支付令的效力与诉讼关系　72
【相关案例】4-3　仲裁适用的纠纷范围　76
【相关案例】4-4　仲裁也须履行严格的"文书送达"程序吗？　77
【相关案例】5-1　关联公司人格混同连带责任　86
【相关案例】5-2　公司决议撤销司法审查之范围　92
【相关案例】5-3　公司法调整范围的特定性　95
【相关案例】5-4　公司主体责任之认定　97
【相关案例】6-1　公司破产股东权利之救济　110
【相关案例】6-2　公司注册股东不得抽逃资金　114
【相关案例】6-3　高管兼职违法禁止规定　116
【相关案例】6-4　一人有限责任公司法人人格否认制度之适用　118
【相关案例】6-5　股权转让之条件　120
【相关案例】6-6　非货币出资之限制　121
【相关案例】7-1　发起人之责任　133
【相关案例】7-2　股权转让之限制　139
【相关案例】7-3　召开股东大会应当向股东送达会议通知　144
【相关案例】7-4　高管违反法定义务之责任　147
【相关案例】8-1　债券权利之取得　154
【相关案例】9-1　会计制度与财务制度的区分　159
【相关案例】9-2　提供虚假财会报告的责任主体　159
【相关案例】9-3　公司不提供公司财务会计报告构成侵权　162

【相关案例】9-4　股东对财务会计报告有绝对查阅权,对会计账簿有相对查阅权　163
【相关案例】9-5　利润分配方案作出前股东无权直接向法院诉请分配利润　166
【相关案例】9-6　股东对资产收益的实际使用行为不影响公司利润分配决议的效力　167
【相关案例】10-1　姓名被记载在公司章程上而未签署章程未出资的自然人不具备股东资格　175
【相关案例】10-2　公司章程变更的生效时间　175
【相关案例】10-3　增资决议的效力　178
【相关案例】10-4　股东有按其出资比例认购公司新增资本的优先权利　179
【相关案例】10-5　公司组织形式变更后对债务担保人的影响　182
【相关案例】10-6　公司分立,其财产作相应的分割　186
【相关案例】10-7　司法解散中认定经营管理严重困难不以亏损为必要条件　195
【相关案例】10-8　公司解散必须符合法定的条件和事由　195
【相关案例】11-1　使用相同字号的关联企业为该字号的共同权利人　206
【相关案例】11-2　外国公司对其分支机构在中国境内进行的经营活动承担民事责任　209
【相关案例】11-3　外国公司分支机构经营亏损后债权人的救济　210
【相关案例】12-1　《证券法》的调整范围　222
【相关案例】12-2　权证投资者因未了解投资规则而自担投资损失　222
【相关案例】12-3　股票权利的所有权人系为实际出资人　226
【相关案例】12-4　双方自愿达成不违法之调解协议有效　227
【相关案例】13-1　依法定程序和条件发行股票　237
【相关案例】13-2　发行公司证券的条件以及限制　239
【相关案例】13-3　证券承销协议应当符合法律要求　242
【相关案例】13-4　发行债券应当符合法定程序　243
【相关案例】14-1　证券交易之规则　251
【相关案例】14-2　证券交易所之审查义务　253
【相关案例】14-3　虚假陈述之法律责任　256
【相关案例】15-1　发行人虚假陈述应承担侵权责任　262
【相关案例】15-2　证券公司未披露上市公司虚假陈述承担侵权连带责任　263
【相关案例】15-3　债券到期前宜按行业惯例向社会发布兑付公告,催促持券人及时申请兑付　265
【相关案例】15-4　承销机构未进行完整性核查,对无效协议承担部分责任　265
【相关案例】15-5　未及时披露重大事件须承担赔偿责任　268
【相关案例】15-6　虚假陈述与损失间应存在因果关系　269
【相关案例】16-1　不具实力的收购或构成合同诈骗　277
【相关案例】16-2　以要约收购获控制权却未获股权证书者,可提股东资格确认之诉　282
【相关案例】16-3　要约收购弃购与缔约过失责任　282
【相关案例】16-4　协议收购并以股份置换大股东资产的首例尝试　284
【相关案例】18-1　缺少基本当事人之票据无效　302
【相关案例】18-2　越权代理人应就其越权部分承担票据责任　309

【相关案例】18-3　票据权利的行使必须依据合法有效的票据　317

【相关案例】18-4　对滥用填充权而填充的空白支票出票人无权抗辩　319

【相关案例】19-1　未经出票人签章的汇票不能作为有效的票据使用　326

【相关案例】19-2　票据质押背书须以完全背书方式为之　331

【相关案例】19-3　附条件承兑不能产生承兑的效力　335

【相关案例】19-4　保证人应当与被保证人对持票人承担连带责任　339

【相关案例】19-5　票据付款必须符合法定的程序　343

【相关案例】19-6　持票人可以对背书人、出票人及汇票的其他债务人行使追索权　349

【相关案例】20-1　所附条件将导致本票无效　356

【相关案例】20-2　支票出票人不能以其与票据前手之间基础关系的抗辩事由对抗票据后手　362

【相关案例】20-3　票据行为的款式适用行为地法　365

【相关案例】21-1　因果关系（近因）的认定　384

【相关案例】22-1　保险合同的成立时间　394

【相关案例】22-2　合理期待解释原则　397

【相关案例】22-3　保险合同解除权的限制　400

【相关案例】23-1　违反危险程度增加时通知义务的后果　407

【相关案例】23-2　保险代位求偿权的认定　411

【相关案例】23-3　索赔时效的性质　413

【相关案例】24-1　重复保险的适用范围　419

【相关案例】24-2　人身保险合同的给付性　420

【相关案例】24-3　投保人、被保险人变更受益人的通知义务　423

【相关案例】24-4　受益顺序与受益份额的确定　423

【相关案例】24-5　故意犯罪导致死亡的认定　427

【相关案例】27-1　船舶所有权法律适用问题　471

【相关案例】27-2　船员相关权利之司法保护　475

【相关案例】28-1　海上货物运输合同成立及双方权利义务之确定　486

【相关案例】28-2　海上旅客运输中造成旅客伤亡之法律适用问题　488

【相关案例】28-3　定期租船合同主体权利和义务之确定　492

【相关案例】28-4　海上拖航合同拖航费等确定问题　493

【相关案例】29-1　船舶碰撞及责任确定　499

【相关案例】29-2　海难救助报酬之确定　503

【相关案例】29-3　共同海损之法律分摊　507

【相关案例】30-1　海事赔偿责任限制基金设立及法律适用　516

目 录

第一编 商法总论

第一章 商法概述 …………………………………………………………（3）
第一节 商法的概念、特征和基本原则 ………………………………（3）
一、商法的概念（3）　　二、商法的基本特征（6）
三、商法的基本原则（8）
第二节 商法的地位和调整对象 ………………………………………（11）
一、商法的地位（11）　　二、商法的调整对象（13）
第三节 商法的历史沿革 ………………………………………………（13）
一、商法的起源及形成（13）　　二、外国近现代商法的历史沿革（14）
三、我国的商事立法（17）

第二章 商事法律关系 ……………………………………………………（20）
第一节 商事法律关系概述 ……………………………………………（20）
一、商事法律关系的概念与特征（20）　　二、商事法律关系与民事法律关系（21）
三、确认商事法律关系的标准（22）
第二节 商事主体 ………………………………………………………（22）
一、商事主体的概念与特征（22）　　二、商事主体的类别（24）
三、商事主体资格的取得与丧失（30）
第三节 商事行为 ………………………………………………………（32）
一、商事行为的概念与特征（32）　　二、商事行为的分类（33）
三、商事代理行为（35）

第三章 有关商主体的若干重要商事制度 ………………………………（40）
第一节 商事登记 ………………………………………………………（40）
一、商事登记概述（40）　　二、商事登记的范围和种类（43）
三、商事登记机关和程序（45）
第二节 商号 ……………………………………………………………（48）
一、商号的概念与特征（48）　　二、商号的选定（49）

三、商号权（50）　　　　　　　　四、商号的转让和废止（51）
　第三节　营业及其转让制度 ……………………………………………………（53）
　　一、营业概述（53）　　　　　　　二、主观意义上的营业——营业活动（53）
　　三、客观意义上的营业——营业转让等（55）
　第四节　商业账簿 ………………………………………………………………（59）
　　一、商业账簿概述（59）　　　　　二、商业账簿的种类（61）
　　三、商业账簿的效力和保存（62）

第四章　商事救济 ……………………………………………………………（67）
　第一节　商事救济概述 …………………………………………………………（67）
　　一、商事救济的概念（67）　　　　二、商事救济的意义（68）
　　三、商事救济制度的特征（68）
　第二节　商事诉讼 ………………………………………………………………（69）
　　一、商事诉讼的概念和特征（69）　二、商事诉讼的程序（69）
　　三、涉外商事诉讼（71）
　第三节　商事仲裁 ………………………………………………………………（72）
　　一、商事仲裁概述（72）　　　　　二、仲裁协议（73）
　　三、仲裁组织（74）　　　　　　　四、仲裁程序（75）
　　五、关于涉外商事仲裁的特别规定（75）

第二编　公　司　法

第五章　公司与公司法概述 …………………………………………………（83）
　第一节　公司的定义与法律特征 ………………………………………………（83）
　　一、公司的定义（83）　　　　　　二、公司的法律特征（84）
　　三、公司的种类（85）
　第二节　公司法基本制度 ………………………………………………………（87）
　　一、公司的名称和住所（87）　　　二、公司的权利能力和行为能力（88）
　　三、公司资本（89）　　　　　　　四、公司对外投资和提供担保（91）
　　五、公司股东权利滥用和公司法人格否认制度（91）
　第三节　公司法的概念和性质 …………………………………………………（93）
　　一、公司法的概念（93）　　　　　二、公司法的性质（93）
　第四节　公司法的地位和作用 …………………………………………………（95）
　　一、公司法的地位（95）　　　　　二、公司法与相关法律部门的关系（96）
　　三、公司法的作用（96）

第六章　有限责任公司 ………………………………………………………（101）
　第一节　有限责任公司概述 ……………………………………………………（101）
　　一、有限责任公司的概念与特征（101）　二、有限责任公司的历史沿革（103）

第二节 有限责任公司的设立 (103)

一、有限责任公司的设立条件（103） 二、有限责任公司的设立程序（105）

三、股东名册（108） 四、股东权利（109）

第三节 有限责任公司的组织机构 (110)

一、股东会（110） 二、董事会（111）

三、监事会或监事（113）

第四节 国有独资公司的特别规定 (114)

一、国有独资公司的概念和法律适用（114）

二、国有独资公司的章程（115）

三、国有独资公司组织机构设置和股东会职权配置（115）

四、国有独资公司董事会制度（116）

第五节 一人有限责任公司的特别规定 (117)

一、一人有限公司的概念及其特征（117）

二、一人有限责任公司主体性质的披露（117）

三、一人有限责任公司机构设置及其公示制度（117）

第六节 有限责任公司的股权转让 (118)

一、有限责任公司股权转让（118） 二、异议股东股权回购请求权（119）

第七章 股份有限公司 (125)

第一节 股份有限公司概述 (125)

一、股份有限公司的概念及特征（125）

二、股份有限公司的利与弊（126）

第二节 股份有限公司的设立 (127)

一、股份有限公司的设立条件（127） 二、股份有限公司的设立程序（130）

第三节 股份有限公司的股份和股票 (133)

一、股份有限公司的股份和股票的概念和特征（133）

二、股票的种类（134） 三、股份的发行和转让（135）

四、上市公司组织机构的特别规定（137）

第四节 股份有限公司的组织机构 (140)

一、股东大会（140） 二、董事会和经理（141）

三、监事会（143）

第五节 公司董事、监事、高级管理人员的资格和义务 (144)

一、董事、监事、高级管理人员任职资格的限制（144）

二、董事、监事、高级管理人员的忠实义务和勤勉义务（144）

三、公司的损害赔偿诉讼以及股东派生诉讼（145）

第八章 公司债券 (150)

第一节 公司债券概述 (150)

一、公司债券的概念和特征（150） 二、公司债券的种类（151）

第二节　公司债券的发行和转让…………………………………………（152）
　　　　一、公司债券的发行（152）　　二、公司债券的转让（152）
　　　　三、公司债券的还本付息（153）

第九章　公司的财务会计制度……………………………………………………（155）
　　第一节　公司财务会计制度概述…………………………………………（155）
　　　　一、公司财务会计制度的概念（155）　二、公司财务会计制度的法律意义（156）
　　　　三、公司财务会计制度的一般原则（156）
　　第二节　公司的财务会计报告制度………………………………………（159）
　　　　一、公司财务会计报告的意义（159）　二、公司财务会计报告的编制（160）
　　　　三、公司财务会计报告内容（160）
　　　　四、公司财务会计报告的外部审计、公示及监督制度（161）
　　第三节　公积金制度与公司利润分配……………………………………（163）
　　　　一、公积金制度（163）　　二、公司的利润分配（165）

第十章　公司基本事项的变更和公司终止………………………………………（170）
　　第一节　公司章程的变更…………………………………………………（170）
　　　　一、公司章程变更的意义（170）　　二、公司章程记载事项的变更（171）
　　　　三、公司章程变更的程序（173）　　四、公司章程变更的效力（174）
　　第二节　注册资本的变更…………………………………………………（176）
　　　　一、增加资本（176）　　二、减少资本（177）
　　第三节　公司组织形式的变更……………………………………………（179）
　　　　一、公司组织形式变更的意义（179）　二、我国公司组织形式变更的形式（180）
　　　　三、公司组织形式变更的条件和程序（180）
　　　　四、公司组织形式变更的效力（181）
　　第四节　公司合并与分立…………………………………………………（182）
　　　　一、公司合并（182）　　二、公司分立（185）
　　第五节　公司解散与清算…………………………………………………（187）
　　　　一、公司解散（187）　　二、公司清算（190）

第十一章　关联公司与外国公司分支机构……………………………………（199）
　　第一节　关联公司…………………………………………………………（199）
　　　　一、关联公司的概念（199）　　二、关联公司的法律特征（200）
　　　　三、关联公司形成方式（200）　　四、关联公司的作用（201）
　　　　五、关联公司的法律规范（201）
　　第二节　外国公司分支机构………………………………………………（206）
　　　　一、外国公司分支机构的概念（206）　二、外国公司分支机构的法律地位（206）
　　　　三、外国公司分支机构的设立（207）　四、外国公司分支机构的监管（208）
　　　　五、外国公司分支机构的撤销与清算（208）

第三编　证　券　法

第十二章　证券法概述 (215)
第一节　证券概述 (215)
一、证券的概念和特征（215）　　二、证券的种类（217）
第二节　证券法概述 (222)
一、证券法的地位及调整对象（222）　　二、证券法的法律渊源（223）
三、证券法的基本原则（224）　　四、我国证券立法概况（225）

第十三章　证券发行制度 (229)
第一节　证券发行的概述 (229)
一、证券发行的概念（229）　　二、证券发行市场的主体（229）
三、证券发行保荐制度（230）　　四、证券发行的方式（231）
五、证券发行核准制度（232）
第二节　股票的发行 (234)
一、股票发行的条件（234）　　二、股票发行的程序（234）
三、股票发行的方式（236）
第三节　债券的发行 (237)
一、发行公司债券的条件和限制（237）
二、发行可转换公司债券的条件（238）
三、发行公司债券的程序（238）
第四节　证券的承销 (240)
一、证券承销的概念和特点（240）　　二、证券承销的方式（240）
三、证券承销协议（242）

第十四章　证券交易制度 (246)
第一节　证券交易的一般规定 (246)
一、证券交易的条件（246）　　二、证券交易的方式（247）
三、证券交易的形式（248）　　四、证券信用交易（248）
五、证券交易的限制性规定（248）　　六、特定持股比例的报告公告制度（249）
第二节　股票上市制度 (250)
一、股票上市交易的实质条件（250）　　二、股票上市的程序要求（250）
三、上市公司股票的暂停和终止（251）
第三节　债券上市制度 (252)
一、公司债券上市的条件（252）　　二、公司债券的上市程序（252）
三、公司债券交易的暂停和终止（252）
第四节　证券交易的禁止行为 (253)
一、禁止内幕交易（253）　　二、禁止操纵市场（255）

三、禁止欺诈客户（255）　　四、其他禁止证券交易行为（255）

第十五章　信息披露制度 (259)

第一节　信息披露制度概述 (259)

一、信息披露制度的概念和意义（259）　二、信息披露制度的基本原则（260）

三、信息披露的方式（262）

第二节　证券发行的信息披露制度 (263)

一、证券发行的预披露制度（263）　　二、股票发行的信息披露（263）

三、公司债券发行的信息披露（264）

第三节　持续信息披露制度 (266)

一、持续信息披露概述（266）　　二、持续信息披露的主要内容（266）

第十六章　上市公司收购制度 (272)

第一节　上市公司收购概述 (272)

一、上市公司收购的概念（272）　　二、上市公司收购的特征（273）

三、上市公司收购制度的法律意义（274）

四、上市公司收购的分类（274）　　五、上市公司收购的主体（276）

第二节　要约收购制度 (277)

一、要约收购概述（277）　　二、要约收购的一般规则（278）

三、要约收购的程序（280）

第三节　协议收购制度 (283)

一、协议收购概述（283）　　二、协议收购的基本规则（283）

三、协议收购的程序（284）

第四编　票　据　法

第十七章　票据和票据法概述 (289)

第一节　票据概述 (289)

一、票据的概念和特征（289）　　二、票据的作用（291）

三、票据的起源与发展（292）

第二节　票据法概述 (293)

一、票据法的概念和特征（293）　　二、票据法的调整对象（293）

三、我国的票据立法（294）

第十八章　票据法律关系 (297)

第一节　票据法律关系概述 (297)

一、票据法律关系的概念和特征（297）　二、票据关系（298）

三、非票据关系（299）

第二节 票据行为 (302)
　　一、票据行为的概念和特征（302）　　二、票据行为的要件（303）
　　三、票据行为的代理（306）　　四、票据瑕疵（308）

第三节 票据权利 (310)
　　一、票据权利的概念和特征（310）　　二、票据权利的取得、行使和保全（310）
　　三、票据权利的消灭（312）　　四、票据的丧失和补救（313）
　　五、票据抗辩（315）

第四节 空白授权票据 (318)
　　一、空白票据的概念及其特点（318）　　二、空白票据的要件和效力（318）

第十九章 汇票 (322)

第一节 汇票的概念和种类 (322)
　　一、汇票的概念和特征（322）　　二、汇票的种类（323）

第二节 出票 (325)
　　一、汇票出票的概念（325）　　二、汇票出票的款式（325）
　　三、汇票出票的效力（326）

第三节 背书 (327)
　　一、汇票背书的概念和特征（327）　　二、汇票背书的种类（328）
　　三、背书的记载事项（330）　　四、背书的效力（331）

第四节 承兑 (332)
　　一、汇票承兑的概念和特征（332）　　二、汇票承兑的方式（333）
　　三、汇票承兑的款式和程序（333）　　四、汇票承兑的效力（334）

第五节 保证 (335)
　　一、汇票保证的概念和特征（335）　　二、保证的分类（336）
　　三、保证的当事人和款式（337）　　四、保证的效力（338）

第六节 汇票的付款与到期日 (339)
　　一、汇票的付款（339）　　二、汇票到期日（342）

第七节 追索权 (344)
　　一、追索权的概念和种类（344）　　二、追索权的主体和客体（345）
　　三、追索权的保全与行使（345）　　四、追索权的效力（347）

第二十章 本票和支票 (352)

第一节 本票 (352)
　　一、本票的概念及特征（352）　　二、本票的种类（353）
　　三、本票的出票（353）　　四、本票的见票（354）
　　五、汇票规则的准用（355）

第二节 支票 (356)
　　一、支票的概念与特征（356）　　二、支票的种类（357）
　　三、支票的出票（358）　　四、支票的付款（360）

五、出票人的责任以及汇票规定的准用（361）

第三节　涉外票据法律适用 …………………………………………………………（363）
　　一、涉外票据的概念（363）　　　　二、涉外票据法律适用的基本原则（363）
　　三、涉外票据法律适用的具体规定（364）

第五编　保　险　法

第二十一章　保险法概述 …………………………………………………………（371）
第一节　保险与保险法 ………………………………………………………（371）
　　一、保险（371）　　　　　　　　　二、保险法（373）
第二节　保险法的基本原则 …………………………………………………（375）
　　一、诚实信用原则（376）　　　　　二、损失补偿原则（378）
　　三、保险利益原则（379）　　　　　四、近因原则（383）

第二十二章　保险合同总论 ………………………………………………………（387）
第一节　保险合同概述 ………………………………………………………（387）
　　一、保险合同的概念和特征（387）　二、保险合同的种类（388）
第二节　保险合同的主体 ……………………………………………………（389）
　　一、保险合同当事人（390）　　　　二、保险合同关系人（390）
第三节　保险合同的订立与生效 ……………………………………………（391）
　　一、保险合同订立的程序（391）　　二、保险合同的形式（392）
　　三、保险合同的生效（393）
第四节　保险合同的条款和解释 ……………………………………………（394）
　　一、保险合同的条款（394）　　　　二、保险合同条款的解释（396）
第五节　保险合同的变动 ……………………………………………………（397）
　　一、保险合同的变更（397）　　　　二、保险合同的解除（398）
　　三、保险合同的终止（399）

第二十三章　财产保险合同 ………………………………………………………（402）
第一节　财产保险合同概述 …………………………………………………（402）
　　一、财产保险合同的概念与特征（402）　二、财产保险合同的种类（403）
第二节　财产保险合同的主要内容 …………………………………………（403）
　　一、保险标的（404）　　　　　　　二、保险金额（404）
　　三、保险责任与除外责任（404）
第三节　财产保险合同的效力 ………………………………………………（405）
　　一、投保人和被保险人的主要义务（405）二、保险人的主要义务（406）
第四节　保险人的代位求偿权 ………………………………………………（408）
　　一、代位求偿权的概念和特征（408）　二、代位求偿权的行使（409）
　　三、委付（410）

第五节　财产保险合同的索赔与理赔……………………………………………（411）
　　　　一、索赔（411）　　　　　　　　二、理赔（412）

第二十四章　人身保险合同……………………………………………………（416）
　第一节　人身保险合同概述………………………………………………………（416）
　　　　一、人身保险合同的概念和特征（416）　二、人身保险合同的种类（418）
　第二节　人身保险合同中的受益人………………………………………………（420）
　　　　一、受益人的种类（420）　　　二、受益人的指定和变更（421）
　　　　三、受益权的性质和行使（422）　四、受益权的撤销和转让（422）
　第三节　人身保险合同的特殊条款………………………………………………（424）
　　　　一、不可抗辩条款（424）　　　二、不丧失价值条款（424）
　　　　三、年龄不实条款（425）　　　四、宽限期条款（425）
　　　　五、复效条款（425）　　　　　六、自杀条款（426）
　　　　七、保险单转让条款（426）
　第四节　人身保险合同保险金的给付方式………………………………………（427）
　　　　一、一次性支付方式（428）　　二、利息收入方式（428）
　　　　三、定期收入方式（428）　　　四、定额收入方式（428）
　　　　五、终身收入方式（428）

第二十五章　保险业法……………………………………………………………（431）
　第一节　保险公司…………………………………………………………………（431）
　　　　一、保险公司的组织形式（431）　二、保险公司的设立（432）
　　　　三、保险公司的变更和终止（433）
　第二节　保险业经营规则…………………………………………………………（434）
　　　　一、保险公司分业经营规则（435）　二、保险公司偿付能力管理规则（435）
　　　　三、保险公司经营风险规则（437）　四、保险公司资金运用规则（438）
　　　　五、保险公司及其员工业务行为规则（439）
　第三节　保险中介组织……………………………………………………………（439）
　　　　一、保险中介组织概述（439）　二、保险代理人（440）
　　　　三、保险经纪人（442）　　　　四、保险公估人（444）
　第四节　保险业的监督管理………………………………………………………（445）
　　　　一、保险业的监督管理概述（445）　二、保险业监督管理机构及其职责（446）
　　　　三、保险业监督管理的主要内容与措施（448）
　　　　四、保险业的自律管理体制（449）

第六编　海　商　法

第二十六章　海商法概述…………………………………………………………（455）
　第一节　海商法的概念、调整对象和特点………………………………………（455）

一、海商法的概念（455）　　　　二、海商法的调整对象（456）

　　三、海商法的特点（457）

第二节　海商法的历史发展、形式和作用 ……………………………………（458）

　　一、海商法的历史发展（458）　　二、海商法的渊源（459）

　　三、海商法的作用（461）

第三节　海事法律关系 …………………………………………………………（461）

　　一、海事法律关系的主体（461）　二、海事法律关系的内容（462）

　　三、海事法律关系的客体（463）

第二十七章　船舶和船员 ……………………………………………………（465）

第一节　与船舶相关的权利 ……………………………………………………（465）

　　一、船舶的概念、船舶物权及特点（465）二、船舶所有权（467）

　　三、船舶抵押权（469）　　　　　四、船舶优先权（470）

第二节　船员 ……………………………………………………………………（471）

　　一、船员的概念、资格与任用（471）　二、船员的权利和义务（472）

　　三、船长的职权和义务（474）

第二十八章　海事合同 ………………………………………………………（478）

第一节　海上货物运输合同 ……………………………………………………（478）

　　一、海上货物运输合同概述（478）　二、海上货物运输合同的订立和解除（481）

　　三、海上货物运输合同当事人的责任（482）

　　四、提单（483）　　　　　　　　五、无正本提单交付货物案件之处理（485）

第二节　海上旅客运输合同 ……………………………………………………（486）

　　一、海上旅客运输合同的概念和特点（486）

　　二、承运人的义务（487）　　　　三、承运人的赔偿责任（487）

　　四、承运人责任的免除或减轻（487）　五、承运人的责任限额（488）

　　六、旅客的义务（488）

第三节　船舶租用合同 …………………………………………………………（489）

　　一、船舶租用合同的概念和特征（489）　二、定期租船合同（489）

　　三、光船租赁合同（491）

第四节　海上拖航合同 …………………………………………………………（492）

　　一、海上拖航合同的概念和特征（492）　二、海上拖航合同当事人的主要义务（492）

　　三、海上拖航中的损害赔偿责任（493）

第二十九章　海上事故 ………………………………………………………（497）

第一节　船舶碰撞 ………………………………………………………………（497）

　　一、船舶碰撞概述（497）

　　二、船舶碰撞的归责原则和无、有过失的船舶碰撞（498）

　　三、船舶碰撞损害赔偿责任的范围（498）

第二节　海难救助 ·· (500)
　　一、海难救助的概念及构成要件（500）　　二、海难救助合同（501）
　　三、海难救助报酬（502）　　　　　　　四、海难救助的特别补偿（502）
第三节　共同海损 ·· (503)
　　一、共同海损的概念及特征（503）　　　二、共同海损的构成条件（504）
　　三、共同海损（505）　　　　　　　　　四、共同海损理算（506）

第三十章　海事赔偿责任限制 ·· (510)
第一节　海事赔偿责任限制概述 ·· (510)
　　一、海事赔偿责任限制的概念和意义（510）
　　二、海事赔偿责任限制制度的基本内容（511）
第二节　海事赔偿责任限制基金 ·· (515)
　　一、海事赔偿责任限制基金的概念和设立程序（515）
　　二、海事赔偿责任限制基金的使用和效力（516）
第三节　有关海事赔偿责任限制的国际公约 ·· (517)
　　一、1957年《船舶所有人责任限制国际公约》（517）
　　二、1976年《国际海事赔偿责任限制公约》（518）
　　三、修正1976年《国际海事赔偿责任限制公约》的1996年议定书（519）

词条索引 ·· (520)

司法考试真题参考答案 ·· (529)

第一编　商法总论

第一章　商法概述
第二章　商事法律关系
第三章　有关商主体的若干重要商事制度
第四章　商事救济

第一章

商 法 概 述

【章首语】 商法是现代市场经济社会最基本、最主要的法律部门之一。商事法律制度的建立和完善对于保护商事主体和其他商事关系当事人的权益,维护市场交易安全和秩序具有十分重要的意义。商法不仅具有不同于其他法律部门的内涵、基本特征和基本原则,而且也是一部具有悠久发展历史的法律部门。我国自改革开放以来,制定颁布了大量旨在规范商事主体和商行为的商事法规,标志着我国商事立法日趋完善和成熟。

本章应着重学习商法的概念、特征和基本原则,商法在整个法律体系中的地位以及商法产生、发展的历史等内容。

第一节 商法的概念、特征和基本原则

一、商法的概念

(一)"商"的含义

商法作为有关商或商事的法律,其一系列概念、规定和制度的建立,都是以明确界定商或商事为前提的。"商"又称为"商事",其含义可以从一般社会认识、经济学和法学三个方面加以理解。

1. 一般社会认识和经济学意义上的"商"

社会上一般将"商"理解为物的买卖、交易活动。还指介于农业与工业之间、生产者与消费者之间的一种社会分工①,即通常所说的"商业"。对"商"的这种一般社会认识,反映了"商"或者"商事"的最基本特征,成为经济学、法学等学科进一步界定"商"的基本出发点。

从经济学上讲,"商"则是指以营利为目的的各种商品交换行为,是沟通生产与消费的直接媒介和中间环节。其最大特点首先是它的营利性②;其次,特别突出了它的非生产性和非消费性,强调它是直接沟通生产与消费的流通领域活动的特点,比较关注"商"的流通性、交换性以及沟通生产与消费的媒介性功能。

2. 法学意义上的"商"

法学意义所讲的"商",是对不同时期的商事习惯和商事实践进行法律概括的基础上逐

---

① 范健:《商法》,第6页。
② 对经济学意义上的"商"所具有的营利性特征的论述,见覃有土:《商法概论》,第3页以下。

渐形成的一个概念。所以，商法有关"商"的概念，首先包含了经济学意义上所解释的"商"的含义，即"商"就是以营利为目的，直接媒介财货交易的行为，也就是通常所说的买卖商，即商法学所说的"固有商"。

随着商事实践的不断发展和商事内涵的日益丰富，商法意义的"商"概念还包括了范围更广泛的"非固有商"。① 纵观各国商法之规定，法学意义的"商"，其范围可分为以下四类：(1) 固有商。又称第一种商或买卖商。即直接媒介财货交易的行为。如商品的交易、证券、票据交易、海事商行为等。(2) 辅助商。又称第二种商，即间接媒介财货交易为目的营利活动。辅助商实际上起到了辅助固有商得以实现的作用。如货物运输、仓储保管、居间、行纪、代办等。(3) 第三种商。尽管不直接以媒介财货交易为目的，但与财货交易行为和财货交易辅助行为有密切联系，为财货交易营业活动提供各种商事条件的行为。如银行、信托、承揽加工、制造、出版、印刷、影视等。(4) 第四种商。是指仅与辅助商或第三种商有一定关联关系的营业行为。这种营业行为一般与固有商的联系极为间接，实质上是一种与辅助商和第三种商有关系，单纯以营利为目的的活动。如饭店酒楼、戏院舞厅、旅游服务、广告宣传、信息咨询、人身及财产保险等。

由此可见，只要是<u>营利性主体</u>（即商事主体）所开展的，<u>以营利为目的</u>，且是一种<u>持续性的营业活动</u>，就是商法意义的"商"概念。这种概括的意义就在于使人们能够把营利性主体的营业活动与非营利性主体的非营利性活动区别开来。

3. 广义和狭义之分的"商"

法学意义上的"商"或"商事"，从范围上又有广义和狭义之分。前者是指有关商的一切行为或事宜，包括未被商法规定的商行为或者商事事项。比如，在我国目前以合作社名义所从事的各种实际商行为，尽管未被法律确定为商行为，但属于广义的"商事"范畴。而后者专指商法所规范的事项，主要有公司、证券、票据、保险、海商和破产等。这是由商事活动的一般规律所决定的。因为，商人是商事活动的主体，而公司为商人最典型的组织形式，证券是公司募集所需资本的主要制度设计，票据又是公司从事商事活动的主要支付手段，保险则是公司分散经营风险的有效制度，海商使公司参与国际性交易成为可能，而破产则是公司解体的一种主要形式。

（二）商法的概念

1. 商法概念的界定

一般认为，商法作为一种法律制度体系起源于中世纪的地中海沿岸国家，而世界上最早的商法典诞生于法国。但不管怎样，在商品经济高度发达的今天，商法无疑是现代社会法律体系中的重要法律部门。但对何谓商法，由于各大法系的基本理论和立法基点不同，其界定也就有所不同。②

在大陆法系中，注重对商事行为的规范，从商行为本位立场出发，以规范商事行为为立

---

① 据"有人统计，在我国台湾地区的'商事登记法'中，相关条文所列举的各种商业竟达 32 款之多。当然，'商'的范围虽然广泛，但却没有也不可能有一个统一的确定标准，其具体范围，只能依据各国民商法的规定而定"。见覃有土：《商法学》，第 4 页。

② 对商法概念的界定问题，有学者指出，"什么是商法，是由各国法学家们下的定义，并不是立法者在法律中予以界定。由于法学家们的法学观念和价值取向不同，各自对商事活动范围和商法调整范围认识有异，因此他们对商法的定义亦自然有异"。同上。

法基点的国家,即坚持所谓客观主义标准的国家,将商法界定为规范商事行为的特别法,以法国为典型代表①;而注重对商事主体即商人的规范,从商人本位立场出发,以规范商人为立法基点的国家,即坚持所谓主观主义标准的国家,将商法界定为规范商人的特别法,以德国为典型代表;而注重对商事行为和商事主体综合规范,以综合规范商事行为和商事主体为立法基点的国家,即坚持所谓折衷主义标准的国家,一般将商法界定为关于商事活动的特别法,一般认为日本属于坚持这种立法立场的国家。

在英美法系国家中,毫无疑问伴随市场经济发展的商法仍然很发达。只不过在这些国家中,既没有独立的民法典和商法典,也没有法律上的商法概念,加之一向注重实证分析和功利原则,缺乏大陆法系国家的理论推导习惯,所以对商法概念更是缺乏统一的界定。比如,在英国,有观点认为,商法就是对商事交易具有特殊意义法律的总称,而有的观点则认为,商法就是合同法和财产法中有关企业以及商业惯例内容的一个概括性概念。在美国,有权威法律辞书将商法界定为商法是调整商事关系的全部法律制度的总称,而其他的解释则认为,商法是指那些与商人相关的法律,或根据美国宪法的规定,商法是有关商业交易的法律,而不是单纯有关商人的法律。②

在我国,学者们从民商合一和商法属于民法的特别法的基本认识出发,对商法概念进行了界定。其中,代表性的观点有:(1)"商法也称为商事法,是指规定商人和商行为的法。"(2)"商法是市场交易的基本行为准则。"(3)"商法是指调整商事交易主体在其商行为中所形成的法律关系,即商事关系的法律规范的总称。"(4)"商法,亦称商事法,是指调整商事关系的法律规范的总称。"(5)"现代意义上的商法,应当是规范市场主体和市场行为的法律规范的总称,而不仅仅是规范市场主体(公司、合伙、独资企业)或市场行为(票据、保险、海商、破产)的法律。"③

以上观点,除了将商法界定为市场交易基本行为准则的观点外(上述第二种观点),大致可分为两类,一类将商法界定为调整商事关系法律规范的总称(上述第三、第四种观点),而另一类将商法理解为有关商主体和商行为的法律(上述第一、第五种观点)。各类观点都有其合理性,都从不同的角度揭示了商法的某些本质特征。从法律一般以主体的权利义务关系为调整对象,作为其规范,其功效不仅要涉及主体本身,还必然波及主体的行为的角度来看,通观上述观点,可以认为,商法是以商事关系为调整对象,规定商事主体和商事行为的法律规范的总称。

2. 商法的多层含义

(1) 商法可分为形式意义上的商法和实质意义上的商法。形式意义上的商法,一般是指坚持民商分立法律体系的国家所制定的,以"商法"命名的规范法律文件。据介绍,目前世界上有法国、德国、日本、比利时、意大利、西班牙、葡萄牙等大约40多个国家制定了独立的

---

① 有权威学者认为,1807年的法国商法典首创了客观主义立法体系,但现行的法国商法典已放弃了这种立法体系,反而成为折中主义立法体系的典型代表。现今仍然坚持这种立法体系的是1885年的西班牙商法典。详见王保树:《商法总论》,第41页。
② 详见覃有土:《商法概论》,第5页。
③ 以上代表性观点,(1)见王保树:《商法》,第1页;(2)见徐学鹿:《什么是现代商法》,第13页;(3)见范健:《商法》,第7页;(4)见覃有土:《商法学》,第4页;(5)见赵中孚:《商法总论》,第6页。

商法典。① 实质意义上的商法则是指以商事为其规范对象所制定的各种法律规范,是一切调整商事关系的法律规范的总称。严格讲,形式意义上的商法只存在于民商分立的国家中,而实质意义上的商法存在于所有国家。

(2) 实质意义上的商法又可分为广义的商法和狭义的商法。广义的商法,是对全部商事法律规范的总称,它包括国际商事法和国内商事法两大部分。国际商事法是指国际法中有关商事的国际公约、双边条约和多边条约以及国际商事惯例等;国内商事法则是指一国制定的适用于本国商事活动的法律规范。② 狭义的商法,是专指国内商法中的商事私法规范体系。在商法学领域,一般都以狭义的商法为研究对象,通常所说的商法一般也都指的是狭义的商法。

(3) 商法就其内容而言,又可分为商事组织法和商事行为法。商事组织法一般是关于商事主体以及商事活动基础条件和手段的规定,与商事主体的诞生、运营以及消灭等商事主体的生命过程有关的商事规范的总称就属于商事组织法的内容,主要包括对商事主体的成立、公司制度、商业登记、商业账簿、商事辅助和商事代理、商号以及商事主体的治理机制、商事主体的解散、破产、清算等的规定。商事行为法是规定商事交易本身的法律、法规。可以说我国目前的票据法、证券法、保险法、海商法等的大部分内容属于商行为法。③

以上关于商法的多层含义、分类的论述都是相对而言的。从各国商法的内容来看,商法的形式意义和实质意义的差距在日益缩小,商法的国际性规范和国内规范相互交错,商事组织法和商事行为法相互结合,商法的公法规范和私法规范相互交融。所以,要绝对地区分国际商法和国内商法,商事公法和商事私法,商事组织法和商事行为法等已变得极为困难。④

二、商法的基本特征

在整个法律体系中,与商法最邻近的法律是民法。从本质上说,商法和民法是一致的,都属于私法范畴。⑤ 只不过民法为一般私法,而商法就成了民法的特别法。另外,为了维护商事交易秩序,保障商事交易安全,保护消费者权益,国家对商法进行了一定的公法干预,使商法具有了一定意义上的公法性,但这并不改变商法在本质上仍为私法的性质。

商法不仅是私法,而且还是一部以权利为本位的法律。也就是说,商法就其内容而言,不仅大部分规范由规定商事主体的权利和如何保护这些权利的规范所构成,而且在私法自治和营业自由原则的指导下,在立法形式上设置了大量授权性规范。作为私法和权利法的

---

① 转引自覃有土:《商法概论》,第6页;施天涛:《商法学》,第7页。更有学者明确指出,实际上,近年来随着东欧前社会主义国家重新确立传统意义上的民商事制度,制定或恢复《商法典》的国家队伍有了大幅扩展。其实,拥有《商法典》的国家一直占大陆法系国家的多数。见杨继:《商法通则统一制定的必要性和可行性》,载《法学》2006年第2期,第73—74页。

② 有学者又将国内商事法细分为商事公法和商事私法,并认为商事公法就是有关商事的公法规范,所规定的法律关系中有一方当事人为公权力者或被授予公权者,商事私法就是私法中调整平等主体间商事关系的法律规范。详见王保树:《商法》,第2页。

③ 有关商事组织法和商事行为法的详细论述,参见同上书,第70—71页。

④ 对于公法与私法相互交融的情况,就像有学者所说,"商法虽属私法,但却存在有公法性质的规范,这表现了公法、私法在商法中的相互渗透。"对于组织法与行为法的关系,有学者同样明确指出,"在商法内部,组织法与行为法并非是绝对化的。……商法的组织法与行为法的结合是多层次的。"前者见赵旭东:《商法学》,第6页,后者见王保树:《商法总论》,第71页。

⑤ 关于公私法划分标准学说的介绍,参见梁慧星:《民法总论》(第四版),法律出版社2011年版,第32—33页。

商法,与其他部门法相比,具有如下几个方面的基本特征:

(一)商法具有明显的营利性

营利性是指经济主体通过经营活动而获取经济利益的特性,这是市场经济得以存续的价值基础。商法是有关商人和商行为的市场经济社会的基本法,必然要考虑营利这一市场经济基本特征的要求。所以商法中的许多重要制度的设计,都充分反映了营利性特征。正如有学者所分析的那样,商法不仅确立了市场经济中商人进行营利的合理性,而且商主体本身就是商法基于营利目的所创制的主体,商人必然以营利活动为其职业,商法以保护商主体的营利所得为其主要职责,并对商行为的制度设计体现了通过当事人的意思自治来实现其利益最大化的理念。[①]

(二)商法具有一定的公法性

作为私法范畴的商法其规范自然具有很强的任意性和选择性。但是,以意思自治和契约自由等重大原则为理念支撑的市场经济,却内生性地会出现垄断、不正当竞争以及侵害消费者利益乃至公共利益的弊端。为了克服这些弊端,公平合理地调整社会各阶层的利益关系,国家加强了对私法领域的干预,这在商法领域尤为明显。现在的商法中,不仅设置了大量体现国家意志的强制性规定,比如有关商事登记、信息披露以及财务会计制度等的规定,而且还输入了不少刑法、经济法、行政法等方面的公法规范,比如有关刑事处罚、行政罚款以及公权力监督制度等的规定大多属于此类公法规范,从而使商法中的许多规范具有了国家干预的特性,使商法具有了一定的公法性。尽管如此,商法就其本质而言仍属于私法范畴,受私法基本原则和精神的支配。

(三)商法具有较强的技术性

相对于民法而言,商法是一部实践性很强的法律,它对市场经济的调整作用是很直接、很具体的。在市场经济中有什么样的市场交易方式和市场交易内容,也就有什么样的商法规范。商法对市场交易主体、交易方式、交易内容以及交易必须遵循的规则等都作了十分具体的规定,具有很强的可操作性和技术性。比如,商法有关股票、票据、提单等有价证券的设计,海商法中海损的理算规则设计,近代公司制度的设计等,都体现了明显的技术性特征。[②]再从条款的理解和适用角度而言,商法的这种技术性特征主要表现在对商法条款的理解和适用需要一定的专业知识和经验,这与只为市场经济社会提供一般规则,其条款大多属于伦理性条款[③],或叫理性规范的民法有着明显的不同。

(四)商法具有显著的国际性

商法是直接规范市场经济的法律,而市场经济具有跨地域、跨国界、超越民族文化限制

[①] 详见樊涛、王延川:《商法总论》,第23—24页。
[②] 参见刘为民、衣淑玲:《论现代商法的独立性》,载《黑龙江省政法管理干部学院学报》2006年第1期,第66页;刘宏渭:《商法总则基本问题研究》,华中科技大学出版社2013年版,第43页。
[③] 伦理性条款是凭社会主体的一般常识和伦理判断就可确定其行为性质,而不需要当事人必须有丰富的法律专业知识和专业判断能力。见赵万一:《商法》,第5页。

而自发成长的本质属性。① 特别是自20世纪以来,随着现代化大生产规模的不断扩大,几乎所有的国家和地区都参与了国际分工与合作,国与国之间的经济交往越来越密切,一国的经济只能从世界经济的互补性中求得发展。这种世界经济全球化、世界商事一体化和国际统一大市场的形成,必然促使商法规范在全球范围内高度趋同化,具有日益显著的国际性特征。这主要表现在,一是国际社会制定了大量有关商事活动的国际公约和国际惯例且在不断增加。② 二是国际间相继成立了一系列旨在推动商法一体化的国际组织,如国际商事委员会、国际商事仲裁委员会、世界贸易组织(WTO)等。三是各国不断修改本国商法之规范,使其在很大程度上与国际商事法律、惯例协调一致。正如德国学者所言:尽管自20世纪以来世界各国所经历的私法统一化过程可能包含更广泛的含义,但这一法律统一化过程首先是从商法开始的。

三、商法的基本原则

商法的基本原则是指由商法所确认的,反映了商法的本质和基本精神,商事主体和商事活动所必须遵循的,对商事立法、司法和司法解释具有重要指导意义,对整个商法制度体系构建起着统领作用的基本准则。

当然,商法作为民法的特别法,近现代民法所确立的私权神圣原则、意思自治原则以及过错责任原则等重大原则同样适用于商法。但作为其特别法的商法毕竟有着自己不同于民法的调整对象,因而在上述民法重大原则的基础上形成了自己特有的基本原则体系。尽管各国对商法基本原则的理解和归纳有所不同,但我们认为应该有以下几项基本原则。

(一) 市场准入严格法定原则

为了有效保护交易相对人的利益,维护正常稳定的市场经济秩序,各国商法首先以大量的强制性规范对商事主体的市场准入作了严格而明确的规定,确立了商事主体市场准入严格法定原则。这一基本原则主要包括商事主体类型法定、商事主体条件法定和商事主体准入市场程序法定等三个方面的内容。

商事主体类型法定是指商法对商事主体的类型作了明确规定,投资者只能按照这种法定的主体类型而设立商事主体,在变更商事主体类型时只能在法定类型范围内做出选择。比如,我国的公司法只规定了有限责任公司和股份有限公司两种,所以在我国公司只能以这两种形态存在。商事主体条件法定是指商法对商事主体设立的实质性条件作了明确规定,比如,我国《公司法》对设立有限责任公司和股份有限公司形式的商事主体必须具备的条件作出了明确规定(见该法第23、77条的规定),不具备这些法定条件者不得成为这两种形式的商事主体。商事主体设立程序法定是指商法对商事主体设立时的程序和步骤作出了明确

---

① 对于市场经济的这种自发性扩展本质,马克思曾非常形象地描述道:"资产阶级,由于开拓了世界市场,使一切国家的生产和消费都成了世界性的了。不管反动派怎样惋惜,资产阶级还是挖掉了工业脚下的民族基础。古老的民族工业被消灭了,并且每天还在被消灭。他们被新的工业排挤掉了,新的工业的建立已经成为一切文明民族的生命攸关的问题;这些工业所加工的,已经不是本地的原料,而是来自极其遥远的地区的原料;它们的产品不仅供本国消费,而且同时供世界各地消费。旧的、靠国产品来满足的需要,被新的、要靠极其遥远的国家和地带的产品来满足的需要所代替了"。见《马克思恩格斯选集》(第1卷),人民出版社1972年版,第254页以下。

② 有关国际商事立法情况,参见覃有土:《商法学》,第8页;施天涛:《商法学》,第11页以下。

规定,不经过这些法定程序和步骤,商事主体就不能成立。①

(二) 维护交易公平原则

维护交易公平原则亦称公平交易原则,是民法上的公平原则在商法中的具体适用,总体上属于伦理道德在法律上的反映。具体而言,交易公平原则是指商事主体本着公平观念从事商行为,行使权利和履行义务。在商事交易中务必兼顾他人利益和社会公共利益,在与他人利益和社会公共利益的平衡中实现自己的利益。公平交易原则主要体现在商事主体地位平等和诚实信用两个方面。商事主体地位平等主要强调主体任何一方不得享有法律上的特权和特殊地位,这是实现公平交易的前提条件。诚实信用主要强调商事主体在从事商行为时必须讲诚实、守信用,且以善意的方式行使权利和履行义务,不得通过损害他人和社会利益的方式获取自己的利益,这是实现公平交易的基础条件。

(三) 保障交易简便、迅捷原则

保障交易简便、迅捷原则简称交易便捷原则,是指商事主体在商事交易中力争做到交易周期短,交易成本低,交易次数多和资金利润率高,实现以最小资源消耗追求最大经济效益的目的。② 这一原则主要体现在交易简便、短期时效和定型化交易规则三个方面。③ 交易简便主要是指商法在商行为方面规定了一些明确且具体的行为方式,尽量简化商事交易人的协议过程,简便交易手续和内容,保证交易的简便迅捷。短期时效是指商法对商事主体的各种请求权规定了比民法时效期间较短的时效规范。比如我国《民法通则》规定的普通债权诉讼时效为2年(《民法通则》第135条),而我国《票据法》所规定的持票人对支票出票人的权利自出票日起6个月内不行使而消灭,持票人对前手的再追索权自清偿日或者被提起诉讼之日起3个月内不行使而消灭(《票据法》第17条第1款第2、4项)。④ 定型化交易规则是指商法将商事主体的权利和义务尽量证券化和格式化,比如公司股东权利的股票化,公司债券权利的债券化以及仓储、运输货物的提取请求权实现提单、仓单化等,并通过这种方式使商事行为定型化、标准化,简化权利转让、义务认定的程序和过程,从而保证交易的简便迅捷。⑤

(四) 保障交易安全原则

保障交易安全原则亦称交易安全原则,是指在商事交易活动中,交易各方都要对交易的主要内容予以充分公示,使交易相对人能够知晓交易实情,作出真实的意思表示,并通过充分体现外观主义、严格责任主义等一系列重要原则的技术性规范,有效保障交易安全进行。主要表现在,一是在商事交易中,各方必须对交易内容和变化情况予以充分明确的公示或通

---

① 比如,根据我国《公司法》的规定,如果不严格履行"发起人制定公司章程""股东缴纳出资""申请设立登记"以及"登记机关颁发营业执照"等市场准入程序,就不得设立以有限责任公司形式的商事主体。详见王作全:《公司法学》,第61—62页。

② 参见钱玉林:《商法的价值、功能及其定位——兼与史际春、陈岳琴商榷》,载《中国法学》2001年第5期,第35页。

③ 也有学者从(1) 契约的形式简化;(2) 契约内容的格式化;(3) 资产的证券化;(4) 票据行为的无因性;以及(5) 消灭时效的短期化等方面进行了分析和概括。见陈本寒:《商法新论》,第47—50页的论述。

④ 商法的这种短时效主义在日本民商法中尤为明显。比如《日本民法典》第167条第1款规定,"债权因10年间不行使而消灭",其第2款规定,"债权或所有权以外的财产权,因20年间不行使而消灭"。而《日本商法典》第522条则规定,"因商行为而产生的债权,除本法另有规定的除外,5年间不行使该权利时因时效而消灭。但其他法令已规定了比5年更短的时效期间时从其规定。"

⑤ 有学者指出,商法上,权利的证券化几乎涉及了交易的所有环节。如公司股票、公司债券、提单、票据等。这些以证券表彰的权利,借以背书或交付制度,可以适应大量的交易及迅捷、灵活的交易。钱玉林:《商法的价值、功能及其定位——兼与史际春、陈岳琴商榷》,载《中国法学》2001年第5期,第36页。

知,使交易相对人能够及时、准确地知晓实情,确保意思表示真实。商法甚至以有关这方面的规范确立了所谓的公示主义原则。二是禁止欺诈和不正当竞争行为。商法中禁止虚假商事记载、登记、公示、公告以及通知的规定,禁止竞业的规定等也相当普遍。三是商法积极采用要式主义、外观主义、严格责任主义等,确保交易安全。所谓要式主义是指商法对重要的商事文书,如公司章程、招股说明书等,明确规定了必须记载事项和相应格式,目的在于使当事人在重要事项上不能有疏漏。所谓外观主义是指商法规定以当事人的行为外观为标准而认定其行为的法律效果。比如公司法中的表见经理人制度以及表见代表董事制度等就是该原则的体现。所谓严格责任主义是指商法对商事主体、尤其是商事主体的负责人规定了严格的义务和责任。比如我国《公司法》有关股份有限公司发起人在公司不能成立时对认购人承担返还已交纳股款并加算银行同期存款利息的连带责任的规定(《公司法》第95条),《票据法》有关汇票的出票人、背书人、承兑人和保证人对持票人承担连带责任的规定(《票据法》第68条)等,就体现严格责任主义的立法原则。

(五)企业维持强化原则

在现代商法理论中,商人就是企业,二者几乎可以划等号。所谓企业,是指以营利为目的有计划地反复地开展营业活动的经济实体,营利性、计划性、连续性以及独立性自然就成了一种组织体是否是企业的重要因素。① 在现代市场经济社会的条件下,企业,尤其是通过公司形式等实现了规模化经营的企业,从其内部而言,为大量社会成员提供了无数就业岗位,成了企业员工以及其家庭维持生计、追求事业的重要存在。从其外部而言,是社会财富的创造者,社会成员所需消费品和各种服务的提供者,更是国民经济的基本单位和重要经济基础。

商法正是基于企业的上述重要性,将维持和强化企业作为商法的基本精神,确立了企业维持强化原则。不仅从企业容易结集劳动力,集中资本,有利于其生存和发展的角度,创立了多项重要制度,比如商业使用人制度、代理商制度以及以法人资格和股东的有限责任原则为基石的公司制度等,都是这些重要制度的具体体现。而且为了确保企业的独立性,分散和减轻企业经营的风险,同样建立了诸多重要商法制度,比如商法有关营业所、商号和企业法人的规定,以及有关有限责任制度和保险制度的规定等,就是这些制度的典型内容。不仅如此,为了防止对于企业员工、债权人、一般消费者和国家乃至社会都无益处的企业的无端灭失,商法通过创立营业转让、合并分立、组织变更、重组、和解乃至更生等多项有效制度,积极满足企业维持的客观要求,彰显商法的时代价值。②

我国商法学权威学者不仅从"保护投资自由,方便企业成立""资本集中""员工及员工补充"以及"确保企业独立性"等方面分析了商法的企业维持强化原则,而且从防范企业破产、解散风险的角度,认为商法为此还建立了诸多重要制度。③

---

① 参见〔日〕末永敏和:《商法总则·商行为法——基础与展开》,第4页。
② 商法的这一重要基本原则,在日本的商法理论中受到了普遍重视和强调。参见〔日〕莲井良宪、平田伊和男编:《新现代商法入门》(第三版),日本法律文化社2006年版,第12—14页;〔日〕服部荣三、北泽正启:《商法》,第6页;〔日〕井口茂、鹰取信哉:《商法的基础知识》,第9页等。
③ 详见王保树:《中国商法》,第26—27页。

第二节 商法的地位和调整对象

一、商法的地位

(一) 商法是现代法律体系中的一个独立法律部门

无论在外国,还是在我国,商法都是现代法律体系中的重要法律部门。一般来说,判断某种法是否成为一个独立的法律部门的标准,就是看它是否具有独特的、仅属于它自己的调整对象和调节机制。商法之所以成为现代法律体系中的重要法律部门之一,就是因为它有着不同于民法、经济法等法律部门的,仅属于它自己的独特调整对象和调整方式或调节机制。

简单说,商事主体在商事活动中形成的商事关系就是商法的调整对象。这种商事关系以主体公司化、客体种类化、以营利为目的且反复进行这种营利性活动为重要特征,与民法、经济法等法律部门所调整的法律关系明显不同,从而使商法获得了独立存在的价值。商法独立存在的价值还在于它有独特的法律调节机制,与民法的意思自治调节机制和经济法的宏观管理调节机制不同,商法采用的是营利性调节机制。

再从立法成果看,根据社会调整商事关系的客观需要,作为有关商主体的法律,我国先后制定实施了公司法、独资企业法、合伙法、全民所有制企业法以及其他企业法,建立了民法或经济法等其他法律部门所完全无法替代的商人法制度体系。作为有关商事行为的法律,先后制定实施了票据法、保险法、证券法、海商法以及企业破产法等,构建了较完整的我国商行为法制度体系,这些内容同样是其他法律部门所无法替代的。

此外,商法作为一个独立的法律部门在外国已有二三百年成文法的历史了,这也是判断商法独立性所不可忽视的客观事实。

(二) 商法与民法、经济法等的关系

商法作为法律体系中的部门法,必然与其他法律部门发生密切关系。准确把握商法与其他部门法,尤其是最邻近的民法、经济法等的关系,是正确理解商法地位和重要性不可缺少的方面。

1. 商法与民法的关系

商法和民法是市场经济社会的两大基本法,也是私法领域的重要组成部分,其关系十分密切。简单说,民法是市场经济社会的一般法,商法则是市场经济社会的特别法,两者的关系是一般法和特别法的关系。[①]

但商法毕竟是民法的特别法,必然有诸多与民法不同的特别规定。相比较而言,这些特别规定主要表现在以下三个方面。其一,对民法个别规定的补充变更,如商法关于商事时效和法定利息的规定。以日本法的规定为例,日本民法规定债权因 10 年间不行使而消灭(《日本民法典》第 167 条第 1 款),但日本商法所规定的债权的诉讼时效为 5 年(《日本商法典》第

---

① 对民法和商法的关系,有学者坚持了历史分析的方法,认为在简单商品生产时代,交易从属于家庭,民法与商法的关系是你中有我,我中有你的关系;中世纪商法的出现,表明了市场交易关系完全不同于家庭关系,二者分道扬镳已露端倪;进入现代,商法与民法截然分开,商法调整市场交易关系,民法调整家庭关系。详见徐学鹿:《什么是现代商法》,第 213 页。

522条)。还有日本民法规定的法定利率为年5%(《日本民法典》第404条),而商法则规定,"因商行为而产生的债务,其法定利率为年6%"(《日本商法典》第514条)。其二,对民法一般制度的特殊化规定,商法中此类规定占多数。如商法关于公司的规定就是对民法中法人制度的特殊化规定。其三,创设民法所没有的特殊制度。商法中此类规定也不少,如商法关于商人、商号、商业登记、商业账簿以及共同海损等的规定就属于商法所创设的特殊规定。①

由于民法与商法的关系属一般法与特别法的关系,自然在法律适用上必须要遵循以下原则。第一,民法的一般适用和补充适用原则。即民法关于权利能力,行为能力和责任能力、诚实信用和契约自由等方面的规定,一般要适用于商事事项。另外,凡是商法对某些商事事项未作特别规定的,民法的相关规定对商法就可补充适用。第二,商法的适用优先于民法的原则。即凡涉及有关商事的事项,应首先适用商法的规定,商法未予以规定的,才适用民法的相关规定。

2. 商法与经济法的关系

与商法相比,经济法是在特殊的历史背景下产生的,其历史也就没有商法那么悠久。我们知道,19世纪末20世纪初,西方资本主义经济由自由竞争阶段发展到垄断阶段。② 特别是第一次世界大战以后,西方资本主义国家的经济危机席卷了整个资本主义世界,各种社会矛盾日益尖锐,垄断严重破坏自由竞争,从而使整个社会经济秩序面临新的考验。为了缓和各种矛盾,稳定社会经济秩序,西方各国政府调整了国家对社会经济的政策,从以前的尽量少干预社会经济的政策,转变为实行积极干预社会经济的政策,从而制定了一系列能使国家积极干预社会经济的法律、法规。德国学者率先将这些法律、法规称为"经济法"。③

经济法出现后,它与商法的关系便成为学术界热心研究的重要课题之一。有的学者提出了商法和经济法合一的观点即商经合一说,主要理由是商法和经济法都是以企业为调整对象的法律。也有学者提出了相反的观点即商经分立说。认为商法和经济法从理念、机能到所调整的利益关系根本不同,因而两者不能合二为一,应合理分为两大不同的法域,商法具有独立存在的价值。④

我们认为,尽管商法和经济法都是与企业经济活动有关的法律;两者都具有一定的公法性等等,但商法和经济法的区别是极为明显的。在调整对象和范围方面,尽管二者都与企业有关,但商法仅以企业间基于营利性行为所发生的商事关系为调整对象,而经济法所要调整的是政府适度干预企业经济活动所形成的调控管理关系,二者的对象范围有很大不同。再从所使用的调节机制来看,商法使用的是营利调节机制,即如何保证平等商事主体在营业自由原则下合理营利的调节方法,而经济法所使用的是公权力适度干预调节机制,即保证政府适度干预的方法。此外,二者进行调整时所设定的利益目标也完全不同,商法以保护商主体的合法私权益为目标,而经济法更多地考虑的是社会整体利益和公平公正的市场竞争秩序。所以,商法和经济法不能合二为一,应分为两个法域,是两个独立的法律部门。

---

① 参见〔日〕鸿常夫:《商法总则》,第24—25页。
② 有学者甚至明确指出,"经济法是资本主义垄断时期国家对干预经济的产物。"钱玉林:《商法的价值、功能及其定位——兼与史际春、陈岳琴商榷》,载《中国法学》2001年第5期,第38页。
③ 〔日〕金泽良雄:《经济法概论》,满达人译,甘肃人民出版社1985年版,第5页,转引自王保树:《商法》,第10页。
④ 有关商法和经济法关系问题在国内外的讨论情况,详见同上书,第29页以下。

二、商法的调整对象

简单说,商法的调整对象就是商事关系。商事关系就是商事主体基于营利性行为所形成的特定的社会关系。对这种商事关系,尽管存在不同的观点①,但从调整对象的角度来看,将这种商事关系分为商事组织关系和商事行为关系两大部分更容易把握其内涵。作为商法关系重要内容的商事组织关系,主要反映的是商事主体在营利性行为中所形成的权利义务关系,既包括发起人、股东、经营者、清算人以及破产财产管理人等之间的内部关系,也包括商事主体与公权力监管(如商事登记)机构之间的外部关系。而商事行为关系主要指的是基于实施商行为所形成的商事主体之间的交易关系,除通常的买卖关系外,票据行为关系、证券行为关系以及保险行为关系等都应是商事行为关系的重要内容。

同民法、经济法等的调整对象相比,商法的调整对象具有如下特点:其一,商法所调整的是营利性主体,而不调整非营利性主体,并且这种营利性主体在现代社会主要表现为各种企业组织。其二,商法所调整的是营利性主体的营利行为,而不调整营利性主体的非营利行为。如企业所开展的文体活动,捐资慈善行为不属于商法所要调整的对象。其三,商法所调整的企业在经营活动中所形成的权利义务关系,其范围不仅包括了企业的内外关系,国家对企业实施法律监管所形成的关系,而且还包括了企业与出资者,企业与企业员工之间所形成的权利和财产关系。其四,商法所调整的营利性主体的营利行为必须具有连续性,那种偶发性,或一次性营利行为,严格来讲不属于商法调整的对象。

第三节 商法的历史沿革

一、商法的起源及形成

对于近现代意义上的商法的起源问题,尽管存在各种观点,但通说认为,近代商法起源于欧洲中世纪的商人习惯法,亦称商人法。正如有学者所言,"商法的历史虽然可以追溯到公元前300年的罗得岛法(Lex Rhodia),甚至更早的腓尼基人和希腊人的海事法,但真正对近代商事立法产生重大影响的,是中世纪欧洲地中海沿岸诸城市的商人习惯法"。②

在欧洲中世纪,随着商品经济的产生和发展,地处交通要道的地中海沿岸地区出现了许多商业经济较繁荣的城市,经商成为一种最具活力,聚财获利的职业,商人也就自然发展成了一个很有经济实力的阶层。新兴的商人阶层为了摆脱封建和宗教势力的束缚,维护自身利益,纷纷组织一种名为"商人基特尔"(Merchane Guild)的带有行会性质的组织。该行会组织凭借自己强大的经济实力,不仅争取到了相应的经济自治权和裁判权,而且以维护新兴商人阶层的利益为宗旨,根据商人间商事活动的习惯,制定了对行会组织内成员具有相当约束力的自治规约,并在行会组织内实施。商人阶层的这些自治规约就成了作为近代商法起源的中世纪的商人习惯法,即商人法。③

---

① 详见覃有土:《商法学》,第9—10页的论述。
② 钱玉林:《商法的价值、功能及其定位——兼与史际春、陈岳琴商榷》,载《中国法学》2001年第5期,第31页。
③ 还有学者论述了这些商人习惯法的高度统一性,详见王保树:《商法》,第31—32页的分析。

从立法技术来看,中世纪的商人法使用了大量罗马法的法律术语和权利义务观念,并吸收了教会法的善意、公平交易和信守合同的道德观念。从法律性质而言,中世纪的商人法在本质上只不过是不同地域的商人团体的各类不成文法的总称,属于商人团体的自治法,并非国家制定法,故其效力仅及于商人团体的成员。[①]

到欧洲中世纪末,特别是 16 世纪以后,随商品经济的进一步发展,统一的民族国家终于形成,早期的自治城邦日渐衰落。国家开始干预商事事务,并开始了初期的国家商事立法。作为商人自治法的商人习惯法也就被国家所制定商事法所取代。国家制定商事法最早出现于法国。一般认为,1673 年和 1681 年由法国国王路易十四分别颁发的《商事敕令》和《海事敕令》就属于最早的国家制定商法[②],随后欧洲大陆各国也就相继进入了国家商事立法的时代。这种初期的国家商事立法实际上是中世纪商人习惯法的继承和发展,因而在内容上既带有浓厚的商人法色彩,又反映了中央集权国家的根本意志。从历史意义来看,初期的国家商事立法为近代商法典的诞生奠定了坚实的基础。

二、外国近现代商法的历史沿革

(一)大陆法系国家的商事立法

商法不仅最早出现于大陆法系国家,而且大陆法系国家的商法也是世界商法体系中最完善、最具典型意义的一种法律体系。在大陆法系的商法中,1807 年的《法国商法典》[③]和 1897 年的《德国商法典》又最具代表性。其他大陆法系国家的商法都是在深受这两部商法典影响的基础上诞生的。继《法国商法典》和《德国商法典》之后制定的大陆法系国家商法中,日本商法也具有一定的代表性。

1. 法国商事法

法国商事法由《法国商法典》和与其相关的商事法规所构成。《法国商法典》是在 1789 年法国大革命取得胜利后,由拿破仑主持制定的。是近现代商法中最早的商法典,是一部具有划时代意义的商法典。法典共四编,648 条,即第一编通则(含公司、商行为和票据);第二编海商;第三编破产;第四编商事法院。《法国商法典》开创了民商法分立体制的先河,它的颁布标志着商法已取得了与民法同等的地位,受到同等重视。尽管《法国商法典》是在上述的《商事敕令》和《海商敕令》的基础上形成的,深受其影响,但较之这两个敕令已发生重大变化,即为了体现法国大革命以来的自由平等观念,否认商法只适用于商人的传统身份论做法,将商人法调整为商事行为法。

《法国商法典》虽然是一部划时代的商法典,但由于制定得较早,难免存在缺陷。比如存在法典中包括了诉讼法的内容,重视海商规范而忽视了对普通商事的规范以及有关股份有限公司的规定过少等问题。为了弥补其缺陷,完善商法体系,从 19 世纪下半叶起,法国根据

---

① 对欧洲中世纪商人法特点等的分析,详见范健:《商法》,第 23 页以下。
② 《商事敕令》共由 12 章 112 条构成,包括对商人、票据、破产、商事裁判的管辖等的规定,《海事敕令》分为 5 编,即海上裁判所、海员及船员、海商契约、港湾警察以及海上渔猎。这些商事法令对近代乃至现代商法产生了很大影响。见覃有土:《商法学》,第 11—12 页。
③ 实际上,在 19 世纪初,怀有强烈的政治意愿,树立了全新立法观念的法国人,在短短几年间一口气先后制定了《民法典》(1804 年)、《民事诉讼法典》(1806 年)、《商法典》(1807 年)、《刑法典》(1810 年)和《重罪审理法典》(1811 年)五大著名法典,开启了人类法制史上的辉煌篇章。一般将这五部著名法典统称为"拿破仑法典",当然,有时"拿破仑法典"仅指《法国民法典》。参见《法国商法典》(上册),罗结珍译,北京大学出版社 2015 年版,"译者序"第 1 页。

社会经济发展的需要,对商法典进行了多次修改完善,并制定了许多商事单行法对商法典进行了补充。其中较重要的有1867年的《股份公司法》、1909年的《商业财产买卖设质法》、1919年的《商业登记法》、1925年的《有限责任公司法》、1930年的《保险契约法》、1936年的《海上货物运输法》和1942年的《证券交易法》等。

在近现代商法起步阶段的19世纪,法国商事立法在整个大陆法系国家的商事立法中处于领先地位,受其影响而制定的商法典很多。主要有1821年《希腊商法典》、1829年《西班牙商法典》、1838年《荷兰商法典》、1850年《土耳其商法典》、1867年《比利时商法典》等等。这些国家的商法典都以法国商法为直接或间接的历史渊源,从而形成了法国商法法系。[1]

2. 德国商事法

与坚持行为主义即客观主义的法国商事法相比,德国商事法则坚持属人主义,即主观主义的立法原则。[2] 按照该原则,商人自然成为商法的核心概念,同样的行为,属于商人所为就适用商法,非商人所为就不适用商法。德国商事法由《德国商法典》和与之相关的商事法规所构成。德国在1871年以前长期处于分裂状态,当时只有受法国影响较大的普鲁士邦国制定了一些成文的商事法规。德国于1861年颁布了《普通德意志商法》,是德国最早的商法典(史称"旧商法")。1871年统一后,为了保持与民法典内容的协调关系,在对"旧商法"经过多次修改的基础上,于1897年颁布了德国新商法典。新《德国商法典》共五编,905条。即第一编商人身份;第二编商事企业及隐名合伙;第三编商业账簿;第四编商行为;第五编海商。

与《法国商法典》相比,《德国商法典》更好地体现了商法的基本特征,因此,它颁布后对于大陆法系国家的商法同样产生了极其重要的影响。较之《法国商法典》,它对法人的规定更加明确具体,其编纂体例也更为合理。在立法基准上,《德国商法典》放弃了行为主义而采用商人法主义,即以商主体作为确定商事行为和商事关系的标准,从而形成了有别于《法国商法典》的商事立法标准体系。[3]

与《德国商法典》相关的法规主要有1892年的《有限责任公司法》、1895年的《内水航行法》、1908年的《保险契约法》、1909年的《反不正当竞争法》以及此后制定的1871年的票据法、1965年的股份法、1976年的参与决定法和1994年的公司改组法等等。

德国商事法,特别是《德国商法典》的颁布,同样对大陆法系国家的商事立法产生了极其重要的影响。如奥地利、瑞典、挪威、丹麦、日本以及清朝末期的中国等国家的商事立法都直接或间接地受到了德国商事法的影响,都以德国商事法为蓝本而制定了本国的商事法。

3. 日本商事法

在亚洲,日本是较早开展近现代意义上的商事立法的国家,并且较快地建立了较为完善的商法体系。日本早在明治维新时期就开始了商事立法,1870年的《商船规则》、1872年的《国立银行条例》和1874年的《股份条例》等就是该时期商法立法的代表性成果。特别是其

---

[1] 范健:《商法》,第24页。
[2] 有学者认为1807年的《法国商法典》首创了客观主义法律体系,但现在的法国商法不在坚持这一体系。德国也于1998年对商法典做了有史以来力度最大的一次改革,彻底改变了原来以商人为核心构造商法体系的做法,形成了以商人和商行为为基础的新的商法体系。详见王保树:《商法总论》,第41页。
[3] 注意区别与中世纪商人法所包含的商人法主义的不同。《德国商法典》是从保障商人的营业自由的角度将商法定位为仅适用于商人营业的特别法,而中世纪的商人法是作为仅适用于具有商人身份的商人阶层的特别法而存在。参见〔日〕末敏永和:《商法总则·商行为法——基础与展开》,第9页。

中的《国立银行条例》"既是日本银行立法的开端,也是从法律上承认公司的开始"。① 明治23年(1890年),日本在上述立法的基础上,制定了商法典即旧商法典。但是,由于受当时"旧商法典实施延期论"的影响,只公布实施了其中的一部分,未能得到全面实施。鉴于此,日本政府又在明治32年(1899年)制定实施了新商法典。这部新商法典是以德国商法典为蓝本制定的,共由五编689条构成。即第一编总则;第二编公司;第三编商行为;第四编票据;第五编海商。

到明治44年(1911年)日本对商法典进行了涉及二百多条款的较大规模的修订,另外,日本为了参加1930年的《日内瓦票据和本票统一公约》和1931年的《统一支票公约》,分别于1932年和1933年在日内瓦统一公约的基础上制定了现行的票据法和支票法。并于1934年从商法典中删除了票据编。之后,又于1938年对商法典第一编和第二编进行了较大规模的修订,同时作为商法的重要特别法制定了《有限公司法》。从第二次世界大战后至今,对日本商法典,尤其是商法典中的公司编,进行了几十次的修订。进入21世纪以来,以公司制度为中心,日本商法典的修改更加频繁,特别是2005年,在整合《有限公司法》和商法典第二编公司等的基础上制定了独立的公司法典,从商法典中删去了公司编。2008年日本又制定了独立的《保险法》,从商法典第三编商行为中删除了第10章有关保险的规定。日本现行的商法典只有三编组成,即,第一编总则、第二编商行为和第三编海商,共851条。

日本在制定新商法典时把破产法独立出来,作为单行法制定实施。除了上述的《票据法》《支票法》《有限公司法》②《破产法》外,日本的商事特别法还有《不正当竞争防止法》(1934年)、《证券交易法》(1948年)、《公司重整法》(1952年)、《国际海上物品运送法》(1957年)、《商业登记法》(1963年)、《商法特例法》(1974年)③以及《船舶所有人责任限制法》(1975年)等。

(二) 英美法系国家的商事立法

英美法系国家的商事立法以英国和美国的商事立法为代表,而同英美法系国家的法律制度几乎都起源于英国一样,其商法也同样源于英国商法。在英美法系国家,严格讲只存在实质意义上的商法,而不存在形式意义上的商法。商法以大量的商事习惯法和判例法为主,也存在一些商事成文法,因而形成了习惯性、判例法和部分成文法并存的局面。④

在英国法中,商事法主要指由一般商事习惯法,判例以及部分成文商事法所形成的法律规范体系,一般要受到普通法和衡平法的支配。自19世纪中叶起,英国相继制定了一批成文商事法,主要有《泡沫公司条例》(1720年)、《票据法》(1882年)、《载货证券法》(1885年)、

---

① 王保树:《商法》,第34页。另据介绍,根据当时的《国立银行条例》,从1873年至1879年之间,设立的国立银行多达153家,1876年后陆续设立了不少私立银行,且都采取了股份公司形式。详见〔日〕岸田雅雄:《公司法入门》(第六版),日本经济新闻社2006年版,第75页。

② 日本1938年制定的《有限公司法》,经历了大约70年的发展后,被2005年制定的新公司法典所吸收,作为单行法规已不复存在。在新公司法典中,有限公司与股份公司实现了一体化,有限公司不再是法律上的公司组织形态了。详见〔日〕青竹正一:《新公司法》,日本信山社2006年版,第3页以下。

③ 《商法特例法》的全称为《有关股份公司监查等的商法特例法》,该法同样被2005年所制定的《日本公司法典》所吸收,已被废止。

④ 对于英美法系商事法的特点,有学者指出,"进入20世纪以后,英美法系的商法继续了实证主义的立法理念,强调商法的灵活、便捷、安全,强调商人的自治、自律、自裁,通过对商法的修订补充,使其本国商法继续保持着适时性,极大地促进了贸易的发展"。刘为民、衣淑玲:《论现代商法的独立性》,载《黑龙江省政法管理干部学院学报》2006年第1期,第65页。

《商事代理法》(1889年)、《合伙法》(1890年)、《商品买卖法》(1893年)、《商船法》(1894年)、《破产法》(1894年)、《海上保险法》(1906年)、《有限责任公司法》(1907年)以及后来陆续制定的《海运法》、《空运法》和《公司法》等。其中,1906年的《海上保险法》是一部在全世界最有影响的法律,对后来世界各国的保险立法产生了重大影响。

由于美国法律源于英国法律,是在继承英国法传统的基础上形成的,因而也是以习惯法和判例法为法律主要渊源。美国是在19世纪以后开始商事立法的,其商事法仍以英国普通法为基础。根据美国宪法规定,各州享有立法权,因而起初各州商事立法内容千差万别,给商事活动带来不便。为解决此问题,美国从19世纪末开始着手制定统一的商事规范,主要有《统一流通票据法》(1896年)、《统一买卖法》(1906年)、《统一仓库收据法》(1906年)、《统一股票转让法》(1909年)、《统一提单法》(1909年)、《统一附条件销售法》(1918年)以及后来制定的《统一信托收据法》等。

最为重要的是,美国于1952年将这些法规经过整理编纂公布了《统一商法典》。[①] 该《统一商法典》紧密结合商事交易的需要,对现实中的大量商事交易行为作了规定。因而其内容庞杂,由总则、买卖、租赁、商业证券、银行存款及收款、资金移转、信用证、大宗买卖、权利证券、投资证券、担保交易、生效日期以及经过规定等13编构成,但不包括公司法和保险法。[②] 由于该《统一商法典》充分反映了商事交易的理念,规定了诸多有利于商事交易的制度,所以对国际贸易立法等产生了积极影响,成为当今世界很有影响力的商法典之一。[③] 此外,美国在这一时期还制定了州际通商法,破产法,公司法,反托拉斯法等一系列商事法规。

受英美法系影响的还有澳大利亚、加拿大、印度、新加坡、马来西亚等国的商法。

三、我国的商事立法

(一) 旧中国的商事立法

在我国古代漫长的历史发展中,实行的是诸法合体、刑民不分、重刑轻民的法律体系,极少有独立的民商法立法体系。这种诸法合体、重刑轻民的法制形态反映了我国封建社会长期处于商品经济极不发达,未形成商人阶层的状况。

我国商事立法开始于清朝末年。清末由于国门被打开,随着中外商事交易日益增多,商品经济得到较快发展,商业日趋繁荣,清政府于1904年颁布了大清商律,仅包括规定十分简略的商人通例9条和公司律131条,其体例基本仿效日本商法,而内容则以德国商法为蓝本。1909年清政府再次草拟出较为完备的《大清商律草案》,但还未付诸决议,就因清政府覆灭而流产。

中华民国政府成立后,在提出"清代法律不与国体抵触者仍为有效"的方针,继续援用大清商律的同时,对清末未付诸决议的大清商律草案进行适当修改,于1914年1月公布了《公司条例》,同年3月公布了《商人通例》。之后,民国政府在经过"民商合一论"与"民商分立

---

① 美国《统一商法典》与大陆法系国家的商法典不同,它不是美国国会通过的法律,而是由一些带有民间性质的法律起草团体制定的,是一部供美国各州自由采用的样板法。幸运的是在美国现有50个州中除了路易斯安那州外(该州受大陆法系影响),其余州通过本州立法都采用了这部统一商法典。
② 对其内容的介绍,见覃有土:《商法学》,第19页以下;〔日〕鸿常夫:《商法总则》,第51页。
③ 赵旭东:《商法学》,第12页。

论"激烈争论后①,采取了民商法合一的立法体制,将一般商法总则中的经理人、代办商和商行为中的买卖、交互计算、行纪、仓库、运送、承揽运送等编入《民法典》的债编中。对商法中很难由民法进行规定的部分,如公司、票据、保险、海商等,则以单行法规形式制定颁布。所以,在1929年制定颁布了包括上述部分商法内容的民法典后,陆续颁布了作为商事单行法的《公司法》《票据法》《海商法》《保险法》《商业登记法》《商标法》《商事会计法》《银行法》《证券交易法》等。由此形成了我国民商法合一的体例。

(二) 新中国的商事立法

新中国成立后,及时废除了国民党的旧法统,决定重新建立与社会主义新中国相适应的法律体系。国家非常重视在社会主义制度下规范商事活动主体和商事行为的相关立法,制定颁布了众多有关商事方面的法规。在规范商事主体方面,1950年颁布的《私营企业暂行条例》和1954年颁布的《公私合营工业企业暂行条例》最有代表性。在规范商事行为方面,诸如《机关、国营企业、合作社签订合同契约暂行办法》《矿业暂行条例》《关于农村集市贸易的指示》等就属于这方面的商事法规。②

尽管如此,从新中国成立至党的十一届三中全会,由于经济体制和历史的原因,我国始终未能建立较完整的商事法律体系,实质意义的商法长期处于非系统化状态。

自党的十一届三中全会以后,我国进入了改革开放的新时代,随着经济体制的重大调整和转变,特别是社会主义市场经济体制的确立和深入发展,我国的民商事立法也就进入了一个最全面、最系统、最丰富的发展时期。

首先在规范商事主体方面,主要制定颁布了《全民所有制工业企业法》《城镇集体所有制企业条例》《私营企业暂行条例》《中外合资经营企业法》《中外合作经营企业法》《外资企业法》《公司法》《合伙企业法》《商业银行法》以及《个人独资企业法》等。其次在规范商事行为方面,《海商法》《保险法》《担保法》《证券法》《票据法》以及《合同法》等都是规范商行为的重要商事法。最后在规范市场、确立市场规则、完善商业管理方面,主要有《工商企业登记管理条例》《企业法人登记管理条例》《公司登记条例》《企业财务通则》《会计基本准则》《会计法》《发票管理暂行办法》《银行结算办法》《食品卫生法》《产品质量法》《消费者权益保护法》《反不正当竞争法》等等。

由此可见,自改革开放以来,我国制定、颁布大量旨在规范商事活动主体和商事行为的商事法规,这标志着我国商事立法日趋完善,商事法在我国法律体系中的地位越来越重要,我国全面完整的商法体系正在逐步形成。③

---

① 据有关文献介绍,在激烈的争论中"民商合一论"占了上风的两条主要理由是,一是认为在民法典之外还订立了商法典的国家,在历史的发展中出现了商人特殊阶层乃至阶级,基于每一特定身份的社会集团都应有专门法律的观念才走上了民商分立的道路,而我国并未出现商人特殊阶层,现实中也无民商之分,故不可盲目照搬。二是认为商人和商行为概念在现实中很难划分,故存商法典国家就商人和商行为的立法标准很不统一。如果我国在民法典之外再单立商法典,必然在法律适用上引起混乱。有关讨论的详细情况,见胡长清:《中国民法总论》,中国政法大学出版社1997年版,第25—29页的论述。

② 有关党的十一届三中全会前的商事立法情况,详见王卫国主编:《商法概论》,中国政法大学出版社2000年版,第17页。

③ 有观点认为,我国现行的商事法律规定存在如下特点:一是立法者仍然主张采用民商合一的立法体例,将上述商事单行法作为民事特别法看待。二是体系较为混乱,在立法技术和内容上,尚未理清普通法和特别法的关系。三是某些法律的规定不尽合理和完善。四是某些重要的商事法律仍然没有出台,如商事登记法等。这实际上指出了我国现在的商事立法所存在的某些不足,值得参考。详见陈本寒:《商法新论》,第36—37页。

前沿问题

◆ 我国商法制度体系问题

我国至今没有统一的商法典,因而商法的制度体系到底包括哪些内容,历来多有争论且属于理论层面的讨论。多数观点认为,我国的商法制度体系应包括商法总则(商人、商行为、商事登记、商号、营业以及商业账簿)、公司、证券、保险、票据、破产以及海商等方面的内容。但通过何种立法体系架构这些制度内容,涉及与民法的关系,意见分歧更大。概括说,有四种代表性观点:一是民商完全合一论,主张只制定民法典,商法的主要制度构建由民法承担;二是民商完全分立论,主张与民法典相独立,须制定统一的商法典,商法的制度构建主要由商法典完成;三是商事单行法辅助民法典论,主张不制定独立的商法典,商法的制度内容主要通过单行法构建;四是制定商事通则论,主张仅制定商事通则,规定商法的一般制度,其他制度构建继续单行法构建模式。实际上,商法制度立法体系问题,直接关乎商法制度建设的质量和效果问题,应高度重视,须深入系统研究。

【思考题】
1. 简述商法概念的基本含义。
2. 商法有哪些主要特征和基本原则?
3. 什么是商法的调整对象?如何正确理解商法与民法的关系?
4. 简述商法的历史沿革。

第二章

商事法律关系

【章首语】 任何法律都有自己特定的调整对象,并以此同其他法律相区别。商主体在商事活动中所形成的权利义务关系,即商事法律关系是商法的调整对象。商事法律关系是民事法律关系的特殊表现形式,二者既密切联系又严格区别。在商事法律关系中,商事主体和商事行为是两大最主要的因素,同时二者也是商法的两个最核心概念。

本章应着重学习有关商事法律关系的基本理论,商事主体的概念、特征、种类和商事主体资格的取得与丧失,以及商事行为的概念、特征,商事行为的种类以及商事代理行为等。

第一节 商事法律关系概述

一、商事法律关系的概念与特征

(一)商事法律关系的概念

所谓商事法律关系,是指按照商法规范所确认的商事关系①,其实质内容是商事主体基于商行为所形成的权利义务关系,是民事法律关系的一种特殊表现形式。

对于这种商事法律关系的内涵存在着不同的认识②,但我们认为,从私法的根本宗旨出发,考虑到与民法之间的关系,就像民事法律关系包括民事主体的财产关系和人身关系两大部分一样,商事法律关系也应该主要包括商事主体的商事财产关系和商事人身关系两大部分。其中的商事财产关系不仅包括内部商事财产的经营关系,也包括外部商事财产的交易关系。比如合伙经营关系、投资股份关系等就属于内部商事财产的经营关系,而买卖合同关系、股票交易关系等则属于外部商事财产的交易关系。同样,商事法律关系中的商事人身关系,同样包括商事主体内部人之间的管理关系和商事主体之间的人身关系两部分。如股份有限公司内部的股东、董事、经理和监事以及股东大会、董事会和监事会之间的组织管理关系属于前者,而商业名称权关系、商业信誉权关系等则属于后者。

---

① 有观点认为,从法律立场去确认错综复杂社会关系中的商事关系,就使商法成为必要。而商法努力对商事关系的系统确认和把握就导致了商法的法典化。因此,按照商法所确立的标准所把握的商事关系就是商事法律关系,为商法的调整对象。参见高在敏等:《商法》,第32—34、40—41页。

② 详见同上书,第53—54页的论述。

(二) 商事法律关系的特征

商事法律关系是民事法律关系的一种特殊表现形式,自然首先具有一般民事法律关系的属性和基本特征。但毕竟是一种特殊法律关系而非民事法律关系本身,所以必然具有不同于一般民事法律关系的某些特征。

1. 商人为法律关系的基本主体

从法律关系的主体来看,商人是商事法律关系的基本主体。在商事法律关系中,必须至少有一方是商人,而另一方可以是商人也可以是非商人。双方都不是商人的权利义务关系就不属于商事法律关系。

2. 商行为是法律关系的客体行为

从法律关系的客体来看,作为商事法律关系的客体的行为必须是以营利为目的且连续进行的商行为[①],其标的指向必然是具有交易属性的有形或无形的商品。

3. 经营性权利和义务为法律关系的内容

从法律关系的内容来看,作为商事法律关系内容的商事权利和商事义务,均具有营利性等特征,通常表现为商事主体所享有的经营性权利和所承担的经营性义务。不具有经营性的一般权利和义务就不是商事法律关系的内容。[②]

二、商事法律关系与民事法律关系

从二者的关系来讲,民事法律关系是一般法律关系,而商事法律关系则是一种特殊法律关系,或者说是民事法律关系的一种特殊表现形式。二者的关系是一种既有密切联系,又有明确区别的关系。

一方面,商事法律关系作为民事法律关系的一种特殊关系,必然具有民事法律关系的属性和基本特征。商事法律关系自然在民事法律关系之中,调整民事法律关系的民法的许多一般规范同样适用于商事法律关系。比如民法有关主体权利能力和行为能力的规定以及有关法人制度的规定等同样适用于商事主体。

另一方面,民事法律关系与商事法律关系并非是从外延到内涵完全一致的关系,而是一种一般与特殊的关系。随着市场经济的不断发展,商事活动在社会各类实践活动中居于越来越重要的地位,发挥着越来越重要的作用,各国法律也越来越关注商事活动,相继制定系统完整的商事法律规范对其加以特别调整,其中的大多数规范民法是所无法取代的。日本商法学者正是从商事法律关系与民事法律关系的这种关系出发,对于商事行为的法律适用给出了如下适用顺序:商事条约→商事特别法→商法典→商事习惯法→民事条约→民事特别法→民法典→民事习惯法。[③] 也正因为如此,在大陆法系国家中逐渐形成了专门调整商事活动的商法体系,不少国家走上了商法法典化的道路。

---

① 实际上,这种以营利为目的且连续进行的商行为,就应该是商法上所说的营业。因为,从商法的角度而言,营业就是一种以追求营利为目的的经营性活动。正因为如此,《德国商法典》第 1 条第 1 款规定,本法典所称的商人,是指经营营业的人。其第 2 款规定,营业指任何营利事业,但企业依种类或范围不要求以商人方式进行经营的,不在此限。参见肖海军:《营业权论》,第 22 页。
② 几乎相同的描述,见覃有土:《商法学》,第 36 页。
③ 详见〔日〕井口茂、鹰取信哉:《商法的基础知识》,第 7 页。

三、确认商事法律关系的标准

从大陆法系国家的商事立法实践来看,大致形成了如下的确认商事法律关系的标准。

1. 客观标准

所谓客观标准,是指在大陆法系有些国家的商事立法中,将商行为确定为判断商事法律关系的基本标准,因而在立法中首先规定商行为的条件和范围。凡是从事这种意义上的商行为而产生的法律关系就被确定为商事法律关系,自然受商法的调整,而不问这种商事法律关系的主体是否是商人。一般认为1807年的《法国商法典》首创了这种客观标准,并对尔后的其他国家产生了重要影响。[①]

2. 主观标准

所谓主观标准,是指在商事立法中将商人确定为判断商事法律关系的基本标准,因而在立法上首先规定何谓商人以及成为商人的条件,然后规定凡是商人作为营业活动所从事的行为都属于商行为,由该商行为所产生的法律关系就是商事法律关系。在大陆法系国家中,一般认为1897年的德国商法率先确立了这种主观标准,并且作为"集以往各种标准之所长,是迄今为止商事关系确认标准历史发展史上最为科学的标准"[②],对之后大陆法系国家的商事立法产生了重大影响。

3. 折中标准

所谓折中标准,是指在商事立法中尽量吸收主、客观两标准的长处,并将主、客观两个标准确定为判断商事法律关系的标准的做法。在坚持这一标准的国家商事立法中,首先将商行为区分为两种,即对于符合法律规定的某些特定行为,如票据行为、证券行为等不作主体限制,从这些行为的客观性质出发将其认定为商行为。而对于其他行为,比如一般买卖行为、租赁行为、委任行为等,则要作出明确的主体限制,只有是商人所为的行为才被认定为商行为,在这些商行为中形成的法律关系就是商事法律关系。一般认为,在大陆法系国家中,日本商法就采取了这种标准。[③]

第二节 商事主体

一、商事主体的概念与特征

(一)商事主体的概念

商事主体或商主体在传统商法中被称为商人,是指依照商法的规定,具有商事权利能力和商事行为能力,能够以自己的名义从事商事活动,享有商事权利,承担商事义务的自然人

[①] 有学者将这种客观标准也称为"纯粹的商行为主义标准",并认为这种标准是当时的法国人为了有效防止商法再度成为商人阶级的特权法所确立的标准,目的在于将商行为视为一种自然权利,能够普及到所有的法国国民。但这种使"商法国民化"的期待只有伴随事实上的"国民商人化"结果才有可能实现。这显然与实践的客观性相去甚远,必然产生诸多的破绽和弊端。所以法国又以1869年的《股份公司法》为开端,放弃了这种客观标准,转而采用了折中主义的标准。详见高在敏等:《商法》,第41—43页。

[②] 同上书,第44页。

[③] 也有观点认为,1899年的《日本商法典》所推出的商事法律关系确认标准,似乎还应被称做"新行为主义"的标准。同上书,第47页。

和法人组织。①

现代各国商法一般认为,从事某种商行为是成为商法意义上的商人的实质性条件,凡是具备该条件的自然人或组织都可依法定程序成为商事主体即商人。例如《法国商法典》第1条规定:"以实施商事行为作为其经常职业的人就是商人";《德国商法典》第1条第1款规定:"本法典所称的商人,指经营营业的人"②;《日本商法典》第4条第1款规定:"本法所称商人,指以自己名义,以实施商行为为业者"。从这些规定可看出,各国商法都以是否实施商行为,是否以商行为为业作为确定商事主体的实质性条件的,这也充分反映了各国商法都已完成了从早期商人法立场向现代商行为法立场的转变。

从现代各国商法有关商人概念的规定中,可看出成为商人须具备的三个条件。其一,须从事商法所规定的商行为;其二,须以自己的名义从事这种商行为,其实质在于商人能够成为商行为产生的权利义务之归属者,未必亲自实施行为,但行为的结果要落实到自己的利益得失上。③ 其三,须持续性地从事某一商行为,并将其作为自己的职业或营业。凡具备以上条件,并原则上依法定程序经过商事登记者均可成为商事主体即商法意义上的商人。

(二) 商事主体的特征

首先,商事主体须具备"商法赋予的特别能力"。④ 具体而言,这种能力就是主体具备法定的商人条件且按法定程序成为商事主体,并实施商行为的能力。显然,这种能力尽管以民事能力为基础,但是在该基础之上按照商法的规定所获取的一种特殊能力,又不同于一般民事能力。⑤

其次,商事主体必须从事商法所规定的商行为,原则上不是偶然性地,而是持续性地从事这种特定的商行为,将其作为职业或营业的人。此为商事主体最重要的特征,是商事主体有别于其他法律关系主体的关键所在。

再次,商事主体资格一般是依据法定程序经商事登记后才能获取。商事主体的这一特征既反映了商事主体资格的特殊性,又为社会严格管理商事主体提供了条件。

最后,商事主体须以自己的名义从事商事活动,独立地享有商事权利,承担商事义务。商事主体的这一特征将商事主体与商业辅助人等严格区别开来。⑥

---

① 也有学者认为不能把"商事主体"与"商人"混为一谈。商事主体,即商事法律关系主体,它是参加商事法律关系,并为权利、义务的归属者。商人是商事主体的主要组成部分,其范围小于商事主体。详见王保树:《中国商法》,第41、44—45页。其实,准确来讲商人是个法律概念,大多大陆法系国家的商法都对此做了规定。相比较而言,商事主体非法律概念,是商法学理论在分析商事法律关系时所使用的概念,在本质上完全相同,商人是商主体或商事主体的简称。参见施天涛:《商法学》,第44页注[1]。

② 也有学者认为应将该规定译为"本法所称的商人,是指能够实施商事行为者"。见高在敏等:《商法》,第44页注[32]。

③ 参见〔日〕服部荣三、北泽正启:《商法》,第11页。

④ 王保树:《商法总论》,第92页。该教授的解释与其他学者将这一条件解释为"商事主体必须是能够独立享有和承担民事权利义务的人"的观点有所不同。参见施天涛:《商法学》,第44页。应该说,从商法的"市场准入严格法定化原则"等来看,前者的解释更加合理。

⑤ 对两者的不同,有学者做了专门论述。详见赵旭东:《商法学》,第15页。

⑥ 在规模经营成为市场经济主流的今天,受商人委任或雇佣,代理商人实施商行为者就是一般意义上的商业辅助人。他们一般不以自己的名义而是以商人的名义实施商行为,其法律后果要归属于委任或雇佣了他们的商人。参见施天涛:《商法学》,第45页。

二、商事主体的类别

（一）商事主体的各种分类

现代各国的商法，尤其是有商法典的国家，根据各自的商法理论和商事实践，按照不同的分类标准对商事主体进行了分类。这种不同分类充分反映了各国商法对商事主体类别的不同认识和对商事主体进行控制管理的不同诉求。

1. 按组织形式可分为商个人、商法人和商合伙

按照商事主体的组织形态以及外部特征，将其划分为商个人、商法人和商合伙。(1) 商个人，又称"商自然人"或"个体商人"，是指按照法定程序取得商事主体资格，独立从事商行为，依法享有商法上的权利，承担其义务的自然人。(2) 商法人，又称"营利性法人"，我国立法称为"企业法人"，是指按照法定程序设立的，取得法人资格，独立地从事商行为，依法享有商法上的权利，承担其义务的社团组织。(3) 商合伙，又称"商业合伙"、"合伙企业"，是指由两个或两个以上的合伙人按照法律和合伙协议共同出资、共同经营、共享收益、共担风险、合伙人对合伙经营所产生的债务承担无限连带责任的商事组织。

2. 按是否经商事登记可分为法定商人、注册商人和任意商人

按照商事主体资格的取得是否需要商事登记的不同，将其划分为法定商人、注册商人和任意商人。法定商人是指是从事商法所规定的所谓绝对商行为，如商品买卖行为、证券交易以及票据交易等行为的商事主体，与是否进行了商事登记注册无关。注册商人是指惟有按照法定程序经过商事登记才可取得其资格的商事主体，比如我国法上的公司以及各类企业。所以，这类商人一般不以是否实施了法定的绝对商行为为前提条件，而是在注册登记核准的经营范围内开展营业活动即可。任意商人，又称"自由商人"，是指既不以实施法定绝对商行为为前提条件，又不需要进行登记注册，法律赋予登记注册自由选择权而存在的商事主体。这类商人多针对农林渔业以及附属行业而设，我国民法规定的农村家庭承包经营户就类似于此类商主体。

3. 按经营规模等可分为大商人和小商人

照商事主体是否完全适用商法规定以及其经营规模等的不同，将其划分为大商人和小商人。大商人又称"完全商人"，是指资本规模等符合法定要求，严格按法定程序设立，完全适用商法规定的商事主体。小商人又称"不完全商人"，是指虽以商法规定的某些商行为为营业内容，但其资本金在法定额以下，或其机构、营业活动不完全具备商人条件，可有条件地适用商法规定的商事主体，如小商户、个体小商贩等就属于此类商人。在立法例中，比如日本商法就规定，资本金不满50万日元，未组成公司者为小商人。对于此类小商人不适用商法有关商业登记、商号、店铺使用人以及商业账簿等的规定。①

4. 按是否以商行为为业可分为固有商人和拟制商人

按照商事主体是否以商法规定的商行为为营业内容，将其划分为固有商人和拟制商人。固有商人是以营利为目的，并以自己名义有计划地、反复连续地从事商法列举的商行为的商事主体。《日本商法典》第4条第1款规定，"本法所称商人，是指以自己的名义以实施商行为为业者"。拟制商人是指不以商法列举商行为作为其营业，但商法着眼于主体的经营方式

---

① 参见《日本商法典》第7条的规定。另参见〔日〕青竹正一：《改正商法总则·商行为法》，第14页以下。

和企业形态,仍将其视为商人的一种商事主体。因为该类主体所实施的营业行为并不是商法所列举的商行为,但商法又将其视为了商人,所以叫做拟制商人。《日本商法典》第4条第2款规定,"依店铺或其他类似的设施,以出卖物品为业者,或经营矿业者,虽不以实施商行为为业,也视为商人。"

(二) 商个人、商法人和商合伙为最基本分类

在以上有关商人的分类中,根据商事主体的组织状态将其划分为商个人、商法人和商合伙的分类是最基本的分类。以下除概念外对该分类中的商人类别再作一些具体分析。①

1. 商个人

(1) 商个人的特征及其条件。商个人实际上就是依照法定程序取得商事主体资格的自然人。同普通的自然人相比,作为商事主体的商个人具有如下特点。首先,商个人作为商事主体,在具有一般民事能力的基础上,依法享有商法上的权利,即取得商人资格并开展营业活动的能力,承担相应的义务。其次,商个人作为商事主体只能从事商行为,其所实施的其他行为属于民事行为,与商主体无关。再次,商个人须以自己的名义从事商行为,成为商行为所产生的权利义务的实际承担者,当然这与行为是否自己亲自所为无关。

自然人要成为商个人必须符合两个条件。其一,具备开展商事活动的条件。我国有关商主体的法律都对各类商主体规定了相应条件,实际上就是对主体商事能力的要求。其二,必须依照法定程序经商业登记注册方可成为商个人。在我国除了以农业经济(非工商业)为基础的农村承包经营户外,其他商个人,比如个体工商户、个人独资企业等都必须依法进行商业登记方可成为商个人。

(2) 商个人在我国法律上的具体形态。商个人在组织形式上通常表现为个人独资企业。在我国根据相关法律的规定,商个人主要有城镇个体工商户和农村承包经营户以及个人独资企业。

个体工商户,是指在法律允许的范围内,依法经核准登记,从事工商经营的商个人。个体工商户即可个人经营,也可以家庭方式经营,对其债务,个人经营的以个人财产,家庭经营的以家庭财产承担清偿责任;个体工商户可以使用字号,但在民事诉讼中,只能以核准登记的户名成为诉讼当事人(见《民法通则》第26—29条的规定)。

农村承包经营户,是指作为农村集体经济组织的成员,在法律允许的范围内,按照承包合同规定从事商品经营的商个人。不要求进行商业登记注册;其权利义务主要通过与农村集体经济组织之间的承包合同来确定;必须是农村集体经济组织的成员等是农村承包经营户的主要特征。此外,对其债务的承担,与个体工商户相同(见《民法通则》第27—29条的规定)。②

个人独资企业,是指依照《个人独资企业法》的规定设立,由一个自然人投资,财产为投

---

① 以上分类大多是根据有商法典的国家的商法规定所进行的学理分类,自然各种分类都能从商法中找到相应规定。我国既没有商法典,也没有商事法规对商人以及商行为概念作出规定,因而这些分类更属于学理上的分类,当然,我国现实中的诸多商事主体也能从上述分类中找到其化身。所以,有必要尽快制定我国的商法典或商事通则,对商人及其商行为作出明确界定。

② 1988年4月公布的最高人民法院《关于贯彻执行〈中华人民共和国民法通则〉若干问题的意见(试行)》第41、43、47、48、57条等也对个体工商户和农村承包经营户做了相关规定。此外,《城乡个体工商户管理暂行条例》《农村土地承包法》以及《物权法》等也都是确定此类商个人法律地位的法规。

资人个人所有,投资人以其个人财产对企业债务承担无限清偿责任的商个人(见《个人独资企业法》第 2 条)。属于非法人企业;由一个自然人投资设立的企业;尽管不妨碍委任他人或聘用他人进行管理,但在本质上属于投资人自己经营和控制的企业;其经营后果(利益与债务)完全由投资人自己承担的企业等是个人独资企业的特征。我国于 1999 年 8 月颁布的《个人独资企业法》是规范此类商个人的基本法律。

2. 商法人

(1) 商法人的主要特征。在现代市场经济社会中,商法人是一种最重要且最为普遍的商事主体[①],具有不同于其他商事主体的法律特征。其一,商法人具有与其成员或投资设立者完全独立的法律人格即法人资格,其实质在于完全以自己名义从事商行为及诉讼活动。其二,商法人具有与其成员或投资设立者完全独立的责任财产和财产权,其实质在于商法人以自己的财产独立承担经营债务。其三,商法人具有自己统一的组织机构,商法人一般有自己的意思决定机构、业务执行机构和业务监督机构等。其四,商法人对其债权人承担的是有限责任,其基本含义是商法人以其全部财产独立承担民事责任,其成员仅以出资额为限度对商法人债务承担有限责任。

(2) 商法人在我国法律上的具体形态。商法人在不同国家的商法中有不同的类型,例如日本 2005 年修改前的商法所规定的商法人主要有无限公司、两合公司、股份有限公司和有限责任公司等几种形式,2005 年制定的《公司法》所规定的商法人主要有股份有限公司、无限公司、两合公司以及合同公司等。[②] 我国《民法通则》对法人分类没有采取大陆法系国家的通常做法,而是将法人分为了企业法人、机关法人、事业单位法人和社会团体法人(见《民法通则》第 3 章第 2、3 节的规定)。其中的企业法人就是我们这里所说的商法人。根据我国现行法律的规定,我国的商法人可分为以下几类:

其一,国有商法人。全称为全民所有制企业,简单说是由国家出资建立的商法人。依法律规定,国家所有权与企业经营权分离,国有商法人同样具有商法上的权利能力和行为能力,在经营范围内,可以依法从事各种商行为。我国于 1988 年 4 月颁布的《全民所有制工业企业法》以及 1992 年 7 月颁布的《全民所有制工业企业转换经营机制条例》是确认该类商法人的主要法规。

其二,集体商法人。全称为集体所有制企业,是由生产资料的劳动群众集体所有的单位出资设立的商法人。根据相关法规的规定又分为城镇集体所有制企业和乡村集体所有制企业两类。尽管我国目前还没有统一规范此类商法人的企业法,但于 1990 年 6 月颁布的《乡村集体所有制企业条例》和 1991 年 9 月颁布的《城镇集体所有制企业条例》就是确认此类商法人的主要法律依据。

其三,合营商法人。是由两个以上的法人组织共同出资并经工商登记注册而成立的合

[①] 在大陆法系的法理论中,法人首先分为公法人和私法人,前者是依照公法设立的法人,如国家机关、地方政权机构等,后者以依照私法设立的法人,种类较多。私法人一般又划分为财团法人与社团法人,前者是以人的集合为基础成立的法人,如公司就是社团法人,后者以财产的集合为基础设立的法人,如各类基金会为典型财团法人。在社团法人中又存在营利性社团法人和非营利性社团法人。商法意义的商法人是典型的营利性社团法人,在我国法律中将其称为企业法人。

[②] 见《日本公司法》第 2 条第 1 款、第 3 条的规定。对各种商法人的解释,见〔日〕前田庸:《公司法入门》,王作全译,第 8—13 页。

营性企业组织。我国《民法通则》第51条所规定的法人型联营就是合营商法人的典型形式。

其四,私营商法人。是由私人投资经营而取得法人资格,投资者以其出资额为限,商法人以其全部资产对外承担责任的商事组织。根据我国私营企业法和公司法的规定,私营商法人可以是私营企业,也可以是公司。我国现行的《公司法》和1988年6月颁布的《私营企业暂行条例》等是确认此类商法人的主要法规。

其五,外商投资商法人。是由外商投资并取得法人资格或符合法定条件而取得法人资格的商事企业组织。在我国现阶段,主要包括中外合资经营企业、中外合作经营企业、外商独资企业。我国于1979年颁布的《中外合资经营企业法》(2001年修订)、1986年颁布的《外资企业法》(2000年修订)以及1988年颁布的《中外合作经营企业法》(2000年修订)等,就是确认此类商法人的主要法律。①

3. 商合伙

对于商合伙是否具备法律主体地位问题,各国法学者和立法的态度不一。但近年来越来越多的学者肯定其主体地位,不少国家的法律在严格条件下赋予其主体地位。②

商合伙具有如下法律特征:其一,必须为两个或两个以上合伙人共同组建。其二,合伙协议是设立商合伙的基础条件。其三,商合伙的财产(包括共同出资部分和商合伙经营所形成部分等)为合伙共有财产,受法律有关共有财产规定的调整。其四,商合伙所从事营利性活动由合伙人共同经营,实质在于合伙人享有同等决策权,执行权和监督权,但这并不妨碍将其经营委托于某一合伙人或将某一合伙人推举为合伙经营负责人等。其五,商合伙的合伙人对合伙债务承担无限连带责任。

根据我国现行法规定,商合伙主要类型有:其一,《民法通则》等所规定的个人合伙和合伙型联营。③ 其二,我国《合伙企业法》所规定的合伙企业。根据该法规定,我国的合伙企业分为普通合伙企业、特殊的普通合伙企业以及有限合伙企业三类。普通合伙企业,是指由普通合伙人(指自然人而非法人等其他组织)组成,合伙人对合伙债务承担无限连带责任的商合伙;特殊的普通合伙企业,是指合伙人依据《合伙企业法》第57条的规定承担责任的商合伙。该法第57条规定,"一个合伙人或数个合伙人在执业活动中因故意或者重大过失造成合伙企业债务的,应承担无限责任或者无限连带责任,其他合伙人以其在合伙企业中的财产份额为限承担责任"。有限合伙企业,是指由普通合伙人和有限合伙人组成,前者对合伙企业债务承担无限连带责任,后者以其认缴的出资额为限对合伙企业债务承担责任的商合伙。④

(三)商事辅助人

1. 商事辅助人概念

商人随着其营业规模的扩大,全凭商人自己能力无法完成所有营业活动。这就需要借

---

① 在外商投资企业中,中外合资经营企业自依法成立就自然取得法人资格,成为公司法人,而中外合作经营企业和外资企业,只有符合我国法律关于法人条件规定的才能取得法人资格。所以中外合作经营企业和外资企业也有可能是非法人企业,成为合伙企业或个人独资企业。有关这方面的规定,见《中外合资经营企业法》第4条,《中外合资经营企业法实施条例》第2条,《中外合作经营企业法》第2条第2款以及《外资企业法》第8条等的规定。
② 参见王保树:《商法总论》,第99页。
③ 有关个人合伙,见《民法通则》第30—35条的规定;有关合伙型联营,见《民法通则》第52、53条的规定。
④ 还有一类商合伙叫做"隐名合伙",我国法律对此未作规定,详见施天涛:《商法学》,第57页以下的论述。

助他人的力量,让他人对其营业活动进行辅助。这种辅助商人开展营业活动者,就是商法意义上的商事辅助人。一般来讲,对商人营业活动的辅助人有以下两类。一类是像有些国家商法所规定的"商业使用人",即从属于某特定商人,辅助商人从事营业活动的人员,自己不是独立的商人。另一类本身是独立的商人,具体又分为与特定商人有长期业务关系的辅助商人,如代理商,以及和不特定多数商人有业务关系的辅助商人,如居间人、行纪人、运输商、仓库商等。可例图如下:

```
商事      ┌ 从属于商人的商业辅助人(原则上存在雇佣关系)……商业使用人(非独立商人)
辅助 ┤
人        └ 作为特定商人的商事辅助人 ┌ 作为独立商人的商事辅助人——代理商
                                      └ 作为不特定多数商人的商事辅助人——居间人、行纪人、运输商等
```

就商法的规范而言,有商法典的大陆法系国家,大多在商法中对商事辅助人作了规定。从日本商法的规定来看,由于商业使用人和代理商都是作为特定商人的辅助人,所以在商法总则中进行了规定,而对其他不特定的商业辅助人则在商行为法中进行了规定。①

作为独立商人的商事辅助人,由于其行为属于独立的商行为,其相关内容将在本章第三节即商行为部分中加以论述。以下主要对第一类商事辅助人即"商业使用人"进行说明。

2. 商业使用人

所谓商业使用人,是指原则上通过雇佣合同而从属于特定商人,以享有营业代理权为前提,辅助商人对外开展营业活动的人。这种关系中的商人一般称为营业主,它既可以是公司也可以是商个人。而商业使用人则根据其代理权的范围,一般包括经理人、代办人以及店铺使用人等。这种意义上的商业使用人,相对于商人的其他营业辅助人,如代理商、内部职员等,具有如下特点:一是商业使用人对商人具有从属性,这种关系一般是通过雇佣合同来确立。② 二是商业使用人必须享有营业代理权,即享有代理商人能够对外开展营业活动的职权。三是商业使用人的职责就是辅助商人对外开展营业活动,即代理商人与第三人发生交易行为。三者缺一就不成其为商业使用人,充其量是商人的代理商,或者是商人的不享有营业代理权的内部职员。

德国、日本等国的商法典都在总则中对商业使用人作出了具体规定,我国台湾地区则在民法债编中对经理人作了规定。以下根据《日本商法典》的规定,重点对作为商业使用人的经理人、代办人以及店铺使用人进行简要介绍。③

(1) 经理人。由于经理人是最重要的商业使用人,所以日本商法不仅规定商人可以设经理人,而且对经理人的总括性代理权以及代理权的不可限制性、经理人的选任与退任、经理人的义务以及基于"外观信赖保护理论"的表见经理人制度等,作了详尽而周到的规定。日本商法所规定的经理人,是指由商人或商人的代理人选任,享有代理商人实施有关营业的一切诉讼上行为或诉讼外行为为职权的商业使用人。由于经理人的这一总括性营业代理权属

---

① 可见,商业辅助人概念的范围要广于商业使用人概念,将商业辅助人等同于商业使用人的表述值得研究。参见施天涛:《商法学》,第46页;覃有土:《商法学》,第48页等等。
② 当然,也有观点认为,雇佣关系不是某类辅助人成为商业使用人的必要条件,他们之间存在的委任关系才是商业使用人成立的重要条件,并举例说商人让其亲友代理自己对外开展营业活动,他们之间存在委任关系但不存在雇佣关系。详见〔日〕鸿常夫:《商法总则》,第163页。
③ 更详尽的内容,参见王作全:《日本商法上的商业使用人制度及其启示》,载《甘肃政法学院学报》2010年第6期。

于法定职权,所以只要是商人所选任的经理人,就当然享有这一总括性营业代理权,自然具有不可限制性。因此,商人对其所进行的限制即便在内部有效也不得以此对抗善意的第三人(见《日本商法典》第 21 条第 1、3 款的规定)。

对于经理人的义务,一般来说适用民法有关雇佣的规定,但日本商法根据经理人的特殊性,对经理人课以特别的不作为义务,具体规定了经理人的自己营业禁止义务和竞业禁止义务。前者是为了防止经理人分散精力,保证全力为商人履行职务所作的规定,后者是为了防止经理人利用所熟知的营业机密,牺牲商人利益谋取自己或第三人利益的行为所作的规定。经理人违反上述义务时,商人可解任经理人,也可请求损害赔偿。在这种情况下,经理人或第三人因其交易所获得的利益额将被推定为商人的损失额(见《日本商法典》第 23 条等的规定)。

另外,为了维护善意第三人的利益,日本商法还规定所有将本店或分店营业负责人一类名称附加于某使用人时,有关诉讼上的行为除外,视为其享有与本店或分店经理人相同的职权(见《日本商法典》第 24 条)。这就是所谓的表见经理人制度,同表见代表董事制度的宗旨相一致。

经理人由商人自己或商人的代理人选任。经理人的解任一般要依据民法所规定事由的出现进行。① 此外,经理人享有的是营业代理权,所以商人营业的废止、公司的解散也会成为解任经理人的事由。需要注意的是,在商个人的情况下,营业主的死亡不成为经理人解任的事由(见《日本商法典》第 506 条)。这是因为与商人相比,经理人与营业有着直接联系,这样做既可以避免在继承营业时,因经理人权限的消灭而发生营业的中断,又可以保护交易之安全。

(2)代办人。日本商法还对接受某种营业或特定事项委任的商业使用人,即大多是现代企业中就受托的某种营业或特定事项能够对外开展营业活动的部长,科长(主任)以及职员等代办人作了规定。这些商业使用人对于受委任的事项,除诉讼行为外有实施一切行为的职权。可见,所谓代办人,是指就商人所委托的某种营业或特定事项,享有除诉讼行为外可实施一切有关营业上行为的商业使用人。这类代办人的代理权被严格限定在受委任的某种营业或特定事项方面,与上述经理人的总括性代理权是有区别的。但在受委任事项范围内,除诉讼行为外,可实施一切行为,并且商人对这种商业使用人职权所进行的限制,同样不能用来对抗善意的第三人(见《日本商法典》第 25 条的规定)。另外,这类商业使用人,从他们的较广泛的营业代理权和与商人的雇佣关系来看,同经理人一样也应承担特定的不作为义务,即自己营业禁止义务和竞业禁止义务。

(3)店铺使用人。《日本商法典》第 26 条规定,"以物品的贩卖等(指贩卖、租赁以及其他类似的行为,下同)为目的的店铺使用人,可视为享有进行该店铺物品贩卖等职权的使用人"。其宗旨在于既便商人对这些使用人没有赋予出售、租赁物品的权限,但从保护善意第三人、维护交易安全的关系来看,有必要视为他们享有出售、租赁物品的权限。根据此规定可将店铺使用人的这种权限解释为一种表见代理权。②

随着我国社会主义市场经济的深入发展,上述日本商法所规定的那些最常见、最普遍的商业使用人,在我国市场经济的实践活动中也随处可见。

---

① 详见《日本民法典》第 111 条、第 651 条、第 653 条等的规定。
② 上述有关日本商法所规定的商业使用人制度的论述,详见〔日〕服部荣三、北泽正启:《商法》,第 76—80 页;〔日〕大隅健一郎、今井宏:《商法概说①》,第 33—38 页;〔日〕近藤光男:《商法总则、商行为法》,第 79—95 页。

但由于我国现行法律缺乏对这些商业使用人的规定，这类商业使用人应如何产生、享有何种营业代理权、应承担何种义务和责任等问题，都缺乏应有的法律制度构建，围绕这类使用人的民商事纠纷如何解决，更是成了商法适用中的疑难问题。因此，建议大胆借鉴日本商法等有关商业使用人的制度规定，结合我国市场经济发展的实践经验，应当尽快建立我国较系统的商业使用人制度。并且由于商业使用人制度是普遍适用于所有商人的制度，最理想的做法当然应在商法总则中进行安排，至少也应在类似于民法通则的商法通则或商事通则中进行规定。

三、商事主体资格的取得与丧失

简单说，所谓商事主体资格就是权利义务主体以营利为目的，从事商事活动而成为商人的资格。因此，商事主体资格的取得与丧失，实际上就是权利义务主体（包括自然人和法人等）成为商人和丧失商人资格的事实，关键在于取得与丧失这种资格的时期如何确定。由于自然人与法人等组织因基本属性不同，其主体资格的取得与丧失是有区别的。

（一）自然人商事主体资格的取得与丧失

1. 自然人商事主体资格的取得

按照大陆法系民商法理论，一般认为自然人与其性别、年龄、以及行为能力等无关，可通过从事商法所规定的某类营利性活动而成为商人，取得商事主体资格。① 并且没有必要将商事主体资格取得的时期确定为其营业行为真正开始之时，行为人基于营业目的实施营业开业准备行为如租赁店铺、雇用商业使用人等，并通过这种开业准备行为客观地实现其营业意思之时就是资格取得的时期。但对自然人取得商事主体资格的时期学术界有争论，并提出了"表白行为说""营业意思主观实现说""营业意思客观认识可能说"以及"营业意思的主客观统一说"等学说，多数观点支持其中的"营业意思主观实现说"。②

需要注意的是民事行为能力欠缺者作为商人开展营业活动时必须要采取必要的补充措施。其一，未成年人成为商人必须得到法定代理人之同意，或由法定代理人代理其营业活动。在这种情况下，为了保护交易相对人的利益，有些国家法律规定须依法登记。其二，无民事行为能力的精神病人，多数情况下由于法律对其未规定营业许可制度，所以只有在监护人代理其营业的情况下才能成为商人，取得商事主体资格，并同样须依法进行登记。其三，限制民事行为能力的精神病人，法律仍然对其未规定营业许可制度，另外，其保护人又不是法定代理人。所以，按照日本民法典的规定，只有经过家庭法院的判决，在得到保护人同意选任经理人，由经理人代理其营业活动的情况下才能成为商人。③

根据我国《民法通则》的规定，10周岁以上的未成年人和不能完全辨认自己行为的精神病人属于限制民事行为能力人，10周岁以下的未成年人和不能辨认自己行为的精神病人属于无民事行为能力人。对于前者，超出其年龄、智力以及精神健康状况的民事活动，由其法定代理人代理或征得其法定代理人同意方可进行，对于后者，只有在法定代理人代理的情况

---

① 〔日〕大隅健一郎、今井宏：《商法概说①》，第18页。
② 有关这方面的论述，详见〔日〕鸿常夫：《商法总则》，第109—111页；〔日〕近藤光男：《商法总则·商行为法》，第24—25页；王保树：《商法》，第49页。
③ 有关这方面的详细论述，参〔日〕大隅健一郎、今井宏：《商法概说①》，第19页。

下方可实施(《民法通则》第12、13条的规定)。所以,按此规定,限制民事行为能力人只有在其法定代理人代理其营业或征得法定代理人同意的情况下才能成为商人,而无民事行为能力人只有在其法定代理人代理其营业的情况下才能成为商人。

按照我国法律的规定,自然人通过开展营业活动要成为商人(农村承包经营户除外),须依法进行工商登记并经核准取得营业执照。所以,我国自然人取得商事主体资格的时间就是依法核准登记并取得营业执照之日。

2. 自然人商事主体资格的丧失

通说认为,自然人因终止其营业而丧失商事主体资格。其时期并非是营业终止之时,而是善后事务处理完备之时。但在我国无论是个人独资企业、合伙组织还是企业法人,其营业终止须进行注销登记并收回营业执照。所以,自然人的商事主体资格应从完成注销登记并由工商行政管理部门收回营业执照之时丧失。①

(二)法人商事主体资格的取得与消灭

一般来讲,法人只要所从事的营业活动不与其设立的经营范围相矛盾,就可以成为商人,取得商事主体资格。按照大陆法系国家的民商法理论,法人首先分为公法人和私法人。在公法人中,其设立目的由法律明确规定的公法人,如土地规划管理机构、公立教育机构等,不能成为商人,因为其单一或专职的公共设立目的已被法律做了明确规定。而象各级政府这样的机关法人,其业务范围广泛且不特定,为完成其自身的任务,可从事营利性事业,由此而成为商人,取得商事主体资格。其资格的取得与丧失时期与自然人相同,即通过其营业开业准备行为客观地实现其营业意思之时。对于这类公法人所从事的商行为,法律无特别规定的适用商法之规定。② 另外,由国家授权的投资机构和部门,凡授权前不具备商事主体资格的,其资格的取得与消灭与国家授权的生效与消灭同步。凡授权前已具有商事主体资格的,该资格的取得与消灭同法人资格的取得与消灭相同。私法人中具有法人资格的企业(含公司)即我国民法通则所规定的企业法人,从成立时起就是商人,具有商事主体资格,其这种资格的取得与丧失时期同法人格的取得与丧失时期完全相同。

根据我国法律规定,设立企业法人须向工商行政管理部门申请设立登记,经核准登记,签发企业法人营业执照,企业法人即可成立。所以企业法人自营业执照签发之日起取得商事主体资格。企业法人终止须向工商行政管理部门申请注销登记。经核准注销登记并收回企业法人营业执照时,企业法人终止,其商事主体资格也就同时消灭。

事业单位法人依法允许从事商行为的,其商事主体资格的取得与丧失,与上述企业法人相同。③

[相关案例]2-1 商人资格的取得时期④

1959年12月,Y等4人商定共同开展煤炭买卖营业,并签订了各自提供一定的劳务,通

---

① 我国法律有关自然人商事主体依法办理设立登记以及注销登记的规定,见《民法通则》第26条(个体工商户)、第33条(个人合伙);《个人独资企业法》第14、32条;《合伙企业法》第10、11、90条等。
② 〔日〕大隅健一郎、今井宏:《商法概说①》,第18—19页。
③ 参见王保树:《商法》,第50页。
④ 案例来源,详见〔日〕江头宪治郎、山下友信:《商法(总则·商行为)判例百选》,第8页。

过融资得到营业资金的合伙协议。之后又签订了 X 以其所有的土地、房屋提供担保,甲提供 10 万日元贷款的担保贷款合同,担保期限为 2 个月。但 Y 等合伙人因到期后未能返还贷款,甲按约定开始了担保权实现程序。此时,X 为了保住自己的土地、房屋等的所有权,主动向甲支付 17 万日元,并以 Y 等合伙人不履行担保合同的债务为理由将 Y 等告上法庭,请求 Y 等合伙人连带支付损害赔偿金 17 万日元。

一审、二审法院均将该担保合同认定为附属商行为(Y 等依此行为已取得商人资格)[①],支持了 X 的请求。但 Y 以 Y 等还未实现共同营业,该担保合同不属于营业的准备行为,故 Y 等人还未取得商人资格为由提出了上诉。但终审法院驳回了 Y 的上诉请求。理由是该担保合同明显属于为了营业的准备行为,属于商行为,应适用商法有关商行为债务连带性的规定。[②]

第三节　商事行为

一、商事行为的概念与特征

(一)商事行为的概念

商事行为简称为商行为,是大陆法系国家商法中的又一重要概念,与商人概念并列是大陆法系国家商法的两大核心概念,共同构成了商法制度体系的基础。与商人概念一样,商行为概念对理解商法各项制度具有重要意义。

1. 界定商行为概念的不同标准

如上所述,由于大陆法系国家的商事立法采取了不同的立法原则和立场,因而对商行为概念有着不同的规定、认识和理解。其分歧的焦点在于,商行为是惟有商主体所从事的行为,还是一般主体实施惟有商法所规定行为之行为。对此,坚持客观主义标准的商法,将重点放在商行为方面,先规定商行为概念,再从商行为概念中引申出商人概念,即认为凡是实施商法所规定商行为者为商人。一般认为 1807 年的《法国商法典》坚持的就是这一标准。[③]坚持主观主义标准的商法,立足于商人概念,先规定商人概念,再从商人概念中引申出商行为概念,即认为凡是商人所实施的行为就是商行为。一般认为 1897 年的《德国商法典》率先确立了该立法原则和立场。比如,《德国商法典》第 343 条第 1 款规定,"商行为是指一个商人所实施的、属于其商事营利事业经营的一切行为"。坚持折中主义标准的商法,既重视商行为概念也重视商人概念,不仅对商人概念做了规定,而且同样立足于行为的营利性特点列举了商行为。一般认为《日本商法典》和经过重大修改的现行《法国商法典》就是这种立法标准的典型代表。比如,《日本商法典》第 4 条规定了何谓商人(即所谓的固定商人和拟制商

[①] 在审级制度方面日本实行的是三审终审制度,即一般案件经过三次不同的审级审理即告结束的制度。详见冷罗生:《日本现代审判制度》,中国政法大学出版社 2003 年版,第 76—77 页。另外,根据《日本商法典》的规定,附属商行为,就是商人为其营业所实施的行为。见该法第 503 条的规定。

[②] 因为,《日本商法典》第 511 条第 1 款明确规定,"有数人时,为了其中一人或全部成员通过构成商行为的行为已负有债务时,该债务由各自连带承担"。

[③] 参见赵旭东:《商法学》,第 18 页。

人),又在该法典第 501、502、503 条中分别列举或规定了所谓的绝对商行为、营业性商行为以及附属商行为等。其附属商行为是从商人概念中所引出的概念,所以将其称为附属商行为。[①]

2. 商行为概念的界定

在我国,商行为概念也不是法律上的概念,仅为商法理论中所使用的概念而已。因此对商行为概念含义的界定很难统一,尽管都认同了商行为的营利性本质特征,但内容表述存在较大差异。比如:(1)有观点认为,"商行为是营利性行为和营业上实施的行为"。(2)也有观点认为,"商行为是商主体以营利为目的、旨在设立、变更或消灭商事法律关系的经营性行为"。(3)还有观点认为,"商事行为,亦称商行为,是指商事主体基于一定的意思表示旨在发生所预期的法律效果的法律行为,它是使法律关系得以产生、变更、终止的一种法律行为"。(4)此外、也有学者指出,"商行为又称'商业行为',是指以营利性营业为目的而从事的各种表意行为"。[②]

应该说上述有关商行为概念的观点,代表了我国商法学界目前对商行为概念认识的较权威水平,而且除个别观点外,都从不同角度揭示了商行为的两大本质特征,即其营利性和营业性。综合大陆法系国家商法对商行为的规定,结合上述观点所揭示的商行为的本质特征,所谓商行为,就是主体以营利为目的所实施的行为。既包括商法着眼于行为的绝对营利性客观性质所规定的绝对商行为,如商品买卖行为、证券、票据交易行为等,也包括商法着眼于营利性行为的连续性、反复性以及计划性即"营业性"所规定的营业性商行为,如各类生产制造加工行为等。还包括为营业所实施的,具有辅助营业功效的附属商行为,如为营业所进行的贷款行为等。从法律关系来看,这种商行为必然会伴随设立、变更或消灭商事关系的行为效果。

(二)商事行为的特征

与一般民事行为相比,商事行为具有如下鲜明特征,这些特征不仅突出了商法存在和发展的价值,而且促使商法成为独立于民法的法律制度体系且其重要性日益明显。

第一,商行为是一种以营利为目的的行为。具有营利性目的是商行为最主要的特征,该特征着眼于行为的目的或目标,而与特定商行为事实上是否营利无关。

第二,商行为是商主体以营利为目的所实施的行为。据此,有些国家的商法甚至规定,不是商主体所实施的行为就不能称其为商行为,对此不适用商法。

第三,商行为原则上是营业性行为,即营业性商行为占据了商行为的绝大部分,这与市场经济的深入广泛发展密切相关。该特征揭示的是大多商行为具备了营利性、连续性以及反复性等要素的营业性质。

二、商事行为的分类

商事行为的分类,对于明确商事行为概念的外延,正确把握内涵具有十分重要的意义。

[①] 〔日〕末永敏和:《商法总则·商行为法——基础与展开》,第 90 页;〔日〕青竹正一:《改正商法总则·商行为法》,第 20 页等。

[②] 上述观点,(1)见王保树:《商法》,第 41 页。(2)见赵旭东:《商法学》,第 17 页;(3)见施天涛:《商法学》,第 87 页;(4)见覃有土:《商法学》,第 49 页。

根据不同的标准可对商事行为作不同分类。

(一) 绝对商行为与相对商行为

这是根据行为的客观性质和确认条件所进行的分类,实行折衷主义和客观主义立法原则的国家一般采用这种分类。① 所谓绝对商行为,又称客观商行为,是指行为在客观上具有商性质,即绝对的营利性,并由商法所规定的行为。它具有客观性和无条件性,不以行为主体是商人和行为采取营业形式为要件。也就是说,这类行为无论是由商人实施还是由非商人实施,也无论是营业行为还是偶发性行为,均依商法之规定而认定为商行为。多数国家的商法将票据行为、证券交易所内的交易行为、保险行为和海商行为等规定为绝对商行为,日本商法还将投机买卖行为等也规定为绝对商行为。②

所谓相对商行为,是指在法律所规定的范围内,由商人所实施的营利性行为以及为了营业所实施的附属性商行为。此类行为是以主体是商人和行为采取营业形式为要件,由于其营利性没有绝对商行为那么明显和强烈,所以称为相对商行为。通常包括财产出租、加工制造、保管运送、承揽修缮、出版印刷、居间代理、娱乐服务等营业性商行为和为营业所进行的其他所有行为,如雇佣员工、借贷资金的行为等。《日本商法典》第502条所规定的12项营业性商行为和第503条所规定的附属商行为就属于相对商行为。

(二) 基本商行为与附属商行为

这是根据商行为在其主体成为商人的过程中所处的地位和作用不同而进行的分类,在现实中对于确认商行为的性质具有重要意义。所谓基本商行为,指的是营利性商行为的主要内容,使主体成为商人的基本行为。上述的绝对商行为和营业性商行为都属于基本商行为。没有基本商行为,大多主体就不能成为商人。

所谓附属商行为,又称辅助商行为,指的是商人为了营业所实施的行为。与上述的绝对商行为和营业性商行为不同,属于从商人概念中所引出的商行为概念,主要对基本商行为实现其营利目的发挥辅助作用,如广告行为、开业准备行为、仓储运送行为以及代理行为等。

(三) 单方商行为与双方商行为

这是根据行为人双方的主体资格而进行的分类。所谓单方商行为,是指行为人一方是商主体而另一方不是商主体所发生的商行为,如销售商与消费者之间的买卖行为等。单方商行为的法律适用,各国商法规定有所不同。一般来讲,大陆法系国家商法规定,只要行为人中有一方是商人,其交易行为适用商法之规定。而英美法系国家商法则规定,在此类行为中商法只适用于商人而不适用于非商人。

所谓双方商行为,是指行为人双方都是商主体所实施的商行为,如制造商与销售商之间的购销行为等。对于双方商行为的法律适用,各国商法规定都比较一致即双方商行为由商法规范。

(四) 固有商行为与推定商行为

这是大陆法系国家商法中的一种分类,是根据法律对商行为的认定方式所进行的分类。

---

① 有关商行为的不同规则方式,详见赵旭东:《商法学》,第17—18页;赵中孚:《商法总论》,第144—145页等。
② 详见《日本商法典》第501条的规定。当然,对日本商法的此条规定,也有不少质疑的观点认为,不管此类行为的营利性有多强,没有必要就连非商人仅限于一次所实施的行为都要认定为商行为,适用商法的规定。见〔日〕近藤光男:《商法总则·商行为法》,第27页。

所谓固有商行为,是指依据法律规定或法律列举可以直接认定的商行为。也有学者指出,是指商主体所实施的营利行为或商法典所确定的商行为。[①]

所谓推定商行为,是指不能直接根据法律的规定或列举来认定,而需要根据其行为的性质推定为商行为的行为,如非商主体以营利为目的所实施的信息咨询等,本来属于非商事主体实施的行为,加之又不具备绝对商行为那样明确的营利性,也不具备营业性商行为的那种"营业性"特征,但仍然属于营利性行为,故要推定为商行为,适用商法的规定。又比如,《日本商法典》第 503 条第 1 款规定,"商人为其营业所实施行为属于商行为"。这对商法人等而言容易理解,但对商个人而言,区分其行为是否为营业而为,存在困难。所以该条第 2 款又规定,"商人的行为被推定为为其营业所为",故要被推定为商行为。[②]

三、商事代理行为

(一)商事代理行为的概念

商事代理行为是指商事代理人以营利为目的,接受商事主体(被代理人、又称委托人)的委托,与第三人从事商行为,其法律后果直接归属于被代理人的商事行为。可见,商事代理行为是商行为的一种,因而必须要符合商法对商行为的规定要求。

商事代理制度与市场经济发展密切相关。一般认为,最早的商事代理出现在 11—12 世纪的欧洲地中海沿岸,特别是到了 13—15 世纪,随着欧洲海上贸易的出现和发展,商事代理有了长足的发展。到了资本主义社会,随着社会化大生产的出现和发展,商事代理得到了迅速发展,成为适用于各国的一项重要商事制度。商事代理制度在扩大商事主体的经营规模和范围,提高商事主体的经营管理水平,推动市场经济深入发展方面发挥着重要作用。据介绍,从商法的角度最早正式确立了商事代理制度的是 1897 年颁布的新《德国商法典》。此后各国纷纷效仿,商事代理作为一项法律制度而正式确立起来。[③]

从与民事法律的关系而言,商事代理是民事代理所派生出来的特殊形式,是民事代理在商事活动中的应用。因此,二者存有一定的渊源关系,具有诸多共同性。如实施代理行为须在授权范围内;实施代理行为须以维护被代理人合法利益为宗旨;实施代理行为不得滥用代理权,否则须承担民事责任等均为代理行为所必须遵循的规则。但商事代理毕竟是民事代理的特殊形式,与民事代理有着不同的特点和内容,可以说,是对民事代理的革新和发展。

(二)商事代理行为的特征

同民事代理行为相比,商事代理行为具有如下主要特征:

第一,商事代理只能由商事主体(被代理人)的授权委托而产生,不象民事代理除了委托代理外,还有法定代理和指定代理。一句话,商事代理就其类种而言只有委托代理。

第二,商事代理关系中的代理人必须是依法成立的商人或者属于获得营业代理权的代理人,或其行为必须符合商行为要件,而被代理人只能是商人。

第三,商事代理行为属于商行为,即是以营利为目的的行为,是一种有偿行为。所以在

[①] 范健:《商法》,第 55—56 页。
[②] 也有学者认为,《日本商法典》第 502 条有关营业性商行为的规定和第 503 条有关附属商行为的规定,均为推定商行为的规定。见陈本寒:《商法新论》,第 125 页。
[③] 覃有土:《商法学》,第 53 页。

商事代理关系中,商事代理人享有请求委托人支付佣金或报酬的请求权[①],而民事代理既可以是有偿的,也可以是无偿的,当事人无特别约定,一般按无偿行为处理。

第四,商事代理可以采取"非显名主义"原则。这与民事代理须采取"显名主义"原则是不同的。比如,《日本商法典》第504条就明确规定,商行为的代理人虽未表明为本人所为,其行为也对本人发生效力。但是,相对人不知其为本人所为时,无妨对代理人提出履行请求。[②]

(三) 商事代理行为的分类

商事代理行为根据不同标准可作不同分类。

1. 根据代理名义的不同,可将商事代理分为直接代理和间接代理

直接代理亦称"显名代理",是指商事代理人在代理权限内,以被代理人的名义实施代理行为,其法律后果直接归属被代理人的商事代理。间接代理亦称"非显名代理",是指商事代理人在代理权限内,以自己的名义实施代理行为,其法律后果间接归属被代理人的商事代理。这里所说的间接归属是指只有在代理人将代理行为所产生的法律后果移交给被代理人后,被代理人与第三人之间才能发生权利义务关系。

2. 根据代理权限之大小,可将商事代理分为一般代理和全权代理

所谓一般代理是指代理权受到一定限制(或受到区域、处所的限制,或受到业务种类、范围的限制等)的商事代理。而全权代理是指代理人的代理权不受特别限制,代理人可实施法律允许的一切行为的商事代理。当然这种全权代理是以被代理人在授权委托书中明定为要件的,否则,仍按一般代理而论。

3. 根据代理业务的范围,可将商事代理分为全部代理和部分代理

全部代理也称"总代理",是指代理人在确定的区域内,代理本人从事全部业务活动的商事代理。部分代理亦称"分代理",是指代理人在确定的区域只能代理本人从事某些业务活动的商事代理。

4. 根据代理权是否具有排他性,可将商事代理分为独家代理和多家代理

独家代理是指在与本人约定的地区代理人的代理权具有排他性的商事代理。这类代理表明,在同一地区被代理人不得将相同业务权授予其他代理商。多家代理是指代理人的代理权不具有排他性的商事代理。这意味着被代理人可以将自己的业务同时委托给两个或两个以上的代理商。

5. 根据代理人是否享有缔约权,可将商事代理分为缔约代理和媒介代理

缔约代理是指代理人有权(当然属被代理人授予的)与第三人订立契约的商事代理。媒介代理是指代理人仅有权促成被代理人与第三人订立契约,而无权代理被代理人直接与第三人订立契约的商事代理。[③]

---

① 《日本商法典》还规定了商事代理留置权,详见该法典第31条的规定,与我国《合同法》第422条所规定的行纪人的留置权其宗旨基本相同。

② 我国《合同法》第402、403也对代理的非显名性做了规定,但有学者认为,合同法的这些规定只承认了不完全意义上的"非显名主义"代理。详见王保树主编:《商法》,第91页。

③ 日本商法学者认为,在缔约代理商的情况下,所接受的是本人有关交易代理这种法律行为的委托,所以缔约代理属于民法上的委任关系,而在媒介代理商的情况下,受托人所接受的是有关交易媒介的事务委托并非是法律行为,所以媒介代理属于民法上的准委任关系。见〔日〕末永敏和:《商法总则·商行为法——基础与展开》,第72页。

【相关案例】2-2　空白支票填充权授予行为与商行为[①]

1949年9月底,日本大阪市的A证券公司须接受来自于财政局的资产监察。为了在形式上弥补公司资产的不足,其代表董事B向Y借用其出具的支票,并承若监察时若使用了该支票,该证券公司立即向Y出具相同金额的支票。Y答应了B的请求,并开出了授权填充其具体出票日的空白支票(金额87.5万日元)。另一方面,1950年9月,X向该证券公司借款80万日元,为确保按时还款取得了该证券公司出具的期票(金额相同)。1951年7月该证券公司停业清理整顿时,与上述期票交换的方式,X从B那里取得了上述的空白支票,但B提出请求说,公司的不动产处理后立即返还其借款,故请先不要填充空白支票进行承兑,X答应了该请求。但该证券公司处理了不动产后并未还款,X为了收回借款,行使空白支票填充权并向银行呈示要求承兑,但银行以该填充权已过时效为由拒绝承兑。无奈之下,X以Y为被告提起了支付支票金额的诉讼请求。一审、二审均支持了X的请求。但Y以空白支票填充权不是由商行为引起的债权,不能适用商法有关商事债权5年时效的规定为由提出上诉。终审法院驳回了Y的上诉请求,其理由为空白支票填充权授予行为相当于"有关票据的行为"(《日本商法典》第501条第4项),属于商行为,该填充权属于由商行为所产生的债权,应当适用商法有关时效的规定。

前沿问题

◆ 商人与商行为概念的界定问题

在大陆法系国家的商法传统中,商人与商行为是商法的两大核心概念,商事立法都必先确定这两大核心概念,然后在此基础上构建商法的各项制度,形成制度内容密切相连,逻辑关系严谨合理,规范逐步深入具体的制度体系。当然,因对主观的商人和客观的商行为孰重孰轻、孰先孰后等的不同理解,形成了所谓的主观主义、客观主义以及兼取二者长处的折中主义三大立法原则,但不管采取何种立法原则,对商人与商行为两大核心概念的界定是明确的。我国正在大力发展社会主义市场经济,应建立完整的商法制度体系,对此认识一致。但因受无商法典也无商事通则之影响,作为商法基础的两大核心概念至今无明确的法律界定,势必影响商法制度的构建和完善。因此,需在深入研究,提出系统理论的基础上,加快立法进程,完成法律界定两大核心概念的历史任务。

【思考题】

1. 简述商事法律关系与民事法律关系的异同。
2. 什么是商事主体？它有哪些特征？
3. 结合我国法律的相关规定,谈谈商事主体的分类。

---

① 案例来源,详见〔日〕江头宪治郎、山下友信:《商法(总则·商行为)判例百选》,第70页。

4. 什么是商事行为？它有哪些种类？
5. 简述商事代理行为。

【司法考试真题】

2-1 某普通合伙企业为内部管理与拓展市场的需要，决定聘请陈东为企业经营管理人。对此，下列哪一表述是正确的？（2015年）

A. 陈东可以同时具有合伙人身份
B. 对陈东的聘任须经全体合伙人的一致同意
C. 陈东作为经营管理人，有权以合伙企业的名义对外签订合同
D. 合伙企业对陈东对外代表合伙企业权利的限制，不得对抗第三人

2-2 李军退休后于2014年3月，以20万元加入某有限合伙企业，成为有限合伙人。后该企业的另一名有限合伙人退出，李军便成为唯一的有限合伙人。2014年6月，李军不幸发生车祸，虽经抢救保住性命，但已成为植物人。对此，下列哪一表述是正确的？（2015年）

A. 就李军入伙前该合伙企业的债务，李军仅需以20万元为限承担责任
B. 如李军因负债累累而丧失偿债能力，该合伙企业有权要求其退伙
C. 因李军已成为植物人，故该合伙企业有权要求其退伙
D. 因唯一的有限合伙人已成为植物人，故该有限合伙企业应转为普通合伙企业

2-3 徐某开设打印设计中心并以自己名义登记领取了个体工商户营业执照，该中心未起字号。不久，徐某应征入伍，将该中心转让给同学李某经营，未办理工商变更登记。后该中心承接广告公司业务，款项已收却未能按期交货，遭广告公司起诉。下列哪一选项是本案的适格被告？（2015年）

A. 李某
B. 李某和徐某
C. 李某和该中心
D. 李某、徐某和该中心

2-4 君平昌成律师事务所是一家采取特殊普通合伙形式设立的律师事务所，曾君、郭昌是其中的两名合伙人。在一次由曾君主办、郭昌辅办的诉讼代理业务中，因二人的重大过失而泄露客户商业秘密，导致该所对客户应承担巨额赔偿责任。关于该客户的求偿，下列哪些说法是正确的？（2015年）

A. 向该所主张全部赔偿责任
B. 向曾君主张无限连带赔偿责任
C. 向郭昌主张补充赔偿责任
D. 向该所其他合伙人主张连带赔偿责任

2-5 2010年5月，贾某以一套房屋作为投资，与几位朋友设立一家普通合伙企业，从事软件开发。2014年6月，贾某举家移民海外，故打算自合伙企业中退出。对此，下列哪一选项是正确的？（2014年）

A. 在合伙协议未约定合伙期限时，贾某向其他合伙人发出退伙通知后，即发生退伙效力
B. 因贾某的退伙，合伙企业须进行清算
C. 退伙后贾某可向合伙企业要求返还该房屋
D. 贾某对退伙前合伙企业的债务仍须承担无限连带责任

2-6 季大与季小兄弟二人，成年后各自立户，季大一直未婚。季大从所在村集体经济组织承包耕地若干。关于季大的土地承包经营权，下列哪些表述是正确的？（2014年）

A. 自土地承包经营权合同生效时设立

B. 如季大转让其土地承包经营权,则未经变更登记不发生转让的效力

C. 如季大死亡,则季小可以继承该土地承包经营权

D. 如季大死亡,则季小可以继承该耕地上未收割的农作物

2-7 通源商务中心为一家普通合伙企业,合伙人为赵某、钱某、孙某、李某、周某。就合伙事务的执行,合伙协议约定由赵某、钱某二人负责。下列哪些表述是正确的?(2014年)

A. 孙某仍有权以合伙企业的名义对外签订合同

B. 对赵某、钱某的业务执行行为,李某享有监督权

C. 对赵某、钱某的业务执行行为,周某享有异议权

D. 赵某以合伙企业名义对外签订合同时,钱某享有异议权

2-8 关于合伙企业与个人独资企业的表述,下列哪一选项是正确的?(2013年)

A. 二者的投资人都只能是自然人

B. 二者的投资人都一律承担无限责任

C. 个人独资企业可申请变更登记为普通合伙企业

D. 合伙企业不能申请变更登记为个人独资企业

2-9 关于事业单位法人,下列哪些选项是错误的?(2007年)

A. 所有事业单位法人的全部经费均来自国家财政拨款

B. 具备法人条件的事业单位从成立之日起取得法人资格

C. 国家举办的事业单位对其直接占有的动产享有所有权

D. 事业单位法人名誉权遭受侵害的,有权诉请精神损害赔偿

2-10 关于企业法人对其法定代表人行为承担民事责任的下列哪一表述是正确的?(2006年)

A. 仅对其合法的经营行为承担民事责任

B. 仅对其符合法人章程的经营行为承担民事责任

C. 仅对其以法人名义从事的经营行为承担民事责任

D. 仅对其符合法人登记经营范围的经营行为承担民事责任

2-11 关于土地承包经营权的设立,下列哪些表述是正确的?(2010年)

A. 自土地承包经营合同成立时设立

B. 自土地承包经营权合同生效时设立

C. 县级以上地方政府在土地承包经营权设立时应当发放土地承包经营权证

D. 县级以上地方政府应当对土地承包经营权登记造册,未经登记造册的,不得对抗善意第三人

第三章

有关商主体的若干重要商事制度

【章首语】 商法结合市场经济发展的需要,规定了极为丰富的商事制度,其中,有关商事主体的各项制度,可以说是整个商事制度体系的基础。在有关商事主体的各项制度中,商事登记制度、商号制度、营业制度以及商业账簿制度是最主要的制度。①

本章应重点学习商事登记、商号、营业和商业账簿等的概念、特征以及其法律效力;商号的选定、商号和营业的转让、商业账簿的保存制度等内容。

第一节 商事登记

一、商事登记概述

(一)商事登记的概念与特征

1. 商事登记的概念

商事登记亦称商业登记,简单说,就是商人(包括其代办人)按照商法规定的事项和要求,向登记机关提出登记申请,经登记机关核准在登记簿册上记载相关事项,其法律效果会引起商主体资格的取得、变更乃至终止的法律行为。② 从其性质而言,是当事人申请登记的行为和登记机关核准并进行登记的行为相结合的一种综合性行为,是国家对商事活动进行公权力干预和实施宏观调控的重要制度。③

2. 商事登记的特征

同其他商事法律制度相比,商事登记具有如下法律特征:

第一,商事登记是导致商事主体设立,变更或终止的法律行为,其目的在于使商事主体资格的取得和变化得到法律的确认,从而使商事登记成为商事主体对外公示其资格取得以

---

① 在日本的商法学界,有学者将商业登记制度称为"为了商人的公示制度",将营业定性为"商人的活动与财产",并且相对于商业使用人和代理商,将商号和商业账簿定性为"商人的资合性设施",而将商业使用人和代理商称为"商人的人合性设施"。详见〔日〕末永敏和:《商法总则·商行为法——基础与展开》,第27、39、51、77页等。

② 大陆法系国家如日本等国的商法学者根据其本国商法的有关规定,认为所谓商事登记就是在商业登记簿上进行登记的法律行为。作为商业登记簿,《日本商业登记法》规定了商号、未成年人、监护人、经理人、股份公司、无限公司、两合公司、合同公司、外国公司等九类商业登记簿。见该法第6条。

③ 商业登记也有广义和狭义之分,前者指法律规定的所有商事登记事项,包括不动产登记、船舶登记、企业担保登记以及商人登记,而后者仅指有关商人的登记。作为有关商事主体的重要制度所说的商业登记,显然指的是狭义的商业登记。参见王保树:《商法》,第57页。

及发生变化的必要和唯一途径。

第二,商事登记在本质上是一种带有公法性质的行为,或说是一种国家利用公权力干预私法领域活动的行为。当然,商事登记实行商人申请主义原则,且其所要登记事项大多由商事法律作出规定,因而同时具有私法行为的性质。①

第三,商事登记是一项要式法律行为。这主要表明实施登记行为的机构以及登记行为的内容、方式以及行为的生效都必须符合法律所设定的要求。

第四,商事登记制度的目的在于通过登记公示有关商事主体的重要事项,所以商事登记是商事主体利益相关者乃至社会公众了解商事主体和商事活动的窗口,有利于维护市场交易活动的秩序和安全。

(二) 商事登记事项

商事登记事项,是指商事登记申请人按照法律的规定须在商事登记簿册上进行登记的事项,一般由商法和商法的特别法如商事登记法进行规定,实现了法定化。根据法对登记事项的不同要求,可将商事登记事项分为"绝对登记事项"和"相对登记事项"两类,大多属于前者,也有像日本商法上的商个人的商号登记等属于后者的事项。另外,根据商事登记事项所发生的效力,还可将商事登记事项分为创设法律关系的"设定登记事项"和免除当事人责任的"免责登记事项"两类,如经理的选任、公司设立、合并等就属于前者,而如经理的解任、合伙人退伙等就属于后者。②

根据我国现行法的规定,主要是对商事主体的名称(商号)、住所、经营场所、法定代表人、经营范围、经营方式、注册资金、从业人员、经营期限、分支机构、所有权人、财产责任等事项的登记,包括这些事项的变更登记。当然,商事主体设立登记事项和变更登记事项未必完全一致,二者都会由商法及其特别法作出明确规定。③

(三) 商事登记法

规范商事登记行为的法律、法规统称为商事登记法。具体说,商事登记法就是指规范商事登记行为,规定商事登记机关,登记内容和程序,调整商事登记关系的法律规范的总称。商事登记法同样可分为形式意义的商事登记法和实质意义上的商事登记法。前者指的是以商事登记法所命名的成文法,比如日本的《商业登记法》,后者是指调整商事登记行为的所有法律规范的总称,除了形式意义上的商事登记成文法外,还包括散见于其他法规中的有关商事登记的所有规范。

我国目前尚无统一的商事登记法或商业登记法,有关商事登记的法规散见于众多的民事、商事实体法和程序法中。其中代表性的有《民法通则》《企业法人登记条例》《企业法人登记管理条例实施细则》(2016年修订)《公司法》《公司登记条例》《合伙企业登记管理办法》《私营企业暂行条例》《农民专业合作社登记条例》《中外合资经营企业登记管理办法》以及《企业名称登记管理规定》等。

---

① 正因为如此,有学者就明确指出,商事登记是私法行为和公法行为的结合。王保树:《中国商法》,第51页。
② 参见〔日〕青竹正一:《改正商法总则·商行为法》,第35—36页;〔日〕末永敏和:《商法总则、商行为法》,第78页。
③ 有学者对我国法律规定的商事登记事项,从商主体的角度分为设立登记、变更登记以及注销登记,并做了较详细的介绍。见王保树:《商法》,第58—59页。

（四）商事登记的社会作用和法律效力

1. 商事登记的社会作用

如前所述，商事登记作为一项重要的国家公权力干预私法领域活动的法律制度，发挥着重要的社会作用。

第一，商事登记是商事主体取得合法资格，保障自身合法权益，确立商业信用，以经营活动中重要事项的登记（虚假登记除外）对抗善意第三人的重要法律制度。一般来讲，登记公示的事项越多，能够对抗他人的能力就越强，可赢得市场竞争中的主动性。

第二，商事登记是国家用来保护商事交易相对人和社会公众利益，维护正常社会经济秩序的重要法律制度。

第三，商事登记还是国家，尤其是登记行政机关对商事主体及其经营活动进行有效行政管理的重要法律制度。另外，商事登记还是确定税收征纳的主要依据来源。

2. 商事登记的法律效力

对于商事登记的法律效力问题，我国学者间有着不同的观点。多数学者从商事登记对商事登记人的效力和对第三人的效力的角度进行了分析论证，[①]也有学者从商业登记事项已履行登记和未履行登记，在法律上对第三人的效力有何不同的角度进行了研究。[②]还有学者从商人资格取得的效力、企业法人资格取得的效力以及特殊效力三个方面阐述了商事登记的效力，也有学者另辟路径，从法定登记事项未经登记和公告、虽经登记但未公告以及虽经登记并公告但登记的内容与公告的内容不一致时，各自能否对抗善意第三人的角度分析了商事登记的效力。[③]

日本商法学者根据日本商法的有关规定，从商业登记的一般效力，特殊效力以及不真实登记的效力三个方面对商业登记的法律效力进行了分析概括，值得借鉴，简要介绍如下。

（1）商业登记的一般效力。商业登记事项只有进行了登记才发生效力。也就是说，应登记事项在未进行登记时，不得以此对抗善意的第三人，既便进行了登记，只要第三人有正当理由而不知时，同样不得以此对抗之。具体讲又有两种情况。一是登记事项在登记前，可以此对抗恶意的第三人，但不得对抗善意的第三人。只有登记而未公告时，以及既未登记又未公告并非是申请登记义务人的过错所致时，其效力同样。一般将此称为商业登记的"消极公示效力"。二是登记事项被登记后，也可对抗善意的第三人。这是第三者既使实际上不知登记事项，也可以用登记来推定第三者了解登记事项的结果。其法理基础是所谓的拟制第三者恶意理论。一般将商事登记的这一效力称为商业登记的"积极公示效力。但日本商法同时规定第三者确有正当事由无法知晓登记事项时，这种推定即拟制恶意显然不当，不得据登记事项对抗第三人。[④]

（2）商业登记的特殊效力。商业登记的特殊效力是相对于一般效力而言的，实际上指

---

① 参见覃有土：《商法学》，第59—60页。
② 见范健：《商法学》，第71—72页。
③ 前者见王保树：《商法总论》，第110—111页。后者见陈本寒：《商法新论》，第162—164页。
④ 《日本商法典》第9条第1款规定，"根据本编规定应登记事项，非登记之后，不得以此对抗善意的第三人。即便在登记之后，第三人有正当理由而不知登记时，相同。"对于这里所说的"正当事由"，按照学者和判例的解释，是指因交通中断、新闻日报以及官方的公报未到等客观原因，即使想知道登记事项也无法知道的情况。参见〔日〕末永敏和：《商法总则·商行为法——基础与展开》，第82页。

的是商业登记的具体效力,一般包括三种情况:

一是商业登记具有创设效力。比如,商主体的商号通过登记可强化保护力度,其转让也只有经过登记才能产生对抗力。公司只有经过设立登记才能成立,公司合并也只有通过登记才能生效。这种情况下的商业登记具有创设新的法律关系之效力。

二是商业登记具有补全效力。比如,对于通过设立登记而成立的公司,既便法院作出设立无效或取消设立的判决,既存的法律关系不受判决的影响。还有,公司一经设立登记,股东关于股份认购无效或取消的请求将受到限制。公司一经登记成立,发起人以任何理由的股份认购无效或撤销的主张,几乎都得不到认可等[1],都体现了商业登记的这种补全瑕疵的效力。

三是商业登记还有以登记时间为基准决定某些规定适用时期的效力。如股份有限公司通过设立登记即可发行股票,并且这种股票作为具有完全效力的股票可以转让,否则不得为之。无限公司、两合公司的股东从退出公司并进行了登记时起经过两年、从公司解散登记时起经过五年就可以免除其责任等,这里的两年、五年等的计算就是以登记日为基准的。

(3) 不真实商业登记的效力。上述的商业登记的一般效力和特殊效力都是以登记事项与事实相符合为前提条件的。所以,登记事项与事实不符或者所登记的事项事实上并不存在时,登记理应无效。但是,过于坚持此原则,商业登记就无法确立信用,商业登记制度也就无法取得应有的社会效果。因此,日本商法为了保护一般公众对商业登记、公示的信赖,明确规定因故意或过失进行了不真实登记者,不得以登记事项不真实而对抗善意的第三人。[2]这实际上给商业登记赋予了明确的公信效力。

二、商事登记的范围和种类

(一) 商事登记的范围

商事登记的范围是指哪些商事主体应依法进行登记的问题,对此各国法律规定有所不同。在立法技巧上,各国法律采取了列举法和排除法相结合的立法办法。多数国家法律规定,只要行为人从事了以营利为目的的行为,即商行为,并且符合商事登记条件的,都应依法进行商事登记。但也有的国家对必须进行商事登记的商事主体有所限定。如德国等的商法规定,只有完全商人即有自己的商号,完全适用商法规定的商人,须履行商事登记;而小商人或不具备商人条件即偶然实施商行为的行为者,不必履行商事登记义务。如上所述,日本商法也明确规定,小商人不适用商法有关商业登记等的规定(见《日本商法典》第7条)。我国台湾地区的"商业登记法"也作了类似的规定。如该法第4条规定,下列小规模商业经营者无需登记:(1) 沿门沿路叫卖者;(2) 在市场处临时性设摊经营者;(3) 自己操作或虽雇佣员工仍旧由自己操作的家庭农、林、渔、牧业者;(4) 符合中央主管机关所定的其他小规模营业标准的等。

依照我国《企业法人登记条例》的规定,凡具备法人条件的全民所有制企业,集体所有制

---

[1] 比如,《日本公司法》第51条第2款就明确规定,"发起人,股份公司成立后不得以错误为理由主张设立时发行股份认购的无效,也不得以欺诈或胁迫为理由主张撤销设立时发行股份的认购"。
[2] 《日本商法典》第9条第2款规定,"因故意或者过失已进行不真实事项登记者,不得以该事项的不真实对抗善意的第三人"。

企业,联营企业,在中华人民共和国境内设立的中外合资经营企业,中外合作经营企业和外资企业、私营企业、依法需要办理企业法人登记的其他企业,应当依照该条例的规定办理企业法人登记。①

另外,根据我国颁布的《公司登记条例》《合伙企业法》以及《城乡个体工商户管理条例》等法规的规定,在我国境内设立的有限责任公司和股份有限公司以及外国法人在我国境内设立的分支机构、合伙企业和城乡个体工商户等必须依法履行商事登记。在我国现行法律所确认的商事主体中,除了农村承包经营户外,都必须依法进行商事登记,取得商事主体资格后(获得营业执照),方可实施商行为,否则就是违法的。但从减轻规模过小商事主体的负担,确保营业自由原则,解决未经登记注册的小商贩大量存在的现实问题等角度来看,我国法律也应该对商事主体有所区别,对所谓的"不完全商人",即"小商人"作出更加宽泛的规定。

(二) 商事登记的种类

对于商事登记的种类各国法律规定不尽相同。根据我国《企业法人登记条例》、《公司登记条例》等的规定,商事登记的种类主要有:开业登记、变更登记和注销登记。

1. 开业登记

亦称设立登记,是指商事主体向登记机关提出登记申请,由登记机关依法核准办理登记并公告,从而取得商事主体资格的法律行为。商主体办理开业登记,须向登记机关提出申请,并提交有关法定文件。② 登记机关在受理登记申请后的一定期限内,须作出核准登记或不予核准登记的决定,并对核对登记的企业法人颁布《企业法人营业执照》。

2. 变更登记

是指商事主体已登记注册的事项在登记注册后发生变化时,应当在法定期限内向登记机关申请变更登记的法律行为。按照我国有关法律的规定,商事主体在合并、分立、转让、出租、联营、以及名称、住所、经营场所、法定代表人、经济性质、经营范围、经营方式、注册资本、经营期限、股东人数等方面发生变化时,须在登记机关履行变更登记并予以公告的义务。需要注意的是,未经登记机关核准变更登记的,商事主体不得擅自改变登记事项。

3. 注销登记

是指商事主体因歇业、被撤销、解散、宣告破产或其他原因终止营业时,须在登记机关办理注销登记的法律行为。比如,我国《公司登记条例》规定,公司出现宣告破产、解散等情形时,清算组应在法定的期限内向登记机关申请注销登记。③ 商事主体申请注销登记时应提交相关的法律文件,登记机关核准后,应及时办理注销登记,撤销登记注册号,收缴营业执照的正、副本和公章,并通知开户银行。

此外,为保证公司名称的质量,提高公司设立登记的效率和确保登记事项的真实准确

---

① 见《企业法人登记条例》第 2 条的规定。
② 我国有关商主体的基本法及其特别法,分别对所规范的商主体进行设立登记时需要提供的法定文件以及程序等做了规定。以公司为例,我国《公司法》第 30、93 条以及《公司登记条例》第 20 条第 2 款、第 21 条第 2 款等,对须提交的文件做了规定。
③ 我国《企业法人登记条例》第 20 条规定的解散事由有:企业法人歇业、被撤销、宣告破产或其他原因终止其营业活动。该条例还在第 22 条规定:企业法人领取《企业法人营业执照》后,满 6 个月尚未开展经营活动或者停止经营活动满 1 年的,视同歇业。

性,同公司设立审批制度相联系,我国有关公司登记的法规还规定了公司名称预先核准登记制度,要求公司设立须经审批的,应当在审批前办理公司名称预先核准登记,并以预先核准登记的名称报送审批。①

三、商事登记机关和程序

（一）商事登记机关

商事登记机关是指按照商事法的规定,受理商事主体的商事登记申请,具体办理商事登记事务的机构。各国法律对商事登记机关的规定并不相同。概括起来有四种作法。一是将法院规定为商事登记机关。如根据德国、韩国等国的商法规定,一般商业组织和公司的登记均由地方法院办理。二是区分不同情况,将地方法院和行政机关分别规定为商事登记机关。如法国商法规定,法院办理一般商事登记、行政机关办理公司商事登记。三是将行政机关规定为商事登记机关。日本、英国、美国和西班牙等国采取此种作法。② 四是专门的注册中心和商会为商事登记机关。如荷兰《商事注册法》规定地方商会负责保管当地商事注册文件。③

我国的作法属于上述第三种作法,即采取行政登记主义,法律将国家工商管理部门和地方各级工商行政管理部门规定为商事登记机关。其管理原则为各级工商行政机关在上级机关的领导下,依法履行职责,不受其他部门的非法干预。具体分工是国务院或者国务院授权部门批准的全国性公司、企业集团、经营进出口业务的公司,由国家工商行政管理局核准登记注册。中外合资经营企业、中外合作经营企业、外资企业由国家工商行政管理局或者国家工商行政管理局授权的地方工商行政管理局核准登记注册；全国性公司的子（分）公司,经省级人民政府或其授权部门批准设立的企业、企业集团、经营进出口业务的公司,由省级工商行政管理局核准登记注册。其他企业,由市、县(区)工商行政管理局核准注册登记。④

（二）商事登记的程序

商事登记的程序是指依法进行商事登记时,商事登记申请人和商事登记机关应共同遵守的法定实施步骤,包括以下四个阶段。

1. 商事登记申请

商事登记申请是商事登记程序的起始阶段,是指商事主体向登记主管机关提出设立商事主体或变更已登记事项或终止商事主体登记请求的行为。申请须以书面形式提出,并按照法律规定提交相关文件,填报登记簿册。如果依法需经主管机关批准的,还须提交相应的批准文件。

2. 商事登记审查

商事登记审查属商事登记程序的第二阶段,是指商事登记机关受理申请者的申请之后,在法定期限内对申请者所提交的申请依法进行审查的活动。从各国立法例来看,商事登记机关的审查分为三种。一是形式审查。是指商事登记机关仅对申请人提交的申请文件等在形式上是否符合法律要求所进行的审查,而不对其内容的真伪性进行调查核实。二是实质

---

① 有关此项制度的主要内容等,见王保树、崔勤之：《中国公司法原理》,第70页。
② 比如《日本商业登记法》第1条之3规定,商业登记事务,由管辖当事人营业所所在地的法务局或地方法务局或其分支机构或派出所,作为登记管辖机构进行办理。
③ 参见范键：《商法》,第67页。
④ 详见我国《企业法人登记条例》第4、5条以及《公司登记条例》第4—8条的规定。

审查。是指商事登记机关不仅要对申请人提交的文件等进行形式审查,而且对申请内容的真伪性进行审查,保证登记的法律效果。三是折衷审查。是指登记机关虽然有实质审查的职权,但又无法进行全面实质审查,只对登记事项有重点地进行审查,尤其对有疑问的登记事项依职权加以审查,若发现有不符合法律规定的,则不予登记。

我国目前还没有统一的商业登记法,有关商事登记的规范比较分散。但从公司法和有关公司登记的法规的内容来看,我国至少对公司法人的登记审查实行的是形式审查或折衷审查,而非实质审查。比如,《公司法》第6条第1款规定,"设立公司,应当依法向公司登记机关申请设立登记。符合本法规定的设立条件的,由公司登记机关分别登记为有限责任公司或者股份有限公司;不符合法规定的设立条件的,不得登记为有限责任公司或者股份有限公司"。

需要注意的是,我国在2013年底对《公司法》等进行修改前,为了保证商事登记的效力,有关法规还规定了公司企业的年度检验制度。就公司而言,该制度要求每年3月1日至6月30日为公司接受年度检验的时间,在接受年度检验时须提交年度检验报告书、年度资产负债表和损益表、《企业法人营业执照》副本等,并对不按规定接受年度检验的法律责任做了明确规定。① 但为了充分调动市场主体的活力,让市场在资源配置中发挥决定性作用,2013年底所进行的《公司法》的修改以及2014年2月对相关登记法规等的修改,废除了该公司企业的年检制度,取而代之,建立了通过企业信用信息公示系统向登记机关进行年度报告并向社会公示的"年度报告公示"制度。根据该制度,公司企业应当于每年1月1日至6月30日,通过企业信用信息公示系统向其登记机关报送上一年度的年度报告,并向社会公示。②

3. 商事登记核准

商事登记核准,属商事登记程序的第三阶段,是指商事登记机关对申请人的登记申请经过审查后,应在法定期限内将审核的结果,即将核准登记或不予登记的决定及时通知申请人,如果准予登记,并及时颁发有关证照的商事登记行为。我国2005年修订的《公司登记条例》,对登记机构作出准予登记或不准予登记决定的期限、进行相关通知的期限以及法律责任等做出了更加明确的规定。③

4. 商事登记公示

商事登记公示,属商事登记程序最后阶段,一般而言,是指将登记的有关事项通过报刊或其他媒体渠道进行发布的商事登记行为。公示具有便于商事交易的进行、社会公众的监督和保障商事主体合法权益等作用。我国法律规定,企业开业、变更名称、注销等由登记主管机构发布企业法人登记公示。未经登记机构批准,其他单位不得发布企业法人登记公示。根据相关登记法规的规定,商事登记机关应当将公司以及其他企业法人登记、备案信息通过企业信用信息公示系统向社会公示。④

---

① 有关公司企业年度检验制度的规定,见2014年修改前我国《公司登记条例》第59—62条、第76条以及《企业法人登记条例》第24条等。
② 详见现行《公司登记条例》第58、72条和《企业法人登记条例》第24条等的规定。
③ 详见《公司登记条例》第51、55条和第81—82条等的规定。
④ 有关商事登记公示,详见《企业法人登记条例》第23条以及《公司登记条例》第56条等的规定。

【相关案例】3-1　商事主体设立登记的审查范围①

1994年5月,A商业公司与其他6家企业达成协议,决定共同投资设立一家家具公司,暂冠名为"光明家具有限公司",并经企业名称预先核准。其后,A商业公司等共同制定并签订公司章程。按照公司章程约定完成出资,取得相关手续后,同年11月,新公司筹备处向所在地的市工商行政管理局(简称"市工商局")提交公司设立登记申请书等文件的同时申请设立登记。市工商局审查后认为,该新公司符合设立条件,只是本地已有4家家具厂,市场容量已趋饱和,新公司的设立对本地经济无大的促进作用,故决定不予登记,并向新公司筹备处发送了《公司登记驳回通知书》。新公司筹备处不服,遂根据《公司法》第227条的规定②,向有管辖权的法院提起行政诉讼,将市工商局告上法庭,请求被告对其设立新公司予以登记。法院审理后认为,原告拟设立公司已具备《公司法》第19条所规定的设立条件③,拟设立新公司的经营范围中也不存在须经报批的项目,也不属于政府进行市场准入控制的领域。因此,一审判决市工商局不予设立登记的行为违法,责令被告恢复对光明家具有限责任公司的设立登记程序。

【相关案例】3-2　商事登记的对抗效力④

Y与A签订了运动鞋买卖合同,于是Y于1952年5月29日以"股份公司甲野商店代表董事Y"的名义,以收款人空白方式,向A出具了以同年8月7日为付款日,其汇票金额为62.5万日元,以同年8月22日为付款日,其汇票金额为75万日元的2张期票(简称"本案期票")。但是,因A未按约定交付买卖标的物,Y不仅向A通告解除合同,并请求返还本案期票。但A不仅未返还,相反为了清偿其他债务,将本案期票以收款人空白方式转让给了B。B又以背书方式将其转让给了C。获得本案期票的C尽管按付款日进行了支付提示,但付款请求被拒绝。另外,"股份公司甲野商店"是同年4月30日从"股份公司甲野西装店"经过商号变更而来的公司,同时Y就任了变更后公司的代表董事。于是,C以"股份公司甲野商店"作为公司不存在为由,提起了请求Y个人支付本案期票金额以及迟延损害金的诉讼。原审法院认为,Y不得以"股份公司甲野商店"的存在,对抗就"商号变更以及Y的代表董事就任"出于善意的C,因此,Y理应承担责任,支持了C的请求。Y不服,提出上诉。上诉法院认为,涉案公司作为其本质上与变更前的"股份公司甲野西装店"完全相同的公司而现实存在,且Y就是涉案公司的代表董事,并以其代表权出具了本案期票。所以,应向涉案公司追究责任,而非Y本人,并作出了撤销原判,驳回重审,并驳回了C的请求。

---

① 案例来源,参见吴建斌、郭富青:《商法案例教程》,第58—59页。
② 指的是2005年修改前《公司法》的规定,见现行《公司法》第208、209条等。
③ 有限责任公司的设立条件,见现行《公司法》第23条。
④ 案例来源,见〔日〕山下友信、神田秀树:《商法判例集》,第29—30页。

第二节 商　　号

一、商号的概念与特征

（一）商号的概念

所谓商号，亦称商业名称，是指商事主体在所从事的营业活动中所使用的表示自己营业的名称。① 由于商号是商事主体在营业中所使用的名称，同其在营业以外的生活中所使用的雅号、艺名、笔名等不同。另外，商号由于是商事主体在营业上，为与其他主体区别所使用的名称，所以须用文字记载，并能发音。如一般的图形、符号等只能成为商标，而不能成其为商号。此外，再从社会一般公众的角度来看，商人的商号往往是公众认知商人以及其营业的标志，随着时间的推移会产生心里的认同和信赖，甚至会达到忽略其背后的商人的程度。所以，商号是商人获得营业信用的重要标志。

一般由商法典对商号作出规定，由于我国没有独立的商法，所以法律有关商号的规定散见于众多的民商法律、法规中。其中，主要有《民法通则》《企业法人登记条例》及其《实施细则》《企业名称规定》《公司登记条例》《合伙企业登记管理条例》（1997年）《个人独资企业登记管理办法》（2000年）等等。其中，1991年由国家工商行政管理局发布的《企业名称规定》，应该说是对我国商号即商业名称制度做了较系统全面规定的法规。

（二）商号的法律特征

1. 商号属于商事主体在营业活动中所使用的名称

也就是说非商事主体使用的姓名、名称以及商事主体以非商事主体的身份（如商人在个人生活领域）所使用的姓名等，都不是商法意义上的商号。商号的这一特征有利于区分名称等在商事主体与非商事主体之间的不同。

2. 商号是商事主体在其营业活动中所使用的名称

该特征表明商号与商人的营业活动密切相关，是商事主体开展营业活动的必然要求和结果。如果不是为了开展营业活动，就无需商号，"他可以使用其姓名就可以了，完全没有必要另行使用一个商业名称"。② 商号的这一特征又把为营业活动所使用的名称与非营业活动所使用的名称区分开来，突出了商号与营业之间的密切关系。

3. 商号是商事主体为表明自己的营业活动所使用的名称

也就是说商事主体为了使自己的营业能与他人营业区分开来，不被他人混为一谈，并能被他人容易认知甚至取得信赖所使用的名称就是商号。商号之于商人的这种功能，就像姓名之于我们每个自然人一样，不仅是相互区分的外在标志，更是赢得认知和信赖的重要标志。

上述第一特征表明了商号与商事主体的关系，第二特征表明了商号与营业活动之间的

---

① "商号"概念非我国法律用语，属于大陆法系国家商法上的概念。比如，德国商法和日本商法等，甚至用专章对商号做了规定（见《德国商法典》第1编第3章和《日本商法典》第1编第4章）。我国相关法规使用的是"字号""企业名称""公司名称"等概念代替"商号"概念。但有学者认为，为了避免在交易实践中产生歧义，立法上应当取消"字号"与"企业名称"的称谓，而一律代之以"商号"的概念。见陈本寒：《商法新论》，第101页。

② 施天涛：《商法学》，第104页。

关系,第三特征表明了商号在区分不同营业方面的功能。

二、商号的选定

(一) 商号选定的原则

商号选定是指商事主体根据法律的规定取得商号的行为。但各国商法对商事主体取得商号采取了不同的立法原则。概括起来主要有商号选定自由原则和商号选定真实原则两种。

1. 商号选定自由原则

商号选定自由原则,是指商号的选定完全取决于商事主体的自由意志,法律原则上不加限制。就是说,法律对商号与商事主体的姓名、经营种类和经营范围以及资金状况是否相符不加干涉。采取此种原则的国家主要有美国、英国、日本等。需要注意的是,采取商号选定自由原则的国家,仅仅是指法律没有对商号与商主体及商行为之间的联系提出要求,并不意味着对商号的选定不做任何限制,其实或多或少会有所限制。如日本商法在规定了商号选定自由原则的同时[1],仍然对商号选定作了如下限制:(1) 在公司的商号中,根据其种类须使用"股份公司""无限公司""两合公司"或"合同公司"的字样;(2) 相反,不是公司的商事主体,在其商号中不得使用"公司"的字样;(3) 禁止以不正当目的使用使人误认为他人营业的商号。[2]

2. 商号选定真实原则

商号选定真实原则,是指法律对商事主体的商号选定加以严格限制,要求商号须以商事主体的姓名、营业种类、经营范围以及资金状况等相符合,商号的使用不得给公众造成误解或迷惑,否则,法律禁止使用。采取这种原则的国家主要有德国、法国、瑞士等。

我国法律对商号选定所采取的原则,学者们有不同的看法。[3] 但我们认为,尽管我国法律对商事主体的商号选定作了诸多限制,但从商号选定自由原则仅仅表现在法律对商号与商事主体的姓名、营业种类、经营范围以及资金状况等之间的密切联系不加干涉的角度来看,我国采用的应该是商号选定自由原则。表现在法律并未干涉商号与主体的姓名、营业种类、经营范围以及资金状况等之间的密切联系。商事主体可以使用自己的姓名、名称、也可以使用与此不同的名称。

(二) 商号选定的法律限制

其实,为了保护交易相对人的外观信赖利益,各国商法都不同程度地对商号选定作了限制。我国相关法律对商号选定的限制主要表现在以下几个方面:

第一,在商号组成结构方面,要求商号应依次由字号、行业或经营特点、组织形式三部分组成。还应当冠以商事主体所在地的省或者市或者县行政区划名称。但法律规定经登记机关核准,下列企业可在其名称中不冠以所在地行政区划名称,即经申请获准可在名称中冠以"中国""中华""国际"字样的商主体;历史悠久,字号驰名的商主体以及外商投资的商主体

---

[1] 比如,《日本商法典》第11条第1款规定,"商人(不含公司以及外国公司)可以其姓氏、姓名以及其他名称作为其商号"。
[2] 有关这些限制性规定见《日本商法典》第12条、《日本公司法》第6条等的规定。
[3] 施天涛:《商法学》,第105页;范健:《商法》,第77页等。

(见《企业名称规定》第7、13条)。

第二,在商号使用文字方面,要求语言文字要统一。除民族自治地方的商事主体可以同时使用本民族自治地方通用的民族语言外,其他商号一般应使用汉字。如果商号中需增加外文名称的,其外文名称应与所翻译的汉语名称相一致,并报登记机关登记注册(见《企业名称规定》第8条)。

第三,在公司商号选定方面,要求依照公司法设立的有限责任公司和股份有限公司,须在名称中标明"有限责任公司""股份有限公司"字样。依照特别法设立的公司,商号的选定依特别法规定。如商业银行、保险公司、证券公司、信托公司的商号中,须分别标明银行、保险、证券、信托的字样,以直接表明其业务性质。联营企业的商号不得使用联营成员的商号,且须在商号中标明"联营"或"联合"字样(见《公司法》第8条,《企业名称规定》第15条等)。

第四,在商事主体设立分支机构方面,要求在商号中使用"总"或"集团"字样的,必须下设三个以上分支机构;不能独立承担民事责任的分支机构,其商号中应冠以所从属商事主体的名称,并缀以"分公司""分厂""分店"的字样,相反能够独立承担民事责任的分支机构,应当使用独立商号,当然,也可使用所从属商事主体商号中的字号;能够独立承担民事责任的分支机构再设分支机构的,所设立的分支机构在商号中不得使用总机构的商号(见《企业名称规定》第14条)。

第五,在禁止以不正当目的使用商号方面,法律明确规定商事主体不得擅自使用他人的商号,同时,下列商号禁止使用:(1)有损于国家和社会公共利益的商号;(2)可能对公众造成欺骗或误解的商号;(3)外国国家(地区)的名称、国际组织的名称;(4)政党名称、党政机关名称、群众组织名称及部队番号;(5)以汉语拼音字母(外文名称中使用的除外)、数字为文字的商号;(6)其他法律、行政法规规定禁止的商号(见《企业名称规定》第9、27条等)。

第六,在使用商号的数量方面,我国法律采用商号单一原则,即为了维护交易的秩序和安全,要求一个商事主体只能使用一个商号,不允许一个商事主体使用一个以上或变相使用一个以上的商号。但确有特殊情况,经省级以上工商行政管理机关批准,商事主体可在规定的范围内使用一个从属名称(见《企业名称规定》第6条)。

三、商号权

(一)商号权的概念

由于商号具有在营业活动中明确营业主体,将营业主体同其他主体严格区分开来的功能,同时商事主体长期使用同一商号,就能获得公众的广泛信赖,有利于维护和扩大交易相对人。所以,法律注重商号所具有的这种社会经济价值,将其作为一种权利赋予商号的所有者,并加以保护。商号权是指法律所规定的商号所有人所享有的权利。一般包括商号使用权,即商事主体使用其商号,他人不得妨碍的权利和商号专用权,即商号权所具有的排他性内容,具体表现为商号的合法使用人有权排斥他人以不正当目的使用相同或类似商号的权利。

如日本商法规定,任何人不得以不正当目的使用使人误认为他人营业的商号,否则,受到侵害者就可请求停止使用并可请求赔偿所造成的损失。[①]

---

① 见《日本商法典》第12条的规定。

商号的专用权同商号是否登记没有关系,是法律赋予商号的一般权利。但日本商法同时规定,商号一经登记他人不得在同一行政区划(市町村)内为经营相同营业而登记相同的商号,并且他人如果在同一行政区划内使用已经登记的商号,就可推定为以不正当竞争目的而使用的。① 在我国,商号权的取得是以登记为生效要件,商号权须经商号登记注册方可取得和使用。同一商号,谁先登记谁享有商号权即坚持了先行登记原则和申请在先原则。② 当然,商号登记除了为获取商号而进行的创设登记外,依据不同原因和目的还包括商号变更登记、转让登记、废止登记、撤销登记和继承登记等。③

(二) 商号权的性质和法律保护

至于商号权是具有何种性质的权利,学者间有不同的观点。有的学者坚持"人身权说",而有的学者则坚持"财产权说",更多的观点坚持"混合权利说"。④

我们认为"混合权利说"的观点有道理。因为,一方面商号权与自然人的姓名权、法人组织的名称权一样,是主体身份的外在标志,也与主体的声誉、名声密切相关。而且与商事主体、主体的营业活动在本质上不可分割,法律规定商号转让者的竞业禁止义务,并禁止与营业相分离的纯粹商号转让就是这种不可分离性的体现,具有身份权的性质。但另一方面商号权的长期行使,可以为商号权人赢得公众的广泛信赖,有利于商号权人扩大营业规模,获得更多利益。同时法律所确定的商号权既是一种使用权也是一种排他性的专用权,即是一项权利人可以占有、使用、收益和处分的权利,其中当然包括转让和继承,具有明显的财产权性质。⑤

我国法律对商号权的保护主要表现在两个方面:一是同一商号登记排除制度。此制度要求在登记主管机关管辖内,不得登记与已登记商号相同或相类似的商号。二是同一商号或类似商号使用排除制度。根据法律规定,未经商号权人同意,任何人不得擅自使用他人的商号或相类似商号,否则,应视为不正当竞争,受侵害人可起诉法院请求停止使用并赔偿损失,也可向侵权人所在地的登记主管机关要求妥善处理。

四、商号的转让和废止

(一) 商号的转让

如上所述,由于商号权具有财产权的性质,所以商事主体可以将其商号转让给他人。但如果商人继续从事营业,只将商号单独转让给他人,有可能会引起一般公众对商号转让人与受让人营业混同的不良后果。所以法律只在商人废止营业时或与营业同时转让的情况下,允许转让其商号。另外,商号的转让依当事人之间的转让契约而生效,但未经登记不得以此对抗第三人。⑥

---

① 详见〔日〕末永敏和:《商法总则·商行为法——基础与展开》,第46页以下。
② 见《企业名称规定》第3、24条等的规定。
③ 见范健:《商法》,第79页。
④ 王保树:《商法总论》,第172页;〔日〕大隅健一郎、今井宏编:《商法概说①》,第26页。
⑤ 当然,也有学者明确指出,商号权只具有财产权性质,是财产权中的无形财产权,不具有人身权的性质。施天涛:《商法学》,第109页;陈本寒:《商法新论》,第110—112页。
⑥ 比如,《日本商法典》第15条第1款规定,"商人的商号仅限于与营业同时或废止营业的情况下可以转让"。其第2款规定,"根据前款规定所进行的商号转让,不经过登记不得对抗第三人"。

(二) 商号的废止

当商人终止其营业,或者废止其商号的使用时,其商号及商号权消灭。但商人废止其商号属事实问题,在现实中很难把握。所以有些国家的法律规定,已登记商号者无正当理由连续两年不使用其商号时,可视为该商号废止,并规定已登记商号者在废止或变更商号时须履行登记手续。否则,利害关系人可以请求登记机关注销其登记。①

【相关案例】3-3　商号权与所辖行政区域的关系②

原告Y于1963年在杭州市登记机关登记注册了"杭州张小泉剪刀厂"企业名称,并将其所生产的菜刀商标确定为"张小泉",1989年1月经原国家工商局商标局登记注册,取得"张小泉"商标专用权。被告X于1992年8月在江苏江宁县登记机关登记注册了"南京张小泉刀具厂"企业名称。被告X投入生产后未经登记注册在其生产的菜刀以及包装盒上刻印有"南京张小泉"和"张小泉"字样。之后,原告在与被告协商未果的情况下,于1993年2月向南京市中级人民法院提起诉讼,认为被告使用"张小泉"作为其企业字号,并在其产品上刻印"南京张小泉"字样,采用与原告产品十分相似的包装等做法,属于侵犯原告企业名称权和注册商标权的行为,故请求判令被告立即停止侵权行为,并赔偿被告企业名称侵权损失10万元,商标侵权损失1万元。

法院经公开审理认为,原、被告分别在当地登记机关登记注册,其企业名称在各自冠用的行政区划范围内享有专用权,故被告所使用的企业名称不构成对原告企业名称的侵权。但被告在其产品以及包装上刻印的"张小泉"和"南京张小泉"标识,足以造成消费者的误认,故构成对原告"张小泉"注册商标的侵犯。判令被告立即停止在其产品以及包装上刻印"张小泉"和"南京张小泉"标识的侵权行为,还应当向原告赔偿经济损失1万元。

【相关案例】3-4　以不正当目的使用他人商号③

X公司(东京瓦斯股份公司)成立于1885年,是制造与销售煤气的公司,其供给服务区主要在包括东京在内的日本关东一带,其商号被全社会广泛认知。Y公司(新光电设股份公司)成立于1952年,是承揽电力设施工程项目的公司,其总公司设在东京都中央区。X公司计划在东京都中央区自己所有的土地上建设新厂房后,将港区的公司整体搬迁到新地点。得知该计划的Y公司,在X公司正式决定前,将自己的商号变更为"东京瓦斯股份公司",将经营范围也调整为制造与销售煤气等后,进行了登记注册。按照2005年修改前《日本商法典》第19条的规定,X公司无法进行总公司搬迁登记④,故根据《日本商法典》第20条的规定,将Y公司告上了法庭。一审法院和二审法院经审理认为,Y公司使用"东京瓦斯股份公

---

① 参见《日本商法典》第10条以及《日本商业登记法》第29条第2款、第33条第1款的规定。
② 案例来源,参见吴建斌、郭富青:《商法学案例教程》,第68—69页。
③ 案例来源,参见〔日〕江头宪治郎、山下友信:《商法(总则·商行为)判例百选》,第28页。
④ 原《日本商法典》第19条规定,"在同一市町村内,不得因经营相同营业而登记他人已登记的商号"。另见该法典第21条的规定。

司"这一商号,完全处于让人误认为是 X 公司这样一种不正当目的,X 公司面临着遭受损失的风险,并根据《日本商法典》等的相关规定,全面支持了 X 公司的诉求。但 Y 公司不服,又以自己不存在不正当竞争目的等为由提出了上告。第三审终审法院认为,原审法院的判断,是在认证所举证据事实关系基础上作出的,判断正确,故作出了驳回上告,维持原判的判决。

第三节 营业及其转让制度

一、营业概述

在大陆法系国家的商法中,"营业"既与商事主体即商人密切相关,更与商行为不可分割。因为,商事主体取得资格的实质性条件,在很大程度上就是主体取得营业资格的过程。同时,商行为在很大程度上指的就是商人的营业活动,应该说商人的商行为,尤其是现代商人的商事行为大多属于营业行为。[1]

商法所说的营业,一是从主观意义上,即从人的行为本身进行把握时,营业指的是商人的营业活动本身。所以,能否自由开展、有无限制、营业能力如何以及营业场所等具有重要法律意义。另一是从客观意义上,即从营业活动不可或缺的财产构成进行把握时,营业指的是为开展营业所有机组合起来的整体营业财产。需要注意的是,这种营业财产不是单个财产的机械相加,而是指为开展营业并能保证开展营业活动而有机组合起来的财产组织,所以把这种意义上的营业也叫做"作为组织的营业"。

从其内容来看,营业财产主要包括供营业活动使用的有机组织起来的一切财产以及在营业活动中所形成的有价值的事实关系,对营业的正常开展尤为重要,在现实中主要包括专有技术诀窍、信誉、顾客关系、供货以及销售渠道、地理位置以及创业年代等。客观意义上的营业说的是营业财产本身,所以营业能否转让、租赁、委托,能否成为担保权的标的等问题具有重要法律意义。[2]

二、主观意义上的营业——营业活动

主观意义上的营业,指的就是商人的营业活动本身。

(一) 营业自由原则及其限制

作为人的一项基本权利,营业自由一般会得到国家宪法以及相关法律的认可,我国也不例外。比如,我国《宪法》有关国有企业和集体所有制企业等在法律规定范围内享有自主经营权的规定,以及我国《公司法》有关公司合法权益受法律保护,不受侵犯等的规定就体现了该原则。[3] 日本《宪法》也明确规定,只要不违反公共福祉,所有人都享有居住、移转以及选择

---

[1] 正因为如此,我国有权威商法学者强调指出,尽管营业概念既不是商人法律制度的逻辑起点,也不是商行为法律制度的逻辑起点,但它在揭示商人内涵和商行为内涵上都是不可或缺的。见王保树:《商法》,第 46 页。

[2] 有学者认为,不论从哪个角度看,"营业均与营业活动、商业性经营、盈利性行为有关,因此,从行为的目的意义和社会功能来定义,可以把营业概括为特定主体谋求以财产增值和财富增长为目的的营利性活动"。详见肖海军:《营业权论》,第 24 页。

[3] 见我国《宪法》第 16、17 条等的规定,《公司法》第 5 条第 2 款的规定。

职业的自由。① 但如上所述,这种营业自由同样是一种相对自由,受到法律一定程度限制的自由。

(1) 要受到宪法的限制。我国宪法在保证了商事主体经营自主权的同时,明确要求商事主体须在法律规定的范围内开展活动,且须履行法律所规定的义务。日本宪法所规定的职业选择自由等,也是以不违反公共福祉为前提条件的。

(2) 要受到以商法为主的私法的限制。以日本商法为例,首先,日本商法对营业转让人、商人的代理商等规定了竞业禁止义务。比如,《日本商法典》第16条规定,转让了营业的商人,当事人间有特别意思表示的除外,在同一市镇村内,自该营业转让之日起20年不得从事相同营业。该法典第28条规定,代理商没有商人的许可不得经营相同营业。其次,以限制商号使用的方式规定了对营业自由的限制。比如,《日本商法典》第12条规定,任何人不得以不正当目的使用存在使他人误认为是商人可能性的名称或商号。

(3) 要受到公法上的限制。对许多营业,法律规定需要取得相关公权力机构的许可或颁发营业许可证后方可进行。例如,对于交易相对人广泛,其交易内容极其重要的银行业、证券业、保险业、交通运输业等实行严格的许可制度,这些行业须取得经营许可后才能经营。② 又比如,商业登记法对各类商事主体的设立、变更以及终止等所规定的强制性规范同样属于公法性质的限制。

(4) 要受到市场调控法等经济法以及社会法的限制。比如,反不正当竞争法和反垄断法,为确保公平自由的市场竞争秩序,对商事主体的行为方式以及合并、合作等行为所作的规制也是对营业自由的限制。

我国有学者从行业限制(国家垄断行业)、营业许可限制、身份限制(严禁公务员等经商)以及对营业方式的限制等角度分析了对营业自由的限制。尽管观点存在的一定的交叉,也有学者提出出于公益理由的营业禁止;出于对财政收入的考虑和对待特殊行业进行特殊规制等理由的国家对个别行业实行垄断经营;营业的行政许可;因其身份理由的营业限制;营业的形成因其保护公共利益而禁止;营业的形成因特定主体利益的调整而限制等方面,结合我国相关法律的规定,对营业自由的限制进行了较详尽分析。③

(二) 营业能力

营业能力指的是商人开展营业活动的资格,即有资格开展营业活动。很显然这种意义上的营业能力,必然以商人的民事能力为基础,尤其与商人的民事权利能力密切相关。但具有权利能力即能够成为权利义务归属主体的商人,不一定具备营业能力。对此,首先由民法作出基础性规定。比如,我国《民法通则》规定,无民事行为能力人(不满10周岁的未成年人和不能辨认自己行为的精神病人),与其年龄、智力以及精神健康状况不相适应的民事活动,由他的法定代理人代理,而限制民事行为能力人(10周岁以上的未成年人和不能完全辨认

---

① 见日本《宪法》第22条的规定。另外,我国有学者明确提出了"营业自由权的入宪宣示"的观点,并认为,一国的宪法对营业自由权作出明确法律定位十分重要,并在一国营业权法律保护制度的整体架构中有着奠基性的作用。详见肖海军:《营业权论》,第91页。其实,比营业自由权更上位的概念应该是"职业选择自由权",只要职业选择自由权入宪了,其中,自然包括营业自由权。再说,从实践结果看,入宪的公民权利不能只成为某些群体或阶层的权利。

② 比如,我国《银行业监督管理法》第16条规定,"国务院银行业监督管理机构依照法律、行政法规规定的条件和程序,审查批准银行业金融机构的设立、变更、终止以及业务范围"。

③ 前者见赵旭东:《商法学》,第23—24页;后者见王保树:《中国商法》,第64页以下。

自己行为的精神病人)此类民事活动,由他的法定代理人代理,或者征得其法定代理人的同意方可实施(见《民法通则》第12、13条)。尽管《民法通则》未使用"营业"二字,但所说的民事行为能力欠缺者的此类民事活动,也应该包括营业活动。也就是说,上述的民事行为能力欠缺者,只要由其法定代理人代理,或者第二种情况下征得其法定代理人的同意,与民事行为能力正常人一样,可以开展营业活动,日本民法就做了类似的规定。①

但商法是高度重视交易安全的法律,所以,在民法的基础上,商法以营业能力的公示为核心做了特别规定。比如,《日本商法典》第5条规定,"未成年人从事商法所说的营业时,须对此进行登记"。其第6条规定,监护人为被监护人开展商法所说的营业时,须对此进行登记。这些规定主要是为了确保交易相对人的知情权,以此保障交易安全。也就是说,商人要取得营业资格,具备营业能力,须经过商事登记。

(三)营业所

商法意义上的营业所不只是开展营业活动的场所,主要从其所具有的地位和所发挥的作用方面进行判断,即是指开展营业活动的中心场所,尤其指的是商事主体领导营业活动,指挥营业活动的中心。相当于我国《民法通则》第39条所说的"法人以其主要办事机构所在地为住所"的规定,注重的是场所的地位和功能作用,而不是场所的形式。

确认商人的营业所,在法律上具有如下效果:(1)营业所是因商事行为所生债务的履行地;(2)营业所是诉讼上确定管辖法院的依据;(3)营业所是决定商事登记的管辖地的依据;(4)营业所是诉讼司法文书的送达地点。②

三、客观意义上的营业——营业转让等

(一)营业财产及其性质

客观意义上的营业指的就是营业财产,但不是物权法意义上的单个财产,而是强调了众多单个财产围绕营业需要有机组合起来的财产组织体,故亦称为营业组织。从内容来看,除了营业活动所需要的有组织的所有财产外,还包括在营业中所形成的各种有价值的事实关系。营业财产又可分为积极财产和消极财产两大类。前者包括各类物质财产如不动产、金钱、机器设备、原材料、有价证券等,各类权利如债权、物权、知识产权以及商号权等,还包括上述的具有经济价值的事实关系。后者即消极财产主要指营业上形成的各种债务。这两类财产在企业资产负责表上,积极财产列资产部,而消极财产列负债部。③

由于客观意义上的营业主要指营业财产,而且指的是实现了包括事实关系在内整体化的财产,所以,营业又成了转让、租赁等交易行为的客体,甚至正在努力使其也能成为担保的标的物。

---

① 《日本民法典》直接对未成年人等的营业问题做了规定,比如,该法第6条规定,"被允许进行一种或数种营业的未成年人,有关其营业,与成年人有同一行为能力"。以此规定,就可理解为未成年人等,只要由其法定代理人代理,或征得其同意,就可与成年人一样开展营业活动。因为规定直接使用了"营业"一词。而我国《民法通则》使用的是"其他民事活动"一词,其中是否包括"营业",只能依赖权威解释。

② 〔日〕末永敏和:《商法总则·商行为法——基础与展开》,第29页。

③ 这种意义上的营业财产,绝不是上述财产的简单相加,而是为实现一定营业目的有机组合起来的具有经济活力的整体性财产,正因为如此,营业作为有机组成的整体性财产的价值,远远大于构成营业财产的单个财产价值简单相加的总和。参见〔日〕末永敏和:《商法总则·商行为法——基础与展开》,第31页;赵旭东:《商法学》,第23页。

(二) 营业转让

1. 营业转让的概念

营业转让是指将作为整体的营业财产从一个主体转到另一个主体的合同行为,由于是对作为财产组织的营业本身的转让,除了所有物质财产的移交外,也包括对事实关系的移交行为。营业转让作为一种买卖行为,原则上是自由的,但它又有自己的特殊性,主要体现在财产的整体性以及包括作为无形财产的事实关系方面,所以会受到特别法的种种限制。比如,商法对营业转让人的竞业禁止义务的规定,以及来自于反不正当竞争法和反垄断法的诸多规定都属于这类限制。营业可以全部转让也可以部分转让。

2. 营业转让的意义

法律之所以创设营业转让制度,是因为该类行为具有重要的经济社会价值。首先,可防止企业的无端解体,防止社会财富和资源的浪费,使有社会价值的商业活动得到维持。其次,对于转让人来说,营业转让要比单个财产的分别处理更有价值,可获得对包括事实关系在内的所有积累起来的整体财产的价值,促进转让人积极进行整体转让。最后,对受让人而言,可免去新设企业的麻烦和进行点滴积累的艰辛过程,有利于迅速步入正规营业,并能实现扩大营业规模的目的。

3. 营业转让的效力

营业转让的法律效力包括了对转让当事人的效力和对第三人的效力两部分。

(1) 营业转让对转让当事人的效力。第一,营业转让人的营业财产移交义务。首先转让人按照合同约定,向受让人移交所有财产,并协助受让人办理移交手续。与移交的事实关系相关联,按照双方的约定同时要移交转让人与第三人所签订的借贷合同、供货合同、销售合同以及劳动合同等,但应取得对方当事人的同意。第二,营业转让人的竞业禁止义务。营业转让后,如果其转让人仍然经营相同营业,对受让人肯定极为不利。所以,各国商法为了保护受让人的利益,对营业转让人规定了竞业禁止义务。比如,《日本商法典》第16条第1款规定,转让了营业的商人,即转让人,只要当事人之间没有其他意思表示,在相同市镇村内以及在相邻的市镇村内,从营业转让之日起20年不得经营相同营业。第三,营业受让人负有交付转让价款的义务。按照双方的合同约定,受让人应当交付营业转让的价款。

(2) 营业转让对第三人的效力。营业转让对第三人而言,转让人与受让人之间有特别约定的除外,原则上转让人对债务人的债权和对债权人的债务一并转移给受让人,形成受让人与第三人之间的权利义务关系。但是,营业转让对第三人的效力关系,即对营业上的债权人和债务人的关系又极为复杂,需要通过一些特别规定加以调整,保护相关当事人的利益。

第一,对于营业上的债务,比如,日本商法对于营业受让人继续使用转让人的商号和不继续使用该商号的情形做了区分规定。首先,《日本商法典》第17条第1款规定,"营业受让人继续使用转让人的商号时,该受让人也要承担清偿因转让人的营业所产生债务的责任"。其次,《日本商法典》第18条第1款规定,受任人即使在不继续使用转让人商号的情况下,如果进行了要继受因转让人的营业所产生的债务的广告时,转让人的债权人可向该受让人请求清偿。

第二,对于营业上的债权,原则上将随着营业转让会移转至受让人。但当然也可通过双方的特别约定限制这种移转。另外,在现实中也存在营业被多重转让的可能,加之一般会继续使用营业转让人的商号,所以有可能造成债权人进行多重清偿的弊端。在这种情况下就有必要对善意清偿人进行保护。所以,《日本商法典》第17条第4款规定,在营业受让人继续使用营业转让人商号的情况下,就转让人的营业所产生的债权向该受让人进行的清偿,只要该清偿人属于善意且无重大过失时,其有效。

(三) 营业租赁和营业委托

营业租赁是指商人将全部或者部分营业出租给承租人,由承租人以自己的名义经营该营业并承担营业后果,向出租人按约定缴纳租金的合同行为。营业租赁的法律效果,特别是出租人的竞业禁止义务以及对第三人的关系等,基本与营业转让相同。在营业租赁合同关系中,营业出租人在不丧失营业财产的所有权的前提下,能够按约定获得较稳定的租金收入。而承租人在不需要亲自投资的情况下,发挥其经营才能进行营业,并获取相应利益。

营业委托,也称营业委托经营或营业委任经营,是指商人即委托人将自己的营业委托给他人即受托人进行经营的合同行为。营业委托一般有两种情形,一是营业以委托人的名义并为委托人的利益而进行,其经营后果归属委托人,由委托人向受托人支付报酬的情形;二是营业以委托人的名义,但为受托人的利益进行,其经营后果归属受托人,由受托人向委托人支付一定报酬的情形。其法律关系与效力,商法无特别规定的,按照民法有关委托的规定进行处理。

不管是营业租赁还是营业委托经营,其营业财产往往处在承租人或受托人的控制之下,存在一定的风险。所以,商人属于公司时,尤其是股份有限公司时,与营业转让相同,能否租赁或委托,须通过股东大会的决议,并且一般会要求股东大会的特别决议。①

(四) 营业担保

营业担保,是指在作为一个有机整体的营业财产,即客观意义上的营业上设定担保的行为。对于营业能否成为担保的标的物,日本商法学者对商个人的营业持否定态度,认为此类营业可以转让、租赁等,进行债权法上的处理,但不能设定担保,进行物权法上的处理。因为商个人对其债务所承担的不是有限责任,而是无限责任,与公司等的财产相比,商人的营业财产不具有与其个人财产分离等的特殊性,因而不允许在其营业财产整体上设定担保。②

在日本,与营业担保相类似的制度有财产团抵押制度和企业担保制度。对前者主要由铁路抵押法、工场抵押法、矿产抵押法等进行了规定,其中,最有代表性的是1905年制定后经多次修订的《工场抵押法》。根据该法以及相关法的规定,首先财产团抵押以生产加工产品的生产场所为对象,仅限于在该工场所属的土地或建筑物上设定抵押权。尽管其效力波及其他财产,但对其范围即对财产团的构成要素实现了严格的法定化,在营业财产中占据重要地位的事实关系以及流动财产等,当然不包括在财产团当中。所以,根本不能解释为营业担保。③ 至于企业担保制度,主要是通过1958年制定后经多次修订的日本《企业担保法》所创立的制度,该法仅限于股份公司对其发行的公司债进行担保的情形,认可在企业整体财产上设定担保,其他商人不得使用,所以,也不是这里所说的营业担保。

尽管我国《物权法》第181条规定了"浮动抵押",第189条规定了"浮动抵押登记",第

---

① 比如,《日本公司法》第467条第1款第4项规定,租赁全部事业、委任经营全部事业等契约的缔结、变更或者解约,需要股东大会的特别决议。
② 参见〔日〕近藤光男:《商法总则・商行为法》,第108页;〔日〕末永敏和:《商法总则・商行为法——基础与展开》,第37页。
③ 参见〔日〕近藤光男:《商法总则・商行为法》,第117页。

199 条规定了"同一物上抵押权的受偿顺序"等,但从对标的物范围的界定,即只能在部分动产上设定,不动产不得进入标的物范围,以及权利效力的规定即抵押权对标的物财产的变动没有约束力等来看,也不属于营业担保。

【相关案例】3-5　营业转让与商号的继续使用①

　　以零售农作物为营业内容的 A 公司,其商号为"有限公司米安商店",于 1956 年 9 月至 10 月间,以 B 公司为收款人一连出具了 5 张期票,之后都以背书方式由 B 公司等转让给了 X 股份公司。当 X 股份公司在支付提示期间内在支付场所进行了提示,其支付被支付人拒绝。另一方面,作为出票人的 A 公司,在支付日前的同年 11 月 26 日解散,并于 27 日重新设立了 Y 公司,其商号为"两合公司新米安商店"。新成立的 Y 两合公司不仅受让了 A 公司的营业,继续使用 A 公司的设施以及从业人员等,开展相同的业务,并向管理农作物营业的政府进行了已继受 A 公司有关其业务所发生的所有债权债务之意的备案,履行了营业名义变更程序。这时,其期票遭到支付拒绝的 X 提起了请求 Y 公司支付期票金额的诉讼。一审、二审法院均支持了 X 的请求,认为原 A 公司与 Y 公司属于营业转让关系,Y 公司的商号中尽管增加了一个"新"字,但主要部分相同,属于商法所规定的营业转让人商号的继续使用。② Y 公司认为自己公司的商号不属于商法所说的对 A 公司商号的继续使用,并提出了上诉。上诉法院经审理撤销了原判,认为新旧两个公司不仅公司组织类型不同,而且 Y 公司的商号中增加了"新"字,故 Y 公司的商号不是对原 A 公司商号的继续使用。

【相关案例】3-6　是企业分立还是营业转让③

　　A 公司与某市棉织厂有着多年的货物买卖业务关系,通常采用依据购销合同边供货边付款的结算方式。后来由于该棉织厂企业改制和经营方面的原因,已有一段时间未支付 A 公司的货款,其欠款约 4000 万元。2002 年 6 月,该棉织厂、B 公司、市政府三家签订了《企业财产转让协议》,决定将棉织厂的部分资产合计人民币 107 230 937.23 元转让给 B 公司,B 公司同时承接棉织厂相应债务总额为人民币 1.1 亿元,棉织厂与其职工等的劳动合同关系也转移至 B 公司,但该棉织厂并未将上述行为告知 A 公司。为了保护自己的合法权益,2003 年 6 月,A 公司将 B 公司与棉织厂告上了法庭,请求返还所欠货款以及相应利息。

　　一审法院依据最高人民法院《关于审理与企业改制相关的民事纠纷案件若干问题的规定》的规定④,判决该棉织厂偿还 A 公司货款 3000 余万元及同期银行贷款利息;B 公司对棉织厂上述债务在所受让资产折价的 1 亿元的范围内承担连带责任。B 公司对该判决不服,

---

① 案例来源,参见〔日〕江头宪治郎、山下友信:《商法(总则·商行为)判例百选》,第 42 页。
② 按照《日本商法典》的规定,"营业受让人继续使用转让人的商号时,对于转让人因营业所产生的债务,亦承担清偿责任"(见该法典第 17 条等)。
③ 案例来源,参见吴建斌、郭富青:《商法学案例教程》,第 51—52 页。
④ 其第 7 条规定,"企业以其优质财产与他人组建新公司,而将债务留在原企业,债权人以新设公司和原企业作为共同被告提起诉讼主张债权的,新设公司应当在所接收的财产范围内与原企业共同承担连带责任。"

认为一审法院适用法律有错误,自己已承接超过所接受资产部分的债务,如果还要在所受让资产折价的1亿元范围内对上述债务承担连带责任,显然不公,并提出了上诉。本案的关键在于如何认定B公司与棉织厂间的资产转让行为的性质,即属于企业分立行为还是营业转让行为,其结论将会不同。

第四节　商　业　账　簿

一、商业账簿概述

(一)商业账簿的概念及其法律特征

商业账簿是指商事主体为了表明其营业状况和财产状况而依法制作的商事簿册。商业账簿也是商法上的概念,比如,德国、日本等国的商法典,在其总则中用专章对商业账簿做了规定,建立了小商人或不完全商人除外适用于所有商人的商业账簿制度。在我国,因不存在商法,商业账簿不属于法律用语,相关法律、法规一般多使用"会计账簿"等概念。在理论上,商业账簿有实质意义上的商业账簿和形式意义的商业账簿之分。前者是指商事主体为从事商行为而制作的所有账簿。其中,既有根据法律之规定而制作的,也有根据自己经营需要而制作的。形式意义上的商业账簿是指商事主体依照法律的规定而制作的账簿,故将这种账簿也称为法定商业账簿或法定必备商业账簿。[1] 这种法定商业账簿又可从广义和狭义两方面加以区分。凡是按照商法规定而制作的账簿均属广义的商业账簿,而依照会计法等特别法所制作的则属于狭义的商业账簿。商法所说的商业账簿是指形式意义上广义的商业账簿。

商业账簿所具有如下法律特征:

其一,商业账簿是各类商事主体所制作的簿册。这一特征将商业账簿与非商事主体制作的账簿比如国家机关、非营利性机构等制作的账簿区分开来。[2]

其二,商业账簿是制作主体依照法律规定所制作的账簿,具有明显的法定性。这一特征将商业账簿与商事主体根据营业需要和自己的判断所任意制作的账簿加以区分,严格讲后者不是商法意义上的账簿。

其三,商业账簿是制作主体为了表明其营业状况和财产状况而制作的账簿,具有明确的目的性。这一特征又将商业账簿与不反映主体的营业状况(含盈亏状况)以及财产状况的账簿区分开来,后者也不是商法意义的商业账簿。[3]

---

[1] 日本商法学者多从此角度解释商业账簿概念。比如,有学者就指出,所谓商业账簿,是指商人为了明确为营业所使用的财产,根据法律要求所制作的簿册。也就是说,没有法律要求商人任意所制作的簿册不属于商业账簿。见〔日〕近藤光男:《商法总则·商行为法》,第73页。

[2] 大多数国家将制作商业账簿规定为商事主体须履行的一项义务,尤其对股份有限公司规定了更加严格的制作以及公示义务,违反者甚至要受到刑事处罚。参见《日本公司法》第976条第7项的规定。当然,根据商事主体的规模,对该项义务的要求程度自然有所不同。有些国家的商法,对所谓的"小商人"或"不完全商人"甚至不要求该项义务(见《日本商法典》第7条)。

[3] 参见〔日〕大隅健一郎、今井宏:《商法概说①》,第28—29页;〔日〕末永敏和:《商法总则·商行为法——基础与展开》,第53—54页。

(二) 有关商业账簿的法规制

由于商业账簿制度是有关商人的重要基础制度,所以各国商法首先都在其总则中做了系统规定,建立了原则上对所有商人都适用的商业账簿制度。在此基础上,根据商事主体的规模以及对交易关系乃至对社会的影响力,通过商法的特别法规定了更加严格的要求和具体的内容,以此建立更加具体有效的商业账簿制度。比如,就日本商法和相关法的规定来看,首先除"小商人"外,其他所有商人都必须设置商业账簿,须按要求至少要制作会计账簿和资产负债表,并须妥善保存有关商业账簿和营业的重要文件(见《日本商法典》第7、19条的规定)。而对于公司这样的商主体,在商法的基础上,日本公司法以及根据公司法所制定的行政法规,对其财务会计账簿以及财产的评价和公示等做了大量更加严格的规定,并对不真实记载以及不按要求存放账簿等规定了极其严格的责任乃至刑事处罚规则,从而建立了严格的公司财务会计制度(见《日本公司法》第二编第五章、第三编第五章以及第八编的相关规定)。

我国既没有商法,也没有专门的商业账簿法,但不少法律、法规对商法意义上的商业账簿制度作了规定,形成了我国的商业账簿法律制度。其中,主要的法规有:《公司法》《证券法》《会计法》《审计法》《企业会计报告》《会计基本准则》《会计档案管理办法》《个体工商户会计制度(试行)》以及《个体工商户建账管理暂行办法》等。

从大陆法系国家的法制传统来看,应该说商业账簿因其重要性实现了法定化。一是制作商业账簿是商事主体的法定义务。二是商业账簿须按法律规定的内容和方式制作。但纵观各国商法,对商业账簿的法定化所奉行的原则有所不同。大致有三种情况:一是采取干涉主义原则,亦称强制主义原则。从我国的相关法规看,我国采取的也应该是强制主义原则"。[①] 二是采取放任主义原则,亦称自由主义原则,即法律对商事主体是否设置账簿、如何制作账簿等不作干涉。英美法系国家大都采用这种原则。三是采取折中主义原则,即法律只规定商事主体必须设置账簿,但不规定具体内容、记载方式方法、也不规定主管部门进行监督。如日本等国对公司以外的一般商人就采用这种原则。

(三) 商业账簿的意义

依照法律规定设置的商业账簿对于加强商事主体内部管理和外部监督具有十分重要的意义。首先,对于商事主体内部管理而言,制作商业账簿便于及时和准确了解自身经营状况和财产状况,并以此为依据,作出或调整经营决策。其次,对于交易相对人而言,通过商业账簿及时了解和掌握对方的经营状况等,进而对是否与其进行交易作出决策。再次,对于社会管理而言,通过商业账簿政府主管部门及时了解商事主体的经营状况,确保整个交易的安全和正常秩序。最后,商业账簿不仅是政府税务部门确定征税的依据,同时还是现代公司股东等了解公司经营状况、强化公司信息披露制度、保护自身利益等的重要手段。此外,商业账

[①] 仅就我国《会计法》的相关规定来看,很明显我国对商业账簿的法定化采取的是干涉主义原则,即强制主义原则。比如,该法第2条规定,"国家机关、社会团体、公司、企业、事业单位和其他组织(以下统称单位)必须依照本法办理会计事务。"第3条规定,"各单位必须依法设置会计账簿,并保证其真实、完整。"第7条第1款规定,"国务院财政部门主管全国会计工作。"第9条第1款规定,"各单位必须根据实际发生的经济业务事项进行会计核算,填制会计凭证、登记会计账簿、编制财务会计报告。"第13条第1款规定,"会计凭证、会计账簿、财务会计报告和其他会计资料,必须符合国家统一的会计制度的规定。"第23条规定,"各单位对会计凭证、会计账簿、财务会计报告和其他会计资料应当建立档案,妥善保管。……"等等。

簿还是诉讼活动中的重要证据。①

二、商业账簿的种类

各国商法有关商业账簿种类的规定不尽相同。根据我国相关法律的规定,商业账簿主要有三种,即会计凭证、会计账簿和财务会计报告。②

1. 会计凭证

会计凭证是指记录商事主体日常经营活动情况并作为依据的书面证明,分为原始凭证和记账凭证两类。原始凭证是指在营业业务发生或完成时填制或取得的,用来载明业务执行和完成情况,并成为记账凭证原始依据的一种会计凭证。会计凭证所记载事项必须真实、客观、可靠。商事主体不得制作虚假会计凭证。记账凭证是根据审核无误的原始凭证而编制,确定会计分录,可直接作为记账依据的一种会计凭证(见《会计法》第9、10、14条的规定)。

2. 会计账簿

会计账簿是指按照会计制度规定的程序、结构和方式方法,连续分类地记载商事主体营业活动和财产及变动状况的各种簿册。会计账簿种类较多,根据我国《会计法》的相关规定,会计账簿包括总账、明细账、日记账和其他辅助账簿(见《会计法》第15—19条的规定)。

(1) 总账,也叫做总分类账,是商事主体按照会计规则中的总分类账户所编制的会计账簿,是综合反映商事主体的营业活动情况以及各项会计要素即资产、负债、所有权人权益、收入、费用、利润等状况的账簿,主要功能在于对商事主体的业务进行汇总核算。

(2) 明细账,也叫做明细分类账,是商事主体按照会计规则中的明细分类账户所编制的会计账簿,主要是以更加明细的分类科目反映商事主体的营业活动状况以及各项会计要素状况的账簿,功能在于对总账相应的科目进行更加详细的核算。

(3) 日记账,也叫做序时账簿,是指商事主体按照事项发生的时间先后为序进行记录而成的账簿,俗称流水账,常见的日记账有现金日记账、银行存款日记账以及转账日记账等。

(4) 辅助账簿,也叫做备查登记账簿,是指商事主体对上述总账等中未能记载或记载不全的事项进行补充记录的账簿,是营业活动中的重要辅助会计资料,功能在于为日后查考某些业务内容提供参考。

会计账簿是商事主体制作会计报告,分析经营活动,审计评估资产,进行诉讼活动的重要依据。

3. 财务会计报告

财务会计报告简称会计报告,由于是商事主体对外要提供的账簿,所以在整个商业账簿体系中占据重要地位,发挥着重要作用。在我国,除了《会计法》外,国务院颁布的《企业财务

---

① 参见王保树:《商法》,第77页以下;赵中孚主编:《商法总论》,第204—205页。
② 比如我国《会计法》第9条明确规定,"各单位必须根据实际发生的经济业务事项进行会计核算,填制会计凭证、登记会计账簿,编制财务会计报告"。根据日本商法的规定,除小商人以外的一般商人必须设置的商业账簿只有两类,即会计账簿和资产负债表。但对股份有限公司而言,除上述两种商业账簿外,还必须要设置损益计算表和附属明细表。在公司清算、破产、重整等特殊情况下,还必须要制作财产目录。详见《日本商法典》第19条第2款以及《公司法》第432条等的规定。

会计报告条例》对企业的会计报告制度做了详细规定,建立我国较完整的企业会计报告制度。

根据该条例等的规定,企业会计报告是指企业对外提供的反映企业某一特定日期财务状况和某一会计期间经营成果、现金流量的文件(见《企业会计报告》第2条第2款)。对于企业编制会计报告的意义,我国相关法规规定,"财务会计报告的目标是向财务会计报告使用者提供与企业财务状况、经营成果和现金流量等有关的会计信息,反映企业管理层受托责任履行情况,有助于财务会计报告使用者作出经济决策,财务会计报告使用者包括投资者、债权人、政府及其有关部门和社会公众等"(见《会计基本准则》第4条)。

会计报告分为年度、半年度、季度和月度会计报告。其中的年度和半年度会计报告由会计报表、会计报表附注和财务情况说明书组成(详见《企业会计报告》第12、14、15条),而季度、月度会计报告通常仅指会计报表,由资产负债表和利润表组成(见《企业会计报告》第6、7、8条)。

三、商业账簿的效力和保存

(一) 商业账簿的效力

法定性是商业账簿的一大法律特征,商业账簿只要符合法律规定的条件而制作,即只要具有合法性,就具有法律效力,主要表现在三个方面。一是对于商事主体交易活动而言,商业账簿可成为交易各方进行财物清点核算的重要依据。二是对于商事主体的经营管理机关和政府主管部门而言,商业账簿又可成为进行决算,监督检查即监查、审计、计算税率、评估资产等的重要依据。三是在诉讼活动中,商业账簿具有重要的证据效力,所以大陆法系国家的商法都对商业账簿的保存期间提出了明确要求。比如,《日本商法典》第19条第3款规定,商人从账簿封存时起,必须将其商业账簿以及有关其营业的重要资料保存10年。① 此外,各国商法从提供证据的角度规定了商人的商业账簿提供义务(参见《民事诉讼法》第64条的规定)。不管属于哪种情况,只要涉及到商业账簿,商人就有义务提供。② 《日本商法典》第19条第4款也明确规定,法院可根据申请或其职权,对诉讼当事人命令提供全部或部分商业账簿。并且当事人不得拒绝法院的提供命令,否则,法院就可认定诉讼当事人另一方有关商业账簿的主张是真实的。③ 但需要注意的是,英美等国采取了有条件承认商业账簿的这种证据效力的原则。其条件有三:一是商业账簿须由专业专职人员记载;二是须按企业通常记载规则进行记载;三是须连续及时记载。

(二) 商业账簿的保存

鉴于商业账簿在商事交易活动以及诉讼活动中的重要作用,各国法律将商事主体制作、备置和保存乃至提供商业账簿规定为商事主体的义务。甚至有学者认为,商事主体的这种义务具有很强的公法性特征,可以被看成是一种公法上的义务。商事主体违反此项义务,私

---

① 日本商法学者认为,商业账簿就商事主体的营业可成为重要的证据资料。因此,商法规定了诉讼上的特别提供义务,即法院根据诉讼当事人的请求,或利用其职权,可命令作为商事主体的诉讼当事人提供商业账簿或其一部分。参见〔日〕关俊彦:《商法总论总则》(第2版),日本有斐阁2006年版,第177页。

② 参见王保树:《商法》,第79页。

③ 详见〔日〕近藤光男:《商法总则·商行为法》,第78页;〔日〕鸿常夫:《商法总则》,第262页注(1)。

法上的责任另当别论,一般要承担公法上的行政处罚乃至刑事处罚的责任。①

对于商业账簿的保存期限,各国商法规定不尽相同。多数国家采取确定期限制,如德国、法国、日本以及我国台湾地区,将商业账簿的保存期限规定为 10 年,西班牙规定的较短,只有 5 年,荷兰为最长,规定了 30 年。也有的国家采取不确定期限,而是以其他期限来确定商业账簿的保存期限,如智利规定商业账簿保存期间以营业存续期间为准,巴西则以债权时效消灭以前为限。②

我国同样重视商业账簿的保存问题,并且与我国传统的档案制度相联系,通过制定专门的法规(指《会计档案管理办法》,2015 年公布,以下简称《办法》),以建立健全会计档案保管制度为目标,对商业账簿的保存内容、保存机构、保存期限以及保存期满后的销毁程序等做了详尽规定(参见《办法》第 2、3、11 条等的规定)。

仅就商业账簿的保存期限而言,根据该《办法》的规定,"会计档案的保管期限分为永久、定期两类。定期保管期限分为 10 年和 30 年。""会计档案的保管期限,从会计年度终了后的第一天算起。"并对各类会计档案的保管期限通过附表进行了明确列示(见《办法》第 14、15 条)。根据《办法》附表所列示的企业会计档案的保管期限如下:(1) 会计凭证类中的原始凭证、记账凭证;会计账簿类中的总账、明细账、日记账、固定资产卡片(固定资产报废后保管 5 年)、会计档案移交清册以及其他辅助性账簿,其保管期限为 30 年。(2) 财务会计报告中的月度、季度、半年度财务会计报告以及银行存款余额调节表、银行对账单、纳税申报表,其保管期限为 10 年。(3) 年度财务会计报告、会计档案保管清册、会计档案销毁清册以及会计档案鉴定意见书,其保管期限为永久。此外,《办法》还对保管期限届满的会计档案的销毁规定了严格程序,并对保管期限届满但不能销毁的例外情形做了明确规定(见《办法》第 18、19 条等)。

【相关案例】3-7　拒绝提供商业账簿的后果③

甲乙为夫妻,于 1994 年 11 月以 2 人为股东,经工商登记设立了徐州三水水产有限公司(简称"三水公司"),注册资本 60 万元。1995 年 12 月 13 日,向凤凰公司借款 40 万元,约定利息为月息 10.08%。借款到期后,三水公司未按约定支付所有的本息。另外,三水公司因给他人贷款提供担保,被法院强制执行其资产 135 万元。三水公司以公司资产已被执行,无法继续经营为由,于 1999 年 6 月 10 日向登记部门提出公司注销登记申请,并经相关程序后,同年 11 月 10 日登记部门核准注销了三水公司。收回本息无望的凤凰公司于 1999 年 10 月 27 日以三水公司为被告向法院提起诉讼,请求被告还本付息。法院因诉讼中的被告已注销,将被告变更为甲乙。但甲乙答辩称三水公司已注销,公司股东不应对原公司债务承担责任,且以账册丢失为由拒绝提供会计账簿及财产状况。

一审法院支持了凤凰公司的请求,判决甲乙自判决生效之日起 30 日内以三水公司的资产清偿 40 万元的借款以及利息。但凤凰公司认为三水公司的财产已转归股东占有,故应判

---

① 参见范健:《商法》,第 91—92 页。
② 参见赵中孚:《商法总论》,第 205 页。
③ 案例来源,参见吴建斌、郭富青:《商法学案例教程》,第 75—76 页。

决股东还债,遂提起上诉。二审法院认为,三水公司决定解散后并未按法定程序进行清算,故可推定原公司财产已由股东接受,应由股东在所接受财产范围内承担责任。另鉴于其不提供公司会计账簿,可推定甲乙所接受资产大于或等于债权,遂判决撤销一审判决,改判甲乙赔偿凤凰公司40万元及其利息。

【相关案例】3-8　商人应如何履行制作、保管商业账簿的义务①

　　Y有限公司是一家从事农机经营的公司,于1999年初成立,有6位自然人股东,其中,A股东一人出资22万元,占注册资本总额的30%,并经过全体股东选举被选任为董事长兼总经理。A认为本公司业务不复杂,没有必要单独设立会计机构和会计人员,于是,决定聘请一位有会计从业资格的会计师B代位记账。B每半个月来公司根据A所提供的会计凭证进行一次账务处理。1999年年底,B根据账务处理的结果编制了该年度的财务会计报告,并交给每位股东。A以外的其他5位股东审阅财务会计报告后,认为该报告有严重问题,并怀疑A存在侵占公司财产的行为。于是该5位股东联合聘请另一会计事务所对Y公司的财务会计报告进行审计。审计的结果发现有三笔应收账款被列为坏账是错误的,公积金提取不符合公司法的规定,有些原始凭证是不合法的。根据该审计结果,5位股东以A为被告提起诉讼,请求A赔偿损失。

　　本案件中的被告A之所以遭此结果,其根本原因就在于严重违反了公司法等有关公司必须建立财务会计制度,必须在每一会计年度终了时编制财务会计报告,并依法经会计事务所审计等义务(参见我国《公司法》第163—165条等规定),被告A难免其责。

 前沿问题

◆ 构建有关商人的基础性制度

　　不管是商事登记和商号制度,还是营业和商业账簿制度,都是有关商人的基础性制度,或曰基本制度。所以,在大陆法系国家的商法理论中,一般将商事登记看做是为了商人的公示制度,将商号和商业账簿制度理解为商人开展商事活动的客观设施条件,而营业在大多情况下则是商人的活动以及财产本身。不管怎样,这些制度是有关商人的基础性制度,也是主体成为商人的基本条件,更是公权力从维护社会公共利益和公共秩序的角度,要求商人必须要建立的基本制度,否则,不得作为商人进行活动。也正因为都是有关商人的基本制度,所以,大陆法系国家的商法,都在总则部分中详细规定了这些基础性制度,对整个商法制度体系发挥着不可或缺的基础性作用。改革开放以来,我国的商事立法成就显著,有力促进了社会主义市场经济的发展。但直至今日仍然缺乏对这些有关商人的基础制度的统一规定,因而造成了我国商法制度体系基础薄弱,规范关系比较混乱的情况。这些问题惟有通过统一

---

① 案例来源,参见叶林、黎建飞:《商法学原理与案例教程》,第155—156页。

的商事立法来解决,通过商事立法的法典化,或商事基本法抑或商事通则的制定,对有关商人的商事登记、商号、营业、商业账簿、商事辅助人等制度作出系统全面安排,以此夯实商法制度体系的牢固基础。

【思考题】
1. 什么是商事登记,商事登记有哪些种类和程序?
2. 简述商事登记的法律效力。
3. 什么是商号和商号权,我国法律对商号选定有哪些限制?
4. 怎样区分主观意义和客观意义上的营业,为什么营业能够转让?
5. 什么是商业账簿,谈谈我国法律上的商业账簿分类及其保管制度。

【司法考试真题】

3-1 个体经营户王小小从事理发服务业,使用"一剪没"作为未注册商标长期使用,享有较高声誉。王小小通过签订书面合同许可其同一城区的表妹张薇薇使用"一剪没"商标从事理发业务。后张薇薇以自己的名义申请"一剪没"商标使用于理发业务并获得注册。下列哪一说法是正确的?(2011年)

A. 该商标使用许可合同自双方签字之日起生效
B. 该商标使用许可合同应当报商标局备案
C. 王小小有权自"一剪没"注册之日起5年内请求商标评审委员会撤销该注册商标
D. 王小小有权自"一剪没"注册之日起5年内请求商标局撤销该注册商标

3-2 甲乙丙三人合伙开办电脑修理店,店名为"一通电脑行",依法登记。甲负责对外执行合伙事务。顾客丁进店送修电脑时,被该店修理人员戊的工具碰伤。丁拟向法院起诉。关于本案被告的确定,下列哪一选项是正确的?(2010年)

A. "一通电脑行"为被告
B. 甲为被告
C. 甲乙丙三人为共同被告,并注明"一通电脑行"字号
D. 甲乙丙戊四人为共同被告

3-3 关于商事登记,下列哪些说法是正确的?(2010年)

A. 公司的分支机构应办理营业登记
B. 被吊销营业执照的企业即丧失主体资格
C. 企业改变经营范围应办理变更登记
D. 企业未经清算不能办理注销登记

3-4 甲厂将生产饮料的配方作为商业秘密予以保护。乙通过化验方法破解了该饮料的配方,并将该配方申请获得了专利。甲厂认为乙侵犯了其商业秘密,诉至法院。下列哪些选项是正确的?(2007年)

A. 乙侵犯了甲厂的商业秘密
B. 饮料配方不因甲厂的使用行为丧失新颖性
C. 乙可以就该饮料的配方申请专利,但应当给甲厂相应的补偿

D. 甲厂有权在原有规模内继续生产该饮料

3-5 某杂志社的期刊名称设计新颖,具有独特的含义,并且产生了广泛而良好的社会声誉,特咨询某律师其名称可以获得哪些法律保护。就该问题,该律师的下列哪种回答既符合法律规定又能最大限度地保护当事人的利益?(2006年)

A. 著作权法、商标法、反不正当竞争法　　B. 著作权法、商标法
C. 著作权法、反不正当竞争法　　　　　　D. 商标法、反不正当竞争法

3-6 甲公司于2000年3月为其生产的酸奶注册了"乐乐"商标,该商标经过长期使用,在公众中享有较高声誉。2004年8月,同一地域销售牛奶的乙公司将"乐乐"登记为商号并突出宣传使用,容易使公众产生误认。下列哪种说法是正确的?(2006年)

A. 乙公司的行为必须实际造成消费者误认,才侵犯甲公司的商标权
B. 即使"乐乐"不属于驰名商标,乙公司的行为也侵犯了甲公司的商标权
C. 甲公司可以直接向法院起诉要求撤销该商号登记
D. 乙公司的商号已经合法登记,应受法律保护

3-7 某市国有资产管理部门决定将甲、乙两个国有独资公司撤销,合并成立甲股份有限公司,合并后的甲股份有限公司仍使用原甲公司的字号,该合并事项已经有关部门批准现欲办理商业登记。甲股份有限公司的商业登记属于下列哪一类型的登记?(2005年)

A. 兼并登记　　B. 设立登记　　C. 变更登记　　D. 注销登记

第四章

商 事 救 济

【章首语】 保护权利,既是法治的重要任务,也是市场经济有序化的重要前提。为使作为市场经济基础的商事法律关系得到维护,对遭受破坏的关系有必要进行纠正和治理。英国法谚道,"无救济则无权利",商事救济制度就是实现这一目的的重要手段。商事救济制度通过平息纷争、调节利益关系等,对经济活动起到服务、规范和监督作用。其中,商事诉讼和商事仲裁构成了商事救济制度的主要内容,且与普通民事救济制度相比,属于具有一定特殊性和独立性的救济制度。

本章应着重学习商事救济的意义、商事诉讼和商事仲裁的概念、原则、特征、程序和仲裁协议、仲裁组织、涉外商事诉讼以及涉外商事仲裁的特别规定。

第一节 商事救济概述

一、商事救济的概念

利益取向的矛盾性使冲突在所难免。当争议发生时,就有了借助自身或社会力量来促使社会关系得以恢复并协调发展的需求。所谓救济就是为满足这种需求而使用的方法。① 因其所借之力的不同可将其分为私力救济与公力救济。商事救济即是在商事法律关系遭受破坏,其商事权利义务无法得到正常实现和履行时,所采取的恢复以及平衡商事法律关系,实现商事主体利益乃至社会利益的方法。

商事救济也有广义和狭义之分,前者包括商事主体的自力救济和借助他力的救济。广义的商事救济还应包括破产制度,但一般所说的商事救济主要指狭义的商事救济,即主要由商事诉讼和商事仲裁构成的法定救济。其中的商事诉讼为公力救济的典型方式,② 而商事仲裁属于既非自力也非公力救济的法定私权救济方式,在现代商事救济制度中占有重要

---

① 法学意义上的"救济",多指对权利的救济。所以有学者指出,"救济"是指司法力量对权利的救济,即通过法律方式及其"类法律方式"对权利冲突的解决。见钱卫清:《公司诉讼——司法救济方式》,第10页。

② 在各类商事救济活动中,围绕着公司的诉讼活动,即公司诉讼占据着重要地位。对此有学者明确指出,从程序法角度而言,公司诉讼则是在公司利益的常态实现机制遭到非法干扰时所寻求的一种公力救济方式。见李求轶:《公司诉讼:类型化探析》,"序言"第1页。

地位。① 而自力救济是缺乏法律控制的状态,尤其在格外关注商事主体的约束性、市场的秩序性和商事行为的规范性的商事法律中,自力救济无法实现甚至有悖于商事法律的价值目标,故商事救济不包括自力救济。②

二、商事救济的意义

商事主体的商事活动构成了市场经济的主要内涵,营利性则是所有商事活动的本质特征。因此,商事利益冲突就会频繁发生,商事法律关系随时会遭到破坏。若不及时修复和救济,不仅会损害商事主体的利益关系,而且会破坏市场经济秩序,阻碍社会经济发展。所以,商事救济活动至少在以下几个方面发挥着不可替代的重要作用。

一是在保障当事人的合法权益方面,能够有效保障商事主体的合法权益,以此强化商事主体的安全心理,保护和调动商事主体持续开展商事交易活动的积极性。

二是在维护社会经济秩序方面,商事救济通过平息商事主体的利益纷争,矫正遭到破坏的商事法律关系,制裁损害社会信用和交易秩序的行为,从而达到规范商事行为,稳定利益关系,维护社会经济秩序的目的。

三是在促进市场经济发展方面,商事救济通过保护主体权益,以此激发主体的积极性,努力规范主体行为,维护交易秩序,促使交易安全、快捷、有效地开展的方式,促进市场经济发展。

三、商事救济制度的特征

从广义而言,商事救济是民事救济的特殊表现形式。但与关注主体资格平等、意思表示真实等的一般民事救济相比,商事救济具有如下法律特征。③

(一) 严格性

因商事法律关系大多涉及公众利益,商法必须维护和确保交易安全。所以,当商事关系遭到破坏而追究法律责任时,商法通常采用严格责任,体现了商事救济的严格性。④

(二) 财产性

因商事关系具有鲜明的财产属性,所以,相对于刑事法律关系的破坏,大多表现为对人

---

① 一般认为,相对于公力救济的商事诉讼,商事仲裁具有民间性、专业性、高效性、保密性、灵活性以及经济性等制度优势。对于商事仲裁基于这种制度优势所发挥的重要作用,有学者明确指出,商事仲裁作为解决商事纠纷的方法越来越重要。尽管诉讼是一种传统而古老的解纷机制,但在现代市场经济社会中,商事仲裁在解决商事纠纷尤其是国际商事纠纷方面大有后来者居上之势。同时,在第二次世界大战后以美国为主的西方国家所建立的非诉解纷机制(ADR)中,很明显商事仲裁占据主要位置。参见黄亚英:《论商事仲裁的十大特点和优势》,载《暨南学报》(哲学社会科学版)2013年第4期,第44页。

② 有关商事救济范围的讨论,参见赵泽宇:《试论商事纠纷解决的途径》,载《科技信息》2009年第21期,第391页。

③ 对于商事救济的特殊性,有学者从公司诉讼的角度明确指出,相对于一般民事诉讼,公司诉讼无论就其审判目的,还是就其审判要求来说都具有相当的特殊性,因此法官在对公司诉讼进行审判时应具有独特的商事审判思维理念。这些特殊的商事审判思维理念包括对公司行为效力稳定性的高度关注;对公司关联行为之间的效力切断要求;对公司行为效力判断上的严格合法性要求;对法院司法介入的有限性要求;对公司行为效力判定上的外观性要求等。见李求轶:《公司诉讼:类型化探析》,"序言"第2页。

④ 比如,《日本公司法》不仅严格规定了公司经营者的大量民事责任,而且规定了大量刑事责任和行政责任。仅就公司经营者的刑事责任而言,对公司发起人以及董事等规定了特别渎职罪、危害公司财产罪、使用虚假文书罪、渎职罪、行贿受贿罪、股东权利行使提供利益罪、合谋罪、超额发行罪、逃避缴纳责任罪等。详见《日本公司法》第960—975条的规定。

身自由的剥夺或限制,民事救济通常也会借助一些诸如赔礼道歉、消除影响、恢复名誉等非财产性方式进行救济而言,商事救济充分体现了财产性特征。

(三)全面性

以商品交易关系为核心的商事活动,除了商事主体的权益外,必然要涉及到众多主体的利益,乃至社会公共利益。所以,与民事救济的重点是民事权利相比,商事救济除了关注商事主体的合法权益外,还须保障商事交易的安全,恢复和维护交易秩序。充分体现了商事救济的全面性特征。①

(四)限定性

商事活动具有不断满足社会需求的功能,为此商法创设了公司维持、有限责任、海事责任赔偿限制等多项有利于商事主体存续的制度,商事救济也必然要受这些重要制度的制约,会受到相应的限定,具有限定性特征。

第二节 商事诉讼

一、商事诉讼的概念和特征

商事诉讼是商事救济制度的重要内容,是指法院代表国家,依法审理和裁判商事纠纷,给予当事人公力救济的活动。② 它是运用司法手段解决商事纠纷的重要方式,在实体上依据商事法律规范,而在程序法方面以民事诉讼法为依据,并以国家强制力保证执行。③

商事诉讼与一般的民事诉讼相比,具有如下特征:(1)商事诉讼当事人虽为平等主体,但一般是以营利为目的的商人,或至少具有明显的营利性特征;(2)商事诉讼的受案范围是商事纠纷,其财产性特征较突出;(3)我国民事诉讼与商事诉讼虽都在程序上主要依据《民事诉讼法》,但在实体法上,民事诉讼适用民事法律,而商事诉讼适用商事法律。④

二、商事诉讼的程序

(一)第一审普通程序

1. 起诉和受理

起诉是当事人认为自己权益受到侵害或产生争议,以自己名义请求法院给予保护的诉

---

① 对于商事关系的这种复杂性等,有学者认为商事关系呈现的是一种网络化的状况,导致交易关系的复杂化。伴随着商事关系中隐含的投机性越来越大,利益损害呈现出不特定性和广泛性。见李узнах:《公司诉讼:类型化探析》,第40页。

② 也有学者认为,"所谓商事诉讼,指商主体将有争议的商事权利和义务事项,提交司法审判机构,由其按审判程序作出裁决的制度"。转引自同上书,第40页。

③ 当然,也有不少法治较为发达的国家,从商事审判机关到商事诉讼程序等,根据商事法律关系的特殊性构建了相对独立于普通民事诉讼制度之外的商事诉讼制度体系。参见樊涛:《我国商事诉讼制度的解析与重构》,载《当代法学》2008年第6期,第23—24页。

④ 有学者举例说,小股东对大股东的滥用控制权诉讼;公司人格否定诉讼;董事、监事、高级管理人员赔偿诉讼;股东决议撤销与无效诉讼;股东知情权诉讼、异议股东评估补偿诉讼;公司设立不能诉讼;股东代表诉讼;公司司法解散诉讼等,都是基于《公司法》的商事诉讼。见钱卫清:《公司诉讼——司法救济方式》,"再版前言"第1—2页。还有学者认为,与普通民事诉讼程序制度相比,商事诉讼程序制度具有更加追求效率和更加重视商业利润;解决纠纷上的更加自治性;实行更加宽容的审理程序;柔性的审判;法院的职权主义色彩更加浓厚等特质。见樊涛:《我国商事诉讼制度的解析与重构》,载《当代法学》2008年第6期,第23—24页。

讼行为。在我国,起诉须具备的条件见《民事诉讼法》第 119 条的规定。受理是法院通过审查原告起诉,认为符合法律规定的起诉条件,决定立案审理,从而引起诉讼程序开始的一种诉讼行为。在我国,法院应当保障当事人依照法律规定享有的起诉权利,并必须受理符合《民事诉讼法》第 119 条所规定条件的起诉。对是否受理的处理,见《民事诉讼法》第 123 条的规定。

2. 审理前的准备和开庭审理

对法院立案后起诉状副本的发送、被告收到后答辩状的提交、法院组成合议庭后的告知义务、法官审核诉讼材料,调查、收集必要证据以及委托外地法院调查等的审理前的准备,见《民事诉讼法》第 125—132 条的规定。开庭审理就是法院在当事人和其他诉讼参与人参加下,依法定形式和程序对案件进行审理的诉讼活动。开庭审理有公开和不公开审理两种方式。除涉及国家秘密、个人隐私或法律另有规定外,审理应当公开进行。涉及商业秘密的案件,当事人申请不公开审理的,可不公开审理(《民事诉讼法》第 134 条)。开庭审理的程序,见《民事诉讼法》第 136—139、141、148 条等的规定。

(二) 第一审简易程序

简易程序的特点是:可口头起诉;可到基层法院或派出法庭请求解决纠纷;可当即审理,也可择期审理;可用简便方式随时传唤当事人、证人,不受普通程序规定的限制;实行独任制;法官可视具体情况,简化审理方式和步骤,不受《民事诉讼法》第 136、138、141 条的限制;审结期限较短等(详见《民事诉讼法》第 158—161 条的规定)。

可适用简易程序的范围是:(1) 只适用于基层法院及其派出法庭的第一审案件。(2) 只适用于事实清楚、权利义务明确、争议不大的简单案件(《民事诉讼法》第 157 条)。但(1) 起诉时被告下落不明的;(2) 发回重审的;(3) 当事人一方人数众多的;(4) 适用审判监督程序的;(5) 涉及国家利益、社会公共利益的;(6) 第三人起诉请求改变或者撤销生效判决、裁定、调解书的;(7) 其他不宜适用简易程序的案件等,不得适用简易程序(《民事诉讼法司法解释》第 257 条)。

(三) 第二审程序

第二审程序因当事人上诉而引起(《民事诉讼法》第 164 条)。二审由单数审判员组成合议庭。二审程序利于上级法院监督下级法院;利于保护当事人合法权益,提高法官执法水平。

对于上诉须具备的条件以及二审法院受理的程序等,见《民事诉讼法》第 166、167 条的规定。对上诉案件,经审理按不同情形处理:(1) 原判决、裁定认定事实清楚,适用法律正确的,以判决、裁定方式驳回上诉,维持原判决、裁定;(2) 原判决、裁定认定事实错误或者适用法律错误的,以判决、裁定方式依法改判、撤销或者变更;(3) 原判决认定基本事实不清的,裁定撤销原判决,发回原审人民法院重审,或者查清事实后改判;(4) 原判决遗漏当事人或者违法缺席判决等严重违反法定程序的,裁定撤销原判决,发回原审人民法院重审。原审人民法院对发回重审的案件作出判决后,当事人提起上诉的,第二审人民法院不得再次发回重审(《民事诉讼法》第 170 条)。

(四) 审判监督程序

审判监督程序是指法院对已生效的裁判,发现确有错误,依法对案件进行再审的程序。它不是商事纠纷的必经程序,而是由特定主体提起的一种补救性程序。

再审程序是审判监督程序最主要的程序,再审可因法院、当事人申请、检察院抗诉而提起,其相关要件等的规定,详见《民事诉讼法》第198、200、208条等的规定。对于再审案件的审判,《民事诉讼法》第207条规定,再审案件,生效裁判是由第一审法院作出的,按第一审程序审理,当事人可对裁判上诉;生效裁判由第二审法院作出及上级法院按照审判监督程序提审的,按第二审程序审理,所作裁判即发生法律效力。法院审理再审案件,应当另行组成合议庭。

(五)执行程序

执行是指法院依法强制义务人履行生效裁判所确定义务的行为,执行权统一由法院行使,当事人可向被执行人住所地或财产所在地的法院申请执行。法院收到执行申请后,对有偿还能力而又拒绝履行的,予以强制执行;对暂时缺乏偿还能力的,经与当事人协商同意,可以放宽偿付期限,但要承担相应的法律责任。

三、涉外商事诉讼

涉外商事诉讼即具有涉外因素的商事诉讼。涉外因素包括主体因素、标的物因素以及行为因素,详见《民事诉讼法司法解释》第522条的规定。

司法管辖原则、国民待遇原则、对等原则以及国际条约优先原则等,是涉外商事诉讼所必须遵循的一般原则,参见《民事诉讼法》第260、262、263条等的规定。而诉讼与法院所在地实际联系原则、特殊商事合同原则等是涉外商事诉讼所必须遵守的管辖原则,详见《民事诉讼法》第265、266条等的规定。对于涉外商事诉讼文书的送达以及期间,《民事诉讼法》第267—270条及《民事诉讼法司法解释》第538条等作出了明确规定。

(四)司法协助

依我国缔结或参加的国际条约,或按互惠原则,我国法院和外国法院可相互请求代为送达文书、调查取证以及实施其他诉讼行为,但有损于我国主权、安全或社会公共利益的不予执行(《民事诉讼法》第276条)。除外国驻华使领馆可向该国公民送达文书和调查取证外,未经我国主管机关准许,任何外国机关或个人不得在中国领域内送达文书、调查取证(《民事诉讼法》第277条)。法院提供司法协助,依中国法定程序进行。有采用特殊方式请求的,该方式不得违反中国法律(《民事诉讼法》第279条)。

【相关案例】4-1 再审申请人的资格确认[①]

2010年7月,甲公司不服A市某区法院对其与乙公司买卖合同纠纷的判决,上诉至A市中级法院,A市中级法院经审理维持原判决。2011年3月,甲公司与丙公司合并为丁公司。之后丁公司的法律顾问在复查原甲公司的相关材料时,发现具备申请再审的法定事由。并且我国《民事诉讼法》第205条规定,当事人申请再审,应当在判决、裁定发生法律效力后六个月内提出;有本法第200条第1、3、12、13项规定情形的,自知道或者应当知道之日起六个月内提出。其申请也符合期限规定,但问题是再审申请由合并前的甲公司或者丙公司或

[①] 案例来源,参见2012年国家司法考试真题试卷三第45题。

者由二者共同提出,还是由合并后的丁公司提出。对此,《民事诉讼法司法解释》第375条规定,当事人死亡或者终止的,其权利义务承继者可以根据《民事诉讼法》第199条、第201条的规定申请再审。据此,应当由丁公司向法院申请再审。①

【相关案例】4-2　支付令的效力与诉讼关系②

甲公司因乙公司拖欠货款向A县法院申请支付令,经审查,甲公司的申请符合法律规定③,A县法院向乙公司发出支付令。乙公司收到支付令后在法定期间没有履行给付货款义务,而是向A县法院提起诉讼,要求甲公司承担因提供的产品存在质量问题的违约责任。本案涉及的诉讼程序问题主要有,一是法院发出的支付令是否有效,二是A县法院是否应该受理乙公司的起诉申请。对此,《民事诉讼法》第216条第2款规定,债务人应当自收到支付令之日起15日内清偿债务,或者向人民法院提出书面异议。第217条第1款规定,人民法院收到债务人提出的书面异议后,经审查,异议成立的,应当裁定终结督促程序,支付令自行失效。其第2款规定,支付令失效的,转入诉讼程序,但申请支付令的一方当事人不同意提起诉讼的除外。由此可见,只要乙公司在所规定的期限内提出诉讼,该支付令将失去效力,而且A县法院原则上应当受理乙公司的起诉。

第三节　商事仲裁

一、商事仲裁概述

（一）商事仲裁的概念

商事仲裁,是指平等主体根据合同中订立的条款或事后达成的协议,将他们之间已经发生的或将来可能发生的商事争议提交仲裁机构进行裁决,其裁决对双方当事人均具有拘束力的法定私权救济制度。④ 各国立法和国际公约都通过充分肯定仲裁协议效力等的方式,认可了商事仲裁制度的价值,我国《仲裁法》也将其规定为解决国内和涉外经济争议的一种法定方式。⑤

---

① 《民事诉讼法》第199条规定,当事人对已经发生法律效力的判决、裁定,认为有错误的,可以向上一级人民法院申请再审;当事人一方人数众多或者当事人双方为公民的案件,也可以向原审人民法院申请再审。当事人申请再审的,不停止判决、裁定的执行。其第201条规定,当事人对已经发生法律效力的调解书,提出证据证明调解违反自愿原则或者调解协议的内容违反法律的,可以申请再审。经人民法院审查属实的,应当再审。

② 案例来源,参见2011年国家司法考试真题试卷三第85题。

③ 《民法诉讼法》第214条规定,债权人请求债务人给付金钱、有价证券,符合下列条件的,可以向有管辖权的基层人民法院申请支付令:(1)债权人与债务人没有其他债务纠纷的;(2)支付令能够送达债务人的。

④ 在我国加入WTO后,根据WTO一揽子协定,对行政机关所作出的行政处理可以通过仲裁方式予以解决。由此可见,商事仲裁尽管以主体的平等性为原则,但不平等主体间的争议在一定条件下也可以通过商事仲裁途径解决。

⑤ 比如,我国《仲裁法》第2条就明确规定,"平等主体的公民、法人和其他组织之间发生的合同纠纷和其他财产权益纠纷,可以仲裁"。

对于商事仲裁的社会价值,有分析明确指出,从仲裁在国际商业活动中的演进历程来看,由于经济、技术、政治、法律等国际社会构成要素的变动,以及国家经贸交流活动发展的需要,使得仲裁制度成为解决国际商事契约争议的最主要方法。因为,仲裁制度不仅承认了主体有权利选择能够获得慎重而正确的裁决来解决纷争或以得到迅速而经济的终局性裁决来解决纷争的自由,而且作为一种商事救济方式,在充分尊重当事人意思自治的基础上,使个体利益和社会利益在最大化基础上得到平衡,充分体现了注重效益的最显著特点。[①]

(三)商事仲裁的特征

商事仲裁和商事诉讼都是解决商事纷争,救济权益,恢复关系,维护交易秩序的重要途径,而且都是由第三者独立自主地作出裁决,其裁决对当事人均具有约束力。但二者毕竟是两种性质完全不同的解纷机制,相比较而言,商事仲裁具有如下的法律特征[②]:

1. 以契约性为主、司法性为辅

其契约性主要体现在仲裁基于协议而发生,仲裁程序中始终贯彻意思自治原则;司法性则表现为裁决具有法律拘束力。对此学者间尽管存在争议,但我们认为,契约性是商事仲裁的最根本特性,以法院强制执行或裁定撤销仲裁为主要内容的司法性,体现的是司法权对商事仲裁的支持和监督。

2. 公正、效益

商事仲裁(1)确保仲裁者的中立性,并由经专业训练和经验积累的人员担任仲裁员;(2)比诉讼程序简便,可自行达成和解协议,也可撤回申请,方式灵活;(3)实行一裁终局,使仲裁与审判脱钩,利于纠纷及时解决;(4)收费比诉讼低,体现成本低的优势;(5)仲裁系双方约定,且多数国家为《承认与执行外国仲裁裁决公约》的缔约国或参加国,在外国法院更易得到承认与执行,以上几方面均充分体现了商事仲裁的公正与效益特征。

3. 民间性

这一性质体现在:商事仲裁机构是民间机构而非官方机构;仲裁员来自民间;仲裁费用的来源和收取方式并非法定;仲裁机构不能采取强制措施或强制执行。[③]

(二)商事仲裁的原则

意思自治、裁审择一、公平合理、独立仲裁、一裁终局、不公开等,应当是商事仲裁活动所要遵守的基本原则,参见《仲裁法》第4、6—9、40条等的规定。

二、仲裁协议

仲裁协议是指双方当事人愿将可能发生或已经发生的争议提交仲裁的书面意思表示。

---

① 参见李佳勋:《商事仲裁在法价值意义上的探索》,载《行政与法》2005年第6期,第54—55页。
② 对于商事仲裁的特点和优势,有学者从案件管辖和纠纷处理地点的确定;仲裁适用的纠纷范围;仲裁费用;仲裁代理;办案人员;文书的送达和通知;审理方式;法律适用;办案期限与效率;仲裁裁决的效力及其国际执行机制十个方面进行了详尽分析。详见黄亚英:《论商事仲裁的十大特点和优势》,载《暨南学报》(哲学社会科学版)2013年第4期,第44—52页。
③ 也有观点从程序的自主性、程序的快速性以及裁决的有效性方面强调了商事仲裁的特征,并列举了商事仲裁的经济、迅速、简单、公正、保密、弹性以及符合实际需要等优点。还有学者从仲裁协议是商事仲裁的法律基石、仲裁程序既有法定规定也有自治规则、现代商事仲裁效力受法律保护、现代商事仲裁可以缺席裁决以及现代商事仲裁是公权力监督下的私权救济制度等方面,分析了商事仲裁的特点和优越性。前者参见李佳勋:《商事仲裁在法价值意义上的探索》,载《行政与法》2005年第6期,第54页;后者参见张永华:《国内外民商事仲裁若干制度比较研究》,载《国际经贸探索》2001年第5期,第53—55页。

其是当事人有申请仲裁权的前提,也是仲裁机构排除法院管辖的法律依据。仲裁协议既可为事先在商事合同中订立的仲裁条款,也可是事先或事后单独订立的仲裁协议书,还可是函电等其他书面形式(《仲裁法》第 16 条第 1 款)。① 但采取函电形式时,仅有一方之函电要约,而无对方承诺,则仲裁协议并不成立。

仲裁协议独立存在,合同的变更、解除、终止或者无效,不影响仲裁协议的效力(《仲裁法》第 19 条第 1 款)。当事人对仲裁协议的效力有异议的,可申请仲裁委员会作出决定或者申请人民法院作出裁定。一方请求仲裁委员会作出决定,另一方请求人民法院作出裁定的,由人民法院裁定(《仲裁法》第 19 条第 2 款、第 20 条第 1 款)。

仲裁协议的成立,须具备主体、主观、对象、形式以及内容等方面的要件,详见《仲裁法》第 16、17 条等的规定。

请求仲裁的意思表示、法定的仲裁事项②以及选定仲裁委员会等,应当是仲裁协议的基本内容,参见《仲裁法》第 16—18 条及《仲裁法司法解释》第 3 条等的规定。

(三)仲裁协议的效力

仲裁协议对当事人的拘束力,主要表现在发生争议则双方应采仲裁方式,不得请求法院审判,若一方起诉,另一方有权请求法院终结诉讼程序;任何一方不得随意解除、变更已生效的仲裁协议;双方当事人有义务履行仲裁机构依法作出的裁决等方面。对仲裁机构的拘束力,主要表现在具体仲裁权只能由当事人授予;只能就仲裁协议约定的争议作出裁决;在依法约定仲裁规则的情况下,仲裁协议对仲裁权的行使有约束力等方面。对法院的制约力,表现在有效的仲裁协议可以排除法院对协议约定争议行使管辖权。

三、仲裁组织

(一)仲裁委员会

仲裁委员会是中国仲裁协会的会员,是解决商事纠纷的民间机构,独立于行政机关,仲裁委员会之间也没有隶属关系。仲裁委员会可设在省一级人民政府所在地的市,也可根据需要设立在设区的市,不按行政区划层层设立。仲裁委员会由政府组织有关部门和商会统一组建。它的设立应当到省一级司法行政部门登记(《仲裁法》第 10 条第 3 款)。

设立仲裁委员会须具备下列条件:(1)有自己的名称、住所和章程,其章程应当依仲裁法制定;(2)有必要的财产;(3)有该委员会的组成人员;(4)有聘任的仲裁员。

仲裁委员会由主任 1 人、副主任 2 至 4 人和委员 7 至 11 人组成。并由法律、经济贸易专家和有实际工作经验的人员担任。其中法律、经济贸易专家不得少于 2/3。仲裁员从公道正派人员中聘任且符合下列条件之一:从事仲裁工作满 8 年的;从事律师工作满 8 年的;曾任审判员满 8 年的;从事法律研究、教学工作并具有高级职称的;具有法律知识、从事经济贸易专业工作并具有高级职称或者具有同等专业水平的。以上内容详见《仲裁法》第 10—14 条的规定。

---

① 对于《仲裁法》第 16 条第 1 款所说的"其他书面方式",《仲裁法司法解释》第 1 条规定,《仲裁法》第 16 条规定的"其他书面方式"的仲裁协议,包括以合同书、信件和数据电文(包括电报、电传、传真、电子数据交换和电子邮件)等形式达成的请求仲裁的协议。

② 对于这种抽象性表述的司法解释原则,《仲裁法司法解释》第 2 条规定,当事人概括约定仲裁事项为合同争议的,基于合同成立、效力、变更、转让、履行、违约责任、解释、解除等产生的纠纷都可以认定为仲裁事项。

(二)仲裁协会

中国仲裁协会是社会团体法人,是仲裁委员会的自律性组织。其章程由全国会员大会制定,协会对仲裁委员会及组成人员、仲裁员的行为进行监督(《仲裁法》第 15 条)。

四、仲裁程序

首先是申请和受理。申请是受理的前提。仲裁不实行级别和地域管辖,当事人可向约定的仲裁机构申请。申请仲裁须具备的条件以及仲裁委员会对申请的处理程序等,见《仲裁法》第 21、24、25 条等的规定。

其次是仲裁庭的组成。仲裁庭是根据当事人意愿设立并在仲裁委员会监督下的临时办案组织。仲裁庭可由 3 名或 1 名仲裁员组成,由 3 名组成时设首席仲裁员。仲裁庭组成后,仲裁委员会应将组成情况书面通知当事人。被指定的仲裁员,有法定情形的,必须回避(见《仲裁法》第 30—34、36 条等的规定)。

最后是开庭和裁决。仲裁庭应开庭进行。协议不开庭的可依申请书、答辩书及其他材料作出裁决。仲裁以不公开为原则。当事人协议公开的,可以公开进行,但涉及国家秘密的除外。有关仲裁开庭、调解以及裁决等的其他程序,详见《仲裁法》第 39—53 条的规定。

五、关于涉外商事仲裁的特别规定

涉外商事仲裁是指仲裁机构对具有涉外因素的商事争议进行仲裁的活动。涉外因素包括主体、客体和内容涉外。

(一)涉外仲裁机构

涉外仲裁委员会可由中国国际商会组织设立,涉外仲裁委员会由主任 1 人、副主任和委员若干人组成。仲裁员可从具有法律、经济贸易、科学技术等专门知识的外籍人士中聘任(《仲裁法》第 66、67 条)。目前我国涉外仲裁机构主要是中国国际经济贸易仲裁委员会和中国海事仲裁委员会,二者可依《经贸仲裁规则》和《中国海事仲裁委员会仲裁规则》有权就仲裁协议的有效性和管辖权作出决定。[①]

(二)涉外商事仲裁的法律适用

实践中仲裁实体法律适用主要有如下原则:一是当事人选择适用法律的原则。我国法律规定涉外合同的当事人可选择处理合同争议所适用的法律,但有强制规定的除外(《合同法》第 126 条)。二是最密切联系原则。涉外合同当事人没有选择的,适用与合同最密切联

---

① 有学者对我国《仲裁法》等法律体系中的包括涉外仲裁委员会在内仲裁机构的法律功能设计制度提出了质疑,明确指出"我国仲裁机构法律功能的不断扩大已成为阻碍我国仲裁法制进步的瓶颈",并从"仲裁机构性质不应是仲裁裁决国籍的判断标准""仲裁机构应全面减少仲裁程序的介入""仲裁机构及其所在地法不应成涉外仲裁中外国法查明主体和准据法"等方面对上述观点进行了全面论证后,得出了"弱化仲裁机构的法律功能是中国仲裁法制完善的必经之路"的结论。详见杨玲:《仲裁机构法律功能批判——以国际商事仲裁为分析视角》,载《法律科学》(西北政法大学学报)2016 年第 2 期,第 180 页。

系的国家的法律(《合同法》第126条)。① 三是适用国际条约和国际惯例的原则(《民法通则》第142条)。

(三) 涉外仲裁的基本程序

依《经贸仲裁规则》的规定,涉外仲裁大致经过如下程序:

1. 申请和受理

申请须符合下列条件:(1) 提交仲裁申请书;(2) 提交仲裁申请书时附具申请人请求所依据事实的证明文件;(3) 按规定预交仲裁费(《经贸仲裁规则》第12条)。经审查认为手续完备者,以发出仲裁通知,并指定专人负责程序管理工作的方式完成案件受理。被申请人应在自收到通知之日起45天内向秘书局提交答辩书和有关证明文件(《经贸仲裁规则》第13—17条)。

2. 仲裁庭的组成、审理和裁决

双方当事人应在自收到通知之日起15天内在仲裁员名册中各自选定一名仲裁员,或委托仲裁委员会主任指定。第三名仲裁员担任首席仲裁员。也可选定或经指定进行独任仲裁。在简易程序下,仲裁庭由当事人共同指定或仲裁委员会主席指定的独任仲裁员组成(《经贸仲裁规则》第25—27、56条)。开庭审理以不公开为原则,以书面审理为例外。当事人应对所依事实提出证据,仲裁庭也可自行收集证据和进行鉴定。仲裁庭可进行调解。由3名仲裁员组成仲裁庭审理的案件,应进行评议,依多数仲裁员的意见决定。不能形成多数意见时,仲裁裁决依首席仲裁员的意见作出。

(四) 外国仲裁裁决的承认与执行

外国仲裁裁决的承认与执行,依我国缔结或参加的国际条约或按照互惠原则办理(《民事诉讼法》第283条)。对涉外仲裁裁决法院只作形式审查,但如果当事人对中国涉外仲裁机构作出的裁决提出证据证明裁决存在无仲裁协议、违背社会公共利益等情形的,经法院组成合议庭审查核实,裁定不予执行。如被执行人或其财产不在我国境内,应当由当事人直接向有管辖权的外国法院申请承认和执行。(参见《仲裁法》第70、71、72条等的规定)。

【相关案例】4-3　仲裁适用的纠纷范围②

2010年10月13日,18名大陆游客通过旅行社参团从珠海前往台湾旅游,在台湾苏花公路遭遇强台风和泥石流后全部失踪,最终被认定为遇难。2011年遇难者的家属以旅行社为被告向珠海香洲区人民法院提起请求生命权侵权损害赔偿的诉讼。遇难者家属认为旅行社同样有责任,要求赔偿死亡赔偿金等共计1100多万元,并公开向所有遇难者及家属道歉。但旅行社认为法院对此案没有管辖权,因为游客与其签订的合同为特别约定,如发生争议将

---

① 对此,《仲裁法司法解释》第16条更加明确地规定,"对涉外仲裁协议效力的审查,适用当事人约定的法律;当事人没有约定适用的法律但约定了仲裁地的,适用仲裁地法律;没有约定适用的法律也没有约定仲裁地或者仲裁地约定不明确的,适用法院地法律"。但需注意,有学者指出,通常,当事人单独约定仲裁协议的法律适用是不常见的。在当事人没有约定时,仲裁协议适用仲裁地法,符合国际主流的实践。仲裁协议适用仲裁机构所在地法,在国际上尚无先例。与法院地法更无关系,所以,2011年颁布的《涉外民事关系法律适用法》第18条已删去了备受诟病的《民事诉讼法司法解释》有关"法院地法"的规定。参见杨玲:《仲裁机构法律功能批判——以国际商事仲裁为分析视角》,载《法律科学》(西北政法大学学报)2016年第2期,第179页。

② 案例来源,参见黄亚英:《论商事仲裁的十大特点和优势》,载《暨南学报》(哲学社会科学版)2013年第4期,第45页。

提交珠海仲裁委员会,案件应交由珠海仲裁委员会仲裁。家属则认为,他们提起的是侵犯生命权的侵权损害赔偿,不是单纯的合同财产纠纷,此类人身权的司法管辖权属于法院,仲裁委无权受理。双方争议的关键在于仲裁适用的纠纷范围,因为,我国《仲裁法》第 2 条规定,"平等主体的公民、法人和其他组织之间发生的合同纠纷和其他财产权纠纷可以仲裁"。其第 3 条 1 项规定,"婚姻、收养、监护、扶养、继承纠纷不能仲裁"。最终法院以原告无权就该案向法院提出诉讼为由驳回了遇难者家属们的诉讼请求。

【相关案例】4-4 仲裁也须履行严格的"文书送达"程序吗?①

诉讼与仲裁在相关文书的送达和通知方面也存在很大差异,相比较而言,仲裁文书的"送达"等不像诉讼文书送达那么正规,而是非常灵活,可以采用直接邮寄或者传真、电邮等方式进行。严格而言,"送达"属于诉讼程序用语,其无法涵盖仲裁中文书传递和通知等多种类型和情形。仲裁程序中的文书传递和通知也不使用"送达"一词,而多采用"通知"或者"发送"等这些专门用语。比如,《经贸仲裁规则》第 8 条第 1 项就明确规定,"有关仲裁的一切文书、通知、材料等均可采用当面递交、挂号信、特快专递、传真或仲裁委员会仲裁院或仲裁庭认为适当的其他方式发送"。我国很多在国外发生的仲裁案件,涉及中国当事人时,国内一些律师不理解仲裁可以邮寄、传真甚至电邮直接通知,误以为仲裁也应像诉讼一样进行正式的司法送达,导致常常误以仲裁"送达"无效为由而错失仲裁应诉或答辩良机,或事后误以仲裁"送达"无效为由,申请撤销或不予执行仲裁裁决,其结果导致仲裁失利或申请被驳回。

前沿问题

◆ 商事救济制度的范围问题

"无救济则无权利",商事救济制度作为一项救济商事主体受损的权利,保护当事人利益,平衡权利义务关系,修复商事法律关系的重要制度,其作用不可估量。但对商事救济制度的范围,即哪些救济方式属于该制度范畴的问题,争论颇多。对于商事诉讼和商事仲裁作为商事救济的主要方式或途径,观点看法比较一致,焦点在于商事主体的自力救济和破产制度是否属于商事救济,该不该纳入商事救济制度的范围。对于前者,即商事主体的自力救济,多数观点持否定态度,也有予以充分肯定的观点;对于后者,即破产制度,多数观点基于破产法中的和解与整顿制度,持肯定态度,也有观点基于破产制度的宗旨在于救济破产者的债权人,不太关注行将破产的商主体本身,因而持否定态度。为使商事救济制度发挥应有的作用,此问题值得深入研究。

---

① 案例来源,参见黄亚英:《论商事仲裁的十大特点和优势》,载《暨南学报》(哲学社会科学版)2013 年第 4 期,第 47—48 页。

【思考题】

1. 自力救济和破产制度能否成为商事救济的内容？
2. 试分析商事仲裁的契约性与司法性的关系。
3. 简述涉外商事诉讼与商事仲裁的特殊性。

【司法考试真题】

4-1 大成公司与华泰公司签订投资合同，约定了仲裁条款：如因合同效力和合同履行发生争议，由A仲裁委员会仲裁。合作中双方发生争议，大成公司遂向A仲裁委员会提出仲裁申请，要求确认投资合同无效。A仲裁委员会受理。华泰公司提交答辩书称，如合同无效，仲裁条款当然无效，故A仲裁委员会无权受理本案。随即，华泰公司向法院申请确认仲裁协议无效，大成公司见状，向A仲裁委员会提出请求确认仲裁协议有效。关于本案，下列哪一说法是正确的？（2015年）

A. A仲裁委员会无权确认投资合同是否有效
B. 投资合同无效，仲裁条款即无效
C. 仲裁条款是否有效，应由法院作出裁定
D. 仲裁条款是否有效，应由A仲裁委员会作出决定

4-2 甲公司向乙公司催讨一笔已过诉讼时效期限的10万元货款。乙公司书面答复称："该笔债务已过时效期限，本公司本无义务偿还，但鉴于双方的长期合作关系，可偿还3万元。"甲公司遂向法院起诉，要求偿还10万元。乙公司接到应诉通知后书面回函甲公司称："既然你公司起诉，则不再偿还任何货款。"下列哪一选项是正确的？（2014年）

A. 乙公司的书面答复意味着乙公司需偿还甲公司3万元
B. 乙公司的书面答复构成要约
C. 乙公司的书面回函对甲公司有效
D. 乙公司的书面答复表明其丧失了10万元的时效利益

4-3 甲县的佳华公司与乙县的亿龙公司订立的烟叶买卖合同中约定，如果因为合同履行发生争议，应提交A仲裁委员会仲裁。佳华公司交货后，亿龙公司认为烟叶质量与约定不符，且正在霉变，遂准备提起仲裁，并对烟叶进行证据保全。关于本案的证据保全，下列哪些表述是正确的？（2014年）

A. 在仲裁程序启动前，亿龙公司可直接向甲县法院申请证据保全
B. 在仲裁程序启动后，亿龙公司既可直接向甲县法院申请证据保全，也可向A仲裁委员会申请证据保全
C. 法院根据亿龙公司申请采取证据保全措施时，可要求其提供担保
D. A仲裁委员会收到保全申请后，应提交给烟叶所在地的中级法院

4-4 就瑞成公司与建华公司的合同纠纷，某省甲市中院作出了终审裁判。建华公司不服，打算启动再审程序。后其向甲市检察院申请检察建议，甲市检察院经过审查，作出驳回申请的决定。关于检察监督，下列哪些表述是正确的？（2014年）

A. 建华公司可在向该省高院申请再审的同时，申请检察建议
B. 在甲市检察院驳回检察建议申请后，建华公司可向该省检察院申请抗诉
C. 甲市检察院在审查检察建议申请过程中，可向建华公司调查核实案情

D. 甲市检察院在审查检察建议申请过程中,可向瑞成公司调查核实案情

4-5 大皮公司因买卖纠纷起诉小华公司,双方商定了25天的举证时限,法院认可。时限届满后,小华公司提出还有一份发货单没有提供,申请延长举证时限,被法院驳回。庭审时小华公司向法庭提交该发货单。尽管大皮公司反对,但法院在对小华公司予以罚款后仍对该证据进行质证。下列哪一诉讼行为不符合举证时限的相关规定?(2013年)

A. 双方当事人协议确定举证时限

B. 双方确定了25天的举证时限

C. 小华公司在举证时限届满后申请延长举证时限

D. 法院不顾大皮公司反对,依然组织质证

4-6 兴源公司与郭某签订钢材买卖合同,并书面约定本合同一切争议由中国国际经济贸易仲裁委员会仲裁。兴源公司支付100万元预付款后,因郭某未履约依法解除了合同。郭某一直未将预付款返还,兴源公司遂提出返还货款的仲裁请求,仲裁庭适用简易程序审理,并作出裁决,支持该请求。关于仲裁协议的表述,下列选项正确的是:(2013年)

A. 买卖合同虽已解除,但仲裁条款具有独立性,兴源公司可以据此申请仲裁

B. 兴源公司返还货款的请求是基于不当得利请求权,与买卖合同无关,不应据此申请仲裁

C. 仲裁协议未约定适用简易程序,仲裁庭不应适用简易程序审理

D. 双方选择的中国国际经济贸易仲裁委员会是涉外仲裁机构,本案不具有涉外因素,应当重新选择

4-7 甲公司诉乙公司货款纠纷一案,A市B区法院在审理中查明甲公司的权利主张已超过诉讼时效(乙公司并未提出时效抗辩),遂判决驳回甲公司的诉讼请求。判决作出后上诉期间届满之前,B区法院发现其依职权适用诉讼时效规则是错误的。关于本案的处理,下列哪一说法是正确的?(2012年)

A. 因判决尚未发生效力,B区法院可以将判决书予以收回,重新作出新的判决

B. B区法院可以将判决书予以收回,恢复庭审并向当事人释明时效问题,视具体情况重新作出判决

C. B区法院可以作出裁定,纠正原判决中的错误

D. 如上诉期间届满当事人未上诉的,B区法院可以决定再审,纠正原判决中的错误

4-8 某仲裁委员会在开庭审理甲公司与乙公司合同纠纷一案时,乙公司对仲裁庭中的一名仲裁员提出了回避申请。经审查后,该仲裁员依法应予回避,仲裁委员会重新确定了仲裁员。关于仲裁程序如何进行,下列哪一选项是正确的?(2012年)

A. 已进行的仲裁程序应当重新进行

B. 已进行的仲裁程序有效,仲裁程序应当继续进行

C. 当事人请求已进行的仲裁程序重新进行的,仲裁程序应当重新进行

D. 已进行的仲裁程序是否重新进行,仲裁庭有权决定

4-9 甲公司因与乙公司的合同纠纷向某仲裁委员会申请仲裁,甲公司的仲裁请求得到仲裁庭的支持。裁决作出后,乙公司向法院申请撤销仲裁裁决。法院在审查过程中,甲公司向法院申请强制执行仲裁裁决。关于本案,下列哪一说法是正确的?(2012年)

A. 法院对撤销仲裁裁决申请的审查,不影响法院对该裁决的强制执行

B. 法院不应当受理甲公司的执行申请

C. 法院应当受理甲公司的执行申请,同时应当告知乙公司向法院申请裁定不予执行仲裁裁决

D. 法院应当受理甲公司的执行申请,受理后应当裁定中止执行

4-10 三合公司诉两江公司合同纠纷一案,经法院审理后判决两江公司败诉。此后,两江公司与海大公司合并成立了大江公司。在对两江公司财务进行审核时,发现了一份对前述案件事实认定极为重要的证据。关于该案的再审,下列哪一说法是正确的?(2011年)

A. 应当由两江公司申请再审并参加诉讼

B. 应当由海大公司申请再审并参加诉讼

C. 应当由大江公司申请再审并参加诉讼

D. 应当由两江公司申请再审,但必须由大江公司参加诉讼

4-11 红光公司起诉蓝光公司合同纠纷一案,A市B区法院受理后,蓝光公司提出管辖权异议,认为本案应当由A市中级法院管辖。B区法院裁定驳回蓝光公司异议,蓝光公司提起上诉。此时,红光公司向B区法院申请撤诉,获准。关于本案,下列哪一选项是正确的?(2010年)

A. B区法院裁定准予撤诉是错误的,因为蓝光公司已经提起上诉

B. 红光公司应当向A市中级法院申请撤诉,并由其裁定是否准予撤诉

C. B区法院应当待A市中级法院就蓝光公司的上诉作出裁定后,再裁定是否准予撤诉

D. B区法院裁定准予撤诉后,二审法院不再对管辖权异议的上诉进行审查

第二编 公司法

第五章　公司与公司法概述
第六章　有限责任公司
第七章　股份有限公司
第八章　公司债券
第九章　公司的财务会计制度
第十章　公司基本事项的变更和公司终止
第十一章　关联公司与外国公司分支机构

第五章

公司与公司法概述

【章首语】 公司是市场经济体制下最重要的企业组织形式,不同法系国家在公司法、商法或民法中一般对公司的组织和行为进行较详细的规定,其目的在于规范公司的经营和管理行为,维护股东和债权人的合法权益,保障经济社会的健康发展。同时,全球经济一体化,必然导致公司法一体化。

本章应着重学习公司和公司法的概念、性质,公司的分类,公司法的特征、地位以及公司资本、转投资、公司法人格否认等基本法律制度。

第一节 公司的定义与法律特征

一、公司的定义

按大陆法系的传统定义,公司是依法成立的,以从事商行为或营利为目的的社团法人。依法成立、以营利为目的和社团法人是界定公司的三要素。① 《法国民法典》第1832条第1款规定:"公司由两人或数人依据一项契约约定,将其财产或技艺用于共同事业,以期分享利润或获取由此可以得到的经济利益而设立。"② 《日本公司法》第2条第1款第1项规定:"公司,指股份有限公司、无限公司、两合公司或合作公司。"第3条规定:"公司为法人。"③ 我国台湾地区"公司法"第1条规定:"本法所称公司,谓以营利为目的,依照本法组织、登记、成立之社团法人。"

在英美法中的公司并非仅指以营利为目的的公司。以营利为目的的公司是商业公司;而非营利性的公司则相当于大陆法的非营利性社团法人。④ 英国学者对公司的一般界定是,"company"是一些人为共同目的而组成的社团,而该经济目的通常是指为成员谋求经济收益。近一百年来,由于按照公司法登记成立公司异常便捷,许多不以营利为目的的组织也按照公司法的规定登记成立,与贸易公司适用同一规则。美国的公司立法主要由各州分别进行。各州的公司立法中一般又不以条文的形式对公司的概念进行界定,学者对公司的界定

---

① 见孔祥俊:《公司法要论》,第24页。需要进一步说明的是,有学者认为,公司的概念由独立的人格、个人结合的社团和以营利为目的等三个要素构成。参见施天涛:《商法学》,第125—129页。
② 《法国公司法典》,第9页。
③ 《日本公司法》,第1页以下。
④ 见高程德:《中国公司法实务》,第17页。

颇有不同。"在美国,公司(corporation)一词也一样含有法人或社团的意思,在典型意义下,'公司'一词是指依法设立、以盈利为目的的法人。"①

《公司法》第2条规定:"本法所称公司是指依照本法在中国境内设立的有限责任公司和股份有限公司。"本条强调的是公司设立的法定性和地域性。因此,在我国只能设立两种公司,即有限责任公司和股份有限公司,而不允许设立无限公司和两合公司。《公司法》第3条规定:"公司是企业法人,有独立的法人财产,享有法人财产权。公司以其全部财产对公司的债务承担责任。有限责任公司的股东以其认缴的出资额为限对公司承担责任;股份有限公司的股东以其认购的股份为限对公司承担责任。"这里显然是从公司的法律地位、资本构成和责任性质的角度界定公司的。② 此外,《公司法》第5条第1款还规定:"公司从事经营活动,必须遵守法律、行政法规,遵守社会公德、商业道德,诚实守信,接受政府和社会公众的监督,承担社会责任。"这里的规定表明,公司是以从事经营活动为目的,但公司从事经营活动必须遵守的基本原则。根据这些规定,在我国,公司是依照公司法律规定组织、成立和从事活动,以营利为目的且兼顾社会利益的,具有法人资格的企业。③

二、公司的法律特征

(一)公司必须依照公司法设立

如果一个企业不是按照公司法的规定设立,也不符合公司法规定的各项要求,即使它的名称冠有公司的字样,也不能认定其为公司。在我国,只能设立有限责任公司和股份有限公司。《公司法》第6条规定:"设立公司,应当依法向公司登记机关申请设立登记。符合本法规定的设立条件的,由公司登记机关分别登记为有限责任公司或者股份有限公司;不符合本法规定的设立条件的,不得登记为有限责任公司或者股份有限公司。法律、行政法规规定设立公司必须报经批准的,应当在公司登记前依法办理批准手续。公众可以向公司登记机关申请查询公司登记事项,公司登记机关应当提供查询服务。"④

(二)公司必须以营利为目的

所谓以营利为目的,是指设立公司的目的以及公司的运作,都是为了获得经济利益。根据《公司法》的有关规定,公司是以从事营利活动为目的,但是,公司从事营利活动必须遵守《公司法》规定的上述基本原则。

(三)公司必须是企业法人

所谓企业法人是指具有民事权利能力和民事行为能力,依法独立享有民事权利和承担民事义务的组织。依《民法通则》第37条规定,法人必须具备的条件有:必须是依法成立,有必要的财产或经费,有自己的名称组织机构和场所,能够独立承担民事责任。《公司法》第3条第1款明确规定:"公司是企业法人,有独立的法人财产,享有法人财产权。公司以其全部财产对公司的债务承担责任。"确立公司的企业法人地位,不仅能够与非企业法人加以区别,

---

① 张开平:《英美公司董事法律制度研究》,第1页。
② 孔祥俊:《公司法要论》,第22页。
③ 有学者从金融创新视角下,对公司治理理论进行了法律重释,包括所有权与控制权的两权分离、股东同质化、责权利的均衡化、投票权与经济利益的对应性等理论假设。参见冯果、李安安:《金融创新视域下公司治理理论的法律重释》,载《法制与社会发展》2013年第4期,第64—75页。
④ 有关公司登记程序参见《公司登记条例》第50—56条。

更为重要的是从法律上保证了公司可以独立地享有财产权及其他权利,独立地从事生产经营活动,同时也要求它独立承担责任。①

三、公司的种类

(一) 现行法律上的分类

按照我国《公司法》的规定,主要有以下几种分类。

1. 按公司是否发行股份和参与投资人数的多少,可将公司分为有限责任公司、股份有限公司

(1) 有限责任公司。股东人数为 50 人以下,股东以其认缴的出资额为限对公司承担责任,公司以其全部资产对公司的债务承担责任的企业法人。需要说明的是,我国《公司法》除规定了普通有限责任公司外,还规定了特别有限责任公司,即"一人有限责任公司"和"国有独资公司"。一人有限责任公司是指全部出资或全部股份仅由一个股东拥有的企业法人(《公司法》第 57 条第 2 款)。《公司法》第 64 条第 2 款规定:"本法所称国有独资公司,是指国家单独出资、由国务院或者地方人民政府授权本级人民政府国有资产监督管理机构履行出资人职责的有限责任公司。"②

(2) 股份有限公司。发起人数为 2 人以上 200 人以下,全部资本分为等额股份,股东以其认购的股份为限对公司承担责任,公司以其全部资本对公司的债务承担责任的企业法人。

2. 根据一公司对另一公司控股程度不同,公司可分为母公司和子公司

(1) 母公司。也称"控股公司",是指拥有另一公司半数以上的股权或虽不足半数以上的股权但实际控制了另一公司半数以上投票权的公司。

(2) 子公司。也称"附属公司",是指被母公司控制了多数股权或投票权的公司。《公司法》第 14 条第 2 款规定:"公司可以设立子公司,子公司具有法人资格,依法独立承担民事责任。"需要注意的是,分公司是公司的组成部分,不具有企业法人资格,其民事责任由公司承担。③

3. 按公司的股票是否上市流通,公司可分为上市公司和非上市公司

(1) 上市公司。《公司法》第 120 条规定:"本法所称上市公司,是指其股票在证券交易所上市交易的股份有限公司。"可见,上市公司仅限于股份有限公司,其他公司不能成为上市

---

① 值得一提的是,有学者将公司与其他商事组织,如合伙企业、独资企业等相比较,认为公司有如下四个特征:其一,集中管理;其二,所有人的有限责任;其三,所有者权益的自由转让;其四,公司的永久存在。参见施天涛:《商法学》,第 130—133 页。

② 有学者提出,在人合性特征下,有限责任公司表现出两个特征:一方面是简化了股份公司的公司组织结构,股东往往积极参与公司管理和经营,用以强化股东之间的信任关系;另一方面,股权不能流动,使得小股东往往暴露在大股东的机会主义行为之下,面临大股东的压迫,解决之策就是司法介入。参见彭冰:《理解有限公司的股东压迫问题》,载《北大法律评论》2014 年第 4 辑,第 74—105 页。

③ 需要指出的是,最高人民法院在裁判泛华工程有限责任公司西南公司与中国人寿保险(集团)公司商品房预售合同纠纷一案中(最高人民法院[2005]民一终字第 85 号民事判决书)指出:"根据《公司法》第 13 条的规定,公司可以设立分公司,分公司不具有企业法人资格,其民事责任由公司承担。因此,公司分支机构于公司法人变更过程中是否已实际经工商部门注销登记完毕,不影响公司基于法人资格行使其分支机构所享有的民事权利、承担其分支机构所负有的民事义务。"见刘德权:《最高人民法院司法观点集成②》,第 836—837 页。

公司。①

(2) 非上市公司。一般是指已发行股票但其股票未获准上市交易的股份有限公司。非上市公司有时泛指上市公司之外的所有公司。

4. 按公司的国籍,公司可分为本国公司和外国公司

(1) 本国公司。具有本国国籍的公司。在我国依注册登记地和准据法为标准,凡依照中国法律在中国境内登记成立的公司,是中国的本国公司。

(2) 外国公司。具有外国国籍的公司。凡依照外国法律在中国境外成立的公司,则为外国公司。《公司法》第191条规定:"本法所称外国公司是指依照外国法律在中国境外设立的公司。"确定一个公司是否属于外国公司,主要确定该公司的国籍。而公司国籍的确定主要依据登记地原则,即外国公司是依照外国法律在中国境外登记成立的公司。

(二) 学理上的分类

1. 根据公司对外信用基础不同,公司可分为人合公司和资合公司

(1) 人合公司,是指公司的设立和经营活动是以股东个人的信用而非资本为基础的公司。无限公司是最典型的人合公司。人合公司的对外信用不在于公司资本的多少,而在于股东个人的信用如何。因此,人合公司中股东的人身信任是很强的。

(2) 资合公司,是指公司的设立和经营活动是以资本而非股东个人的信用为基础的公司。股份有限公司是最典型的资合公司。资合公司的对外信用不在于股东个人信用如何,而在于公司资本的多少。需要注意的是,有的公司兼具人合公司与资合公司的特点,是人资两合公司,如有限责任公司就具有这种人资两合公司的特点。

2. 根据公司股东对象不同和股票能否转让,公司可分为封闭式公司和开放式公司

(1) 封闭式公司。英国称 Private Company,是指根据公司法而成立的,并且根据其章程,股东人数限制在50人以下,且其股份不能在公开市场上自由转让的公司。在美国这种封闭式公司称为 Close Corporation,这种公司通常也就是有限责任公司。②

(2) 开放式公司。英国称为 Public Company,是指以法定程序公开招股,股东人数无法定限制,股份可以在公开市场上进行自由转让的公司。多数情况下是指股份有限公司,有时仅指上市公司。需要强调的是,英美法系中的封闭式公司和开放式公司大体上类似于大陆法系国家中的有限责任公司和股份有限公司。③

【相关案例】5-1　关联公司人格混同连带责任④

原告徐工集团工程机械股份有限公司(简称"徐工机械公司")诉称:成都川交工贸有限责任公司(简称"川交工贸公司")拖欠其货款未付,而成都川交工程机械有限责任公司(简称

---

① 有学者指出,作为股份有限公司的一种升华状态,上市公司俨然已经并且能够作为一种相对独立的公司形态。参见张辉:《中国公司法制结构性改革之公司类型化思考》,载《民商法学》2012年第12期,第15—16页。
② 有学者提出了我国封闭式公司股东信义义务建构的思路,即一方面对信义义务的要求予以具体化,以作为多数股东的行为规范,另一方面更要在事后为有限责任公司中被欺压的少数股东提供有效的救济措施。参见张学文:《封闭式公司中的股东信义义务:原则与规则》,载《中外法学》2010年第2期,第262—273页。
③ 参见江平:《新编公司法教程》,第38页。
④ 案例来源,见最高人民法院审判委员会讨论通过的指导案例第15号。

"川交机械公司")、四川瑞路建设工程有限公司(简称"瑞路公司")与川交工贸公司人格混同,三个公司实际控制人王永礼以及川交工贸公司股东等人的个人资产与公司资产混同,均应承担连带清偿责任。请求判令:川交工贸公司支付所欠货款10916405.71元及利息;川交机械公司、瑞路公司及王永礼等个人对上述债务承担连带清偿责任。

法院裁判结果:江苏省徐州市中级人民法院于2011年4月10日作出(2009)徐民二初字第0065号民事判决:(1)川交工贸公司于判决生效后10日内向徐工机械公司支付货款10511710.71元及逾期付款利息;(2)川交机械公司、瑞路公司对川交工贸公司的上述债务承担连带清偿责任;(3)驳回徐工机械公司对王永礼、吴帆、张家蓉、凌欣、过胜利、汤维明、郭印、何万庆、卢鑫的诉讼请求。宣判后,川交机械公司、瑞路公司提起上诉,认为一审判决认定三个公司人格混同,属认定事实不清;认定川交机械公司、瑞路公司对川交工贸公司的债务承担连带责任,缺乏法律依据。徐工机械公司答辩请求维持一审判决。江苏省高级人民法院于2011年10月19日作出(2011)苏商终字第0107号民事判决:驳回上诉,维持原判。

第二节 公司法基本制度

一、公司的名称和住所

(一)公司的名称

公司的名称如同自然人的姓名,是公司具有法律主体资格并与其他组织能够区别的必要条件和重要外在标志。因此,公司的名称必须在公司章程中予以确定,并依法进行登记(我国法律对公司名称的有关规制参见本书第三章第二节"商号的选定"的相关内容)。

(二)公司的住所

《公司法》第10条规定:"公司以其主要办事机构所在地为住所。"住所是公司章程载明的地点(《公司法》第25条第1项、第81条第1项;《公司登记条例》第9条第1项),而公司章程又是申请公司注册的必备文件,因此,公司成立之前就应有拟定住所,该拟定住所自公司成立之后发生对抗第三人的效力。[①]

住所为公司注册登记的事项之一。公司住所经登记确定的才具有法律效力。登记以后公司的主要办事机构发生变更的,如不依法办理变更登记,公司不得以其住所变更对抗第三人。

公司住所在我国具有以下法律意义:(1)在民事诉讼中,住所地是确认地域管辖和诉讼文书送达地的一项基本标准(《民事诉讼法》第21—35条);(2)在合同关系中,倘若履行地不明确,住所地是确认合同履行地的唯一标准(《合同法》第62条第3项);(3)在行政管理关系中,公司的住所地通常与工商行政管理机关的行政管理范围相一致;(4)在涉外民事关系中,公司的住所地可作为认定准据法的依据之一。

[①] 参见江平:《新编公司法教程》,第63页。

二、公司的权利能力和行为能力

(一) 公司的权利能力

公司的权利能力是公司作为法律上的主体，从事法律所允许的活动，享有权利和承担义务的资格。公司的权利能力与自然人有所不同。一些专属于自然人的权利，公司不能享有，如生命权、健康权、自由权、亲属权等。公司不能享有继承权，但可享有受遗赠的权利。在公司能够享有的权利中，有一些与自然人相类似，如自然人有姓名权，公司有名称权等。

公司的权利能力，受到法律的严格限制，这些限制包括以下内容：

1. 经营范围的限制

所谓公司的经营范围，是指国家允许公司在经营活动中所涉及的领域，具体表现为公司的生产项目、经营种类、服务事项等。《公司法》第 12 条规定："公司的经营范围由公司章程规定，并依法登记。公司可以修改公司章程，改变经营范围，但是应当办理变更登记。公司的经营范围中属于法律、行政法规规定须经批准的项目，应当依法经过批准。"确定公司的经营范围在便于投资者了解公司、实现公司经营专业化等方面具有重要的意义。

需要说明的是，《合同法》第 52 条的规定，公司超越经营范围订立的合同并非导致合同无效的法律后果。同时该法第 50 条明确规定："法人或者其他组织的法定代表人、负责人超越权限订立的合同，除相对人知道或者应当知道其超越权限的以外，该代表行为有效。"《合同法解释一》第 10 条规定："当事人超越经营范围订立的合同，人民法院不因此认定合同无效。但违反国家限制经营、特许经营以及法律、行政法规禁止经营规定的除外。"可见，公司超越经营范围的行为，有时并不必然导致行为无效的法律后果。

2. 转投资的限制

所谓公司转投资，是指公司作为投资主体，以公司法人财产对另一企业出资，从而使本公司成为另一企业成员的行为。《公司法》第 15 条规定："公司可以向其他企业投资；但是，除法律另有规定外，不得成为对所投资企业的债务承担连带责任的出资人。"根据本条的规定，公司可以转投资，即向其他企业投资。公司转投资，对于分散经营风险，调整产业结构，节约交易成本和稳定经营权有着重要意义。然而，转投资毕竟涉及转投资公司的权利及债权人的利益，所以公司法以责任有限、互不连带为原则允许转投资，限制违反该项原则的转投资，意义在于防止公司因过分转投资而减少资产，影响自身运营及债权人的利益。

3. 发行债券的限制

根据《证券法》第 16 条第 1 款第 2 项的规定，累计债券余额不超过公司净资产额的 40%。

(二) 公司的行为能力

公司的行为能力是指作为法人的公司在法律上有独立的意思能力，可以根据自己的意思从事活动，取得权利及承担义务，并就其活动承担法律上的后果的资格。[①]公司的行为能力和权利能力的范围是吻合的，二者在发生和消灭的时间上也是一致的。公司作为法人，其行为能力必须通过公司的机关及其授权人员的职务行为，来为公司取得、行使权利及设定、履行义务。一般情况下，公司负责人（主要是公司法定代表人）在其权限范围内代表公司所进

[①] 史际春：《公司法教程》，第 83 页。

行的法律行为,就是公司实施的行为。其所产生的后果,由公司负责。我国《民法通则》第43条规定:"企业法人对它的法定代表人和其他工作人员的经营活动,承担民事责任。"说明凡公司机关、公司成员或雇员根据公司的意思或经公司授权,在职务范围内以公司的名义从事活动,等于公司自身的活动,其后果由公司来承担。

三、公司资本

(一) 公司资本的概念及意义

1. 公司资本的概念

一般来讲,公司资本又称股本,是指公司章程所确定的由股东出资构成的公司法人财产总额。公司只要依法注册登记成立,就合法拥有由股东出资构成的公司法人财产,除非公司解散,否则公司就可无限期地使用该财产。但是,在公司法和相关的法规中,"资本"一词有多种含义:

(1) 实缴资本。有限责任公司实缴资本是指股东认缴出资额的总和。股份有限公司的实缴资本亦是股东认购股份构成的公司财产的总和。

(2) 注册资本。注册资本是公司章程中载明的并在登记机关登记的公司资本。《公司法》第26条第1款规定:"有限责任公司的注册资本为在公司登记机关登记的全体股东认缴的出资额。"第80条第1款又规定:"股份有限公司采取发起方式设立的,注册资本为在公司登记机关登记的全体发起人认购的股本总额。"[①]

(3) 发行资本。发行资本是指公司依法律或公司章程的规定,在注册资本额度内已经发行的、由股东认购的资本总额。

(4) 公司资产。公司资产是指公司资本与负债之和,包括固定资产、流动资产和递延资产。资本是公司对债权人承担责任的物质基础。公司资产与公司的注册资本是不一致的。一般而言,公司资产总是大于公司资本。但如果公司经营不善,亏损严重时,则有可能出现公司资产小于公司资本的情况。

(5) 净资产。公司的净资产是指公司全部资产减去负债后的净额。净资产是反映公司经营状况的重要指标。经营良好的公司,其净资产可能大大高于公司的注册资本;公司经营不善,则可能资不抵债,净资产为零或负数。

2. 公司资本的意义

(1) 公司资本是公司交易安全的保障。作为以营利为目的的经济组织,若没有一定数量的公司资本,公司也无法开展正常的生产经营活动。公司法的一个基本特征是股东有限责任,公司独立承担债务责任,相应的,债权人的交易风险增大。所以,公司资本是起着保障公司交易安全之作用。

(2) 公司资本是公司对债权人承担责任的基础。《公司法》第3条第1款规定:"公司以其全部资产对公司的债务承担责任。"所以,公司资本担负着确保债权人的利益和维持公司

---

① 《公司法解释二》第22条规定,公司解散时,股东尚未缴纳的出资均应作为清算财产。股东尚未缴纳的出资,包括到期应缴未缴的出资,以及依照《公司法》第26条和第80条的规定分期缴纳尚未届满缴纳期限的出资。公司财产不足以清偿债务时,债权人主张未缴纳出资股东,以及公司设立时的其他股东或者发起人在未缴出资范围内对公司债务承担连带清偿责任的,人民法院应依法予以支持。

的清偿能力之任务。

（二）公司资本三原则

传统公司法预先设计了整套关于公司资本形成、维持和退出的机制。这一机制在理论上被归纳为资本确定、资本维持和资本不变原则，亦称"资本三原则"。公司资本三原则为大陆法系国家公司法在发展过程中形成并确认的。我国2013年《公司法》修正前亦是坚守资本三原则。然而，实践证明，公司资本三原则并不能完全达到立法者的预期，或者至少可以说，其实际功能与初始设计的目标存在着巨大落差，尤其还带来了非立法者预期的负面效果。

1. 资本确定原则

所谓"资本确定原则"系指公司资本总额应记载于公司章程，并在公司成立时由发起人和认股人全部认足并募足。这一原则能保证公司资本的真实可靠，防止公司设立中的欺诈和投机行为。在我国2013年《公司法》修正前，在公司设立时，公司资本须由公司章程明确规定并登记注册。这一要求在立法上体现为：法律为它设定了一个最低资本门槛并要求一次性缴足，即便是分期缴纳，法律也对首期缴纳数额和分期缴纳期次予以直接规定。同时，公司法还要求股东缴纳出资或者发起人缴纳股款后还须经依法设立的验资机构进行验资，并向公司登记机构提交验资证明。

2. 资本维持原则

所谓"资本维持原则"系指公司在其存续过程中，公司应当维持与公司资本总额相当的资本存在。其目的在于维持公司清偿债务的能力，以达到保护公司债权人的利益、维护公司信用基础的目的。我国《公司法》中体现资本维持原则的规定有：公司成立后，股东不得抽逃出资（《公司法》第35、200条；《公司登记条例》第66条）；除法定情况外，发起人、认股人缴纳股款或者交付抵作股款的出资后，不得抽回其股本（《公司法》第91条）；股票发行价格不得低于票面金额（《公司法》第127条）；除法定情形外，公司不得收购本公司的股份（《公司法》第142条）；股东会、股东大会或者董事会违反前款规定，在公司弥补亏损和提取法定公积金之前向股东分配利润的，股东必须将违反规定分配的利润退还公司（《公司法》第166条）。

3. 资本不变原则

所谓"资本不变原则"系指公司资本总额非依法定程序不得减少。其目的是防止资本减少而损害债权人的利益。根据《公司法》第43条和第103条的规定，股东会或者股东大会会议作出减少注册资本的决议，必须经代表2/3以上表决权的股东通过或者必须经出席会议的股东所持表决权的2/3以上通过。其中，公司需要减少资本时，必须编制资产负债表及财产清单。公司应当自作出减少注册资本决议之日起10日内通知债权人，并于30日内在报纸上公告（《公司法》第177条）。不按法律规定通知和公告的，对公司处以1万元以上10万元以下罚款（《公司法》第204条）。

由此可知，由大陆法系国家首创的资本三原则，实际上已经成为我国公司资本制度的基本内容。但是，以资本三原则为基础的公司资本制度设计过分地体现了立法者的主观意愿，其所体现的价值观念引起人们广泛而深刻的怀疑和诟病。[①]

[①] 参见冯果：《论公司资本三原则理论的时代局限》，载《中国法学》2001年第3期，第18—27页；赵旭东：《从资本信用到资产信用》，载《法学研究》2003年第5期，第109—123页。

四、公司对外投资和提供担保

公司作为市场经济主体,可以对外投资和为他人提供担保。公司对外投资和为他人提供担保,就要承担相应的责任,就会对公司和股东的利益产生影响。因此,有必要对公司对外投资和为他人提供担保作出严格的限制。《公司法》第 16 条第 1 款规定:"公司向其他企业投资或者为他人提供担保,依照公司章程的规定,由董事会或者股东会、股东大会决议;公司章程对投资或者担保的总额及单项投资或者担保的数额有限额规定的,不得超过规定的限额。"此条款应当为赋权性和强制性相结合的条款,一旦公司担保程序由公司内部要求提升为法律规定,即具有推定公知的属性,担保权人须承担合理的审查义务,否则应承担不利的后果。①

但是,为了防止少数股东损害公司和其他股东利益,《公司法》第 16 条第 2 款、第 3 款又规定:"公司为公司股东或者实际控制人提供担保的,必须经股东会或者股东大会决议。前款规定的股东或者受前款规定的实际控制人支配的股东,不得参加前款规定事项的表决。该项表决由出席会议的其他股东所持表决权的过半数通过。"需要注意的是,公司为他人提供担保,也需要董事会或者股东会、股东大会决议,但要有公司章程的规定;而公司为股东或者实际控制人提供担保,是法律特别规定必须经股东会或者股东大会决议,公司章程不得对此作出相反的规定。

关于转投资的概念,《公司法》没有作出明确规定,学术界对此有不同的主张。②《公司法》第 15 条规定:"公司可以向其他企业投资;但是,除法律另有规定外,不得成为对所投资企业的债务承担连带责任的出资人。"

对公司转投资行为,传统公司法理论一般是将其作为权利能力范畴加以研究的。是否对公司转投资作出限制,不同法系国家的处理方法并不相同,同一法系国家在不同的时期处理也不相同。早期英美法系国家,曾基于保护投资者(股东)利益之考虑,固守"越权规则",禁止公司从事其"目的和权利"以外的任何投资行为,以确保投资者所进行的投资能够用于投资者所期待的事业不致被随意浪费或冒风险。进入 20 世纪,随着"越权规则"的衰落,公司对外投资之限制随之放宽。③

我国《公司法》肯定了公司可以向其他非公司的企业法人投资,除法律另有规定外,公司不得成为承担连带责任的出资人。这样既保护了公司转投资的权利,又保护了公司股东、债权人的权益,使其免受连带责任的追究。需要特别注意的是,《公司法》为公司成为有限合伙企业的有限合伙人预留了一定的空间。对于合伙企业中的有限合伙,依《公司法》第 15 条的规定,公司可以成为其中承担有限责任的合伙人,只要不违反承担连带责任的禁止性规定即可。

五、公司股东权利滥用和公司法人格否认制度

(一)公司股东权利滥用

股东权利来源于股东对公司的出资,是公司设立运行的基础。股东以设立公司的方式

---

① 参见罗培新:《公司担保法律规则的价值冲突与司法考量》,载《中外法学》2012 年第 6 期,第 3 页摘要。
② 参见赵旭东:《公司资本制度改革研究》,第 160 页。
③ 冯果:《现代公司资本制度比较研究》,第 153 页。

进行投资活动,从根本上来说,就是为了享有股东权利。但是,股东权利的行使并不是没有限制的,而是应当在法律法规允许的范围内恰当行使。为此,《公司法》第20条第1款规定,公司股东应当遵守法律、行政法规和公司章程,依法行使股东权利,不得滥用股东权利损害公司或者其他股东的利益。

需要说明的是,对滥用股东权利行为的具体情形公司法没有明确规定,理论上讲,主要应该包括利用公司法人格以规避合同或法律义务的行为,以及股东和公司之间出现义务混同、组织机构混同、财务和资产混同等行为。[①]

(二) 公司法人格否认制度

公司法人格否认是外国公司法上的一项重要制度,在英美法系国家称为"刺穿公司面纱",在大陆法系国家中该制度有时被称为"直索责任"。其是指对已具有独立法人资格的公司在具体的法律关系中,如果由于股东不正当的目的而滥用法人人格并因此对债权人利益和社会公共利益造成了损害,法院可以基于公平正义的价值理念否认该法人的独立法律人格,并责令其股东直接对法人的债务承担连带责任的一种法律制度。法人格否认并不是对法人人格全面的、永久的剥夺,而是指在特定的、具体的法律关系中对已经丧失独立人格特性的法人状态的一种揭示和确认,其效力范围局限于特定法律关系中,适用的结果通常使法人的出资人(股东)对法人债务承担无限责任,或者撇开法人的存在重新确定出资人应承担的合法义务,并不影响到承认法人在其他方面仍是一个独立自主的法人的实际存在。

"法人人格否认"作为一个外来的概念,其提法本身确实存在语义上的不准确之处,相比之下,"刺穿公司法人面纱"的翻译更符合英美法上这一制度的原意。《公司法》第20条第3款规定:"公司股东滥用公司法人独立地位和股东有限责任,逃避债务,严重损害公司债权人利益的,应当对公司债务承担连带责任。"

应当明确的是,公司法人格否认制度有严格的适用条件,其适用应符合如下要件:(1) 公司法人已经取得了独立人格;(2) 股东实施了滥用公司人格的行为;(3) 股东滥用行为造成了公司债权人利益损失;(4) 公司债权人用尽其他方式不能得到救济。[②]

另外,结合我国实践,公司法人格否认适用的情形应包括:(1) 虚假设立公司滥用法人人格的行为;(2) 法人与其成员财产混同的行为;(3) 滥用对法人控制权的行为;(4) 公司"脱壳"经营的行为;(5) 公司挂靠经营的行为;(6) 公司利润转移的行为;(7) 利用法人人格避税的行为。

[相关案例] 5-2 公司决议撤销司法审查之范围 [③]

原告李建军诉称:被告上海佳动力环保科技有限公司(简称"佳动力公司")免除其总经理职务的决议所依据的事实和理由不成立,且董事会的召集程序、表决方式及决议内容均违反了公司法的规定,请求法院依法撤销该董事会决议。

---

① 参见《公司法新解读》,第26页。
② 时建中:《公司法原理精解、案例与运用》,第41页。此外,关于法人格否定,最高人民法院专家法官的著述,对适用公司人格否定的条件;适用法人人格否定的原则以及提起法人格否定诉讼的程序要件等进行了详细论述。参见刘德权:《最高人民法院司法观点集成②》,第905—906页。
③ 案例来源,见最高人民法院审判委员会讨论通过的指导案例第15号。

被告佳动力公司辩称：董事会的召集程序、表决方式及决议内容均符合法律和章程的规定，故董事会决议有效。

上海市黄浦区人民法院于2010年2月5日作出(2009)黄民二(商)初字第4569号民事判决：撤销被告佳动力公司于2009年7月18日形成的董事会决议。宣判后，佳动力公司提出上诉。上海市第二中级人民法院于2010年6月4日作出(2010)沪二中民四(商)终字第436号民事判决：(1)撤销上海市黄浦区人民法院(2009)黄民二(商)初字第4569号民事判决；(2)驳回李建军的诉讼请求。

法院生效裁判认为：根据《中华人民共和国公司法》第22条第2款的规定，董事会决议可撤销的事由包括：(1)召集程序违反法律、行政法规或公司章程；(2)表决方式违反法律、行政法规或公司章程；(3)决议内容违反公司章程。从召集程序看，佳动力公司于2009年7月18日召开的董事会由董事长葛永乐召集，三位董事均出席董事会，该次董事会的召集程序未违反法律、行政法规或公司章程的规定。从表决方式看，根据佳动力公司章程规定，对所议事项作出的决定应由占全体股东2/3以上的董事表决通过方才有效，上述董事会决议由三位股东(兼董事)中的两名表决通过，故在表决方式上未违反法律、行政法规或公司章程的规定。从决议内容看，佳动力公司章程规定董事会有权解聘公司经理，董事会决议内容中"总经理李建军不经董事会同意私自动用公司资金在二级市场炒股，造成巨大损失"的陈述，仅是董事会解聘李建军总经理职务的原因，而解聘李建军总经理职务的决议内容本身并不违反公司章程。

第三节 公司法的概念和性质

一、公司法的概念

公司法是有关公司的设立、组织、活动和解散以及股东权利义务的法律规范的总称。

公司法的基本宗旨是，规范公司的组织和行为，保护公司、股东和债权人的合法权益，维护社会经济秩序，促进社会主义市场经济的发展(《公司法》第1条)。公司法有狭义和广义之分。

狭义的公司法仅指1993年12月29日第八届全国人民代表大会常务委员会第五次会议通过，并根据2013年12月28日第十二届全国人民代表大会常务委员会第六次会议修改通过的《中华人民共和国公司法》，这部法律共有13章218条。

广义的公司法包括一切有关公司的法律、行政法规、规章以及最高法院的司法解释等。不仅包括《公司法》的配套法律、法规，如公司法实施细则，公司登记管理条例等；也包括有关调整外商投资企业的法律、法规，如《中外合资经营企业法》等。此外，还包括有关调整特种公司的法律、法规，如商业银行法、保险法等。

二、公司法的性质

(一)公司法兼具组织法和行为法的双重属性

所谓组织法，即指规定某种社会组织的设立、组织机构及其运行规则的法律规范。公是一种经济组织形式,因此,规范公司的公司法首先应当是组织法。公司法中对公司的设立、变更、解散以及公司的组织机构等规定,都说明公司法是一种组织法。所谓行为法,即指约束或者规范某种行为的法律规范。公司是以营利为目的的,它必须从事经营活动,因此,规范公司的公司法也应当是行为法。公司法中对公司股票的发行和交易,债券的发行和转让以及公司的财务会计、利润分配等的规定,都说明公司法同时是一种行为法。

（二）公司法兼具实体法和程序法的双重性质

公司法既有公司组织和行为中的实体的规定,如公司的股东、债权人、公司的发起人、董事、监事等主体,还有由股东、董事、监事组织的各种组织机构。法律规定他们应当怎么行为,不应当怎么行为,这些都是实体法的内容。除了实体法规定外,公司法中又有大量的程序性规范,如公司的设立、变更、终止的程序,发行股份和债券的程序,公司清算的程序,追究法律责任的程序等等,都属于程序法的内容。

（三）公司法兼具公法和私法的双重性质

法律基于主体说、目的说、权利说的标准而区分为公法和私法。[①] 一般而言,公法是调整国家权力的行使和限制之类的公共关系的法律;私法是调整平等主体之间的财产关系和人身关系的法律。现代国家由于经济的发展,政府对经济生活也采取了从过去的不干涉到现在的积极干涉的态度,反映在法律上即出现了"私法的公法化"倾向。作为商事法律之一的公司法就带有浓厚的公法色彩。如法律责任中既有行政处罚,又有刑事处罚。而制定罚则的标准往往是,违反实质事项的以刑罚论处,违反程序事项的以行政处罚处理。

（四）公司法兼具强制法与任意法的双重属性

所谓强制法,是指行为人必须遵守、不得以协议或自由意志限制或排斥其约束力的法律规范。公司法中对公司注册资本最低限额、公司法定最低人数、出资方式、某些事项的表决权比例的规定,都说明公司法是一种强制法。[②]所谓任意法,是指允许法律关系的主体在法律范围内自行决定或双方商定的法律规范。公司是从事经营活动的企业法人,在不违反法律的基本精神、社会公共利益、社会公德、商业道德的情形下,公司仍应有许多自主性权利。《公司法》中有许多"可以"条款,对这些条款,公司可以选择适用,也可以选择不适用。

（五）公司法兼具国内法和涉外法的双重性质

公司法是国内法,它是规范公司组织和活动的重要法律之一。但公司法又是国际经济贸易交往中涉及到的重要法律之一。随着我国经济不断发展和加入WTO的成功,公司也就加入了国际市场竞争的行列,这就需要采纳国际商业长期交往中逐步发展起来的各国都遵守的惯例和规则。我国《公司法》显然还应吸收大量的国际上公司立法的通行做法,使其成为具有鲜明的国际共通性的国内法。[③]

---

① 参见孔祥俊:《公司法要论》,第7页以下。
② 有学者从对公司法规范的静态结构、公司法采用规范结构的总体趋势、公司法规范布局的选择进行论证后认为,公司机关的构成、股东与公司的关系、公司成立、公司消灭等,尤其是其程序性的事项,宜采用强制性规范。但是,也不能绝对化。公司组织法中属于"意思自治"决定的事项,特别是当事人之间可以自行协调的事项,应采用任意性规范。至于公司法对其他行为的规定,则应基本上采用任意性规范,以实现交易的便捷、安全。见王保树:《竞争与发展:公司法改革面临的主题》,载《商法论文选萃》,中国法制出版社2004年版,第278—281页。
③ 有学者将公司法与其他部门法相比,认为公司有如下特征:(1)公司法是兼具公法性特点的私法;(2)公司法是兼具行为法内容的组织法;(3)公司法是兼具程序法内容的实体法;(4)公司法是具有国际性特点的国内法;(5)公司法是技术性和进步性特征非常显著的法律。参见王作全:《公司法学》,第30—33页。

【相关案例】5-3　公司法调整范围的特定性 [①]

某长途运输公司于1999年进行企业改制而注册成立,企业性质为股份合作制。龚某系该长途运输公司工作人员,其曾于2005年担任长途运输公司总经理助理兼计划财务部部长,占股份总额的19.11%。长途运输公司自企业成立并制定了公司章程后,其于2005年3月、2006年5月分别修改过公司章程。现章程第13条股东权利部分中第2款规定:"股东有权查阅股东大会会议记录和公司财务会计报告。"2008年6月26日,龚某向长途运输公司书面递交了《关于提请查阅、复制会计账簿请示》,其以了解公司实际经营状况、保障其股东权益为由要求向长途运输公司查阅、复制会计账簿和凭证。同月30日,长途运输公司书面向龚某予以答复,其以现行法律、法规及公司章程尚没有股份合作制企业股东查阅、复制会计账簿和凭证的明确规定为由,告知龚某仅有权依据公司章程之规定通过查阅公司年度财务会计报表了解公司财务状况。2008年7月9日,龚某再次向长途运输公司递交书面申请,要求查阅长途运输公司近五年的财务会计报告,后因双方就争议事项无法达成一致协议,龚某遂向法院提起诉讼。

一审法院依据《民法通则》第5条之规定,判决如下:(1)长途运输公司于判决生效之日起十日向龚文天提供从2005年起至2009年已产生的股东大会会议记录以及财务会计报告,供龚某查阅;(2)驳回龚文天的其他诉讼请求。二审法院驳回上诉,维持原判。

第四节　公司法的地位和作用

一、公司法的地位

如何看待公司法在整个法律体系中的地位,这与人们对于公司法和民商法关系的认识有着密切的联系。从世界范围来看,公司法在法律体系中的地位主要有三种:一是编入民法;二是编入商法;三是制定单行法。

在民商合一的国家中,公司法是民法的组成部分。最典型的国家是瑞士,瑞士有关公司立法规定在瑞士的《债务法》中。

在民商分立的国家中,公司法是商法的组成部分。其代表国家是法国、德国等国。以《法国商法典》为代表的国家中,公司法是商行为编中的一部分;以《德国商法典》为代表的国家中,公司法是商法典中独立的一编。

有些国家的公司法属于单行法,如英国、美国及英美法系国家。我国台湾地区现行的"公司法"也属于此类。

我国未制定商法典,民法通则中也未涉及公司法律制度。故我国《公司法》从立法技术上讲,应属于单行法,但从学理角度分析,则应属于商法的一部分。

[①] 案例来源,见四川省成都市中级人民法院2010成民终字第217号判决书。

二、公司法与相关法律部门的关系

(一) 公司法与民法

民法是公司法的基础。民法是调整平等主体间财产关系的基本法,而公司是股东间以营利为目的的基于平等关系的自愿联合。① 我国《民法通则》有关法人制度的规定,是制定公司法最直接也是最主要的依据。由于我国没有制定商法典,公司法实际上成了民法的特别法。民法中的一些基本制度均适用于公司法。如民事权利制度、民事法律行为制度、代理制度和侵权赔偿制度等均在公司法中有所体现。当然,公司法具有更多的国家干预色彩,体现保障社会公共利益的原则,这点又与民法有所区别。

(二) 公司法和证券法

证券法是关于资本证券的募集、发行、交易、服务及对证券市场进行管理监督的法律规范的总和。证券法有关证券发行的规范与公司法中有关股票、债券的发行的规范形成交叉关系。但证券法是以引导资金合理配置,保障证券市场的参与者各方的权益,促进证券市场的繁荣和经济的发展为立法宗旨的。而公司法是以引导公司依法独立经营,保障公司、股东和债权人的合法权益,维护社会经济秩序,促进市场经济的发展为立法宗旨的。二者的关系被形容为姐妹法。总之,两法相关亦相异,公司法规范着公司的组织和行为,证券法则以调整证券发行和交易、保护投资者为己任。

(三) 公司法和破产法

破产法是调整因企业法人发生不能清偿到期债务的事件而导致的法院依法处理破产债务的法律规范的总称。破产法与公司法的功能和目的均有不同。《破产法》第1条规定:"为规范企业破产程序,公平清偿债权债务,保护债权人和债务人的合法权益,维护社会主义市场经济秩序,制定本法。"由此可见,公司破产清算的具体规范不属于公司法调整的内容,人民法院处理公司破产案件应依照《破产法》实施破产清算。②

三、公司法的作用

公司法在我国有着重要的作用。这种作用主要表现为以下两方面:

第一,它是规范公司的组织和行为的需要。规范公司的组织和行为,一方面是使中国的公司符合国际上有关公司制度的基本要求,另一方面为公司提供一个合法和违法的准绳,从而维护经济秩序,促进社会主义市场经济发展。

第二,它是保护公司、股东和债权人合法权益的需要。公司制度中凝聚着三方主体的权益。公司作为独立的法人,必须由法律保障其独立的财产权利,它对其财产应有充分完整的支配权利。股东作为公司的出资者,必须由法律保障投资者的权利和利益,这样才能鼓励更多的资金变成资本去发展经济。债权人和公司进行交易,其利益也应由法律保障,不致因股

---

① 参见江平:《新编公司法教程》,第6页。
② 为进一步规范人民法院审理企业破产案件,2002年最高人民法院制定了《关于适用〈中华人民共和国企业破产法〉若干问题的规定》(法释[2002]23号),总计106条;2011年最高人民法院制定了《关于适用〈中华人民共和国企业破产法〉若干问题的规定》(法释[2011]22号),总计9条;2013年最高人民法院制定了《关于适用〈中华人民共和国企业破产法〉若干问题的规定》(法释[2013]22号),总计48条。

东承担有限责任而承担超正常的风险。公司法的作用正在于保护这些主体的合法权益。①

【相关案例】5-4　公司主体责任之认定②

　　天津华瀛首信移动通信有限公司(简称"华瀛公司")注册资本为11000万元。股东分别为普天首信通信设备有限厂(简称"普天设备厂")、天津新技术产业园区新纪元风险投资有限公司(简称"新纪元公司")、天津盈溢投资开发有限公司(简称"盈溢公司")。其中,普天设备厂出资2200万元,占注册资本的20%;盈溢公司出资8250万元,占注册资本的75%;新纪元公司出资550万元,占注册资本的5%。

　　2003年6月18日,董事长周海明签署了《公司设立登记申请书》,2003年7月2日,普天设备厂将2200万元汇入华瀛公司账户;2003年7月3日,新纪元公司将550万元汇入华瀛公司账户,盈溢公司将8250元汇入华瀛公司账户。2003年7月4日,天津市火炬有限责任公司会计出具了验资报告。2003年7月4日,华瀛公司依法设立登记,同日,华瀛公司将上述出资11000万元划入新纪元公司账户。2003年8月19日,新纪元公司向华瀛公司汇入550万元。

　　2003年6月19日,新纪元公司与盈溢公司签订流动资金借款合同,约定盈溢公司向新纪元公司借款8250万元。2003年7月3日,新纪元公司向盈溢公司提供了8250万元借款,盈溢公司以该款履行对华瀛公司的投资义务。2003年7月4日,盈溢公司与华瀛公司又签订流动资金借款合同,约定华瀛公司向盈溢公司借款8250万元,同时盈溢公司指令华瀛公司将8250万元支付新纪元公司来偿还其借款。普天设备厂出资的2200万元,亦从华瀛公司账户转至新纪元公司账户,普天设备厂称从未要求、参与、同意或者帮助新纪元公司以任何目的从华瀛公司提取任何资金的行为。

前沿问题

◆ **我国公司资本制度改革问题**

　　传统公司法对公司资本采取强制干预政策,实行严格的法定资本制。这种做法一方面在很大程度上严重地损害了投资者的积极性,提高了企业的融资成本,妨碍了企业的自主经营权,违反了市场经济规律;另一方面,完全依赖注册资本维护交易安全在很大程度上是一个误区,在实践中,将公司的清偿能力完全寄托于公司资本实际上是一种虚幻。③

　　我国1993年首次颁布的《公司法》,为配合国有企业改革的需要,对公司资本制度采取了严格的法定制,暴露出的弊端越来越严重,修改不合理的公司资本制度势在必行。为了适应我国市场经济的纵深发展,2005年《公司法》获得了一次较大的修正,其中对公司资本制

---

① 参见江平:《新编公司法教程》,第9页。
② 案例来源:《公司诉讼典型案例选编》,第14—22页。
③ 参见施天涛:《公司资本制度改革:解读与辨析》,载《清华法学》2014年第5期,第128—141页。

度也进行了较大力度的改革,并在很大程度上放松了资本管制。它不仅较大幅度地降低了注册资本的最低限额,同时也改革了注册资本的缴纳制,由一次性足额实缴制改为分期缴纳制。尽管2005年修正后的《公司法》较之于1993年的《公司法》取得了较大进步,但依然维持了法定资本制,政府干预的因素依然很强。2013年10月25日,国务院推出了公司资本与登记制度改革五项措施,明令废除注册资本最低限额;资本缴纳改实缴制为认购制,包括不再限制股东或者发起人首次缴纳数额以及分期缴纳期限;放宽了对公司住所的登记要求,由地方政府根据情况而定;将公司年度检查制改为年度报告制;推行企业诚信制度建设,包括建立信用体系公开平台。这些措施是改革公司资本与登记制度的重大举措,并在立法上获得了迅速的反应。2013年12月28日,全国人大常委会通过了《公司法》修正决议案,对公司法中相应的资本与登记制度进行了及时修订,通过立法形式巩固了改革成果,为我国市场经济的进一步发展奠定了坚实的法律基础。

改革公司资本与登记制度的意义在于:放松政府对市场准入的管制,为投资者和企业营造一种自由、活跃、公平的市场环境;改变和创新政府监管方式,由政府直接通过登记环节干预企业经营管理转变为通过公开信息平台这样更加透明、更为市场化的监管方式;通过简政放权,进一步增强企业自主经营权,使企业获得足够的生存和发展空间。

【思考题】

1. 试述公司的特征。
2. 试述公司住所的法律意义。
3. 试述公司权利能力受到哪些限制?
4. 简述公司资本的概念。
5. 试述公司法的性质。
6. 试述公司法人格否认制度。
7. 试述我国公司法的作用。

【司法考试真题】

5-1 玮平公司是一家从事家具贸易的有限责任公司,注册地在北京,股东为张某、刘某、姜某、方某四人。公司成立两年后,拟设立分公司或子公司以开拓市场。对此,下列哪一表述是正确的?(2014年)

A. 在北京市设立分公司,不必申领分公司营业执照
B. 在北京市以外设立分公司,须经登记并领取营业执照,且须独立承担民事责任
C. 在北京市以外设立分公司,其负责人只能由张某、刘某、姜某、方某中的一人担任
D. 在北京市以外设立子公司,即使是全资子公司,亦须独立承担民事责任

5-2 甲公司欲单独出资设立一家子公司。甲公司的法律顾问就此向公司管理层提供了一份法律意见书,涉及到子公司的设立、组织机构、经营管理、法律责任等方面的问题。请回答(1)—(3)题。(2010年)

(1) 关于子公司设立问题,下列说法正确的是:

A. 子公司的名称中应当体现甲公司的名称字样

B. 子公司的营业地可不同于甲公司的营业地
C. 甲公司对子公司的注册资本必须在子公司成立时一次足额缴清
D. 子公司的组织形式只能是有限责任公司

(2) 关于子公司的组织机构与经营管理,下列说法正确的是:
A. 子公司不设董事会,可任命一名执行董事
B. 子公司可自己单独出资再设立一家全资子公司
C. 子公司的法定代表人应当由甲公司的法定代表人担任
D. 子公司的经营范围不能超过甲公司的经营范围

(3) 关于子公司的财产性质、法律地位、法律责任等问题,下列说法正确的是:
A. 子公司的财产所有权属于甲公司,但由子公司独立使用
B. 当子公司财产不足清偿债务时,甲公司仅对子公司的债务承担补充清偿责任
C. 子公司具有独立法人资格
D. 子公司进行诉讼活动时以自己的名义进行

5-3 甲公司欠乙公司货款100万元、丙公司货款50万元。2009年9月,甲公司与丁公司达成意向,拟由丁公司兼并甲公司。乙公司原欠丁公司租金80万元。下列哪些表述是正确的?(2009年)
A. 甲公司与丁公司合并后,两个公司的法人主体资格同时归于消灭
B. 甲公司与丁公司合并后,丁公司可以向乙公司主张债务抵销
C. 甲公司与丁公司合并时,丙公司可以要求甲公司或丁公司提供履行债务的担保
D. 甲公司与丁公司合并时,应当分别由甲公司和丁公司的董事会作出合并决议

5-4 张某有200万元资金,打算在烟台投资设立一家注册资本为300万元左右的餐饮企业。关于如何设立与管理企业,请回答(1)—(3)。(2009年)

(1) 张某可以选择的企业类型有:
A. 与他人共同出资设立一家合伙企业
B. 单独出资设立一家个人独资企业
C. 与韩国商人共同设立一家中外合作经营企业
D. 与他人共同出资设立一家股份有限责任公司

(2) 如张某拟设立一家一人有限责任公司,下列表述正确的是:
A. 注册资本不能低于50万元
B. 可以再参股其他有限公司
C. 只能由张某本人担任法定代表人
D. 可以再投资设立一家一人有限责任公司

(3) 如张某拟设立一家个人独资企业,下列表述正确的是:
A. 该企业的名称中不能含有"公司"字样
B. 如张某死亡,其继承人可以继承投资人的身份
C. 如该企业解散,必须由法院指定的清算人进行清算
D. 该企业应当依法缴纳企业所得税

5-5 王某向银行申请贷款,需要他人担保。陈某系甲有限公司的控股股东和董事长,是王某多年好友。王某求助于陈某,希望得到甲公司的担保。甲公司章程规定,公司对外担

保须经股东会决议。下列哪一选项是正确的？（2008年四川延考卷）

A. 甲公司不能为王某提供担保，因为陈某不能向甲公司提供反担保
B. 甲公司不得为王某提供担保，因为公司法禁止公司为个人担保
C. 甲公司可以为王某提供担保，但须经股东会决议通过
D. 甲公司可以为王某提供担保，但陈某不得参加股东会表决

5-6 公司在经营活动中可以以自己的财产为他人提供担保。关于担保的表述中，下列哪一选项是正确的？（2008年）

A. 公司经理可以决定为本公司的客户提供担保
B. 公司董事长可以决定为本公司的客户提供担保
C. 公司董事会可以决定为本公司的股东提供担保
D. 公司股东会可以决定为本公司的股东提供担保

5-7 下列关于公司分类的哪一表述是错误的？（2006年）

A. 一人公司是典型的人合公司
B. 上市公司是典型的资合公司
C. 非上市股份公司是资合为主兼具人合性质的公司
D. 有限责任公司是以人合为主兼具资合性质的公司

5-8 住所地在长春的四海公司在北京设立了一家分公司。该分公司以自己的名义与北京实达公司签订了一份房屋租赁合同，租赁实达公司的楼房一层，年租金为30万元。现分公司因拖欠租金而与实达公司发生纠纷。下列判断哪一个是正确的？（2003年）

A. 房屋租赁合同有效，法律责任由合同的当事人独立承担
B. 该分公司不具有民事主体资格，又无四海公司的授权，租赁合同无效
C. 合同有效，依该合同产生的法律责任由四海公司承担
D. 合同有效，依该合同产生的法律责任由四海公司及其分公司承担连带责任

5-9 下列所作的各种关于公司的分类，哪一种是以公司的信用基础为标准的分类？（2003年）

A. 总公司与分公司
B. 母公司与子公司
C. 人合公司与资合公司
D. 封闭式公司与开放式公司

第六章

有限责任公司

【章首语】 有限责任公司为世界各国法律普遍规定的一种公司形式。其优点是设立简单、运作方便,股东承担有限责任,可鼓励投资,促进经济发展。但为防止有限责任公司滥用法人人格,危害交易安全和经济秩序,应建立相应制度加以规范。

本章应着重学习有限责任公司的概念、特征、设立条件、组织机构,国有独资有限责任公司、一人有限责任公司、股权转让的法律制度等内容。

第一节 有限责任公司概述

一、有限责任公司的概念与特征

有限责任公司,简称有限公司,是指依公司法设立的,由不超过一定人数的股东出资组成,每个股东以其所认缴的出资额为限对公司承担责任,公司以其全部资产对公司的债务承担责任的企业法人。与其他公司类型相比,有限责任公司具有以下特征:

(1) 股东符合法定人数。有限责任公司的股东人数,多数国家法律对其最高人数均作出限制性规定。如法国《商事公司法》第36条规定:"有限责任公司的股东人数不得超过50人。如果公司达到拥有50人以上的股东,则应于2年内将公司转变为股份有限公司。"①是否对有限责任公司的股东人数作最低限制,德国、奥地利、意大利、瑞士、荷兰、丹麦等国均规定,有限责任公司设立时股东至少要有两人,之后可以只有一人。②《公司法》第24条规定:"有限责任公司由50个以下股东出资设立。"之所以对有限责任公司股东人数作出限制,一方面,考虑到有限责任公司的人合性,即股东之间相互信任,股东自身的信用和能力对于有限责任公司运营的影响;另一方面,股东人数过多会影响公司的决策和经营。③

(2) 股东对公司承担有限责任。即股东仅以其认缴的出资额为限对公司承担责任。一般情况下,股东对公司及公司的债权人不负任何财产责任,公司的债权人也不得直接向股东

---

① 《法国公司法规范》,第36页。
② 参见顾功耘:《公司法》,第159页。
③ 值得一提的是,依德国公司理论:"设立人(从而也是股东)既可以是自然人和法人,也可以是设立中的公司,还可以是人合公司,即无限公司和两合公司以及自由职业合作公司。根据今天绝对主流的观点,设立人也可以是共有共同体,即民事合伙、遗产共同体和没有权利能力的社团。"参见〔德〕格茨·怀克、克里斯蒂娜·温德比西勒:《德国公司法》(第21版),殷盛译,第296—297页。

主张债权或请求清偿,除非公司人格被股东滥用,否则,即使公司的资产不足以清偿债务,股东对公司债务不承担连带清偿责任(《公司法》第 20 条)。这也是有限责任公司与无限责任公司的根本区别。

(3) 公司资本具有封闭性。有限责任公司在美国被称为 close corporation,可译为"封闭式公司"。有限责任公司的封闭性主要表现在:(1) 公司设立时,出资总额全部由发起人认缴;发起人数一般不得超过 50 人;(2) 公司不向社会公开募集股份、发行股票;出资人在公司成立后领取出资证明书;(3) 出资不能像股份那样自由转让;股东相对稳定;(4) 出资证明书不能像股票那样上市交易;(5) 公司的财务会计等信息资料亦无须向社会公开。

(4) 资合兼人合性。有限责任公司就是采用了无限公司与股份有限公司的优点而产生的。同无限公司相比,从设立到解散,有限责任公司都要松散一些,而且有限责任公司的股东不能以其信誉作为出资,因此它具有资合性;同股份有限公司相比,有限责任公司因出资转让受到限制,不公开募集资本,股东和股东之间的关系也相对紧密一些,所以它又具有一定的人合性。资金的联合和股东间的信任是有限责任公司两个不可或缺的信用基础。

(5) 设立程序简单。由于有限责任公司具有人合性和封闭性的特点,所以股东之间的关系更多地依靠内部契约来调整,资金的筹集、出资的转让对社会公共利益影响较小,政府干预相对较少。有限责任公司与股份有限公司不同,只有发起设立,没有募集设立,设立程序简化。我国有限责任公司的设立采严格的准则登记制,即只要符合法律规定的条件,政府均给予注册,没有繁琐的审查批准程序。但对于涉及国家安全、公共利益和关系国计民生等特定行业和项目的,法律、行政法规规定需要批准的,则应当履行批准手续。例如,保险公司、商业银行、证券公司等设立都需要主管行政机关的批准。

(6) 组织机构设置灵活。从各国公司立法的情况看,有限责任公司股东会、董事会和监事会的设置往往也比较灵活。

其一,股东会不是必设机构。日本、英国、法国等公司法均规定:除非章程另有规定,股东会决定有限责任公司所有事务。由此可知,只有在章程未加规定的情况下,股东会才成为法定的决策机构。根据《公司法》的规定,我国国有独资公司和一人有限责任公司不设股东会(《公司法》第 61 条、第 66 条)。

其二,设立了股东会,可不设董事会。规模较小的有限责任公司,股东会行使决定权,往往可任命或聘请 1—2 名执行董事和经理执行,而不再设置董事会。如法国没有关于有限责任公司董事会的规定,执行经理由股东会任命和撤换。《公司法》第 51 条第 1 款规定:"股东人数较少或者规模较小的有限责任公司,可以设一名执行董事,不设董事会。执行董事可以兼任公司经理。"

其三,监事会是任意机构。有限责任公司是否设置监事会,各国法律规定不同。英国、美国、法国等一般不设监事机构,如《法国商事公司法》第 218 条规定:"每个公司由一名或数名审计员进行监督,审计员职责由自然人或自然人以任何形式组成的公司履行。"[1]还有的国家则规定,在设置监事会公司中,监事中包括外部独立监事,如《日本公司法典》第 335 条规定:"在设置监事会公司,监事须为 3 人以上,其中半数以上须为外部独立监事。"《公司法》第 51 条第 1 款规定:"有限责任公司设监事会,其成员不得少于 3 人。股东人数较少或者规模

---

[1] 赵旭东:《境外公司法专题概览》,第 232 页。

较小的有限责任公司,可以设1至2名监事,不设监事会。"

二、有限责任公司的历史沿革

在公司立法史上,有限责任公司的形式出现较晚。从1892年德国首创有限责任公司算起,至今不过100多年的历史。1807年,法国商法典首先从法律上规定了股份有限公司,规定股东仅以自己的出资额为限对公司债务承担有限责任。在吸收法国法的经验基础上,英国于1855年制订了《有限责任法》(Limited Liability Act),在法律上确立了股份有限公司的有限责任制度和明确的独立的法人实体地位。[1]

有限责任公司作为一种新的组织形式,凝结了德国法学家的心血和智慧。当时德国创设这种公司的目的,在于吸收股份有限公司与无限公司两者的优点,而避免它们的缺点,使新创设的公司既便于集资,股东只承担有限责任,又不致因股东人数过多而失去凝聚力,因而适合中小型企业经营。有限责任公司在德国盛行以后,法、日、奥、葡等国纷纷效仿。法国于第一次世界大战后也采德国做法,于1919年制定了有限责任公司法。日本于1938年公布有限会社法。

与《德国有限责任公司法》产生的方式有所不同,英国私公司或封闭式公司,相当于大陆法系国家的有限责任公司。英国公司法19世纪中叶以前已形成了股份有限公司和合伙两种企业制度。这两种企业制度不能适应工业迅速发展的需要。在企业规模和社会资本市场变得越来越重要的情况下,法律对股份有限公司的规模限制趋向严格。私公司正是适应了这一时代要求的产物。这种私公司,其股东人数限制在50人以下,股份转让受到限制,不能公开募股,封闭公司由于其对外的法人地位、对内的人合性质,受到创办中小型企业的投资者的欢迎。

我国公司法直接借鉴了西方国家立法的经验,采纳了有限责任公司的形式。

第二节　有限责任公司的设立

一、有限责任公司的设立条件

设立有限责任公司应当具备法律规定的条件。各国公司法对此均有较为详细的规定。《公司法》第23条明确规定了设立有限责任公司的五项条件。

（一）股东符合法定人数

股东符合法定人数,是指股东必须在50人以下。根据有限责任公司股东的身份,可以分为如下四种类型:(1) 法人股东。一般而言,公法人除非得到明确的授权,不得投资开办公司,典型的如党政机关法人;(2) 自然人股东。凡具有民事权利能力和完全民事行为能力的人均可以投资设立有限责任公司。但是一些特定人员被排除在外,如党政机关、军队等从事特定职业的人,以及受到竞业禁止的人等;(3) 国家股东。国家作为有限责任公司的股东须由其授权的投资机构或部门作为代表;(4) 公司做自己的股东。这在一般情况下是不被允许的,但也存在例外,如为了保护异议股东的权利,允许公司回购异议股东所持有的股份。

---

[1] 参见顾功耘:《公司法》,第26—40页。

此外，股东人数的限制，既包括参与公司设立的原始股东，也包括公司设立后由于新增出资、转让出资、公司合并等原因新增加的股东。对股东人数限制的立法目的主要在于体现有限责任公司符合人合的性质，能反映股东间彼此信任的特点。

(二) 有符合公司章程规定的全体股东认缴的出资额

各国公司法对有限责任公司的出资数额多作出规定，以防止公司滥设，维护社会经济秩序。但是，《公司法》第26条规定："有限责任公司的注册资本为在公司登记机关登记的全体股东认缴的出资额。法律、行政法规以及国务院决定对有限公司注册资本实缴、注册资本最低限额另有规定的，从其规定。"①值得一提的是，2014年之前的《公司法》一直沿用最低资本制度，一方面确实在一定程度上表征着公司的初始资本充实程度，可以为债权人提供关于公司方债务履行能力初始判断所需要的必要信息；另一方面随着公司信用由资本到资产信用的流变和现实中虚假出资、抽逃出资等情况的频发，其又难以真正起到保障债权实现的作用，还会成为影响中低层创业者进入市场的门槛，这就产生了规则设置的两难困境。对于此类规则的制定，"遵守反之则解释"方法具有很大的适用空间。②

(三) 股东共同制定公司章程

有限责任公司章程是记载公司组织规范及其行动准则的书面文件，须由全体股东共同订立和签署。有限责任公司章程体现全体股东共同意志，对全体股东、公司的组织机构和经营管理人员均有约束效力。③

《公司法》第25条规定："有限责任公司章程应当载明下列事项：(1) 公司的名称和住所；(2) 公司经营范围；(3) 公司注册资本；(4) 股东的姓名或者名称；(5) 股东的出资方式、出资额和出资时间；(6) 公司的机构及其产生办法、职权、议事规则；(7) 公司法定代表人；(8) 股东会会议认为需要规定的其他事项。"并且，股东应当在公司章程上签名、盖章。委托他人代为签字、盖章的，股东应当签署委托授权书，写明委托代理人的姓名、授权事项等。通常认为，股东在公司章程上签名、盖章，应当既签字，又盖章。

(四) 有自己的名称，建立符合有限责任公司要求的组织机构

有限责任公司作为独立的法人主体，享有权利承担义务，名称作为主体对外的标识，是进行各种活动，表彰身份所必须的。公司营业执照上载明的公司名称，是公司的法定名称，是确认公司权利义务归属的依据。《公司法》第8条第1款规定："依照本法设立的有限责任公司，必须在公司名称中标明有限责任公司或者有限公司字样。"公司名称应严格依照有关法律、法规规定确定。公司名称受法律保护。他人假借公司名称进行活动，公司有权制止，并要求其赔偿公司因此所受的损失。④同时，根据《公司法》的要求建立公司的股东会、董事会或执行董事、经理人员及监事会或监事。

---

① 2005年《公司法》第26条第2款规定："有限责任公司的注册资本的最低限额为人民币3万元。法律、行政法规对有限责任公司注册资本的最低限额有较高规定的，从其规定。"
② 参见吴飞飞：《公司章程"排除"公司法：立法表达与司法检视》，载《民商法学》2014年第11期，第152—153页。
③ 值得一提的是，学术界关于公司章程的法律性质，有如下三种不同的观点：(1) 公司章程是未来公司的股东(发起人)以成立公司为目的的个别行为，经偶合或联合的情况而成立的公司设立行为；(2) 公司章程的性质为合伙合同；(3) 公司章程的性质为共同行为。参见陈界融：《股东协议与公司章程若干法律问题比较研究》，载《民商法学》2011年第10期，第25—26页。
④ 有关公司名称的详细规定，见《公司登记条例》第11条、17条、第18条、第19条。

(五) 有限责任公司的住所

设立公司,必须有公司住所。没有住所的公司,不得设立。公司以其主要办事机构所在地为住所(《公司法》第10条、《公司登记条例》第12条)。一个公司只能有一个住所,该住所必须处于该公司登记机关所辖的区域之内。所谓"主要办事机构"是指管辖全部组织的中枢机构,如公司总部、总公司等等。

二、有限责任公司的设立程序

设立有限责任公司,须履行如下程序。

(一) 订立发起人协议

《公司法》第24条规定,有限责任公司由50个以下股东出资设立。所以,在公司设立时,应首先确定50个以下的发起人。《公司法解释三》第1条规定:"为设立公司而签署公司章程、向公司认购出资或者股份并履行公司设立职责的人,应当认定为公司的发起人,包括有限责任公司设立时的股东。"此外,该司法解释对发起人规定了如下的法律责任:(1)第2条规定,发起人为设立公司以自己的名义对外签订合同,合同相对人请求该发起人承担合同责任的,人民法院应予支持。公司成立后对前款规定的合同予以确认,或者已经实际享有合同权利或者履行合同义务,合同相对人请求公司承担合同责任的,人民法院应予支持。(2)第3条规定,发起人以设立中公司名义对外签订合同,公司成立后合同相对人请求公司承担合同责任的,人民法院应予支持。公司成立后有证据证明发起人利用设立中公司的名义为自己的利益与相对人签订合同,公司以此为由主张不承担合同责任的,人民法院应予支持,但相对人为善意的除外。(3)第4条规定,公司因故未成立,债权人请求全体或者部分发起人对设立公司行为所产生的费用和债务承担连带责任的,人民法院应予支持。部分发起人依照前款规定承担责任后,请求其他发起人分担的,人民法院应当判令其他发起人按照约定的责任承担比例分担责任;没有约定责任承担比例的,按照约定的出资比例分担责任;没有约定出资比例的,按照均等份额分担责任。因部分发起人的过错导致公司未成立,其他发起人主张其承担设立行为所产生的费用和债务的,人民法院应当根据过错情况,确定过错一方的责任范围。可以肯定地讲,上述规定有助于制约发起人的不法行为和保护合同相对方的合法权益。[①]

(二) 章程的订立

章程主要是规范公司成立后各方行为,与发起人协议不同。起草章程必须严格按照法律、法规的规定进行。我国台湾地区"公司法"第98条第2款规定:"股东应以全体之同意订立章程,签名或盖章,置于本公司,每人各执一份。"根据我国法律要求,章程须经全体股东同意并签名、盖章(《公司法》第25条)。

(三) 股东出资

我国法律规定了股东出资的最低限额。外国法律对于股东出资也有最低限要求,英国

[①] 值得一提的是,最高人民法院在处理浙江金义集团公司与杭州未希装饰设计公司、杭州城市商务酒店等建筑安装工程承包合同纠纷一案中指出:股东在设立新公司的过程中,由于新设公司尚未取得营业执照或尚未进行生产经营,股东为新公司的利益对外签定合同,因此产生的法律后果应由新设立公司独立承担。如新设公司最终未能成立,则由发起股东对合同后果承担法律责任。参见刘德权:《最高人民法院司法观点集成②》,第864—866页。

规定为核准之最低限额指法院判例确定的5000镑,法国规定的注册资本至少在5万法郎以上。① 一般来说,发起人在签署发起人协议或章程时,实缴出资。②《公司法》第26条规定:"有限责任公司的注册资本为在公司登记机关登记的全体股东认缴的出资额。法律、行政法规以及国务院决定对有限责任公司注册资本实缴、注册资本最低限额另有规定的,从其规定。"《公司法》第27条规定:"股东可以用货币出资,也可以用实物、知识产权、土地使用权等可以用货币估价并可以依法转让的非货币财产作价出资;但是,法律、行政法规规定不得作为出资的财产除外。对作为出资的非货币财产应当评估作价,核实财产,不得高估或者低估作价。法律、行政法规对评估作价有规定的,从其规定。"③《公司法》第28条规定:"股东应当按期足额缴纳公司章程中规定的各自所认缴的出资额。股东以货币出资的,应当将货币出资足额存入有限责任公司在银行开设的账户;以非货币财产出资的,应当依法办理其财产权的转移手续。股东不按照前款规定缴纳出资的,除应当向公司足额缴纳外,还应当向已按期足额缴纳出资的股东承担违约责任。"值得注意的是,由于有限责任公司兼具资合和人合的性质,因此多数国家的法律对有限责任公司股东出资的转让都有限制,《公司法》对有限责任公司股权转让进行了规制(详见本章第六节的内容)。④ 需要说明的是,《公司法解释三》第18条第1款规定了瑕疵出资股权转让后承担补充清偿责任的主体。对此,有学者认为,此条规定可商榷之处在于,未考量瑕疵出资股权转让过程中的不对称信息环境,其区分责任的原则性规定在举证责任分配上对受让人明显不利。⑤

(四) 验资

在我国,无论是1993年《公司法》还是2005年《公司法》,均要求股东缴纳出资或者发起人缴纳股款后还必须经依法设立的验资机构进行验资。由此可见,实缴制是与强制验资要

---

① 详见赵旭东:《境外公司法专题概览》,第380页。
② 《公司法》中涉及"实缴"出资问题的规定集中于第35条。然而,关于"实缴"的含义,各方理解不一。例如,李建伟指出,造成实缴与认缴出资不一致的情形主要有二:一是在分期缴纳制下的合法情形,二是当某些股东出资瑕疵时的违法情形;并认为该两种情况都应当适用《公司法》第35条;但是,"全体股东另有不同约定"时的处理应只针对分期缴付出资安排所导致的出资尚未全部到位情形,而不应适用于瑕疵出资情形。参见李建伟、吴刚:《瑕疵出资的股东权利限制的归类研究:规范与实证》,载张育军、徐明主编:《证券法苑》(第5卷),法律出版社2011年版,第1306页。
③ 《公司登记条例》第14条规定,"股东的出资方式应当符合《公司法》第27条的规定,但股东不得以劳务、信用、自然人姓名、商誉、特许经营权或者设定担保的财产等作价出资"。同时,《公司法解释三》还对不享有处分权的财产出资(第7条第1款)、违法犯罪所得的货币出资后取得股权(第7条第2款)、划拨土地使用权出资或者以设定权利负担的土地使用权出资(第8条)、以非货币财产出资(第9条)、以房屋、土地使用权或者需要办理权属登记的知识产权等财产出资(第10条)、以其他公司股权出资(第11条)等进行了详细规定。此外,第13条第2、3款还规定了债权人对公司股东的请求权基础,即出资不实股东的补充赔偿责任以及公司发起人的连带补充赔偿责任;第19条还规定了排除诉讼时效的限制,即股东出资责任之诉不适用诉讼时效的规定。
④ 需要说明的是,《公司法解释三》第24条规定,有限责任公司的实际出资人与名义出资人订立合同,约定由实际出资人出资并享有投资权益,以名义出资人为名义股东,实际出资人与名义出资人对该合同效力发生争议的,如无《合同法》第52条规定的情形,人民法院应当认定该合同有效。前款规定的实际出资人与名义股东因投资权益的归属发生争议,实际出资人以其实际履行了出资义务为由向名义股东主张权利的,人民法院应予支持。名义股东以公司股东名册记载、公司登记机关登记为由否认实际出资人权利的,人民法院不予支持。实际出资人未经公司其他股东过半数以上同意,请求公司变更股东、签发出资证明书、记载于股东名册、记载于公司章程并办理公司登记机关登记的,人民法院不予支持。同时,第27条规定,公司债权人以登记于公司登记机关的股东未履行出资义务为由,请求其对公司债务不能清偿的部分在未出资本息范围内承担补充赔偿责任,股东以其仅为名义股东而非实际出资人为由进行抗辩的,人民法院不予支持。名义股东根据前款规定承担赔偿责任后,向实际出资人追偿的,人民法院应予支持。
⑤ 参见肖海军:《论瑕疵出资股权转让后承担补充清偿责任之主体范围——评〈公司法司法解释(三)〉第19条第1款》,载《法商研究》2012年第4期,第134—140页。

求共为一体的,强制验资要求是实缴制的外观标签。所以,完整地理解所谓的实缴制就是,在实质上法律对资本的缴纳进行直接干预和限制;在形式上则体现为公司登记机关通过验资程序对资本的缴纳实行行政管制。在实缴制改认缴制后,公司登记机关不再过问出资的缴纳,自然也就无须验资和提交验资证明,至少无须满足强制验资要求。至于公司自行验资,则是当事人自主决定的事情。① 当然,实行实缴制的公司仍然须履行验资程序。例如,《公司法》第89条第1款规定:"发行股份的股款缴足后,必须经依法设立的验资机构验资并出具证明。发起人应当自股款缴足之日起30日内主持召开公司创立大会。创立大会由发起人、认股人组成。"

(五) 公司设立登记

股东认足公司章程规定的出资后,由全体股东指定的代表或者共同委托的代理人向公司登记机关报送公司登记申请书、公司章程等文件,申请设立登记(《公司法》第29条)。② 公司登记机关对符合本法规定条件的,予以登记,发给公司营业执照;对不符合本法规定条件的,不予登记。依法设立的公司,由公司登记机关发给《企业法人营业执照》。公司营业执照签发日期为公司成立日期。公司凭公司登记机关核发的《企业法人营业执照》刻制印章,开立银行账户,申请纳税登记(《公司登记条例》第25条)。值得注意的是,有限责任公司成立后,发现作为设立公司出资的非货币财产的实际价额显著低于公司章程所定价额的,应当由交付该出资的股东补足其差额;公司设立时的其他股东承担连带责任(《公司法》第30条)。③

(六) 签发出资证明

有限责任公司成立后,应当向股东签发出资证明书。出资证明书应当载明下列事项:(1) 公司名称;(2) 公司成立日期;(3) 公司注册资本;(4) 股东的姓名或者名称、缴纳的出资额和出资日期;(5) 出资证明书的编号和核发日期。出资证明书由公司盖章(《公司法》第31条)。公司成立后,股东不得抽逃出资(《公司法》第35条、第200条)。④

需要说明的是,要求股东不得抽逃出资,目的是为了防止因股东抽逃出资而减少公司资本。当然,股东不得抽逃出资,不等于绝对禁止股东从公司撤回投资。如果股东想撤回在公司的投资,可以按照《公司法》允许的方式,实现出资的撤回。例如,股东将自己在公司的出

---

① 参见施天涛:《公司资本制度改革:解读与辨析》,载《清华法学》2014年第5期,第30—31页。

② 《公司登记条例》第20条规定,设立有限责任公司,应当由全体股东指定的代表或者共同委托的代理人向公司登记机关申请设立登记。设立国有独资公司,应当由国务院或者地方人民政府授权的本级人民政府国有资产监督管理机构作为申请人,申请设立登记。法律、行政法规或者国务院决定规定设立有限责任公司必须报经批准的,应当自批准之日起90日内向公司登记机关申请设立登记;逾期申请设立登记的,申请人应当报批准机关确认原批准文件的效力或者另行报批。申请设立有限责任公司,应当向公司登记机关提交下列文件:(1) 公司法定代表人签署的设立登记申请书;(2) 全体股东指定代表或者共同委托代理人的证明;(3) 公司章程;(4) 股东的主体资格证明或者自然人身份证明;(5) 载明公司董事、监事、经理的姓名、住所的文件以及有关委派、选举或者聘用的证明;(6) 公司法定代表人任职文件和身份证明;(7) 企业名称预先核准通知书;(8) 公司住所证明;(9) 国家工商行政管理总局规定要求提交的其他文件。法律、行政法规或者国务院决定规定设立有限责任公司必须报经批准的,还应当提交有关批准文件。

③ 值得注意的是,在现行《公司法》中,有限责任公司"设立时的股东"承担连带责任的情形仅此一种,而在股份有限公司部分,发起人承担连带责任的情形有4种(《公司法》第93、94条)。

④ 值得一提的是,《公司法解释三》对股东抽逃出资规定了连带责任,即第14条规定,股东抽逃出资,公司或者其他股东请求其向公司返还出资本息、协助抽逃出资的其他股东、董事、高级管理人员或者实际控制人对此承担连带责任的,人民法院应予支持。公司债权人请求抽逃出资的股东在抽逃出资本息范围内对公司债务不能清偿的部分承担补充赔偿责任、协助抽逃出资的其他股东、董事、高级管理人员或者实际控制人对此承担连带责任的,人民法院应予支持;抽逃出资的股东已经承担上述责任,其他债权人提出相同请求的,人民法院不予支持。

资转让给其他股东,或者与其他股东协商并经股东会按照法律规定或者公司章程规定作出决议向股东以外的其他人转让出资等。

三、股东名册

股东名册,是指有限责任公司依照法律规定对本公司进行投资的股东及其出资情况登记的簿册。股东名册置备的目的是为了确定股东表决权及其行使、股利分配等。置备股东名册是有限责任公司(除国有独资公司、一人有限责任公司外)的法定义务。《公司法》第32条规定,有限责任公司应当置备股东名册,记载下列事项:(1)股东的姓名或者名称及住所;(2)股东的出资额;(3)出资证明书编号。记载于股东名册的股东,可以依股东名册主张行使股东权利。公司应当将股东的姓名或者名称向公司登记机关登记;登记事项发生变更的,应当办理变更登记。未经登记或者变更登记的,不得对抗第三人。此条"依股东名册主张行使股东权利"的规定,并不意味着"只有"记载于股东名册的股东"才能"主张行使股东权利。换言之,"记载于股东名册"仅是受让人"行使股东权利"的充分条件而非必要条件。[①]

股东名册的作用主要有:(1)是股东状况的查询依据。公司登记机关、公司主管机关、公司的投资者、公司的债权人等,可以通过查阅股东名册了解股东的状况,进而了解公司的情况,从而决定对公司进行投资、交易或者监督管理。(2)是公司正常活动的基础。股东名册记载了股东的情况,公司召开股东会或者开展其他活动时,可以凭股东名册通知股东参加或者将有关文件送达于股东,有利于公司活动的开展,即公司依法对股东名册上记载的股东履行了通知、公告等必须履行的义务后,就可以免除责任。

股东名册的效力主要有:(1)推定效力。股东作为公司的投资人、出资者,依法享有股东权利。股东可以凭出资证明书等文件主张行使自己的股东权利,也可以依据股东名册主张行使自己的股东权利。当出资证明书等文件的记载与股东名册的记载之间出现不一致时,应当以股东名册的记载为准。这就是股东名册的推定效力。即实质上的权利人在尚未完成股东名册登记或者股东名册上的股东名义变更前,不能对抗公司。只有在完成股东名册的登记或者名义变更后,才能成为对公司行使股东权利的人。也就是说,公司只以股东名册上记载的股东为本公司的股东。[②](2)不得对抗第三人的效力,即未在公司登记机关登记或者变更登记的,不得对抗第三人。一般情况下,股东名册记载的事项,应当与公司登记的事项保持一致。但是,在出现股东转让出资等情况下,就有可能出现股东名册记载与公司登记记载之间不一致的情况。对此,公司应当及时办理变更登记,保持股东名册与公司登记之间的一致性。如果没有经过登记,或者没有及时办理变更登记,则不得对抗第三人,即第三人通过受让出资等方式成为公司股东并记载于股东名册后,如果没有在公司登记机关办理相关登记的,不能主张该第三人的股东资格无效。(3)免责效力。公司依法对股东名册上记载的股东履行了通知、送达、公告、支付股利、分配公司剩余财产等义务后,即使股东名册

[①] 参见李建伟:《有限责任公司股权变动模式研究》,载《民商法学》2013年第5期,第39页。
[②] 以是否赞成股权转让合同生效之时即是股权变动发生之时为标准,区分为两种观点:一类观点认为股权转让合同生效时仅在出让人与受让人之间形成了以转让股权和支付价款为请求权的债权债务关系,股权变动的效果在出让人向受让人履行某种"交付"股权手续时方才发生。此种观点可概括为"股权变动的债权形式主义模式"。另一类观点则认为股权转让合同生效时即发生股权变动的效果,无需其他公示要件。此种观点可概括为"股权变动的纯粹意思主义模式"。参见同上。

上的股东为非真正的股东,公司也可以免除相应的责任。①

四、股东权利

《公司法》第 4 条规定:"公司股东依法享有资产收益、参与重大决策和选举管理者等权利。"股东权利表达的是一种复合性法律关系,揭示了股东与公司、董事和其他股东之间的权利义务关系,不能将股东权纳入对世权的语境下,也不能将股东权利视同民法上的相对权。② 为了使有限责任公司股东的权利能够进一步具体落实,《公司法》对股东的查阅权、分红权和优先认缴出资权等进行了规定。

(一)股东的查阅权

查阅权是指股东依法享有的查阅股东会会议记录和公司财务会计报告的权利。股东的查阅权是股东了解公司的经营情况,并行使保护自己的正当权利之必要前提,是股东知情权的重要体现。《公司法》第 33 条规定,股东有权查阅、复制公司章程、股东会会议记录、董事会会议决议、监事会会议决议和财务会计报告。股东可以要求查阅公司会计账簿。股东要求查阅公司会计账簿的,应当向公司提出书面申请,说明目的。公司有合理根据认为股东查阅会计账簿有不正当目的,可能损害公司合法利益的,可以拒绝提供查阅,并应当自股东提出书面请求之日起 15 日内书面答复股东并说明理由。公司拒绝提供查阅的,股东可以请求人民法院要求公司提供查阅。③ 需要说明的是,在诉讼过程中,上述的文件是诉讼的重要证据时,如果公司拒绝提供,法院可以依《民事诉讼证据规定》第 75 条的规定,作出有利于股东的裁定。④

(二)股东的分红权和优先认缴出资权

分红权是指有限责任公司的股东依法享有的,在公司有盈余时的获取分红的权利。股东作为公司的投资人,其投资的目的就是为了获得利润。公司的利润在缴纳各种税款及依法提取法定公积金后的盈余,就是可以向股东分配的红利。股东之间分取红利的比例原则上应当与股东的出资比例一致。《公司法》第 34 条规定,股东按照实缴的出资比例分取红利。但是,全体股东约定不按照出资比例分取红利的除外。

股东的优先认股权是指有限责任公司增加注册资本时,股东有优先于股东以外的人认购出资的权利。由于有限责任公司更具有人合性质,其股东比较固定,股东之间具有相互信赖、比较紧密的关系,因此,在公司新增注册资本时,应当由本公司的股东首先认缴,以防止

---

① 所谓"隐名股东",依《公司法解释三》第 23 条第 1 款规定,是指实际出资人与名义出资人约定,以名义出资人登记为有限责任公司的股东(即名义股东),而名义股东名下的出资由实际出资人来担负,同时实际出资人享有该"投资权益"(参见张双根:《论有限责任公司股东资格的认定——以股东名册制度的构建为中心》,载《民商法学》2014 年第 12 期,第 70 页)。在该情形下股东资格之归属,依《公司法解释三》第 23 条第 3 款及其通说观点,均认为仅记载于股东名册与公司登记中的名义股东享有股东资格,而实际投资人并非公司的股东,其只能依据合同来处理其与名义股东间的关系。见奚晓明:《关于公司法司法解释三、清算纪要理解与适用》,第 370—271 页。另外,审理隐名股东案件的审判应注意的问题,参见《民商事审判指导》,第 212—218 页。

② 参见叶林:《股东权利及其实现机制》,载《民商法学》2014 年第 1 期,第 72—82 页。

③ 有学者提出,会计账簿查阅权扩大至会计凭证,但对会计账簿查阅权的正当性要规定一定的限制条件,可以委托律师或会计师行使代理查阅。参见李美云:《有限责任公司股东会计账簿查阅权问题研究——兼对《公司法司法解释(四)〈征求意见稿〉评析》,载《中国政法大学学报》2013 年第 4 期,第 113 页。

④ 《民事诉讼证据规定》第 75 条规定:"有证据证明一方当事人持有证据无正当理由拒不提供,如果对方当事人主张该证据的内容,不利于证据持有人,可以推定该主张成立。"

新增股东而打破公司原有股东之间的紧密关系。《公司法》第34条规定,公司新增资本时,股东有权优先按照实缴的出资比例认缴出资。但是,全体股东约定不按照出资比例优先认缴出资的除外。

此外,目前我国各高级人民法院制定的"审判指导意见"关于股东知情权的规定在立法规则不足、司法解释规范缺位的困境下,为下属法院的审判实务供给了事实上的具体裁判规则,在法律文本规定最终获得司法实现的过程中发挥了不可或缺的作用。但"审判指导意见"也存在地域、经验和技术等方面的问题,有待进一步完善。[1]

【相关案例】6-1　公司破产股东权利之救济[2]

2012年4月,陈明设立一家有限责任公司,从事绿色食品开发,注册资本为200万元。公司成立半年后,为增加产品开发力度,陈明拟新增资本100万元,并为此分别与张巡、李贝洽谈,该二人均有意愿认缴全部新增资本,加入陈明的公司。陈明遂先后与张巡、李贝二人就投资事项分别签订了书面协议。张巡在签约后第二天,即将款项转入陈明的个人账户,但陈明一直以各种理由拖延办理公司变更登记等手续。2012年11月5日,陈明最终完成公司章程、股东名册以及公司变更登记手续,公司注册资本变更为300万元,陈明任公司董事长,而股东仅为陈明与李贝,张巡的名字则未出现在公司登记的任何文件中。

李贝虽名为股东,但实际上是受刘宝之托,代其持股,李贝向公司缴纳的100万元出资,实际上来源于刘宝。2013年3月,在陈明同意的情况下,李贝将其名下股权转让给善意不知情的潘龙,并在公司登记中办理了相应的股东变更。

2014年6月,因产品开发屡次失败,公司陷入资不抵债且经营无望的困境,遂向法院申请破产。法院受理后,法院所指定的管理人查明:第一,陈明尚有50万元的出资未实际缴付;第二,陈明的妻子葛梅梅本是家庭妇女,但自2014年1月起,却一直以公司财务经理的名义,每月自公司领取奖金4万元。

第三节　有限责任公司的组织机构

一、股东会

(一) 股东会的性质和职权

股东会是指依照公司法和公司章程的规定,由全体股东组成的,对公司经营管理和各种涉及股东利益的事宜拥有决策权的公司权力机构。《公司法》第36条规定:"有限责任公司股东会由全体股东组成。股东会是公司的权力机构,依照本法行使职权。"

《公司法》第37条规定,股东会行使下列职权:(1)决定公司的经营方针和投资计划;

---

[1] 参见李建伟:《股东知情权诉讼研究》,载《中国法学》2013年第6期,第83—103页。
[2] 案例来源,参见2014年全国统一司法考试卷四第5题。

(2) 选择和更换非由职工代表担任的董事、监事,决定有关董事、监事的报酬事项;(3) 审议批准董事会的报告;(4) 审议批准监事会或者监事的报告;(5) 审议批准公司的年度财务预算方案、决算方案;(6) 审议批准公司的利润分配方案和弥补亏损方案;(7) 对公司增加或者减少注册资本作出决议;(8) 对发行公司债券作出决议;(9) 对公司合并、分立、解散、清算或者变更公司形式作出决议;(10) 修改公司章程;(11) 公司章程规定的其他职权。对上述所列事项股东以书面形式一致表示同意的,可以不召开股东会会议,直接作出决定,并由全体股东在决定文件上签名、盖章。

(二) 股东会会议的召集

股东会会议有首次会议、定期会议和临时会议。首次会议是有限责任公司成立后的第一次会议,由出资最多的股东召集和主持(《公司法》第38条)。定期会议应当按照公司章程的规定按时召开(《公司法》第39条第2款)。临时会议是公司需要时随时召开的股东会会议。《公司法》第39条第2款规定,有权提议召开临时会议的人是:(1) 代表1/10以上表决权的股东;(2) 1/3以上的董事;(3) 监事会或者不设监事会公司的监事提议召开。一经有效提议,股东会临时会议即应召开。

有限责任公司设立董事会的,股东会会议由董事会召集,董事长主持;董事长不能履行职务或者不履行职务的,由副董事长主持;副董事长不能履行职务或者不履行职务的,由半数以上董事共同推举一名董事主持。有限责任公司不设董事会的,股东会会议由执行董事召集和主持。执行董事不能履行职务或者不履行召集股东会会议职责的,由监事会或者不设监事会的公司的监事召集和主持;监事会或者监事不召集和主持的,代表1/10以上表决权的股东可以自行召集和主持(《公司法》第40条)。

召开股东会会议,应当于会议召开15日以前通知全体股东;但是,公司章程另有规定或者全体股东另有约定的除外。股东会应当对所议事项的决定作成会议记录,出席会议的股东应当在会议记录上签名(《公司法》第41条)。

(三) 股东会的议事方式和表决程序

《公司法》第42条规定:"股东会会议由股东按照出资比例行使表决权;但是,公司章程另有规定的除外。"《公司法》第43条第1款还规定:"股东会的议事方式和表决程序,除本法有规定的外,由公司章程规定。"[1]股东会决议可分为两种:一种是普通决议。是对公司一般事项所作决议,只需经代表1/2以上表决权的股东通过。一种是特别决议,是对公司重要事项所作的决议,须经2/3以上表决权的股东通过。其事项包括:(1) 增加或者减少注册资本;(2) 公司分立、合并、解散或者变更公司形式;(3) 修改公司章程(《公司法》第43条第2款)。

二、董事会

(一) 董事会性质和职权

有限责任公司的董事会为公司常设执行机关。通常是由股东会选举产生,对内执行公司业务,对外代表公司的机构。股东人数较少或者规模较小的有限责任公司,可以设一名执

---

[1] "由公司章程规定",属于补充创制规范,此种规范的适用不是无条件自动的,而是依当事人行使此权利,依赖于当事人的意思表示。参见王保树:《公司任意性法律规范适用的留意点》,载《民商法学》2011年第5期,第79页。

行董事,不设董事会。执行董事可以兼任公司经理(《公司法》第50条第1款)。

《公司法》第46条规定:"董事会对股东会负责,行使下列职权:(1)召集股东会会议,并向股东会报告工作;(2)执行股东会的决议;(3)决定公司的经营计划和投资方案;(4)制订公司的年度财务预算方案、决算方案;(5)制订公司的利润分配方案和弥补亏损方案;(6)制订公司增加或者减少注册资本以及发行公司债券的方案;(7)制订公司合并、分立、解散或者变更公司形式的方案;(8)决定公司内部管理机构的设置;(9)决定聘任或者解聘公司经理及其报酬事项,并根据经理的提名决定聘任或者解聘公司副经理、财务负责人及其报酬事项;(10)制定公司的基本管理制度;(11)公司章程规定的其他职权。"

(二)董事会的组成

董事会的组成人数,各国规定不一,《公司法》第44条第1款规定,有限责任公司设董事会,其成员为3人至13人;但是,股东人数较少或者规模较小的有限责任公司,可以设一名执行董事,不设董事会。

两个以上的国有企业或者两个以上的其他国有投资主体投资设立的有限责任公司,其董事会成员中应当有公司职工代表;其他有限责任公司董事会成员中可以有公司职工代表。董事会中的职工代表由公司职工通过职工代表大会、职工大会或者其他形式民主选举产生(《公司法》第44条第2款)。

董事会设董事长1人,可以设副董事长。董事长、副董事长的产生办法由公司章程规定(《公司法》第44条第3款)。董事任期由公司章程规定,但每届任期不得超过3年。董事任期届满,连选可以连任。董事任期届满未及时改选,或者董事在任期内辞职导致董事会成员低于法定人数的,在改选出的董事就任前,原董事仍应当依照法律、行政法规和公司章程的规定,履行董事职务(《公司法》第45条)。

(三)董事会会议的召集

董事会会议由董事长召集和主持;董事长不能履行职务或者不履行职务的,由副董事长召集和主持;副董事长不能履行职务或者不履行职务的,由半数以上董事共同推举一名董事召集和主持(《公司法》第47条)。

(四)董事会会议的议事方式和表决程序

《公司法》第48条规定,董事会的议事方式和表决程序,除本法有规定的以外,由公司章程规定。董事会应当对所议事项的决定作成会议记录,出席会议的董事应当在会议记录上签名。董事会决议的表决,实行一人一票。

(五)经理

经理是公司董事会聘任的主持日常管理工作的高级职员,其对董事会负责。是辅助董事会执行工作的机构。

《公司法》第49条第1款规定:有限责任公司可以设经理,由董事会决定聘任或者解聘。经理对董事会负责,行使下列职权:(1)主持公司的生产经营管理工作,组织实施董事会决议;(2)组织实施公司年度经营计划和投资方案;(3)拟订公司内部管理机构设置方案;(4)拟订公司的基本管理制度;(5)制定公司的具体规章;(6)提请聘任或者解聘公司副经理、财务负责人;(7)决定聘任或者解聘除应由董事会决定聘任或者解聘以外的负责管理人员;(8)董事会授予的其他职权。

公司章程对经理职权另有规定的,从其规定。经理列席董事会会议(《公司法》第49条第 2、3 款)。

三、监事会或监事

(一) 监事会的设置

监事会是由股东会选举产生的、负责对公司董事会及其附属机构的活动实行监督的机构。

根据《公司法》的规定,有限责任公司设监事会,其成员不得少于 3 人。股东人数较少或者规模较小的有限责任公司,可以设 1 至 2 名监事,不设监事会。监事会应当包括股东代表和适当比例的公司职工代表,其中职工代表的比例不得低于 1/3,具体比例由公司章程规定。监事会中的职工代表由公司职工通过职工代表大会、职工大会或者其他形式民主选举产生。监事会设主席 1 人,由全体监事过半数选举产生。监事会主席召集和主持监事会会议;监事会主席不能履行职务或者不履行职务的,由半数以上监事共同推举 1 名监事召集和主持监事会会议。董事、高级管理人员不得兼任监事(《公司法》第 51 条)。[1]

监事的任期每届为 3 年。监事任期届满,连选可以连任。监事任期届满未及时改选,或者监事在任期内辞职导致监事会成员低于法定人数的,在改选出的监事就任前,原监事仍应当依照法律、行政法规和公司章程的规定,履行监事职务(《公司法》第 52 条)。

(二) 监事会的职权

《公司法》赋予了有限责任公司的监事会或监事广泛的职权,主要包括以下方面:(1) 检查公司财务;(2) 对董事、高级管理人员执行公司职务的行为进行监督,对违反法律、行政法规、公司章程或者股东会决议的董事、高级管理人员提出罢免的建议;(3) 当董事、高级管理人员的行为损害公司的利益时,要求董事、高级管理人员予以纠正;(4) 提议召开临时股东会会议,在董事会不履行本法规定的召集和主持股东会会议职责时召集和主持股东会会议;(5) 向股东会会议提出提案;(6) 依照本法第 152 条的规定,对董事、高级管理人员提起诉讼;(7) 公司章程规定的其他职权(《公司法》第 53 条)。

除此之外,《公司法》还赋予了监事质询权和调查权,即监事可以列席董事会会议,并对董事会决议事项提出质询或者建议。监事会、不设监事会的公司的监事发现公司经营情况异常,可以进行调查;必要时,可以聘请会计师事务所等协助其工作,费用由公司承担(《公司法》第 54 条)。

(三) 监事会会议的议事方式和表决程序

监事会每年度至少召开一次,监事可以提议召开临时监事会会议。监事的议事方式和表决程序,除本法有规定外,由公司章程规定。监事会决议应当经半数以上监事通过。监事会应当对所议事项的决定作成会议记录,出席会议的监事应当在会议记录上签名(《公司法》第 55 条)。

---

[1] 有学者基于公司治理的有效性、公正性考量,提出我国《公司法》引入"法人监事"的构想。参见宋刚、张志坡:《我国引入法人监事的再思考》,载《民商法学》2014 年第 7 期,第 131—139。

【相关案例】6-2　公司注册股东不得抽逃资金 [①]

1999年12月25日,廖某与谢某签名通过了《顺德市S公司章程》,规定由廖某出资45万元(其中货币15万元、实物价值30万元),占出资比例的90%,谢某出资5万元,占出资比例的10%,成立顺德市S公司。2000年1月17日,S公司经工商行政管理机关核准成立。2002年7月19日,马某、谢某双方签订了一份股权转让协议,约定:S公司作价30万元,由谢某转让S公司35%的股权给马某,转让价为105000元(其中现金102000元,电脑一台作价3000元),从2002年7月1日起,谢某占有S公司65%的股权,马某占有S公司35%的股权;谢某任董事长,马某任总经理;马某应于2002年7月31日前支付5万元,余款作为向谢某的借款,另签订借款协议,于2002年12月31日前付清;2002年6月30日前,S公司的现金、银行存款与应收账款权益属谢某所有等。廖某确认其委托谢某转让其在S公司的出资并确认上述转让协议。协议签订后,马某即担任S公司的总经理。2002年7月23日,马某将5万元汇入谢某账号。同年11月18日,马某又向S公司支付3万元。2003年3月26日,S公司被谢某、廖某申请注销。同年10月23日,马某以谢某和廖某擅自注销S公司,损害其利益为由,向原审法院起诉,请求判令谢某和廖某返还其出资83000元,赔偿损失186741.24元,并负担诉讼费用。

第四节　国有独资公司的特别规定

一、国有独资公司的概念和法律适用

(一)国有独资公司的概念

国有独资公司,是指国家单独出资、由国务院或者地方人民政府授权本级人民政府国有资产监督管理机构履行出资人职责的有限责任公司(《公司法》第64条第2款)。

国有独资公司本质上为一人公司,即投资人的唯一性,这可将其与一般的有限责任公司相区别。但它又是非常特别的一人公司,其与一般一人公司的区别在于其投资的主体是特殊的,即国家;而在一般的一人公司中的出资人是一个自然人或一个法人。另外,由于股东人数的限制,一般来说,一人公司规模不大,而国有独资公司,规模通常较大。

《公司法》所指的国有独资公司,包括三方面的内容:(1)国家出资;(2)国务院或者地方人民政府享有出资人权利,承担出资人职责;(3)各级国资监督机构根据授权履行出资人职责。这样规定使国有独资公司的权利义务主体进一步具体化。

(二)国有独资公司的法律适用

根据《公司法》第64条第1款规定:"国有独资公司的设立和组织机构,适用本节规定;本节没有规定的,适用本章第一节、第二节的规定。"也就是说,国有独资公司除适用国有独资公司的特别规定外,还应当适用《公司法》关于有限责任公司的一般规定。同时,如果国有

[①] 案例来源,见广东省佛山市中级人民法院(2004)佛中法民二终字第298号判决书。

独资公司的特别规定与《公司法》的其他规定有冲突时,则根据特别法优于普通法的原理,优先适用国有独资公司的特别规定。

二、国有独资公司的章程

《公司法》第 65 条规定:"国有独资公司章程由国有资产监督管理机构制定,或者由董事会制定报国有资产监督管理机构批准。"也就是说,国有独资公司的公司章程的制定和批准机构是国有资产监督管理机构。其章程的制定有两种方式:(1)由国有资产监督管理机构自己制定;(2)由董事会制定报国有资产监督管理机构批准。根据《公司法》第 23 条规定,设立有限责任公司,应当由股东共同制定公司章程,可见制定公司章程的权利属于全体股东。而《公司法》第 66 条规定"国有资产监督管理机构行使股东会职权",即在国有独资公司中,履行出资人义务的国有资产监督管理机构的法律地位类似于有限责任公司的股东会,因此,由国有资产监督管理机构制定国有独资公司的章程是有法律根据的。《公司法》第 66 条还规定"国有资产监督管理机构可以授权公司董事会行使股东会的部分职权,决定公司的重大事项",这是由国有独资公司的特殊性决定的。一方面,国有独资公司的董事会成员部分来自于国有资产监督管理机构的委派,其意思表示与国有资产监督管理机构一致,可以代表国有资产监督管理机构行使部分职权;另一方面,国有独资公司数量多、种类复杂、级别不同。在现有资源的条件下,完全由国有资产监督管理机构履行股东的职责实在是杯水车薪,适当地将部分权利下放给董事会,是解决出资人履行职责问题的替代机制之一。当然,由于章程的内容关系到公司日后的正常运行,国有资产监督管理机构有权进行最后的把关,即对董事会制定的章程拥有批准权,这也是合理配置权力,相互制衡的需要。

总之,《公司法》明确了国有资产监督管理机构履行出资人职责,行使股东会职权,以及董事会职权特殊性,因此国有独资公司章程的制定不同于一般的有限责任公司。[①]

三、国有独资公司组织机构设置和股东会职权配置

(一)国有独资公司组织机构设置

国有独资公司不设股东会,由国有资产监督管理机构代表国家履行出资人职责,行使股东会的职权。国有独资公司不设股东会的主要原因是因为其只有一个投资主体,即国家。因此,也就无法同普通的有限责任公司一样设立股东会。即使按照普通有限责任公司设立股东会,只能是形同虚设,与股东会的应有功能和作用相违背。当然,国有独资公司不设股东会并不意味着股东的职责和功能不复存在,而是通过其他形式予以体现。因此,国有独资公司出资人是国家的特殊性决定了由国有资产监督管理机构代表国家履行出资人职责,行使股东会的职权是顺理成章的。

(二)股东会职权配置

国有独资公司不设股东会,因此,公司的决策权只能由国有独资公司的唯一股东,即国有资产监督管理机构行使。但是,同时考虑到国有资产监督管理机构的独立性,使得国有独资公司的决策也不能完全依附某一主体。因此,《公司法》第 66 条规定,国有资产监督管理机构可以授权公司董事会行使股东会的部分职权,决定公司的重大事项,但公司的合并、分

---

① 参见时建中:《公司法原理精解、案例与运用》,第 143 页。

立、解散、增减资本和发行公司债券,必须由国有资产监督管理机构决定;其中,重要的国有独资公司合并、分立、解散、申请破产的,应当由国有资产监督管理机构审核后,报本级人民政府批准。

可见,在国有独资公司中,一般有限责任公司的股东会的职权被分解为两部分:一部分由国有资产监督管理机构行使;另一部分由国有资产监督管理机构授权公司的常设执行机构董事会行使。

四、国有独资公司董事会制度

国有独资公司设董事会,依照一般有限责任公司的董事会和国有独资公司法律规定行使职权。董事每届任期不得超过3年。董事会成员中应当有公司职工代表。董事会成员由国有资产监督管理机构委派;但是,董事会成员中的职工代表由公司职工代表大会选举产生。董事会设董事长一人,可以设副董事长。董事长、副董事长由国有资产监督管理机构从董事会成员中指定(《公司法》第67条)。

国有独资公司的董事长、副董事长、董事、高级管理人员,未经国有资产监督管理机构同意,不得在其他有限责任公司、股份有限公司或者其他经济组织兼职(《公司法》第69条)。

国有独资公司设经理,由董事会聘任或者解聘。经理依照一般有限责任公司的经理规定行使职权。经国有资产监督管理机构同意,董事会成员可以兼任经理(《公司法》第68条)。

除此之外,国有独资公司的监督会成员不得少于5人,其中职工代表的比例不得低于1/3,具体比例由公司章程规定。监事会成员由国有资产监督管理机构委派;但是,监事会成员中的职工代表由公司职工代表大会选举产生。监事会主席由国有资产监督管理机构从监事会成员中指定(《公司法》第70条第1款、第2款)。

监事会的职权是:(1)检查公司财务;(2)对董事、高级管理人员执行公司职务的行为进行监督,对违反法律、行政法规、公司章程或者股东会决议的董事、高级管理人员提出罢免的建议;(3)当董事、高级管理人员的行为损害公司的利益时,要求董事、高级管理人员予以纠正;(4)国务院规定的其他职权(《公司法》第70条第3款)。

【相关案例】6-3　高管兼职违法禁止规定[①]

1999年9月21日,原告饶某受被告海南N控股集团有限公司的委派,担任海南L市场开发股份有限公司董事。经L公司临时股东大会和第二届四次董事会推选,担任了公司董事长,正式主持公司的全面工作。2000年3月29日,被告N公司发出《关于撤回饶某等董事的决定》一文。同年3月19日,被告H公司对L公司发出《关于从速召开临时股东会议的通知》,并称"此次会议召开之前,暂由你公司合法法定代表人涂某主持全面工作"。同月20日,被告涂某占用了原告的董事长办公室。原告认为,三被告的行为侵犯了原告的合法权利,L公司的经营活动因此无法正常开展,合法权益受到严重损害。遂以L公司的名义向

[①] 案例来源,见海南省海口市中级人民法院(2000)海中法民初字第80号判决书。

人民法院请求判定三被告停止侵权行为,消除恶劣影响,对所造成的严重后果承担相应的责任。

法院驳回了饶某以 L 公司名义提起的诉讼请求。

第五节 一人有限责任公司的特别规定

一、一人有限公司的概念及其特征

一人有限责任公司,是指只有一个自然人股东或者一个法人股东的有限责任公司(《公司法》第 57 条第 2 款)。一人有限责任公司具有以下特征:(1) 只有一个自然人股东或者法人股东。一人有限责任公司只有一个股东,而且股东只能是一个自然人或者法人。这不仅与一般有限责任公司由 50 个以下股东出资设立不同,而且也与国有独资公司由国家单独投资设立,并由国有资产监督管理机构代表国家履行出资人职责不同。(2) 股东承担有限责任。一人有限责任公司的股东对公司债务以其出资承担有限责任。这与个人独资企业不同,个人独资企业投资人以其个人财产对公司债务承担无限责任。另外,《公司法》还规定:"一人有限责任公司应当在每一会计年度终了时编制财务会计报表,并经会计师事务所审计。"(《公司法》第 62 条)体现了国家对一人有限责任公司财产的监督。

二、一人有限责任公司主体性质的披露

在社会经济生活中,出于降低风险的需要,无论是洽谈业务、签定合同还是进行诉讼活动,对方都希望能够知悉一人有限责任公司的股东及出资情况。而作为一人有限责任公司,出于诚信和促进社会经济健康发展的考虑,对于股东出资也应以一定的形式向社会公示,以便对方根据实际情况来决定自己的行为。同时,将一人有限责任公司的股东及其出资情况予以公示,也有利于债权人及时地保护自身的权益。因为,一人有限责任公司的股东不能证明公司财产独立于股东自己的财产的,应当对公司债务承担连带责任。因此,《公司法》第 59 条规定:"一人有限责任公司应当在公司登记中注明自然人独资或者法人独资,并在公司营业执照中载明。"

三、一人有限责任公司机构设置及其公示制度

(一) 一人有限责任公司机构设置

一人有限责任公司在体制上属于有限责任公司。公司业务执行不仅涉及到股东的利益,而且涉及到公司债权人等利益相关者的利益。但是,一人有限责任公司投资主体的唯一性决定了一人有限责任公司没有必要设立股东会(《公司法》第 61 条)。并且,《公司法》没有对一人有限责任公司董事会和监事会的设立作出强制性的规定。

(二) 一人有限责任公司的公示制度

为了使公司债权人在与一人有限责任公司进行交易时,充分了解一人有限责任公司的状态,应当规定一人有限责任公司相应的公示制度。一人有限责任公司的公示制度包括三

方面:(1) 公司设立时应当将一人有限责任公司进行公开登记,并记载于公司登记机关的登记簿上,以备公司债权人或者其他人查阅。(2) 公司设立后也应将一人有限责任公司的事实向公司登记机关进行登记,目的是防止与公司进行交易的相对人因不知晓对方为设立后的一人有限责任公司而承担过高的经营风险。(3) 一人有限责任公司作出重大决定时,也应当采用书面形式,并由股东签字后备置于公司(《公司法》第61条)。总之,一人有限责任公司主体性质的披露是目的,公示则是手段。

【相关案例】6-4　一人有限责任公司法人人格否认制度之适用 [①]

2011年5月21日,上海经星进出口有限公司(简称"经星公司",其系一人有限责任公司,股东为张明星)与上海锦翔服饰有限公司(简称"锦翔公司")签订产品购销合同,约定由锦翔公司向经星提供9种货号的毛衣,经星公司支付相应货款。在合同履行过程中,双方就货物质量发生争议。2011年11月14日,锦翔公司以经星公司为被告诉至法院,要求返还货款及利息。锦翔公司主张,张明星不能证明自己的财产与公司的财产相互独立,故应对经星公司债务承担连带责任。法院最终支持了锦翔公司的观点,认定张明星对经星公司的债务承担连带责任。

第六节　有限责任公司的股权转让

一、有限责任公司股权转让

有限责任公司的股东既可以向该有限责任公司的其他股东转让股权,也可以向该公司之外的人转让股权(《公司法》第71条)。

关于股权转让的性质,有学者认为,股权是一种兼具人身权与财产权性质的特殊权利形态,是投资者基于股东身份而获得的针对公司有形和无形财产的概括性权利。因此,股权转让在属性上至少应包括财产权利的转移和股东身份的让渡这一双重意义。[②]

(一) 股东之间可以自由转让股权

有限责任公司的股东向公司的其他股东转让其全部股权,后果是股东人数减少,并且股东间的出资比例发生变化;向公司的其他股东转让其部分股权,后果是股东间的出资比例发生变化。因此,公司的股东之间无论是转让全部股权,还是转让部分股权,都不会有新的股东产生,其他股东已有的伙伴关系不会受到影响,也就没有必要对这种转让进行限制。

(二) 股东向股东之外的人转让股权

股东向股东之外的人转让股权,会发生新股东进入公司的情况,而新股东与其他股东之间并不一定存在相互信任关系。为了维护有限责任公司的人合性质,《公司法》第71条第2

---

① 案例来源,见上海市第二中级人民法院(2016)沪02民终2068号判决书。
② 参见罗培新:《抑制股权转让代理成本的法律构造》,载《中国社会科学》2013年第7期,第129页。

款规定:"股东向股东以外的人转让股权,应当经其他股东过半数同意。股东应就其股权转让事项书面通知其他股东征求同意,其他股东自接到书面通知之日起满30日未答复的,视为同意转让。其他股东半数以上不同意转让的,不同意的股东应当购买该转让的股权;不购买的,视为同意转让。"

除此之外,考虑到有限责任公司的人合性特点,股东向股东以外的人转让股权的,如果股东愿意以股东以外的人所出的条件购买该转让的股权,那么,虽然股东以外的人首先提出该购买条件,并且其他股东同意了该购买的股权,在同等条件下,其他股东也有优先购买权,即其他股东有权首先购买该股权。如果两个以上股东主张行使优先购买权的,协商确定各自的购买比例;协商不成的,按照转让时各自的出资比例行使购买权(《公司法》第71条第3款)。公司章程对股权转让另有规定的,从其规定(《公司法》第71条第4款)。

需要强调指出的是,人民法院依照法律规定的强制执行程序转让股东的股权时,应当通知公司及全体股东,其他股东在同等条件下有优先购买权。其他股东自人民法院通知之日起满20日不行使优先购买权的,视为放弃优先购买权(《公司法》第72条)。

股东依法转让股权的,公司应当注销原股东的出资证明书,向新股东签发出资证明书,并相应修改公司章程和股东名册中有关股东及其出资额的记载。对公司章程的该规定修改不需再由股东会表决(《公司法》第73条)。

值得注意的是,《公司法解释三》对股权转让至少规定了如下三方面的法律责任:(1)股东未履行或者未全面履行出资义务而转让股权的法律责任。该规定第18条规定,有限责任公司的股东未履行或者未全面履行出资义务即转让股权,受让人对此知道或者应当知道,公司请求该股东履行出资义务、受让人对此承担连带责任的,人民法院应予支持;公司债权人依照本规定13条第2款向该股东提起诉讼,同时请求前述受让人对此承担连带责任的,人民法院应予支持。受让人根据前款规定承担责任后,向该未履行或者未全面履行出资义务的股东追偿的,人民法院应予支持。但是,当事人另有约定的除外。(2)名义股东将登记于其名下的股权等转让的法律责任。第25条规定,名义股东将登记于其名下的股权转让、质押或者以其他方式处分,实际出资人以其对于股权享有权利为由,请求认定处分股权行为无效的,人民法院可以参照物权法第106条的规定处理。名义股东处分股权造成实际出资人损失,实际出资人请求名义股东承担赔偿责任的,人民法院应予支持。(3)股权转让后尚未向公司登记机关办理变更登记的法律责任。第27条规定,股权转让后尚未向登记机关办理变更登记,原股东将仍登记于其名义的股权转让、质押或者以其他方式处分,受让股东以其对于股权享有实际权利为由,请求认定处分股权行为无效的,人民法院可以参照《物权法》第106条的规定处理。原股东处分股权造成受让股东损失,受让股东请求原股东承担赔偿责任、对于未及时办理变更登记有过错的董事、高级管理人员或者实际控制人承担相应责任的,人民法院应予支持;受让股东对于未及时办理变更登记也有过错的,可以适当减轻上述董事、高级管理人员或者实际控制人的责任。

二、异议股东股权回购请求权

有限责任公司是兼有资合性和人合性的公司,它不仅依靠股东的出资来保证公司的设立和运营,同时,也需要依靠股东的共同努力来经营管理公司。因此,有限责任公司设立后,其股东不得随意退出公司。但是,在现实生活中,有些有限责任公司的大股东利用其对公司的控制权,长期不向股东分配利润,并通过其他方式严重损害中小股东的权益。针对这种情况,《公司法》规定了异议股东股权回购请求权,具体内容如下:

（一）股东退出公司的法定条件

《公司法》第74条第1款规定,有下列情况之一的,对股东会该项决议投反对票的股东可以请求公司按照合理的价格收购其股权:(1) 公司连续5年不向股东分配利润,而公司该5年连续盈利,并且符合本法规定的分配利润条件的;(2) 公司合并、分立、转让主要财产的;(3) 公司章程规定的营业期限届满或者章程规定的其他解散事由出现,股东会会议通过决议修改章程使公司存续的。①有学者将此条称为"反对股东股权收购请求权",并认为反对股东股权收购请求权是多数决定规则的矫正措施,它与多数决定规则相配合,共同达成提高公司决策效率和实现社会公平的目标。②

（二）股东退出公司的法定程序

《公司法》第74条第2款规定,自股东会会议决议通过之日起60日内,股东与公司不能达成股权收购协议的,股东可以自股东会会议通过之日起90日内向人民法院提起诉讼。

最后,自然人股东死亡后,其合法继承人可以继承股东资格;但是,公司章程另有规定的除外(《公司法》第75条)。

【相关案例】6-5　股权转让之条件 ③

2012年5月,兴平家装有限公司（简称"兴平公司"）与甲、乙、丙、丁四个自然人,共同出资设立大昌建材加工有限公司（简称"大昌公司"）。在大昌公司筹建阶段,兴平公司董事长马玮被指定为设立负责人,全面负责设立事务,马玮又委托甲协助处理公司设立事务。

2012年5月25日,甲以设立中公司的名义与戊签订房屋租赁合同,以戊的房屋作为大昌公司将来的登记住所。

2012年6月5日,大昌公司登记成立,马玮为公司董事长,甲任公司总经理。公司注册资本1000万元,其中,兴平公司以一栋厂房出资;甲的出资是一套设备（未经评估验资,甲申报其价值为150万元）与现金100万元。

2013年2月,在马玮知情的情况下,甲伪造丙、丁的签名,将丙、丁的全部股权转让至乙的名下,并办理了登记变更手续。乙随后于2013年5月,在马玮、甲均无异议的情况下,将登记在其名下的全部股权作价300万元,转让给不知情的吴耕,也办理了登记变更等手续。

现查明:第一,兴平公司所出资的厂房,其所有权原属于马玮父亲;2011年5月,马玮在其父去世后,以伪造遗嘱的方式取得所有权,并于同年8月,以该厂房投资设立兴平公司,马

---

① 需要说明的是,《公司法解释一》对股东转让股权有明确的时间限制,即第3条规定,"原告以公司法第22条第2款、第74条第2款规定事由,向人民法院提起诉讼时,超过公司法规定期限的,人民法院不予受理"。
② 参见叶林:《反对股东股权收购请求权的行使与保障》,载《民商法学》2013年第1期,第23—32页。
③ 案例来源,参见2013年全国统一司法考试卷四第5题。

玮占股80%。而马父遗产的真正继承人,是马玮的弟弟马祎。第二,甲的100万元现金出资,系由其朋友满钺代垫,且在2012年6月10日,甲将该100万元自公司账户转到自己账户,随即按约还给满钺。第三,甲出资的设备,在2012年6月初,时值130万元;在2013年1月,时值80万元。

【相关案例】6-6　非货币出资之限制 ①

甲公司与乙供销社共同投资设立丙公司。甲公司以现金出资。乙供销社以其机动车、房产及其占用的土地使用权(非出让土地,也无划拨土地使用权)出资。后乙供销社将上述资产评估列成《出资资产汇总表》交丙公司签字确认,并将资产交给丙公司占有、使用。但机动车和房产一直未过户到丙公司名下。土地使用权则由丙公司以自己的名义向人民政府申请补办出让手续,签定出让合同,支付出让金,取得了国有土地使用权。对乙供销社的出资是否实际到位有两种意见。第一种意见认为,乙供销社用于出资的机动车和房产虽未过户到丙公司名下,但丙公司已签字确认,并已实际占有、使用和管理;土地使用权虽是丙公司成立后通过补办出让手续取得的,但该土地的来源是乙供销社原使用的土地,因此,应认定乙供销社的出资已经实际到位。第二种意见认为,《公司法》规定,以非货币出资的,应当依法办理财产权的转移手续。股东缴纳出资后,必须经法定的验资机构验资并出具证明。国家工商行政管理总局《公司注册资本登记管理规定》第19条规定,股东以非货币出资,未办理转移过户手续的,"属于虚假出资行为"。乙供销社的出资既未办理转移过户手续,又未经法定的验资机构验资。尤其是土地使用权出资,尽管该土地是乙供销社原使用的,但乙供销社既无出让土地使用权,也无划拨使用权,无权以该土地使用权出资。丙公司以自己的名义依法取得的土地使用权,不能认定乙供销社的出资。因此,应认定乙供销社的出资没有实际到位。

前沿问题

◆ 关于公司章程"排除"公司法的立法设计问题

关于公司章程"排除"公司法的立法设计问题,学术界比较有代表的观点主要有三种,这三种学说具有一个共同的特质,即均是以公司法的规范分类为路径展开的。

第一种观点以艾森伯格教授为代表。其按照公司法的规范对象不同,将公司法规范分为结构性规则、分配性规则和信义性规则等三类。其中结构性规则主要调整公司内部机关的权力分配及其运作程序,并形成公司治理的基本框架;分配性规则主要规范公司之剩余价

---

① 案例来源,见刘德权:《最高人民法院司法观点集成②》,第846页。

值分配问题;信义性规则主要规范董事及控制股东对公司及其他股东所负之信义义务。①

第二种观点以戈登教授为代表。他指出,公司法中不可以被"排除"的强制性规范有四种类型:程序性规则、权力性规则、经济结构变更规则和诚信义务规则。他还分别就这四种规则给出了不可以被"排除"适用的理由。②

第三种观点以我国公司法学者为代表。由于"受到德国法强制性规范与任意性规范区分的影响",我国学者习惯于将公司法规范分为强制性规范、赋权性规范和补充性规范,后面两类同属于任意性规范,可以被公司通过章程予以"排除"。③

【思考题】

1. 试述有限责任公司设立的程序。
2. 试述认定发起人的标准及法律根据。
3. 试述股东出资的法律规定。
4. 试述国有独资公司的概念、特征及其主要法律规定。
5. 试述一人有限公司的概念、特征及主要法律规定。
6. 试述有限责任公司的股权转让。

【司法考试真题】

6-1 张某与潘某欲共同设立一家有限责任公司。关于公司的设立,下列哪一说法是错误的?(2015年)

A. 张某、潘某签订公司设立书面协议可代替制定公司章程
B. 公司的注册资本可约定为50元人民币
C. 公司可以张某姓名作为公司名称
D. 张某、潘某二人可约定以潘某住所作为公司住所

6-2 荣吉有限公司是一家商贸公司,刘壮任董事长,马妹任公司总经理。关于马妹所担任的总经理职位,下列哪一选项是正确的?(2015年)

A. 担任公司总经理须经刘壮的聘任
B. 享有以公司名义对外签订合同的法定代理权
C. 有权制定公司的劳动纪律制度
D. 有权聘任公司的财务经理

6-3 钱某为益扬有限公司的董事,赵某为公司的职工代表监事。公司为钱某、赵某支出的下列哪些费用须经公司股东会批准?(2015年)

A. 钱某的年薪　　　　　　　　　　B. 钱某的董事责任保险费

---

① See Melvin Aron Eisenber, "Contractarianism Without Contracts: A Response to Professor Mc Chesney", 90 Colun, *Law Review*, 1999, p.1332.
② 参见〔美〕罗伯塔·罗曼诺:《公司法基础》,罗培新译,第167、190页。
③ 参见董慧凝:《公司章程自由及其法律限制》,第233页。

C. 赵某的差旅费　　　　　　　　　D. 赵某的社会保险费

6-4 甲与乙为一有限责任公司股东,甲为董事长。2014年4月,一次出差途中遭遇车祸,甲与乙同时遇难。关于甲、乙股东资格的继承,下列哪一表述是错误的?(2014年)

A. 在公司章程未特别规定时,甲、乙的继承人均可主张股东资格继承
B. 在公司章程未特别规定时,甲的继承人可以主张继承股东资格与董事长职位
C. 公司章程可以规定甲、乙的继承人继承股东资格的条件
D. 公司章程可以规定甲、乙的继承人不得继承股东资格

6-5 严某为鑫佳有限责任公司股东。关于公司对严某签发出资证明书,下列哪一选项是正确的?(2014年)

A. 在严某认缴公司章程所规定的出资后,公司即须签发出资证明书
B. 若严某遗失出资证明书,其股东资格并不因此丧失
C. 出资证明书须载明严某以及其他股东的姓名、各自所缴纳的出资额
D. 出资证明书在法律性质上属于有价证券

6-6 2014年5月,甲、乙、丙三人共同出资设立一家有限责任公司。甲的下列哪一行为不属于抽逃出资行为?(2014年)

A. 将出资款项转入公司账户验资后又转出去
B. 虚构债权债务关系将其出资转出去
C. 利用关联交易将其出资转出去
D. 制作虚假财务会计报表虚增利润进行分配

6-7 2014年5月,甲乙丙丁四人拟设立一家有限责任公司。关于该公司的注册资本与出资,下列哪些表述是正确的?(2014年)

A. 公司注册资本可以登记为1元人民币
B. 公司章程应载明其注册资本
C. 公司营业执照不必载明其注册资本
D. 公司章程可以要求股东出资须经验资机构验资

6-8 关于有限责任公司股东名册制度,下列哪些表述是正确的?(2014年)

A. 公司负有置备股东名册的法定义务
B. 股东名册须提交于公司登记机关
C. 股东可依据股东名册的记载,向公司主张行使股东权利
D. 就股东事项,股东名册记载与公司登记之间不一致时,以公司登记为准

6-9 新余有限公司共有股东4人,股东刘某为公司执行董事。在公司章程无特别规定的情形下,刘某可以行使下列哪一职权?(2013年)

A. 决定公司的投资计划
B. 否决其他股东对外转让股权行为的效力
C. 决定聘任公司经理
D. 决定公司的利润分配方案

6-10 香根餐饮有限公司有股东甲、乙、丙三人,分别持股51%、14%与35%。经营数

年后,公司又开设一家分店,由丙任其负责人。后因公司业绩不佳,甲召集股东会,决议将公司的分店转让。对该决议,丙不同意。下列哪一表述是正确的?(2013年)

A. 丙可以该决议程序违法为由,主张撤销
B. 丙可以该决议损害其利益为由,提起解散公司之诉
C. 丙可以要求公司按照合理的价格收购其股权
D. 公司可以丙不履行股东义务为由,以股东会决议解除其股东资格

第七章

股份有限公司

【章首语】 股份有限公司与有限责任公司相比,其发起人有上下人数限定,资本须分为等额的股份,并可自由转让,因而具有开放性的特点。正是基于此,法律对股份有限公司的设立条件、程序和监管的规定,要比有限责任公司严格。

本章应着重学习股份有限公司的概念、特征,设立条件和程序,股份与股票的关系及其种类划分,股票发行和转让,上市公司定义、上市公司上市暂停与终止,股份有限公司的组织机构等内容。

第一节 股份有限公司概述

一、股份有限公司的概念及特征

依《公司法》的有关规定,股份有限公司是指发起人为2人以上200人以下,全部资本分为等额股份,股东以其所认购的股份为限对公司承担责任,公司以其全部财产对公司债务承担责任的企业法人。此定义揭示了股份有限公司具有下列特征:

(1) 公司全部资本分为等额股份。股东出资以股份为单位计算,股利分配、表决权行使,均以股份为标准。所以,股份是股份有限公司最重要的特征。股份有限公司的名称来源,也主要是基于这一特征。《公司法》第125条规定,股份有限公司的资本划分为股份,每一股的金额相等。公司的股份采取股票的形式。股票是公司签发的证明股东所持股份的凭证。

(2) 发起人的人数有上下的限定。根据《公司法》第78条的规定,设立股份有限公司,应当有2人以上200人以下为发起人,其中须有半数以上的发起人在中国境内有住所。

对于股份有限公司发起人的人数,各国或者地区的公司立法规定不一。从世界范围看,不少国家或者地区的法律对发起人的数量都规定了最低额。例如,法国、韩国、英国、比利时等国及我国香港、台湾地区均规定发起人应为7人以上,德国规定发起人应为5人以上,挪威、瑞典规定发起人应为3人以上,意大利、瑞士、奥地利规定发起人可为1人以上。① 可见,规定发起人的数量,尤其是规定人数最低限额是世界多数国家公司立法的通例。

《公司法》规定了发起人的人数,但并未限制发起人必须是自然人还是法人、中国人还是

---

① 曹康泰:《新〈公司法〉修改研究报告》(中册),第121—124页的列表。

外国人,所以,无论是自然人还是法人、中国人还是外国人,均有资格作为设立股份有限公司的发起人。当然,作为自然人的发起人,必须是具有完全行为能力的人,无行为能力或者限制行为能力的人,不得作为发起人。同时,虽然中国人和外国人都可以作为发起人,但发起人必须有半数以上在中国境内有住所,以便于有一定数量的人能够具体办理设立股份有限公司的各种手续,也便于国家对发起人进行监督管理,防止发起人利用设立股份有限公司来损害广大社会公众的利益。发起人在中国境内有住所,就中国公民而言,是指公民以其户籍所在地为居住地或者其经常居住地在中国境内;就外国公民而言,是指其经常居住地在中国境内;就法人而言,是指其主要办事机构所在地在中国境内。因此,发起人是否在中国境内有住所,要视其经常居住地或者主要办事机构所在地是否在中国境内。①

(3) 股东就其所认购股份对公司负有责任。股份有限公司与有限责任公司的股东都负有限责任,这是相同的。股份有限公司股东的责任,是以其所认购的股份为限对公司承担责任,而有限责任公司资本一般不划分股份,股东以其出资额为限负责。值得注意的是,有限责任公司和股份有限公司的股东均对公司承担有限责任,除非公司人格被股东滥用,否则,即使公司的资产不足以清偿债务,股东对公司债务不承担连带清偿责任(《公司法》第20条)。

(4) 公司的股份向社会公开发行。这是股份有限公司区别于有限责任公司的特征之一。股份有限公司采取公开发行股票的形式来筹集公司的资本,发行一般在交易所以公开出售股票的方式进行。任何人只要愿意支付股金,购买股票,就可以成为股份有限公司的股东,并凭借股票到公司去领取股息及红利。股票也可以自由地在交易所进行出售或自由赠与他人。

二、股份有限公司的利与弊

股份有限公司是市场经济的典型组织形式。它在商业经营活动中,具有无比的优越性,主要表现在:

(一)是集中资本的一种最有力的公司形式

这不仅是由于它可以对外公开发行股票和债券,而且由于它的股份金额一般较少,可以更为广泛地吸收社会的闲散资金。

(二)有利于分散投资风险

由于股份金额较少,大量的股东个人所拥有股份只占公司资本很少一部分,而股东又只以其拥有的股份金额对公司承担责任,这样虽然公司本身可能规模很大,但对各个投资者来说却只承担很小的风险。

(三)具有最广泛的社会性

由于股份有限公司实行公示主义的管理方法,公开向社会募集资金,任何人都可以通过购买股票而成为股东,不受身份和个人的其他条件限制。它的股票可以自由转让,股东若有急需,或看到公司经营不善,可以随时将股份转让出去,收回出资。

---

① 有学者认为,发起人资格可以从积极和消极两方面来看。积极方面涉及人数及住所;消极方面涉及法律(竞业)禁止的人。参见施天涛:《商法学》,第157页。

（四）适应了所有权与经营权分离的需要

在股份有限公司中，生产和经营的管理活动是由以董事和经理为中心的专门管理机构进行，人数众多的股东只是作为单纯的资本所有者领取股息和红利。这种管理的专业化有利于提高公司的管理水平。

股份有限公司的不足之处表现在：(1) 设立程序复杂，公司机构庞大。(2) 易于少数股东对公司的操作、控制和垄断的形成。由于公司股份数量很大，股东人数很多，只要掌握一定比例的股份，就能操纵控制整个公司的业务，因此它容易被少数大股东所利用，损害多数小股东的利益。(3) 股东对于公司的经营没有责任感。遇公司经营不善，股东就抛售股票，转移风险。(4) 股票的自由流通，使股票交易所成为金融投机的场所。

鉴于以上优点和弊端，各国公司法一直在进行经常的修改，通过严格的法律监督来使之符合经济发展的要求。

第二节　股份有限公司的设立

一、股份有限公司的设立条件

根据《公司法》第 76 条的规定，设立股份有限公司，必须具备下列条件：

（一）发起人符合法定人数

《公司法》并没有直接给发起人下定义，但根据《公司法解释三》第 1 条规定可知，发起人应当具备三项法定条件："为设立公司而签署公司章程""向公司认购出资或者股份""履行公司设立职责"。[①]可见，发起人在设立股份有限公司过程中的地位和作用十分重要。[②] 因此，发起人符合法定条件，是股份有限公司设立的主体要件。《公司法》第 78 条规定了关于发起人人数的界定，即设立股份有限公司，应当有 2 人以上 200 人以下为发起人，其中须有半数以上的发起人在中国境内有住所。[③]

（二）注册资本须符合公司法的规定

《公司法》第 80 条第 1 款、第 2 款规定，股份有限公司采取发起设立方式设立的，注册资本为在公司登记机关登记的全体发起人认购的股本总额。在发起人认购的股份缴足前，不

[①] 目前，学术界关于发起人的认定方式有三种意见：其一，采用形式判断标准，即凡在公司章程上签章者均被认定为发起人。参见我国台湾地区"公司法"第 129 条规定。其二，采用实质认定标准，即发起人是实际参与公司设立或者负责筹办组建公司的人，未必要认购股份或者在章程上进行签章。参见柯芳枝：《公司法论》，第 134—145 页。其三，从形式和实质两方面来确认发起人身份，即凡在公司章程上签章者可以推定为发起人，但如果有证据表明确实实际参与了公司的发起人设立工作，即使未在章程上签章也应当确认为发起人身份。参见施天涛：《公司法论》，第 99 页。

[②] 此外，公司设立是一个过程，为设立公司并且确保公司成立之后可以立即投入运营，《公司法解释三》第 2、3 条还规定了公司设立阶段合同义务的承继规则：一方面，发起人以自己名义签订合同，由发起人承担责任，但公司成立后对此合同予以确认或者已经实际享有合同权利或者履行合同义务的，相对人也可以要求公司承担责任。另一方面，发起人以设立中公司名义对外签订合同，公司成立后应当履行合同义务；但是如果公司有证据证明发起人利用设立中公司的名义签订合同是为了证据的利益，公司可以不承担合同责任，而如果相对人为善意，则公司不得以此对抗相对人。对此，有学者解释为："设立中的公司与成立后的公司是同一关系，发起人作为设立中公司的机关为设立公司而创设的法律关系在公司成立后自动成为成立后公司的法律关系。"刘俊海：《现代公司法》，第 83 页。

[③] "Promoter"和"Incorporator"两个英文单词都含有设立或者创办的意味，我国学者一般将其分别翻译为"发起人" "设立人"（或"注册人"）。有学者指出，在美国法中，"Incorporator"并非我们通常认为的公司发起人，而仅仅是"在公司注册证书上签字的人"。参见沈四宝：《西方国家公司法原理》，第 84 页。

得向他人募集股份。股份有限公司采取募集方式设立的,注册资本为在公司登记机关登记的实收股本总额。就股份有限公司而言,认缴制仅适用于发起设立的股份有限公司,而不适用于募集设立的股份有限公司。2013年修订的《公司法》仍然保留了旧公司法的规定,即股份有限公司采取募集方式设立时,注册资本为在公司登记机关的实收股本总额。因为募集设立股份有限公司涉及公众认股人,不仅涉及公众利益,而且难以操作。此外,如果法律、行政法规或者国务院对于特殊公司实行实缴制的,公司的注册资本仍然体现为公司登记机关的实收资本。需要强调指出的是,法律、行政法规以及国务院决定对股份有限公司注册资本实缴、注册资本最低限额另有规定的,从其规定。需要说明的是,2013年修订的《公司法》放弃对注册资本最低限额的管制,仅仅针对的是普通业务的商事公司,并不包括从事金融业务以及从事其他须经特别许可业务的机构,法律并未放弃管制,法律对此类公司的注册资本仍然设定有最低限额。①总之,废除注册资本最低限额要求,符合中共中央关于"全民创业,万众创新"的经济社会发展理念,尤其对扩大就业具有重要意义。

(三) 有符合公司章程规定的全体发起人认购的股本总额或者募集的实收股本总额

根据《公司法》第76条第2款规定,设立股份有限公司的条件之一,即有符合公司章程规定的全体发起人认购的股本总额或者募集的实收股本总额。关于股份有限公司设立条件,2005年《公司法》规定,设立股份有限公司的条件包括"发起人认购和募集的股本达到法定资本最低限额"。2013年修订的《公司法》废除了这一条件,相应地修改为"有符合公司章程规定的全体发起人认购的股本总额或者募集的实收股本总额"。此种修改至少有如下积极意义:(1)有利于降低投资者创业成本,刺激投资者投资积极性;(2)有利于降低企业融资成本并提高企业资金使用效率;(3)有利于新技术、新产业、新业态等新兴生产力的发展;(4)有利于创造更多的就业机会与创业机会。

需要说明的是,股份有限责任公司发起人的出资方式,和有限责任公司相同(《公司法》第82条)。

(四) 发起人制订公司章程,并经创立大会通过

股份有限公司的章程,是指记载有关公司组织和行动基本规则的文件。《公司法》第11条规定:"设立公司必须依法制定公司章程。公司章程对公司、股东、董事、监事、高级管理人员具有约束力。"现代意义上的公司,需要三大条件,即股东(人)、资本和章程(意思表示)。中外有关立法都规定,设立公司,除了股东和资本条件外,还必须制定公司章程。公司章程可以从两种意义上去理解。从实质意义上讲,公司章程是关于公司组织和行为的基本准则;从形式意义上讲,公司章程是记载上述基本规则的书面文件。不同法系国家对公司章程格式的规定,有所不同。在英美法系,章程性的文件由两部分构成,分别具有不同的性质和内容,发挥着不同的作用。这两部分文件在英国称公司组织大纲(或组织简章)(Memorandum of Association)和组织章程(Articles of Association),在美国称为公司组织章程(Articles of Incorporation)和公司章程细则(Bylaws)。②在大陆法系,公司章程是一个统一的概念,公司

---

① 例如,经营证券经纪承销与保荐、投资咨询、与证券交易、投资活动相关的财务顾问业务的证券公司,最低注册资本5000万元(《证券法》第127条)。又如,经营证券承销与保荐或证券自营或证券资产管理的证券公司,最低注册资本1亿元(《证券法》第127条)。

② 参见〔美〕罗伯特·W.汉密尔顿:《公司法概要》,李存捧译,第40—41页。

章程只因公司类型不同而分别称为"有限公司章程"和"股份有限公司章程",但并不存在公司章程的分类问题。①

公司章程具有以下法律意义:(1) 是股东就公司的组织和行为形成的共同意思表示一致的规则;(2) 弥补法定规则不足和适应不同公司情况;(3) 有利于社会公众了解公司、监督公司;(4) 有利于公司登记机关依法审查,并对公司进行有效的监督。

公司章程的法律特征主要表现在:(1) 法定性,即指公司章程的制定、内容、效力和修改均由《公司法》明确规定;(2) 公开性,即指公司章程须经登记本身便是公开性的一种表现,另外,股东在公司日常经营过程中有权查阅公司章程,公司也应将章程备置于公司,同时,公司章程也是公司公开发行股票或者公司债券时必须披露的文件之一;(3) 自治性,即公司不同则章程也有所不同。每个公司制定自己的章程的同时都可以在《公司法》允许的范围内,针对本公司的成立目的、所处行业、股东构成、资本规模、股权结构等不同特点来确定公司组织及活动的具体规则。②

在公司法理论上依照公司章程条款对公司设立所产生的影响和效力,可以对其进行分类。多数学者都将公司章程条款划分为三类:绝对记载事项、相对记载事项和任意记载事项。绝对记载事项,是指依照法律规定必须记载于公司章程中的条款,如果欠缺或者记载不合法则公司章程无效,公司无法设立;相对记载事项,是公司根据自身情况决定记载的事项,不记载并不影响章程的效力;任意记载事项,是指只要不违反法律的强制性规范或者公序良俗,均可记载于公司章程之中。③

《公司法》第 25 条、第 81 条分别规定了有限责任公司章程和股份有限公司章程应当记载的事项。其中第 81 条规定,股份有限公司的章程应当载明下列事项:(1) 公司名称和住所;(2) 公司经营范围;(3) 公司设立方式;(4) 公司股份总数、每股金额和注册资本;(5) 发起人的姓名或者名称、认购的股份数、出资方式和出资时间;(6) 董事会的组成、职权和议事规则;(7) 公司法定代表人;(8) 监事会的组成、职权和议事规则;(9) 公司利润分配方法;(10) 公司的解散事由与清算办法;(11) 公司的通知和公告办法;(12) 股东大会会议认为需要规定的其他事项。上述法条中虽然规定为"应当记载",可以理解为公司章程的法定记载事项,除此之外,公司可以根据自身情况,对其他事项作出规定。法律规定应当记载,若不记载则按法律规定处理的事项。

此外,《公司法》还规定,"发起人制订公司章程,采用募集方式设立的经创立大会通过"(《公司法》第 76 条)。

(五) 有公司名称,建立符合股份有限公司要求的组织机构

公司名称是指本公司与其他公司、企业相区别的文字符号。公司名称代表了一个特定的公司,没有公司名称,该公司就无法参与经济活动,无法受到法律保护。因此,股份有限公司必须有自己的名称。《公司法》及《公司登记条例》规定,设立股份有限公司,必须在公司名称中标明股份有限公司的字样;对公司名称的登记管理实行预先核准制度。另外,建立股份

---

① 参见叶林:《中国公司法》,第 104 页。
② 参见郑玉波:《公司法》,第 155 页。
③ 需要说明的是,也有学者将公司章程的记载事项分为强制记载事项和任意记载事项。参见施天涛:《商法学》,第 160—161 页。

有限公司要求的组织机构,是指公司的股东大会、董事会和监事会等,上市公司还涉及到独立董事。

(六)有限公司住所

公司住所是指公司主要办事机构所在地(《民法通则》第39条)。所谓主要办事机构所在地,是指决定和处理公司事务的机构所在地,也是管辖全部组织的中枢机构,如总部、总公司等。一般而言,公司的"主要办事机构"以登记时所注明的主要办事机构为准。公司要进行生产经营活动,就必然与他人产生各种关系,为了便于他人与公司联系,也为了保证有关机构对公司的监督,保障投资者和债权人的合法权益,公司必须有住所。

二、股份有限公司的设立程序

《公司法》第77条规定,股份有限公司的设立,可以采取发起设立或者募集设立的方式。发起设立,是指由发起人认购公司应发行的全部股份而设立公司。募集设立,是指由发起人认购公司应发行股份的一部分,其余股份向社会公开募集或者向特定对象募集而设立公司。

(一)以发起设立方式设立股份有限公司的程序

发起设立是指由发起人认购公司应发行的全部股份而设立的公司,以发起设立方式设立股份有限公司,发起人承担公司筹办事务(《公司法》第79条第1款),必须经过以下程序:

1. 发起人应当签订发起人协议,明确各自在公司设立过程中的权利和义务

由于设立股份有限公司的发起人为多数,所以,每个发起人在公司设立过程中应当认购多少股份、应当具体去做哪些事务、各自的权利是什么等等,都需要明确。否则,就有可能因各发起人权利义务的不明确,而导致股份有限公司无法设立或者产生各种纠纷。为了使股份有限公司顺利设立,《公司法》将发起人协议规定为强制性规范(《公司法》第79条第2款)。

2. 发起人认购公司的股份

股份有限公司采取发起方式设立的,注册资本为在公司登记机关登记的全体发起人认购的股本总额。在发起人认购的股份缴足前,不得向他人募集股份。股份有限公司采取募集方式设立的,注册资本为在公司登记机关登记的实收股本总额。法律、行政法规以及国务院决定对股份有限公司注册资本实缴、注册资本最低限额另有规定的,从其规定(《公司法》第81条)。从上述规定看,认缴制仅适用于发起设立的股份有限公司,而不适用于募集设立的股份有限公司。也就是说,2013年修正《公司法》仍然保留了旧公司法的规定,即股份有限公司采取募集方式设立时,注册资本为在公司登记机关登记的实收股本总额。此种保留的理由是,采取募集设立的股份有限公司,因涉及不确定的众多认股人,故而从社会公共利益考量,实有保留之必要。①

3. 发起人缴纳股款

以发起设立方式设立股份有限公司的,发起人应当书面认足公司章程规定其认购的股

---

① 此外,《公司法解释三》第4条规定,股份有限公司的认股人未按期缴纳所认股份的股款,经公司发起人催缴后在合理期间内仍未缴纳,公司发起人对该股份另行募集的,人民法院应当认定该募集行为有效。认股人延期缴纳股款给公司造成损失,公司请求该认股人承担赔偿责任的,人民法院应予支持。同时,第5条规定,发起人因履行公司设立职责造成他人损害,公司成立后受害人请求公司承担侵权赔偿责任的,人民法院应予支持;公司未成立,受害人请求全体发起人承担连带赔偿责任的,人民法院应予支持。公司或者无过错的发起人承担赔偿责任后,可以向有过错的发起人追偿。

份,并按照公司章程规定缴纳出资。以非货币财产出资的,应当依法办理其财产权的转移手续(《公司法》第83条第1款)。当发起人不依法缴纳出资,违背其承诺时,就应当按照发起人协议的约定承担违约责任(《公司法》第83条第2款)。

4. 选举公司的董事会和监事会

发起人认足公司章程规定的出资后,应当选举董事会和监事会(《公司法》第83条第3款)。

5. 申请设立公司

发起人选举董事会和监事会后,董事会就应当向公司登记机关报送公司章程以及法律、行政法规规定的其他文件,申请公司设立登记(《公司法》第83条第3款)。

(二) 以募集设立方式设立股份有限公司的程序

募集设立是指由发起人认购公司应发行股份的一部分,其余股份向社会公开募集或者向特定对象募集而设立公司。以募集设立方式设立股份有限公司,必须经过以下程序:

1. 发起人认购法定数额的股份

《公司法》第84规定:"以募集设立方式设立股份有限公司的,发起人认购的股份不得少于公司股份总数的35%;但是,法律、行政法规另有规定的,从其规定。"应当注意的是,发起人认购的股份是指所有发起人认购股份的总额,而不是某一发起人认购的股份。在设立公司时,即使某一个或者某几个发起人认购的股份很少,但如果其他发起人认购的股份很多,所有发起人认购的股份的股份总数达到了公司股份总数的35%,就符合了对募集设立股份有限公司的发起人认购股份的要求。

2. 公开募集股份

以募集设立方式设立股份有限公司的,其股本除由发起人认购一部分外,还须向社会公开募集。由于向社会公众募集股份涉及广大社会公众的利益,对社会的经济、政治秩序会带来影响,因此,《公司法》对公开募集股份作了较为严格的规定:(1) 发起人制作认股书。《公司法》第85条规定:"发起人向社会公开募集股份,必须公告招股说明书,并制作认股书。认股书应当载明本法第87条所列事项,由认股人填写认购股数、金额、住所,并签名、盖章。认股人按照所认购股数缴纳股款。"①另外,根据《证券法》第12条的规定,设立股份有限公司公开发行股票,应当符合《公司法》规定的条件和经国务院批准的国务院证券监督管理机构规定的其他有关文件,向国务院证券监督管理机构报送募股申请和下列文件:公司章程;发起人协议;发起人姓名或者名称,发起人认购的股份数、出资种类及验资证明;招股说明书;代收股款银行的名称和地址;承销机构名称及有关的协议。依照本法规定聘请保荐人的,还应当报送保荐人出具的发行保荐书。法律、行政法规规定设立公司必须报经批准的,还应当提交相应的批准文件。(2) 向社会公开有关信息。(3) 由证券经营机构承销。《公司法》第87条规定,发起人向社会公开募集股份,应当由依法设立的证券公司承销,签订承销协议。

3. 缴纳股款

发起人应当依法缴纳自己所认购股份的全部股款。发起人向社会公开募集股份,应当同银行签订代收股款协议。代收股款的银行应当按照协议代收和保存股款,向缴纳股款的认购人出具收款单据,并负有向有关部门出具收款证明的义务(《公司法》第88条)。发行股

---

① 招股说明书应载明事项可见《公司法》第86条之规定。

份的股款缴足后,必须经依法设立的验资机构验资并出具证明。发起人、认股人缴纳股款或者交付抵作股款的出资后,除未按期募足股份、发起人未按期召开创立大会或者创立大会决议不设立公司的情形外,不得抽回其股本(《公司法》第91条)。

4. 召开创立大会

《公司法》第89条规定:"发行股份的股款缴足后,必须经依法设立的验资机构验资并出具证明。发起人应当自股款缴足之日起30日内主持召开公司创立大会。创立大会由发起人、认股人组成。""发行的股份超过招股说明书规定的截止期限尚未募足的,或者发行股份的股款缴纳后,发起人在30内未召开创立大会的,认股人可以按照所缴纳股款并加算银行同期存款利息,要求发起人返还。"同时,《公司法》第90条规定,发起人应当在创立大会召开15日前将会议日期通知各认股人或者予以公告。创立大会应有代表股份总数过半数的发起人、认股人出席,方可举行。创立大会行使下列职权:审议发起人关于公司筹办情况的报告;通过公司章程;选举董事会成员;选举监事会成员;对公司的设立费用进行审核;对发起人用于抵作股款的财产的作价进行审核;发生不可抗力或者经营条件发生重大变化直接影响公司设立的,可以作出不设立公司的决议。创立大会对在上述职权内作出的决议,必须经出席会议的认股人所持表决权过半数通过。

5. 申请设立登记

以发起设立方式设立股份有限公司的,发起人在交付全部出资并选举出董事会和监事会后,董事会应于创立大会结束后30日内,向公司登记机关报送下列文件,申请设立登记:(1) 公司登记申请书;(3) 创立大会的会议记录;(4) 公司章程;(5) 验资证明;(6) 法定代表人、董事、监事的任职文件及其身份证明;(7) 发起人的法人资格证明或者自然人身份证明;(8) 公司住所证明(《公司法》第92条第1款,《公司登记条例》第21条)。

以募集设立方式设立股份有限公司公开发行股票的,除向公司登记机关报送《公司法》第92条第1款规定的文件外,还应当向公司登记机关报送国务院证券监督管理机构的核准文件(《公司法》第92条第2款,《证券法》第12条)。

(三) 发起人出资不足的补充以及发起人的责任

公司以其全部财产对公司的债务承担责任。因此,公司的财产不仅是公司赖以经营的物质条件,而且也是公司债权人利益的唯一担保。在公司设立之时,公司的财产来源于发起人的出资和其他认股人缴纳的股款。其他认股人缴纳的股款,由于是通过代收股款和保存,所以,到设立公司时,其他认股人的股款应当已经足额缴纳,否则,股份有限公司不能成立。但是,由于发起人是筹办公司设立事务的人,他们在筹办公司设立事务的过程中,可能利用其筹办之便,不按照公司章程的规定足额缴纳其出资,或者将其作为出资的非货币财产高估。这就必然会减少公司实有的财产,也使债权人的利益难以得到保证。为了防止这种情况的发生,确保公司资本的充实,《公司法》第93条规定,在出资不符合公司章程规定时发起人予以补足的情形:(1) 未按照公司章程规定缴足出资的,发起人应当补缴;(2) 所交付非货币财产的实际价额显著低于公司章程所定价额的,发起人应当补足其差额;(3) 发起人的出资不符合公司章程的规定时其他发起人承担连带责任。此外,《公司法解释三》第12条规定了公司发起人的出资补缴责任,既符合民商法律的基础理论,也有助于实现公平正义的法律适用效果。①

除此之外,《公司法》第 94 条还规定,股份有限公司的发起人应当承担下列责任:(1) 公司不成立时,对设立行为所产生的债务和费用负连带责任;(2) 公司不成立时,对认股人已缴纳的股款,负返还股款并加算银行同期存款利息的连带责任;(3) 在公司设立过程中,由于发起人的过失致使公司利益受到损害的,应当对公司承担赔偿责任。

【相关案例】7-1　发起人之责任 ②

2011 年 6 月 10 日,被告乔某与江苏 B 环保技术有限公司(简称"B 公司")制定公司章程约定:双方共同出资成立原告 A 公司,其中:B 公司出资 18 万元,占出资比例的 60%,被告乔某出资 12 万元,占出资比例的 40%;B 公司首期出资额 6 万元,被告乔某首期出资额 4 万元,应于 2011 年 6 月 14 日前缴足;B 公司第二期认缴出资额 12 万元,被告乔某第二期认缴出资额 8 万元,应于 2013 年 6 月 10 日前缴足。同年 6 月 15 日,江苏天杰会计师事务所有限公司出具验资报告,主要内容为:B 公司缴纳首次出资款 6 万元,被告乔某缴纳首次出资款 4 万元,剩余出资款由全体股东分期与 2013 年 6 月 13 日前缴足。到期后,被告乔某未缴纳剩余出资款 8 万元。原告多次向被告催要,被告均以种种理由拒付,原告诉请法院判令:被告缴纳出资款 8 万元。

法院判决被告在判决生效后五日内向原告 B 公司补缴出资款 8 万元,此款汇至原告 B 公司账户。

第三节　股份有限公司的股份和股票

一、股份有限公司的股份和股票的概念和特征

(一) 股份的概念及特征

股份有限公司的股份,是指按相等金额或者相同比例,平均划分公司资本的基本计量单位,它代表了股东在公司中的权利和义务。《公司法》第 125 条第 1 款规定:"股份有限公司的资本划分为股份,每一股的金额相等。"

股份的基本特征有:

(1) 金额性。股份既然是公司资本的构成单位,也就表示它代表一定量的公司资本,而一定量的公司资本通常是以一定的货币金额表现出来。

(2) 股份一律平等。作为构成资本的基本单位,股份所代表的资本额一律相等。对于面额股份,表现为股份金额相等,对于无面额股份则表现为在资本总额中所占比例的相等。

---

① 有学者认为,此条是资本充实责任适用于对公司出资人或发起人出资责任的追究,它既要求出资人或发起人对自己违反出资义务的行为承担出资责任,又要求其对公司资本的充实相互承担出资担保责任。参见石冠彬、江海:《论公司发起人的出资补缴责任——兼评〈公司法解释三〉第 13 条》,载《法商研究》2014 年第 2 期,第 73—82 页。

② 案例来源,见南京市浦口区人民法院(2013)浦商初字第 416 号判决书。

而作为股东法律地位的表现形式,股份所享有的权利和承担的义务一律平等,原则上每一股代表一份股东权,拥有股份的数额决定股东权利义务的大小。最后,在股东权的丧失过程中,无论是全部或部分股份的转让,还是整个公司的清算,股份转让的原则、条件、方式及股东参与剩余资产分配的权利都是平等的,绝不因股东身份、地位的不同而有差异。

(3) 股份可以自由转让。股份有限公司是典型的资合公司,以公司资本为其信用基础,股东的个人信用无关紧要,股东的人身关系极为松散,即使是记名股份,也只需要背书和办理过户手续即可转让。

(4) 股份表现为有价证券。股份是股票的实质内容,股票是股份的证券形式,其具体记载事项由法律规定,主要是表现股东的权利。股票可以像其他有价证券那样自由转让。

(二) 股票的概念及特征

股份的表现形式是股票,《公司法》第125条第2款规定:"公司的股份采取股票的形式。股票是公司签发的证明股东所持股份的凭证。"其法律特征主要有:

(1) 股票是股东权存在的表现。《公司法》第132条规定:"股份有限公司登记成立后,即向股东正式交付股票。公司成立前不得向股东交付股票。"

(2) 股票是一种有价证券。股票是股份的表现形式,而股份的获得是以一定的财产为对价的。拥有股票,不仅表明持有者已经付出了相应的对价,而且表明持有者还可以进一步凭此获得相应的经济利益。

(3) 股票是一种要式证券。《公司法》第128条规定,股票采用纸面形式或者国务院证券监督管理机构规定的其他形式。股票应当载明下列主要事项:公司名称;公司成立日期;股票种类、票面金额及代表的股份数;股票的编号。股票由法定代表人签名,公司盖章。发起人的股票,应当标明发起人股票字样。

(4) 股票是一种永久性证券。股票没有固定期限,除非公司终止,否则,它将永远存在。股票的持有者可以依法转让股票,却不能要求公司到期还本付息,这也是股票和债券最本质的区别。

二、股票的种类

按照不同的标准,可以将股份分为许多种类。常见的分类有以下几种:

(一) 根据股份所代表的股东权利性质的不同,可将股份分为普通股和特别股

普通股是股份有限公司设立的基础性股份,为任何股份有限公司发行股份时必须发行的股份。普通股股东在股份有限公司事务上具有平等的权利和相同的法律地位,如出席股东大会的权利、行使公司事务表决权、获得利润和剩余财产的分配权等。

特别股是普通股的对称,是指股份有限公司基于某种特殊目的而发行的股份。特别股股东在权利和经济利益上有别于普通股股东,因此,特别股的特殊权利必须在公司章程中加以规定。特别股又可分为优先股和劣后股。所谓优先股,是优先于普通股获得特定的权利的股份。至于在什么方面优先于普通股,要视股份有限公司所发行的优先股的具体内容而定,主要包括优先分配公司盈余、优先分配公司剩余财产等。劣后股与优先股相反,其股东权逊于普通股,在公司盈余分配和剩余财产分割等方面的分配次序上居普通股之后。

在优先股中又可根据情况分为若干种类。根据当年利润不足分配既定股息时,以后能否予以补足,分为累积优先股和非累积优先股;根据优先取得固定股息后,能否再与普通股

一起参加对其他盈利的分配,分为参加分配优先股和非参加分配优先股;根据股东在股东大会上是否享有表决权,分为有表决权优先股和无表决权优先股;根据可否在一定情况下选择转换为普通股,可分为可转换优先股和非转换优先股等等。

(二)以股票票面是否记载股东的姓名为标准,分为记名股和不记名股

记名股是在票面上记载股东姓名或者名称的股份。《公司法》第129条第2款规定:"公司向发起人、法人发行的股票,应当为记名股票,并应当记载该发起人、法人的名称或者姓名,不得另立户名或者以代表人姓名记名。"同时该法第130条第1款还规定,公司发行记名股票的,应当置备股东名册,记载下列事项:(1)股东的姓名或者名称及住所;(2)各股东所持股份数;(3)各股东所持股票的编号;(4)各股东取得股份的日期。

无记名股是在票面上不记载股东姓名或者名称的股份。《公司法》第130条第2款规定:"发行无记名股票的,公司应当记载其股票数量、编号及发行日期。"

记名股的持有人,只有其本人或其委托的代理人,才能够行使股东权。记名股转让时,须由股东背书或以法律规定的其他方式转让。记名股可以挂失,股东可以依法向公司申请补发股票。无记名股的持有人,凭股票即可行使股东权,参加股东大会时则要求其将股票交付于公司;转让时,只需交付给受让人,即可发生转让的法律效力。

(三)以股票票面是否记载金额为标准,分为面额股和无面额股

面额股是指股票票面上记载股份金额的股份或股票。无面额股是指股票票面上不记载股份金额的股份或股票。《公司法》不允许发行无面额股票。

(四)按照投资主体和产权管理制度的不同,将股份分为国家股、法人股、个人股和外资股

国家股是指有权代表国家投资的机构或者部门向股份有限公司出资形成或依法定程序取得的,在股权登记上记名为该机构或者部门持有的股份。

法人股是指具有法人资格的企业、事业及其他单位以其依法占有的法人资产向独立于自己的股份有限公司出资形成或依法定程序取得的,在股权登记上记名为该企业、事业及其单位持有的股份。

个人股是指社会个人或者本公司内部职工以个人合法财产投入公司形成的股份。个人股分为内部职工股和社会公众股两种。

外资股是指由外国和我国香港、澳门、台湾地区投资者以购买人民币特种股票形式向公司投资形成的股份。依该种股份的上市地为中国境内或者中国境外,又可分为境内上市外资股和境外上市外资股。所谓境内上市外资股,又称B股,是指以人民币标明面值,以外币认购、买卖,在境内证券交易所上市的股份。所谓境外上市外资股,是指以人民币标明面值,以外币认购、买卖,并在境外上市交易的股份。根据其上市地点不同有不同的称谓,如在香港上市的外资股称为H股,在美国上市的外资股称为N股。

三、股份的发行和转让

(一)股份发行

1. 股份发行的概念

股份发行是指股份有限公司通过公开或者非公开的方式向投资者发出要约,投资者通

过缴纳出资获得股权的过程。[①]

根据股份发行的目的不同,可将股份发行分为两种类型:一是为设立公司发行股份;二是为扩大公司资本发行股份。(1)为设立公司而发行股份。在股份有限公司登记成立之前,股份的发行只包含认购股份这一层含义,并不向股东交付股票。只有在股份有限公司登记成立后,才能正式向股东交付股票。(2)为公司扩大资本而发行股份。即股份有限公司为了扩大经营规模,扩大资本总量,而向社会公开发行新股筹集资本的行为。

2. 股份发行的原则

《公司法》第126条第1款规定:"股份的发行,实行公平、公正的原则,同种类的每一股份应当具有同等权利。"为此,股份有限公司发行股票应该遵循的基本原则有:(1)公平原则。参与股份发行的当事人在相同条件下的法律地位是平等的,相同的投资者有相同的权利,相同的发行人在法律上负有相同的责任,不应当在相同的投资者之间存在不公平的待遇。(2)公正原则。公司在发行股份时要依法处理发行中的问题,做到一视同仁。在股份发行中必须遵守统一制定的规则,当事人受到的法律保护是相同的,股份发行活动应当做到客观公正,依法办事,维护社会公正,保证有关公正原则的各项规范得以实施。(3)同股同权原则。即相同的股份在相同的条件下应当具有平等性。同次发行的同种类股票,每股的发行条件和价格应当相同;任何单位或者个人所认购的股份,每股应当支付相同价额。同一个公司相同的股份,在享有的权利上是平等的。原则上,股东按持有股份的多少行使表决权,股利的分配也取决于持股的多少。

3. 股份发行的价格规则

《公司法》的规定,股份发行无论是设立发行还是新股发行,除应符合法定条件并履行法定程序外,还应当遵守股份发行的一般价格规则:(1)股份发行不得折价发行。按股份发行价格与股票票面金额的关系,股份发行价格有平价发行、溢价发行和折价发行三种。平价发行是指股票的发行价格与股票的票面金额相同,也称为等价发行或券面发行;溢价发行是指股票的实际发行价格超过其票面金额;折价发行是指低于股票票面金额的价格发行的股票。《公司法》第127条规定:"股票发行价格可以按票面金额,也可以超过票面金额,但不得低于票面金额。"可见,《公司法》明确禁止股份折价发行。同时,该法第167条还规定:"股份有限公司以超过票面金额的发行价格发行股份所得的溢价以及国务院财政部门规定列入资本公积金的其他收入,应当列为公司资本公积金。"(2)股份发行必须同股同价发行。《公司法》126条第2款规定:"同次发行的同种类股票,每股的发行条件和价格应当相同;任何单位或者个人所认购的股份,每股应当支付相同价额。"

4. 股份发行的条件

关于股份发行的条件,详见本书第十三章第二节的相关内容。

(二)股份的转让

1. 股份转让的概念及其法律特点

股份转让是指股份有限公司的股份持有人依照法定条件和程序把自己的股份让与他人,从而使他人成为公司股东的行为。《公司法》第137条规定:"股东持有的股份可以依法转让。"股份转让具有如下特点:(1)股份转让必须依法进行;(2)股份转让属于相对自由的

---

① 见时建中:《公司法原理精解、案例与运用》,第268页。

转让;(3)股份转让在特定情况下要受到一定的限制(《公司法》第 141 条);(4)股份转让是以股票的形式出现的;(5)股份转让是一种法律行为。

2. 股份转让的法律规定

《公司法》对股份有限公司的股份转让作了以下规定:(1)股东转让股份,应当在依法设立的证券交易场所进行或者按照国务院规定的其他方式进行(《公司法》第 138 条)。(2)记名股票的转让,由股东以背书方式或者法律、行政法规规定的其他方式转让;转让后由公司将受让人的姓名或者名称及住所记载于股东名册。股东大会召开前 20 日内或者公司决定分配股利的基准日前 5 日内,不得进行股东名册的变更登记。但是,法律对上市公司股东名册变更登记另有规定的,从其规定(《公司法》第 139 条)。(3)无记名股票的转让,由股东将该股票交付给受让人后即发生转让的效力(《公司法》第 140 条)。(4)股份有限公司的发起人持有的本公司股份,自公司成立之日起 1 年内不得转让。公司公开发行股份前已发行的股份,自公司股票在证券交易所上市交易之日起 1 年内不得转让。公司董事、监事、高级管理人员应当向公司申报所持有的本公司的股份及其变动情况,在任职期间内每年转让的股份不得超过其所持有本公司股份总额的 25%;所持本公司股份自公司股票上市交易之日起 1 年内不得转让。上述人员离职后半年内,不得转让其所持有的本公司的股份。公司章程可以对公司董事、监事、高级管理人员转让其所持有的本公司股份作出其他限制性规定(《公司法》第 141 条)。(5)公司不得收购本公司的股票,但为减少公司注册资本;与持有本公司股份的其他公司合并;将股份奖励给本公司职工;股东因对股东大会作出的公司合并、分立决议持异议,要求公司收购其股份的;公司可以收购本公司的股票,但必须履行法律规定的程序(《公司法》第 142 条第 1 款、第 2 款、第 3 款)。(6)公司不得接受本公司的股票作为质押权的标的(《公司法》第 142 条第 4 款)。这一规定主要考虑的是,质押的意义在于当公司的债权得不到偿还时,公司有权将债务人的质押物进行变卖。但是,当公司以本公司的股票作为自己质押权的标的时,一旦债务人不能履行自己的债务,作为债权人的公司将该股票拍卖时,如果没有人购买,自己的利益也没有得到维护,起不到质押的作用。此时公司本身又处于股东的地位,造成法律关系的混乱,不利于公司资本的充实和维持。

四、上市公司组织机构的特别规定

(一) 上市公司的概念及条件

1. 上市公司的概念

上市公司,是指其股票在证券交易所上市交易的股份有限公司(《公司法》第 120 条)。上市公司是股份有限公司的一种,公司发行的股票上市交易,是因为股份有限公司具有公开性的特点,只有股份有限公司享有股票上市交易的权利。但是,并不是所有的股份有限公司发行的股票都可以上市交易,只有符合法定条件并经有关机关批准的股份有限公司的股票才能上市交易。

2. 申请股票上市的法定条件

关于申请股票上市的条件,详见本书第十四章第二节的相关内容。

(二) 上市公司的批准

关于上市公司的批准,详见本书第十四章第二节的相关内容。

(三) 上市公司重大事项决议规则制度

公司法和公司章程规定公司转让、受让重大资产或者对外提供担保等事项必须经股东大会作出决议的,董事会应当及时召集股东大会会议,由股东大会就上述事项进行表决(《公司法》第104条)。上市公司作为影响较大的股份有限公司,其在一定期限内购买、出售重大资产或者担保额超过公司资本总额一定比例时,应由股东大会作出决议。具体标准是,在1年的期限内,公司购买、出售重大资产或者担保金额超过公司资产总额30%的,应当由股东大会作出决议,并经出席会议的股东所持表决权的2/3以上通过(《公司法》第121条)。①

(四) 上市公司设独立董事制度

所谓独立董事,是指不在公司担任除董事外的其他职务,并与受聘的公司及其主要股东不存在妨碍其进行独立客观判断关系的董事。② 独立董事最根本的特征是独立性和专业性。所谓独立性,是指独立董事必须在人格、经济利益、产生程序、行使权力等方面独立,不受控股股东和公司管理层的限制;所谓专业性,是指独立董事必须具备一定的专业素质和能力,能够凭自己的专业知识和经验对公司的董事和经理以及有关问题独立地作出判断和发表有价值的意见。独立董事的职责是按照相关法律、行政法规、公司章程,认真履行职责,维护公司整体利益,尤其要关注中小股东的合法权益不受损害。独立董事履行职责,不受公司主要股东、实际控制人或者公司存在利害关系单位或者个人的影响。

自20世纪60年代以来,一些国家和地区在规范和完善公司治理结构时,逐步建立起独立董事制度。在许多国家和地区,独立董事被看作是站在公正立场上保护公司利益的重要角色,对管理层有制衡的作用。同时,通过参与董事会的运作,可以发现公司经营的危险信号,对公司的违规或不当行为提出警告。③

《公司法》第122条规定:"上市公司设独立董事,具体办法由国务院规定。"考虑到目前社会对独立董事制度仍然存在着不同的认识,所以,关于独立董事的具体办法由国务院规定。总体来说,对独立董事的法律规制,大体包括如下内容:独立董事的独立性、职权、责任、报酬、资格等问题,尤其是独立董事的职权应是该项法律制度设计的重点。

(五) 上市公司董事会秘书制度

董事会秘书是上市公司专门设立的机构。董事会秘书是掌管董事会文书并协助董事会成员处理日常事务的人员。董事会秘书是上市公司固有的职务。董事会秘书只是董事会设置的服务席位,既不能代表董事会,也不能代表董事长。《公司法》第123条规定:"上市公司设董事会秘书,负责公司股东大会和董事会会议的筹备、文件保管以及公司股东资料的管

---

① 有学者对完善上市公司股东行使表决权提出了如下三种建议:其一,自行表决或委托表决;其二,分组表决或共同表决;其三,现场表决或网络表决。参见唐旭超:《论上市公司重整中的股东权益》,载《政治与法律》2014年第9期,第98—107页。

② 独立董事制度与监事会制度的区别体现在以下两个方面:(1) 功能上的差异。独立董事大多具有专业特长和丰富的商业经验,能够为公司带来多样化的思维,有助于实现公司决策的科学化。因此,独立董事并不宥于监督功能,还具有一定的战略功能。而监事会则局限于单一的监督功能。(2) 独立董事的监督作用主要体现在董事会的决策过程中,这是一种事前的监督。而监事会主要是一种事后监督,监事虽然可以列席董事会会议,但是对董事会决议没有表决权,不可能事前否定董事会决议。相比较,监事会的监督要滞后于独立董事的监督。见时建中:《公司法原理》,第259页。

③ 有关我国是否设立独立董事的肯定和否定观点,参见公司法释义编写组:《中华人民共和国公司法释义》,第228页。

理,办理信息披露事务等事宜。"

（六）上市公司董事表决回避制度

上市公司董事与董事会会议决议事项所涉及的企业有关联关系的,不得对该项决议行使表决权,也不得代理其他董事行使表决权。所谓关联关系,是指公司控股股东、实际控制人、董事、监事、高级管理人员与其有直接或者间接控制的企业之间的关系,以及可能导致公司利益转移的其他关系。但是,国家控股的企业之间不仅因为同受国家控股而具有关联关系(《公司法》第126条))。上市公司董事对上市公司负有忠实和勤勉的义务,当上市公司董事与董事会会议决议事项所涉及的企业存在关联关系时,公司董事与董事会会议决议事项所涉及的企业存在利益冲突。从维护公司整体利益的角度出发,有必要对董事会会议决议事项所涉及的企业有关联关系的公司董事的表决权进行限制,即董事不得对该项决议行使表决权,也不得代理其他董事行使表决权。主要包括两方面的内容:(1)该董事会会议由过半数的无关联关系董事出席即可举行,董事会会议所作出决议须经无关联关系董事过半数通过;(2)出席董事会的无关联关系董事人数不足3人的,应将该事项提交上市公司股东大会审议(《公司法》第124条)。

另外,有关上市公司的信息披露制度,详见本书第十五章之相关内容。

【相关案例】7-2　股权转让之限制 [①]

A公司成立两年后,王华作为该公司的发起人和股东,与张桂平签订了《股权转让协议》,约定王华在发起人股份禁售期即"过渡期"内,将股权委托给张贵平行使,"过渡期"届满后王华将所持的标的股份转让于张桂平名下。之后,双方又签订了《过渡期经营管理协议》,约定王华作为公司股东的一切义务和责任由张桂平承担。上述两份协议签订后,王华向涉案股份公司辞去董事职务,并依约向张桂平出具授权委托书,委托张桂平代为行使王华股份项下的一切权利。张桂平向王华支付部分股份转让金。后王华称张桂平迟延给付剩余股份转让金,构成根本违约,单方面终止双方签订的《股份转让协议》和《过渡期经营管理协议》,并且依《股份转让协议》第6条所签发的所有授权委托书等法律文件亦同时作废,王华仍持有涉案股份公司17％的股份,并享有该股份所包含的所有股东权利。

张桂平遂以收取部分股权转让金后毁约的行为有失诚信为由,提起诉讼,请求判令继续履行双方签订的《股权转让协议》和《过渡期经营管理协议》,王华依照《股权转让协议》的约定支付特别赔偿金。

[①]　案例来源,见《最高人民法院公报》2007年第5期,第39页。

第四节　股份有限公司的组织机构

一、股东大会

(一) 股东大会的性质及其职权

股份有限公司股东大会是由公司全体股东共同组成的权力机构,是对公司重大事项行使最终决策权的机构。根据《公司法》第99条和第37条第1款的规定,股东大会行使以下几项职权:(1)决定公司的经营方针和投资计划;(2)选举和更换非由职工代表担任的董事、监事,决定有关董事、监事的报酬事项;(3)审议批准董事会的报告;(4)审议批准监事会或者监事的报告;(5)审议批准公司的年度财务预算方案、决算方案;(6)审议批准公司的利润分配方案和弥补亏损方案;(7)对公司增加或者减少注册资本作出决议;(8)对发行公司债券作出决议;(9)对公司合并、分立、解散、清算或者变更公司形式作出决议①;(10)修改公司章程;(11)公司章程规定的其他职权。需要说明的是,对于上述事项股东以书面形式一致表示同意的,可以不召开股东会会议,直接作出决定,并由全体股东在决定文件上签名、盖章(《公司法》第37条第2款)。

(二) 股东大会的形式

股份有限公司股东大会的形式分为股东年会和临时股东大会两种。股东年会是指依照法律和公司章程的规定每年按时召开的股东大会。临时会是指在年会以外遇有特殊情况依法召开的大会。《公司法》第100条规定,有下列情形之一的,应当在2个月内召开临时股东大会:(1)董事人数不足本法规定的人数或者公司章程所定人数的2/3时;(2)公司未弥补的亏损达实收股本总额1/3时;(3)单独或者合计持有公司10%以上股份的股东请求时;(4)董事会认为必要时;(5)监事会提议召开时;(6)公司章程规定的其他情形。

(三) 股东大会的议事规则

股份有限公司股东大会会议由董事会召集,董事长主持。董事长不能履行职务或不履行职务的,由副董事长主持;副董事长不能履行职务或者不履行职务的,由半数以上董事共同推举1名董事主持。董事会不能履行或者不履行召集股东大会会议职责的,监事会应当及时召集和主持;监事会不召集和主持的,连续90日以上单独或者合计持有公司10%以上股份的股东可以自行召集和主持(《公司法》第101条)。

召开股东大会会议,应当将会议召开的时间、地点和审议的事项于会议召开20日前通知各股东;临时股东大会应当于会议召开15日前通知各股东;发行无记名股票的,应当于会议召开30日前公告会议召开的时间、地点和审议事项。单独或者合计持有公司3%以上股份的股东,可以在股东大会召开10日前提出临时提案并书面提交董事会;董事会应当在收到提案后2日内通知其他股东,并将该临时提案提交股东大会审议。临时提案的内容应当属于股东大会职权范围,并有明确议题和具体决议事项。股东大会不得对前述通知中未列

---

① 有学者提出,界定公司分立行为的基础应当是当事人的自由选择,但在实际中法院不顾当事人的选择而对交易重新定性,虽然看起来好像是在保护某些当事人,但其实更可能是在实现某种政策目标,往往是得不偿失。参见彭冰:《论公司分立行为的界定》,载《民商法学》2014年第4期,第73页。

明的事项作出决议。无记名股票持有人出席股东大会会议的,应当于会议召开5日前至股东大会闭会时将股票交存于公司(《公司法》第102条)。

股份有限公司股东大会的决议分为特别决议和普通决议。特别决议主要适用于股东大会作出修改公司章程、增加或者减少注册资本的决议、以及公司合并、分立、解散或者变更公司形式的决议,在此之外的决议一般适用普通决议。特别决议必须经出席会议的股东所持表决权的2/3以上通过,普通决议只须经出席会议股东所持表决权的半数以上通过(《公司法》第103条第2款)。

股东出席股东大会会议,所持每一股份有一表决权。但是,公司持有的本公司股份没有表决权(《公司法》第103条第1款)。股东可以委托代理人出席股东大会会议,代理人应当向公司提交股东授权委托书,并在授权范围内行使表决权(《公司法》第106条)。

股东大会选举董事、监事,可以依照公司章程的规定或者股东大会的决议,实行累积投票制。所谓累积投票制,是指股东大会选举董事或者监事时,每一股份拥有与应选董事或者监事人数相同的表决权,股东拥有的表决权可以集中使用(《公司法》第105条)。累积投票制(cumulating voting)起源于英国,并在20世纪中后期的美国得到了重大发展。[①]作为限制资本多数决定原则以保护小股东利益的一项举措,累计投票制曾受到过广泛的推崇,但自该制度产生之日起,关于其优劣的争论就从未停止过。从制度本身看,它虽为扩大小股东的发言权提供了相应的保证,但这种保证仍以小股东持有或者合计持有一定数量的表决权为前提条件。若小股东持股数量过低,在持股比例上与大股东相差悬殊,或者小股东之间不能有效地采取一致行动,累计投票制难以发挥其应有的作用。

股东大会应当对所议事项的决定作成会议记录,主持人、出席会议的董事应当在会议记录上签名。会议记录应当与出席股东的签名册及代理出席的委托书一并保存(《公司法》第107条)。

二、董事会和经理

(一) 董事会的组成及职权

股份有限公司的董事会是公司股东大会的执行机构,对公司股东大会负责。董事会的成员为5人至19人。董事会成员中可以有公司职工代表。董事会的职工代表由公司职工通过职工代表大会、职工大会或者其他形式民主选举产生(《公司法》第108条第1款、第2款)。《公司法》第108条第4款和第47条的规定,董事会行使下列职权:(1)召集股东大会会议,并向股东会报告工作;(2)执行股东会的决议;(3)决定公司的经营计划和投资方案;(4)制订公司的年度财务预算方案、决算方案;(5)制订公司的利润分配方案和弥补亏损方案;(6)制订公司增加或者减少注册资本以及发行公司债券的方案;(7)制定公司合并、分立、解散或者变更公司形式的方案;(8)决定公司内部管理机构的设置;(9)决定聘任或者解聘公司经理及其报酬事项,并根据经理的提名决定聘任或者解聘公司副经理、财务负责人及其报酬事项;(10)制定公司的基本管理制度;(11)公司章程规定的其他职权。

---

① 参见公司法释义编写组:《中华人民共和国公司法》,第207页。

（二）董事或董事长

1. 董事

股份有限公司董事任期由公司章程规定，但每届任期不得超过3年。董事任期届满，连选可以连任。董事任期届满未及时改选，或者董事在任期内辞职导致董事会成员低于法定人数的，在改选出的董事就任前，原董事仍应当依照法律、行政法规和公司章程的规定，履行董事职务（《公司法》第108条第2款、第45条）。

2. 董事长

股份有限公司董事会设董事长一人，可以设副董事长。董事长和副董事长由董事会议以全体董事的过半数选举产生。董事长召集和主持董事会会议，检查董事会决议的实施情况。副董事长协助董事长工作，董事长不能履行职务或者不履行职务的，由副董事长履行职务；副董事长不能履行职务或者不履行职务的，由半数以上董事共同推举一名董事履行职务（《公司法》第109条）。

（三）董事会会议

1. 董事会的召开

《公司法》第110条规定，董事会每年度至少召开两次会议，每次会议应当于会议召开10日前通知全体董事和监事。除这两次法定应召开的会议外，代表1/10以上有表决权的股东、1/3以上董事或者监事会，可以提议召开董事会会议。董事长应当自接到提议后10日内，召集和主持董事会会议。董事会召开临时会议的，可以另定召集董事会的通知方式和通知时限。董事会会议，应由董事本人出席；董事因故不能出席，可以书面委托其他董事代为出席，委托书中应载明授权范围。董事会应当对会议所议事项的决定作成会议记录，出席会议的董事应当在会议记录上签名（《公司法》第112条第1款、第2款）。

2. 董事会的决议

《公司法》第111条规定："董事会会议应有过半数的董事出席方可举行。董事会作出决议，必须经全体董事的过半数通过。董事会决议的表决，实行一人一票。"

董事应当对董事会的决议承担责任。董事会的决议违反法律、行政法规或者公司章程、股东大会决议，致使公司遭受严重损失的，参与决议的董事对公司负赔偿责任。但经证明在表决时曾表明异议并记载于会议记录的，该董事可以免除责任（《公司法》第112条第3款）。

（四）经理

股份有限公司设经理，由董事会决定聘任或者解聘。经理依据法律和公司章程的规定，负责公司的日常经营管理工作。《公司法》规定，经理对董事会负责，行使以下职权：（1）主持公司的生产经营管理工作，组织实施董事会决议；（2）组织实施公司年度经营计划和投资方案；（3）拟订公司内部管理机构设置方案；（4）拟订公司的基本管理制度；（5）制定公司的具体规章；（6）提请聘任或者解聘公司副经理、财务负责人；（7）决定聘任或者解聘除应由董事会聘任或者解聘以外的负责管理人员；（8）董事会授予的其他职权。公司章程对经理职权另有规定的，从其规定。经理列席董事会会议（《公司法》第113条第2款、第49条）。公司董事会可以决定由董事会成员兼任经理（《公司法》第114条）。

此外，公司不得直接或者通过子公司向董事、监事、高级管理人员提供借款（《公司法》第115条）。公司应当定期向股东披露董事、监事、高级管理人员从公司获得报酬的情况（《公司法》第116条）。

三、监事会

(一) 监事会的性质

股份有限公司监事会是股份有限公司依照公司法以及公司章程设立的监督公司各项事务的机构。据此,监事会有如下两个特点:

1. 监事会是股份有限公司根据公司法以及公司章程设立的公司机构

《公司法》第117条第1款规定,"股份有限公司设监事会,其成员不得少于3人。"根据这一规定,监事会是股份有限公司的必设机构。

2. 监事会是股份有限公司的监督机构

由于股份有限公司的经营管理权交给董事会行使,董事会将大部分权力转移给公司经理。所以为了保证董事和经理正当和诚信地履行职责,公司法创设了监事会,并规定监事会的职责主要是监督董事及经理人员的活动。

(二) 监事会的组成

《公司法》规定,监事会成员不得少于3人。监事会应在其组成人员中推选1名召集人。监事会应当包括股东代表和适当比例的公司职工代表组成,其中职工代表的比例不得低于1/3,具体比例由公司章程规定。监事会中的职工代表由公司职工通过职工代表大会、职工大会或者其他形式的民主选举产生。董事、高级管理人员不得兼任监事。监事的任期每届为3年。监事任期届满,连选可以连任。监事任期届满未及时改选,或者监事在任期内辞职导致监事会成员低于法定人数的,在改选出的监事就任前,原监事仍应当依照法律、行政法规和公司章程的规定,履行监事职务(《公司法》第117条第1、2、3款,第52条第1、2款)。监事会设主席一人,可以设副主席。监事会主席和副主席由全体监事过半数选举产生。监事会主席召集和主持监事会会议;监事会主席不能履行职务或者不履行职务的,由监事会副主席召集和主持监事会会议;监事会副主席不能履行职务或者不履行职务的,由半数以上监事共同推举一名监事召集和主持监事会会议(《公司法》第117条第3款)。

(三) 监事会的职权

根据《公司法》第118第5款、第53条的规定,监事会主要行使以下几项职权:(1) 检查公司的财务;(2) 对董事、高级管理人员执行公司职务时违反法律、法规、公司章程或者股东会议决议的董事、高级管理人员提出罢免的建议;(3) 当董事和经理的行为损害公司的利益时,要求董事、高级管理人员予以纠正;(4) 提议召开临时股东会会议,在董事会不履行本法规定的召集和主持股东会会议职责时召集和主持股东会会议;(5) 向股东会会议提交提案;(6) 依照本法第152条的规定,对董事、高级管理人员提起诉讼;(7) 公司章程规定的其他职权。

此外,监事会每年度至少召开一次会议,监事可以提议召开临时监事会会议。监事会的议事方式和表决程序,除本法有规定的外,由公司章程规定。监事会决议应当经半数以上监事通过。监事会应当对所议事项的决定作成会议记录,出席会议的监事应当在会议记录上签名(《公司法》第55条)。监事会、不设监事会的公司的监事行使职权所必需的费用,由公司承担(《公司法》第56条)。

【相关案例】7-3　召开股东大会应当向股东送达会议通知[1]

被告S公司系非上市股份有限公司,原告李某在2005年正式取得股权,成为被告的股东,总持股数为132万股,占公司总股本的2.44%。2006年12月25日,被告在上海股权托管中心的网站上发布公告,通知于2007年1月26日在公司办公地召开2007年第一次临时股东大会,并详细告知了出席对象、会议审议事项、会议的出席登记方法等内容。2007年1月26日,股东大会如期召开,但实际到会的股东或代理人只有约20人左右。股东大会召开时,到会有表决权总股数为41444400股,对于第一项董事辞职和增选董事的议案,以96.77%赞成通过(原告弃权);对于第二项出售子公司股权给致达集团的议案,以16758600股、92.57%赞成通过(关联股东已回避表决、原告反对);对于第三项修改公司章程的议案,包括原告在内的41349400股、99.78%反对未通过。原告认为被告没有按照章程约定的通过邮件的方式通知全体股东参加股东大会,因此被告本次股东大会的召集程序不符合章程规定,遂诉至法院,请求判决撤销股东大会的决议。

第五节　公司董事、监事、高级管理人员的资格和义务

一、董事、监事、高级管理人员任职资格的限制

公司的董事、监事、高级管理人员均是公司机关的管理人员,需要对其任职资格作一些限制性的规定。一方面,能防止没有管理能力的人担任此项职务;另一方面,能从源头上减少道德风险。按照《公司法》第146条第1款的规定,下列人员不得担任公司的董事、监事、高级管理人员:(1)无民事行为能力或者限制民事行为能力;(2)因贪污、贿赂、侵占财产、挪用财产或者破坏社会主义市场经济秩序,被判处刑罚,执行期满未逾5年,或者因犯罪被剥夺政治权利,执行期满未逾5年;(3)担任破产清算的公司、企业的董事或者厂长、经理,对该公司、企业的破产负有个人责任的,自该公司、企业破产清算完结之日起未逾3年;(4)担任因违法被吊销营业执照、责令关闭的公司、企业的法定代表人,并负有个人责任的,自该公司、企业被吊销营业执照之日起未逾3年;(5)个人所负数额较大的债务到期未清偿。

公司违反规定选举、委派董事、监事或者聘任高级管理人员的,该选举、委派或者聘任无效。董事、监事、高级管理人员在任职期间出现上述法定限制情形的,公司应当依照选举、委派或者聘任的程序解除其职务(《公司法》第146条第2款、第3款)。董事、监事、高级管理人员在任职期间出现本法第146条第1款所列情形的,公司应当解除其职务(《公司法》第146条第4款)。

二、董事、监事、高级管理人员的忠实义务和勤勉义务

公司的董事、监事、高级管理人员分别拥有公司事务的决策权、监督权、执行权,他们在

---

[1] 案例来源,见上海市普陀区人民法院(2007)普民二(商)初字第337号判决书。

很大程度上实际控制着公司的运营,因而他们履行职务的效率直接关系到公司和股东的利益,影响到公司的存续和发展。为此,《公司法》第 147 条规定,董事、监事、高级管理人员应当遵守法律、行政法规和公司章程,对公司负有忠实义务和勤勉义务。董事、监事、高级管理人员不得利用职权收受贿赂或者其他非法收入,不得侵占公司的财产。因此,《公司法》明令禁止上述人员滥用公司财产的行为,并规定违者将依《公司法》规定承担相应的法律责任(《公司法》第 148 条、第 149 条、第 150 条)。为了使董事、高级管理人员的忠实义务能够明确、具体和落实,《公司法》第 148 条又规定了禁止董事、高级管理人员从事违反公司忠实义务的行为,具体包括:(1)挪用公司资金;(2)将公司资金以其个人名义或者以其他个人名义开立账户存储;(3)违反公司章程的规定,未经股东会、股东大会或者董事会同意,将公司资金借贷给他人或者以公司财产为他人提供担保;(4)违反公司章程的规定或者未经股东会、股东大会同意,与本公司订立合同或者进行交易①;(5)未经股东会或者股东大会同意,利用职务便利为自己或他人谋取属于公司的商业机会,自营或者为他人经营与所任职公司同类的业务;(6)接受他人与公司交易的佣金归为已有;(7)擅自披露公司秘密;(8)违反对公司忠实义务的其他行为。有学者主张,为便于股东权益救济,可将《公司法》第 150 条、第 152 条规定,从代位诉讼进行改造。②

为确保董事、高级管理人员不违反公司忠实义务的规定,起到威慑作用,《公司法》规定,如果违反规定,实施《公司法》所禁止行为,有违法所得的,其收入应当归所在公司所有(《公司法》第 148 条第 2 款)。

三、公司的损害赔偿诉讼以及股东派生诉讼

(一)公司的损害赔偿诉讼

《公司法》第 149 条规定:"董事、监事、高级管理人员执行公司职务时违反法律、行政法规或者公司章程的规定,给公司造成损失的,应当承担赔偿责任。"本条可以解释为,如果董事、监事、高级管理人员违反法律、行政法规或者公司章程的规定,实施包括《公司法》第 147 条、第 148 条规定的行为给公司造成损害的,应当承担赔偿责任。需要注意的是,行使该损害赔偿请求权的主体是公司,在公司不行使的情况下,股东可以依《公司法》第 151 条的规定行使提起派生诉讼的权利。

所以,当董事、高级管理人员的行为违反上述《公司法》第 149 条规定,并直接损害公司利益的,一般认为由公司作为提起诉讼的主体,即公司的组织机构作为公司的代表,由其以公司的名义具体行使权利。但为防止组织机构内部成员的相互包庇,《公司法》第 151 条第 1 款作了特别的制度安排:(1)通过监事会或监事提起民事诉讼。董事、高级管理人员执行公司职务时违反法律、行政法规或者公司章程的规定,给公司造成损害的,有限责任公司的股

---

① 此项均将董事与公司间的自我交易限定为董事与本公司订立合同或者进行交易。也就是说,与公司进行交易的主体仅仅是"董事"本人,而不包括董事关联人。参见胡晓静:《论董事自我交易的法律规则》,载《当代法学》2010 年第 6 期,第 6 页。也有学者认为,"这里所说的'与公司订立合同或者进行交易'既包括公司高管自己与本公司订立合同或者进行交易,也包括公司高管的配偶、子女或者其他利益相关者与本公司订立合同或者进行交易"。参见柯芳枝:《公司法论》,第 257—258 页。

② 参见杨署东:《合理期待原则下的美国股东权益救济制度及其启示》,载《法律科学》2012 年第 2 期,第 122—129 页。

东、股份有限公司连续180日(即半年)以上(包括本数)单独或者合计(两个或者两个以上)持有公司1%以上股份的股东,可以书面请求监事会或者不设监事会的有限责任公司的监事代表股东依据《公司法》《民事诉讼法》的有关规定向人民法院提起民事诉讼。(2)通过董事会或董事提起民事诉讼。监事执行公司职务时违反法律、行政法规或者公司章程的规定,给公司造成损害的,有限责任公司的股东、股份有限公司连续180日(即半年)以上(包括本数)单独或者合计(两个或者两个以上)持有公司1%以上股份的股东,可以书面请求董事会或者不设董事会的有限责任公司的执行董事代表股东依据《公司法》、《民事诉讼法》的有关规定向人民法院提起民事诉讼。

需要特别强调的是,对损害公司利益的行为,在监事会、监事、董事会、执行董事怠于代表公司行使诉权,股东利益受到间接侵害时,便可启动股东派生诉讼程序。

(二)股东派生诉讼

股东派生诉讼也称股东代表诉讼制度,是指当公司利益受到侵害,特别是受到有控制权的董事或其他管理人员的侵害,而公司却怠于起诉,或者说公司的操纵者拒绝公司以自己的名义起诉时,符合法定条件的股东为了公司的利益依照法定程序,以自己的名义提起诉讼,所得赔偿归于公司的一种诉讼形态。①股东派生诉讼具有以下特点:(1)派生诉讼是由公司的原始诉讼派生而来,具有代位性和代表性。代位性是指在诉讼中股东的原告资格是本应由公司享有,公司怠于行使将间接地损害股东的利益,股东代为行使替代公司的位置。(2)派生诉讼的被告是侵害公司利益的人。至于公司本身是否构成被告存有争议。②

为此,《公司法》第151条第2款规定:"监事会、不设监事会的有限责任公司的监事,或者董事会、执行董事收到前款规定的股东书面请求后拒绝提起诉讼,或者自收到请求之日起30日内未提起诉讼,或者情况紧急、不立即提起诉讼将会使公司利益受到难以弥补的损害的,前款规定的股东有权为了公司的利益以自己的名义直接向人民法院提起诉讼。"

关于股东派生诉讼,《公司法》对以下事项进行了规定:(1)法律规定了股东派生诉讼的对象范围,即董事、高级管理人员、监事对公司的责任;(2)法律规定了股东提起派生诉讼的前置程序,即要求股东在提起派生诉讼之前须先请求公司机关提起诉讼或采取其他补救措施;(3)法律对原告的资格进行了规范,即有限责任公司的股东、股份有限公司连续180日以上单独或者合计持有公司1%以上股份的股东,可以作为原告享有向法院提起股东派生诉讼的权利。另外,《公司法解释一》第4条规定:"公司法第151条规定的180日以上连续持股期间,应为股东向人民法院提起诉讼时,已期满的持股时间;规定的合计持有公司1%以上的股份,是指两个以上股东持股份额的合计。"

总之,股东派生诉讼的立法目的,是为了制约公司内部人,保护股东,尤其是少数股东权利,限制公司权力被滥用、浪费而产生的一种诉讼机制,必将对我国的公司治理结构产生积极的影响。

《公司法》除了规定股东派生诉讼外,还规定了股东直接诉讼。所谓股东直接诉讼,是指

---

① 参见沈四宝:《新公司法修改热点问题讲座》,第61页。
② 有学者认为,股东派生诉讼是为公司利益提起的,如果允许公司同时成为被告本质上就相当于公司自己起诉自己,不仅违背了派生诉讼制度设计的目的,而且不符合诉讼法的原理。而认同公司可以成为被告的观点是混淆了公司与公司代表机关的相互独立性。见时建中:《公司法原理精解、案例与运用》,第341页。

股东为维护自身利益而基于其股份所有人的地位向公司或者他人(包括公司的大股东、董事、监事和高级管理人员)提起的诉讼。股东直接诉讼是个人诉讼,个人诉讼包括了所谓的代表人诉讼。《公司法》第152条规定:"董事、高级管理人员违反法律、行政法规或者公司章程的规定,损害股东利益的,股东可以向人民法院提起诉讼"(《公司法》第152条)。

【相关案例】7-4　高管违反法定义务之责任 ①

2005年1月24日原告A公司与L公司、W(香港)有限公司共同合资成立B公司,经营范围为生产销售PE双壁波纹管、PVC/PE塑钢复合缠绕管及带材等,L公司委派的被告刘某在该公司任董事长,黄某任董事,公司未设监事或监事会。2005年7月27日三方股东签订关于B公司合资协议的补充协议,约定:各股东或股东代表及其直系亲属在本公司业务区域内不得从事与本公司有竞争性产品的生产和销售事务,否则对本公司所造成的一切损失都将从该股东本公司的权益中扣减,并加以2.5倍的损失额赔偿处罚。2005年12月26日B公司召开股东会,决定终止三方合作,公司进行清算。在实际履行中清算组没有成立,公司没有正式进行清算。2005年7月26日被告黄某与S公司共同组建F公司,黄某被任命为经理,公司的经营范围为生产销售双壁波纹管、塑钢复合缠绕管及带材、净水网管等,2005年9月刘某以房产投资400万元,成为F公司股东,至2005年11月25日刘某的出资额占37%,黄某的出资额占15%,刘某为F公司执行董事,黄某为监事。A公司认为,B公司董事刘某、黄某未经董事会同意,二人共同与他人注册成立F公司与所任职的B公司从事同类业务,构成违反对公司忠实义务的行为,损害股东A公司的利益,请求人民法院判令被告刘某、黄某违法收入归B公司所有。

前沿问题

◆ 关于公司章程"排除"公司法的立法设计问题

关于公司章程"排除"公司法的立法设计问题,学术界比较有代表的观点主要有三种,这三种学说具有一个共同的特质,即均是以公司法的规范分类为路径展开的。

第一种观点以艾森伯格教授为代表。其按照公司法的规范对象不同,将公司法规范分为结构性规则、分配性规则和信义性规则等三类。其中结构性规则主要调整公司内部机关的权力分配及其运作程序,并形成公司治理的基本框架;分配性规则主要规范公司之剩余价值分配问题;信义性规则主要规范董事及控制股东对公司及其股东所负之信义义务。

第二种观点以戈登教授为代表。他指出,公司法中不可以被"排除"的强制性规范有四种类型:程序性规范、权力性规范、经济结构变更规范和诚信义务规范。

---

① 案例来源,见辽宁省沈阳市中级人民法院(2006)沈中民四初字第1号判决书。

第三种观点以我国学者为代表。我国学者习惯于将公司法规范分为强制性规范、赋权性规范与补充性规范,后面两类同属于任意性规范,可以被公司通过章程予以"排除"。①

【思考题】

1. 股份有限公司的特点是什么?
2. 股份发行的原则是什么?
3. 上市公司的条件有哪些?
4. 股东大会的职权有哪些?
5. 股东派生诉讼制度的程序有哪些?

【司法考试真题】

7-1 甲公司是一家上市公司。关于该公司的独立董事制度,下列哪一表述是正确的?(2015年)

　　A. 甲公司董事会成员中应当至少包括1/3的独立董事
　　B. 任职独立董事的,至少包括一名会计专业人士和一名法律专业人士
　　C. 除在甲公司外,各独立董事在其他上市公司同时兼任独立董事的,不得超过5家
　　D. 各独立董事不得直接或间接持有甲公司已发行的股份

7-2 甲持有硕昌有限公司69%的股权,任该公司董事长;乙、丙为公司另外两个股东。因打算移居海外,甲拟出让其全部股权。对此,下列哪些说法是错误的?(2015年)

　　A. 因甲的持股比例已超过2/3,故不必征得乙、丙的同意,甲即可对外转让自己的股权
　　B. 若公司章程限制甲转让其股权,则甲可直接修改章程中的限制性规定,以使其股权转让行为合法
　　C. 甲可将其股权分割为两部分,分别转让给乙、丙
　　D. 甲对外转让其全部股权时,乙或丙均可就甲所转让股权的一部分主张优先购买权

7-3 顺昌有限公司等五家公司作为发起人,拟以募集方式设立一家股份有限公司。关于公开募集程序,下列哪些表述是正确的?(2014年)

　　A. 发起人应与依法设立的证券公司签订承销协议,由其承销公开募集的股份
　　B. 证券公司应与银行签订协议,由该银行代收所发行股份的股款
　　C. 发行股份的股款缴足后,须经依法设立的验资机构验资并出具证明
　　D. 由发起人主持召开公司创立大会,选举董事会成员、监事会成员与公司总经理

7-4 关于股东或合伙人知情权的表述,下列哪一选项是正确的?(2013年)

　　A. 有限公司股东有权查阅并复制公司会计账簿
　　B. 股份公司股东有权查阅并复制董事会会议记录
　　C. 有限公司股东可以知情权受到侵害为由提起解散公司之诉
　　D. 普通合伙人有权查阅合伙企业会计账簿等财务资料

7-5 关于股份有限公司的设立,下列哪些表述符合《公司法》规定?(2010年)

---

① 见吴飞飞:《公司章程"排除"公司法:立法表达与司法检视》,载《民商法学》2014年第11期,第150—151页。

A. 股份有限公司的发起人最多为200人

B. 发起人之间的关系性质属于合伙关系

C. 采取募集方式设立时,发起人不能分期缴纳出资

D. 发起人之间如发生纠纷,该纠纷的解决应当同时适用《合同法》和《公司法》

7-6 关于有限责任公司和股份有限公司,下列哪些表述是正确的?(2009年)

A. 有限责任公司体现更多的人合性,股份有限公司体现更多的资合性

B. 有限责任公司具有更多的强制性规范,股份有限公司通过公司章程享有更多的意思自治

C. 有限责任公司和股份有限公司的注册资本都可以在公司成立后分期缴纳,但发起设立的股份有限公司除外

D. 有限责任公司和股份有限公司的股东在例外情况下都有可能对公司债务承担连带责任

7-7 甲上市公司在成立6个月时召开股东大会,该次股东大会通过的下列决议中哪项符合法律规定?(2006年)

A. 公司董事、监事、高级管理人员持有的本公司股份可以随时转让

B. 公司发起人持有的本公司股份自即日起可以对外转让

C. 公司收回本公司已发行股份的4%用于未来1年内奖励本公司职工

D. 决定与乙公司联合开发房地产,并要求乙公司以其持有的甲公司股份作为履行合同的质押担保

7-8 甲股份公司是一家上市公司,拟以增发股票的方式从市场融资。公司董事会在讨论股票发行价格时出现了不同意见,下列哪些意见符合法律规定?(2005年)

A. 现股市行情低迷,应以低于票面金额的价格发行,便于快速募集资金

B. 现公司股票的市场价格为8元,可在高于票面金额低于8元之间定价,投资者易于接受

C. 超过票面金额发行股票须经证监会批准,成本太高,应平价发行为宜

D. 以高于票面金额发行股票可以增加公司的资本公积金,故应争取溢价发行

7-9 东方股份有限公司经批准公开发行股票并已上市,依据我国《公司法》的规定,该公司在下列哪些情况下方可回购本公司的股票?(2004年)

A. 平抑股市,扭转本公司股票下跌趋势

B. 减少本公司注册资本

C. 与持有本公司股票的其他公司合并

D. 用于奖励本公司优秀员工和推行职工持股计划

7-10 下列有关股份有限公司的股份转让的表述哪些是正确的?(2003年)

A. 发起人持有的本公司的股份,自公司成立之日起5年内不得转让

B. 通常情形下,公司不得收购本公司的股票

C. 公司董事、监事、经理所持有的本公司的股份在任职期间内不得转让

D. 公司不得接受本公司的股票作为质权的标的

第八章

公司债券

【章首语】 公司在市场竞争中,为调整、扩大生产经营的规模或范围,所需资金的筹措有两个渠道:一是增加公司的资本;二是借债。由于增加公司资本,须变更公司章程、办理变更登记,发行新股的还须经政府核准、募集股款等繁杂程序,费时费力,往往使公司不能及时筹得资金而坐失良机。所以,公司需要大量资金时,通常采用借债这一相对简便快捷的方式筹措资金。

本章应着重学习公司债券的概念及特征,公司债券转让的限制,可转换公司债券的发行条件、程序及转换、偿还的有关操作规程等内容。

第一节 公司债券概述

一、公司债券的概念和特征

公司债券是公司依法定条件和法定程序向社会公众发行而成立的一种金钱债务关系。股份有限公司为增加运用资金,或采取发行股份以增加资本;或借贷。借贷方式又有向金融机构贷款和向社会公众发行债券两种,以后种方式所举之债,即为公司债券之债。

公司债券是法定的债券形式,它是公司依照法定程序发行、约定在一定期限还本付息的有价证券(《公司法》第153第1款)。公司以此所要承担的债是公司债券的实质内容,公司债券就是这种意义上的公司债的法定形式,两者之间是内容和形式的关系。

公司债券与股票同为直接融资的形式,是公司获得发展资金的主要来源,但两者存有不同:公司债券表示发行者与投资者之间的债权债务关系,公司股票表示投资者对发行股票的公司拥有股东的一系列权利;公司债券的本金到期退还,公司股票所表示的股金则不允许退还;公司债券的利息是固定的,而公司股票的收益可能较高或者较低,风险比债券大;公司债券持有人在公司破产的情况下,优先于公司股票得到债务清偿;购买公司债券需支付现金,而股东可以用货币出资,也可以用实物、知识产权、土地使用权等出资。

根据《公司法》第153条对公司债券的界定,公司债券具有以下法律特征:

(1) 公司债券必须依照法定条件和法定程序发行。所谓"依照法定程序",其依据不仅包括《公司法》第七章的规定,而且还包括《证券法》(《证券法》第16条、17条、第18条)以及《企业债券管理条例》相关规定。

(2) 公司债券是一种有价证券。有价证券是指标明了一定票面金额,证明持有人拥有一定财产权利的法定要式凭证。它是一种证券化了的财产,可以依法转让。

(3) 公司债券是债权证券。持有公司债券的人为公司的债权人,表明公司债券持有人于债券约定的期限到来时,要求公司还本付息的权利。它表明持有人对发行公司拥有债权。

(4) 公司债券的发行主体法定化。只有国家法律法规明确规定的发行主体才可以发行公司债券。

(5) 公司债券是到期由公司还本付息的有价证券。公司在发行公司债券时,应当以公司债券募集办法上载明的方式与期限支付借贷本金和利息。

二、公司债券的种类

公司债券按不同的标准可以分为不同的种类,常见的分类有以下几种:

(一) 记名公司债券和不记名公司债券

按是否记名,公司债券可分为记名公司债券和不记名公司债券。记名公司债券是指在公司债券上记载债权人姓名或者名称的债券。不记名公司债券是指在公司债券上不记载债权人姓名或者名称的债券。区分记名公司债券和不记名公司债券的法律意义在于两者的转让要求不同。记名公司债券的转让,转让人须在债券上背书,同时必须到公司办理过户手续,否则,该转让对公司不发生对抗效力。而不记名公司债券的转让,由持券人在依法设立的证券交易场所将债券交付给受让人,不必办理过户手续,转让即发生效力。这种分类是法定分类,《公司法》第156条规定:"公司债券可以为记名债券,也可以为无记名债券。"另外,《公司法》第157条规定,公司发行记名债券的,应当在公司债券存根簿上载明下列事项:(1) 债券持有人的姓名或者名称及住所;(2) 债券持有人取得债券的日期及债券的编号;(3) 债券总额,债券的票面金额、利率、还本付息的期限和方式;(4) 债券的发行日期。发行无记名公司债券的,应当在公司债券存根簿上载明债券总额、利率、偿还期限和方式、发行日期及债券的编号。

(二) 附有选择权的公司债券和不附有选择权的公司债券

按发行人是否给予投资者选择权分类,公司债券可分为附有选择权的公司债券和不附有选择权的公司债券。附有选择权的公司债券,指债券发行人给予债券持有人一定的选择权,如可转换公司债券(convertible bond)、有认股权证的公司债券(bond with warrant)等。可转换公司债券的持有者,能够在一定时间内按照规定的价格将债券转换成公司发行的股票;有认股权证的债券持有者,可凭认股权证购买约定的公司股票。这种区分的法律意义在于,附有选择权公司债券的持有人能够根据公司的经营状况适时地做出有利于自己的选择,比如可转换公司债券的持有人在一定条件下按照一定程序向发行公司提出换发股票的要求时,发行公司必须根据持有人的要求换发股票,从而实现公司债券与股票之间的转换。[①]

《公司法》第161条规定:"上市公司经股东大会决议可以发行可转换为股票的公司债券,并在公司债券募集办法中规定具体的转换办法。上市公司发行可转换为股票的公司债券,应当报国务院证券管理机构核准。发行可转换为股票的公司债券,应当在债券上标明可转换公司债券字样,并在公司债券存根簿上载明可转换公司债券的数额。"

除上述两种分类外,公司债券还有固定利率公司债券和浮动利率公司债券,附息票公司

[①] 参见时建中:《公司法原理精解、案例与运用》,第351—352页。

债券和贴息公司债券,普通公司债券和参加公司债券,信用公司债券和担保公司债券等多种分类。但我国《公司法》仅规定了记名公司债券和无记名公司债券以及附有选择权的公司债券中的可转换公司债券。

第二节 公司债券的发行和转让

一、公司债券的发行

有关公司债券发行的条件和程序详见第十三章第三节中的相关内容。

但是,需要说明的是,《公司法》规定了实物公司债券及其绝对记载事项。按债券形态的不同,债券可分为实物债券、凭证式债券和记账式债券。实物债券是一种具有标准格式实物券面的债券。因此,必须在债券票面上记载债券的基本信息,具有法定格式。公司以实物券方式发行公司债券的,必须在债券上载明公司名称、债券票面金额、利率、偿还期限等事项,并由法定代表人签名,公司盖章(《公司法》第155条)。

此外,发行可转换为股票的公司债券的,公司应当按照其转换办法向债券持有人换发股票,但债券持有人对转换股票或者不转换股票有选择权(《公司法》第162条)。

二、公司债券的转让

公司债券的转让,是指通过法定程序,使公司债券由持有人一方转让给受让人的法律行为。根据《公司法》第159、160条和《证券法》第39条的规定,公司债券的转让必须依法进行。

(一)公司债券的转让场所

公司债券的转让,应当在依法设立的证券交易所上市交易或者国务院批准的其他证券交易场所转让(《证券法》第39条)。我国现有的依法设立的证券交易场所主要有:上海和深圳的证券交易所以及各地依法设立的证券公司及其营业部等营业场所。对公司债券转让场所合法之要求,主要考虑保障转让行为的安全、防止欺诈等不法现象的发生。

(二)公司债券的转让价格

《公司法》第159条第1款规定:"公司债券可以转让,转让价格由转让人与受让人约定。"这就是说,公司债券作为一种有价证券,其转让是有偿的。但是,公司债券的转让价格除受其本身的面值及发行价格的影响外,还会受到发行债券公司的经营状况、盈利水平及国内外证券市场行情变化及重大政治、经济事件等的影响。所以,债券的转让价格与债券面值(或发行价格)有可能不一致,这是债券转让市场的普遍现象。由于我国《公司法》规定转让债券须在依法设立的证券交易场所进行,所以,双方约定转让价格的具体方式大多采用集中竞价的方式。

(三)公司债券的转让方式

依据公司债券的种类不同,有两种不同的转让方式:记名公司债券由债券持有人以背书方式转让或者法律、行政法规规定的其他方式转让;转让后由公司将受让人的姓名或者名称及住所记载于公司债券存根簿上。无记名公司债券的转让手续较为简单,只需由债券持有人将要转让的债券交付给受让人后即发生转让的效力(《公司法》第160条)。受让人一经持有该债券,即成为公司的债权人。

(四)公司债券的转让规则

公司债券在证券交易所上市交易的,按照证券交易所的交易规则转让。交易规则主要包括交易原则、方式、场所、会员、席位、品种、时间、信息等内容。目的是保证证券交易具有公开性、公平性和公正性,可以覆盖更多的投资者,在更广的范围内形成市场价格(《公司法》第159条第2款)。值得注意的是,由于公司债券可以自由转让,且其本身代表了一定的价值,所以公司债券能够作为权利质押的标的物(《担保法》第75条、76条,《最高人民法院关于适用〈中华人民共和国担保法〉若干问题的解释》第99条、第101条)。

三、公司债券的还本付息

公司债以还本付息为特征。其发行时,在债券上必须记载利率、还本付息的期限和方式。公司应按规定的付息方式、期限向债权人付息。还本的方式和期限由公司来决定,一般是在规定的期限届满时一次还清,或者在规定的期限内分数次偿还。偿还的期限、方式不得随意改变。

(一)公司债券利息的支付

公司债券利息支付的方式,一般以公司债券是否附息票而有不同。不附息票的公司债券一般在偿还公司债券债款的同时一次付清全部利息。附息票的公司债券,一般将息票印制在公司债券的一端,与债券一起发行。公司债券持有人在债券规定的付息期限内,可以剪取息票向发行债券的公司请求给付利息。息票为无记名式,可以和债券分离而单独主张权利,也可以和债券分离而转让。息票持有人在请求发行债券的公司给付利息时,只须交付息票,可不必提示公司债券。

(二)公司债券本金的偿还

公司债券本金应按公司债券募集办法、公司债券存根簿和债券上载明的期限偿还。一般来说,公司债券的持有人不得要求提前偿还,债券持有人可以采取转让债券的方法变现。而如果发行债券的公司违约,则债券持有人应有权要求提前偿还债款。如《日本公司法典》第739条规定了因怠于支付公司债利息丧失期限利益,其第1款规定:"在公司债发行公司怠于支付公司债利息,或在须定期清偿部分公司债的情况下怠于该清偿的,根据公司债债权人会议决议执行该决议的人,可向公司债发行公司发出有关在一定期间内须清偿以及在该期间内不清偿即丧失期限利益意旨的书面通知。但该期间不得少于2个月。"这一规定对于约束发行债券的公司及时履行义务、维持债权人的利益,具有积极意义。我国《公司法》中对公司债债权人会议和公司债的期限利益丧失都未作规定,相应的规定是国务院证券管理部门可以撤销不符合《公司法》规定的债券发行,被撤销后,发行债券的公司即应当向债券持有人退还所缴本金,并加算同期存款利息。

公司债券本金的偿还方法主要有三种:(1)期满还本,即在债券载明的期限届满时偿还全部本金;(2)分期偿还,即在债券募集办法及债券载明的期限内,分期偿还本金;(3)任意还本,即按公司债券募集办法及公司债券的记载,发行债券的公司可以随时购回债券,但购回时必须提前一定期限通知债券持有人。

可转换公司债券一经转换,即应视为公司债券本金已得到偿还。可转换公司债券的持有人有选择将其债券转换或者不转换为股票的权利,在债券募集办法及债券载明的转换期限内,只要债券持有人作出转换的单方意思表示,公司即应办好转换手续,换发股票。

公司债券还本付息后,公司债即因清偿而消灭。此外,公司债还可能因提存、抵销、免除、混同等原因而消失。

【相关案例】8-1　债券权利之取得 ①

黄某年老一人独居,独子黄某某又远在外地工作,但侄子戴某对其生活起居多有照顾,为表感谢,黄某将其所有的 A 公司面值 20 万元的记名债券赠与戴某。2009 年黄某因病去世。债券到期时,戴某带着债券去 A 公司要求还本付息时,A 公司以黄某并未在债券上背书转让,也未到公司作变更登记为由拒绝向戴某付款。作为独子的黄某某得知此事后,主张该债券属于其父遗产,其是唯一合法继承人,该债券应归其所有。当事人争执不下,遂诉至法院。

前沿问题

◆ 债券本息支付请求权的诉讼时效适用问题

对于支付存款本息请求权、兑付国债、金融债券以及向不特定对象发行的企业债券本息支付请求权不适用诉讼时效期间的规定。这是因为上述请求权的实现关系到社会公共利益的保护,如果适用诉讼时效的规定,则将使民众的切身利益受到损害。基于投资关系产生的缴付出资请求权也不适用诉讼时效的规定,否则,有违公司资本充足原则,且不利于对其他足额出资的股东及公司债权人的保护。但不适用诉讼时效期间的规定,又会影响经济活动的效率,导致权利义务日趋复杂化。所以,对此存在争论,需要深入研究,通过完善诉讼时效制度,既能保护相关当事人的利益,又符合市场经济的效率原则。

【思考题】

1. 简述公司债券与公司股票之区别。
2. 试述公司债券发行的条件和程序。
3. 简述债券还本的方式有哪几种。

---

① 案例来源,见《公司法新解读》,第 136 页。

第九章

公司的财务会计制度

【章首语】 在会计信息提供者与用户普遍分离的情形下,信息对权利有较大影响,甚至从某种意义而言,信息即权利,因而借助公司财务会计制度可加强对各利益相关者的保护,也有利于公司治理结构的完善。

本章应着重学习公司财务会计制度的意义,基本要求,财务会计报告编制要求,审核、公示和监督制度,公积金制度以及公司的利润分配的具体规则。

第一节 公司财务会计制度概述

一、公司财务会计制度的概念

公司财务会计制度是公司财务制度和会计制度的统称。而财务与会计是两个既有联系又相互独立的社会经济管理活动。[①] 公司财务制度是组织资金运营、处理公司与各方面的财务关系的一系列经济管理工作的规程。其包括财务业务、财务关系、财务管理等。公司会计制度是以货币为主要计量单位,采用专门方法,对公司经济活动进行完整、连续、系统地核算和监督,通过对交易事项确认、计量、记录、报告,并提供有关单位财务状况、经营成果和现金流量等信息资料的一种经济管理活动。

公司财务会计制度主要目的是为公司管理者和其他利益相关者提供公司财务经营信息,故部分信息属披露之重要内容[②],又称为"对外报告会计"。[③]

公司财务会计的编制主体为公司内部会计人员,存有迎合公司管理者意愿编制,损害外部利益相关者的道德风险,所以应当借助法律对公司财务会计进行规范。公司财务会计制度既包括外生法律规则,又包括内生法律规则。[④] 前者包括法律、行政法规、部门规章和会计师协会的自律规则等。我国规范公司财务会计制度的法律主要为《公司法》第八章"公司财

---

① 有认为实践中经常混用财务与会计概念,致使法律难以被正确适用。可参见范伟红:《法官实用财务会计与司法会计研究》,第 2 页。亦有学者认为"公司财务会计制度虽然由两种制度构成,但它们在实质上是紧密结合在一起,甚至是融为一体的"。可参见覃有土:《商法学》,第 134 页。
② 参见赵旭东:《公司法学》,第 336 页。
③ 有关公司财务会计制度设立的目的、公司财务会计制度的功能,可参见王作全:《公司法学》,第 213 页,第 218—219 页。
④ 刘俊海:《现代公司法》,第 647 页。

务、会计"。此外,还有《会计法》《企业财务通则》《企业会计制度》《小企业会计准则》《企业会计报告》《会计基本准则》等。内生法律规则主要表现为公司章程中有关公司财务会计的规则及其他由公司制定的财务会计制度。我国法律规定,公司应依法律、行政法规和国务院财政部门的规定建立本公司的财务、会计制度(《公司法》第163条)。各国大多因公司对于现代社会的重要性以及公司与其他企业在诸多方面的特殊性,而赋予公司法规定优先于其他普通性规范适用的效力。① 因此《公司法》处于渊源的核心,一般渊源即如《会计法》等的普通性规范,辅助性渊源如公司章程等,在此渊源系统中,法律适用也呈现从前至后的顺位。

二、公司财务会计制度的法律意义

(一)明确自身状况、提高公司经营管理水平、促进经济发展

公司财务会计制度以货币价值形式反映经营状况,从而能使公司明了自身状况并理性决策,客观促使公司提高管理水平及运营效率。再者借助债权人等的监督,有利于公司规范营运,从而对公共利益的保护产生积极作用。

(二)约束经营管理人员、维护股东利益,为公众投资提供依据

股东借助财务会计信息可在一定程度上对经营管理人员进行评价和监督,社会公众也可借助披露信息评价公司业绩,从而也能使外部人的投资更加理性化,财务会计制度所具有的信息披露功能,也能从一定意义上激励和约束经营管理人员。

(三)保障债权人利益,维护交易安全

财务会计制度可使债权人及时了解公司状况,并在必要时采取相应措施保护其利益。这在一定程度上能避免债务危机引发信用危机,有利于市场交易持续有效地开展。

(四)确保政府职能发挥,便利宏观调控及对公司实行监督管理

公司如能切实依法规范其财务会计制度,则国家可从其准确、及时的经济纪录中掌握真实信息,为宏观决策奠定良好基础。国家税收的征缴及社会再分配有效的开展,也同样需要及时、准确和统一标准的会计报表,以使国家职能有效实现。

(五)保护劳动者利益,便于职工实现正当权益

公司存续与劳动者关系密切,公司是否正常处理经营业务、是否按合同安排为职工发放薪金、是否缴纳职工的保险费用等,也同样可借助财务会计信息予以明确,从而对保护职工利益具有重要意义。

(六)保护社会公益

公司应当承担社会责任。② 就本质而言,公司财务会计制度是涉及公司及众多利益相关者的公共产品。③ 公司依法制作、披露会计报表,可使其他利益相关者从中判断对自身利益的影响,形成有效监督,实现对社会公益的有利保护。

三、公司财务会计制度的一般原则

(一)公司财务管理的一般原则

(1)建立健全公司内部财务管理制度。

---

① 可参见朱慈蕴:《公司法原论》,第225页;覃有土:《商法学》,第136页。
② 〔美〕乔治·斯蒂纳、约翰·斯蒂纳:《企业、政府与社会》,张志强、王春香译,华夏出版社2002年版,第14页。
③ 刘俊海:《现代公司法》,第648页。

(2) 真实反映公司财务状况。
(3) 依法计算和缴纳国家税收。
(4) 维护股东等利益相关者利益。
(5) 坚持企业维持原则。[①]

(二) 公司会计制度的一般原则

1. 真实性原则

我国法律规定,各单位必须依法设置会计账簿,并保证其真实、完整(《会计法》第 3 条)。单位负责人对本单位的会计工作和会计资料的真实性、完整性负责(《会计法》第 4 条)。任何单位和个人不得伪造、变造会计凭证、会计账簿及其他会计资料,不得提供虚假的财务会计报告(《会计法》第 13 条第 3 款),也不得以任何方式授意、指使、强令会计机构、会计人员为上述行为(《会计法》第 5 条第 2 款)。各单位必须根据实际发生的经济业务事项进行会计核算,填制会计凭证,登记会计账簿,编制财务会计报告。任何单位不得以虚假的经济业务事项或者资料进行会计核算(《会计法》第 9 条),而应当以实际发生的交易或者事项为依据进行会计确认、计量和报告,如实反映符合确认和计量要求的各项会计要素及其他相关信息,保证会计信息真实可靠、内容完整(《会计基本准则》第 12 条)。[②]

2. 及时性原则

"迟到的正义是非正义",会计信息要成为有价值的信息须具有时效性。企业对于已经发生的交易或者事项,应及时进行会计确认、计量和报告,不得提前或者延后(《会计基本准则》第 19 条)。其要求在经济交易或者事项发生后,及时收集整理各种原始单据或者凭证;及时对经济交易或者事项进行确认或者计量,并编制财务报告;及时传递会计信息给使用者,便于其及时使用和决策。企业信息公示应当真实、及时。并对其公示信息的真实性、及时性负责(《信息公示条例》第 3 条、第 11 条)。

3. 统一性原则

我国法律规定,财务会计报告应当依法律、行政法规和国务院财政部门的规定制作(《公司法》第 164 条第 2 款)。国家实行统一的会计制度,会计凭证、会计账簿、财务会计报告和其他会计资料,必须符合国家统一的会计制度的规定。使用电子计算机进行会计核算的,其软件及其生成的会计凭证、会计账簿、财务会计报告和其他会计资料,也必须符合国家统一的会计制度的规定(《会计法》第 8 条、第 13 条第 1-2 款)。会计机构、会计人员必须按照国家统一的会计制度的规定对原始凭证进行审核,对记载不准确、不完整的原始凭证予以退回,并要求按照国家统一的会计制度的规定更正、补充(《会计法》第 14 条)。不得违反法律和国家统一会计制度的规定私设会计账簿登记、核算(《会计法》第 16 条)。只有统一性才能使各公司间的信息具有可比性,[③]才能让投资者评判和选择,也才能让公司间的竞争公平化。为此,法律规定公司除法定的会计账簿外,不得另立会计账簿。若违反规定在法定会计账簿以外另立会计账簿的,由县级以上人民政府财政部门责令改正,处以 5 万元以上 50 万元以下

[①] 可参见王保树:《中国商法》,第 256 页。
[②] 有学者认为真实性是一个广义的概念,在外延上还包括完整性的要求。"实话说一半等于谎话。"可参见刘俊海:《现代公司法》,第 659 页。
[③] 也有学者认为可比性并非统一性,只是要求商主体的会计处理方法大致一致而非完全一致。可参见叶林、黎建飞:《商法学原理与案例教程》,第 163 页。

的罚款(《公司法》第 201 条)。

4. 相关性原则

会计信息并非反映所有信息,而只是反映与利益群有利害关系的信息。只有相关的会计信息有助于使用者决策和预测公司未来,无用信息或垃圾信息不仅损害信息本身,也会降低信息利用的效率。但对信息的取舍并非基于公司意愿,而是应按制度的规定。《会计基本准则》第 13 条规定:"企业提供的会计信息应当与财务会计报告使用者的经济决策需要相关,有助于财务会计报告使用者对企业过去、现在或者未来的情况作出评价或者预测。"

5. 易解性原则

信息的清晰明了是信息有效利用的前提。《会计基本准则》第 14 条规定:"企业提供的会计信息应当清晰明了,便于财务会计报告使用者理解和使用。"当然,会计信息是一种专业性较强的信息产品,会计信息的易解性是立足于信息使用者具有一定会计知识的假定之上,而并非从一般主体的标准予以认定。

6. 实质性原则

企业应当按照交易或者事项的经济实质进行会计确认、计量和报告,不应仅以交易或者事项的法律形式为依据(《会计基本准则》第 16 条)。例如,企业按照销售合同销售商品但又签订了售后回购协议,虽然从法律形式上看实现了收入,但如果企业没有将商品所有权上的主要风险和报酬转移给购货方,没有满足收入确认的各项条件,即使签订了商品销售合同或者已将商品交付给购货方,也不应当确认销售收入。

7. 重要性原则

企业提供的会计信息应当反映与企业财务状况、经营成果等有关的所有重要交易或者事项(《会计基本准则》第 17 条)。所谓重要是指财务报表某项目的省略或错报会影响使用者据此作出经济决策的。但应根据企业所处环境,从项目的性质和金额大小两方面予以判断(《财务报表列报》第 10 条)。

8. 谨慎性原则

企业对交易或者事项进行会计确认、计量和报告应当保持应有的谨慎,不应高估资产或者收益、低估负债或者费用(《会计基本准则》第 18 条)。

9. 权责发生制原则

权责发生制是指以实质收到现金的权利或支付现金的责任权责的发生为标志来确认本期收入和费用及债权和债务。凡是本期已经实现的收入和已经发生或应当负担的费用,不论其款项是否已经收付,都应作为当期的收入和费用处理;凡是不属于当期的收入和费用,即使款项已经在当期收付,都不应作为当期的收入和费用。《会计基本准则》第 9 条规定:"企业应当以权责发生制为基础进行会计确认、计量和报告。"从而将权责发生制作为会计基础,而不是在会计信息质量要求中规定,其原因是权责发生制贯穿于整个企业会计准则体系的总过程,属于财务会计的基本问题,具有较强的统驭作用。[①]

[①] 除上述原则外,有学者还总结有配比原则、历史成本原则、划分收益性支出与资本性支出的原则等。可参见王保树:《中国商法》,第 256—257 页;叶林、黎建飞:《商法学原理与案例教程》,第 163—164 页。

【相关案例】9-1　会计制度与财务制度的区分①

甲、乙两法人股东成立一有限责任公司,投资合同及公司章程都规定股东出资金额及时限。甲依约出资,但为少交税,账务处理一直记入长期借款账户并计提利息。后甲、乙两法人股东产生纠纷,乙诉至法院,主张甲出资不符合合同约定,造成根本违约,请求解除合同。本案中,出资手续属财务问题,应适用财务标准,即按《公司法》、投资合同及公司章程中关于股东出资的义务要求,甲负有按约定的时间、金额等出资,并不得抽回出资之义务。依此标准,甲应属恰当履行了义务,而账务问题为公司会计问题,其行为应予纠正并受行政处罚。而乙主张甲出资不符合合同约定,构成根本违约是不成立的。

【相关案例】9-2　提供虚假财会报告的责任主体②

1999年年底至2000年年初,为达到夸大银广夏公司增资配股的目的,时任天津广夏公司财务总监的董某,虚构进货单位并伪造销售发票、汇款单等,由董某编入天津广夏公司年度财务报表中。后该年度财务报表经深圳中天勤会计师事务所刘某、徐某审计后,并入银广夏公司年报。其后又多次如法炮制。2001年8月至9月间银广夏公司因涉嫌违规,被中国证监会停牌。刘某、徐某在不辨别真伪的情况下,仍先后为银广夏公司出具了1999年度、2000年度"无保留意见"的审计报告。刘某还违反注册会计师的有关规定,兼任银广夏公司财务顾问。法院认为:董某等人作为公司直接负责的主管人员和其他直接责任人员,明知提供虚假财会报告会损害股东利益却故意为之,致使银广夏公司向股东和社会公众提供虚假的财会报告,向社会披露虚假利润,银广夏公司涉嫌违规被中国证监会停牌,股票急速下跌,严重损害了股东的利益,其行为已构成提供虚假财务会计报告罪。刘某、徐某代表会计师事务所在对年度财务报告审计过程中,签发负责人与签字注册会计师为同一人,未遵循审计准则中规定的会计师事务所三级复核的有关要求,出具了严重失实的审计报告,并造成了严重后果,应当预见但没有预见,其行为已构成出具证明文件重大失实罪。但因没有充分证据证明二人明知所提供的审计报告缺乏事实并故意提供,故不成立提供虚假证明文件罪。

第二节　公司的财务会计报告制度

一、公司财务会计报告的意义

公司财务会计报告是指公司对外提供的反映企业某一特定日期的财务状况和某一会计期间的经营成果、现金流量等会计信息的文件(《会计基本准则》第44条第1款)。

公司应当编制财务会计报告。财务会计报告的目标是向财务会计报告使用者提供与公

---

① 本例引自范伟红:《法官实用财务会计与司法会计研究》,第13—14页。
② 案件来源:中国法律应用数字网络服务平台(法信)。

司财务状况、经营成果和现金流量等有关的会计信息,反映公司管理层受托责任履行情况,有助于财务会计报告使用者作出经济决策(《会计基本准则》第4条第1款)。

二、公司财务会计报告的编制

(一)编制主体与使用主体

制作公司财务会计报告属业务执行范围的事项,因而董事会是财务会计报告的编制义务主体。但不能将会计人员视为制作人,其只是完成财务会计报告的公司职员。[①] 当然,在确定公司财务会计报告编制主体时,应当区分会计主体与法律主体。一般来说,法律主体必然是一个会计主体,但会计主体不一定是法律主体。典型者如企业集团,虽不是独立的法律主体,但为全面反映企业集团的财务状况、经营成果和现金流量,有必要将企业集团作为一个会计主体,编制合并财务报表。财务会计报告使用者包括投资者、债权人、政府及其有关部门和社会公众等(《会计基本准则》第4条第2款)。

(二)编制时间

公司应当在每一会计年度终了时编制财务会计报告(《公司法》第164条第1款)。有限责任公司应依公司章程规定的期限将财务会计报告送交各股东。股份有限公司应在股东大会年会召开20日前完成,并备置于公司,以供股东查询。公开发行股票的股份有限公司必须公告其财务会计报告(《公司法》第165条)。公司月度中期财务会计报告应当于月度终了后6天内对外提供;季度中期财务会计报告应当于季度终了后15天内对外提供;半年度中期财务会计报告应当于年度中期结束后60天内对外提供;年度财务会计报告应当于年度终了后4个月内对外提供(《企业会计制度》第157条)。

(三)编制的基本要求

财务会计报告应依法律、行政法规和国务院财政部门的规定制作(《公司法》第164条第2款)。对于公司财务会计的编制要求除会计信息提供时必须遵守的真实性、完整性、及时性、可比性、谨慎性、相关性、重要性等一般原则性要求之外,各类财务会计报告均有其具体的形式及内容要求,公司财务会计报告之编制主体须按规定进行编制。

三、公司财务会计报告内容

财务会计报告包括会计报表及其附注和其他应当在财务会计报告中披露的相关信息和资料。财务会计报表至少应当包括资产负债表、利润表、现金流量表、所有者权变动表、附注等报表。小企业编制的会计报表可以不包括现金流量表(《会计基本准则》第44条第2款、第3款,《财务报表列报》第2条)。

(一)资产负债表

资产负债表是指反映企业在某一特定日期的财务状况的会计报表(《会计基本准则》第45条)。它提供资产、负债和所有者权益情况的全貌。资产负债表的作用可分为两方面,一是对内的,表现为对公司决策者提供决策依据、经营者分析经营模式的成败、公司自身认识问题的前提、职工考虑自身安危的参考。另一方面是对外的,是股东或投资人分析公司盈利能力的依据、债权人考虑其债权是否安全、能否顺利得到实现的参考,也是国家各职能部门

---

① 王保树:《中国商法》,第262页。

依各自职能观察公司表现的前提。

资产和负债应当分别流动资产和非流动资产、流动负债和非流动负债列示(《财务报表列报》第 16 条)。各类至少应单独列示的项目均有相应的规范要求(详见《财务报表列报》第 23 条、第 25 条、第 27 条)。

(二)利润表

也叫损益表。是反映公司一定期间经营成果的会计报表,它是一张动态的报表,反映一定时期的流量。损益表的编制根据如下会计公式:利润=收入-相关成本-相关费用。分析损益表可了解公司经营成果,考核制定目标的完成情况;为分配经营成果提供依据;预测未来的收益及发展趋势;评价管理人员的业绩;了解公司利润分配政策及留存收益额的大小,为投资决策提供信息。

公司在利润表中应当对费用按照功能分类,分为从事经营业务发生的成本、管理费用、销售费用和财务费用等(《财务报表列报》第 30 条)。利润表至少应当单独列示的项目同样具有规范要求(详见《财务报表列报》第 31 条)。

(三)所有者权益变动表

所有者权益变动表所反映的是构成所有者权益的各组成部分当期的增减变动情况。其不仅关系到现有股东的切身利益,同时也是潜在投资者对公司投资价值预期的重要参照。

依规定,综合收益和与股东的资本交易导致的所有者权益的变动,应当分别列示(《财务报表列报》第 35 条)。①

(四)附注

会计报表附注是对在资产负债表、利润表、现金流量表和所有者权益变动表等报表中列示项目的文字描述或明细资料,以及对未能在这些报表中列示项目的说明等(《财务报表列报》第 37 条)。

附注应当披露财务报表的编制基础,相关信息应当与资产负债表、利润表、现金流量表和所有者权益变动表等报表中列示的项目相互参照(《财务报表列报》第 38 条)。②

四、公司财务会计报告的外部审计、公示及监督制度

(一)外部审计制度

即在对外提供报告时,须经注册会计师的审计。《公司法》在外部审计制度方面规定了三方面的内容:一是公司聘用、解聘承办公司审计业务的会计师事务所,依公司章程规定,由股东会、股东大会或者董事会决定。公司股东会、股东大会或者董事会就解聘会计师事务所进行表决时,应当允许会计师事务所陈述意见(《公司法》第 169 条)。二是规定监事会在必要时,可以聘请注册会计师事务所等协助调查公司经营情况,费用由公司承担(《公司法》第 54 条、第 118 条)。三是规定公司应当在每一会计年度终了时编制财务会计报告,并依法经会计师事务所审计(《公司法》第 164 条第 1 款);一人有限责任公司应当在每一会计年度终了时编制财务会计报告,并依法经会计师事务所审计(《公司法》第 62 条);公司应当向聘用的会计师事务所提供真实、完整的会计凭证、会计账簿、财务会计报告及其他会计资料,不得

---

① 所有者权益变动表至少应当单独列示之内容可详见《财务报表列报》第 36 条。
② 附注应披露的内容及顺序可详见《财务报表列报》第 39 条。

拒绝、隐匿、谎报(《公司法》第 170 条)。即对审计所依据的会计资料的真实性、完整性由公司负责。但为保证会计报表的可靠程度,注册会计师及会计师事务所应当对审计意见负责,出具虚假意见或有重大遗漏的应当承担相应的法律责任。①

（二）公示

公示即是公司向社会公开报告的内容,其途径主要有:一是依法律或章程规定的时间送交股东;二是在规定时间备置于公司或有关机构以供股东查询(《公司法》第 96 条、第 165 条);三是报送财税、证券管理、银行等机构,以接受监管(《会计法》第 14 条、《商业银行法》第 61 条);四是公开发行股份的股份有限公司必须公告其财务会计报告。(《公司法》第 165 条第 2 款)。但需注意的是,公司并非可以自由选择一种方式,而是根据公司性质以及其对社会利益的影响大小来决定公示途径。②

（三）监督

除借助外部审计制度、公示制度对公司财务会计报告进行监督外,法律还规定其他制度加强监督机制。依《公司法》之规定,主要有以下途径:一是建立股东查账请求权制度。我国法律规定,股东有权查阅财务会计报告(《公司法》第 33 条第 1 款、第 97 条),有限责任公司的股东可以要求查阅公司会计账簿,要求查阅公司会计账簿的,应当向公司提出书面请求,说明目的。公司有合理根据认为股东查阅会计账簿有不正当目的,可能损害公司合法利益的,可以拒绝提供查阅,并应当自股东提出书面请求之日起 15 日内书面答复股东并说明理由。公司拒绝提供查阅的,股东可以请求人民法院要求公司提供查阅(《公司法》第 33 条第 2 款)。③ 二是确立监事会或执行监事的监督。我国法律规定,监事会、不设监事会的公司的监事具有检查公司财务的职权(《公司法》第 53 条、第 118 条)。

【相关案例】9-3　公司不提供公司财务会计报告构成侵权④

1995 年 9 月天然气公司与宸宇公司共同出资成立广元燃气有限公司,天然气公司占出资额 55%,宸宇公司占 45%。1995 年 10 月 5 日,双方商议制定了广元公司章程,1995 年 10 月召开董事会,同意由天然气公司推举的韩某、董某、徐某以及宸宇公司推举的王某、边某组成董事会,由韩某担任董事长。其后广元公司经工商注册登记。1997 年广元市人事局通知同意韩某过渡为国家公务员。1998 年 8 月,天然气公司向广元公司提出要求更换韩某、董某二名董事,由李某、刘某、徐某出任董事及召开董事会、改选董事长的提议,同年 10 月再次提出该提议。广元公司自注册登记后,未召开股东会和董事会,董事任职届满未进行改选,且未向股东天然气公司提供经营赢亏情况和公司财务会计报告。法院认为,天然气公司控股股东的权利地位成立。韩某作为董事长不主持召开股东会和董事会,广元公司不向天然气

---

① 法律责任详见《公司法》第 207 条之规定。而对于公司财务会计涉假问题之认定可参见刘贵祥主编:《中国民商事审判新问题》,人民法院出版社 2006 年版,第 362 页以下。
② 《信息公示条例》要求企业应当于每年 1 月 1 日至 6 月 30 日,通过企业信用信息公示系统向工商行政管理部门报送上一年度年度报告,并向社会公示。该条例并对公示内容作了要求,详见该条例第 8—9 条。
③ 日本公司法中,于股东对会计账簿等的查阅权有较为详尽的规定,包括请求的要件、查阅的对象,公司可得拒绝的情形,母公司股东对子公司会计账簿之查阅权等。可详见〔日〕前田庸:《公司法入门》,王作全译,第 434—436 页。
④ 参见四川省广元市中级人民法院民事判决书(2000)广经终字第 1 号。

公司提供经营情况和公司财务会计报告,在董事会任期届满后不召开董事会改选董事、董事长,侵犯了控股股东天然气公司的股东权利。

【相关案例】9-4　股东对财务会计报告有绝对查阅权,对会计账簿有相对查阅权[①]

石某曾任职北京某科技有限公司,并为股东,其出资占该公司注册资本总额的10%。2011年石某从该公司离职,但仍为该公司股东。该公司一直未向石某分配过红利。2013年某日,石某向科技公司发出通知书,大意为:"本人依法委托会计师事务所对公司会计账簿进行审计,请公司提供财务报告、财务账册、会计凭证、银行对账单等相关财务资料,并提供相应的办公场所。"科技公司复函称石某现就职公司与本公司属同一行业,石某从事股东竞业禁止业务,若行使股东查阅权,可能侵害公司商业秘密和合法权益,故拒绝提供查阅。为此,石某诉至法院。庭审中,石某表示因科技公司曾于2011年减资且从未向其分红,故申请查阅公司财务账簿及财务会计报告。法院经审理认为,石某依法享有股东知情权,其内容、范围应依法律规定确定。石某已向科技公司提交要求查阅公司会计账簿的书面申请,虽未在申请中说明目的,但庭审中已就查阅目的进行阐述,应视为其已履行公司内部救济程序,有权向法院起诉要求行使公司会计账簿查阅权。科技公司认为石某查阅会计账簿及财务会计报告有不正当目的,应提供相应证据,现科技公司未提交足够证据,应承担相应不利后果,判决科技公司提供会计账簿、财务会计报告供石某查阅。被告科技公司不服上诉,二审维持原判。

第三节　公积金制度与公司利润分配

一、公积金制度

(一) 公积金的概念

公积金又称储备金。是指公司为维持资本,依法律、章程或股东会决议而从公司利润或其他收入中提取的用于弥补亏损、增加资本等目的的基金。因公积金是为加强公司信用而提取的基金,与资本性质相同,故有学者认为其性质属于附加资本。[②]须注意的是,公积金在资产负债表中列示于负债项下,但仅是计算上的一种金额,并非提取后专门加以保管,因此其导致股东的盈余分配额减少而公司总资产增加,从而防止股东追求股利分配最大化而对公司、债权人乃至股东自身利益造成不良影响。

公积金制度为法国所创[③],目的是通过强制性规范干预微观经济组织活动,从而贯彻企业维持原则,以避免组织体消灭对市场、社会等造成的重大损失。

---

① 案件摘编自中国法律应用数字网络服务平台(法信)。
② 江平:《新编公司法教程》,第106页。
③ 石少侠:《公司法概论》,第239页。

(二) 公积金的种类

1. 依法定性可分为法定公积金和任意公积金

法定公积金是依强制性规定而提取的储备金。其提取比例（或数额）和用途都由法律直接规定，公司不能通过章程或股东（大）会决议加以变通，因此也称为强制公积金。依法律规定，公司在分配当年税后利润时应提取10%的法定公积金，提取累计额达注册资本50%以上的可不再提取（《公司法》第166条第1款）。

任意公积金是依公司章程或股东（大）会的决议在法定公积金之外自由设置或提取的储备金。法律对提取意愿、比例、用途等都不强行规范。但其提取须在提取完法定公积金之后（《公司法》第166条第3款）。在国外任意公积金因其目的及用途不同被分为"公司债偿还公积金""平衡公积金""普通公积金"等，我国任意公积金的用途与法定公积金相同，使其任意性受到限制，故学者认为应允许公司依特定目的而提取专用储备金。[①] 须注意的是，我国法定公积金与任意公积金都是从公司盈余中提取，属于盈余公积金的范畴。

2. 依来源可分为盈余公积金和资本公积金

盈余公积金是从公司税后利润中提取的储备金。主要用于补偿亏损、扩大生产经营和转增资本。

资本公积金是从公司利润外提取而不能构成实收资本的资金。《公司法》规定，股份有限公司以超过股票票面金额的发行价格发行股份所得的溢价款以及国务院财政部门规定列入资本公积金的其他收入，应当列为公司资本公积金（《公司法》第167条）。

(三) 公积金的作用

依《公司法》第168条等的规定，公积金的用途主要有[②]：

1. 弥补亏损

公司在生产经营中将面临各种风险，公积金可弥补亏损，从而维持公司正常营运，增强抵御风险的能力。依据证监会《公开发行证券的公司信息披露规范问答第3号——弥补累计亏损的来源、程序及信息披露》之规定，上市公司当年对累计亏损的弥补，应按照任意盈余公积、法定盈余公积的顺序依次弥补。累计亏损未经全额弥补之前，不得向股东派发股利。以资本公积转增股本时应履行的程序及有关信息披露义务，参照公司以任意盈余公积、法定盈余公积弥补累计亏损的程序和信息披露义务执行。《公司法》规定，资本公积金不能用于弥补亏损（《公司法》第168条第1款），其主要目的在于为公司日后的利润分配行为清除障碍。因为当盈余公积金亏损时，公司未分配的利润首先用于填补盈余公积金的缺额，股东可分配利润由此减少，而公司若能以资本公积金弥补亏损，则即使在亏损的前提下，未分配利润仍然能够用于利润，这实际上是公司变相利用资本公积金用于利润分配的现象。所以，资本公积金不能用于亏损弥补的规定具有一定的法律意义。并且《公司法》虽未直接规定禁止公司资本公积金用于利润分配，但就资本公积金的性质和功能考察，从促进公司财务运作合理化角度讲，资本公积金同样不能用于利润分配。[③]

---

① 石少侠：《公司法教程》，第238页。
② 有关台湾地区对公积金之功能和用途的简介，可参见王作全：《公司法学》，第232—233页。
③ 顾功耘：《最新公司法解读》，第146—147页。

2. 扩大公司生产经营

公司可将公积金用于生产经营的投资,尤其是在增加注册资本较难的前提下通过公积金追加投资,可以满足公司扩大经营规模的需要,也可据此提高公司竞争力。

3. 增加资本

公司在发行新股增加资本较为困难的情形下,利用公积金转增资本可降低发行成本。但无论何种公司,转增后所留存的公积金均不得少于转增前注册资本的25%(《公司法》第168条第2款)。

二、公司的利润分配

(一) 股利的含义

股东出资即是为谋求利益。公司依法律或章程规定从可资分配的利润中以一定方式按期向股东支付的财产利益,称之为股利。

有学者认为股利实为"股息"和"红利"的缩略语。[1] 我国公司法和会计制度未区分股息与红利。也有学者认为在实务中不妨作一区分。股息是股东可定期从公司取得固定比率的投资回报;红利是股息分配后仍有盈余而另按一定比例分配的利益。[2]

(二) 公司利润分配的原则

1. 非有盈余不得分配

公司当年无盈利时,不能向股东分配股利。目的是维持公司资本及正常营运,保护各利益相关者的长远利益。须注意的是:一则盈余并非必然引起股利支付,若公司前一年度有亏损,则盈余必先弥补亏损;二是法定情形下虽无盈余,仍可提取一定盈余公积金分配股利。于建设周期长、见效慢的公司,自然应作为本原则的例外以吸引投资者。[3]

2. 按法定顺序分配

依《公司法》等规定,公司分配顺序为:在税法允许的期限内,弥补公司以前年度的亏损→缴纳所得税→继续弥补所存在的亏损→提取10%的法定公积金→支付优先股股利→提取任意公积金→支付普通股股利→支付劣后股股利→所余利润结转到下一会计年度(《公司法》第166条)。

3. 分配自由

依法律规定,股东可以约定或按公司章程规定而不按照出资比例分取红利或优先认缴出资(《公司法》第34条、第166条第4款),即采取约定优先的规则。由此可见,《公司法》在公司分配方面确立了契约原则,改变了以往采取同股同权、同股同利,强行分配的原则。

4. 公司持有本公司股份不分配

对于公司持有本公司股份,大陆法系历来坚持原则禁止,例外允许的原则。我国允许公司为减少公司注册资本、与持有本公司股份的其他公司合并、将股份奖励给本公司职工、股东因对股东大会作出的公司合并、分立决议持异议,要求公司收购其股份等情形下,回购并在一定时间内持有本公司的股份(《公司法》第142条)。但这些股份的持有多有一定的目的

---

[1] 石少侠:《公司法教程》,第239页。
[2] 史际春主编:《公司法教程》,中国政法大学出版社1995年8月版,第244页。
[3] 有学者将其称为"建设股利"。见石少侠:《公司法教程》,第165页。

性,须在短期内实现其目的。同时若对公司持有的本公司股份进行利润分配,虽然不减少抽象资本额,却会因分配而失去部分具体财产,有悖于资本维持原则,因而为法律所禁止(《公司法》第166条第6款)。

为贯彻分配原则,法律对违法分配设定了相应的法律责任。[①] 如规定股东会、股东大会或者董事会在公司弥补亏损和提取法定公积金之前向股东分配利润的,股东必须将违反规定分配的利润退还公司(《公司法》第166条第5款)。公司不依法规定提取法定公积金的,由县级以上人民政府财政部门责令如数补足应当提取的金额,可以对公司处以20万元以下的罚款(《公司法》第203条)。

(三) 分配的形式

《公司法》未对分配形式作明确规定,实务中计有如下形式:

1. 现金股利

是指以现金支付股东股利的形式。此应是股利分配的主要形式,但只在有足够的现金可供分配时才被公司采用。

2. 股票股利

是公司通过增发股票或配售股票而向股东支付股利的形式。实行股票股利实为增加公司资本,故须符合法律对增加资本的相关规定。此形式实为向股东再次募股,无疑将加大股东的投资风险。在公司盈利能力强的情形下,因是按原持股比例分派,不会改变股东的权益份额,但公司大多在盈利能力差时使用此形式,而此时一般都存在公司难以贷款的信用危机。再者,过度的股票股利还可能造成国家税收流失,且上市公司经常采用股票股利也会在一定程度上打击股东投资的积极性,所以应对此予以适当限制。[②]

3. 财产股利

是用现金以外的其他资产作为股利的分配形式。这种形式我国法律未作规定但也未明令禁止。在国外一般表现为向股东支付其他公司的证券。

4. 负债股利

是指以负债方式应付股东股利的形式。一般通过发放债券、票据等有价证券形式来支付股利,约定在到期日以金钱形式实现股利,也可根据该有价证券的法律规则从转让、贴现中实现股利的价值。这种带有应付困境的权宜形式在我国也较少采用。

【相关案例】9-5　利润分配方案作出前股东无权直接向法院诉请分配利润[③]

恒和公司和宇辰公司投资成立浚泰物业,章程中规定双方各占50%的股份,按出资额所占比例享有股权和分配利润。后恒和公司与李某签订《股权转让协议书》,约定将浚泰物业总股份的20%转让给李某,股权的变化及利润分配以双方签订协议之日起生效。2001年李某向法院起诉请求解除《股权转让协议书》,法院作出裁定驳回请求。恒和公司认为在上述案件中由于股权被查封,自己退出管理,之后未得浚泰物业分文利润,遂向法院提起诉讼,请

[①] 对可分配利润额的分配及其违法分配的法律后果,可详见王作全:《公司法学》,第233—236页。
[②] 石少侠主编:《公司法概论》,第239页。
[③] 参见广东省高级人民法院(2008)粤高法民二终字第110号民事裁定书。

求是判令浚泰物业提供全部真实的财务文件及接受经营利润审计,支付利润。

法院认为恒和公司的主张缺乏法律依据。公司决定分配利润的权利在股东会,而非个别股东。《公司法》仅规定股东有权按照实缴的出资比例分取红利,在股东会作出利润分配方案之前,并未赋予股东越过股东会直接提起分配利润诉讼的请求权。《公司法》并未将分配利润作为对公司的强制性规范。本案浚泰物业并没有召开股东会决定分配利润,恒和公司无权越过股东会直接向法院起诉请求分配利润,只能依相关规定通过转让股权或请求公司按照合理价格收购其股权等途径获取相应救济。若股东会作出分配利润决议而未实际支付,则可向法院起诉请求支付应分利润。

[相关案例]9-6　股东对资产收益的实际使用行为不影响公司利润分配决议的效力①

置业公司成立时章程载明:建设公司占总股本的47%,世博公司占47%,海开公司占6%,公司实行同股同权,同股同利的原则。置业公司2009年第一次股东大会决议,拟向股东分配2008年可分配利润1.5亿元中的7000万元。该年第四次临时股东大会,同意向世博公司提供临时周转资金1.8亿元。第五次临时股东大会又决议:(1)撤销第一次股东大会决议,同意在2008年度可分配利润1.5亿元之外,再从2009年预期净利润中拿出一些,共计1.8亿元进行分配。(2)建设和海开公司同意将此次分得股利全部借给世博公司周转使用。后建设、海开公司出具委托付款通知,置业公司向世博公司汇款1.8亿元。同年第六次临时股东大会决议:鉴于第五次临时股东大会再次讨论借款事宜并提出了新方案,故第四次大会决议不再执行。置业公司2010年第一次股东大会会议决议,一致审议通过了2009年度财务决算报告,其中用于支付股东股利1.8亿元。世博公司认为,上述股东大会决议作出时尚未进行当年的审计和利润结算,无法确定可分配利润,且置业公司正处于建设期内的项目存在巨大后续资金缺口,本无可分配的利润,又将2009年度预期净利润进行分配属于违法;同时决议亦违反了在贷款合同中对银行表示还清贷款前不进行利润分配的承诺,且非该公司各方股东的真实意思表示。世博公司诉至法院,要求判决确认置业公司2009年度第五次临时股东大会决议无效。

前沿问题

◆ 股东查阅公司会计账簿权及其合理限制②

公司作为多元利益汇聚的组织体,在赋予股东知情权的同时还需要保护公司利益不受非法侵害。有限责任公司的股东有权要求查阅公司的财务会计报告,而是否查阅应取决于股东的意志,公司不能任意剥夺和限制。但公司在有合理根据认为股东查阅会计账簿有可

---

① 参见北京市第一中级人民法院(2011)一中民终字第14680号(2011年11月15日)。
② 可详见邹明宇:《股东查阅公司会计账簿权应受合理限制》,载《人民司法(案例)》2014年第24期。

能损害公司合法利益时,可以拒绝股东查阅。对于何为正当目的,公司法仅作了原则性的规定,如何判断查阅会计账簿是否可能损害公司利益,公司法未予进一步的阐释。一般而言,正当目的是指与维护基于股东地位而享有的利益具有直接联系的目的,这种目的应与股东自身利益相关,且具有查阅的必要性。与正当目的相对应的则是不正当目的。通常情况下,为公司的竞争对手攫取有关信息,为股东自己兼职的其他公司获取商业秘密等,均可推定为具有不正当目的,并可能损害公司的合法利益。需要说明的是,从举证责任的角度看,公司应就股东要求查阅会计账簿具有不正当目的负有举证责任。但在公司举证证明股东查阅会计账簿可能存在不正当目的进而可能损害公司合法利益时,股东则需进一步举证证明其查阅行为不会对公司的合法权益造成损害,否则其查阅的请求将不能得到支持。

【思考题】

1. 论建立健全公司财务会计制度的法律意义。
2. 公司的资产负债表是如何反映公司资金来源及其运用情况的?
3. 简述财务会计制度的一般原则。
4. 试述我国公司公积金的特点。

【司法考试真题】

9-1 关于公司的财务行为,下列哪些选项是正确的?(2014年)

A. 在会计年度终了时,公司须编制财务会计报告,并自行审计

B. 公司的法定公积金不足以弥补以前年度亏损时,则在提取本年度法定公积金之前,应先用当年利润弥补亏损

C. 公司可用其资本公积金来弥补公司的亏损

D. 公司可将法定公积金转为公司资本,但所留存的该项公积金不得少于转增前公司注册资本的百分之二十五

9-2 甲乙等六位股东各出资30万元于2004年2月设立一有限责任公司,5年来公司效益一直不错,但为了扩大再生产一直未向股东分配利润。2009年股东会上,乙提议进行利润分配,但股东会仍然作出不分配利润的决议。对此,下列哪些表述是错误的?(2010年)

A. 该股东会决议无效

B. 乙可请求法院撤销该股东会决议

C. 乙有权请求公司以合理价格收购其股权

D. 乙可不经其他股东同意而将其股份转让给第三人

9-3 张某系一有限责任公司的小股东,由于对公司的经营状况不满,想通过查阅公司账簿去深入调查公司经营出现的问题。下列哪一选项是错误的?(2008年四川)

A. 张某必须向公司提出书面申请

B. 公司有权以可能会泄露公司商业秘密为由拒绝张某的查账申请

C. 若张某聘请专业机构人员帮助查阅账簿,公司不得拒绝

D. 公司拒绝张某查阅时,张某只能请求法院要求公司提供查阅

9-4 某公司注册资本为500万元,该公司年终召开董事会研究公司财务问题。在该董事会的决议内容中,下列哪一项是不合法的?(2008年四川)

A. 鉴于公司历年的法定公积金已达300万元,决定本年度不再提取法定公积金
B. 鉴于公司连年赢利,决定本年度税后利润依公司章程全部由股东按持股比例分配
C. 为扩大生产,将该公司历年的法定公积金全部用于转增股本
D. 公司合法转增部分的股本由各股东按原持股比例无偿取得

9-5 金某是甲公司的小股东并担任公司董事,因其股权份额仅占10%,在5人的董事会中也仅占1席,其意见和建议常被股东会和董事会否决。金某为此十分郁闷,遂向律师请教维权事宜。在金某讲述的下列事项中,金某可以就哪些事项以股东身份对公司提起诉讼?(2006年)

A. 股东会决定:为确保公司的经营秘密,股东不得查阅公司会计账簿
B. 董事会任期届满,但董事长为了继续控制公司,拒绝召开股东会改选董事
C. 董事会不顾金某反对制订了甲公司与另一公司合并的方案
D. 股东会决定:公司监事调查公司经营情况时,若无法证明公司经营违法的,其调查费用自行承担

第十章

公司基本事项的变更和公司终止

【章首语】 公司须有灵活变动的能力来应对市场变化。包括公司章程、注册资本、组织形式、合并分立等在内的基本事项若能依法变更,一方面能加强公司灵活性,另一方面又能规范公司,使其不至于损害相关者之利益。同时,由企业维持视角来看,公司之存续非常重要,但危害市场信用、丧失能力的组织体之存续,对于经济持续高效发展是一种威胁,故而终止符合法定情形的公司,又为维护交易安全之必须。

本章应着重学习公司章程的变更、注册资本的变更、公司组织形式的变更、公司合并与分立、公司终止与清算等有关内容。

第一节 公司章程的变更

一、公司章程变更的意义

公司章程是公司的行为准则,调整着公司的整个生活[1],在公司中具有非常重要的地位,被誉为公司的"根本大法",具有法定性、真实性和公开性等特征。[2] 同时,公司章程也是体现公司自治的主要载体,具有较多的法律功能。[3] 公司章程对公司、股东、董事、监事、高级管理人员具有约束力(《公司法》第 11 条),而且可在法律限度内分配权利义务。为保护合法权益、满足扩大经营以及应对市场风险的客观需要,应允许公司依法变更章程。同时,公司章程有违反法律、行政法规的内容的,公司登记机关有权要求公司作相应修改(《公司登记条例》第 23 条)。因此,章程的修改为法律所允许,而且适时进行修改也很有必要。但章程不能任意变更,其作为公司必备文件在设立时已接受审查,任意变更就会使公司规避审查,由于章程变更对各方利益群体产生影响,故变更须依法进行。《章程指引》第 188 条规定:"有下列情形之一的,公司应当修改章程:(一)《公司法》或有关法律、行政法规修改后,章程规定的事项与修改后的法律、行政法规的规定相抵触;(二)公司的情况发生变化,与章程记载的事项不一致;(三)股东大会决定修改章程。"

---

[1] 很多情形下,"公司文件"主要是指公司章程。可参见〔法〕伊夫·居荣:《法国商法》,罗结珍、赵海峰译,第 147 页。

[2] 于公司章程的特征分析,可参见王作全:《公司法学》,第 239 页。

[3] 对于公司章程的功能分析,可参见董慧凝:《公司章程自由及其法律限制》,第 24—35 页。

二、公司章程记载事项的变更

我国法律未对公司章程修改的范围做出限制,凡属章程依法可记载事项,只要不违反强制性规定,原则上均可变更。① 但因记载事项效力不同,法律也有不同要求。绝对必要记载事项能影响到章程本身的效力,而且一般都与公司权利义务的配置密切相关,变更关乎公司以及股东、债权人、职工甚至国家利益,故变更较为严格。相对必要记载事项和任意记载事项则较为宽松,对于未涉及登记事项的,只需将修改后的章程或其修正案送原登记机关备案(《公司登记条例》第 36 条)。② 我国对于绝对必要记载事项和相对必要记载事项并未做区分,除第 25 条第 1 款第(八)项"股东会会议认为需要规定的其他事项"及第 81 条第(十二)项"股东大会会议认为需要规定的其他事项"为任意记载事项外,其余均为应记载事项,包括绝对必要记载事项与相对必要记载事项。在章程记载事项的变更中,应注意以下事项:

1. 公司名称和住所

公司名称是公司特定化的标记,也是公司为法律行为和承担法律责任的前提。因此不仅是章程的绝对必要记载事项,也是公司登记的绝对事项。因名称须符合单一性要求(《公司登记条例》第 11 条),且名称不能在公司存续期间与公司分离转让或许可他人使用,故其变更须经法定程序,且应符合有关名称结构、语言、文字内容等要求。变更名称应自变更决议或决定之日起 30 日内申请变更登记(《公司登记条例》第 28 条)。如果仅是更名,或尽管以新名成立新的公司,若新老公司间存在承继关系,则新公司须为更名前公司承担债务。③ 而对于"借壳上市"的情况,虽然形式上公司名称发生改变,但前后公司并非同一主体,不是新旧主体的承继关系,不存在债务承接的问题。④

公司住所涉及诉讼管辖、债务履行、法律文书送达、登记管辖、涉外民商事法律关系中的法律选择等,也属绝对必要记载事项。但住所一般基于客观事实而非纯粹主观选择的结果,其变更须在事实变化的基础上。变更住所应在迁入新住所之前申请变更登记,并提交新住所使用证明。公司变更住所跨公司登记机关辖区的,应当在迁入新住所前向迁入地公司登记机关申请变更登记;迁入地公司登记机关受理的,由原公司登记机关将公司登记档案移送迁入地公司登记机关(《公司登记条例》第 29 条)。

2. 公司的经营范围

经营范围通常被认为能决定公司权利能力和行为能力的深度和广度,属应记载事项。但公司超越经营范围的行为并非一律视为无效。基于鼓励交易以及企业经营多元化的客观要求,经营范围对于公司的制约作用逐渐降低,一些国家允许公司可在章程中设定从事一切合法行为,对于这些公司来说,经营范围一般不需要变更。在我国,公司的经营范围由公司章程规定,并依法登记。公司可以修改公司章程,改变经营范围,但是应当办理变更登记。

---

① 有些国家如英国对于章程中的注册地所在国条款等不能做变更。可参见朱羿锟:《商法学——原理·图解·实例》,第 282—283 页。
② 于绝对必要记载事项、相对必要记载事项和任意记载事项之解释,可参见王作全:《公司法学》,第 244 页。
③ 最高人民法院在三九企业集团与中国工商银行哈尔滨北环支行借款合同纠纷上诉案中指出:无论是纯粹的更名,或是注销原法人,成立新法人,主体之间的债权债务关系均没有发生变化。所成立的新的法人资产也是从原法人承接而来,其承担前一主体债务的责任不能免除。可参见徐强胜:《公司纠纷裁判依据新释新解》,第 42 页。
④ 在中国长城资产管理公司济南办事处与中国重汽集团济南卡车股份有限公司、山东小鸭集团有限责任公司借款抵押合同纠纷案中,即作这般认定。可参见徐强胜:《公司纠纷裁判依据新释新解》,第 42—43 页。

公司变更经营范围的,应当自变更决议或者决定作出之日起30日内申请变更登记;变更经营范围涉及法律、行政法规或者国务院决定规定在登记前须经批准的项目的,应当自国家有关部门批准之日起30日内申请变更登记。公司的经营范围中属于法律、行政法规或者国务院决定规定须经批准的项目被吊销、撤销许可证或者其他批准文件,或者许可证、其他批准文件有效期届满的,应当自吊销、撤销许可证、其他批准文件或者许可证、其他批准文件有效期届满之日起30日内申请变更登记或者依规定办理注销登记(《公司法》第12条、《公司登记条例》第32条)。

3. 注册资本

注册资本是公司存续和运营的物质基础,是公司设立时的必备要素,属应记载事项。但"完全依赖注册资本维护交易安全在很大程度上是一个误解,在实践中,将公司的清偿能力完全寄托于公司资本实际上是一种虚幻"[1]。资本增加对债权人有利,但也影响到股权结构,而减少资本则使债权人面临更大风险,故资本变更须依法进行。依据我国法律,公司需要减少注册资本时,必须编制资产负债表及财产清单。公司应当自作出减少注册资本决议之日起10日内通知债权人,并于30日内在报纸上公告。债权人自接到通知书之日起30日内,未接到通知书的自公告之日起45日内,有权要求公司清偿债务或者提供相应的担保(《公司法》第177条)。有限责任公司增加注册资本时,股东认缴新增资本的出资,依设立有限责任公司缴纳出资的有关规定执行。股份有限公司为增加注册资本发行新股时,股东认购新股,依设立股份有限公司缴纳股款的有关规定执行(《公司法》第178条)。

4. 股东的姓名或名称

根据法律、行政法规之规定,公司应当将股东的姓名或者名称向公司登记机关登记;登记事项发生变更的,应当办理变更登记。未经登记或者变更登记的,不得对抗第三人(《公司法》第32条第3款)。有限责任公司变更股东的,应当自变更之日起30日内申请变更登记,并应当提交新股东的主体资格证明或者自然人身份证明。有限责任公司的自然人股东死亡后,其合法继承人继承股东资格的,公司应当依前述程序申请变更登记。有限责任公司的股东或者股份有限公司的发起人改变姓名或者名称的,应当自改变姓名或者名称之日起30日内申请变更登记(《公司登记条例》第34条)。依据相关司法解释,冒用他人名义出资并将该他人作为股东在公司登记机关登记的,冒名登记行为人应当承担相应责任;股东不能以其仅为名义股东而非实际出资人为由进行抗辩,名义股东承担赔偿责任后,可向实际出资人追偿(《公司法解释三》第26、28条)。

5. 股东的出资方式和出资额

股东的出资涉及出资的有效性、股东权益及是否存在填补责任等。对出资方式变更,法律未作具体规定。但无论采取何种方式,都须使方式本身符合法律规定,即只能采取法律所允许的货币以及实物、知识产权、土地使用权等可以用货币估价并可以依法转让的非货币财产等方式(《公司法》第27、82条)。股东可以变更出资额。因除法律规定的特殊情形外,股东不能撤回出资,股东出资额的变更主要表现为增加出资额(认购新股等)或通过转让来变更出资额。对于发起人而言,其出资额尚须符合法律规定的比例、缴纳期限等要求。在公司设立阶段股东一般不能变更所认缴出资额,否则将承担违约责任。依法律规定,股东持股达

---

[1] 施天涛:《公司资本制度改革:解读与辨析》,载《清华法学》2014年第5期。

一定比例时还应公示。

6. 股东转让出资的条件

法律对出资转让已作具体规定(《公司法》第71—75条、第137—145条),故属相对必要记载事项。其变更只要不与强制性规定相冲突,应当允许。但在章程中所规定的转让条件不得比法律规定更宽松,章程可细化转让条件,起到对法律规定的拾遗补缺作用。

7. 公司的法定代表人

公司法定代表人依公司章程的规定,由董事长、执行董事或者经理担任,并依法登记。公司法定代表人变更,应当办理变更登记(《公司法》第13条)。此事项变更的,应自决议或决定之日起30日内申请登记(《公司登记条例》第30条)。且应符合高级管理人员资格限制及竞业禁止等的规定(《公司法》第146—148条)。

至于公司的机构及其产生办法、职权、议事规则,公司解散事由和清算办法,股东的权利与义务,公司利润分配办法,公司的通知和公告办法等事项的变更,法律多有明确规定,故属于相对必要记载事项。对此,有法律严格规定的须在限度内变更;对于法无明文规定的,可自行变更,但需符合公序良俗原则。

三、公司章程变更的程序

1. 公司章程变更议案的提出

公司章程变更的议案应由具有提案权的主体提出。《公司法》对此虽未明确规定,但享有召开股东(大)会定期会议或临时会议提议权的主体也得享公司章程变更之提案权。具体为:(1)依公司章程得享提议权的主体;(2)有限责任公司代表1/10以上表决权的股东,1/3以上的董事,监事会或者不设监事会的公司的监事(《公司法》第39条)。(3)股份有限公司的董事会、监事会、连续90日以上单独或者合计持有公司10%以上股份的股东(《公司法》第101条),单独或者合计持有公司3%以上股份的股东(《公司法》第102条第2款)。

2. 股东会、股东大会决议

对于公司章程的修改主体,各国有不同规定[①],但均允许股东(大)会予以修改。依我国法律之规定,修改章程是股东(大)会的一项法定职权(《公司法》第37条第10项、第99条)。基于章程的重要性,变更章程为特别决议(《公司法》第43条第2款、第103条第2款)。需注意的是,公司持有的本公司股份没有表决权。章程涉及类别股东权益变化[②],还应征得类别股东的同意(《到境外上市公司章程必备条款》第79、80条)。有限责任公司修改公司章程时,除非公司章程另有规定或全体股东另有约定之外,必先于会议召开15日前通知全体股东,并且应对修改公司章程之决定作成会议记录,出席会议的股东应在会议记录上签名(《公司法》第41条)。对于股份有限公司而言,应当将股东大会会议召开的时间、地点和审议的事项于会议召开20日前通知各股东;临时股东大会应当于会议召开15日前通知各股东;发行无记名股票的,应当于会议召开30日前公告会议召开的时间、地点和审议事项(《公司法》

---

① 对公司章程的修改主体,除准许股东修改外,还有允许董事会做微调以及准许法院以裁判方式进行必要之修改。详见朱羿锟:《商法学——原理·图解·实例》,第282页。

② 所谓类别股东,依《到境外上市公司章程必备条款》第78条之规定,持有不同种类股份的股东,为类别股东。类别股东依据法律、行政法规和公司章程的规定,享有权利和承担义务。

第 102 条第 1 款)。股东大会应当对修改公司章程的决定作成会议记录,主持人、出席会议的董事应当在会议记录上签名。会议记录应当与出席股东的签名册及代理出席的委托书一并保存(《公司法》第 107 条)。

3. 登记或备案

公司未经核准变更登记不得擅自改变登记事项。故章程变更后应向原公司登记机关申请变更登记(《公司登记条例》第 26 条),并提交公司法定代表人签署的变更登记申请表、变更决议或者决定、由公司法定代表人签署的修改后的公司章程或者公司章程修正案以及国家工商行政管理总局规定要求提交的其他文件(《公司登记条例》第 27 条)。公司章程修改未涉及登记事项的,公司应将修改后的章程或者章程修正案送原公司登记机关备案(《公司登记条例》第 36 条)。未按规定办理有关变更登记的,由公司登记机关责令限期登记;逾期不登记的,处以 1 万元以上 10 万元以下的罚款。其中,变更经营范围涉及法律、行政法规或者国务院决定规定须经批准的项目而未取得批准,擅自从事相关经营活动,情节严重的,吊销营业执照。公司未依规定办理有关备案的,由公司登记机关责令限期办理;逾期未办理的,处以 3 万元以下的罚款(《公司登记条例》第 68 条)。但须注意的是,公司章程的订立或变更并非以工商登记为生效要件,而是对抗要件。股权转让后尚未向公司登记机关办理变更登记,原股东将仍登记于其名下的股权转让、质押或者以其他方式处分,受让股东以其对于股权享有实际权利为由,请求认定处分股权行为无效,人民法院可以参照《物权法》第 106 条有关善意取得的规定处理。原股东处分股权造成受让股东损失,受让股东请求原股东承担赔偿责任、对于未及时办理变更登记有过错的董事、高级管理人员或者实际控制人承担相应责任的,人民法院应予支持;受让股东对于未及时办理变更登记也有过错的,可以适当减轻上述董事、高级管理人员或者实际控制人的责任(《公司法解释三》第 27 条)。

4. 公示

公司登记机关应当将公司登记、备案信息通过企业信用信息公示系统向社会公示(《公司登记条例》第 55 条)。变更后公司应按法律对不同事项的要求履行通知或公告的义务,以维护第三人利益。根据《信息公示条例》之规定,工商行政管理部门应就与章程变更的注册登记、备案等信息自产生之日起 20 个工作日内予以公示(《信息公示条例》第 6 条)。

四、公司章程变更的效力

公司章程依法变更后按新记载事项发生效力。至于是在股东会、股东大会决议后还是变更登记后生效,尚存争议。[①] 我们认为应区分事项,原则上变更章程自股东会、股东大会决议后生效,但对于法律规定应经过批准的事项,经批准后生效。同时,对于一些事项而言,登记仅是对抗要件。章程变更按一般原则没有溯及力。投资人不得主张变更前的权利,公司也不得以变更后的事项对抗既存法律关系。

一些国家对未参加章程修改决议的股东赋予退出权。我国仅对于一些具体而重大事项变更的,赋予相应的退出权,而并未在抽象意义上赋予未参加章程修改的股东退出权。对于公司章程变更中实体内容的限制,我国法律并未明确规定,但依法理,应存如下限制:第一,公司章程的变更不得删除绝对必要记载事项;第二,非经股东同意,不得变更该股东的既得权;第三,非经股东同意,不得为股东设定新义务;第四,非经股东一致同意,不得为部分股东

[①] 有学者即认为变更章程原则上只须经股东会之决议即发生效力,书面更正只是变更章程生效后的程序而已。可参见柯芳枝:《公司法论》,第 409 页。据《意大利民法典》第 2437 条之规定,其章程变更以登记为生效要件。

设定新权利。①

【相关案例】10-1　姓名被记载在公司章程上而未签署章程未出资的自然人不具备股东资格②

2007年尹某与刘某共同发起并经登记成立统领公司。在股东名册中,记载为刘某认缴21万元,尹某认缴10万元。制定的公司章程中约定"召开股东会会议,应当于会议召开15日以前通知其他股东"。上述成立公司中所有文件上尹某签名均是由刘某代签;尹某出资也是由刘某借用他人的资金而出资。2011年6月2日,在刘某未通知尹某的情况下,召开公司股东会会议,并形成增加其他五人为股东,将公司注册资金增加至100万元的股东会决议。其中尹某的出资转让给崔某,并签订了出资转让协议,在股东会决议及转让协议中尹某的签名同样系由刘某代签。修改后的公司章程载明统领公司由刘某、崔某等6方共同出资。后工商局根据刘某的变更登记申请及材料办理了公司变更登记。2011年8月29日,刘某通知尹某补交10万元的投资款。2012年1月8日,刘某通知尹某于2012年1月28日召开股东会,因尹某没有到会而没有开会。尹某认为股东会的会议召集程序、表决方式违反法律和公司章程,决议内容违反法律。据此请求撤销公司于2011年6月2日作出的股东会决议和章程修正案,恢复其股东身份。一审法院驳回原告尹某的诉讼请求,确认尹某不具备统领公司的股东资格。二审中,尹某撤回上诉,一审判决发生法律效力。

【相关案例】10-2　公司章程变更的生效时间

A公司设立时股东为张三、李四、王五和B公司,法定代表人张三,李四同时为B公司法定代表人。张三、李四、王五和B公司持股比例分别为40%、32%、14%、14%。2008年A公司拟增资扩股,约定由赵六出资。后赵六、张三、李四签署A公司章程,其中载明赵六认缴出资510万元,占公司注册资本的30%。2010年张三向赵六补写了借条,内容为:"借到赵六510万元,此款已打入A公司账户,由A公司承担利息和本金归还,期限为一年半,若到期未能偿还作为资本债转为公司股金。"2011年A公司作出账务自查结论,注明"实收赵六资本金510万元"。期间,张三向赵六账户内分次打入110万元、400万元。赵六请求确认其系A公司出资510万元的股东。一审法院认为A公司出具的借条将原本的投资转变为借款。二审法院认定为借款法律关系,且A公司增资后并未申请变更登记,将赵六的510万元当作借款,并非抽逃出资。再审认为,赵六已取得A公司股东身份。虽然A公司章程规定:"本章程经公司登记机关登记后生效",但同时规定"本章程于2008年8月10日订立生效"。该章程虽未在工商部门登记,但在同一章程对其生效时间的规定前后不一致时,只能根据法律对章程的生效问题作出认定。而依《公司法》规定,公司股东变更未办理变更登记的,变更事项并非无效,而仅是不具有对抗第三人的法律效力。据此确定赵六具有股东资格。

---

① 详见范健、王建文:《公司法》,第215页。
② 案例摘编自河南省驻马店市中级人民法院(2012)驻民四终字第78号。

第二节　注册资本的变更

一、增加资本

（一）增加资本的意义与方法

增加资本是指公司为筹集资金等目的，依法定条件和程序增加公司资本总额的法律行为。其目的与意义主要有：(1) 筹集资金，扩大经营规模；(2) 保持营运资金，减少股东收益分配；(3) 调整股东结构及持股比例；(4) 公司吸收合并；(5) 增强公司实力。[1]

有限责任公司增加资本主要通过增加新股东、增加出资额以及既增加新股东又增加出资额等三种方式。股份有限公司则主要采取四种方式：一是在不改变每股金额的情况下增发股份；二是不改变股份总数而增加每股金额；三是既增加股份总数又增加每股金额；四是将公司公积金转增为资本。

（二）增加资本的条件

增加资本对公司及债权人有利，故各国限制性规定较少。但公司不能随意增减资本，须符合法律规定的条件和程序。增加资本的条件因公司形式而有不同规定：

1. 有限责任公司增加资本的条件

有限责任公司增加资本时只要不突破股东人数的最高限制，可自由进行。有限责任公司股东认缴新增资本的出资，应依《公司法》设立有限责任公司缴纳出资的有关规定执行（《注册资本登记规定》第10条）。有限责任公司新增资本时，股东有权优先按照实缴的出资比例认缴出资。但是，全体股东约定不按照出资比例分取红利或者不按照出资比例优先认缴出资的除外（《公司法》第34条）。

2. 股份有限公司增加资本的条件

股份有限公司增加资本的条件相较而言比较严格。股份有限公司的股东认购新股，首先应当依《公司法》设立股份有限公司缴纳股款的有关规定执行。以公开发行新股方式或者上市公司以非公开发行新股方式增加注册资本的，还应当提交国务院证券监督管理机构的核准文件（《注册资本登记规定》第10条）。将法定公积金转增为资本时，所留存的该项公积金不得少于转增前公司注册资本的25%（《公司法》第168条第2款）。在采用最主要的增发新股的方式时，按照《证券法》之规定，公司公开发行新股时须具备以下条件：(1) 具备健全且运行良好的组织机构；(2) 具有持续盈利能力，财务状况良好；(3) 最近三年财务会计文件无虚假记载，无其他重大违法行为；(4) 经国务院批准的国务院证券监督管理机构规定的其他条件。上市公司非公开发行新股，应当符合经国务院批准的国务院证券监督管理机构规定的条件，并报国务院证券监督管理机构核准（《证券法》第13条）。

（三）增加资本的程序

其大致程序为：

1. 董事会制定方案（《公司法》第46条第6项、第67条、第108条第4款）
2. 股东会、股东大会决议

---

[1] 赵旭东：《公司法学》，第183页。

对董事会提交的公司增减资本的方案股东会、股东大会具有作出决议的职权(《公司法》第37条第7项、第99条)。并且此项决议属于特别决议(《公司法》第43条第2款、第103条第2款)。股东大会对于增加资本事项的决定应作成会议记录,主持人、出席会议的董事应当在会议记录上签名。会议记录应当与出席股东的签名册及代理出席的委托书一并保存(《公司法》第107条);对于不设股东会的国有独资公司而言,增加资本由国有资产监督管理机构决定(《公司法》第66条)。

3. 增资方案的实施

对于不通过公开发行新股来增加资本的公司而言,只需依股东大会的决议实施即可。有限责任公司增加注册资本时,股东认缴新增资本的出资,依设立有限责任公司缴纳出资的有关规定执行。股份有限公司为增加注册资本发行新股时,股东认购新股,依设立股份有限公司缴纳股款的有关规定执行(《公司法》第178条、《公司登记条例》第10条)。而公开发行证券,必须符合法律、行政法规规定的条件,并依法报经国务院证券监督管理机构或者国务院授权的部门核准;未经依法核准,任何单位和个人不得公开发行证券(《证券法》第10条第1款)。公司公开发行新股,应当向国务院证券监督管理机构报送募股申请和公司营业执照、公司章程、股东大会决议、招股说明书、财务会计报告、代收股款银行的名称及地址、承销机构名称及有关的协议、保荐书等文件(《证券法》第14条);国务院证券监督管理机构依法定条件负责核准股票发行申请(《证券法》第23条)。在自受理证券发行申请文件之日起3个月内,依法定条件和法定程序作出予以核准或者不予核准的决定(《证券法》第24条)。申请经核准,公司必须公告新股招股说明书和财务会计报告,并制作认股书(《公司法》第134条第1款),证券发行申请经核准,发行人应依法在证券公开发行前,公告公开发行募集文件,并将该文件置备于指定场所供公众查阅(《证券法》第25条)。发行人向不特定对象公开发行的证券,法律、行政法规规定应当由证券公司承销的,发行人应当同证券公司签订承销协议(《证券法》第28条、《公司法》第134条第2款、第87条),同银行签订代收股款协议(《公司法》第134条第2款、第88条)。

4. 修改章程

基于增加资本要改变注册资本的数额,故须修改章程(公司章程的修改可详见本章第一节之相关内容)。

5. 变更登记

公司增加注册资本的,应自变更决议或者决定作出之日起30日内申请变更登记(《公司登记条例》第31条)。公司发行新股募足股款后,须向公司登记机关办理变更登记并公告(《公司法》第136条)。公司登记事项发生变更时,未依规定办理有关变更登记的,由公司登记机关责令限期登记;逾期不登记的,处以1万元以上10万元以下的罚款。其中,变更经营范围涉及法律、行政法规或者国务院决定规定须经批准的项目而未取得批准,擅自从事相关经营活动,情节严重的,吊销营业执照。公司未依规定办理有关备案的,由公司登记机关责令限期办理;逾期未办理的,处以3万元以下的罚款(《公司登记条例》第69条)。

二、减少资本

(一)减少资本的目的与方法

减少资本是指公司基于自身需要而依法定条件和程序减少资本总额的法律行为。其目的主要为缩小经营规模或停止经营项目、减少资本过剩、实现股利分配、缩小资本与净资产差距及公司分立等目的。①

有限责任公司减少资本主要采取减少出资额(按比例减少每个股东的出资额或仅减少个别股东出资额)和减少股东人数的方式。按减资是否影响公司资产的性质和结构还可具体分为返还出资的减资、免除出资义务的减资以及销除股权的减资等形式。② 股份有限公司既可采取减少股份总数的方式,也可减少股份金额,还可二者并用。

(二)减少资本的条件和程序

就减资条件而言,法律、行政法规以及国务院决定规定公司注册资本有最低限额的,减少后的注册资本应当不少于最低限额(《注册资本登记规定》第11条第2款)。

减少资本的程序主要为:(1)董事会制定减资方案(《公司法》第46条第6项、第67条第1款、第108条第4款)。(2)编制资产负债表及财产清单(《公司法》第177条第1款)。(3)股东会、股东大会决议(同于增资程序中的相应规定)。(4)修改章程(同于增资程序中的相应规定)。(5)通知、公告。公司应自作出减资决议之日起10日内通知债权人,并于30日内在报纸上公告,债权人自接到通知书之日起30日内,未接到通知书的自公告之日起45日内,有权要求公司清偿债务或提供相应的担保(《公司法》第177条第2款)。不按规定通知或公告债权人的,由公司登记机关责令改正,处以1万元以上10万元以下的罚款(《公司登记条例》第70条第1款)。(6)变更登记。公司减少注册资本的,应当自公告之日起45日后申请变更登记,并应当提交公司在报纸上登载公司减少注册资本公告的有关证明和公司债务清偿或者债务担保情况的说明(《公司登记条例》第31条第2款)。有限责任公司依据《公司法》第74条的规定收购其股东的股权的,应当依法申请减少注册资本的变更登记(《注册资本登记规定》第12条)。公司注册资本发生变动,公司未按规定办理变更登记的,由公司登记机关依《公司登记条例》的相关规定予以处理(《注册资本登记规定》第18条),即应当承担前述《公司登记条例》第69条所规定的法律责任。

【相关案例】10-3　增资决议的效力③

国企川南商业于1998年经有关部门批准将企业改制为川南百货有限公司,注册资本150万元。原管理层人员宋某认购45万元,李某、王某、周某各认购20万元,其余45名职工各认购1万元。公司成立后签发了出资证明书。宋某任公司董事长兼总经理,李某、王某为公司董事,周某任监事会主席兼财务负责人。2001年,公司召开董事会,决定将注册资本增加为300万元,周某列席了董事会,并表示同意。会后,董事会下发文件称:本次增资计划经具有公司2/3以上表决权的股东表决通过,可以实施。同年4月,公司注册资本增加为300万元。增加部分的注册资本除少数职工认购了30万元外,其余120万元由宋某、周某、李某、王某平均认购,此次增资进行了工商登记。同年10月,王某与其妻蓝某协议离婚,蓝某要求补偿。王某遂将其所持股权的50%根据协议抵偿给蓝某,董事会批准了该协议。2003

---

① 赵旭东:《公司法学》,第186页。
② 范健、王建文:《公司法》,第298页。
③ 本案例来源:2005年国家司法考试真题卷四第4题。

年 5 月,川南公司因涉嫌偷税被立案侦查。侦查发现:除王某外,宋某、周某、李某在 1998 年改制时所获得的股权均是挪用原川南商业的资金购买,且 2001 年公司增资时,四人均未实际出资,而是以公司新建办公楼评估后资产作为增资资本,并分别记于个人名下。同时查明,偷税事项未经过股东会讨论,而是董事会在征得周某同意后决定实施的。后法院判决该公司偷税罪成立,判处公司罚金 140 万元,宋某等亦被判处相应的刑罚。

【相关案例】10-4　股东有按其出资比例认购公司新增资本的优先权利[①]

1997 年由装卸公司等共同出资成立黔峰公司。2000 年政府作出批复将黔峰原国家股权代表由装卸公司变更为友谊集团。因资金不足,友谊集团同意捷安公司出资并以友谊名义代购黔峰股份 9%,以后适时办理更名手续。此后,捷安相关人员进入了黔峰董事会。2005 年黔峰召开股东会并形成会议纪要载明:友谊将股份转让给捷安后,退出股东会和董事会。为完善股权登记手续,友谊与捷安于 2007 年 2 月签订股权转让协议,4 月在国资委批复同意下,黔峰制作了公司变更登记申请书,后因股东之间就增资扩股事宜发生争议,变更登记事项被搁置。2007 年黔峰召开临时股东会,拟引入战略投资者,结果为赞成 91%,反对 9%(捷安反对)。同日,捷安向黔峰提交意见备忘录,表明其除应按出资比例优先认缴出资外,还要求对其他股东放弃的认缴份额行使优先认购权。该请求未获其他股东及黔峰公司同意。为此,捷安以侵犯其优先认购权为由,向法院提起诉讼。另查明,黔峰原始章程规定,股东会对公司增加注册资金作出决议,必须经过代表 2/3 以上表决权的股东通过。但章程对公司增资时出资份额的认缴问题未作规定。一审确认捷安为黔峰股东,但驳回主张对其他股东放弃的增资扩股出资份额享有优先认购权之诉讼请求。二审维持,捷安再审申请也被驳回。

第三节　公司组织形式的变更

一、公司组织形式变更的意义

公司组织形式变更是指不消灭公司资格,而使组织体从现存法定形式变为其他法定形式的法律行为。因其重要性,多数国家都作了规定,甚至有专门立法。

公司组织形式变更的意义在于:(1) 适应市场需要、提高公司应变能力。组织形式的变更可使公司迅速作出反应,并能突破组织体束缚。如有限责任公司需要更多资本支持而受限于股东人数时,借此可达目的且不致在消灭与重建中丧失市场机会。(2) 降低成本、节约社会资源。公司组织形式变更是一种不中断法人资格的法律行为,即不经过解散、清算、重设等程序,故能避免如上环节中所要支付的费用,能使社会资源得到有效运用。(3) 利于公

---

① 本案例摘编自最高人民法院"贵州捷安投资有限公司与贵阳黔峰生物制品有限责任公司等股权确权及公司增资扩股出资份额优先认购权纠纷申请再审案"。

司发展及维护社会利益。若无此制度,良好商誉的中断及国家对公司扶持、培育的成本付之东流便很有可能;平稳转换也有利于维护职工及社会公共利益,促进经济秩序的稳定和发展。

二、我国公司组织形式变更的形式

《公司法》只规定了两种公司形式,因而组织形式的变更主要表现为有限责任公司与股份有限公司之间的转换。基于国有独资公司、一般有限责任公司以及一人公司在组织体方面存在的差异,从广义上而言,有限责任公司内部的这三种表现形式之间的转换,也应视为组织形式的变更。① 而在国外,有些国家采限制主义,规定组织形式的变更只能在性质相似的公司之间展开,而有些国家则采自由主义,由公司自由决定其组织形式的变更。② 由于一些国家公司样态丰富,变更形式也相应较多,同时,一些国家公司组织形式之变更并不限在公司法所确认的形态之中。③

三、公司组织形式变更的条件和程序

(一)有限责任公司变更为股份有限公司的条件与程序

有限责任公司变更为股份有限公司,应当符合法律规定的股份有限公司的条件(《公司法》第 9 条第 1 款),即应当有 2 人以上 200 人以下为发起人,其中须有半数以上的发起人在中国境内有住所;有符合公司章程规定的全体发起人认购的股本总额或者募集的实收股本总额;股份发行、筹办事项符合法律规定;发起人制订公司章程,采用募集方式设立的经创立大会通过;有公司名称,建立符合股份有限公司要求的组织机构;有公司住所(《公司法》第 76、78 条)。并且所折合的实收股本总额不得高于公司净资产额;为增加资本公开发行股份时,应当依法办理(《公司法》第 95 条);原公司的债权债务由变更后的公司承继(《公司法》第 9 条第 2 款)。

有限责任公司变更为股份有限公司的,其主要程序为:(1)由董事会提出变更方案(《公司法》第 46 条第七项)。(2)股东会特别决议(《公司法》第 37 条第九项、第 43 条)。(3)签订发起人协议(《公司法》第 79 条)。(4)出资、股份认缴、募股等(《公司法》第 82—89 条)。(5)修改公司章程、通知债权人。(6)召开股东大会或创立大会(《公司法》第 89、90 条)。(7)由董事会在规定的期限内向公司登记机关申请变更登记,并提交法定代表人签署的登记申请书、公司章程、验资证明等法律法规要求提交的文件(《公司登记条例》第 33、21 条)。

(二)股份有限公司变更为有限责任公司的条件与程序

股份有限公司变更为有限责任公司,应当符合法律规定的有限责任公司的条件(《公司法》第 9 条第 1 款),即股东应在 50 人以下;有符合公司章程规定的全体股东认缴的出资额;

---

① 由于"公司组织形式变更"这一概念应指"公司组织",因而不包括公司与其他企业组织形态间的变更。而从原初意义上讲,凡是改变现存公司组织形式的所有表现,都应视为公司组织形式的变更。有学者即认为从广义上而言,有限责任公司与股份有限公司可以其全体股东之同意而变更为普通合伙企业或有限合伙企业,并认为这类变更中,债权人的利益不仅不受影响,反而享有更大程度的交易安全。可参见刘俊海:《现代公司法》,第 540—541 页。

② 可详见范健、王建文:《公司法》,第 447—448 页。

③ 典型者如德国,可见该国《公司改组法》第 226、272 条之规定。条文详见《德国股份法·德国有限责任公司法·德国公司改组法·德国参与决定法》,杜景林、卢谌译,中国政法大学出版社 2000 年版,第 295 页—312 页。

股东共同制定公司章程,有公司名称,建立符合有限责任公司要求的组织机构;有公司住所(《公司法》第 23 条、第 24 条)。由于股份有限公司具有鲜明的资合性特点,为使变更为有限责任公司的原股份有限公司能够合乎有限责任公司一定程度上人合性的特点,股份有限公司须回购股份以使股东人数符合有限责任公司的规定。同时,变更后的有限责任公司不适宜发行公司债的,须在公司债清偿后实行变更。原公司的债权债务由变更后的公司承继(《公司法》第 9 条第 2 款)。

就程序而言,股份有限公司变更为有限责任公司时,亦应经过方案的提出、股东大会决议等程序,同时通知债权人、完成公司债的清偿及股票的收买、修改章程及变更股东名册等事项,若涉及减资以及变更登记事宜的应符合相关规定。

(三) 有限责任公司范畴内公司间的变更

此类变更应当包括国有独资公司与一般有限责任公司间、国有独资公司与一人公司间、一般有限责任公司与一人公司间。以上公司之间的形式变更在法律中并未予以规定和规范。虽然这些公司在组织形式上都属于有限责任公司,而且这些隶属于有限责任公司的类型,并不是作为独立的公司组织形式。其变更也可视为内容的变更而非形式的变更。但我们认为,基于以下理由,这类变更的规范也极具有价值和意义。首先,在国有股减持、国有资本退出竞争领域,不与民争利的改革趋势中,国有独资公司通过转让等形式较为平和地变更为一般有限责任公司或者一人公司不仅是合乎情理的,也应当具有合法性。一般有限责任公司、一人公司基于国家需要或因股权内部转让而改建或事实上成为国有独资公司,一般有限责任公司基于成员、股权变动而成为事实上的一人公司等情形都是现实表现,同样也应当为法律所确认和规范。其次,从现有的法律规定看,由于并未关注这类公司形式变更问题,所以在变更中较难保护国有资产。尤其从《公司法》第 66 条的规定来看,对于公司组织形式变更的问题,并未列入国有资产监督管理机构所保留的决定权中,从而可成为董事会可得行使的一项职权,这一规则的疏漏无疑增大了国有资产流失的风险,有必要加以防范。最后,不确认这类公司组织形式间的可变更性,则只能借助公司终止与公司重新设立等制度来达到同一目的。但无疑要花费相对过多的成本,从资源合理配置的市场经济之要求来看,显然是不合时宜的。

国有独资公司变更为一般有限责任公司的,应符合一般有限责任公司股东人数以及组织机构等方面的法律规定,并应由国有资产监督管理机构决定以及履行相应的变更登记程序。一般有限责任公司变更为一人公司或国有独资公司、一人公司变更为一般有限责任公司或国有独资公司以及国有独资公司变更为一人公司等都应符合变更后公司的法定条件。

四、公司组织形式变更的效力

公司组织形式的变更并非是另行设立新公司,因而公司法人资格不受影响。公司组织形式一经变更,变更后的公司概括承继变更前公司的权利义务。

于公司变更中因欠缺新公司组织形式法定条件或损害债权人利益者,将导致变更后公司的无效或被撤销。但此无效或被撤销,不同于公司设立之无效,并不导致公司解散而清算,而是复归为变更前的公司。[①]

---

① 可参见〔韩〕李哲松:《韩国公司法》,吴日焕译,第 105 页。

【相关案例】10-5　公司组织形式变更后对债务担保人的影响

2008年5月1日,甲公司与丙银行签署保证合同,承诺由甲公司作为保证人,对乙公司向丙银行申请贷款500万元及将来所负债务承担连带保证责任,借款期限2年。2009年2月10日,乙公司的公司形式变更为股份有限公司。同年4月10日,变更后的乙公司向丙银行再次借款100万,借期1年。2010年5月10日,乙公司向丙银行申请的两笔贷款期限届满,丙银行向乙公司多次催要无果,遂将甲公司作为连带保证人起诉至法院,要求甲公司承担给付责任。法院经审理认为:(1) 2008年5月1日,原告丙银行与被告甲公司签署的保证合同,是双方真实意思表示,且内容合法,应确认为有效合同,被告甲公司应当履行合同约定的义务,判决被告甲公司于判决生效后10日内向原告丙银行偿还借款本金500万元、利息25628元。(2) 2009年4月10日,乙公司向丙银行再次借款的100万元,并非由变更公司组织形式前的原乙公司承继,而是在乙公司变更公司组织形式后新发生的,因此被告甲公司作为原乙公司向原告丙银行申请贷款的连带责任保证人,对于变更后的乙公司所欠原告丙银行的债务不发生任何保证效力。原告丙银行无权要求被告甲公司承担连带责任,只能向乙公司依法求偿。

第四节　公司合并与分立

一、公司合并

(一)公司合并的意义

公司合并是指两个以上的公司基于法律规定或约定依法合为一个公司的法律行为。

其特征为:(1)公司合并是法人间的合并。在《公司法》对不同类型组织形式的公司合并未加禁止的情况下,公司合并既可在同类公司间展开,也可以在不同类公司间进行,同时,我国法律对于合并后公司之类型也未作限定,即有限责任公司与股份有限公司也可合并为有限责任公司,只要符合合并后公司的法律规定性即可。① 实践中也允许公司与其他企业法人间进行,但此类形式应视合并后的组织形式而受不同法律之调整。(2)公司合并是公司间在自愿基础上的协议行为,而非股东之间的行为。② 并且这一协议行为与合伙合同、公司设立协议相似,呈现权利义务的一致性而非交互性。(3)债权债务由合并后的公司承继,因而无须经过解散、清算程序,仅依合并程序就可消灭和变更主体。同时,合并前公司的股东资格并不消灭,而是在存续或新设公司中取得相应的股东资格,除非对公司合并持有异议的股东行使了退出权。

---

① 关于公司合并的种类限制问题,各国公司法规定不一。有的国家采"种类不受限制主义",即公司合作时不问拟合并的公司是否为同一责任形式;有的国家采"种类限制主义",即只允许同种类的公司合并,或者虽允许性质相似的公司合并,但对合并后公司类型作出限制。具体可详见毛亚敏:《公司法比较研究》,第314—315页。

② 这一契约行为一方面排除政府随意"拉郎配"的市场干预行为,另一方面也不排除政府依据反垄断的授权,为了维护公平竞争秩序而对公司合并予以行政审查,也不排除政府依据法律或行政法规的授权,为保护自然资源与生态环境而对小规模的采矿企业作出强制合并的行政决定。可参见刘俊海:《现代公司法》,第516—517页。

公司合并的意义主要为:(1) 公司合并可增强公司实力,进行规模经营;与竞业者的合并还可减少竞争对手并将其转化为自身经营的一部分,从而提高公司竞争能力,促进公司发展。(2) 合并是对现存资产的调整,利于国民经济的部门结构、产业结构调整在无须追加投资且波动较小的情形下实现。如同公司变更,也能降低成本,节约社会资源。(3) 公司通过合并,可扩大自己的产品销售市场,从而提高经营利润,减少投资风险。(4) 通过与高管理水平公司的合并,可使公司取长补短,提高管理水平,实现公司经营的合理化和科学化,从而使公司焕发活力。

(二) 公司合并的形式

依法律规定,公司合并分吸收合并和新设合并两种形式(《公司法》第 172 条第 1 款)。

1. 新设合并

新设合并又称创设合并。是指两个以上公司以消灭各自法人资格为前提而合并组成一个公司,并经重新设立登记后取得新法人资格的法律行为(《公司法》第 172 条第 2 款)。

2. 吸收合并

吸收合并又称存续合并。是指一个公司吸收其他公司并经变更登记后继续存在,其他公司则归于消灭的法律行为(《公司法》第 172 条第 2 款)。

(三) 公司合并的程序

1. 方案的提出

公司合并由合并各方董事会提出合并方案(《公司法》第 46 条第 7 项、第 67 条、第 108 条第 4 款)。

2. 方案的通过

合并方案应提交给股东会、股东大会讨论和决定(《公司法》第 37 条第 9 项、第 99 条)。公司合并属于股东会特别决议事项(《公司法》第 43 条第 2 款、第 103 条)[①],若有限责任公司股东以书面形式一致表示同意公司合并的,可以不召开股东会,直接作出决定,并由全体股东在决定文件上签名、盖章(《公司法》第 37 条第 2 款)。股份有限公司若发行了不同类别的股份,则公司合并决议尚需得到各类别股东以绝对资本多数决规则表示同意。须注意的是,公司的权力机关因公司的种类而有所不同,有关国有独资公司的合并必须由国有资产监督管理机构决定。国务院规定所确定的重要的国有独资公司合并应当由国有资产监督管理机构审核后,报本级人民政府批准(《公司法》第 66 条)。对于一人公司而言,自然由股东决定,但股东作出决定时,应当采用书面形式,并由股东签字后置备于公司(《公司法》第 61 条)。

3. 签订协议

报经批准后,合并各方在协商基础上签订书面协议,以对合并的宗旨、合并的原因、条件、合并后公司名称、住所、资产状况、债权债务处理办法、章程的拟定或修改、不同意合并的股东退股和收购、合并时间表等作出约定。

4. 资产负债表及财产清单的编制

公司应将现有资产明确记载于资产负债表中,同时按一定会计方法编制财产清单,注明

---

① 在国外存在的简易合并、小规模合并等形式中,省略了股东会、股东大会决议或股东决定的程序,简易合并主要适用于一些特定的公司如母子公司等。可参见〔韩〕李哲松:《韩国公司法》,吴日焕译,第 698—701 页;毛亚敏:《公司法比较研究》,第 315—316 页。

公司所有的动产、不动产、债权、债务及其他资产,以备债权人查阅。需注意的是,公司合并不需要经过清算程序。

5. 通知、公告

公司应自合并决议之日起10日内通知债权人①,并于30日内在报纸上公告。债权人自接到通知之日起30日内,未接到通知的自公告之日起45日内,可以要求公司清偿债务或提供担保(《公司法》第173条)。不按规定通知或公告债权人的,由公司登记机关责令改正,对公司处以1万元以上10万元以下的罚款(《公司法》第204条第1款)。

6. 实施合并

即合并股份、移交财产。吸收合并的可召开股东会,新设合并的应召集创立会,以完成合并事宜。

7. 办理变更登记

因合并而存续的公司因其登记事项发生变化的应申请变更登记,解散的公司应当申请注销登记,新设立的公司应当申请设立登记。公司应当自合并公告之日起45日后申请登记,提交合并协议和合并决议或者决定以及公司在报纸上登载公司合并公告的有关证明和债务清偿或者债务担保情况的说明。法律、行政法规或者国务院决定规定公司合并必须报经批准的,还应当提交有关批准文件(《公司法》第179条第1款、《公司登记条例》第38条)。若公司合并可能存有垄断情形时,尚须接受有关部门的反垄断审查程序。

(四)公司合并的效力

1. 主体资格变化的效力

新设合并的情况下,各合并方均须办理注销登记,新设立的公司则要办理设立登记;吸收合并时,被吸收的公司要进行注销登记,存续的公司办理变更登记(《公司法》第179条、《公司登记条例》第38条第1款)。

2. 股东资格承继的效力

公司合并时债权人有退出的权利,但合并前公司的股东一般在合并后成为存续公司或新设公司的股东,并且依合并合同换取合并后公司的股份或出资。股东因对股东大会作出的公司合并决议持异议,可以要求公司按照合理价格收购其股份(《公司法》第74、142条)。自股东会会议决议通过之日起60日内,有限责任公司的股东与公司不能达成股权收购协议的,股东可以自股东会会议决议通过之日起90日内向人民法院提起诉讼(《公司法》第74条)。超过此期限人民法院不予受理(《公司法解释一》第3条)。股份有限公司收购异议股东股份的,应当在6个月内转让或者注销(《公司法》第142条)。

3. 公司权利义务概括转移的效力

因合并而被注销的公司,其权利义务均转移给合并后的公司,合并后的公司不具有部分

---

① 但法律未具体规定通知何方债权人,尤其是在吸收合并的情况下,存续一方的债权人是否需要通知?仅通知了存续一方的债权人时应否承担责任?存续方的债权人能否要求清偿未到期的债务或要求提供担保?以上问题虽然可解释为理应通知各方债权人,但法律应作进一步明确之规定为宜。但无论如何,公司合并才有债权人保护的特殊程序规则,而公司分立只存在连带责任,是故不存在债权人救济问题。

接受或不接受的权利,只能全部承受。① 这种权利义务的承继不仅拘束合并中的公司当事人,对第三者也产生法律效力。依据我国法律之规定,当事人订立合同后合并的,由合并后的法人或其他组织行使合同权利,履行合同义务(《合同法》第 90 条)。同时,这种权利义务的概括转移不仅包括实体法上的权利义务,也包括程序法上的权利义务。

若公司违反强制性规定,存在非自愿、欠缺债权人保护程序、未订立合并协议及违反反不正当竞争法等情形时,利害关系人可通过法院或仲裁机关宣布无效。《公司法》规定,公司股东(大)会、董事会的决议内容违反法律、行政法规的无效。股东(大)会、董事会的会议召集程序、表决方式违反法律、行政法规或者公司章程,或者决议内容违反公司章程的,股东可以自决议作出之日起 60 日内,请求人民法院撤销。公司根据股东会或者股东大会、董事会决议已办理变更登记的,人民法院宣告该决议无效或者撤销该决议后,公司应当向公司登记机关申请撤销变更登记(《公司法》第 22 条)。

二、公司分立

(一) 公司分立的意义

公司分立是指一个公司基于法律规定或约定依法分为两个以上的公司的法律行为。对于公司分立的性质,国外学者认为不应从公司合并的本质——人格合一论推论出公司分立为人格之分立,其性质应为公司营业之分离。②

公司分立具有如下法律特征:(1) 公司分立是一种依法定程序变更公司的法律行为。公司分立后只是将公司分为两个以上的公司,而非将公司完全解散。是故公司分立原则上不影响股东资格,除非异议股东依法行使退股权。(2) 公司分立过程中,原公司为新公司的唯一发起人,即公司分立可因分立前公司单方意思表示而成立,但为贯彻反垄断法,政府亦有权依据法律授权采取强制拆分的反垄断措施。③ (3) 公司分立时的权利义务根据协议承担。

公司分立的意义主要为:(1) 便于专业化,使公司能适应市场的要求。即能适应专业化分工的要求,重新调整组织结构,并将一个公司分为多个法人,有利于分散经营风险,并使之轻装上阵,提高市场竞争力。(2) 无需经过清算,也不停止营业,利于经济秩序的稳定和发展。与公司合并相同,这种公司存在形态在较小波动下变化的方式,能低成本地满足市场需要,同样具有节约资源的意义。

(二) 公司分立的形式

1. 存续分立和解散分立

存续分立,又称派生分立。是指公司将其财产或营业的一部分依法分出,成立两个以上公司并使原公司存续的法律行为。解散分立,又称新设分立。是指公司将其全部财产进行分割,解散原公司并新设两个以上公司的法律行为。

---

① 由此可见,我国对于公司合并的性质是采取"人格合一说"。对于公司合并的性质,主要有"人格合一说""实物出资说""契约说"三种。详见覃有土:《商法学》,第 197—198 页。亦可参见〔韩〕李哲松:《韩国公司法》,吴日焕译,第 88 页以下。
② 参见同上书,第 713 页。
③ 刘俊海:《现代公司法》,第 523 页。

2. 自愿分立与强制拆分

自愿分立即是凭借公司自身意愿进行的分离,公司意志通常是通过股东(大)会决议体现。强制拆分是指有关机关(通常为政府,有些国家也表现为法院)依据法律授权并为反垄断等特定目的而对公司进行的非自愿分立情形。

(三) 公司分立的程序

公司分立程序与公司合并相类似,同样经过方案的提出;决议机关的决议;缔结分立协议;资产负债表及财产清单的编制;通知、公告;分割全部财产进而实施分立;办理变更登记等程序。其内容也大致相同,兹不赘述。但须注意的是,由于公司分立不涉及其他公司,因而程序相对比较简单。

(四) 公司分立的效力

1. 公司设立、变更、消灭的效力

新设分立的情况下,各新设公司均须办理设立登记,原公司须办理注销登记;派生分立时,被派生的公司要进行设立登记,存续的公司办理变更登记(《公司法》第179条、《公司登记条例》第38条第1款)。

2. 债务的承担

公司分立前的债务由分立后的公司承担连带责任。但是,公司在分立前与债权人就债务清偿达成的书面协议另有约定的除外(《公司法》第176条、《合同法》第90条)。根据相关司法解释,债权人向分立后的企业主张债权,企业分立时对原企业的债务承担有约定,并经债权人认可的,按照当事人的约定处理;企业分立时对原企业债务承担没有约定或者约定不明,或者虽然有约定但债权人不予认可的,分立后的企业应当承担连带责任。分立的企业在承担连带责任后,各分立的企业间对原企业债务承担有约定的,按照约定处理;没有约定或者约定不明的,根据企业分立时的资产比例分担(《企业改制相关纠纷解释》第12—13条)。当然,借公司分立而恶意逃避债务的行为无效。

3. 股东取得分立后存续或新设公司股份或出资的效力

股东在公司分立后依协议换取分立后公司的股份或出资。股东对公司分立持有异议的,可要求公司收购其股份。

【相关案例】10-6　公司分立,其财产作相应的分割[①]

会计师事务所注册登记成立时,法定代表人为张某。2006年工程造价公司注册登记成立,股东为张某、俞某等九人,法定代表人一直由张某担任。会计师事务所、工程造价公司虽分别记账,但在同一地点办公,仅有一套经营管理机构。2009年会计师事务所、工程造价公司共同召开股东大会,并作出决议,俞某当选董事长。工程造价公司搬离原办公地点。2007年会计师事务所两次共计划款300万元给工程造价公司。2009年2月至7月间,会计师事务所曾为张某支付了离职前的部分工资和社会保险费用。2009年工商局针对工程造价公司股东的虚假出资行为作出责令改正并罚款的处罚。后会计师事务所以工程造价公司为被

[①] 案例摘编自2012年上海市第一中级人民法院沪一中民四(商)终字第16号。

告提起诉讼,主张:(1)双方虽名为两个独立公司,但实为一个公司,因而需对所有者权益分割、返还;(2)主张工程造价公司存有固定资产占用费用问题;(3)要求工程造价公司归还借款300万元及相应利息的问题;(4)主张会计师事务所为工程造价公司法定代表人张某支付工资和社会保险费用等代付款的归还;(5)主张的品牌补偿款的问题。一审判决工程造价公司应返还会计师事务所借款,但驳回其他诉讼请求。二审维持原判。

第五节 公司解散与清算

一、公司解散

(一)公司解散的意义

公司解散是指公司因法律或章程规定的解散事由出现而停止营业并办理法人资格消灭的一种法律事实。对公司解散的概念,有认为解散即公司法人人格消灭之原因[1];有认为解散是公司法人人格消灭之程序。[2] 我们认为,公司终止和公司解散既有联系又有区别。公司解散是引起公司法人资格消灭的法律事实;公司终止则消灭公司法人资格的法律过程和法律结果。[3] 解散中的公司依然具有法人资格。对于公司解散与清算的关系,存有"先算后散"和"先散后算"两种主要制度。[4]

公司解散可分为自愿解散和强制解散。自愿解散即公司基于自身或股东的意思而消灭法人资格的行为;强制解散是指基于法律规定或有关机关的意思而消灭公司法人资格的行为。

公司解散的意义主要为:(1)公司解散能实现竞争者的新陈代谢,促使公司居安思危,调动公司技术革新与科学管理的积极性,提高公司经济效益。(2)公司解散制度能实现存量资本的有效利用,满足有活力的经济增长的需要,所以能优化资源配置。(3)此制度可促使公司行为规范化,避免公司损害社会利益。而且借助此制度可使公司在丧失存续基础时及时并最大公平地清偿债务,防止债权人面临更大风险。

(二)公司解散的事由

1. 自愿解散的原因

(1)章程规定的营业期满及章程规定的其他解散事由出现。根据《公司法》第25条之规定,在有限责任公司章程的记载事项中,并未明确要求公司解散事由,因而该事项属于任意记载事项;股份有限公司则应在章程中载明公司解散事由与清算办法(《公司法》第81条第10项),从而成为相对必要记载事项。但毋庸置疑的是,公司均可在章程中预先规定公司各种解散事由。依《公司法》规定,公司可因公司章程规定的营业期限届满或者公司章程规

---

[1] 可参见王保树:《中国商法》,第275页;刘俊海:《现代公司法》,第797页。
[2] 可参见覃有土:《商法学》,第205页。范健:《商法》,第204—205页。
[3] 有学者还认为应当区分公司终止与公司消灭,认为公司终止并非指公司法人资格的丧失,公司消灭才是公司法人资格的完全消失和灭亡。可参见同上书,第205页。
[4] 范健、王建文:《公司法》,第450—451页。

定的其他解散事由出现而解散(《公司法》第 180 条第 1 项)。当章程将营业期满或其他事由作为解散原因,而章程规定的营业期限届满或者章程规定的其他解散事由出现时,公司应当解散。但此种情形下,公司也可以通过修改公司章程而存续,公司若经修改章程而继续存续,在股东会对该项决议投反对票的股东可以请求公司按照合理的价格收购其股权(《公司法》第 74 条第 1 款第 3 项)。

(2) 股东(大)会决议解散或者一人有限责任公司的股东、外商投资的公司董事会决议解散终止。《公司法》规定公司权力机关可作出公司解散的决议(《公司法》第 37 条第九项、第 66 条、第 99 条),而且股东(大)会等的决议解散可作为公司解散的原因(《公司法》第 180 条第 2 项、《公司登记条例》第 42 条第 3 项)。除国有独资公司与一人公司之外,其余公司权力机关作此决议均为特别决议。

(3) 合并分立。须注意,吸收合并时被吸收的公司解散;新设合并下参与合并方均发生解散;新设分立时原公司须解散;而在派生分立的情形下不会发生解散。

2. 强制解散的原因

(1) 依法被吊销营业执照、责令关闭或者被撤销。依法律规定,公司虚报注册资本、提交虚假材料或采用其他欺诈手段隐瞒重要事实取得登记且情节严重的,应撤销公司登记(《公司法》第 198 条、《公司登记条例》第 64、65 条);公司成立后无正当理由超过 6 个月未开业的,或开业后自行停业连续 6 个月以上的,由公司登记机构吊销公司营业执照(《公司法》第 211 条、《公司登记条例》第 68 条)。[1] 同时,变更经营范围涉及法律、行政法规或者国务院决定规定须经批准的项目而未取得批准,擅自从事相关经营活动,情节严重的吊销营业执照(《公司登记条例》第 69 条);伪造、涂改、出租、出借、转让营业执照情节严重的,吊销营业执照(《公司登记条例》第 72 条);承担资产评估、验资或者验证的机构提供虚假材料或因过失提供有重大遗漏的报告的,可由有关主管部门依法责令该机构停业、吊销直接责任人员的资格证书,吊销营业执照(《公司登记条例》)。利用公司名义从事危害国家安全、社会公共利益的严重违法行为的,吊销营业执照(《公司登记条例》第 74、79 条)。

(2) 人民法院依法予以解散。《公司法》规定,公司经营管理发生严重困难,继续存续会使股东利益受到重大损失,通过其他途径不能解决的,持有公司全部股东表决权 10% 以上的股东,可以请求人民法院解散公司(《公司法》第 182 条)。可见,在出现公司僵局或大股东欺压行为等情形下人民法院可依法裁判。[2] 但出现上述情形时,人民法院并非主动依职权解散公司,而是须持有公司全部股东表决权 10% 以上的股东之请求。持有公司全部股东表决权 10% 以上的股东为请求也不是能必然启动司法解散程序,而是在"通过其他途径不能解决"时,才得适用强制解散。依相关司法解释,在下列情形下,单独或者合计持有公司全部股东表决权 10% 以上的股东并符合《公司法》第 182 条之规定时可提起解散公司诉讼:一是公司

---

[1] 对于吊销营业执照的法律后果,最高人民法院与国家工商行政管理总局的意见不一。工商行政管理部门坚持企业法人一经吊销营业执照即终止法人资格,无须办理注销登记;最高人民法院认为吊销营业执照系对违法企业法人的行政处罚,被吊销营业执照后的企业应依法进行清算,并于清算结束后办理了注销登记,企业法人才能归于消灭。可参见刘德权:《最高人民法院司法观点集成②》,第 899 页。

[2] 公司僵局即公司经营期间由于股东或董事之间的分歧致使公司机构无法运转,各方提议都不会被对方所认可从而出现经营管理方面的严重困难的情形;大股东欺压是指大股东通过对股东会及董事会或执行董事的控制直接控制公司事务,从而致使其他股东的利益受到重大损失的情形。参见顾功耘:《最新公司法解读》,第 174—175 页。

持续两年以上无法召开股东会或者股东大会,公司经营管理发生严重困难的;二是股东表决时无法达到法定或者公司章程规定的比例,持续两年以上不能作出有效的股东会或者股东大会决议,公司经营管理发生严重困难的;三是公司董事长期冲突,且无法通过股东会或者股东大会解决,公司经营管理发生严重困难的;四是经营管理发生其他严重困难,公司继续存续会使股东利益受到重大损失的。但股东以知情权、利润分配请求权等权益受到损害,或者公司亏损、财产不足以偿还全部债务,以及公司被吊销企业法人营业执照未进行清算等为由,提起解散公司诉讼的,人民法院不予受理(《公司法解释二》第1条)。

(3)破产。破产是公司有清偿不能之情势时,为使公司债权人得到最大公平受偿所进行的诉讼程序。① 依据《破产法》之规定,企业法人不能清偿到期债务,并且资产不足以清偿全部债务或者明显缺乏清偿能力的,依法清理债务(《破产法》第2条第1款)。破产程序终结时公司也随之消灭,但并非所有出现清偿不能或遭遇破产程序的公司都会终止。债权人、债务人或者出资额占债务人注册资本1/10以上的出资人,可以向人民法院申请重整(《破产法》第2条第2款、第70条),债务人可以直接向人民法院申请和解;也可以在人民法院受理破产申请后、宣告债务人破产前,向人民法院申请和解(《破产法》第95条)。经和解、整顿而更生的公司,都是可存续的公司。而公司被依法宣告破产的,公司清算组应当自公司清算结束之日起30日内向原公司登记机关申请注销登记(《公司登记条例》第42条)。

(三)公司解散的程序

公司解散的程序大致为:

(1)由董事会提出解散方案(《公司法》第46条第7项、第67条、第108条第4款)。

(2)权力机构决定。公司解散须经公司权力机构作出决定。多数公司中公司解散是属于股东会或股东大会决定之事项(《公司法》第37条第9项、第99条)。国有独资公司、一人公司有其特殊性(《公司法》第66条、第61条)。公司解散属于股东会特别决议事项(《公司法》第43条第2款、第103条)。若有限责任公司股东以书面形式一致表示同意公司解散的,可以不召开股东会,直接作出决定,并由全体股东在决定文件上签名、盖章(《公司法》第37条第2款)。

(3)依法成立清算组织,进行必要的清算程序(清算程序详见"公司清算"中的相关内容)。

(4)制作清算报告,依规定相应报送股东会、股东大会、人民法院、公司登记机关。公司清算结束后,清算组应当制作破产财产分配报告、清算报告,报股东会、股东大会或者人民法院确认,并提请人民法院裁定终结破产程序,报送公司登记机关(《公司法》第188条、《破产法》第120条第2款)。清算组不按照规定向公司登记机关报送清算报告,或者报送清算报告隐瞒重要事实或者有重大遗漏的,由公司登记机关责令改正(《公司法》第206条第1款、《公司登记条例》第71条第1款)。

---

① 对于破产属于强制解散还是自愿解散有不同认识,有认为破产为诉讼程序故应属强制解散。可参见石少侠:《公司法教程》,第263—264页。也有认为应区分破产是债权人申请还是债务人申请,即依解散公司的意愿。可参见石少侠:《公司法概论》,第260页。我们认为,属于自愿还是强制,不仅应看公司的意愿,而且应从结果分析,基于将破产视作稀缺性资源而借破产剥离不良资产及其他规避破产的不正常现象仍有存在,法院对想借破产侵害债权人利益的公司可驳回申请,即破产程序的启动并非仅因债权人或债务人之意愿,法院须依法裁定是否受理(可见《破产法》第二章第二节之相关规定)。故其不应属任意解散的范畴,以避免公司借口任意而损害债权人利益。

(5) 注销登记。《破产法》第 121 条规定:"管理人应当自破产程序终结之日起 10 日内,持人民法院终结破产程序的裁定,向破产人的原登记机关办理注销登记。"依据《公司登记条例》第 42 条之规定,公司被依法宣告破产的,公司清算组应当自公司清算结束之日起 30 日内向原公司登记机关申请注销登记。

(四) 公司解散的法律后果

1. 公司丧失经营能力

公司进入解散程序后,并不立即消灭法人资格,但不得开展与清算无关的经营活动。公司财产在未依法清偿前,不得分配给股东(《公司法》第 186 条)。在国外,公司解散后在理论上还将存在一段时间。如美国特拉华州《公司法》第 278 条规定,公司解散后将不能继续经营,但是公司的实体还将继续存在 3 年,期满后州最高法院还可酌情延长。在此期间,公司因遗留的产品责任、环境责任等问题而可成为被告。纽约州的《公司法》虽未规定公司解散后继续存在的具体年限,但其追诉期的规定使解散后的公司并不是无期限地成为被告。[1] 在国外还规定有公司解散的撤销制度。[2]

2. 公司机关权力受限

公司业务执行机关随公司解散而丧失其权限,不再作为公司机关,其地位由清算组所替代。除破产依有关企业破产的法律实施破产清算外,其余按公司法规定的清算程序进行。

3. 法院裁判对全体股东具有拘束力

人民法院关于解散公司诉讼作出的判决,对公司全体股东具有法律约束力。人民法院判决驳回解散公司诉讼请求后,提起该诉讼的股东或者其他股东又以同一事实和理由提起解散公司诉讼的,人民法院不予受理。(《公司法解释二》第 6 条)。

二、公司清算

(一) 公司清算的概念

公司清算是公司在解散过程中对财产及债权债务进行清理处分,以终结公司法律关系的法定程序。公司解散与公司清算既相区别又有联系。解散是清算的原因,清算是解散的结果。为保护股东、债权人及职工利益,除因合并和分立引起的解散以外,其他解散均应经清算程序。

(二) 公司清算的分类

1. 任意清算和法定清算

任意清算是指按股东意愿和章程规定所进行的清算。其程序不受法律干涉,通常仅适用于无限公司和两合公司。法定清算是指依法定程序所进行的清算。法定清算适用于各种性质的公司。但因资合公司股东对债权人负有限责任,故资合公司一般均适用法定清算。我国两种公司均采法定清算程序。法定清算又可分为破产清算与非破产清算。

2. 破产清算和非破产清算

破产清算是指公司因清偿不能而被依法宣告破产时,由法院组成清算组清理资产及债权债务,并依法分配破产财产的清算程序。非破产清算是在公司资产能够清偿债务时依法

---

[1] 可参见《美国公司法》,胡果威译,法律出版社 1999 年版,第 241—243 页。
[2] 可详见毛亚敏:《公司法比较研究》,第 340—341 页。

所进行的清算程序。非破产清算包括自愿清算和强制清算。破产清算与非破产清算的区别除表现在适用的程序不同外,还表现在决定清算组成员的机关不同以及发生清算原因不同等方面。但在进行非破产清算过程中,若发现资不抵债的,应转为破产清算(《公司法》第187条)。由于破产程序的复杂性及独立性,《公司法》规定公司被依法宣告破产的,依有关企业破产的法律实施破产清算(《公司法》第190条)。破产案件审理程序,《破产法》没有规定的,适用《民事诉讼法》的有关规定(《破产法》第4条)。

3. 普通清算和特别清算

普通清算指根据公司章程,或者公司股东、董事会、股东(大)会的决定,由公司自行组织清算组并依法进行的清算。特别清算是适用普通清算时发生显著困难或可能存在清偿不能时,通过法院或行政命令成立清算组织并依法进行的清算。普通清算和特别清算均属法定清算。特别清算又是介于普通清算和破产清算间的特别程序,是一种破产预防制度。

《公司法》以普通清算为原则,法院主持的特别清算为补充,即无论自愿解散还是强制解散,均首先由公司自行成立清算组,逾期不成立清算组进行清算的,债权人可以申请人民法院指定有关人员组成清算组进行清算。人民法院应当受理该申请,并及时组织清算组进行清算(《公司法》第183条)。

(三) 清算组

1. 清算组的法律地位

对于清算机关,各国法律有不同称谓,学者间也有不同见解。[①] 对于清算中公司的法律地位,学界认识不一,计有"同一人格说""人格终止说""人格抑制说""清算公司说"等。各说中以"同一人格说"为通说,且多为各国立法所采用。[②]

对清算组的性质,理论界大致有"职务说""代表说""代理说"三种观点。[③] 根据《公司法》之规定,清算期间,公司存续,但不得开展与清算无关的经营活动。公司一经解散,则公司机关的职权便随之消灭。但此时公司法人资格尚且存在,须有机关负责解散后至办理注销登记期间的事务,清算组即是这一期间的公司机关。其法律地位相当于公司正常存续期间的董事会。其在清算目的范围内代表公司,依法行使公司财产管理权、必要的业务经营权及处理公司其他事务,并承担相应的法律义务。可见,我国清算中的公司性质所采的是"同一人格说",清算组为清算中公司的法定代表机关,即立法上采"代表说"。

2. 清算组的组成

清算组的组成因解散事由的不同而有所不同。公司解散时,除破产的情形外,董事会成员应当作为清算组成员;进行自愿清算时,有限责任公司的清算组由股东组成,股份有限公司的清算组由董事或者股东大会确定的人员组成(《公司法》第183条)。依司法解释,清算组成员可以从下列人员或者机构中产生:(1)公司股东、董事、监事、高级管理人员;(2)依法设立的律师事务所、会计师事务所、破产清算事务所等社会中介机构;(3)依法设立的律师

[①] 有学者在考察我国立法用语中发现,对于国外普遍采用的"清算人"概念,在我国法律中有不同称谓:《合伙企业法》《个人独资企业法》《信托法》中称为"清算人";《民法通则》《民事诉讼法》中称为"清算组织";《公司法》《保险法》中称为"清算组";《破产法》中称为"破产管理人"。清算组的概念导致无法将某一自然人指定为清算人,从而造成与境外立法通例的不同,因而认为"清算组"这一概念不如"清算人"合理。可参见范健、王建文:《公司法》,第459页。

[②] 可参见覃有土:《商法学》,第209页。

[③] 参见同上书,第210页。

事务所、会计师事务所、破产清算事务所等社会中介机构中具备相关专业知识并取得执业资格的人员。清算组成员须具有相应能力,若成员存在违反法律或者行政法规的行为,丧失执业能力或者民事行为能力,或有严重损害公司或者债权人利益的行为,人民法院可以根据债权人、股东的申请,或者依职权更换清算组成员(《公司法解释二》第7—9条)。

3. 清算组的职权与职责

依法律规定,清算组职权职责包括:(1)清理公司财产,分别编制资产负债表和财产清单,制定清算方案,并报股东会、股东大会或者人民法院确认,并报送公司登记机关,申请注销公司登记,公告公司终止(《公司法》第188条)。(2)通知、公告债权人(《公司法》第185条第1款、第2款),并对债权进行登记。在申报债权期间,清算组不得对债权人进行清偿(《公司法》第185条第2款、第3款)。(3)处理与清算有关的公司未了结的业务,但不得开展与清算无关的经营活动,未按法律规定清偿前,不得将公司财产分配给股东(《公司法》第186条)。清算组成员应忠于职守,依法履行清算义务。清算组成员不得利用职权收受贿赂或者其他非法收入,不得侵占公司财产。清算组成员因故意或者重大过失给公司或者债权人造成损失的,应当承担赔偿责任(《公司法》第189条)。(4)清缴所欠税款以及清算过程中产生的税款;支付清算费用、职工的工资、社会保险费用和法定补偿金;清理债权、债务;处理公司清偿债务后的剩余财产,有限责任公司按照股东的出资比例分配,股份有限公司按照股东持有的股份比例分配。(5)代表公司参与民事诉讼活动(《公司法》第184、186条)。

(四)公司清算程序

1. 成立清算组

公司因公司章程规定的营业期限届满或者公司章程规定的其他解散事由出现、股东会或者股东大会决议解散、依法被吊销营业执照、责令关闭或者被撤销、司法解散等原因解散时,应当在解散事由出现之日起15日内成立清算组,开始清算(《公司法》第183条)。公司解散,依法应当清算的,清算组应当自成立之日起10日内将清算组成员、清算组负责人名单向公司登记机关备案(《公司登记条例》第41条)。

2. 通知、公告债权人

清算组应当自成立之日起10日内,将公司解散清算事宜书面通知全体已知债权人,并于60日内根据公司规模和营业地域范围在全国或者公司注册登记地省级有影响的报纸上进行公告。清算组未按规定履行通知和公告义务,导致债权人未及时申报债权而未获清偿,债权人主张清算组成员对因此造成的损失承担赔偿责任的,人民法院应依法予以支持。(《公司法》第185条第1款,《公司法解释二》第11条)。

3. 债权登记

债权人应当自接到通知书之日起30日内,未接到通知书的自公告之日起45日内,向清算组申报其债权,并应说明债权的有关事项,提供证明材料。清算组应对债权进行登记(《公司法》第185条)。公司清算时,债权人对清算组核定的债权有异议的,可以要求清算组重新核定。清算组不予重新核定,或者债权人对重新核定的债权仍有异议,债权人可以以公司为被告向人民法院提起诉讼(《公司法解释二》第12条)。债权人在规定的期限内未申报债权,在公司清算程序终结前补充申报的,清算组应予登记(《公司法解释二》第13条)。债权人补充申报的债权,可以在公司尚未分配财产中依法清偿。公司尚未分配财产不能全额清偿,债权人主张股东以其在剩余财产分配中已经取得的财产予以清偿的,人民法院应予支持;但债权人因重大过错未在规定期限内申报债权的除外。债权人或者清算组,以公司尚未分配财产和股东在剩余财产分配中已经取得的财产,不能全额清偿补充申报的债权为由,向人民法院提出破产清算申请的,人民法院不予受理(《公司法解释二》第 14 条)。

4. 清理公司财产、编制资产负债表和财产清单

清算组在清理公司财产、编制资产负债表和财产清单后,发现公司财产不足清偿债务的,可以与债权人协商制作有关债务清偿方案。债务清偿方案经全体债权人确认且不损害其他利害关系人利益的,人民法院可依清算组的申请裁定予以认可。清算组依据该清偿方案清偿债务后,应当向人民法院申请裁定终结清算程序。债权人对债务清偿方案不予确认或者人民法院不予认可的,清算组应当依法向人民法院申请宣告破产。公司经人民法院裁定宣告破产后,清算组应当将清算事务移交给人民法院(《公司法》第 187 条、《公司法解释二》第 17 条)。

5. 方案制定与确认

清算组在清理公司财产、编制资产负债表和财产清单后,应当制定清算方案,并报股东会、股东大会或者人民法院确认(《公司法》第 186 条)。公司自行清算的,清算方案应当报股东会或者股东大会决议确认;人民法院组织清算的,清算方案应当报人民法院确认。未经确认的清算方案,清算组不得执行。执行未经确认的清算方案给公司或者债权人造成损失,公司、股东或债权人主张清算组成员承担赔偿责任的,人民法院应依法予以支持(《公司法解释二》第 15 条)。

6. 清偿债务、分配剩余财产

公司财产在分别支付清算费用、职工工资、社会保险费用和法定补偿金,缴纳所欠税款,清偿公司债务后有剩余财产的,有限责任公司按股东出资比例分配,股份有限公司按股东持有的股份比例分配(《公司法》第 186 条第 2 款)。

7. 清算终结

公司清算结束后,清算组应当制作清算报告,报股东会、股东大会或者人民法院确认,并连同清算组织负责人签署的注销登记申请书,人民法院的破产裁定、解散裁判文书,公司依《公司法》作出的决议或者决定,行政机关责令关闭或者公司被撤销的文件,股东会、股东大会、一人有限责任公司的股东、外商投资的公司董事会或者人民法院、公司批准机关备案、确认的清算报告,《企业法人营业执照》以及法律、行政法规规定应当提交的其他文件一起,于公司清算结束之日起 30 日内向原公司登记机关申请注销登记。国有独资公司申请注销登记,还应当提交国有资产监督管理机构的决定,其中,国务院确定的重要的国有独资公司,还应当提交本级人民政府的批准文件。有分公司的公司申请注销登记,还应当提交分公司的注销登记证明(《公司法》第 188 条、《公司登记条例》第 43 条)。经公司登记机关注销登记,公司终止(《公司登记条例》第 44 条)。对于清算程序的期限,依《公司法解释二》第 16 条之规定,人民法院组织清算的,清算组应当自成立之日起 6 个月内清算完毕。因特殊情况无法在 6 个月内完成清算的,清算组应当向人民法院申请延长。

(五)公司清算相关法律责任

1. 未履行通知、公告及报告报送之责任

公司在进行清算时,不依法通知或者公告债权人的,由公司登记机关责令改正,对公司处以 1 万元以上 10 万元以下的罚款(《公司法》第 204 条第 1 款、《公司登记条例》第 70 条第

1款)。隐匿财产,对资产负债表或者财产清单作虚假记载或者在未清偿债务前分配公司财产的,由公司登记机关责令改正,对公司处以隐匿财产或者未清偿债务前分配公司财产金额5%以上10%以下的罚款;对直接负责的主管人员和其他直接责任人员处以1万元以上10万元以下的罚款(《公司法》第204条第2款、《公司登记条例》第70条第2款)。清算组不依法向公司登记机关报送清算报告,或者报送清算报告隐瞒重要事实或者有重大遗漏的,由公司登记机关责令改正(《公司法》第206条第1款、《公司登记条例》第71条第1款)。

2. 股东、董事和控股股东因怠于履行义务之责任

有限责任公司的股东、股份有限公司的董事和控股股东未在法定期限内成立清算组开始清算,导致公司财产贬值、流失、毁损或者灭失,债权人主张其在造成损失范围内对公司债务承担赔偿责任的,人民法院应依法予以支持。有限责任公司的股东、股份有限公司的董事和控股股东因怠于履行义务,导致公司主要财产、账册、重要文件等灭失,无法进行清算,债权人主张其对公司债务承担连带清偿责任的,人民法院应依法予以支持。上述情形系实际控制人原因造成,债权人主张实际控制人对公司债务承担相应民事责任的,人民法院应依法予以支持(《公司法解释二》第18条)。

3. 股东、董事和控股股东恶意处置公司财产之责任

有限责任公司的股东、股份有限公司的董事和控股股东,以及公司的实际控制人在公司解散后,恶意处置公司财产给债权人造成损失,或者未经依法清算,以虚假的清算报告骗取公司登记机关办理法人注销登记,债权人主张其对公司债务承担相应赔偿责任的,人民法院应依法予以支持(《公司法解释二》第19条)。

4. 公司未经清算即办理注销登记之法律责任

公司未经清算即办理注销登记,导致公司无法进行清算,债权人主张有限责任公司的股东、股份有限公司的董事和控股股东,以及公司的实际控制人对公司债务承担清偿责任的,人民法院应依法予以支持。公司未经依法清算即办理注销登记,股东或者第三人在公司登记机关办理注销登记时承诺对公司债务承担责任,债权人主张其对公司债务承担相应民事责任的,人民法院应依法予以支持(《公司法解释二》第20条)。有限责任公司的股东、股份有限公司的董事和控股股东,以及公司的实际控制人为2人以上的,其中1人或者数人依上述规定承担民事责任后,主张其他人员按照过错大小分担责任的,人民法院应依法予以支持(《公司法解释二》第21条)。

5. 公司解散时,股东尚未缴纳出资的法律责任

公司解散时,股东尚未缴纳的出资均应作为清算财产。股东尚未缴纳的出资,包括到期应缴未缴的出资,以及依《公司法》第26条和第80条的规定分期缴纳尚未届满缴纳期限的出资。公司财产不足以清偿债务时,债权人主张未缴出资股东,以及公司设立时的其他股东或者发起人在未缴出资范围内对公司债务承担连带清偿责任的,人民法院应依法予以支持(《公司法解释二》第22条)。

6. 清算组成员的责任

清算组成员应当忠于职守,依法履行清算义务。清算组成员利用职权徇私舞弊、谋取非法收入或者侵占公司财产的,由公司登记机关责令退还公司财产,没收违法所得,并可以处以违法所得1倍以上5倍以下的罚款(《公司法》第206条第2款、《公司登记条例》第70条第2款)。清算组成员因故意或者重大过失给公司或者债权人造成损失的,应当承担赔偿责

任。有限责任公司的股东、股份有限公司连续180,以上单独或者合计持有公司1%以上股份的股东,依据《公司法》第151条第3款的规定,以清算组成员违法行为为由向人民法院提起诉讼的,人民法院应予受理。公司已经清算完毕注销,前述股东参照《公司法》第151条第3款的规定,直接以清算组成员为被告、其他股东为第三人向人民法院提起诉讼的,人民法院应予受理(《公司法》第189条、《公司法解释二》第23条)。公司在清算期间开展与清算无关的经营活动的,由公司登记机关予以警告,没收违法所得(《公司法》第205条、《公司登记条例》第70条第3款)。

【相关案例】10-7　司法解散中认定经营管理严重困难不以亏损为必要条件①

华盈公司各股东中,励某、沈某各占总出资额的44%,李某占5%,张某占7%。后张某将其股份转让给励某及沈某,但未办理工商登记手续。原告励某诉称:自2009年以来公司外借资金不能如期收回,致使股东间发生分歧,不能按章程规定召开股东会议,励某要求召开股东会议就解散事宜作出决定,遭拖延拒绝。是故请求法院判令华盈公司解散。华盈公司辩称:虽各股东间存在矛盾,但公司的经营活动仍在进行,解散公司将严重损害公司及其他股东的合法利益。公司目前有大量的债权不能实现,将直接导致损害其他股东的合法利益。第三人李某、沈某共同答辩称:不同意解散公司,请求法院驳回原告的诉讼请求。经审理查明:华盈公司现在外尚有部分债权未收回。康盛公司与保诚公司股东均为励某、钱某、陈某,保诚公司于2009年注销。和信公司股东为沈某、周某。康力公司曾起诉华盈公司要求其归还借款300万元,龙誉公司曾起诉华盈公司要求其归还借款600万元,和信公司曾起诉康盛公司要求其归还借款1000万元,钱某曾以康盛公司尚欠原保诚公司、钱某应得债权800余万元为由起诉,上述四案原告均向本院申请财产保全,双方均答辩涉案款项并非借款而是关联企业之间的走账。一审判决华盈公司解散,二审维持。

【相关案例】10-8　公司解散必须符合法定的条件和事由②

源升公司于2004年登记设立,现有股东24人。源升公司从2008年4月之后没有成功召集、召开过股东会、董事会,从2007年6月之后没有形成过任何有效股东会决议。源升公司虽设有监事,但没有履行过监事职责。自2006年起,公司与股东之间的各种诉讼已有6起,并曾因与股东之间的纠纷停产4个多月。2009年2月,公司13名股东联名书面向公司提出"……要求先召开董事会,解决投资遗留,确定分红,再召开股东会审议以上内容……" 2009年11月,公司11名股东再次联名致函公司要求查阅、复制公司财务资料。根据源升公司提供的财务审计报告,公司从2005年7月1日到2009年12月31日,发电现金总收入

---

① 案例摘编自浙江省宁波市中级人民法院(2012)浙甬商终字第155号"励佩燕诉宁波市华盈投资有限公司、第三人沈宏辉、李宇凡公司解散纠纷案"。
② 案例摘编自湖北省宜昌市中级人民法院(2011)宜中民二终字第00114号"向阳清等诉五峰源升水电发展有限公司公司解散纠纷案"。

4678839.46元,现金总支出2059053.16元,现金收入净额2619786.30元。公司还有部分应收未收款。公司除给股东(债权人)偿还了部分借款外,没有按照公司法和公司章程的规定向股东分配利润。现持有公司股份43.125%的14名股东起诉要求解散公司。一审法院判决公司解散并成立清算组,对公司进行清算。二审维持。

前沿问题

◆ 公司章程中的可变更与不可变更事项

基于章程是体现公司自治的主要载体,对于公司章程的变更性在各国立法中均加以肯定。有认为凡属公司章程所载明的事项,均属公司自治的范畴,公司均可依法定程序予以变更;另有观点认为公司章程也是公司自治与国家强制博弈的重要场域,在某些方面公司章程也应迎合国家正当的管理需要,诸如在公司社会责任承担方面等,故一些事项虽载于章程,但不具有可变性。无论如何,公司法应对可变与不可变事项作出明确的规定,不仅可平息理论争锋,更为重要的是,此举具有界定公司自治边界的重要意义。

【思考题】
1. 试述公司组织形式变更中债权人的保护。
2. 试述我国公司增加资本和减少资本的特点。
3. 试述公司合并与分立中必须履行的债权人的保护程序。
4. 简述公司清算的程序。

【司法考试真题】①

10-1 李桃是某股份公司发起人之一,持有14%的股份。在公司成立后的两年多时间里,各董事之间矛盾不断,不仅使公司原定上市计划难以实现,更导致公司经营管理出现严重困难。关于李桃可采取的法律措施,下列哪一说法是正确的?(2015年)
 A. 可起诉各董事履行对公司的忠实义务和勤勉义务
 B. 可同时提起解散公司的诉讼和对公司进行清算的诉讼
 C. 在提起解散公司诉讼时,可直接要求法院采取财产保全措施
 D. 在提起解散公司诉讼时,应以公司为被告

10-2 关于破产重整的申请与重整期间,下列哪一表述是正确的?(2015年)
 A. 只有在破产清算申请受理后,债务人才能向法院提出重整申请
 B. 重整期间为法院裁定债务人重整之日起至重整计划执行完毕时
 C. 在重整期间,经债务人申请并经法院批准,债务人可在管理人监督下自行管理财产

---

① 除以下列举部分真题外,关涉本章的真题尚有:2011-3-25、2009-3-72、2009-3-73、2008-3-74、2008 四川-3-28、2008 四川-3-72、2007-3-25、2007-3-76、2005-3-24、2004-3-23、2003-3-56 等。

和营业事务

D. 在重整期间,就债务人所承租的房屋,即使租期已届至,出租人也不得请求返还

10-3 张某、李某为甲公司的股东,分别持股65%与35%,张某为公司董事长。为谋求更大的市场空间,张某提出吸收合并乙公司的发展战略。关于甲公司的合并行为,下列哪些表述是正确的?(2015年)

A. 只有取得李某的同意,甲公司内部的合并决议才能有效
B. 在合并决议作出之日起15日内,甲公司须通知其债权人
C. 债权人自接到通知之日起30日内,有权对甲公司的合并行为提出异议
D. 合并乙公司后,甲公司须对原乙公司的债权人负责

10-4 某经营高档餐饮的有限责任公司,成立于2004年。最近四年来,因受市场影响,公司业绩逐年下滑,各董事间又长期不和,公司经营管理几近瘫痪。股东张某提起解散公司诉讼。对此,下列哪一表述是正确的?(2014年)

A. 可同时提起清算公司的诉讼
B. 可向法院申请财产保全
C. 可将其他股东列为共同被告
D. 如法院就解散公司诉讼作出判决,仅对公司具有法律拘束力

10-5 因公司章程所规定的营业期限届满,蒙玛有限公司进入清算程序。关于该公司的清算,下列哪些选项是错误的?(2014年)

A. 在公司逾期不成立清算组时,公司股东可直接申请法院指定组成清算组
B. 公司在清算期间,由清算组代表公司参加诉讼
C. 债权人未在规定期限内申报债权的,则不得补充申报
D. 法院组织清算的,清算方案报法院备案后,清算组即可执行

10-6 甲县的葛某和乙县的许某分别拥有位于丙县的云峰公司50%的股份。后由于二人经营理念不合,已连续四年未召开股东会,无法形成股东会决议。许某遂向法院请求解散公司,并在法院受理后申请保全公司的主要资产(位于丁县的一块土地的使用权)。(2014年)

(1) 关于本案当事人的表述,下列说法正确的是(　　)。

A. 许某是原告
B. 葛某是被告
C. 云峰公司可以是无独立请求权第三人
D. 云峰公司可以是有独立请求权第三人

(2) 依据法律,对本案享有管辖权的法院是(　　)。

A. 甲县法院　　　B. 乙县法院　　　C. 丙县法院　　　D. 丁县法院

(3) 关于许某的财产保全申请,下列说法正确的是(　　)。

A. 本案是给付之诉,法院可作出保全裁定
B. 本案是变更之诉,法院不可作出保全裁定
C. 许某在申请保全时应提供担保
D. 如果法院认为采取保全措施将影响云峰公司的正常经营,应驳回保全申请

10-7 泰昌有限公司共有6个股东,公司成立两年后,决定增加注册资本500万元。下

列哪一表述是正确的？（2013年）

A. 股东会关于新增注册资本的决议，须经三分之二以上股东同意
B. 股东认缴的新增出资额可分期缴纳
C. 股东有权要求按照认缴出资比例来认缴新增注册资本的出资
D. 一股东未履行其新增注册资本出资义务时，公司董事长须承担连带责任

10-8 华昌有限公司有8个股东，麻某为董事长。2013年5月，公司经股东会决议，决定变更为股份公司，由公司全体股东作为发起人，发起设立华昌股份公司。下列哪些选项是正确的？（2013年）

A. 该股东会决议应由全体股东一致同意
B. 发起人所认购的股份，应在股份公司成立后两年内缴足
C. 变更后股份公司的董事长，当然由麻某担任
D. 变更后的股份公司在其企业名称中，可继续使用"华昌"字号

10-9 2012年5月，东湖有限公司股东申请法院对公司进行司法清算，法院为其指定相关人员组成清算组。关于该清算组成员，下列哪一选项是错误的？（2012年）

A. 公司债权人唐某 B. 公司董事长程某
C. 公司财务总监钱某 D. 公司聘请的某律师事务所

10-10 2009年，甲、乙、丙、丁共同设立A有限责任公司。丙以下列哪一理由提起解散公司的诉讼法院应予受理？（2011年）

A. 以公司董事长甲严重侵害其股东知情权，其无法与甲合作为由
B. 以公司管理层严重侵害其利润分配请求权，其股东利益受重大损失为由
C. 以公司被吊销企业法人营业执照而未进行清算为由
D. 以公司经营管理发生严重困难，继续存续会使股东利益受到重大损失为由

第十一章

关联公司与外国公司分支机构

【章首语】 随着跨国公司和母子公司制及总分公司制得到广泛运用,对关联公司与外国公司分支机构的规范显得意义重大。作为一种中性经济范畴,关联公司具有积极作用,但若法律疏于调整,关联交易极易成为避税之手段。公司跨国经营是经济全球化的必然趋势,也是国际投资的重要形式。外国公司分支机构作为国际投资的一种形式,对于东道国经济发展具有利弊双重性。为兴利抑弊,对于关联公司与外国公司分支机构均应予以规范。

本章应着重学习关联公司的概念、法律特征、形成方式、作用及法律规范;外国公司分支机构的概念、法律地位、设立、监管、撤销及清算等有关内容。

第一节 关联公司

一、关联公司的概念

对于关联公司的概念,无论国内外还是理论与实践中,均未形成统一认识。英美等国虽使用"控股公司"(holding company)、"附属公司"(subsidiary)、"公司体系"(company systems)和"关联公司"(affiliated companies)的概念,但缺乏具体法律内容,由此多认为关联公司并非法律概念,而仅是经济学上的概念。①

基于关联交易的特殊性,我国税法中对此首先予以关注。《税收征管法》第36条提及"关联企业",《企业所得税法》第41条提及"关联方"之概念。《税收征管法细则》第51条、《企业所得税法条例》第109条对"关联企业"与"关联方"做了较为明确的列举规定。只是关联方的概念似乎更为广泛,在关联主体中,既包括企业,也包括其他组织或者个人。由此可见,在税收立法中,其核心是对关联关系的认识,之后据关联性主体的性质区分关联企业和关联方。是故关联关系的具体把握是识别关联公司的关键。②《特别纳税调整办法》第9条对关联关系做了八种情形的列举,《关联方披露》第3—6条也涉及关联方、关联关系情形及不构成关联关系情形的规定。

《公司法》界定的关联关系,"是指公司控股股东、实际控制人、董事、监事、高级管理人员与其直接或者间接控制的企业之间的关系,以及可能导致公司利益转移的其他关系。但是,

---

① 江平:《新编公司法教程》,第216页。
② 亦有学者进一步认为定义关联公司的关键是界定控制人、控制关系。可参见李建伟:《公司法学》,第21—23页。

国家控股的企业之间不仅因为同受国家控股而具有关联关系"。其中,控股股东是指其出资额占有限责任公司资本总额50%以上或者其持有的股份占股份有限公司股本总额50%以上的股东;出资额或者持有股份的比例虽然不足50%,但依其出资额或者持有的股份所享有的表决权已足以对股东会、股东大会的决议产生重大影响的股东。实际控制人是指虽不是公司的股东,但通过投资关系、协议或者其他安排,能够实际支配公司行为的人。高级管理人员是指公司的经理、副经理、财务负责人,上市公司董事会秘书和公司章程规定的其他人员(《公司法》第216条)。

综合我国法律及行政法规等的规定,关联公司是指公司之间为达到特定经济目的而通过股权参与或资本渗透、合同机制或其他手段形成直接或间接的拥有或控制关系、同为第三者所拥有或者控制以及在利益上具有相关联的其他关系的公司法人之间的联合。

二、关联公司的法律特征

1. 是法人间的联合

关联公司中的成员须具独立的法律人格,否则不能相互构成关联公司。关联公司实为一种经济联合,具有集团性质。但关联公司间并非组成新的法人,其与分支机构间不能构成关联公司。法律上各成员地位平等且相互间具有独立性,而实际上相互之间又存在事实上的不平等。

2. 由多种手段连结而成

具有法律独立性的关联公司须借助一定手段联系起来,既可以是通过股权参与在公司之间形成控股、参股关系,也可通过合同方式,还可借助人事连锁等手段。

3. 相互间存在控制与被控制的关系

组成关联公司可能为降低成本、寻求合作、避免风险、增强竞争能力,也可能为转移定价、逃避税收、垄断市场等。但在法律上都表现为一方直接或间接控制、共同控制另一方或对另一方施加重大影响。

三、关联公司形成方式

1. 资本参与

是指通过公司转投资、相互投资,即股权与资产的收购交易等活动来形成关联公司的方式。主要包括两种,一是资产收购,即一公司购买另一公司部分资产而使相互间形成关联公司。二是股权收购,即在使他公司存续前提下收购该公司股份并获控制权,从而在相互间形成关联关系。

2. 基于合同

公司间可通过合同形成关联。如通过控制和利润让渡、管理权移转、商事租赁、利润共享或分享等合同。[①] 联营、承包、租赁、委托及信托合同中,也多能形成关联公司。但需注意的是,我国法律规定的三种联营中,法人型联营实质为新法人,合伙型联营属合伙关系,故二者不能形成关联公司。

---

① 施天涛:《关联企业法律问题研究》,第87页。

3. 其他方式

关联公司还可通过出售控制权、表决权协议、人事联锁等方式形成。控制权出售方式即购买足以控制某一公司股份数额而产生的关联;表决权协议方式指借助表决权委托协议,甚至收购委托等方法,通过行使表决权对另一公司产生控制性影响;人事联锁指不同公司主要组织机构均由相同人员组成,从而形成关联关系的方式。这些一般都须以资本参与等方式为基础,不能单独形成关联公司。

四、关联公司的作用

关联公司是资本集中的反映。从我国现实看,关联交易十分频繁,几乎所有的上市公司在关联方之间均存在着密切的购销、资产重组、融资往来以及担保、租赁等事项。

关联公司的积极作用为:(1) 关联交易可充分发挥生产经营中的协同性,利于降低交易成本,减轻投资风险,避免社会财富因恶性竞争而损失。(2) 优化资源配置,取得规模经济效益,提高公司的营运效率。(3) 信息快捷,节省交易时间,方便人力资源调度,加速资金流动,推动经济发展。(4) 防止技术优势的丧失,减少交易成本。

但若法律疏于调整,关联公司也会产生消极影响。主要表现在:(1) 利用关联购销,如将产品销售给关联方,因无须合并报表,使公司合法实现并未对外进行的销售;规避税收;溢价采购关联方产品;利用商标使用权交易等。(2) 为避免不良资产经营亏损,常将其剥离给关联公司,或用不良实物资产对外投资,以达到账面止亏目的;将优质资产低价卖给上市公司或溢价收购上市公司的不良资产、与上市公司内部的不良资产进行置换,欺骗投资者;调节股权投资比率以隐藏亏损;通过巨额馈赠规避法律。(3) 当关联方经营不理想时,或调低其应缴费用,或承担相关费用,或利用不同成本费用项目归类的弹性,或变通广告费与商标使用费,以达转移费用、增加利润之目的。(4) 采用资产租赁与委托经营进行利润操纵。资产租赁主要是将从关联一方租来的资产转租给其他关联方,以转移利润。因各类资产租赁的市场价格弹性很大,有关信息即使披露,投资者也难作准确判断;在投资项目周期长,风险大时,关联一方可将某一部分现金转移给另一方进行投资,从而转嫁投资风险;还通过将劣质资产委托给关联方经营,消除亏损因素;将高获利能力的资产以低收益的形式委托经营,留存较高利润比例给关联一方。(5) 通过资金往来与资金占用调节利润。按照有关法规规定,企业之间不允许互相拆借资金,但实际关联公司间普遍存在资金往来。由于对此较少披露,为关联公司调节利润提供了极大便利,同时投资者也无法对其合理性作出正确判断和预计。

五、关联公司的法律规范

(一) 信息披露规范

信息披露是对关联公司规范的主要制度。依据《证券法》《企业所得税法》《关联方披露》《特别纳税调整办法》等,主要规定有:

1. 控股股东、实际控制人在信息披露中的责任

我国法律规定,发行人、上市公司公告的招股说明书、公司债券募集办法、财务会计报告、上市报告文件、年度报告、中期报告、临时报告以及其他信息披露资料,有虚假记载、误导性陈述或者重大遗漏,致使投资者在证券交易中遭受损失的,发行人、上市公司应当承担赔

偿责任；发行人、上市公司的董事、监事、高级管理人员和其他直接责任人员以及保荐人、承销的证券公司，应当与发行人、上市公司承担连带赔偿责任，但是能够证明自己没有过错的除外；发行人、上市公司的控股股东、实际控制人有过错的，应当与发行人、上市公司承担连带赔偿责任(《证券法》第69条)。

2. 会计报表附注中的应披露的内容

企业无论是否发生关联方交易，均应当在附注中披露与母公司和子公司有关的下列信息：(1) 母公司和子公司的名称；(2) 母公司和子公司的业务性质、注册地、注册资本及其变化；(3) 母公司对该企业或者该企业对子公司的持股比例和表决权比例(《关联方披露》第9条)。企业与关联方发生关联方交易的，应当在附注中披露该关联方关系的性质、交易类型及交易要素(《关联方披露》第10条)。

3. 原则上应分别披露

关联方交易应当分别关联方以及交易类型予以披露。类型相似的关联方交易，在不影响财务报表阅读者正确理解关联方交易对财务报表影响的情况下，可以合并披露(《关联方披露》第11条)。企业只有在提供确凿证据的情况下，才能披露关联方交易是公平交易。(《关联方披露》第12条)。

4. 报送企业年度关联业务往来报告表及资料的提供与保存

企业向税务机关报送年度企业所得税纳税申报表时，应当就其与关联方之间的业务往来，附送年度关联业务往来报告表。税务机关在进行关联业务调查时，企业及其关联方，以及与关联业务调查有关的其他企业，应当按照规定提供相关资料(《企业所得税法》第43条)。企业未按规定向税务机关报送企业年度关联业务往来报告表，或者未保存同期资料或其他相关资料的，由税务机关责令限期改正，可以处2千元以下的罚款；情节严重的，处2千元以上1万元以下的罚款(《特别纳税调整办法》第105条，《税收征管法》第60、62条)。企业拒绝提供同期资料等关联交易的相关资料①，或者提供虚假、不完整资料，未能真实反映其关联业务往来情况的，由税务机关责令改正，可以处1万元以下的罚款；情节严重的，处1万元以上5万元以下的罚款。同时，税务机关有权采取以下方式核定其应纳税所得额：(1) 参照同类或者类似企业的利润率水平核定；(2) 按照企业成本加合理的费用和利润的方法核定；(3) 按照关联企业集团整体利润的合理比例核定；(4) 按照其他合理方法核定(《特别纳税调整办法》第105条、《税收征管法》第70条、《税收征管法细则》第96条、《企业所得税法》第44条、《企业所得税法条例》第115条)。

(二) 关联交易规范

对关联公司的规范主要围绕关联方交易展开。所谓关联方交易是指在关联方之间发生转移资源或义务的事项，而不论是否收取价款。② 对关联交易的规范主要以上市公司为对象，其规范主要有：

1. 关联交易协议须遵循平等、自愿、等价、有偿的原则

上市公司与关联人之间的关联交易应签订书面协议。协议的签订应当遵循平等、自愿、

---

① 于相关资料之范围，可见《企业所得税法条例》第114条之规定。
② 对公司关联交易中的判断标准，可参见刘德权：《最高人民法院司法观点集成②》，第922页以下。对关联交易之类型可见《特别纳税调整办法》第10条之规定。

等价、有偿的原则,协议内容应明确、具体。公司应将该协议的订立、变更、终止及履行情况等事项按照有关规定予以披露(《治理准则》第12条)。

2. 防止不当干预性交易

上市公司应采取有效措施防止关联人以垄断采购和销售业务渠道等方式干预公司的经营,损害公司利益。关联交易活动应遵循商业原则,关联交易的价格原则上应不偏离市场独立第三方的价格或收费的标准。公司应对关联交易的定价依据予以充分披露(《治理准则》第13条)。

3. 不当占用或转移资产及担保之限制

上市公司的资产属于公司所有。上市公司应采取有效措施防止股东及其关联方以各种形式占用或转移公司的资金、资产及其他资源。上市公司不得为股东及其关联方提供担保(《治理准则》第14条)。

(三) 控股股东行为控制及中小股东权益保障规范

《公司法》规定,公司的控股股东、实际控制人、董事、监事、高级管理人员不得利用其关联关系损害公司利益。违反规定,给公司造成损失的,应当承担赔偿责任(《公司法》第21条)。为约束控股股东等的不当行为,《公司法》设置了如下制度:

1. 规定异议股东的退出权

为防止大股东对中小股东利益的侵害。《公司法》规定在下列情形下,对股东会决议投反对票的有限责任公司股东可以请求公司按照合理的价格收购其股权:(1) 公司连续五年不向股东分配利润,而公司该五年连续盈利,并且符合本法规定的分配利润条件的;(2) 公司合并、分立、转让主要财产的;(3) 公司章程规定的营业期限届满或者章程规定的其他解散事由出现,股东会会议通过决议修改章程使公司存续的。自股东会会议决议通过之日起60日内,股东与公司不能达成股权收购协议的,股东可以自股东会会议决议通过之日起90日内向人民法院提起诉讼(《公司法》第74条)。对股份有限公司股东而言,根据《公司法》第142条之规定,股东因对股东大会作出的公司合并、分立决议持异议,可以要求公司收购其股份。

2. 可以实行累积投票制

所谓累积投票制,是指股东大会选举董事或者监事时,每一股份拥有与应选董事或者监事人数相同的表决权,股东拥有的表决权可以集中使用。股东大会选举董事、监事,可以依公司章程的规定或者股东大会的决议,实行累积投票制(《公司法》第105条)。这一制度可使中小股东的意志在股东大会中有了反映的可能性,即可能选出自己信任的董事或监事,从而防止了大股东对董事会、监事会的控制和操纵,有利于保护子公司及子公司股东的利益。

3. 确立表决权排除与限制规则

依《公司法》第16条之规定,若表决事项与股东有利害关系时,其表决权被排除。此外,上市公司董事与董事会会议决议事项所涉及的企业有关联关系的,不得对该项决议行使表决权,也不得代理其他董事行使表决权。该董事会会议由过半数的无关联关系董事出席即可举行,董事会会议所作决议须经无关联关系董事过半数通过。出席董事会的无关联关系董事人数不足三人的,应将该事项提交上市公司股东大会审议(《公司法》第124条)。

4. 上市公司控制股东行为规范

(1) 控股股东对拟上市公司改制重组时应遵循先改制、后上市的原则,并注重建立合理制衡的股权结构(《治理准则》第15条);(2) 控股股东对上市公司及其他股东负有诚信义务。控股股东对其所控股的上市公司应严格依法行使出资人的权利,控股股东不得利用资产重组等方式损害上市公司和其他股东的合法权益,不得利用其特殊地位谋取额外的利益(《治理准则》第19条);(3) 控股股东对上市公司董事、监事候选人的提名,应严格遵循法律、法规和公司章程规定的条件和程序。控股股东提名的董事、监事候选人应具备相关专业知识和决策、监督能力。控股股东不得对股东大会人事选举决议和董事会人事聘任决议履行任何批准手续;不得越过股东大会、董事会任免上市公司的高级管理人员(《治理准则》第20条);(4) 上市公司的重大决策应由股东大会和董事会依法作出。控股股东不得直接或间接干预公司的决策及依法开展的生产经营活动,损害公司及其他股东的权益(《治理准则》第21条)。

除以上保护措施及制度外,《公司法》中关于召开临时股东会、临时股东大会的提议权,关于股东查阅权,关于解任董事请求权等,实质上都对居于从属地位的公司股东提供了保护。

(四) 公司独立性规范

1. 公司法人格否认制度

依据《公司法》第20条之规定,公司股东滥用公司法人独立地位和股东有限责任,逃避债务,严重损害公司债权人利益的,应当对公司债务承担连带责任。由此确立的公司法人格否认制度,对受大股东控制的子公司本身、从属公司的债权人、股东等给予了相应的保护。同时,由于一人有限责任公司的股东具有绝对控制权,为防止滥用公司制度的风险,公司法进一步规定,一人有限责任公司的股东不能证明公司财产独立于股东自己的财产的,应当对公司债务承担连带责任(《公司法》第63条)。

2. 设置股东代表诉讼与直接诉讼制度

股东代表诉讼又称股东派生诉讼,是指当董事、监事及其他高级管理人员、公司控股股东、实际控制人等侵害公司利益,而公司董事会怠于或者拒绝通过诉讼追究侵权人的责任时,公司的股东以自己的名义提出诉讼,要求补救公司权益的行为。《公司法》第22条规定,股东会或者股东大会、董事会的会议召集程序、表决方式违反法律、行政法规或者公司章程,或者决议内容违反公司章程的,股东可以提起诉讼。《公司法》第149条规定:"董事、监事、高级管理人员执行公司职务时违反法律、行政法规或者公司章程的规定,给公司造成损失的,应当承担赔偿责任。"《公司法》第151条规定:"董事、高级管理人员有本法第149条规定的情形的,有限责任公司的股东、股份有限公司连续180日以上单独或者合计持有公司1%以上股份的股东,可以书面请求监事会或者不设监事会的有限责任公司的监事向人民法院提起诉讼;监事有本法第149条规定的情形的,前述股东可以书面请求董事会或者不设董事会的有限责任公司的执行董事向人民法院提起诉讼。监事会、不设监事会的有限责任公司的监事,或者董事会、执行董事收到前款规定的股东书面请求后拒绝提起诉讼,或者自收到请求之日起30日内未提起诉讼,或者情况紧急、不立即提起诉讼将会使公司利益受到难以弥补的损害的,前款规定的股东有权为了公司的利益以自己的名义直接向人民法院提起诉讼。他人侵犯公司合法权益,给公司造成损失的,本条第1款规定的股东可以依前两款的规定向人民法院提起诉讼。"可见,《公司法》确认了股东在公司利益受有损害而其直接利益并未受到损害,且公司怠于诉讼时可得以自己名义诉讼的权利,其目的是通过对公司利益的保护来实现股东利益。如果法律不赋予股东代表诉讼的权利,则在公司不为诉讼时,附在公司利益之上的股东利益也就无法得到保护。因此,股东代表诉讼可以对关联公司中居于从属地位公司之股东权益提供救济途径。在股东自身利益受有损害的情况下,可以直接进行诉讼。《公司法》规定,董事、高级管理人员违反法律、行政法规或者公司章程的规定,损害股东利益的,股东可以向人民法院提起诉讼(《公司法》第152条)。

3. 上市公司治理规范

为保障上市公司的独立性,《治理准则》还确立了如下规范:(1)控股股东与上市公司应实行人员、资产、财务分开,机构、业务独立,各自独立核算、独立承担责任和风险(《治理准则》第22条);(2)上市公司人员应独立于控股股东。上市公司的经理人员、财务负责人、营销负责人和董事会秘书在控股股东单位不得担任除董事以外的其他职务。控股股东高级管理人员兼任上市公司董事的,应保证有足够的时间和精力承担上市公司的工作(《治理准则》第23条);(3)控股股东投入上市公司的资产应独立完整、权属清晰。控股股东以非货币性资产出资的,应办理产权变更手续,明确界定该资产的范围。上市公司应当对该资产独立登记、建账、核算、管理。控股股东不得占用、支配该资产或干预上市公司对该资产的经营管理(《治理准则》第24条);(4)上市公司应按有关法律、法规要求建立健全财务、会计管理制度,独立核算。控股股东应尊重公司财务的独立性,不得干预公司的财务、会计活动(《治理准则》第25条);(5)上市公司的董事会、监事会及其他内部机构应独立运作。控股股东及其职能部门与上市公司及其职能部门之间没有上下级关系。控股股东及其下属机构不得向上市公司及其下属机构下达任何有关上市公司经营的计划和指令,也不得以其他任何形式影响其经营管理的独立性(《治理准则》第26条);(6)上市公司业务应完全独立于控股股东。控股股东及其下属的其他单位不应从事与上市公司相同或相近的业务。控股股东应采取有效措施避免同业竞争(《治理准则》第27条)。

(五) 关联交易的税收规范

我国有关税收方面的规范对关联交易的主要有:(1)企业与其关联方之间的业务往来,不符合独立交易原则而减少企业或者其关联方应纳税收入或者所得额的,税务机关有权按照合理方法调整。企业与其关联方共同开发、受让无形资产,或者共同提供、接受劳务发生的成本,在计算应纳税所得额时应当按照独立交易原则与其关联方分摊共同发生的成本,达成成本分摊协议,企业与其关联方分摊成本时,应当按照成本与预期收益相配比的原则进行,其自行分摊的成本不得在计算应纳税所得额时扣除(《企业所得税法》第41条、《企业所得税法条例》第112条)。(2)企业可以向税务机关提出与其关联方之间业务往来的定价原则和计算方法,税务机关与企业协商、确认后,达成预约定价安排(《企业所得税法》第42条)。(3)企业从其关联方接受的债权性投资与权益性投资的比例超过规定标准而发生的利息支出,不得在计算应纳税所得额时扣除(《企业所得税法》第46条)。

【相关案例】11-1　使用相同字号的关联企业为该字号的共同权利人①

拜耳公司系在德国注册成立的全球性企业,经营范围为医药保健、聚合物和化工产品的制造、销售等。该公司于1994年在上海投资设立全资子公司拜耳(中国)有限公司。1996年拜耳公司与拜耳光翌公司签订协议,约定拜耳公司独自拥有"拜耳"名称,并授权拜耳光翌公司使用"拜耳"作为公司名称的一部分。拜耳公司通过拜耳(中国)有限公司实现对拜耳光翌公司控股。2008年6月,拜耳光翌公司名称变更为拜耳北京公司,经营范围为生产及销售聚碳酸脂板材等,在其生产的产品中均使用了"拜耳"文字及图形商标,通过多种媒体对其产品广泛宣传,产品销往全国。多年来,拜耳公司及其下属关联企业多次获得国内外各种奖项及荣誉。2009年4月,拜耳公司在医用药物、杀虫剂等上注册和使用的"拜耳"商标被认定为驰名商标。2006年周某提出"拜耳新阳光"商标的注册申请并获受理,后周某与谢某设立衢州拜耳公司,经营范围为建材、塑料制品、金属材料销售。其店铺招牌、公司网站等上使用的企业名称均省略"衢州"而突出"拜耳"二字,且在使用"拜耳新阳光"商标的过程中也故意突出"拜耳"二字。拜耳公司与拜耳北京公司共同诉请法院判令衢州拜耳公司立即停止不正当竞争行为、变更企业名称、刊登致歉声明及赔偿等。

第二节　外国公司分支机构

一、外国公司分支机构的概念

外国公司即具有外国国籍的公司。外国公司国籍的确定主要有成员国籍主义、设立地主义、住所地主义、准据法主义、实际控制主义、复合标准说等。② 我国对外国法人国籍的确定,采取注册登记主义,而对内国法人国籍的确定则兼采准据法主义和设立行为地法主义的复合标准。③ 据此,外国公司是指依外国法在中国境外设立的公司④(《公司法》第191条)。

所谓外国公司的分支机构是指外国公司依《公司法》的规定,经中国政府批准,在中国境内设立的不具有中国法人资格的生产经营机构。其不同于外国公司在中国设立的具有中国法人资格的子公司,也不同于外国公司在中国设立的不具有法人资格的外商独资经营企业。

二、外国公司分支机构的法律地位

(一) 是外国公司的组成部分

外国公司分支机构的设立取决于外国公司意愿,故分支机构不能独立于外国公司而存

---

① 本案例摘编自何小丽、刘清启:《使用相同字号的关联企业为该字号的共同权利人》,载《人民司法(案例)》2012年6期。
② 韩德培主编:《国际私法》(第三版),高等教育出版社、北京大学出版社2014年版,第65—66页。
③ 有学者认为我国《公司法》与日本《公司法》均采用"设立准据法主义"。可参见王作全:《公司法学》,第291—292页。于日本《公司法》对外国公司的规定及相关规制,亦可详见上书。
④ 所谓"依照外国法律"是从我们的视角而言,对于外国公司自身而言,则或为该公司的"本国法律"。可参见王保树主编:《中国商法》,人民法院出版社2010年版,第282页。

在,而是隶属于外国公司,外国公司存续是其存续的前提。作为外国公司的组成部分,与外国公司同样具有营利性,并开展生产经营活动,否则不是外国公司的分支机构。

（二）不具有独立的法律地位

外国公司在中国境内设立的分支机构不具有中国法人资格(《公司法》第195条)。外国公司分支机构只能以外国公司的名义从事生产经营活动,既无自己的名称和公司章程,也无独立财产。外国分支机构一般不设置董事会等完整的管理机构,但须在中国境内指定代表人或代理人,并向该分支机构拨付与其所从事的经营活动相适应的资金(《公司法》第193条)。外国公司对其分支机构在中国境内进行经营活动承担民事责任(《公司法》第195条第2款)。对外国公司分支机构能否作为民事诉讼中的当事人问题存有争议。据司法解释中"法人依法设立并领取营业执照的分支机构",可以作为诉讼当事人之规定。[①] 有认为该条并未限定为我国法人,兼之方便当事人的考虑,应将外国公司分支机构理解为包括在该规定的分支机构之中,但也可不顾外国公司分支机构而直接将外国公司作为诉讼当事人。[②]

（三）须依中国法律并经批准设立且受中国法律的保护和管辖

外国分支机构的设立须经中国法律批准,在中国境内从事活动,必须遵守中国的法律,不得损害中国的社会公共利益,其合法权益受中国法律保护(《公司法》第196条)。

三、外国公司分支机构的设立

外国公司分支机构的设立,有采准则、核准或概括确认主义者,我国与多数发展中国家采取核准主义。

（一）设立条件

1. 设立分支机构的外国公司须在国外合法存续

但若外国公司所属国对于我国公司不予认可的,依平等互惠原则,该外国公司即便依该国法合法存续,也不能获准设立分支机构。

2. 须有指定的负责人

基于分支机构一般无股东会、董事会、监事会等组织机构,我国法律规定须在中国境内指定负责该分支机构的代表人或代理人,以保证其正常运营(《公司法》第193条第1款)。

3. 须具有经营所必需的资本

我国法律规定分支机构所需的与其经营活动相适应的资金由外国公司拨付,其最低限额由国务院规定(《公司法》第193条第1、2款)。

4. 须在名称中表明外国公司国籍等,须置备外国公司章程

依我国法律规定,外国公司的分支机构应当在其名称中标明该外国公司的国籍及责任形式。外国公司的分支机构应当在本机构中置备该外国公司章程(《公司法》第194条)。

5. 须遵守中国法律,不得损害中国社会公共利益

我国法律明确规定外国公司分支机构须遵守中国法律,不得损害中国社会公共利益(《公司法》第196条)。外国公司分支机构若从事非法及限制性营业以及可能造成环境污染或破坏资源的,不能设立(《外商投资产业指导目录(2015年修订)》)。

---

① 最高人民法院《关于适用〈中华人民共和国民事诉讼法〉的解释》第52条第5项之规定。
② 可参见王保树:《中国商法》,第289—290页;刘德权:《最高人民法院司法观点集成》,第837页。

（二）设立程序

1. 提出申请

欲设分支机构的外国公司须向中国主管机关提出申请,并提交其公司章程、所属国的公司登记证书等有关文件(《公司法》第192条第1款)。

2. 受理及审批

针对分支机构所从事的业务性质,在我国由不同机关受理并审查,经审查符合条件的予以批准设立(《公司法》第192条第1、2款)。

3. 登记

经批准设立的应在规定期限内办理注册登记手续。其具体程序原则上与本国公司设立分支机构相同(《公司法》第192条第1款)。核准登记后即获得营业执照,有权从事相应的生产经营活动。同时应自开业之日起30日内办理税务登记。(《公司登记条例》第46—47条)

四、外国公司分支机构的监管

（一）监管的意义

1. 保护经济健康发展

对外资进入若放任自流,则会对产业结构组成及地区分布带来不利影响。虽然随我国加入WTO,开放的领域将越来越宽,但对危害国家经济安全的资本输入仍应予以禁止,因而还须借助监管使国民经济健康、协调发展。

2. 规范市场秩序

引进外资对我国而言是必须而且是迫切的,但不能因此而放弃对外资的规范,否则将挫伤国内市场主体的积极性,进而扰乱正常的经济秩序。通过监管则可使外国公司分支机构遵守中国法律,并在此基础上保证竞争公平有序地进行。

3. 维护外国公司分支机构的合法权益

管理机关在依法履行监管的过程中,可凭借对中国法律的熟知而为外国公司分支机构提供法律帮助,并通过对侵犯分支机构合法权益行为的制止,维护其利益。

（二）监管的主要内容

根据我国法律、法规,对分支机构的监管主要体现在:对外资进入按《外商投资产业指导目录》(2015年修订)所列的鼓励、限制和禁止进行审批;外国公司分支机构的设立、变更及撤销均须依我国法律进行登记或清算;其生产经营计划须报主管机关备案;须建立财务会计制度、设置商业账簿,并依法报送有关机构验证、备案及接受监督;须经税务登记并依法纳税;须在指定银行开户;聘用中国职工需依法进行并将其劳动计划报主管部门备案等。

五、外国公司分支机构的撤销与清算

（一）撤销

外国公司分支机构的撤销是指分支机构基于一定事由而结束其在中国境内营业活动的法律行为。

1. 撤销的原因

撤销原因主要有:(1)外国公司终止。在外国公司宣告破产、被所属国责令关闭或判决终止、合并分立、经营期限届满、股东会决议等情形而解散时,分支机构也应随同解散。(2)经营期限届满。在规定有经营期限并且该分支机构未申请延期的,分支机构予以撤销。(3)申请撤离。在经营期限届满前,无意继续经营并提出撤离申请的,在缴销原批准证件和获准解散后可以撤离。(4)因无故歇业或违法经营而被撤销。外国公司分支机构成立后无正当理由超过6个月未开业,或开业后自行停业连续6个月以上的,由公司登记机关吊销其营业执照;因违反法律、法规,情节严重的,有关机关可责令停业。

2. 撤销的法律规制

为保护债权人、国家及职工的合法权益,防止外国公司分支机构在撤销时向境外转移财产,我国法律规定,外国公司撤销其在中国境内的分支机构时,必须依法清偿债务,依公司清算程序进行清算。未清偿债务之前,不得将其分支机构的财产移至中国境外(《公司法》第197条)。

(二)清算

《公司法》明确规定外国公司分支机构按照公司清算的规定进行清算(《公司法》第197条)。因此其清算也须按如下程序进行:成立清算组→通知及公告债权人→债权登记→清理公司财产、编制资产负债表和财产清单→方案制定与确认→清偿债务→剩余财产可依法向境外转移→制作清算报告→报主管机关确认→申请注销登记及公告。(详见公司清算)

需注意的是,分支机构的财产不足清偿债务时,应由其所隶属的外国公司依法承担责任;在该外国公司宣告破产的情况下,分支机构的债权人可参加对该外国公司的清算。

【相关案例】11-2　外国公司对其分支机构在中国境内进行的经营活动承担民事责任[①]

新加坡一商人在新加坡注册了新加坡A公司,1999年新加坡A公司依法在北京设立了"新加坡某公司北京办事处"(简称"北京办事处"),指定中国公民殷某为代理人。因该商人大部业务在深圳,经审批于同年在深圳成立独资的B有限公司。2000年新加坡A公司欲从中国购买一批体育保健制品,决定将事务交给其南北两个机构处理。于是北京办事处和B有限公司分别与C公司签订了买卖合同。B有限公司收到C公司的供货后,便按约给付了全部货款;而北京办事处因资金周转困难,在约定的期限内只给付了1/3的货款。后C公司多次索款未果,于2002年以殷某为新加坡A公司代理人向法院起诉,要求偿还所欠债务,并要求B公司承担连带责任。C公司认为外国公司对其分支机构在中国境内进行经营活动承担民事责任,故当北京办事处的财产不足偿还债务时,作为新加坡公司的分支机构的B公司,有义务代其偿还。殷某认为所欠债务应向新加坡A公司追偿,办事处只是从中联系;殷某同时也反对将其列为被告代理人,认为其虽为办事处代理人,但并未获得诉讼代理授权委托书。

[①] 本案例摘编自中国法律应用数字网络服务平台(法信)。

【相关案例】11-3 外国公司分支机构经营亏损后债权人的救济

美国 A 公司欲开拓上海市场,拟在上海设立一分支机构,负责该公司在上海的销售业务。A 公司向中国有关主管机关提出申请,并提交公司章程、所属国的公司登记书等有关文件后,得到了批准,于是 A 公司分支机构办理登记手续,领取了《中华人民共和国企业法人营业执照》。之后两个月,A 公司分支机构办理税务登记手续。一年后,该分支机构运营亏损 200 万元,经查,此时该分支机构尚有 A 公司拨付的资金 10 万元。该分支机构的债权人向法院起诉认为 A 公司分支机构设立事项存有违法之处,并请求法院在该分支机构经营亏损的情况下,要求美国 A 公司承担相应责任。

前沿问题

◆ 公司关联交易中的判断标准

"通过关联关系"和"损害公司利益",是证实违法关联交易的两条判断标准。关于关联关系及其具体范围,一种观点认为,《公司法》并未限定调控的关联交易的范围,应考虑认定关联交易的量化标准。另一种观点认为,可参照我国相关行政法规和规章的规定确定关联关系及其具体范围。

【思考题】
1. 试论规范关联公司的法律意义。
2. 试述我国对外国公司分支机构营业活动进行监管的目的。
3. 试述从属公司债权人和少数股东权益保护问题。

【司法考试真题】

11-1 甲公司欲单独出资设立一家子公司。甲公司的法律顾问就此向公司管理层提供了一份法律意见书,涉及到子公司的设立、组织机构、经营管理、法律责任等方面的问题。请回答如下问题。(2010 年)

(1) 关于子公司设立问题,下列说法正确的是:
A. 子公司的名称中应当体现甲公司的名称字样
B. 子公司的营业地可不同于甲公司的营业地
C. 甲公司对子公司的注册资本必须在子公司成立时一次足额缴清
D. 子公司的组织形式只能是有限责任公司

(2) 关于子公司的组织机构与经营管理,下列说法正确的是:
A. 子公司不设董事会,可任命一名执行董事
B. 子公司可自己单独出资再设立一家全资子公司
C. 子公司的法定代表人应当由甲公司的法定代表人担任

D. 子公司的经营范围不能超过甲公司的经营范围

（3）关于子公司的财产性质、法律地位、法律责任等问题，下列说法正确的是：

A. 子公司的财产所有权属于甲公司，但由子公司独立使用

B. 当子公司财产不足清偿债务时，甲公司仅对子公司的债务承担补充清偿责任

C. 子公司具有独立法人资格

D. 子公司进行诉讼活动时以自己的名义进行

11-2 庐阳公司系某集团公司的全资子公司。因业务需要，集团公司决定庐阳公司分立为两个公司。鉴于庐阳公司已有的债权债务全部发生在集团公司内部，下列哪些选项是正确的？（2007年）

A. 庐阳公司的分立应当由庐阳公司的董事会作出决议

B. 庐阳公司的分立应当由集团公司作出决议

C. 庐阳公司的分立只需进行财产分割，无需进行清算

D. 因庐阳公司的债权债务均发生于集团公司内部，故其分立无需通知债权人

11-3 法国人丹尼与美国人泰尔按我国法律规定，各出资50万美元（其中丹尼的出资包括专利技术出资）在上海成立一公司，公司章程规定各方以该出资对公司债务负责。后该公司又在上海注册成立了二家分公司。请回答下列问题。（2002年）

（1）根据公司分类的原理，该公司应属于下列哪一选项的公司？

A. 该公司居于中国公司、母公司和股份有限公司

B. 该公司属于外国公司、本公司和有限责任公司

C. 该公司属于中国公司、本公司和有限责任公司

D. 该公司属于跨国公司、母公司和股份两合公司

（2）下列有关该公司的成立与责任性质的表述中正确的是？

A. 该公司需经我国对外经济贸易主管部门批准才能成立

B. 该公司因出资人均为外商，故不需经主管部门批准即可成立

C. 该公司由出资人直接向公司登记主管部门申请登记即可成立

D. 该公司因系个人投资设立，故出资人应对公司债务承担无限责任

第三编 | 证券法

第十二章　证券法概述
第十三章　证券发行制度
第十四章　证券交易制度
第十五章　信息披露制度
第十六章　上市公司收购制度

第十二章

证券法概述

【章首语】 虽然对于证券的定义极为不易,但在法律适用中如何科学界定证券的内涵与外延,确定证券法的调整对象、基本原则以及法律渊源,是我们正确认识和运用证券法的基础。本章应着重学习证券的种类、证券法的调整对象、基本原则、法律渊源等内容。

第一节 证 券 概 述

一、证券的概念和特征

(一) 证券的概念

证券的定义方法主要有概括主义和列举主义两种。[①] 概括性定义多为《辞海》定义的借用或延展。[②] 我国学理界代表性的定义有:(1) 证券是指代表一定权利的书面凭证[③];(2) 证券是表明一定财产权利的证书,或者说是代表一定财产价值和记载一定法律事实的文书[④];(3) 证券是指以特定的专用纸单或电子记录,借助于文字、图形或电子技术,记载并代表特定权利的书面凭证[⑤];(4) 证券是因投资于一项共同的风险事业而取得的主要通过他人的努力而盈利的权益(凭证)。[⑥]

事实上,由于给"证券"做一抽象的概括非常困难[⑦],所以学者多尝试从列举方法来定义。《元照英美法词典》中将证券(security)解释为:"一种法律文件,其持有人可以此证明其对某一企业享有所有权(例如股票),或者其在与某一企业或政府存在的债权债务关系中为债权人(例如债券),或者其享有其他的权利(例如认股权证)。该词的具体含义非常广泛,且在不同的制定法中亦具有不同的外延。一般情况下,它表示一种基于对公共企业进行投资而非

[①] 有学者认为总结各国立法和实践,证券的定义方法大致分为三种,即不完全列举定义法、功能定义法和证券账户定义法。可参见叶林:《证券法》,第8—9页。
[②] 《辞海》中将证券定义为:"以证明或设定权利为目的所做成的凭证。"可参见《辞海》,上海辞书出版社1994年版,第440页。
[③] 覃有土:《商法学》,第217页。
[④] 卞耀武:《证券法基本知识与实务》,同心出版社1999年版,第1页。
[⑤] 范健、王建文:《商法学》,第247页。
[⑥] 朱锦清:《证券法学》,第36页。
[⑦] 美国学者称证券的定义"难以捉摸"。可参见同上书,第1页。

直接参与所产生的权益。"①这一定义与其说是概括证券的定义,不如说是在归纳证券的外延。

"证券"这一概念在各国立法中的认定也是极不相同的。在美国证券法上,证券几乎包含了各类资本证券,并且将票据也作为重要的证券类型。②德国《有价证券法》并非调整所有的有价证券,而是指向资本证券。主要包括两类:一类是股票、代表股票的证书、债券、红利股票、期权证书;另一类包括其他相当于股票或者债券的有价证券,包括金融市场工具和金融衍生工具以及资本投资公司和外国的投资公司所发行的股票。③日本《证券交易法》于2006年更名为《金融商品交易法》,仍将有价证券分为两类,即发行和未发行证券、证书的权利。并将信托收益权、无限公司两合公司的社员权、集合投资计划份额、政令指定的权利等视为有价证券。德国、日本近年来对证券交易法上"证券"一词含义的修改都反映出尽可能地扩大证券法的调整范围,避免出现法律的真空地带。④

《证券法》第2条,事实上也是对证券外延的列举。该条规定:"在中华人民共和国境内,股票、公司债券和国务院依法认定的其他证券的发行和交易,适用本法;本法未规定的,适用《中华人民共和国公司法》和其他法律、行政法规的规定。政府债券、证券投资基金份额的上市交易,适用本法;其他法律、行政法规另有规定的,适用其规定。证券衍生品种发行、交易的管理办法,由国务院依照本法的原则规定。"由此可见,《证券法》所称的证券主要包括:(1)股票;(2)公司债券;(3)政府债券;(4)投资基金;(5)衍生证券;(6)国务院规定的其他证券。最后一类证券是为将来扩容需要而预留的空间,但从目前情形来看尚未有具体的证券类型。

但就这些证券形式而言,并非尽皆由《证券法》加以调整。对于股票、公司债券这类典型证券,证券法不仅调整其交易,并且调整其发行。在证券法对其发行和交易中的事项未有规定者,则适用公司法之规定。若其他法律、行政法规有规定者,也须遵守其规定。对于政府债券、证券投资基金份额,证券法只调整其上市交易,而发行规则,则有其他法律、行政法规另行规定。证券法虽对证券衍生品种的发行、交易活动予以调整,但具体规则由国务院依证券法的原则另行规定。

(二)证券的法律特征

从上述对证券的概括及列举中,大致可总结出如下证券特征:

1. 证券是一种投资或融资工具

证券是投资者直接投资的工具,也是一种投资凭证,其上记载有投资者的权利,因而投资者也是凭借证券获得相应的收益。而从发行人角度看,证券又是发行人募集资金的工具。⑤

---

① 薛波主编:《元照英美法词典》,法律出版社2003年第1版,第1236页。
② 详见刘俊海:《现代证券法》,第10—11页。
③ 施天涛:《商法学》,第268页。
④ 于日本新增证券类型等内容,可详见〔日〕河本一郎、大武泰南:《证券交易法概论》,侯水平译,第31—37页。亦可参见同上书,第268页及第269页注释[1]。
⑤ 由于实践中存在非以融资为目的的证券发行,因而并非所有的证券发行都能产生融资效果。可参见叶林:《证券法》,第15页。

2. 证券是流通性较强的权益凭证

证券所表彰的是财产权利,与人身利益关联不大,可依法自由转让。其既可采背书方式,也可在证券交易所或其他合法设立的交易场所流通转让,尤其是在适用集中竞价规则时,转让人与受让人互不知晓也无需知晓,这也使证券的流通性更强。

3. 证券具有风险性

证券价格受通货膨胀率、汇率、所属行业前景、经营者能力甚至投资人自身的心理等众多因素的影响,难以准确估计,因而具有不确定性。并且证券价格的波动甚至暴起暴跌难以捉摸,兼之证券本身具有投机性,过度的投机行为甚或疯狂的投机热潮都将加大证券市场的风险性。

4. 证券是标准化权利凭证

为便于向社会公众募集资金,便利当事人利益计算、义务履行,增强证券的流通性,发行人通常要将募集的资金总额划分为若干均等份额,使同种证券所记载的内容及代表的权利具有同一性,从而能避免对交易内容等的歧义,以确保交易稳定。

二、证券的种类

(一)学理上的主要类型

1. 无价证券、有价证券

无价证券是指持券人具有某种特定资格的证券,该证券本身不能使持有人或第三人直接取得一定收入,也不能自由流通。[①] 典型者如我国计划体制下的粮票、布票、油票等。

有价证券是指记载有相应财产权益,持券人可凭借证券取得一定收入,并可自由转让的凭证。有价证券又可分为价值证券和实物证券,前者还可分为货币证券和资本证券。

2. 商品证券、货币证券和资本证券

商品证券即证券所指向的客体是一定的商品,是实物形态的财产,如提单,提单持有人有权提取提单上载明的货物。

货币证券是指本身能使持有人或第三人取得货币请求权的有价证券,典型者如票据。

资本证券是指发行人通过融资方式取得资金后向投资人签发并标明投资人权益的凭证,包括股票、债券及其衍生产品。一般而言,证券法上的证券主要指此类证券。

3. 金券、资格证券

金券又称金额券,是指标明一定金额,只能为一定目的使用,与权利不可分的证券。金券一般系由国家或国家授权机构制作,且具有标准化特点,未经国家授权,其他机构或个人无权制作或随意变更金券记载的内容。同时,金券与其上权利间密不可分,行使金券上的权利必须持有金券,失去金券则失去权利。金券典型者如邮票、印花等。有学者主张纸币也属于金券,而多数学者认为纸币本身就是财产权利,而非财产权利的表现形式,因而不宜将纸币视为证券或金券。[②]

资格证券又称免责证券,是表明证券持有人具有行使一定权利资格的证券,其典型形式为银行存折、车船票等。资格证券具有证明证券上的权利的效力,但并不创设证券权利。证

---

① 战玉峰:《金融法学理论与实务》,第 122 页。
② 可参见叶林:《证券法》,第 4 页。

券持有人失去证券的占有,但能够证明其证券权利存在,仍可以行使证券上的权利。而持有资格证券者,一般情形下都被推定为有资格行使权利者。

4. 上市证券、非上市证券

上市证券又称挂牌证券,是指经证券主管机关批准,并向证券交易所注册登记,获得在交易所内公开交易的证券。

非上市证券是指未申请上市或不符合挂牌交易的证券。非上市证券虽不得在交易所内进行交易,但可依公司法和合同法在场外市场进行交易。

5. 设权证券、证权证券

设权证券是指券对权之产生具有直接的确认效力的证券,即证券的签发是产生证券上权益的基础,无券则无权。典型者如票据。

证权证券是证明既有财产关系的一种证券,即权利义务产生于证券作成之前,证券是对证券上权利的证明方式之一,无券并不意味无权。典型者如股票。

6. 记名证券、无记名证券

记名证券是指在证券券面上明确记载持有人姓名或者名称的证券。根据记名的具体要求不同,记名证券又分为简单记名证券和复合记名证券。前者是指仅在证券上记载持有人的姓名或者名称,如记名公司债券。后者是指除在证券上记载持券人的姓名或者名称外,还同时在其他法律凭证上予以记载,如记名股票的股东同时在股东名册上,记名公司债券持有人同时在债券存根簿上进行记载。记名证券具有"认人不认券"的特点,转让时须办理登记或进行背书转让,其流通性较弱但安全性较强,证券遗失或毁损后可申请补发。

无记名证券是指在证券券面上没有记载证券持有人的姓名或者名称的一种证券。无记名证券具有"认券不认人"的特点,持有无记名证券的人,转让时不需办理其姓名或者名称的变更手续,只需交付,因而其流通性较强,但其毁损灭失后无法申请补发新证。

7. 实物券式证券、簿记券式证券

实物券式证券即由国家证券管理部门指定的印制机构印制的具有实物形态的证券。实物券式证券表现为一定的纸张形态,具有严格的格式和内容,如国库券、公司债券、票据等。

簿记券式证券即由证券发行人依法制作的具有统一格式的记载证券权利的凭证。簿记券式证券不是一种具有实际纸张形态的证券,而是通过记账的方式反映证券品种及数额,具有减少证券印制成本、保管及清点成本,更具有安全性,不易遗失和被盗等优点,实现了证券的无纸化。虽然目前电子数据没有完全替代纸质证券,但却出现了"有纸化证券"向"无纸化证券"的转变。① 在此情况下将证券解读为纸制书证自然是偏狭的。而无纸化证券中权益通常由第三方掌管,数据安全等的问题也成为现代法律所面临的重要问题之一。

8. 公募证券、私募证券

公募证券是指发行人通过中介机构向不特定的社会公众募集资本而发行的证券。此类证券有严格的审批制度及信息披露规则。

私募证券是指向少数特定投资者发行的证券。其审查方式及信息披露等方面法律通常没有严格的规定。

---

① 可参见叶林:《证券法》,第 2 页。

(二)我国《证券法》上的证券类型

根据《证券法》第2条之规定,我国证券主要有如下形式:

1. 股票

股票是指由股份有限公司依法发行的,用以证明股东所持股份及相应股东权并可转让的资本证券。[①] 股票是最为典型的证券形式,依不同标准可划分为不同类型。择其主要者有:

(1) 依股东权利的性质可将股票分为普通股股票与特别股股票。普通股股票是相对于特别股股票而言,即不属于特别股股票者,皆属普通股股票。特别股股票市值在其股票上记载了特别股东权,如优先股股票、劣后股股票、无表决权股票等。

(2) 以票面是否记载一定金额可将股票分为额面股与无额面股。额面股即是票面上记载有一定的金额的股票;无额面股又称比例股,即其在票面上不记载金额,仅显示股东持股比例的股票。

(3) 依股票认购主体和上市场所的不同,可将股票分为A股、B股、H股、N股和S股等。A股又称为人民币普通股票,是指股份有限公司依法在中国境内发行的,以人民币表示其股票面额,并可在证券交易所挂牌交易的股票。A股原限定由境内投资者买卖,现行法律已逐渐放宽投资者的身份限制,允许境外合格投资者以人民币交易A股股票。B股又称为人民币特种股票,原指股份有限公司依法在中国境内发行的,以人民币标明股票面额,由境外投资者以外币认购,并可在境内证券交易所挂牌交易的股票。目前境内投资者也可以外币认购或持有B股。H股是指境内股份有限公司依法在香港特别行政区发行并可在香港联合证券交易所挂牌交易的股票。注册地在中国,在纽约或者新加坡上市的股票分别称为N股和S股。

2. 公司债券

公司债券是指股份有限公司和有限责任公司依法定程序发行,约定在一定期限还本付息的有价证券(《公司法》第153条第1款)。公司债券依不同标准也可做细分为不同类型:

(1) 依发行方式可分为公募债券和私募债券。公募债券即公司公开募集的债券。凡公司向不特定对象发行,向特定对象发行累计超过200人,采取法律、行政法规规定的其他发行行为,采用广告、公开劝诱和变相公开方式发行的债券都属于公募债券(《证券法》第10条),其余公司债券为私募债券。公募债券适用公司法和证券法,而私募债券适用公司法与合同法。

(2) 依债券持有人的权利可分为普通公司债券和可转换公司债券。普通公司债券是指发行人承诺到期还本付息的公司债券;可转换公司债券是指上市公司发行的,持券人可在约定期限内依约定条件将其债券转化为股票的公司债券(可详见本书公司债部分)。

(3) 依是否附有担保可分为附担保公司债券和无担保公司债券。附担保公司债券是指发行人以自有特定财产或第三人财产连带承担还本付息责任的公司债券;无担保公司债券即以发行人自身信用为基础的公司债券。

(4) 依信用评级等级可分为A级债券和B级债券。在我国,金融机构还可依法发行次

[①] 《公司法》第125条第2款将股票界定为"公司签发的证明股东所持股份的凭证"。对此有学者认为法定概念未解释股票蕴涵的股东权内容,因而有欠严谨。可参见刘俊海:《现代证券法》,第12页。

级债券。次级债券是指商业银行发行的,本金和利息的清偿顺序列于商业银行其他负债之后,先于商业银行股权资本的债券(《次级债券发行管理办法》第2条)。

此外,公司债券还可依发行主体分为金融类和非金融类公司债券;依是否上市分为上市公司和非上市公司债券;依债券票面是否记名分为记名公司和无记名公司债券等。

3. 政府债券

政府债券是指政府为筹措财政资金,以政府信誉为基础,按照法定程序向投资者发行,并承诺到期还本付息的证券。政府债券又可分为:

(1) 依发行主体可分为中央政府债券与地方政府债券。根据《预算法》之规定,中央一般公共预算中必需的部分资金,可以通过举借国内和国外债务等方式筹措。对中央一般公共预算中举借的债务实行余额管理,余额的规模不得超过全国人民代表大会批准的限额。国务院财政部门具体负责对中央政府债务的统一管理(《预算法》第34条)。经国务院批准的省、自治区、直辖市的预算中必需的建设投资的部分资金,可以在国务院确定的限额内,通过发行地方政府债券举借债务的方式筹措。举借债务的规模,由国务院报全国人民代表大会或者全国人民代表大会常务委员会批准。省、自治区、直辖市依国务院下达的限额举借的债务,列入本级预算调整方案,报本级人民代表大会常务委员会批准。举借的债务应当有偿还计划和稳定的偿还资金来源,只能用于公益性资本支出,不得用于经常性支出。除上述规定外,地方政府及其所属部门不得以任何方式举借债务。除法律另有规定外,地方政府及其所属部门不得为任何单位和个人的债务以任何方式提供担保(《预算法》第35条第2—4款)。

(2) 依交易方式的不同可分为凭证式政府债券和记账式政府债券。凭证式是不印制实物券面,投资者通过填制"中华人民共和国凭证式国债收款凭证"的方式购买,由投资人自行保管,于债券到期日按票面利率还本付息。记账式政府债券是以记账形式记录债权,主要通过证券交易所交易系统交易,是可以记名并挂失的国债。凭证式政府债券只能在国债发行期内买入,并且只能到商业银行一次性兑现,因其收益固定,故保障性较强。记账式政府债券可随时买入卖出,流通性强,且其为每年付息一次,价格波动较大。[①]

此外政府债券还可分为国库券、重点建设债券、基本建设债券、保值公债和特种国债等。

4. 证券投资基金份额

《证券投资基金法》未定义证券投资基金份额的概念。有学者认为,"证券投资基金份额是指投资者持有的、据以对证券投资基金财产享有基金财产收益、参与分配清算后的剩余基金财产以及知情权、决策权等权利的证券"。"证券投资基金是指多数投资者缴纳的出资所组成的,由投资者委托他人按照投资组合原理投资于证券,投资收益按投资者出资份额共享,投资风险由投资者共担的资本集合体。"[②] 通过设立基金,可汇集众多投资者的资金并交由专门机构管理,由投资专家操作,即通常所称的"专家理财"。基金管理者收取一定的服务费用。基金也可按不同标准做不同分类:

(1) 依基金投资领域可分为产业基金和证券基金。产业基金即是以产业投资为目标,而证券基金以投资证券为目标。《证券投资基金法》对证券投资基金予以规范,而对产业基

[①] 可详见叶林:《证券法》,第12页。
[②] 刘俊海:《现代证券法》,第15页。

金尚未有专门法律。

(2) 依基金的组织形式可分为信托型基金和公司型基金。信托型基金中的基金份额持有人依据《证券投资基金法》和《信托法》而成为受益人,而公司型基金中的基金份额持有人之权利为股东权利。我国尚未准许设立公司型基金。

(3) 依基金运行方式可分为封闭式基金、开放式基金和其他运作方式的基金。封闭式基金是指基金份额总额在基金合同期限内固定不变,基金份额持有人不得申请赎回的基金;开放式基金是指基金份额总额不固定,基金份额可以在基金合同约定的时间和场所申购或者赎回的基金。采用其他运作方式的基金的基金份额发售、交易、申购、赎回的办法,由国务院证券监督管理机构另行规定(《证券投资基金法》第 45 条)。

5. 证券衍生品种

证券衍生品种是指由股票、债券等典型证券派生出的创新型证券。《证券法》确认了"证券衍生品种"作为证券的法定形式之一,但却未明定其含义与类型。基于目前尚缺乏实践经验,我国法律授权国务院按照《证券法》的原则规定证券衍生品种发行、交易管理办法(《证券法》第 2 条第 3 款)。证券衍生品种依其法律关系可分为证券型衍生品种和契约型衍生品种。我国学界通常认为证券衍生品种主要指证券衍生产品,不包括契约型衍生产品。[1] 证券衍生品种较为常见有权证、存托凭证和可转换公司债券等。

(1) 权证。权证是指标的证券发行人或第三人发行的,约定权证持有人在规定期间内或特定到期日,有权按照约定价格向发行人购买或出售标的证券,或以现金结算方式收取结算差价的证券。权证又可做多种类型划分,最为常见的是依持有人的权利性质分为公司权证和备兑权证。前者是标的证券发行人发行的权证;备兑权证是由标的证券发行人以外的第三人发行的证券。

(2) 存托凭证。存托凭证是指一国的存托银行收集、保管本国投资者于境外投资所获得的有价证券后,向该等投资者发行的、代表投资者对原始有价证券享有证券权益的可流通证券。[2]

6. 认定证券

认定证券即指有权认定机关在典型证券之外,根据权利凭证的证券属性而依法认定的证券。《证券法》第 2 条第 1 款规定:"在中华人民共和国境内,股票、公司债券和国务院依法认定的其他证券的发行和交易,适用本法。"

认定证券的认定方式主要有如下几种:(1) 国务院制定、发布行政法规。如依据我国《企业债券条例》而存在的企业债券。但由此认定的证券与证券衍生品种之关系,也是值得关注的问题。(2) 国务院授权机构制定、发布行政规章。如依据《金融债券发行管理办法》而存在的银行及其他金融机构在全国银行间债券市场发行的金融债券。[3] (3) 国务院或其授权机构、司法机关在个案中的认定。这一方式目前尚无先例。

---

[1] 叶林:《证券法》,第 13 页。
[2] 可详见叶林:《证券法》,第 13—14 页。
[3] 《金融债券发行管理办法》第 2 条对金融债券做了明确定义。

【相关案例】12-1　《证券法》的调整范围

某地方政府为缓解财政压力,决定发行地方政府债券,并通过地方电视台、广播、会议等形式广为宣传,进而发行名为"XX县政府债券",由财政部门进行认购人登记,约定5年后还本付息。同时要求各级干部必须认购相应职级的最低限额。该县共募集认购债券资金5000万。有干部认为该县发行地方政府债券的行为有违背《证券法》之规定。

【相关案例】12-2　权证投资者因未了解投资规则而自担投资损失①

2006年2月9日,原告胡某在被告国信证券上海北京东路营业部处与被告签订证券买卖委托交易协议书,约定原告在被告国信证券上海北京东路营业部处使用被告的证券交易系统进行证券交易,该系统的"操盘提示"内容由被告万得公司提供。2006年2月24日10时37分58秒,原告通过电话委托,与被告国信证券上海北京东路营业部签署权证风险协议书,自2006年8月17日起,原告开始买卖权证,先后买卖过宝钢、万科、武钢、深能、包钢、原水等权证。2006年12月15日,原告分别买入白云机场认沽权证,共计70000股,成交总金额为33486.84元,当天该权证收盘价为0.332元,白云机场(证券代码600004)股票收盘价为7.94元,该权证当天"操盘提示"发布了白云国际机场股份有限公司的提示性公告,提醒投资者该权证的最后交易日为2006年12月15日,权证到期日为2006年12月22日。2006年12月22日,白云机场(证券代码600004)股票收盘价为7.60元。后,原告以两被告未向其提供该权证的最后交易日信息,导致其作出错误的投资行为,造成较大经济损失,与被告交涉无果,故提起诉讼。

第二节　证券法概述

一、证券法的地位及调整对象

（一）证券法的地位

证券法可从形式意义和实质意义两方面理解。形式意义上的证券法即指由立法机关依法制定的专门性法律。而实质意义上的证券法则指一切与证券相关的法律规范的总称。既包括专门的证券法,也包括公司法、票据法、民法、刑法等其他法律中涉及证券内容的部分。②我国既有形式意义上的证券法,也有实质意义上的证券法。

证券法的地位在有形式意义上的证券法的国家,通常是考察形式意义上的证券法在整个法律体系中的位阶以及该法与相近法律间的关系。同时,其地位也因民商合一、民商分离体制而有所不同。在民商分离的国家,证券法属于商法之特别法,且随经济发展而日渐成为

---

① 本案例摘编自中国法律应用数字网络服务平台(法信)。
② 范健、王建文:《商法学》,第252页。

商法中重要的组成部分。而在民商合一体制中,证券法为民法的特别法。我国法律体系中,居于最上位的是作为根本大法的宪法,之后依次为法律、行政法规等。兼之我国采民商合一体制,证券法自属民法之组成部分。从法律适用而言,证券法所规范之证券多为公司证券,也使证券法成为公司法之特别法。对于证券法未作规定者,补充适用公司法之规定;而若证券法与公司法均有规定,则优先适用证券法;对证券法及公司法均无规定者,补充适用民法一般规定。

(二)证券法的调整对象

证券法的调整对象是证券法律关系。证券法律关系中既有平等主体之间的民事关系,也有证券市场主体与行政机关之间的行政关系。从内容来看,可分为证券募集、发行关系、证券交易关系、证券服务关系、证券监督管理关系。

1. 证券发行关系

证券发行关系主要是因证券的发行而在发行人、投资人、承销人以及其他中介服务机构相互之间发生的权利义务关系。但需注意的是,并非所有证券法上所指的证券的发行关系均由《证券法》调整。

2. 证券交易关系

证券交易主要是在证券交易中,发生于买卖双方当事人、证券发行人、证券经营机构、证券交易所、证券评级机构等相互之间的权利义务关系。证券法不仅规范场内交易,也规范场外交易。

3. 证券监督管理关系

证券监管关系是国家证券主管机关、证券业协会、证券交易所等,依国家法律、法规对证券市场的运作进行规划、调控和监督活动中形成的法律关系。基于监管主体的不同可将证券监管关系分为行政监管关系和民事监管关系。行政监管关系是国务院证券监督管理机构和国务院授权部门在履行监管职责时,与其他市场参与主体之间形成的法律关系;民事监管关系即是证券交易所和证券业协会等自律监管机构在实施监管时,与其他市场参与主体之间形成的法律关系。就监管中当事人发生争议而欲用诉讼途径解决时,行政监管关系应依行政诉讼程序,而民事监管关系则依民事诉讼程序。

4. 证券相关关系

证券相关关系是指在上述关系之外,其他与证券发行与交易、监督管理以及证券服务等有关的各种法律关系。包括(1)证券信息披露关系。即证券发行人、证券经营机构、证券交易所、证券投资咨询机构、证券主管机关及其投资人在证券发行与交易的信息披露过程中所形成的法律关系。(2)上市证券的收购关系,即上市公司或发起人以外的任何法人依法对上市股票的收购过程中所形成的法律关系。(3)证券中介服务关系,指资产评估机构、注册会计师事务所、注册审计师事务所、律师事务所等证券中介服务组织,在为证券的发行与交易过程中提供资产评估、财务会计报表的审计以及提供法律服务过程中所产生的法律关系。

二、证券法的法律渊源

法律渊源现已被狭义化为法律表现形式的指称。在我国,证券法的渊源主要有如下几种:

(一) 基本法律

主要有《证券法》《公司法》《证券投资基金法》《信托法》《商业银行法》《保险法》等。

(二) 行政法规

主要有《股票发行与交易管理暂行条例》[①]《企业债券条例》[②]《国库券条例》[③]《期货交易管理条例》《证券交易所管理办法》《证券发行与承销管理办法》《上市公司信息披露管理办法》《上市公司收购管理办法》《证券公司监督管理条例》等。

(三) 自律组织规则

1. 证券交易所自律规则

主要有《深圳证券交易所交易规则》(2016年修订)、《深圳证券交易所证券投资基金上市规则》(2005年)、《上海证券交易所股票上市规则》(2014年修订)等。

2. 证券协会自律规则

主要有《中国证券业协会章程》(2011年)等。

(四) 司法解释

主要有最高人民法院《关于审理证券市场因虚假陈述引发的民事赔偿案件的若干规定》等。

三、证券法的基本原则

证券法的基本原则是指证券法所规定的证券发行和交易活动必须遵循的基本准则，是证券立法、司法和执法的基本指导思想，体现了证券的基本精神。《证券法》第3—9条确立了如下基本原则：

(一) 公开、公正、公平原则

《证券法》第3条规定："证券的发行、交易活动，必须实行公开、公平、公正的原则。"该原则是我国证券市场法律制度的核心和灵魂，贯穿于证券发行和交易活动的全过程[④]，对维护投资者合法权益，保障证券市场健康发展具有重要意义。公开原则，是要求证券市场的运作和有关信息实行公开化，便于利害关系人知情和监管机构的监督，因而信息披露是公开原则的核心内容。公开原则要求所公开的信息应当达到真实性、完整性、准确性、及时性、规范性、易解性、易得性之要求。公平原则是指参与证券市场竞争的所有当事人具有平等的法律地位(《证券法》第4条)，不受投资数额、交易量及居住地等的影响。按照公平原则，发行人有公平的筹资机会，券商在证券市场中有公平的竞争机会，投资者享有公平的交易机会。公正原则是指在证券市场中，立法机构应制定公正的规则，证券监督管理机构应依法定权限公正履职，对所有市场参与者给予公正待遇，司法机构应当公正处理纠纷。

(二) 自愿、有偿、诚实信用原则

《证券法》第4条规定："证券发行、交易活动的当事人具有平等的法律地位，应当遵守自

---

① 该条例于1993年4月22日发布并实施。其部分条款因《公司法》《证券法》的实施而失去效力，相互重合的部分也在实践中较少直接采用，但该条例本身尚未被明令废止，因而仍属我国证券法的法律渊源。

② 根据国务院2011年1月8日公布的《关于废止和修改部分行政法规的决定》，《企业债券条例》第26、27条内容被修改。

③ 根据国务院2011年1月8日公布的《关于废止和修改部分行政法规的决定》，删去该条例第11条第2款"对倒卖国库券的，按照投机倒把论处"之规定。

④ 罗培新等：《最新证券法解读》，第7页。

愿、有偿、诚实信用的原则。"自愿,是指当事人按照自己的意愿参与证券发行与交易活动,任何人不得非法干涉。有偿,是指从事证券活动的主体应按照价值规律的要求进行等价交换。除法律、行政法规另有规定或合同另有约定外,取得证券或接受服务均应支付相应对价,任何人不得无偿占有、剥夺他人的证券权益。诚实信用,要求以不欺不骗、遵守诺言。任何弄虚作假、隐瞒、遗漏、误导性行为以及违背承诺行为均应承担相应法律责任。证券发行、交易活动当事人违反该原则给他人造成损失的,应当依法承担赔偿责任。①

(三) 遵守法律和禁止欺诈原则

《证券法》第 5 条规定:"证券的发行、交易活动,必须遵守法律、行政法规;禁止欺诈、内幕交易和操纵证券市场的行为。"守法原则是指证券的发行、交易活动必须遵守法律和行政法规所规定的条件及程序等。禁止欺诈原则主要指在证券发行及交易等活动中,禁止欺诈客户、禁止内幕交易和禁止操纵市场等行为。

(四) 分业经营管理为主的原则

《证券法》第 6 条规定:"证券业和银行业、信托业、保险业实行分业经营、分业管理,证券公司与银行、信托、保险业务机构分别设立。国家另有规定的除外。"这一规定确立了我国以分业经营管理为基本原则,即证券业、银行业、信托业、保险业不仅各项业务分开,各机构也须分别设立。② 随金融实践的深入,金融控股公司等的出现,混业经营也为现实所需要,因而在国家另有规定的情况下,也允许混业经营的存在。

(五) 集中统一监管、自律管理和审计监督相结合的原则

《证券法》第 7 条规定:"国务院证券监督管理机构依法对全国证券市场实行集中统一监督管理。国务院证券监督管理机构根据需要可以设立派出机构,按照授权履行监督管理职责。"第 8 条规定:"在国家对证券发行、交易活动实行集中统一监督管理的前提下,依法设立证券业协会,实行自律性管理。"证券法本身就是对证券市场进行调控的手段之一,政府监管也是整个证券法的必要内容之一。③ 为增强监管有效性,我国在经历分散和分级监管后,确立了由国务院证券监督机构统一监管的体制,以消除市场条块分割的弊端。证券协会作为行业自律组织,有权对会员违法违规行为作出处理,强化行业自律。同时,《证券法》第 9 条规定:"国家审计机关依法对证券交易所、证券公司、证券登记结算机构、证券监督管理机构依法进行审计监督。"

四、我国证券立法概况

我国证券市场形成于清末,但彼时证券交易多为自发交易,几乎无有意识的国家证券立法和行业自律规范。④ 1914 年,北洋政府颁布了我国历史上的第一部证券法——《证券交易所法》。1915 年公布了《施行细则》。国民党南京政府于 1929 年颁行《交易所法》;1930 年颁行《交易所法施行细则》。1935 年 4 月国民党政府又颁布了《修正交易所法》。1946 年国民党政府颁布了《公司法》,对发行股票和公司债券的条件以及发行方式等作出了规定。1942

---

① 《证券法释义》,第 8 页。
② 可见《商业银行法》第 43 条、《保险法》第 106 条之规定。
③ 高在敏:《商法》,第 356—357 页。罗培新等:《最新证券法解读》,第 10—15 页。
④ 可参见覃有土:《商法学》,第 228 页。

年3月,国民党政府还颁布了《中国农业银行土地债券法》等证券法律。

新中国成立后,为迅速恢复和发展国民经济,也一度成立了天津、北京、上海等证券交易所,颁行了一些有关证券交易的规章制度。后证券交易所被相继撤销。① 改革开放以后,我国证券制度得到了迅速发展。以1981年财政部发行的国库券为契机,债券作为一种新型的融资手段开始为社会所认同,各类企业债券、金融债券相继发行。1984年以北京天桥股份有限公司和上海飞乐音响股份有限公司获准公开发行股票为标志,股票市场开始全面启动,成为企业募集资金的重要市场。1987年国务院发布了《企业债券管理暂行条例》,1990年11月,上海证券交易所正式成立,1991年7月,深圳证券交易所开始正式营业。1992年原国家体改委等部门联合发布《股份制企业试点办法》《股份有限公司规范意见》等,1993年颁布的《公司法》对股票、公司债券作了明确的规定。国务院及证券管理部门、地方政府还颁布了大量的行政规章。此外,上海、深圳等地方政府颁行了许多地方性证券管理法规和规章,在规范相关市场方面发挥了重要作用。

在以上立法的基础上,1998年12月29日第九届全国人大常委会第六次会议通过了新中国的第一部《证券法》。这部法律的出台和实施标志着我国证券市场从此将走向健康、稳定、规范管理的道路。根据2004年8月28日第十届全国人大常委会第十一次会议《关于修改〈中华人民共和国证券法〉的决定》第一次修正,2005年10月27日第十届全国人大常委会第十八次会议修订,根据2013年6月29日第十二届全国人大常委会第三次会议《关于修改〈中华人民共和国文物保护法〉等十二部法律的决定》第二次修正,根据2014年8月31日第十二届全国人大常委会第十次会议《关于修改〈中华人民共和国保险法〉等五部法律的决定》第三次修正。修订后的现行《证券法》共12章240条。

配合《证券法》的修改,有关行政机关制定、修订了一系列行政法规和行政规章。2015年12月27日全国人民代表大会常务委员会通过《关于授权国务院在实施股票发行注册制改革中调整适用〈中华人民共和国证券法〉有关规定的决定》,授权国务院对拟在上海证券交易所、深圳证券交易所上市交易的股票的公开发行,调整适用《证券法》关于股票公开发行核准制度的有关规定,实行注册制度。实施期限为2年,自2016年3月1日起施行。

【相关案例】12-3　股票权利的所有权人系为实际出资人②

1992年A业务部与B投资公司签订二手股票转让协议书,约定B投资公司将3万股某股票转让给A业务部。A业务部按约支付了全部股权转让款。虽然股票仍然登记在C信托公司名下,但A业务部已经实际享有了股东权利并承担了股东义务。经1993年、1994年、1997年、2007年多次送配股以及股改后,前述3万股已变更为97万多股。经法院生效判决认定,其中64万多股应为原告所有。A业务部于1997年被依法注销,C信托公司作为其上级单位在相关注销手续中为其未了结债权债务出具了担保证明。2003年,B投资公司和D信托投资公司合并新设E信托投资公司,并明确两公司原有债权债务由新设公司承继。2006年B投资公司因前述合并新设行为而被申请注销。2008年E信托投资公司经核

---

① 参见范健:《商法》,第231页;覃有土:《商法学》,第229页。
② 本案例摘编自上海市黄浦区人民法院(2013)黄浦民五(商)初字第6790号民事判决书。

准企业名称变更为F公司(即本案原告)。1997年9月,C信托公司更名为G公司。2000年6月28日,G公司复归农业银行,并改建为H营业部,原G公司一切债权、债务由H营业部承担。2010年3月23日,H营业部更名为J支行(即本案被告)。综上,原告起诉法院,请求确认帐户为J支行名下64万多股为原告所有,判令被告承担本案诉讼费用。

【相关案例】12-4　双方自愿达成不违法之调解协议有效①

上诉人阳光城公司因与被上诉人于某证券登记纠纷一案,在二审期间,双方自愿达成调解协议:(1)阳光城公司承诺在本调解书送达之日起3个工作日内向于某一次性付清股权损失赔偿款649347.30元。以此为条件,于某放弃就涉案股权要求阳光城公司确认其股东身份以及承担其他一切清偿或者赔偿责任的权利。(2)一审案件诉讼费1934元(于某已预交),其中除于某减少诉讼请求部分的案件受理费457元由深圳市中级人民法院退回于生建外,剩余1477元及二审案件诉讼费1934元减半收取967元共计2444元由阳光城公司负担,二审案件诉讼费由本院减半退回阳光城公司967元。(3)如阳光城公司拒不按上述协议内容履行相应的金钱给付义务,则于某可依(2008)深中法民二初字第119号民事判决直接向深圳市中级人民法院申请强制执行。经法院审查,上述调解协议符合自愿、合法原则,依照《中华人民共和国民事诉讼法》第88条、第89条第1、2款、最高人民法院《关于人民法院调解工作若干问题的规定》[法释(2004)12号]第13条、第15条的规定,予以确认。

前沿问题

◆ 何为证券?

证券本身存有广义和狭义之分。在各国立法及实践中,对于证券的概念多有差别。即使在我国理论及实务中,对于证券的认识也不尽一致。从市场发展来看,一些国家如日本、德国的立法在不断扩大证券的外延,美国立法上所指的证券更是范围广大。为应对市场的发展,学者建议多考虑立法的前瞻性,从而认为应扩大证券的外延。更有认为法律明文规定的类型只应视为具有指引意义的证券,而非是证券认定的最终依据。我国学者朱锦清曾撰《这些果园是证券》一文,对于何为证券进行分析。

【思考题】

1. 什么是证券?证券有哪些特征和种类?
2. 证券法的法律渊源有哪些?
3. 证券法的基本原则有哪些?

---

① 本案例摘编自广东省高级人民法院(2010)粤高法民二终字第104号民事调解书。

【司法考试真题】

12-1 甲、乙两公司签订协议,约定甲公司向乙公司采购面包券。双方交割完毕,面包券上载明"不记名、不挂失,凭券提货"。甲公司将面包券转让给张某,后张某因未付款等原因被判处合同诈骗罪。面包券全部流入市场。关于协议和面包券的法律性质,下列哪一表述是正确的?(2015年)

A. 面包券是一种物权凭证

B. 甲公司有权解除与乙公司的协议

C. 如甲公司通知乙公司停止兑付面包券,乙公司应停止兑付

D. 如某顾客以合理价格从张某处受让面包券,该顾客有权请求乙公司兑付

12-2 股票和债券是我国《证券法》规定的主要证券类型。关于股票与债券的比较,下列哪一种表述是正确的?(2011年)

A. 有限责任公司和股份有限公司都可以成为股票和债券的发行主体

B. 股票和债券具有相同的风险性

C. 债券的流通性强于股票的流通性

D. 股票代表股权,债券代表债权

12-3 下列哪些机构属于证券发行中介机构?(2008年四川)

A. 信托投资公司　　　　　　B. 资产评估事务所

C. 律师事务所　　　　　　　D. 会计师事务所

12-4 关于证券投资基金运用基金财产进行投资的范围,下列哪些选项是正确的?(2008年)

A. 可以买卖该基金管理人发行的债券　　B. 可以买卖上市交易的股票、债券

C. 不得从事承担无限责任的投资　　　　D. 不得用于承销证券

12-5 根据《证券法》规定和证券法原理,下列哪些选项是正确的?(2007年)

A. 证券法上的证券均具有流通性　　　　B. 证券代表的权利可以是债权

C. 所有证券投资均具有风险性　　　　　D. 所有证券发行均应公开进行

第十三章

证券发行制度

【章首语】 证券发行,是指经批准符合条件的证券发行人,按照一定程序将证券销售给投资者的行为。通过证券发行而建立起来的市场称为证券发行市场,又叫一级市场,一般由发行人、承销机构和投资人构成。按照证券发行是否要通过承销机构可将证券发行分为直接发行和间接发行。前者是指发行人不通过承销机构而直接将证券销售给投资人;后者是发行人通过承销机构代为发行。

本章应着重学习证券发行的概念、特征,证券发行保荐制度,证券发行的方式和证券发行核准制度,股票与债券发行的条件和程序以及证券承销等内容。

第一节 证券发行的概述

一、证券发行的概念

证券发行指发行人以募集资金为目的,依照法律规定的程序向投资者以同一条件出售证券的行为。有别于从银行筹集资金的间接融资方式,证券发行是一种直接融资方式,由发行人直接向投资人募集资金。证券发行具有以下特征:

(1) 直接融资性。证券发行的最大功能是直接联结资金供求的一种恰当的纽带,是资金持有人将剩余资金进行投资的一种主要途径。它们能迅速地将社会闲散资金转化为生产建设资金,与银行的间接融资活动相比,证券发行更能为资金缺少者提供具有长期性、持续性的生产经营资金。

(2) 商业性。证券的发行是一种商业行为。证券发行是发行人向社会投资者出售证券的要约,即发行人将同等单位、同等面值和同等发行价格的证券,向社会不特定的人员出售,投资人以自己的资金购买(承诺行为)发行人发行的证券,并取得相关权益的商业行为。

(3) 规范性。证券发行是发行人向社会公众进行集资的行为。为保护社会公众的利益,世界各国证券立法均对证券发行人的资格和条件作出了严格的限制。在我国的证券立法中,对证券发行的准备、证券发行的参与人和证券发行行为设有严格的程序、规则。

二、证券发行市场的主体

根据《证券法》的有关规定,证券发行市场的主体可分为以下几类:

---

① 参见罗培新等:《最新证券法解读》,第19页。

(一) 证券发行人

证券发行人是为筹集资金依法向投资人出售证券的主体。证券发行人主要包括以下几种类型:(1) 政府。《证券法》将政府债券的上市交易也纳入调整范围内(《证券法》第48条第2款)。(2) 股份有限公司。股份有限公司是股票的唯一发行主体,发行方式包括设立发行和新股发行。(3) 有限责任公司。有限责任公司可以在证券市场上发行公司债券筹集资金。(4) 基金管理公司。值得注意的是,目前我国基金管理公司发行基金份额,适用《证券投资基金法》的规定,基金份额上市交易则适用《证券法》的规定。

(二) 证券投资人

证券投资人是指以一定价格购买证券,获取盈利并承担风险的主体。证券投资人可分为以下几种类型:(1) 政府。中央政府和地方政府通过国家授权投资的机构和国家投资授权的部门对股份有限公司进行投资,参与证券发行市场和证券交易市场。(2) 公司(包括有限责任公司和股份有限公司)。公司可对外投资,包括购买股票和债券等证券,成为其他公司的股东或债权人。(3) 公民个人。但依《股票发行与交易条例》规定,证券从业人员、证券业管理人员和国家禁止买卖股票的其他人员,不得直接或间接持有、买卖股票,但买卖经批准发行的投资基金证券除外。(4) 其他。包括各种投资基金、保险公司、信托投资公司等。

(三) 证券承销商

证券承销商实际上是发行人代理人,它是与证券发行人签订协议,依协议帮助发行人出售证券,并取得差价或佣金的主体。《证券法》第28条第1款规定:"发行人向不特定对象发行的证券,法律、行政法规规定应当由证券公司承销的,发行人应当同证券公司签订承销协议。证券承销业务采取代销或者包销方式。"

(四) 其他主体

证券发行市场中的主体除以上类型外,还包括证券投资咨询机构、证券资信评估机构、律师事务所、会计师事务所等。需要说明的是,上述机构作为证券发行的主体,对保证证券发行的安全起着不可替代的作用。

三、证券发行保荐制度

保荐制度又称保荐人制度(sponsor),是指由保荐人(券商)对发行人发行证券进行推荐和辅导,并核实公司发行文件中所载资料是否真实、准确、完整,协助发行人建立严格的信息披露制度,承担风险防范责任。

(一) 保荐制度的适用范围

在适用范围上,《证券法》第11条第1款规定,发行人申请公开发行股票、可转换为股票的公司债券,依法采取承销方式的,或者公开发行法律、行政法规规定实行保荐制度的其他证券的,应当聘请具有保荐资格的机构担任保荐人。可见,并不是所有公开发行股票、可转换股票的公司债券都必须采用证券发行保荐制度,私募证券就在保荐制度适用范围之外。[①]

(二) 保荐人的从业资格

《证券法》第11条第3款规定,"保荐人的资格及其管理办法由国务院证券监督管理机

---

① 对于基金份额、权证等证券衍生品种的发行是否需要由保荐机构出具保荐意见在学术界存在分歧,还有待立法和司法部门予以进一步解释。参见罗培新等:《最新证券法解读》,第24页。

构规定。"目前,根据《证券发行上市保荐办法》第 3 条规定,证券公司从事证券发行保荐业务,应依照本办法向中国证监会申请保荐机构资格。保荐机构履行保荐职责,应当指定依照本办法规定取得保荐代表人资格的个人具体负责保荐工作。未经中国证监会核准,任何机构和个人不得从事保荐业务。

《证券发行上市保荐办法》第 9 条对证券公司申请保荐机构资格的条件进行了如下规定:(1) 注册资本不低于人民币 1 亿元,净资本不低于人民币 5000 万元;(2) 具有完善的公司治理和内部控制制度,风险控制指标符合相关规定;(3) 保荐业务部门具有健全的业务规程、内部风险评估和控制系统,内部机构设置合理,具备相应的研究能力、销售能力等后台支持;(4) 具有良好的保荐业务团队且专业结构合理,从业人员不少于 35 人,其中最近 3 年从事保荐相关业务的人员不少于 20 人;(5) 符合保荐代表人资格条件的从业人员不少于 4 人;(6) 最近 3 年内未因重大违法违规行为受到行政处罚;(7) 中国证监会规定的其他条件。

《证券发行上市保荐办法》第 11 条对个人申请保荐代表人资格的条件进行了如下规定:(1) 具备 3 年以上保荐相关业务经历;(2) 最近 3 年内在本办法第 2 条规定的境内证券发行项目中担任过项目协办人;(3) 参加中国证监会认可的保荐代表人胜任能力考试且成绩合格有效;(4) 诚实守信,品行良好,无不良诚信记录,最近 3 年未受到中国证监会的行政处罚;(5) 未负有数额较大到期未清偿的债务;(6) 中国证监会规定的其他条件。

(三) 保荐机构的职责

根据《证券法》第 11 条第 2 款和《证券发行上市保荐办法》相关规定,保荐机构的职责可归纳如下:(1) 辅导义务。保荐机构对于发行人首次公开发行股票前应该进行辅导,以保证其所推荐上市的证券符合要求;(2) 承诺义务。为确保保荐机构所推荐的发行人首次公开发行的股票符合法律规定,保荐机构应当在推荐文件中履行诸如提供的文件不存在虚假记载、误导性陈述、重大遗漏,等等;(3) 督导义务。保荐机构应当针对发行人具体情况确定持续督导的内容和重点。(4) 其他义务。如对发行人的申请文件和信息披露资料进行审慎核查。

四、证券发行的方式

依据不同的分类方法,可对证券发行作如下不同的分类:

(一) 根据证券发行的对象,可分为公募发行和私募发行

公募发行是指发行人面向社会公众即不特定的社会投资者而发行的证券。私募发行是指向少数特定的投资人进行的发行。一般而言,参与私募发行的投资者多与发行人有密切业务往来。

(二) 根据证券发行的种类,可分为股票发行、债券发行和基金单位发行

股票发行是指股份有限公司以募集设立或增资扩股为目的,依照法定程序和条件,通过要约出售代表一定股东权利的股票的行为。债券发行是指符合债券发行条件的政府组织、金融机构或企业单位,以借入资金为目的,按照法律规定的程序,向社会投资人要约出售代表一定债权和兑付条件的债券的行为。基金单位发行是指符合法律规定条件的基金管理公司以筹集受托资金,进行投资管理为目的,按照法定条件和程序,向社会投资人公开发售代表特定信托受益权的证券的行为。

(三)根据发行方式,可分为直接发行和间接发行

直接发行又称为自办发行,是指证券发行人直接向投资人要约出售证券,而不借助证券中介机构(或称证券承销机构)销售的行为。其优点在于可以减少证券发行的手续费,降低筹集资金的成本,但一般只适用于少数特定投资人的私募证券。证券的间接发行是指证券发行人委托证券承销机构发行证券,并由证券承销机构办理证券发行事宜,承担证券发行风险的行为。间接发行虽成本较高,但可在短期内募集较多的资金。

(四)根据证券发行时间,可分为设立发行和新股发行

设立发行是发行人为设立股份有限公司,而向社会投资者发行股票的行为。设立发行的法律后果为成立股份有限公司。新股发行是股份有限公司设立后,依照法定条件和程序,发行股票的行为。

(五)根据证券发行条件的确定方式,可分为议价发行和招标发行

议价发行是指证券发行人与证券承销商根据双方协商一致而订立的合同,就证券发行的数量、发行价格、发行金额、发行手续的办理、发行期限以及合同对双方的限制作出明确的约定,而由证券承销商向社会投资人发行证券的行为。招标发行是指证券发行人对证券发行条件提出招标要约,由证券承销商竞争投标,从而确定证券发行承销商的证券发行方式。

(六)根据证券发行价格与股票票面金额之间的关系,可分为平价发行、溢价发行和折价发行

平价发行也称为面值发行或等价发行,是指证券发行时的发行价格与证券面值相同的发行方式。溢价发行是指证券发行时发行价格是按某一时期金融证券市场的价格,或接近于当时金融证券市场的同类证券价格所确定的价格发行。折价发行是指证券发行时其发行价格以低于证券面额,或以贴现金额的发行方式。[①]

五、证券发行核准制度

证券发行审核制度分为注册制和核准制。

(一)注册制

证券发行注册制是指发行人在发行证券时,必须依法将公开发行证券有关的一切信息和资料,完全而又准确地向政府证券主管部门呈报并申请注册,并应将信息和资料合理地制作成法律文件向社会公众公开的制度。该项制度的基本要求是发行人必须提供真实的信息和资料,而证券主管部门对发行人拟发行的证券不作实质审查,只要发行人在其提供的信息和资料中未违反真实性原则,证券主管部门应准予注册。证券发行注册制以美国为典型代表,巴西、德国、法国、荷兰、英国、加拿大等国家在证券发行中均采取注册制。[②]

(二)核准制

核准制又称实质审查制。它是指发行人拟发行证券,不仅要真实公开其全部资料,而且还必须符合法律规定的实质条件,证券主管机关对发行人提出的发行申请,进行实质性审查,并作出是否准予发行的决定。核准制的核心是证券主管机关有权对不符合证券发行实质条件的证券作出不予发行的决定。需要说明的是,我国的证券公开发行制度经历了一段

---

① 以上有关证券发行的分类,参见赵万一:《商法学》,第168—169页。
② 参见叶林:《证券法》,第87页。

改革过程,从原先的审批制变为现在的核准制,但这一机制仍处于改革进程中。改革的最终目标是否从核准制转为主要由市场主体作出选择的注册制,尚有待于市场进一步的发展。①

(三) 我国证券发行核准的具体内容

依据《证券法》的规定,我国证券市场的发行审查制度采用核准制。发行核准主要包括以下方面的内容:

1. 核准机构

国务院证券监督管理机构设发行审核委员会,依法审核股票发行申请。发行审核委员会由国务院证券监督管理机构的专业人员和所聘请的该机构外的有关专家组成,以投票方式对股票发行进行表决,提出审核意见。发行审核委员会的具体组成办法、组成人员任期、工作程序由国务院证券监督管理机构规定即可,无须再按原《证券法》的规定报国务院批准。公司债券的发行申请的核准,由国务院授权的部门作为核准机构(《证券法》第 22 条、第 17 条)。

2. 核准程序公开

国务院证券监督管理机构依照法定条件负责核准股票发行申请。核准程序应当公开,依法接受监督(《证券法》第 23 条第 1 款)。

3. 核准人员依法履行职责

参与审准和核准股票发行申请的人员,不得与发行申请人有利害关系,不得直接或者间接接受发行申请人的馈赠,不得持有所核准的发行申请的股票,不得私下与发行申请人进行接触(《证券法》第 23 条第 2 款)。

4. 核准期限

国务院证券监督管理机构或者国务院授权的部门应当自受理证券发行申请文件之日起 3 个月内,依照法定条件和法定程序作出予以核准或者不予核准的决定;不予核准的,应当说明理由。发行人根据要求补充、修改发行申请文件的时间不计算在内;不予核准的,应当说明理由(《证券法》第 24 条)。

5. 效益投资风险自负

证券依法发行后,发行人经营与收益的变化,由发行人自行负责;由此变化引致的投资风险,由投资者自行负责(《证券法》第 27 条)。核准机关只是依照法定条件和公开规章进行核准,不承担投资风险以及企业经营状况变化所带来的风险。

(四) 核准纠错机制及责任承担

国务院证券监督管理机构或者国务院授权的部门对已作出的核准证券发行的决定,发现不符合法定条件或者法定程序,尚未发行证券的,应当予以撤销,停止发行。已经发行尚未上市的,撤销发行核准决定,发行人应当按照发行价并加算银行同期存款利息返还证券持有人;保荐人应当与发行人承担连带责任,但是能够证明自己没有过错的除外;发行人的控股股东、实际控制人有过错的,应当与发行人承担连带责任(《证券法》第 26 条)。

---

① "审批"一词改为"核准",一方面使得债券发行与股票发行在法律术语上保持一致,另一方面更重要的是,在市场经济发展的今天,在法律体系中进一步引入市场机制,有利于深化金融改革、促进证券发行市场的健康发展。见罗培新等:《最新证券法解读》,第 24 页。

第二节 股票的发行

一、股票发行的条件

股票的发行必须依据我国《公司法》《证券法》的有关规定进行。根据股票发行的目的不同,股票发行分为设立发行、增资发行和配股发行。

(一) 设立发行的条件

我国《证券法》第 12 条规定:设立股份有限公司公开发行股票,应当符合《公司法》规定的条件和经国务院批准的国务院证券监督管理机构规定的其他条件。也就是说,必须满足《公司法》和《股票发行与交易管理暂行条例》等相关规定。根据《公司法》和《股票发行与交易管理暂行条例》,实质要求有:(1) 发起人符合法定人数(《公司法》第 78 条);(2) 发起人认购的股份不得少于公司股份总数的 35%;但是,法律、行政法规另有规定的,从其规定(《公司法》第 84 条);(3) 股份发行、筹办事项符合法律规定。根据《公司法》,股份公司的设立,不再需要经过国务院授权的部门或者省级人民政府批准;(4) 发起人制订公司章程,采用募集方式设立的经创立大会通过(《公司法》第 76、89、90 条分别对公司章程、创立大会进行了详细规定);(5) 有公司名称,建立符合股份有限公司要求的组织机构。依照《公司法》的要求,分别设立股东大会、董事会、经理、监事会以及独立董事和董事会秘书(《公司法》第 123 条、第 124 条);(6) 有公司住所(《公司法》第 23、76 条);(7) 股份的发行,实行公开、公平的原则,同种类的每一股份应当具有同等权利(《公司法》第 126 条和《股票发行与交易管理暂行条例》第 8 条)。

(二) 新股发行的条件

股份有限公司发行股票并上市之后,基于增资目的仍可能需要进一步的融资支持,发行新股就是一个主要的融资手段。依照《证券法》第 13 条的规定,公司公开发行新股,应当符合下列条件:(1) 具备健全且运行良好的组织机构;(2) 具有持续盈利能力,财务状况良好;(3) 最近 3 年财务会计文件无虚假记载,无其他重大违法行为;(4) 经国务院批准的国务院证券监督管理机构规定的其他条件。上市公司非公开发行新股,应当符合经国务院批准的证券监督管理机构规定的条件,并报国务院证券监督管理机构核准。另外,《证券法》第 15 条还规定:"公司对公开发行股票所募集资金,必须按照招股说明书所列资金用途使用。改变招股说明书所列资金用途,必须经股东大会作出决议。擅自改变用途而未作纠正的,或者未经股东大会认可的,不得公开发行新股。"[①]

二、股票发行的程序

根据我国《证券法》以及证监会的有关规定,股票发行程序分为设立发行程序和新股发行程序,现分述各自的程序:

---

① 关于股份有限公司增资申请公开发行股票的其他具体条件,见 1993 年国务院发布的《股票发行与交易条例》第 9、10 条的规定。

第十三章 证券发行制度

（一）股票设立发行程序

1. 辅导

《证券发行上市保荐办法》第 25 条规定："保荐机构在推荐发行人首次公开发行股票并上市前,应当对发行人进行辅导,对发行人的董事、监事和高级管理人员、持有 5% 以上股份的股东和实际控制人（或者其法定代表人）进行系统的法规知识、证券市场知识培训,使其全面掌握发行上市、规范运作等方面的有关法律法规和规则,知悉信息披露和履行承诺等方面的责任和义务,树立进入证券市场的诚信意识、自律意识和法制意识。"

2. 保荐

设立股份有限公司公开发行股票,依法采取承销方式时,应当聘请具有保荐资格的机构担任保荐人,保荐人的资格及其管理办法由国务院证券管理机构规定（《证券法》第 11 条第 1 款、第 3 款）。①

3. 报送募股申请等文件

依照《证券法》第 12 条规定："设立股份有限公司公开发行股票,应当符合《公司法》规定的条件和经国务院批准的国务院证券监督管理机构规定的其他条件,向国务院证券监督管理机构报送募股申请和下列文件：(1) 公司章程；(2) 发起人协议；(3) 发起人姓名或者名称,发起人认购的股份数、出资种类及验资证明；(4) 招股说明书；(5) 代收股款银行的名称及地址；(6) 承销机构名称及有关的协议。依照本法规定聘请保荐人的,还应当报送保荐人出具的发行保荐书。法律、行政法规规定设立公司必须报经批准的,还应当提交相应的批准文件。

4. 证券会核准

《上市公司证券发行管理办法》第 46 条规定,中国证监会依照下列程序审核发行证券的申请：(1) 收到申请文件后,5 个工作日内决定是否受理；(2) 中国证监会受理后,对申请文件进行初审；(3) 发行审核委员会审核申请文件；(4) 中国证监会作出核准或者不予核准的决定。同时,第 50 条规定,证券发行申请未获核准的上市公司,自中国证监会作出不予核准的决定之日起六个月后,可再次提出证券发行申请。

5. 承销、发行与上市

《公司法》第 87 条规定："发起人向社会公开募集股份,应当由依法设立的证券公司承销,签订承销协议。"同时,该法第 88 条还规定："发起人向社会公开募集股份,应当同银行签订代收股款协议。代收股款的银行应当按照协议代收和保存股款,向缴纳股款的认股人出具收款单据,并负有向有关部门出具收款证明的义务。"

（二）新股发行的程序

1. 股东大会决议

《公司法》第 133 条规定："公司发行新股,股东大会应当对下列事项作出决议：(1) 新股种类及数额；(2) 新股发行价格；(3) 新股发行的起止日期；(4) 向原有股东发行新股的种类及数额。"

2. 保荐

股份有限公司公开发行新股,按照《证券法》的规定聘请保荐人的,还应当向国务院证券

---

① 关于保荐人从业管理,见《证券发行上市保荐办法》规定。

监督管理机构报送保荐人出具的发行保荐书(《证券法》第12条第2款)。

3. 报送募股申请等文件

《证券法》第14条第1款规定:"公司公开发行新股,应当向国务院证券监督管理机构报送募股申请和下列文件:(1)公司营业执照;(2)公司章程;(3)股东大会决议;(4)财务会计报告;(5)招股说明书;(6)代收股款银行的名称及地址;(7)承销机构名称及有关的协议。"

4. 证监会核准

对于新股发行申请,我国证监会的核准程序与股票设立发行的程序无太大区别,经审核之后证监会依法作出核准或者不核准的决定。

5. 公告招股说明书

《公司法》第134条第1款规定:"公司经国务院证券监督管理机构核准公开发行新股时,必须公告新股招股说明书和财务会计报告,并制作认股书。"

6. 承销、发行与上市

《公司法》第134条第2款规定:"本法第88条、89条的规定适用于公司公开发行新股。"也就是说,发行新股也应当由证券公司承销和银行代收股款。同时,该法第135条还规定:"公司发行新股,可以根据公司经营情况和财务状况,确定其作价方案。"

7. 变更登记

《公司法》第136条规定:"公司发行新股募足股款后,必须向公司登记机关办理变更登记,并公告。"

三、股票发行的方式

在股票发行实践中,我国公司公开发行股票的具体方法主要有三种,即上网定价发行方式、与储蓄存款挂钩方式和全额预缴方式。

(一)上网定价发行方式

上网定价发行方式是指证券主承销商利用证券交易所系统发行股票,首先由主承销商作为拟发行的股票的唯一"卖主",投资者则在指定的时间内,按照现行的委托购入股票的方式,进行股票申购;申购结束后,根据投资者投入的全部资金总量,由证券交易所的主机系统确定哪些申请购买有效;最后向有效的申购者配发相应数量的股票。

由于投资者申购的数量不能事先确定,所以,在不同的情况下确认有效申购就必须采取不同的方式。实践中,证券交易所按照三个办法确认有效申购:一是在有效申购总量小于本次股票发行量时,投资者均按照各自的申购数量认购股票,其余未认购的部分股票则根据承销合同处理,或者由承销人购买,或交还发行公司;二是在有效申购总量等于本次股票发行量时,投资者即按照其各自的申购量认购股票;三是在有效申购总量大于本次股票发行量时,则由证券交易所主机自动按每1000股确定为一个申报号,并连序排号,然后,通过摇号抽签,每一个中签者即可认购1000股,未中签者不能认购股票。

(二)与储蓄存款挂钩方式

与储蓄存款挂钩方式是指在规定的期限内,首先无限量地发售专项定期定额存款单,然后根据实际发售存单的总量、本次发行股票的数量以及每张存款单可以认购的股份数量的多少,确定中签的比例或称中签率,最后,通过公开摇号抽签的方式,决定中签者,由中签者按照规定办理缴款手续并取得股票。

（三）全额预缴款方式

全额预缴款方式又可分为两种具体方法：一种是全额预缴款、比例配售、余款退还办法，是指投资者在规定的申购时间内，将全额申购款存入主承销商在收款银行设立的专门账户，在申购结束后，所有款项予以冻结，对到账资金进行验资，并确定有效申购，然后根据股票发行总量和申购总量计算配售股票的比例，并按比例进行配售，最后将余下的款项退还给申购者。另一种是全额预缴款、比例配售、余款转存方式，与上述方法基本相同，但它同时与储蓄存款挂钩，即在按照计算出的比例配股后，申购人余款则转为存款，利息按照银行同期银行存款利率计算，这种存款属于专项存款，不得提前支取。①

【相关案例】13-1　依法定程序和条件发行股票②

黔西南奥森木业有限公司（简称"奥森公司"）于2004年11月登记成立，注册资本1200万元，法定代表人为被告人柏玉禄。后经多次增资，2009年该公司注册资本增至1亿元。2010年奥森公司委托深圳君威投资发展有限公司（简称"君威公司"）策划奥森公司在美国上市事宜。根据君威公司要求的上市条件，柏玉禄用其妻子涂某平的加拿大籍身份在香港以1万元港币注册成立香港中国丙午林业集团有限公司（简称"丙午公司"），并对奥森公司进行股权整体收购。同时丙午公司又在美国OTCBB市场购买美国凤凰能源集团公司（先后更名为中国林产工业集团股份公司和西尔文工业公司）对丙午公司股权进行反向收购，柏玉禄出任西尔文工业公司执行董事。通过两次收购，西尔文公司实际资产为奥森公司的资产。在筹备上市期间，柏玉禄确定将西尔文公司原始股票英文版"受限制的股票"翻译成"已注册股票"。在未经中国证监会等部门批准的情况下，柏玉禄安排公司公共关系投资部经理被告人陈勇等人对外宣称西尔文公司即将在美国纳斯达克股票市场上市，购买该公司股票以后有很大的利润空间，并带领部分股票认购人到兴义市顶效开发区奥森公司厂房参观，后以每股1.5—2.7美元不等的价格向多人销售该公司股票，获利5537552.5元。

第三节　债券的发行

根据不同的债券种类，债券发行可以分为公司债券发行、企业债券发行、金融债券发行和国债发行等，但本节的债券发行仅指公司债券的发行。

一、发行公司债券的条件和限制

依据《公司法》第153条的规定，公司债券，是指公司依照法定程序发行、约定在一定期限还本付息的有价证券。《证券法》第16条第1款规定，公开发行公司债券，应当符合下列条件：(1) 股份有限公司的净资产额不低于人民币3000万元，有限责任公司的净资产额不

---

① 参见全国人大财经委经济法室：《证券法实务导读》，第122页。
② 案例来源，见贵州省高级人民法院(2015)黔高刑二终字第67号判决书。

低于人民币6000万元;(2)累计债券余额不超过公司净资产额的40%;(3)最近3年平均可分配利润足以支付公司债券1年的利息;(4)筹集的资金投向符合国家产业政策;(5)债券的利率不超过国务院限定的利率水平;(6)国务院规定的其他条件。另外,公开发行公司债券筹集的资金,必须用于核准的用途,不得用于弥补亏损和非生产性支出。上市公司发行可转换为股票的公司债券,除应当符合第一款规定的条件外,还应当符合本法关于公开发行股票的条件,并报国务院证券监督管理机构核准(《证券法》第16条第2款、第3款)。

对于公司再次发行公司债券,《证券法》第18条作出了限制规定,即在以下三种情形下,不得再次公开发行公司债券:(1)前一次公开发行的公司债券尚未募足;(2)对已经公开发行的公司债券或其他债务有违约或者延迟支付本息的事实,仍处于继续状态的;(3)违反本法规定,改变公开发行公司债券所募资金的用途。

二、发行可转换公司债券的条件

发行可转换公司债券,是在股票市场价格低、银行贷款利率较高的情况下的一种理想的筹资方式。由于股票市场价格低,发行股票或者配股的价格也比较低,筹集的资金就比较少。在这种情况下,发行可转换公司债券,发行公司能够以较低的成本筹集资金,投资者也找到了一种既安全、又具有一定收益潜力的投资渠道。根据《证券发行办法》第14条规定,公开发行可转换公司债券的公司,除应当符合本章第一节规定外,还应当符合下列规定:(1)最近三个会计年度加权平均净资产收益率平均不低于百分之六;(2)本次发行后累计公司债券余额不超过最近一期末净资产额的百分之四十;(3)最近三个会计年度实现的年均可分配利润不少于公司债券一年的利息。前款所称可转换公司债券,是指发行公司依法发行、在一定期间内依据约定的条件可以转换成股份的公司债券。

根据《证券法》第16条第3款规定,上市公司发行可转换为股票的公司债券,除应当符合第1款规定的条件外,还应当符合本法关于公开发行股票的条件,并报国务院证券监督管理机构核准。该条第1款规定,公开发行公司债券,应当符合下列条件:(1)股份有限公司的净资产不低于人民币3000万元,有限责任公司的净资产不低于人民币6000万元;(2)累计债券余额不超过公司净资产的40%;(3)最近3年平均可分配利润足以支付公司债券1年的利息;(4)筹集的资金投向符合国家产业政策;(5)债券的利率不超过国务院限定的利率水平;(6)国务院规定的其他条件。

三、发行公司债券的程序

根据《公司法》《证券法》《证券发行办法》的有关规定,公司债券发行的程序有:

(一)股东会或股东大会决定

《公司法》规定,发行公司债券的决议,由股东会或者股东大会作出,即有限责任公司由股东会作出决议,股份有限公司由股东大会作出决议(《公司法》第37、99条)。值得注意的是,由于国有独资公司不设股东会,所以对是否发行公司债券由国有资产监督管理机构决定(《公司法》第66条)。

(二)报送文件

《证券法》第17条第1款规定:"申请公开发行公司债券,应当向国务院授权的部门或者国务院证券监督管理机构报送下列文件：(1) 公司营业执照；(2) 公司章程；(3) 公司债券募集办法；(4) 资产评估报告和验资报告；(5) 国务院授权的部门或者国务院证券监督管理机构规定的其他文件。"依照《证券法》规定聘请保荐人的，还应当报送保荐人出具的发行保荐书（《证券法》第 17 条第 2 款）。

（三）核准机关

根据《证券法》，公司债券的发行核准机关是国务院授权的部门，上市公司发行可转换为股票的公司债券的核准机关是国务院证券监督管理委员会（《证券法》第 16、17 条）。国务院证券监督管理机构或者国务院授权的部门应当自受理证券发行申请文件之日起 3 个月内，依照法定条件和法定程序作出予以核准或者不予核准的决定，发行人根据要求补充、修改发行申请文件的时间不计算在内；不予核准的，应当说明理由（《证券法》第 24 条，该条规定适用于包括股票在内的其他证券发行程序）。此外，《证券发行办法》第 5 条规定，中国证监会对上市公司证券发行的核准，不表明其对该证券的投资价值或者投资者的收益作出实质性判断或者保证。因上市公司经营与收益的变化引致的投资风险，由认购证券的投资者自行负责。

（四）公告募集办法

《公司法》第 154 条规定，发行公司债券的申请经国务院授权的部门核准后，应当公告公司债券募集办法。公司债券募集办法中应当载明下列主要事项：(1) 公司名称；(2) 债券募集资金的用途；(3) 债券总额和债券的票面金额；(4) 债券利率的确定方式；(5) 还本付息的期限和方式；(6) 债券担保情况；(7) 债券的发行价格、发行的起止日期；(8) 公司净资产额；(9) 已发行的尚未到期的公司债券总额；(10) 公司债券的承销机构。

（五）收缴债款

发行公司将公司债券募集办法公告后，就可以在募集办法中公告的期限内募集债款。公司债券经应募人认定后，各应募人应按照所认定的数额缴纳债款。如有未缴款或未足额缴纳的应募人，公司董事会应负责向应募人催缴债款。应募人缴纳全部债款后，发行公司应向各应募人发放公司债券。同时，发行公司应当置备公司债券存根簿。如果发行记名公司债券，应当在公司债券存根簿上载明下列事项：(1) 债券持有人的姓名或者名称及住所；(2) 债券持有人取得债券的日期及债券的编号；(3) 债券总额，债券的票面金额、利率、还本付息的期限和方式；(4) 债券的发行日期。如果发行的是无记名公司债券，则只需要在公司债券存根簿上记载债券总额、利率、偿还期限和方式、发行日期及债券的编号（《公司法》第 157 条）。

【相关案例】13-2　发行公司证券的条件以及限制 [①]

原告周兴诉称：其持有银杉公司 1992 年底发行的公司内部债券 4 万元，债券期限自 1993 年 1 月 9 日至 1994 年 1 月 9 日，月息为 1.5%。现要求银杉公司支付债券本金 4 万元、利息 136800 元（自 1993 年 1 月起，按月息 1.5% 计算至付清之日止）。

[①] 案例来源，见江苏省南京市中级人民法院 (2012) 宁商终字第 790 号判决书。

被告银杉公司辩称：涉案4万元"债券"的实际持有人系周炳根，而非周兴，周兴与其没有任何关系。根据国家法律规定，私营企业没有资质发行"债券"，江宁区法院在1994年曾对该批"债券"进行了处理，并对其进行了罚款，故该批"债券"在1994年已全部处理完毕。本案不是"债券"纠纷，而是一般的债务纠纷，债务纠纷的诉讼时效为2年，涉案"债券"到期日为1994年1月9日，至今已过去近20年，法院不应再立案受理本案，要求依法处理。

法院经审理查明：周兴的父亲周炳根曾是原江苏银杉实业有限总公司（已更名为江苏银杉实业集团有限公司）的股东并担任副董事长。1993年1月，银杉公司未经中国人民银行批准发行企业内部债券。债券章程规定，债券期限为1年，自1993年1月9日至1994年1月9日，月利率为1.5%，不计名不挂失，经董事长签名后生效。周炳根购得债券4万元。债券到期后，周炳根未兑现上述债券。周炳根在1996年离开银杉公司时仍未兑现上述债券。2011年1月，周炳根将上述债券交给周兴，周兴持上述债券到银杉公司兑付未果。2012年3月，周兴向本院提起诉讼。审理中，银杉公司经本院传票传唤，无正当理由拒不到庭参加诉讼。

第四节 证券的承销

一、证券承销的概念和特点

证券发行依据是否有承销机构介入，可分为直接发行和间接发行两种，证券承销就是一种间接的证券发行方式。所谓证券承销，是指证券经营机构作为承销人，按照与证券发行人签订的证券承销合同，包销或者代销发行人所发行的证券，发行人为此向承销人支付一定报酬或手续费的一种证券发行方式。①证券承销具有以下特点：(1) 证券承销以发行人与承销商之间的证券承销协议为依据；(2) 证券承销主体是具有承销资格的证券公司；(3) 证券承销的形式分为代销和包销两种。② 证券公司承销证券，就是在发行公司和投资者之间架起一座桥梁，利用自身的专业技术、良好的信誉、资金优势和销售渠道等，使发行公司的证券顺利发售出去。发行公司有了证券公司的包销或代销做保证，也就能够获得预期的社会资金。

二、证券承销的方式

根据发行人与承销商之间权利义务配置的不同，证券承销可以分为证券代销与证券包销两种形式。《证券法》第28条第1款规定："发行人向不特定对象发行的证券，法律、行政法规规定应当由证券公司承销的，发行人应当同证券公司签订承销协议。证券承销业务采取代销或者包销方式。"

（一）证券代销

证券代销是指证券公司代发行人发售证券，在承销期结束时，将未售出的证券全部退还给发行人的承销方式（《证券法》第28条第2款）。

---

① 参见全国人大财经委经济法室：《证券法实务导读》，第153页。
② 参见施天涛：《证券法释论》，第49页。

证券代销具有如下特点:(1)代销过程中证券的所有权并未发生转移。证券所有权一直属于发行人,承销人只是代为销售;(2)发行人通过代销方式获得的资金数额难以确定,只有在承销期满后,才能根据承销人的出售情况确定;(3)发行人承担全部风险;(4)代销的费用比较低。①

(二)证券包销

证券包销是指证券公司将发行人的证券按照协议全部购入或者在承销期结束时将售后剩余证券全部自行购入的承销方式(《证券法》第28条第3款)。

证券的包销具有如下特点:(1)证券的所有权发生转移。在证券包销合同签订后,发行人将证券的所有权转移给承销人;(2)发行人可以迅速、可靠地获得证券价款。发行人将证券交付给承销人之后,不管以后证券能否完全按期售出,承销人都必须按时支付约定的款项;(3)承销人要承担全部发行风险;(4)包销的费用比较高。因为发行人不承担任何风险,所以必须向承销人支付较高的报酬。一般是承销人以低于发行价格的水平向发行人购入证券,再以发行价格向社会公众出售,所得价差即为发行的报酬。值得注意的是,与证券代销相比,证券包销中发行人与承销商的法律关系可能只是买卖关系,也可能既是买卖关系又是委托关系。

(三)特殊的承销方式:承销团承销

承销团承销,也称为"联合承销",是指两个或两个以上的承销商组成承销团代替发行人向投资者出售证券的承销方式。《证券法》第32条规定:"向不特定对象发行的证券票面总值超过人民币5000万元的,应当由承销团承销。承销团应当由主承销和参与承销的证券公司组成。"承销团承销存在着三方主体,即发行人、主承销商和分销商。在承销协议上,三者之间存在着两个协议,即发行人与主承销商之间签订的承销团承销协议和主承销商与分销商之间签订的分销协议。在责任承担上,主承销商承担发行过程中的全部责任,而分销商仅对与主承销商之间签订的承销协议部分负责。

(四)证券承销中的其他问题

1. 发行人选择承销商的自主权

公开发行证券的发行人有权依法自主选择承销的证券公司。证券公司不得以不正当竞争手段招揽证券承销业务(《证券法》第29条)。

2. 证券公司的核查义务

证券公司承销证券,应当对公开发行募集文件的真实性、准确性、完整性进行核查;发现有虚假记载、误导性陈述或者重大遗漏的,不得进行销售活动;已经销售的,必须立即停止销售活动,并采取纠正措施(《证券法》第31条)。

3. 证券公司在承销期内不得预留所承销的证券

证券的代销、包销期限最长不得超过90日。证券公司在代销、包销期内,对所代销、包销的证券应当保证先行出售给认购人,证券公司不得为本公司预留所代销的证券和预先购

---

① 有学者从其他视角归纳出证券代销有如下特点:(1)在性质上,证券代销中,发行人与承销商之间是委托代理关系,即发行人是被代理人,承销商是代理人;(2)在风险分配和责任承担上,由于证券代销中,发行人与承销商之间的关系属于委托代理,证券发行人处于被代理人的地位,承销商无需承担发行失败的风险,所有未出售证券的责任由证券发行人承担,对于发行人则承担的风险最大;(3)在适用范围上,由于证券代销中,发行人几乎承担全部风险,无法使双方的风险分配达到一种平衡的状态,使得这种承销方式的适用范围有限。见罗培新等:《最新证券法解读》,第53页。

入并留存所包销的证券(《证券法》第 33 条)。

4. 发行失败的规定

股票发行采用代销方式,代销期限届满,向投资者出售的股票数量未达到拟公开发行股票数量 70% 的,为发行失败。发行人应当按照发行价并加算银行同期存款利息返还股票认购人(《证券法》第 35 条)。

5. 承销期满承销情况的报告义务

公开发行股票,代销、包销期限届满,发行人应当在规定的期限内将股票发行情况报国务院证券监督管理机构备案(《证券法》第 36 条)。

三、证券承销协议

（一）证券承销协议的特点

证券承销协议是证券发行人与承销商之间签订的、由承销商代发行人将证券出售给投资者的协议。《证券法》第 30 条第 1 款规定,证券公司承销证券,应当同发行人签订代销或者包销协议。承销协议实质上就是承销合同,是证券发行人和证券承销人之间就证券发行与承销,所签订的有关证券承销内容的合同。它具有下列特点:(1) 签订证券承销合同的人须是具有证券承销资格的证券公司;(2) 证券承销合同是一种书面要式合同。证券承销合同须以书面形式签订,合同的内容须符合法律要求的必备内容;(3) 证券承销合同是证券发行中必须送审的法律文件。也就是说,证券承销合同只有经过国家有关部门认可后才具有法律效力;(4) 承销合同的条款必须依法订立。在合同中,法律要求订立的条款必须订立。

（二）证券承销合同的内容

《证券法》第 30 条规定,承销协议应当载明下列事项:(1) 当事人的名称、住所及法定代表人姓名;(2) 代销、包销证券的种类、数量、金额及发行价格;(3) 代销、包销期限及起止日期;(4) 代销、包销的付款方式及日期;(5) 代销、包销的费用和结算办法;(6) 违约责任;(7) 国务院证券监督管理机构规定的其他事项。

【相关案例】13-3　证券承销协议应当符合法律要求[①]

2012 年,鸠江建投公司为在国内发行总额为 15 亿元的公司债券,聘请华林证券公司担任本次债券的主承销商,双方共同签署了《2012 年芜湖市鸠江建设投资有限公司公司债券承销协议》,其中约定鸠江建投公司或华林证券公司因违反本协议约定而致对方权利或利益(包括但不限于为避免、挽回和弥补该损失而支出的律师费和其他合理费用)受到损害时,应如数赔偿。2012 年 11 月 28 日,华林证券公司向鸠江建投公司出具《承诺函》,承诺本期债券票面利率不高于发行时点 7 年期银行贷款利率(目前 5 年期以上银行贷款基准利率为 6.55%),若本期债券票面利率高于发行时点 7 年期银行贷款利率,华林证券公司承诺不收取本期债券发行的承销佣金,并承诺本期债券承销佣金为 0.7%。

2014 年 4 月 14 日,华林证券公司承销的鸠江建投公司债券完成发行,最终发行总额为

[①] 案例来源,见安徽省高级人民法院(2015)皖民二终字第 00280 号判决书。

13亿元,票面年利率为8.49%。2012年6月8日中国人民银行发布的5年以上金融机构人民币贷款基准年利率为6.80%,同年7月6日调整为6.55%至今未变。2014年4月18日,华林证券公司按《承诺函》约定的债券承销佣金0.7%标准扣除了债券承销佣金910万元后,将余款12.909亿元汇入了鸠江建投公司账户。

2014年5月6日,鸠江建投公司向华林证券公司发出《关于返还债券承销佣金的函》,要求全额返还鸠江建投公司已支付的本期债券承销佣金。2014年5月15日,华林证券公司向鸠江建投公司发出《关于芜湖鸠江建投公司债承销佣金有关问题的回函》,认可了其与鸠江建投公司于2012年11月28日签署的《承诺函》,并认为《承诺函》中对发行利率的约定结合了当时市场利率。

【相关案例】13-4　发行债券应当符合法定程序①

C酒业有限公司(简称"C公司")濒临倒闭,但因为C公司一直是县里的利税大户,县政府采取积极扶持的政策。为了筹集资金,C公司总经理向县政府申请发行债券,县政府予以批准,并协助C公司向社会宣传。于是C公司顺利完成发行价值150万元债券的发行。债券的票面记载为:票面金额100元,年利率15%,C公司以及发行日期和编号。

前沿问题

◆ 证券期货市场技术故障民事责任问题

随着金融市场的不断发展和创新,我国证券期货市场交易规模迅速增长,交易品种不断增加,证券期货信息系统日渐庞大和复杂,由于交易结算信息系统、信息设备存在风险,证券公司期货、期货公司IT治理机制不科学,网上交易系统防护存在漏洞,由此引发的证券期货市场技术故障屡屡出现。探讨证券期货市场技术故障的民事责任问题已经为实践亟须,对其研究主要涉及如下六方面的法律问题:其一,证券期货市场技术故障的法律关系;其二,证券期货市场技术故障的归责原则;其三,证券期货市场技术故障"过错"的认定;其四,证券期货市场技术故障诉讼的证明责任;其五,证券期货市场技术故障民事责任的抗辩;其六,证券期货市场技术故障民事赔偿。②

【思考题】

1. 简述证券发行的概念及特征。
2. 简述证券发行保荐制度。

---

① 案例来源,见中国法制出版社编:《新公司法解读》,第132页。
② 参见许传玺、张真理:《证券期货市场技术故障民事责任问题研究》,载《民商法学》2012年第9期,第77—85页。

3. 证券发行的方式有哪些?
4. 简述证券的核准制度。
5. 简述股票和债券发行的条件和程序。
6. 什么是证券承销?证券承销有哪些方式?

【司法考试真题】

13-1 依据我国《证券法》的相关规定,关于证券发行的表述,下列哪一选项是正确的?(2013年)

A. 所有证券必须公开发行,而不得采用非公开发行的方式
B. 发行人可通过证券承销方式发行,也可由发行人直接向投资者发行
C. 只有依法正式成立的股份公司才可发行股票
D. 国有独资公司均可申请发行公司债券

13-2 为扩大生产规模,筹集公司发展所需资金,鄂神股份有限公司拟发行总值为1亿元的股票。下列哪一说法符合《证券法》的规定?(2012年)

A. 根据需要可向特定对象公开发行股票
B. 董事会决定后即可径自发行
C. 可采取溢价发行方式
D. 不必将股票发行情况上报证券监管机构备案

13-3 股票和债券是我国《证券法》规定的主要证券类型。关于股票与债券的比较,下列哪一表述是正确的?(2011年)

A. 有限责任公司和股份有限公司都可以成为股票和债券的发行主体
B. 股票和债券具有相同的风险性
C. 债券的流通性强于股票的流通性
D. 股票代表股权,债券代表债权

13-4 某公司两年前申请发行5000万元债券,因承销人原因剩余500万元尚未发行完。该公司现将已发行债券的本息付清,且公司净资产已增加一倍,欲申请再发行5000万元债券。该公司的申请可否批准?(2005年)

A. 可以批准
B. 若本次5000万元中包括上次余额500万元即可批准
C. 不应批准
D. 若该公司变更债券承销人,可以批准

13-5 中国证监会2004年3月1日接到多家上市公司申请发行新股的报告,下列哪些公司的申请依法不应被批准?(2004年)

A. 甲公司上次发行股票时因故未能募足
B. 乙公司2002年度亏损
C. 丙公司预期利润率略低于同期银行存款利率
D. 丁公司上年度未按时公布报表被交易所通报

13-6 根据公司法有关规定,上市公司发生下列哪些情形,国务院证券管理部门有权决定终止其股票上市?(2002年)

A. 某公司在其 2000 年度的财务报告中虚列各项开支共计 900 多万元
B. 某公司参与走私香烟等货品,违法金额达 1300 万元
C. 某公司经营状况严重恶化,最近三年连续亏损
D. 某公司更换法定代表人但未经证券管理部门的同意

13-7 依照公司法的规定,股份有限公司可以发行下列哪些类型的股票?(2002 年)

A. 普通股和优先股　　　　　　　　B. 记名股和无记名股
C. 额面股和无额面股　　　　　　　D. 表决权股和无表决权股

第十四章

证券交易制度

【章首语】 证券交易又称证券买卖,是指已发行的证券在不同的证券投资者之间再次进行交换的行为。进行证券交易而形成的市场是证券交易市场,又称二级市场,它主要由客户、证券经营机构、证券交易的服务机构以及证券交易场所构成。证券经营机构,主要包括证券公司、证券金融公司和证券投资信托基金。

本章应着重学习证券交易的一般规定,股票和债券上市交易的条件和程序,证券交易的禁止行为等内容。

第一节 证券交易的一般规定

一、证券交易的条件

证券成功发行以后,公开发行的证券持有在初次购买的投资者手中。只有经申请获准在证券交易所上市以后,公开发行的证券方可在新的投资者手中不断地转手、流通。因此,证券交易是证券发行的后续环节和延伸。广大投资者买卖流通证券的活动,就构成证券交易市场。根据《证券法》的规定,证券交易须具备以下条件:

(一)允许交易的证券必须是依法发行并交付的证券

《证券法》第37条规定:"证券交易当事人依法买卖的证券,必须是依法发行并交付的证券。非依法发行的证券,不得买卖。"也就是说,进入交易的证券必须是完全依照法律规定的条件和程序发行的,并将该证券交付给了投资者。如果是非法发行的证券,是不能获准交易流通的。有学者认为,"合法证券的识别标准有三个,即依法发行、实际交付及合法形式"。[①]

(二)证券转让期限的限制由法律规定

我国《证券法》第38条规定:"依法发行的股票、公司债券及其他证券,法律对其转让期限有限制性规定的,在限定的期限内不得买卖。"根据证券的性质和其他的情况,法律会对某些证券的交易作出一定的限制,在限制期内或规定的情况下,该证券就不能自由地交易买卖。结合《公司法》,证券转让期限限制主要包括:(1)发起人股份的转让限制。以募集设立方式设立股份有限公司的,发起人认购的股份不得少于公司股份总数的35%;但是,法律、行政法规另有规定的,从其规定(《公司法》第84条)。发起人持有的本公司股份,自公司成立

---

① 参见叶林:《证券法》,第162页。

之日起1年内不得转让。公司公开发行股份前已发行的股份,自公司股票在证券交易所上市交易之日起1年内不得交易(《公司法》第141条第1款)。(2) 公司高级管理者股份的转让限制。公司董事、监事、高级管理人员应当向公司申报所持有的本公司的股份及其变动情况,在任职期间每年转让的股份不得超过其所持有本公司股份总数的25%;所持本公司股份自公司股票上市交易之日起1年内不得转让。上述人员离职后半年内,不得转让其所持有的本公司股份。公司章程可以对公司董事、监事、高级管理人员转让其所持有的本公司股份作出其他限制性规定(《公司法》第141条第2款)。(3) 此外,《证券法》第43条规定,证券交易所、证券公司和证券登记结算机构的从业人员、证券监督管理机构的工作人员以及法律、行政法规禁止参与股票交易的其他人员,在任期或者法定限期内,不得直接或者以化名、借他人名义持有、买卖股票,也不得收受他人赠送的股票。任何人在成为前款所列人员时,其原已持有的股票,必须依法转让。

(三) 买卖的证券形式要符合法律规定

我国《证券法》第41条规定:"证券交易当事人买卖的证券可以采用纸面形式或者国务院证券监督管理机构规定的其他形式。"最初证券的形式就是纸面形式的实物证券。随着计算机和通讯技术突飞猛进的发展,我国证券交易形式也发生了很大变化,现深沪两个交易所均采用先进的电脑交易,使证券交易更加方便和快捷。

(四) 证券交易必须在特定的场所进行

我国《证券法》第39条规定:"依法公开发行的股票、公司债券及其他证券,应当在依法设立的证券交易所上市交易或者在国务院批准的其他证券交易场所转让。"一般来说,交易场所可以分为场内市场和场外市场。场内市场,即我们所谓的交易所市场;场外市场则泛指在交易所外进行交易的场所。严格来说,两个市场的不同主要在于交易方式不同。场内市场的交易方式是集中交易的方式,多个买者和卖者之间进行价格磋商,体现价格发现机制;而场外交易市场则多采取一对一的交易磋商机制。因此,在每一时刻,场内交易市场往往只有一个最佳的价格,而场外交易市场则存在多个价格。这样规定的目的是为了保障金融秩序、防范金融风险、维护社会安定,促进我国证券市场的健康发展。①

二、证券交易的方式

证券交易的方式指交易双方采用什么样的具体方式来进行交易。《证券法》第40条规定:"证券在证券交易所上市交易,应当采用公开的集中交易方式或者国务院证券监督管理机构批准的其他方式。"《证券法》对证券交易方式的规定除集中交易外,还规定有国务院证券监督管理机构批准的其他方式,从而使交易方式更具多样性,也使现实中已存在的非集中竞价交易方式具有法律依据。② 所谓公开的集中竞价,是指所有买卖某一证券的买方和卖方集中在一个市场内公开申报、竞价交易,由出价最低的卖方和进价最高的买方达成交易,交易按买卖组连续进行。整个过程具有公开性、时间连续性、价格合理性等特点。

---

① 有关交易市场的更多内容,参见彭冰:《中国证券法学》,第170页以下。
② 目前,在我国非集中竞价的交易方式主要有大宗交易、双边报价、协议转让。见罗培新等:《最新证券法解读》,第69—72页。

三、证券交易的形式

证券交易一般有现货交易、期货交易和期权交易三种形式。现货交易是指证券交易达成后,按当时的价格进行资金和证券的实物交割。当然,现货交易成交和清算交割的时间也是分离的,如我国深沪 A 股目前实行"T+1"的交收方式,投资者当天买入的股票不能在当天卖出,需待第二天进行交割过户后方可卖出;投资者当天卖出的股票,资金回到投资者账上,但投资者必须等到第二天才能将现金提出。期货交易是指买卖双方成交后,按合同中的规定价格在未来的某个时间完成交割。期权交易又叫选择权交易,其交易的对象是一种权利,购买者有权在规定的期限内按规定的价格向出售者购买或出售某种证券。《证券法》规定,证券交易以现货和国务院规定的其他方式进行交易(《证券法》第 42 条)。

四、证券信用交易

《证券法》第 142 条规定:"证券公司为客户买卖证券提供融资融券服务,应当按照国务院的规定并经国务院证券监督管理机构批准。"所谓融资交易又称保证金买空交易(简称买空),投资者只须交纳部分保证金,由证券商垫付余额从而买进一定数量的证券,但买进的证券必须保存在证券商处,并且要向证券商支付垫付款的佣金和贷款利息。所谓融券交易又称保证金卖空交易(简称卖空),投资者在向证券商交纳部分保证金后,由证券商贷给证券并代为售出,售出的证券价款作为所贷证券的抵押存放在证券商处。

美国、日本等大多数国家都规定在一定的条件下可以从事信用交易。[1]在我国,随着证券市场规范化程度的提高,信用交易在我国《证券法》中被确认,尽管程序要求的比较严格(即按照国务院的规定并经国务院证券监督管理机构批准)。但是,我们应当看到,证券信用交易一方面有其利的一面,如刺激投资、增加证券交易量、提高证券市场的流动性等;另一方面,证券信用交易也有其不利的一面,如投机性强、易引发交易风险等。所以,对证券信用交易还有待国家根据市场情况采取特殊的法律规制措施。

五、证券交易的限制性规定

(一)证券从业人员持有、买卖、接受赠送股票的限制

《证券法》第 43 条规定:"证券交易所、证券公司和证券登记结算机构从业人员、证券监督管理机构的工作人员以及法律、行政法规禁止参与股票交易的其他人员,在任期或者法定期限内,不得直接或者以化名、借他人名义持有、买卖股票,也不得收受他人赠送的股票。任何人在成为前款所列人员时,其原已持有的股票,必须依法转让。"这样规定的目的是,上述人员能够掌握大量的、对证券市场有重大影响的信息,如果允许他们参与股票交易,有碍证券融资渠道,限制其从事证券交易,是防范内幕交易,维护公平、公正的证券交易秩序的需要,也有利于他们公正履行职责。需要注意的是,对于"其他人员",根据法律、行政法规规定在一定期限内,不得持有、买卖股票,主要是指对公司董事、监事、高级管理人员的限制(《公司法》第 141 条第 2 款)。

---

[1] 凌江红等:《证券法实例说》,第 75 页。

(二) 证券发行、上市服务机构和人员买卖股票的限制

《证券法》第45条规定:"为股票发行出具审计报告、资产评估报告或者法律意见书等文件的证券服务机构和人员,在该股票承销期内和期满后6个月内,不得买卖该种股票。除前款规定外,为上市公司出具审计报告、资产评估报告或者法律意见书等文件的证券服务机构和人员,自接受上市公司委托之日起至上述文件公开后5日内,不得买卖该种股票。"这样规定的目的是,防止上述知情人员利用内幕信息从事股票交易牟利,因为这些人员买卖股票不仅会造成利益冲突,而且对一般投资者也不公平。

(三) 对持股5%以上的大股东所持股票在一定期限内买卖行为的限制及例外

《证券法》第47条规定,上市公司董事、监事、高级管理人员、持有上市公司股份5%以上的股东,将其持有的该公司的股票在买入后6个月内卖出,或在卖出后6个月内又买入,由此所得收益归该公司所有,公司董事会应当收回其所得收益。但是,证券公司因包销购入售后剩余股票而持有5%以上股份的,卖出该股票时不受6个月时间限制。公司董事会不按照前款规定执行的,股东有权要求董事会在30日内执行。公司董事会未在上述期限内执行的,股东有权为了公司的利益以自己的名义直接向人民法院提起诉讼。公司董事不按第1款的规定执行的,负有责任的董事依法承担连带责任。

另外,在证券公司以包销形式为股份有限公司发行股份的情况下,如果证券公司因包销购入售后剩余股票而持有5%以上股份的,卖出该股票时不受6个月时间限制。法律之所以这样规定,一方面是为了促进证券公司尽量将其包销的股份向社会公众发行,实现持股分散;另一方面是因为对其进行限制,证券公司就会有大量资金被占用,加大了公司的风险,不利于证券公司的发展。

六、特定持股比例的报告公告制度

《证券法》第86条规定,通过证券交易所的证券交易,投资者持有或者通过协议、其他安排与他人共同持有一个上市公司已发行的股份达到5%时,应当在该事实发生之日起3日内,向国务院证券监督管理机构、证券交易所作出书面报告,通知该上市公司,并予公告;在上述期限内,不得再行买卖该上市公司的股票。投资者持有或者通过协议、其他安排与他人共同持有一个上市公司已发行的股份达到5%后,其所持该上市公司已发行的股份比例每增加或者减少5%,应当依照前款规定进行报告和公告。在报告期限内和作出报告、公告后2日内,不得再行买卖该上市公司的股票。同时,特定持股人所作的书面报告和公告,其内容应符合法律的要求(《证券法》第87条)。①

此外,《证券法》对证券交易收费原则作了明确规定。证券交易费用指证券交易当事人应当交纳的税收之外的各项费用。目前,我国证券交易费用主要包括3项:已发行公司需支付的上市费、投资者需支付的手续费和佣金、证券商需支付的交易所入场费。我国《证券法》第46条规定:"证券交易的收费必须合理,并公开收费项目、收费标准和收费办法。证券交易的收费项目、收费标准和管理办法由国务院有关管理部门统一规定。"

---

① 有关上市公司股东的报告义务,参见《收购办法》。

第二节 股票上市制度

一、股票上市交易的实质条件

股份有限公司公开募集发行的股票要进入证券交易所挂牌交易,必须符合法定条件。依《证券法》第50条第1款的规定,股份有限公司申请股票上市,应当符合下列条件:(1)股票经国务院证券管理部门核准已公开发行;(2)公司股本总额不少于人民币3000万元;(3)公开发行的股份达到公司股份总额的25%以上;公司股本总额超过人民币4亿元的,公开发行股份的比例为10%以上;(4)公司最近3年无重大违法行为,财务会计报告无虚假记载。另外,证券交易所可以规定高于前款规定的上市条件,并报国务院证券管理部门批准(《证券法》第50条第2款)。

总之,法律对申请上市的股份有限公司规定了应当达到的基本条件,目的是保证上市股票的合法性,尽可能提高股票交易的安全性和可靠性,降低股票交易的风险,维护股票交易安全、健康、有序地进行,保护广大投资者的利益,为整个证券市场的健康发展提供较好的基础。

二、股票上市的程序要求

公司申请股票上市交易,除受上述条件限制外,还应遵守严格的程序。依《证券法》的规定,股票上市程序如下:

(一)向证券交易所提出申请

申请股票上市交易的,应当向证券交易所报送下列文件:(1)上市报告书;(2)申请股票上市的股东大会决议;(3)公司章程;(4)公司营业执照;(5)依法经会计师事务所审计的公司最近3年的财务会计报告;(6)法律意见书和保荐书;(7)最近一次的招股说明书;(8)证券交易所上市规则规定的其他文件(《证券法》第52条)。

(二)证券交易所审核

股票上市交易申请经证券交易所审核同意即可,不必再经国务院证券监督管理机构的核准(《证券法》第53条)。

(三)上市交易信息的公告

《证券法》第53条规定:"股票上市交易申请经证券交易所审核同意后,签订上市协议的公司应当在规定的期限内公告股票上市的有关文件,并将该文件置备于指定的场所供公众查阅。"同时,第54条还规定:"签订上市协议的公司除公告前条规定的文件外,还应当公告下列事项:(1)股票获准在证券交易所交易的日期;(2)持有公司股份最多的前10名股东的名单和持股数额;(3)公司的实际控制人;(4)董事、监事、高级管理人员的姓名及其持有本公司股票和债券的情况。"所谓"实际控制人"是指虽不是公司的股东,但通过投资关系、协议或者其他安排,能够实际支配公司行为的人(《公司法》第216条第3款)。

除此之外,境内企业直接或者间接到境外发行证券或者将其证券在境外上市交易,必须经国务院证券监督管理机构依照国务院的规定批准(《证券法》第238条)。上市公司必须依照法律、行政法规的规定,公开其财务状况、经营情况及重大诉讼,在每会计年度内半年公布一次财务会计报表(《公司法》第145条)。

三、上市公司股票的暂停和终止

股票上市不仅直接关系上市公司和广大投资者的利益,而且关系到证券市场乃至整个国民经济的健康发展。因此,各国有关法律对于上市公司出现不符合上市条件的,都要采取强制性措施,暂停或终止该公司的上市资格,以保护证券市场的正常运行。

（一）暂停上市

依《证券法》第55条规定,上市公司有下列情形之一的,由证券交易所决定暂停其股票上市交易:(1)公司股本总额、股权分布等发生变化不再具备上市条件;(2)公司不按照规定公开其财务状况,或者对财务会计报表作虚假记载,可能误导投资者;(3)公司有重大违法行为;(4)公司最近3年连续亏损;(5)证券交易所上市规则规定的其他情形。

此外,有关暂停股票上市条件,除法定条件外,《上海证券交易所股票上市规则》第14章第1节还有较详细规定。

（二）终止上市

依《证券法》第56条的规定,上市公司有下列情形之一的,由证券交易所决定终止其股票上市交易:(1)公司股本总额、股权分布等发生变化不再具备上市条件,在证券交易所规定的期限内仍不能达到上市条件;(2)公司不按照规定公开其财务状况,或者对财务会计报表作虚假记载,且拒绝纠正;(3)公司最近3年连续亏损,在其中一个年度内未能恢复盈利;(4)公司解散或者被宣告破产;(5)证券交易所上市规则规定的其他情形。

此外,有关终止股票上市条件,除法定条件外,《上海证券交易所股票上市规则》第14章第3、4节还规定了较详细规定。

【相关案例】14-1　证券交易之规则[①]

中国牧工商总公司南京服务部(简称"中牧公司服务部")系中国牧工商总公司的下属企业。1993年因国有资产整合,该服务部并入中亚动物保健品总公司,更名为南京中亚动物保健品服务部。2002年中亚动物保健品总公司将南京中亚动物保健品服务部划转中牧公司管理,所有债权债务也由中牧公司承担。1993年11月10日中牧公司服务部以金额26052元的转账支票购买了20000股南京医药股份有限公司的普通股。管盘荣时任该服务部经理。1995年4月,管盘荣退休,将上述股票的股票卡带走。1999年股票卡被当时的中牧公司服务部经理徐键收回。2007年8月30日,管盘荣委托其子管乔,持私自留存的"中国牧工商南京服务部"印章、介绍信、企业主要负责人身份证明等到华泰公司营业部申请开户,华泰公司营业部在管乔所持的材料内无营业执照原件、股票卡及法人资格证明书的情况下帮助管乔办理了开户业务。2007年9月4日将上述股票上市交易,得款571375.33元。2007年9月7日管盘荣要求华泰公司营业部将以上款项转入南京市玄武区永昌商行的银行账户。同日,华泰公司营业部兑付了以上款项。

[①] 案例来源,见江苏省南京市中级人民法院(2013)宁民终字第3328号判决书。

第三节 债券上市制度

一、公司债券上市的条件

根据我国《证券法》第 57 条的规定:"公司申请公司债券上市交易,应当符合下列条件:(1) 公司债券的期限为 1 年以上;(2) 公司债券实际发行额不少于人民币 5000 万元;(3) 公司申请债券上市时仍符合法定的公司债券发行条件(具体条件详见第八章相关部分)。

《证券法》第 48 条第 2 款规定:"证券交易所根据国务院授权的部门的决定安排政府债券上市交易。"基于证券主体的特殊性,政府债券可豁免证券交易所的发行及审查,直接成为证券交易所的交易对象,证券交易所甚至无权拒绝或终止该种证券的上市交易。

二、公司债券的上市程序

公司债券的上市程序与股票上市的程序大致相同,具体包括下面几个步骤:

(一)提出公司债券上市申请

申请公司债券上市交易,应当向证券交易所报送下列文件:(1) 上市报告书;(2) 申请公司债券上市的董事会决议;(3) 公司章程;(4) 公司营业执照;(5) 公司债券募集办法;(6) 公司债券的实际发行数额;(7) 证券交易所上市规则规定的其他文件。申请可转换为股票的公司债券上市交易,还应当报送保荐人出具的上市保荐书(《证券法》第 58 条)。

(二)证券交易所审核

公司债券上市交易申请由证券交易所审核同意即可,不必再经国务院证券监督管理机构核准(《证券法》第 59 条)。

(三)公告上市报告和其他文件

《证券法》第 59 条规定:"公司债券上市交易申请经证券交易所审核同意后,签订上市协议的公司应当在规定的期限内公告公司债券上市文件及有关文件,并将其申请文件备置于指定场所供公众查阅。"

三、公司债券交易的暂停和终止

债券上市后,受到证券主管机关和证券交易所的监管,当公司因社会经济条件变化或自身经营问题,而不再符合证券上市的条件时,就将被停止上市交易或取消上市资格,这就是债券上市的暂停与终止。上市债券的暂停与终止,是为了保护公共利益和投资人利益。

(一)暂停上市

《证券法》第 60 条规定,公司债券上市交易后,公司有下列情形之一的,由证券交易所决定暂停其公司债券上市交易:(1) 公司有重大违法行为;(2) 公司情况发生重大变化不符合公司债券上市条件;(3) 发行公司债券所募集的资金不按照核准的用途使用;(4) 未按照公司债券募集办法履行义务;(5) 公司最近 2 年连续亏损。

(二)终止上市

《证券法》第 61 条第 1 款规定:"公司有前条第(一)项、第(四)项所列情形之一经查实后果严重的,或者有前条第(二)项、第(三)项、第(五)项所列情形之一,在限期内未能消除的,由证券交易所终止该公司债券上市交易。公司解散或者被宣告破产的,由证券交易所终止其公司债券上市交易。"

此外,对证券交易所作出的不予上市、暂停上市、终止上市决定不服的,可以向证券交易所设立的机构申请复核(《证券法》第62条)。《证券法》还就证券交易所决定暂停或者终止证券上市交易的,报国务院证券监督管理机构备案作出了规定(《证券法》第72条)。

有关证券发行交易信息披露制度(含上市公司持续信息披露)详见本书第十五章的相关内容。

【相关案例】14-2　证券交易所之审查义务 [①]

原告陈某以深圳证券交易所未能尽到审慎审查义务,批准本应停止上市并应撤销发行核准决定的"11超日债"非法上市,从而导致包括其在内的广大债券投资者蒙受财产损失,故深圳证券交易所与发行债券的上海超日太阳能科技股份有限公司、中信建投股份有限公司应承担连带赔偿其因买入、卖出涉案债券所造成的本金损失的责任为由,向原审法院提起本案诉讼。

深交所答辩称:(1)深交所依法作出核准"11超日债"上市交易决定的行为属于《最高人民法院关于对与证券交易所监管职能相关的诉讼案件管辖与受理问题的规定》(法释〔2005〕1号)第3条规定的"不直接涉及投资者利益的行为",人民法院应不予受理。而且从我国相关法院的司法实践来看,原审法院驳回起诉的结果与该院自上述司法解释发布实施以来对类似案件的处理结果一致。(2)本案审理程序和裁定结果符合相关法律和司法解释的规定。请求驳回上诉人的上诉,维持原裁定。

第四节　证券交易的禁止行为

一、禁止内幕交易

(一)内幕交易的一般规定

内幕交易,又称内部人交易、知情者交易,是指董事、监事、经理、职员或主要股东、证券市场内部人员及市场管理人员,利用其地位、职务等便利,获取发行人尚未公开的、可以影响证券价格的重要信息,进行有价证券交易,或者泄漏信息,以获取利益或减少经济损失的行为。[②]我国《证券法》在对内幕交易进行禁止的基础上,就内幕交易的具体行为作了列举式的规定,为投资者鉴别这类违法行为提供了有效的判断依据。证券法列举的内幕交易为三类:一类是内幕人员进行的内幕交易,指内幕人员直接利用内幕信息购买或者出售证券,或者根据内幕信息建议他人购买或出售证券;一类是非内幕人员进行的交易行为,指非内幕人员通

[①] 案例来源,见广东省高级人民法院(2014)粤高法立民终字第1443号判决书。
[②] 参见周友苏:《新证券法论》,第283页以下。

过不正当手段或其他途径获取内幕信息,并根据该信息买卖证券或者建议他人买卖证券;一类是内幕人员泄露内幕信息的行为,指内幕人员向他人泄露内幕信息,使他人利用该信息进行交易。

由于内幕交易是内幕人员利用内幕信息抢先进行的交易,所以,会产生很大的危害。一是损害了上市公司的利益和信誉,发生内幕交易的,投资者会对上市公司失去信心,最终会影响公司的发展;二是违反了证券市场的基本原则,即公开、公平和公正,侵犯了投资者的合法权益,由于个别人利用内幕信息进行交易获得巨额利益,必然会损害广大普通投资者的利益;三是扰乱证券市场的正常秩序,不利于证券市场的健康发展。①

《证券法》第73条规定:"禁止证券交易内幕信息的知情人和非法获取内幕信息的人利用内幕信息从事证券交易活动。"

(二)内幕交易的法律规制

1. 内幕信息的内容

依《证券法》第75条第1款规定,所谓内幕信息,是指证券交易活动中,涉及公司的经营、财务或者对该公司证券的市场价格有重大影响的尚未公开的信息。根据本条第2款的规定:"下列各项信息皆属内幕信息:(一)本法第67条第2款所列重大事件;(二)公司分配股利或者增资的计划;(三)公司股权结构的重大变化;(四)公司债务担保的重大变更;(五)公司营业用主要资产的抵押、出售或者报废一次超过该资产的30%;(六)公司的董事、监事、高级管理人员的行为可能依法承担重大损害赔偿责任;(七)上市公司收购的有关方案;(八)国务院证券监督管理机构认定的对证券交易价格有显著影响的其他重要信息。"《证券法》第67条第2款所列重大事件共有12项之多(详见本书第十五章的相关内容)。

2. 内幕信息的知情人员

所谓内幕信息的知情人员,是指由于持有发行人的证券较多,或者在发行人公司或与发行人公司有密切联系的公司中担任董事、监事、高级管理人员,或者由于会员地位、监督管理地位、职业地位、或者作为雇员、专业顾问履行职务,从而难免接触或者获取内幕信息的人员。《证券法》第74条规定,证券交易内幕信息的知情人包括:(1)发行人的董事、监事、高级管理人员;(2)持有公司5%以上股份的股东及其董事、监事、高级管理人员,公司的实际控制人及其董事、监事、高级管理人员;(3)发行人控股的公司及其董事、监事、高级管理人员;(4)由于所任公司职务可以获取公司有关内幕信息的人员;(5)证券监督管理机构工作人员以及由于法定职责对证券的发行、交易进行管理的其他人员;(6)保荐人、承销的证券公司、证券交易所、证券登记结算机构、证券服务机构的有关人员;(7)国务院证券监督管理机构规定的其他人。

3. 内幕交易行为

根据《证券法》第76条第1款规定,内幕交易主体及其行为可以分为以下几类:证券交易内幕信息的知情人和非法获取内幕信息的人,在内幕信息公开前,不得买卖该公司的证券,或者泄露该信息,或者建议他人买卖该证券。

4. 内幕交易的民事责任

《证券法》第76条第3款规定:"内幕交易行为给投资者造成损失的,行为人应当依法承

---

① 参见全国人大财经委经济法室:《证券法实务导读》,第218页。

担赔偿责任",填补了我国证券法内幕交易民事责任的空白,更有利于保护投资者的合法权益。但是,对内幕交易给投资者造成损失的民事赔偿问题,无论在实体法方面还是程序法方面都有待立法的进一步具体和完善。

二、禁止操纵市场

操纵市场行为是指任何单位或者个人以获取不正当利益或者转嫁风险、减少损失为目的,利用资金、信息等优势,或者滥用职权,影响证券市场价格,制造证券市场假象,诱导或者致使投资者不了解事实真相的情况下作出证券投资决定,扰乱证券市场秩序的行为。为了保护广大出资者免受欺诈,维护证券交易的公正合理性,必须严格禁止操纵市场行为。

《证券法》第77条第1款规定,禁止任何人以下列手段操纵证券市场:(1)单独或者通过合谋,集中资金优势、持股优势或者利用信息优势联合或连续买卖,操纵证券交易价格或者证券交易量;(2)与他人串通,以事先约定的时间、价格和方式相互进行证券交易,影响证券交易价格或者证券交易量;(3)在自己实际控制的账户之间进行证券交易,影响证券交易价格或者证券交易量;(4)以其他手段操纵证券市场。①

此外,对于操纵证券市场给投资者造成损失的,行为人应当依法承担赔偿责任(《证券法》第77条第2款)。

三、禁止欺诈客户

欺诈客户有广义和狭义两种解释,广义上的欺诈客户是指受托人在证券发行、交易及相关活动中,利用职务之便,编造、传播虚假信息或者进行误导投资者的行为,以及利用其作为客户代理人或顾问的身份,实施损害投资者利益的行为。狭义上的欺诈客户,仅指证券公司及其从业人员在证券交易中违反客户真实意思,损害客户利益的行为。②我国《证券法》所规定的欺诈客户行为属于狭义上的欺诈客户,包括以下几种类型:(1)违背客户的委托为其买卖证券;(2)不在规定的时间内向客户提供交易的书面确认文件;(3)挪用客户所委托买卖的证券或者客户账户上的资金;(4)未经客户的委托,擅自为客户买卖证券,或者假借客户的名义买卖证券;(5)为牟取佣金收入,诱使客户进行不必要的证券买卖;(6)利用传播媒介或者通过其他方式提供、传播虚假或者误导投资者的信息;(7)其他违背客户真实意思表示,损害客户利益的行为(《证券法》第79条第1款)。欺诈客户行为给客户造成损失的,行为人应当依法承担赔偿责任(《证券法》第79条第2款)。

四、其他禁止证券交易行为

(一)编造、传播虚假信息

《证券法》第78条规定,禁止国家工作人员、传播媒介从业人员和有关人员编造、传播虚假信息,扰乱证券市场。禁止证券交易所、证券公司、证券登记结算机构、证券服务机构及其从业人员,证券业协会、证券监督管理机构及其工作人员,在证券交易活动中作出虚假陈述

---

① 有学者将《证券法》第77条第1款规定的操纵证券市场的前3种行为依次归纳为:连续买卖、相对委托和冲洗买卖。见罗培新等:《最新证券法解读》,第122—125页。
② 参见叶林:《证券法》,第301—302页。

或者信息误导。①

（二）非法管理法人账户

《证券法》第80条规定，禁止法人非法利用他人账户从事证券交易；禁止法人出借自己或者他人的证券账户。

（三）违规资金流入股市

《证券法》第81条规定："依法拓宽资金入市渠道，禁止资金违规流入股市。"

（四）禁止任何人在证券交易中挪用公款买卖证券

《证券法》第82条规定，禁止任何人挪用公款买卖证券。公款通常属于单位所有或管理的具有特定用途的资金。挪用公款本身就是一种违法行为，如果挪用公款买卖股票，由于证券市场固有的高风险，就会使公款面临非常大的风险。挪用公款炒股不仅表现为证券经营机构的工作人员利用职务便利，为本人或者其他个人买卖股票而擅自动用证券经营机构管理的资金，也表现为其他法人单位动用公款自行或委托他人买卖股票。如果挪用公款行为严重，还会涉及犯罪。

（五）国有企业以及国有资产控股企业不得炒作上市交易的股票

《证券法》第83条规定，国有企业和国有资产控股的企业买卖上市交易的股票，必须遵守国家有关规定。《证券法》之所以禁止国有企业及国有资产控股的企业炒作上市交易的股票，是担心参与高风险的证券交易活动会影响国有企业及国有资产控股企业正常的生产经营活动，避免使国有资产处于一种高风险的状态。

【相关案例】14-3　虚假陈述之法律责任 ②

原告诉称：被告大庆联谊公司和被告申银证券公司在证券市场实施虚假陈述行为，已经受到中国证券监督管理委员会（以下简称中国证监会）的处罚。这不仅有中国证监会的处罚决定证实，大庆联谊公司1999年4月21日发布的董事会公告中也承认。二被告的虚假陈述行为使原告在投资大庆联谊公司股票中遭受了损失，应当对给原告造成的损失承担赔偿责任。请求判令大庆联谊公司给原告赔偿经济损失960063.15元，申银证券公司对此承担连带责任；由二被告负担本案诉讼费和诉讼成本费。

被告大庆联谊公司辩称：(1) 本案所涉虚假陈述行为，是大庆联谊公司石化总厂以大庆联谊公司名义实施的；大庆联谊公司是在1998年5月6日才依法取得法人资格和营业执照，不应对此前联谊石化总厂实施的违法行为承担民事责任。(2) 中国证监会的处罚决定是与2000年4月27日公布的，1999年4月20日大庆联谊公司的董事会公告，仅是对投资者进行风险提示。(3) 原告方投资大庆联谊公司股票的交易损失，主要是受系统风险及影响股价走势的多重因素所致，与大庆联谊公司被揭露的虚假陈述行为没有因果关系。(4) 原告主张1999年4月21日从大庆联谊公司董事会公告中知道了虚假陈述行为的存在，其提起本案侵权之诉时，就超过了法律规定的两年诉讼时效期间。

---

① 有关证券虚假陈述引发的民事责任，见最高人民法院《关于审理证券市场虚假陈述引发的民事赔偿案件的若干规定》。

② 案例来源，见《最高人民法院公报》2005年第11期，第30页。

被告申银证券公司除同意被告大庆联谊公司的答辩理由外,另辩称:所谓"侵权事实"均系大庆联谊公司所为,依法应由实施欺诈者自行承担责任。

 前沿问题

◆ **内幕交易行为给投资者造成损失的诉讼实务问题**

《证券法》第76条第3款规定,内幕交易行为给投资者造成损失的,行为人应当依法承担赔偿责任。对此,在理论上对责任人、赔偿额的确定以及赔偿额的计算等需要深入研究,为进一步完善制度提供理论支撑。在实务上至少需要明确如下几个问题:(1)内幕交易损害赔偿诉讼的原告确定为内幕交易发生之日与内幕交易者同时进行相反交易的投资者,但在内幕信息公开前又进行了与内幕交易者相同交易的投资者除外;(2)内幕交易行为给投资者造成损失的赔偿,应限定为被告在所获取利益或避免损失的范围之内,原告所要求的赔偿数额限定在其损失范围之内;(3)具体赔偿数额应采取差价计算法,内幕信息披露后的证券价格应以披露后的一段期间内该证券收盘平均价格为准,具体为多少个交易日由法院综合该证券涨停盘天数、其他影响证券价格的因素等自由裁量。

【思考题】

1. 证券交易的条件有哪些?
2. 简述证券交易的方式。
3. 简述股票上市交易的条件和程序。
4. 简述债券上市交易的条件和程序。
5. 简述股东派生诉讼。
6. 简述禁止交易造成损失的民事赔偿责任。
7. 论述证券交易的禁止行为。

【司法考试真题】

14-1 华新基金管理公司是信泰证券投资基金(信泰基金)的基金管理人。华新公司的下列哪些行为是不符合法律规定的?(2012年)

A. 从事证券投资时,将信泰基金的财产独立于自己固有的财产
B. 以信泰基金的财产为公司大股东鑫鑫公司提供担保
C. 就其管理的信泰基金与其他基金的财产,规定不同的基金收益条款
D. 向信泰基金份额持有人承诺年收益率不低于12%

14-2 关于证券交易所,下列哪一表述是正确的?(2009年)

A. 会员制证券交易所从事业务的盈余和积累的财产可按比例分配给会员
B. 证券交易所总经理由理事会选举产生并报国务院证券监督管理机构批准
C. 证券交易所制定和修改章程应报国务院证券监督管理机构备案

D. 证券交易所的设立和解散必须由国务院决定

14-3 某证券公司在业务活动中实施了下列行为,其中哪些违反《证券法》规定?(2009年)

A. 经股东会决议为公司股东提供担保

B. 为其客户买卖证券提供融资服务

C. 对其客户证券买卖的收益作出不低于一定比例的承诺

D. 接受客户的全权委托,代理客户决定证券买卖的种类与数量

14-4 李某花1.5万元购买了某股份公司发行的股票2000股,但该公司股票尚未上市。现李某欲退还已购股票。在下列哪些情况下李某可以要求发起人退股?(2004年)

A. 发起人未按期召开创立大会　　　　B. 公司股东大会同意

C. 公司董事会同意　　　　　　　　　D. 公司未按期募足股份

第十五章

信息披露制度

【章首语】 在我国证券市场信用尚未发育完全的情形下,实施强制性信息披露制度应是证券管理较现实的选择。正因如此,信息披露法律制度始终贯穿在我国证券法中,是证券市场有效运行与发展的基础以及证券监管制度的基石,其目的在于准确有效地反映发行公司的现实状况,以作为判断投资价值的依据。现行信息披露法律制度主要包括最初披露与持续披露两部分内容。

本章应着重学习信息披露的概念、意义、基本原则、披露方式,股票发行的信息披露、公司债券发行的信息披露以及持续信息披露制度等内容。

第一节 信息披露制度概述

一、信息披露制度的概念和意义

(一)信息披露制度的概念

信息披露制度,又称信息公开或公示制度,是指证券发行人以及其他负有信息披露义务的主体,依法公开与证券发行和交易相关、且可能影响投资判断的经营、财务及其他重大事项的信息,以供投资人作理性判断的法律制度。① 必须公开披露的信息主要包括招股说明书、股票上市公告书、年度报告、中期报告、重大事件公告和收购与合并公告,但并不限于如上报告。

信息披露制度源于英国公司法,后在英国证券法中广泛采纳并日臻完善。之后为美国1933年《证券法》所接受。如今,各国无论采取何种监管模式,都以信息披露制度作为证券法的核心。我国《证券法》《信息披露办法》《公开发行证券的公司信息披露内容与格式准则》《公开发行证券的公司信息披露编报规则》等,均为信息披露制度的规范表现形式。

(二)信息披露制度的意义

1. 保障投资者

信息是行为判断的基础,信息披露可展现证券价格等重要信息,有助于投资者行为理性

---

① 信息披露制度的义务主体包括证券发行人、特定情形下的投资人、公司并购中的收购人等,责任主体包括发行人、发行人内部管理人员等直接责任人、保荐人、出具专家意见的证券服务机构、证券公司、一定情形下的投资者等。可参见冯果:《证券法》,第121页。

化,能在一定程度上降低风险,保护自身利益。从而也能起到强化投资者安全心理的作用。

2. 利于加强对发行交易人的管理和监督

发行交易人为使公众接受其所发行交易的证券,则须如实公开,以防止证券欺诈。同时,投资者"用脚经营"的规则可促使公司不断提高经营管理水平。证券管理部门也可根据信息,有针对性地进行调控、引导、规范投资行为,保障证券市场健康稳定发展。

3. 利于社会资源的最优配置

强制信息披露虽是一项高成本的制度,但根据信息及时制止违法行为,可净化证券市场,充分发挥市场机制,促进市场效率,实现社会资源的合理流动和优化配置。①

二、信息披露制度的基本原则

(一) 实质性原则

1. 真实性原则

真实性原则是指发行交易人公开的信息不得作虚假表示,也不得含有虚假成分。但真实原则单凭自觉无法实现,我国法律也采取强制性信息披露制度。主要体现在:(1) 发行者的保证义务。发行人提交的证券发行申请文件和依法披露的信息必须真实,不得有虚假记载(《证券法》第 20 条、第 63 条);上市公司董事、监事、高级管理人员对真实性负有保证之责(《证券法》第 68 条第 3 款)。信息披露资料有虚假记载、误导性陈述或者重大遗漏,致使投资者在证券交易中遭受损失的,发行人、上市公司应当承担赔偿责任(《证券法》第 69 条)。(2) 中介机构的保证义务。为证券发行出具有关文件的证券服务机构和人员必须履行法定职责,保证其所出具文件的真实性(《证券法》第 20 条);证券公司承销证券,应对公开发行募集文件的真实性进行核查(《证券法》第 31 条);证券公司及其股东、实际控制人向国务院证券监督管理机构报送或者提供的信息、资料,必须真实、准确、完整(《证券法》第 148 条);保荐人、承销的证券公司,应当与发行人、上市公司承担因虚假记载、误导性陈述或者重大遗漏致使投资者在证券交易中遭受损失的连带赔偿责任,但是能够证明自己没有过错的除外(《证券法》第 69 条);证券公司或者其股东、实际控制人违反规定,拒不向证券监督管理机构报送或者提供经营管理信息和资料,或者报送、提供的经营管理信息和资料有虚假记载、误导性陈述或者重大遗漏的,责令改正,给予警告,并处以 3 万元以上 30 万元以下的罚款,可以暂停或者撤销证券公司相关业务许可。对直接负责的主管人员和其他直接责任人员,给予警告,并处以 3 万元以下的罚款,可以撤销任职资格或者证券从业资格(《证券法》第 222 条);证券服务机构未勤勉尽责,所制作、出具的文件有虚假记载、误导性陈述或者重大遗漏的,责令改正,没收业务收入,暂停或者撤销证券服务业务许可,并处以业务收入 1 倍以上 5 倍以下的罚款。对直接负责的主管人员和其他直接责任人员给予警告,撤销证券从业资格,并处以 3 万元以上 10 万元以下的罚款(《证券法》第 223 条)。(3) 证券监管机关的审核义务。国务院证券监督管理机构设发行审核委员会,依法定条件、程序对公开信息的真实性进行实质性审查。除外,上市公司董事、高级管理人员应当对公司定期报告签署书面确认意见。上市公司监事会应当对董事会编制的公司定期报告进行审核并提出书面审核意见。上市公司董事、监事、高级管理人员应当保证上市公司所披露的信息真实、准确、完整(《证券

---

① 对于信息披露与市场效率间的分析,可参见叶林:《证券法》,第 189—190 页。

法》第 68 条)。

2. 完整性原则

完整性原则是指将所有可能影响投资者决策的信息都予以披露,不得有重大遗漏。此原则源于民法的最大诚信契约。① 依《证券法》之规定,发行人报送的申请文件必须完整,证券服务机构和人员保证出具文件的完整性(《证券法》第 20 条);发行人、上市公司依法披露的信息,必须完整(《证券法》第 63 条);证券公司承销证券,应对公开发行募集文件的完整性进行核查(《证券法》第 31 条);同时,《证券法》第 68、148、222、223 条同样对完整性作出了要求。

3. 准确性原则

准确性原则指公开的信息必须用精确的语言表述,不得含糊其辞或存在误导性陈述。是否具有准确性应从接受方判断。由于真实性是准确性的基础,而准确性又是真实性的合理延伸。因此,《证券法》也规定发行人、中介机构的保证义务以及监管机构的监管义务,并明确规定法律责任,从而更加有效地进行规范(《证券法》第 20、31、63、68、222、223 条)。

4. 及时性原则

及时性原则是指公司应及时公开重大信息和法律强制要求披露的信息,且应保证信息时常处于最新状态。及时性原则是对信息披露人持续性的义务要求。法谚有云:"迟到的公正是非公正"。信息披露是否及时能决定信息价值的大小,影响投资者的理性选择。各国对信息的及时性都有必要的规范,不仅要求公开说明书内容应反映公司的现实状态,且规定交付公开说明书的有效期限。《信息披露办法》第 71 条规定:"及时,是指自起算日起或者触及披露时点的两个交易日内。"

(二) 形式性原则

1. 规范性原则

规范性原则是指信息须按统一内容和格式公开。目的是使信息具有统一性,进而保证信息间的可比性。法律统一规定公开文件的类型、应记载事项等,要求遵照执行,否则承担相应法律责任。

2. 易解性原则

易解性原则是指信息的内容应易于一般投资者理解。即信息资料应以鲜明形式和简洁平实的语言披露,避免使用难解、冗长、技术性用语。而今在监管者的希望和要求下,披露文件中信息堆入越来越多,因文件冗长与复杂而遮盖了基本信息。是故美国 SEC 规定多用图表。②

3. 易得性原则

易得性原则即要求所披露信息能让一般投资者容易获取。我国法律明确规定依法必须披露的信息,应当在国务院证券监督管理机构指定的媒体发布,同时将其置备于公司住所、证券交易所,供社会公众查阅(《证券法》第 70 条)。

---

① 齐斌:《证券市场信息披露法律监管》,第 113 页。
② 同上书,第 122 页。

三、信息披露的方式

依法律法规之规定,信息披露的方式主要有:

1. 报刊登载

此为使用较普遍并具易得性的信息披露方式。

2. 网站公布

我国法律规定,依法必须披露的信息,应在指定的媒体发布。对于指定媒体,《信息披露办法》第71条解释为:"指中国证监会指定的报刊和网站。"

3. 备置文件

备置文件是将已制作完成的披露文件,存放于法定地点以供公众查阅的信息披露方式。我国法律规定,须披露的信息应在报刊登载的同时,将其置备于公司住所、证券交易所,供社会公众查阅(《证券法》第70条)。可见,备置文件并非独立的信息披露方式,而应与报刊登载同时进行披露。

4. 文件备案

文件备案是指须披露的信息应报证监会和证券交易所备案的行为。目的为促使披露规范化。因不具易得性,故属监督方式而非信息披露方式。其仅得作为附属性信息披露方式,不能也不应作为独立的信息披露方式。

5. 答复询问

答复询问是指公司应指定专人负责信息披露,包括与证监会、证券交易所、有关证券公司、新闻机构等的联系,并回答社会公众提出的问题。

[相关案例]15-1 发行人虚假陈述应承担侵权责任[①]

柏某于2001年4月23日至7月4日期间买入银广夏股票5500股,2001年8月《财经》杂志首先披露了银广夏已经公布的近两年业绩是个骗局,后银广夏股票被停牌一个多月。证监会于2002年4月23日下发处罚决定,认定银广夏有隐瞒重大事项,披露虚假信息的违法行为。基于此柏某起诉银广夏称:原告根据被告披露的年报和公告买入其股票,总金额为179630元。原告认为被告的虚假陈述行为已使其蒙受了巨大的经济损失。请求判令被告赔偿原告投资差额损失、佣金和印花税、利息共计145570.41元。法院经审理后认为,由于证监会已经对银广夏违法事实作出了认定,根据《证券赔偿规定》,虚假陈述实施日、虚假陈述揭露日是确定虚假陈述与投资人之间是否存在因果关系的界定日期,应予以明确。法院认定的虚假陈述实施日为1997年3月17日,2001年8月5日为虚假陈述揭露日。法院把投资差额损失计算的基准日确定为2001年10月12日。投资差额损失应以买入股票平均价格,与虚假陈述披露日起至投资差额损失计算基准日期间每个交易日收盘价的平均价格之差,乘以所持有股票数量计算。本案中,被告对原告主张的投资差额损失部分佣金、印花税、资金利息费率没有异议,予以认定。遂判决银广夏赔偿柏某各项损失110672.05元。

[①] 本案例摘编自中国法律应用数字网络服务平台(法信)。

【相关案例】15-2　证券公司未披露上市公司虚假陈述承担侵权连带责任[①]

大庆联谊公司正式成立于1998年5月。1997年4月,联谊石化总厂以大庆联谊公司的名义发布《招股说明书》,载明申银证券公司是大庆联谊公司股票的上市推荐人和主承销商。1997年5月23日,大庆联谊公司股票在上海证券交易所上市。1998年3月23日,联谊石化总厂又以大庆联谊公司的名义发布1997年年报。1999年4月21日,根据有关部门要求,大庆联谊公司在《中国证券报》上发布董事会公告,称该公司的1997年年报因涉嫌利润虚假、募集资金使用虚假等违法、违规行为,正在接受有关部门调查。2000年3月31日,中国证监会处罚决定,认定大庆联谊公司有欺诈上市、年报内容虚假的行为;申银证券公司在为大庆联谊公司编制申报材料时,有将重大虚假信息编入申报材料的违规行为。上述处罚决定均在《中国证券报》上公布。从1997年5月23日起,原告陈某等23人陆续购买了大庆联谊公司股票;至2000年4月27日前后,这些股票分别被陈某等23人卖出或持有。原告陈某等23名投资人认为大庆联谊公司、申银证券公司的虚假陈述行为给其投资股票造成了损失,向法院提起诉讼。一审判令大庆联谊赔偿原告陈某等23人实际损失42万余元,申银证券公司对上述实际损失中的24万余元承担连带赔偿责任。二审维持。

第二节　证券发行的信息披露制度

一、证券发行的预披露制度

所谓预披露,是指在申请证券发行时,发行人在依法报送有关文件后,即将所报送的申请文件向社会公众披露,从而有利于投资人理性决策的制度。此制度具有积极的法律意义:首先,此制度使得信息披露的时间进一步提前,可使社会公众更早介入监督,对发行人申请文件中所载信息的真实性、准确性、完整性等进行监督,对发现的问题可通过举报等途径反映给证券发行的核准机构,从而有利于缩短审核时间,提高发行审核的效率。其次,预先披露制度增强了发行审核的透明度,更有利于对发行核准机构形成监督,较有效地避免发行审核中可能出现的不利问题。

《证券法》第21条确立了此项制度。根据该条的规定,我国只对首次公开发行股票的行为进行规范,而且在披露时间上,须在国务院证券监督管理机构核准发行的决定前即进行披露,而不必等到对发行文件审核完毕。

二、股票发行的信息披露

(一) 招股说明书

招股说明书是发行人向社会公众发行股票时,依法披露相关信息的基本法律文件。其具有如下特点:(1) 是反映真实性和准确性等要求的最初载体,也是其他信息披露制度的前

[①] 本案例摘编自中国法律应用数字网络服务平台(法信)。

提和基准;(2)招股说明书仅是向社会公众作出发行股票的预备行为,目的在于促使或引诱社会公众进行认购,属要约邀请(《合同法》第15条第1款);(3)其制作和公开须符合规定的格式、内容和程序。

依《证券法》第19条之规定,发行人依法申请核准发行证券所报送的申请文件的格式、报送方式,由依法负责核准的机构或者部门规定。就招股说明书而言,其应按《招股说明书》之要求进行制作和披露。[①]

《招股说明书》所做规定为招股说明书信息披露的最低要求,凡对投资者做出投资决策有重大影响的信息,不论是否有规定,均应予以披露。发行人可根据实际情况,在不影响披露内容完整性的前提下可对某些具体要求做适当修改,但应在申报时作书面说明。若发行人有充分依据证明要求披露的某些信息涉及国家机密、商业秘密及其他因披露可能导致其违反国家有关保密法律法规规定或严重损害公司利益的,可向中国证监会申请豁免。在不影响信息披露的完整性和不致引起阅读不便的前提下,发行人可采用相互引证的方法,对各相关部分的内容进行适当的技术处理,以避免重复和保持文字简洁。发行人在招股说明书及其摘要中披露的所有信息应真实、准确、完整。发行人报送申请文件后,在中国证监会核准前,发生应予披露事项的,应向中国证监会书面说明情况,并及时修改招股说明书及其摘要;申请经中国证监会核准后,发生应予披露事项的,应向中国证监会书面说明情况,并经中国证监会同意后相应修改招股说明书及其摘要。必要时发行人公开发行股票的申请应重新经过中国证监会核准。发行人在招股说明书及其摘要中披露的财务会计资料应有充分的依据,所引用的发行人的财务报表、盈利预测报告(如有)应由具有证券期货相关业务资格的会计师事务所审计或审核。发行人应针对实际情况在招股说明书首页作"重大事项提示",提醒投资者给予特别关注(《招股说明书》第3—9条)。

(二) 募集说明书

募集说明书是发行人编制配股说明、增发招股意向、增发招股说明、可转换公司债券募集说明、分离交易的可转换公司债券募集说明等时依法编制并披露相关信息的必备法律文件。其具体法律规范为《公开发行证券募集说明书》。

募集说明书的基本要求与招股说明书多有相同(《公开发行证券募集说明书》第3—5条)。对于增发招股意向书,除发行数量、发行价格及筹资金额等内容可不确定外,其内容和格式应与增发招股说明书一致。

三、公司债券发行的信息披露

我国公司债券发行信息披露的规范主要有《公司法》(该法第七章)、《证券法》(该法第二章及第三章第三节)、《企业债券条例》等。

(一) 信息披露的基本文件及其记载事项

我国法律规定,发行公司债券的申请经国务院授权的部门核准后,应公告公司债券募集办法和财务会计报告(《公司法》第154条第1款、《证券法》第64条)。因此主要披露文件是公司债券募集办法,同时包括债券发行人的财务会计报告。根据规定,一般公司债券募集办法应当载名下列主要事项:公司名称;债券募集资金的用途;债券总额和债券的票面金额;债

[①] 于招股说明书、招股说明书摘要之制作要求,可见《招股说明书》第10—11条之规定。

券利率的确定方式;还本付息的期限和方式;债券担保情况;债券的发行价格、发行的起止日期;公司净资产额;已发行的尚未到期的公司债券总额;公司债券的承销机构(《公司法》第154条第2款)。

(二)信息披露的基本要求

公司债券发行信息披露应遵循以下规则和要求:(1)须经核准,未经核准的不得披露;(2)在公开发行前,依法公告公开发行募集文件,发行人不得在公告公开发行募集文件之前发行债券;(3)将该文件置备于指定场所供公众查阅;(4)发行信息依法公开前,任何知情人不得公开或者泄露该信息(《证券法》第25条)。(5)公司债券募集办法必须真实、准确、完整(《证券法》第20条)。

【相关案例】15-3 债券到期前宜按行业惯例向社会发布兑付公告,催促持券人及时申请兑付[①]

1993年农行东营分行的前身东营市农行,代理发行东营市化工厂企业债券200万元。广饶县联社向东营市化工厂汇款购买100万元债券,2004年广饶县联社将其持有债券转让给李某。债券背面记载债券发行简章,其中注明债券偿还期限自1993年1月15日起满三年偿还;债券利率为年利率10%,债券发行时间为1993年1月15日至3月15日;债券经人民银行同意可以转让,丢失不挂失。原告李某诉称:原告合法受让企业债券,经多次向农行东营分行和东营市化工厂申请兑付,但两被告以各种理由拒绝,请求法院判令两被告连带偿还原告债券本息270万元。被告农行东营分行辩称:一是无法确认原告持有债券的真实性;二是债券如为真,应由发行单位担责;三是无论谁担责,债券兑付的范围只应是本金和约定的三年内利息。被告东营市化工厂辩称:同意第一被告第一、三项答辩意见,但原告未向其主张权利,该债券本息应由代理发行单位兑付。一审判决东营市化工厂支付李某债券本金100万元、利息30万元及自1996年3月15日至2010年3月14日的利息912970元(按同期银行贷款利率计算);农行东营分行对上述债务承担连带清偿责任;二审改判东营市化工厂支付李某债券本金100万元、利息30万元及以债券本金为基数自1996年3月15日至2010年3月14日的银行同期存款利息,农行东营分行对上述债务承担连带清偿责任。

【相关案例】15-4 承销机构未进行完整性核查,对无效协议承担部分责任

1994年3月24日,四平办事处与深圳分公司签订了企业债券代理发行合同,约定:"四平代理深圳分公司发行深圳裕田实业股份有限公司债券500万元,期限2年,年利率14.4%,债券发行结束后,四平办事处扣除债券发行第一次手续费2.6%后,将发行债券款汇给深圳分公司;债券利息每年支付一次,深圳分公司于1995年3月21日将第一年债券利息及第二次手续费返回四平办事处,1996年3月24日将第二年债券利息及债券本金返回四平

[①] 本案例摘编自中国法律应用数字网络服务平台(法信)。

办事处;四平办事处负责支付利息本金兑付等事宜。"该合同签订后,四平依约为深圳分公司代理发行债券500万元,扣除手续费后,将债券发行款487万元汇给了深圳分公司。该债券第一年利息兑付到期时,深圳分公司给四平办事处返回了第二次手续费、第一年利息计85万元。债券第二年利息及本金兑付到期时,深圳分公司未给四平返回到期兑付的利息及本金,四平办事处在无法兑付到期债券时,在银行贷款及折借计572万元,兑付了到期债券本金及利息。1996年4月23日深圳分公司给四平办事处返回100万元,尚欠债券本金472万元。四平办事处实际利息损失127万多元,催款旅差费损失近4万元。另查明,双方合同约定发行的深圳裕田实业股份有限公司的企业债券虽经深圳市计划局批准,但未经中国人民银行深圳经济特区分行批准发行。四平办事处经营范围包括代理发行企业债券业务。

第三节 持续信息披露制度

一、持续信息披露概述

证券持续信息披露是证券法律制度中最能体现公开原则的重要部分。披露公开报告文件包括证券发行公司的上市公告书和年度报告书、中期报告书等定期报告文件以及重大事项临时报告书。

与发行信息披露相比,持续信息披露具有如下特点:(1)目的侧重于为投资者提供证券交易价值判断的依据。(2)信息披露并非一次性完成,而是只要有影响价格形成的因素就须披露,此义务在上市公司存续期间持续不断。(3)持续信息公开主要涉及年度报告、中期报告、季度报告及临时报告等。

二、持续信息披露的主要内容

(一)年度报告

年度报告是上市公司在法定期限内向证券管理部门报送,并向社会公众公告以反映一会计年度中经营、财务状况的定期披露文件。

根据我国法律规定,年度报告应记载:公司概况;主要会计数据和财务指标;财务会计报告和审计报告全文;董事、监事、高级管理人员的任职情况、持股变动情况、年度报酬情况;公司股票、债券发行及变动情况,报告期末股票、债券总额、股东总数,公司前10大股东持股情况;持股5%以上股东、控股股东及实际控制人情况;董事会报告;管理层讨论与分析;报告期内重大事件及对公司的影响;中国证监会规定的其他事项(《证券法》第66条、《信息披露办法》第21条)。年度报告应当在每一会计年度结束之日起4个月内报送并予公告,刊登在中国证监会指定网站上;同时将年度报告摘要刊登在至少一种中国证监会指定报纸上,也可以刊登在中国证监会指定网站上(《证券法》第66条、《信息披露办法》第20条、《年度报告的内容与格式》第11条第1款)。公司可以将年度报告刊登在其他媒体上,但不得早于在中国证监会指定媒体披露的时间(《年度报告的内容与格式》第11条第3款)。年度报告披露后,将年度报告原件备置于公司住所,以供股东及社会公众查阅(《证券法》第70条、《年度报告的内容与格式》第13条)。

年度报告中的财务会计报告应当经具有证券、期货相关业务资格的会计师事务所审计，审计报告应当由该所至少两名注册会计师签字(《信息披露办法》第19条第2款、《年度报告的内容与格式》第9条)。上市公司董事、高级管理人员应当对公司定期报告签署书面确认意见。监事会应当对董事会编制的公司定期报告进行审核并提出书面审核意见。定期报告中财务会计报告被出具非标准审计报告的，董事会应当针对该审计意见涉及事项作出专项说明，证券交易所认为涉嫌违法的，应提请中国证监会立案调查。董事、监事、高级管理人员应保证上市公司所披露的信息真实、准确、完整，不存在虚假记载、误导性陈述或重大遗漏，并承担个别和连带的法律责任。无法保证或者存在异议的，应当单独陈述理由和发表意见，并予以披露(《证券法》第68条，《信息披露办法》第24、27条，《年度报告的内容与格式》第14条)。

年度报告在编制方面的一般要求大致同于招股说明书(具体可详见《年度报告的内容与格式》第10条之规定)。同时在境内和境外上市的公司，如果境外证券市场对年度报告的编制和披露有不同要求的，应遵循报告内容和要求从多不从少、从严不从宽的原则，并应在同一日公布年度报告(《年度报告的内容与格式》第8条)。证券监督管理机构、证券交易所、保荐人、承销的证券公司及有关人员，对公司依法律、行政法规规定必须作出的公告，在公告前不得泄露其内容或利用内幕信息牟取不正当利益(《证券法》第71条第2款、年度报告的内容与格式》第12条)。

(二) 中期报告

中期报告是指上市公司在法定期限内向证券管理部门报送，并向社会公众公告以反映上半年的经营财务状况及预测年度业绩的定期披露文件。

根据我国法律规定，中期报告应记载事项包括：公司基本情况；主要会计数据和财务指标；公司财务会计报告和经营情况；报告期内重大诉讼、仲裁等重大事件及对公司的影响；公司股票、债券发行及变动情况、股东总数、公司前10大股东持股情况，控股股东及实际控制人发生变化的情况；管理层讨论与分析；提交股东大会审议的重要事项；中国证监会规定的其他事项(《证券法》第65条、《信息披露办法》第22条)。

半年度报告是中期报告的一种类型。半年度报告的报告期是指年初至半年度期末的期间。公司应当在每个会计年度上半年度结束之日起2个月内将半年度报告全文刊登在中国证监会指定网站上；同时将半年度报告摘要刊登在至少一种中国证监会指定报纸上，也可以刊登在中国证监会指定网站上。公司可以将半年度报告刊登在其他媒体上，但不得早于在中国证监会指定媒体披露的时间(《证券法》第65条、《信息披露办法》第20条、《半年度报告的内容与格式》第9条)。公司应当在半年度报告披露后，将半年度报告原件备置于公司住所，以供股东及社会公众查阅(《半年度报告的内容与格式》第10条)。公司半年度报告中的财务报告可以不经审计，但中国证监会和证券交易所另有规定的除外(《半年度报告的内容与格式》第7条)。公司董事会、监事会及董事、监事、高级管理人员应当保证半年度报告内容的真实、准确、完整，不存在虚假记载、误导性陈述或重大遗漏，并承担个别和连带的法律责任。如有董事、监事、高级管理人员对半年度报告内容存在异议或无法保证其真实、准确、完整的，应当单独陈述理由(《半年度报告的内容与格式》第11条)。

(三) 季度报告

季度报告是中期报告的一种。是披露新发生的重大事项的法律文件。

季度报告应当记载公司基本情况、主要会计数据和财务指标和中国证监会规定的其他事项(《信息披露办法》第 23 条)。季度报告一般不重复已披露过的信息。

季度报告应当在每个会计年度第 3 个月、第 9 个月结束后的 1 个月内编制完成,并将正文刊登于至少一种中国证监会指定的报纸上,并将季度报告全文(包括正文及附录)刊登于中国证监会指定网站上。季度报告的报告期是指季度初至季度末 3 个月期间。第一季度季度报告的披露时间不得早于上一年度年度报告(《信息披露办法》第 20 条、《季度报告内容与格式特别规定》第 3 条)。公司季度报告中的财务报表可以不经审计,但中国证监会和证券交易所另有规定的除外(《季度报告内容与格式特别规定》第 4 条)。

(四) 临时报告

临时报告是指上市公司就可能对股票交易价格产生较大影响、而投资者尚未得知的重大事件向国务院证券监督管理机构和证券交易所提交并予公告的披露文件(《证券法》第 67 条)。临时报告制度能弥补定期报告信息披露滞后的缺陷,为及时披露信息提供了载体。

对于重大事件,《证券法》与《信息披露办法》均有明确规定。[①] 上市公司应当在最先发生的以下任一时点,及时履行重大事件的信息披露义务:(1) 董事会或者监事会就该重大事件形成决议时;(2) 有关各方就该重大事件签署意向书或者协议时;(3) 董事、监事或者高级管理人员知悉该重大事件发生并报告时。在以上时点之前出现下列情形之一的,上市公司应当及时披露相关事项的现状、可能影响事件进展的风险因素:(1) 该重大事件难以保密;(2) 该重大事件已经泄露或者市场出现传闻;(3) 公司证券及其衍生品种出现异常交易情况(《信息披露办法》第 31 条)。

上市公司披露重大事件后,已披露的重大事件出现可能对上市公司证券及其衍生品种交易价格产生较大影响的进展或者变化的,应当及时披露进展或者变化情况、可能产生的影响。上市公司控股子公司、参股公司发生的重大事件,可能对上市公司证券及其衍生品种交易价格产生较大影响的,上市公司应当履行信息披露义务。涉及上市公司的收购、合并、分立、发行股份、回购股份等行为导致上市公司股本总额、股东、实际控制人等发生重大变化的,信息披露义务人应当依法履行报告、公告义务,披露权益变动情况。上市公司控股股东、实际控制人及其一致行动人应当及时、准确地告知上市公司是否存在拟发生的股权转让、资产重组或者其他重大事件,并配合上市公司做好信息披露工作。公司证券及其衍生品种交易被中国证监会或者证券交易所认定为异常交易的,上市公司应当及时了解造成证券及其衍生品种交易异常波动的影响因素,并及时披露(《信息披露办法》第 32 条—第 36 条)。

[相关案例]15-5　未及时披露重大事件须承担赔偿责任[②]

2007 年 2 月 13 日,杭萧钢构与中基公司就安哥拉项目签署合同草案,合同总金额 313.4 亿元。但杭萧钢构在没有发布公告之前,就在 2 月 12 日泄漏了该信息,导致股价异

---

① 详见《证券法》第 67 条第 2 款和《信息披露办法》第 30 条第 2 款之规定。
② 本案例摘编自中国法律应用数字网络服务平台(法信)。

动。2月15日和3月13日,杭萧钢构就安哥拉项目重大合同发布了公告,但在公告中隐瞒了该公司未看到中基公司与安哥拉政府签定的公房发展合同这一重大事实,且公告披露的内容与实际不符。在中国证监会4月4日向该公司下发立案调查通知书的情况下,杭萧钢构高管仍不断发布"公司在信息披露等方面不存在违规情况"等不实言论。原告陈艳军等127人正是被杭萧钢构不断误导才购买了该公司的股票。4月27至29日杭萧钢构股票停牌期间,媒体报道了杭萧钢构在信息披露违法,证监会拟对其进行处罚等情况。4月30日杭萧钢构以跌停收盘。杭萧钢构的虚假陈述行为给原告造成投资损失、佣金和利息损失。5月14日,杭萧钢构公告了中国证监会对该公司的处罚结果。原告请求法院判令:杭萧钢构赔偿原告投资损失、佣金和利息损失;诉讼费用及因诉讼产生的其他费用由被告承担。

【相关案例】15-6　虚假陈述与损失间应存在因果关系①

国创能源原名四维控股,2011年7月6日更名。其股票名称为"四维控股"。2010年4月6日,证监会作出行政处罚决定书,认定四维控股存在未按规定披露与大股东青海中金签订股权转让协议并付款的重大事项等违法事实。2007年8月29日,四维控股发布公告:2007年8月26日,公司与山东海川签订股权转让协议,由青海中金代支付股权转让款,形成对青海中金的负债。2007年10月19日,四维控股发布公告:2007年10月17日,公司与中铁十八局签订股权转让协议,中铁十八局同意将其合法持有的青岛海协信托股权转让给公司,股权转让款由青海中金代为支付。2008年8月23日,四维控股发布公告终止收购青岛海协股权。2008年10月7日,四维控股发布关于结清终止受让青岛海协股权相关债权债务公告。朱某于2008年1月29日分6次买入四维控股股票若干,2008年6月10日买入四维控股股票若干,2009年2月9日卖出部分。在证监会对国创能源作出行政处罚决定后,朱某以其股票投资损失系由国创能源的虚假陈述行为所致为由,诉至法院,请求判令国创能源公司赔偿损失等。一审驳回原告朱阁强的诉讼请求,认为虚假陈述与损害结果间不存在因果关系;二审维持。

前沿问题

◆ 信息披露的价值及其"重大性"问题

信息披露制度被许多国家奉为证券市场制度的基石。事实上,从其诞生之日起,就一直受到理论界的质疑。但绝大部分学者仍对其持肯定的态度。尽管如此,不时反思这一制度的价值,对于做好证券市场的监管具有重要意义。支持强制性披露理论有:第一,市场失灵的需要;第二,会计信息的公共物品属性的要求;第三,有效市场假设的要求;第四,信息不对称的客观要求(可参见刘新民著:《中国证券法精要》,北京大学出版社2013年版,第66—

---

① 参见贵州省高级人民法院民事判决书(2012)黔高民商终字第3号。

68 页)。

"重大性"是证券市场虚假陈述导致民事责任的依据,也是虚假陈述与其他侵权行为承担民事责任的区分标志之一。"重大性"具体标准为世界性难题,《证券法》修订时未作规定,从而使其成为今后立法乃至司法解释不容回避的问题之一。

【思考题】
1. 试论我国信息披露的主要问题。
2. 试述我国对信息披露的基本要求。
3. 简述信息披露的主要方式。
4. 简述持续信息披露的主要内容。

【司法考试真题】

15-1 申和股份公司是一家上市公司,现该公司董事会秘书依法律规定,准备向证监会与证券交易所报送公司年度报告。关于年度报告所应记载的内容,下列哪一选项是错误的?(2015年)
 A. 公司财务会计报告和经营情况
 B. 董事、监事、高级管理人员简介及其持股情况
 C. 已发行股票情况,含持有股份最多的前二十名股东的名单和持股数额
 D. 公司的实际控制人

15-2 某上市公司因披露虚假年度财务报告,导致投资者在证券交易中蒙受重大损失。关于对此承担民事赔偿责任的主体,下列哪一选项是错误的?(2010年)
 A. 该上市公司的监事
 B. 该上市公司的实际控制人
 C. 该上市公司财务报告的刊登媒体
 D. 该上市公司的证券承销商

15-3 某上市公司招股说明书中列明的募集资金用途是环保新技术研发。现公司董事会决议将募集资金用于购置办公大楼。对此,下列哪些选项是正确的?(2008年)
 A. 未经股东大会决议批准,公司董事会不得实施此项购置计划
 B. 如果股东大会决议不批准,公司董事会坚持此项购置计划,证券监督管理机构有权责令该公司改正
 C. 证券监督管理机构有权对擅自改变募集资金用途的该公司责任人员处以罚款
 D. 在未经股东大会批准而实施了此项购置计划的情况下,该公司可以通过发行新股来解决环保新技术研发的资金需求

15-4 根据《证券法》关于上市公司及时向社会披露信息的规定,下列哪些表述是正确的?(2006年)
 A. 公司应在当年8月底以前向证监会和交易所报送中期报告,并予以公告
 B. 公司应在4月底以前向证监会和交易所报送上一年的年度报告,并予以公告
 C. 公司的中期报告和年度报告都必须记载公司财务会计报告和经营状况
 D. 公司的中期报告和年度报告都必须记载持有公司股份最多的前10名股东的名单和持股数额

15-5 甲公司的股票上市文件公告以后，一些投资者提出质疑。下列哪些质疑有法律根据？（2005年）

A. 公告文件披露了最大的10名股东的名单，但没有说明他们的持股数额

B. 公告文件披露了董事、监事和高级管理人员的简历，但没有说明他们持有本公司股票、债券的情况

C. 公告文件披露了最近三年的盈利情况，但没有报告公司未来三年的盈利预测

D. 公告文件提供了股东大会的申请上市决议，但没有提供主要债权人的同意书

第十六章

上市公司收购制度

【章首语】 上市公司收购是收购者利用股份控制目标公司的方式。其关涉公司、股东、经营者、目标公司雇员、债权人等各方利益。因上市公司收购是不经目标公司的董事会而直接面向股东,故要求股份自由转让、信息充分公开,故对持有目标公司一定比例股份并想继续收购的股东,科以较重责任以维护中小股东的权益。

本章应着重学习上市公司收购的概念、特征、意义、分类、主体以及各种收购方式的法律规则。

第一节 上市公司收购概述

一、上市公司收购的概念

上市公司收购是指投资者为获得特定上市公司控制权而购买一定数量表决权股份,或通过其他合法途径控制一定比例股份,从而获得实际控制权的行为。[①] 与一般上市交易不同,收购人不仅可成为股东,而且可以实现其特殊的目的。

上市公司收购应与兼并、合并、股份转让、征集委托书等相区分。(1)基于对兼并的不同理解,其与上市公司收购的区别也将不同。从兼并一词的来源来看,有广狭两义。[②] 广义即企业通过购买资产、股份及其他形式吸收其他企业的行为;狭义则仅指被吸收企业消灭的情形,相当于《公司法》第172条规定的吸收合并。就广义而言,收购仅是兼并的一种形式,企业兼并除了通过收购股份的方式外,还可以通过其他方式。从狭义来分析,收购与兼并目的具有相交性,都不必清算即可实现资本的集中和转移并实现公司扩张。但兼并导致被兼并公司法律主体资格的丧失,收购往往并不影响被收购公司的法律主体资格;收购行为一般与目标公司的经营者无关,而兼并则是以公司为主体进行的交易行为,双方主体特定并主要借助经营者行为。(2)合并是兼并的一种结果,其将消灭目标公司的法人资格,而收购既可

---

① 学界对上市公司收购概念莫衷一是。有认为上市公司收购为达到法定强制收购要约线的行为;有认为投资者持股比例在达到规定的告界限即为上市公司收购;还有认为应视投资者持股目的而论。可参见顾功耘:《证券法》,人民法院出版社1999年版,第246—249页。叶林教授认为控制权是个有相当弹性的概念,因而极难判定某种股票购买行为是否属于上市公司收购,再者因与《证券法》规定的大股东收购上市公司的特殊义务规则相背离,故认为持股目的说有失偏颇。见叶林:《证券法》,第239页。

② 张舫:《公司收购法律制度研究》,第2页。

让目标公司存续,也可将其消灭。收购是市场行为,而合并中存在行政性合并。(3) 股份转让虽然也能实现对某对象的控制,但因既可转让上市公司股份,也可转让非上市公司股份,故所控制的未必是上市公司,而收购通常是针对上市公司的股份;收购通常以取得目标公司控制权为目的,收购人特定,相对人不特定,股份转让则是在双方主体都特定的相对封闭系统中完成转让行为。(4) 征集委托书是指为在特定事项上控制公司而征集公司股东的授权,并代理该授权股东行使表决权的行为。其与上市公司收购都会形成对公司的控制权。但征集委托书是借助代理权,公司收购中表现为股东对自己权利的行使;征集委托书并不改变公司的股本结构,公司收购则会改变公司股本结构。

目前,我国规范上市公司收购的法律规范主要有《证券法》《公司法》《股票发行与交易条例》《收购办法》《关联方披露》等,自律性规范方面还包括沪深两地证券交易所颁布的《股票上市规则》等。

二、上市公司收购的特征

(一) 被收购的对象即目标公司须是上市公司

上市收购是指对上市公司的收购,即目标公司具有特指性。若被收购者是上市公司以外的其他企业,则不属上市收购。收购人则可以是企业法人,也可以是自然人。同时,依我国法律规定,公司除核销资本、与持有本公司股份的其他公司合并、将股份奖励给本公司职工等特殊情形外,一般不得回购股份(《公司法》第142条),并且根据收购的目的性,公司不能自己收购自己。

(二) 客体是已发行在外的有表决权的股份

即上市收购是对上市公司股份的收购,不是对上市公司资产的收购。且由于上市收购的目的是为了获得或巩固对上市公司的控制权,故只能是对有表决权股份的收购,其包括可转换成有表决权股份的可转换公司债券以及有表决权股份的派生形式。不包括公司未出售的股票和回购而尚未注销的股票。

(三) 上市公司收购的方式具有多样性

收购人既可通过证券市场进行要约收购,也可在证券市场之外进行协议收购,还可采取其他形式。《收购办法》第5条规定:"收购人可以通过取得股份的方式成为一个上市公司的控股股东,可以通过投资关系、协议、其他安排的途径成为一个上市公司的实际控制人,也可以同时采取上述方式和途径取得上市公司控制权。"

(四) 目的是为了获得或巩固对目标公司控制权

上市公司收购不是单纯性投资,其具有获取控制权的目的性。即成为控股股东或实际控制人。依《公司法》第216条第1款第2项、第3项之规定,控股股东,是指其出资额占有限责任公司资本总额50%以上或者其持有的股份占股份有限公司股本总额50%以上的股东;出资额或者持有股份的比例虽然不足50%,但依其出资额或者持有的股份所享有的表决权已足以对股东会、股东大会的决议产生重大影响的股东。实际控制人,是指虽不是公司的股东,但通过投资关系、协议或者其他安排,能够实际支配公司行为的人。[①]

[①] 《收购办法》第84条对拥有上市公司控制权的情形做了详细规定。

三、上市公司收购制度的法律意义

对于上市公司收购制度,在理论层面存有争议,反对说如剥削利益相关者说、剥削目标公司股东说、剥削目标公司雇员说、剥削公司债权人说、剥削收购公司股东说、剥削公益说和短期行为说等;肯定说如惩戒说、闲置现金流说、协同说等。① 各国对上市收购的立法取向也各有差异,但无论如何,上市收购对各国经济、社会具有重大影响,因而无论肯定、反对还是中立,都对上市公司收购进行了规范。上市收购本身及其被规范的意义表现在:

(1) 股权分散使非控制股东难以有效监督公司营运,而"公司收购给非控股股东提供了一种用脚投票、获得高额回报的机会,因而是对他们最好保护。所以美国人说,它给予股东的保护,比证交委和法院加起来还要多"。②

(2) 上市公司收购是在股份自由流动的基础上进行的,而其又将加速股份流动,从而增大资源合理配置的概率,使资源得到有效的利用。

(3) 上市公司收购中目标公司的股东很容易成为内幕交易、欺诈、操纵行为的利益受损者,而且上市公司收购在一些时候也会造成社会成本浪费,收购时短期内交易数量大、溢价高的情形也会对证券市场造成冲击。只有经法律规制才能降低受损利益,保护正当权益及正常秩序。

四、上市公司收购的分类

(一)依收购所采用的形式可分为协议收购、公开要约收购和其他合法方式收购

这是我国法律所规定的一组分类(《证券法》第85条)。

协议收购是指收购人在证券交易所之外与目标公司的股东签署个别协议而获得该公司控制权的行为。协议收购的标的包括流通股和非流通股。协议收购实为股份转让,但因我国存在大量国有股、法人股不能上市流通,难以在公开市场上进行收购;兼之国有股、法人股的转让需要公众的监督,因而将其纳入上市公司收购的范畴。由于协议的私密性以及收购价格的自主性,在协议收购中国有资产流失的风险较大。

要约收购是指投资者通过证券交易所向目标公司全体股东发出收购其股份的意图,由受要约人分别承诺,从而获得该公司控制权的行为。要约收购根据法律规定有广义和狭义之分。广义上指持有公司上市股票5%以上股票的收购人购买其他持有人所持股票的收购行为;狭义上仅指持有公司30%以上股票的收购人所为的收购行为。据此也可将要约收购分为一般收购和继续收购。持有公司总股本5%以上、30%以下者,视为一般收购行为;持有公司总股本30%以上者,视为继续收购。

其他合法方式是指除要约收购和协议收购之外所有旨在获得公司控制权的收购方式。包括有国有股权的行政划转、司法裁决继承、赠与、股东投票委托权征集、股东投票权信托等方式。

(二)依目标公司经营者与收购者的合作态度可分为友好收购和敌意收购

友好收购是指收购人在目标公司管理层积极配合的情况下实施的收购行为。由于得到

---

① 罗培新等:《最新证券法解读》,第135—136页。
② 朱锦清:《证券法学》,第242页。

经营者的配合,通常不会出现重大震荡,有利于公司生产经营的连续性和稳定性。友好收购多为协议收购。

敌意收购则是收购人在公司管理层不知情或者拒绝合作、反对收购情况下实施的收购行为。其都是越过目标公司管理层而直接面对分散股东进行的要约收购,多存在转手倒卖被收购公司以获高额利润的目的。经营者通常都会采取相应的反收购措施,增大收购人的难度和成本,也会引起股票市场价格的剧烈波动,失败比率也会较高。对于敌意收购,目标公司一般会作出反收购措施。[①] 目标公司管理层可能为维护私利而启动反收购,从而致使公司或股东利益的损害,因而各国多限制目标公司管理层的反收购。[②] 我国《收购办法》第33条规定:"收购人作出提示性公告后至要约收购完成前,被收购公司除继续从事正常的经营活动或者执行股东大会已经作出的决议外,未经股东大会批准,被收购公司董事会不得通过处置公司资产、对外投资、调整公司主要业务、担保、贷款等方式,对公司的资产、负债、权益或者经营成果造成重大影响。"

(三)依支付方式可分为现金收购、以股换股收购和混合收购

现金收购是指收购人以现金为对价购买目标公司股份的公司收购。换股收购是指收购人以本公司的股份换取目标公司的股份而达到控制目的的公司收购。混合收购是指收购人以现金、股份、债券等多种手段收购目标公司股份的公司收购。

我国法律规定在收购人报送收购报告书时应写明收购所需资金额及资金保证(《证券法》第89条第7项)。《收购办法》第36条规定:"收购人可以采用现金、证券、现金与证券相结合等合法方式支付收购上市公司的价款。"

(四)依收购目标公司股份的数量可分为部分要约收购和全部要约收购

投资者自愿选择以要约方式收购上市公司股份的,可以向被收购公司所有股东发出收购其所持有的全部股份的要约,称之为全面要约,也可以向被收购公司所有股东发出收购其所持有的部分股份的要约称之为部分要约(《收购办法》第23条)。部分收购在于获得对上市公司的相对控制权。

(五)依上市公司收购的性质不同可分为自愿收购和强制收购

自愿收购是由收购人自行决定收购数量、收购时间等而进行的收购。这一收购方式适用于持有股份总额30%以下的收购人,不具有强制性,完全取决于收购人自己的意愿。强制收购是指投资者持有或者通过协议、其他安排与他人共同持有一个上市公司已发行的股份达到30%时,依法必须向目标公司全体股东发出全部或者部分股份收购要约,继续进行的收购。依我国法律,收购期限届满,被收购公司股权分布不符合上市条件的,该上市公司的股票应当由证券交易所依法终止上市交易;其余仍持有被收购公司股票的股东,有权向收购人以收购要约的同等条件出售其股票,收购人应当收购(《证券法》第97条)。强制收购是对受让的强制,而非出售的强制,因而有学者认为,应将强制收购解释为"强制受让"。[③] 强制收购的目的是为了保护中小股东的合法权益。《证券法》只明确规定强制收购而未规定自愿收购。因此对自愿收购存在与否有争议。我们认为,法律规定在投资者持有上市公司30%的

---

① 常见措施可详见刘俊海:《现代证券法》第263—265页。
② 如英国《伦敦收购与合并守则》、美国《威廉姆斯法案》等。可详见王保树:《中国商法》,第459页。
③ 叶林:《证券法》,第244页。

股份并继续进行收购时,才应当依法向该上市公司所有股东发出收购要约(《证券法》第88条)。足见我国实行自愿收购和强制收购相结合的制度,其目的是防止过度强调自愿而损害股东利益,同时避免过度强调强制而对收购人形成不合理负担。

除上述外,还存在间接收购、杠杆收购、管理收购、联合收购、双层和挤出收购等。①

五、上市公司收购的主体

上市公司收购本质是证券交易行为,主体应为收购人与目标公司股东。有学者认为公司收购影响到其他利益主体,故收购人与目标公司股东仅为直接主体,而目标公司及其经营管理人、债权人等利益主体为间接主体。②

(一)收购人

收购人是指持有或者通过协议、其他安排与他人共同持有目标公司一定比例的股份,向其他股东收购股份的法人或自然人。收购人具有以下特点:

(1)收购人为目标公司的现存股东。此并非限制主体的收购行为,而是主体在持有目标公司5%的股份时,才要遵守公司收购规则约束(《证券法》第86条)。故任何收购人必然首先是目标公司的股东。

(2)收购人是拟继续收购的股东。只有收购人持有5%股份的基础上继续收购,才会受到上市公司收购制度的规制。

(3)收购人是向其他股东发出收购要约并进行实际购买者。具有收购的主观愿望及实际行为者方能成为收购人,即上市公司收购是收购人的表意行为。

(4)收购人既可以是法人,也可以是自然人。收购人并不限于单个主体,在通过协议、其他安排与他人共同持有一个上市公司已发行的股份一定比例时,可共同成为收购人,即一致行动人也属于收购人。所谓一致行动,是指投资者通过协议、其他安排,与其他投资者共同扩大其所能够支配的一个上市公司股份表决权数量的行为或者事实。《收购办法》第83条对于一致行动人作出了明确列示。为避免无实际能力的主体进行收购,有下列情形之一的,不得收购上市公司:第一,收购人负有数额较大债务,到期未清偿,且处于持续状态;第二,收购人最近3年有重大违法行为或者涉嫌有重大违法行为;第三,收购人最近3年有严重的证券市场失信行为;第四,收购人为自然人的,存在《公司法》第146条规定情形;第五,法律、行政法规规定以及中国证监会认定的不得收购上市公司的其他情形(《收购办法》第6条)。

(二)受要约人

受要约人即上市公司股东,也包括法人和自然人。需注意的是,社会公众股股东只有证券交易所中才可充当受要约人;而国家股或法人股股东只有在场外市场才可成为受要约人;目标公司的发起人、董事、监事和高级管理人员,在法律规定的期间内不得充当受要约人。

---

① 可详见朱羿锟:《商法学——原理·图解·实例》,第507—508页;顾功耘:《证券法》,人民法院出版社1999年版,第259页;张舫:《公司收购法律制度研究》,第9页等。

② 叶林:《证券法》,第256页。

【相关案例】16-1　不具实力的收购或构成合同诈骗

为收购明星电力股权,在收购七家空壳公司并虚增注册资本的基础上,周某登记成立明伦集团有限公司。之后,明伦集团向遂宁市政府转让领导小组提供了两套内容虚假的收购方案。2003年1月领导小组成员考察时,周某又指使制作了虚假审计报告。同年3月,明伦集团如愿取得了明星电力公司总股本的28.14%。同时,周某等人从三家银行以承诺事成后将明星电力公司股权质押给银行为条件,违规贷款4亿多元,其中3亿多元用于支付收购股权所需资金。控股明星电力后,明伦集团用明星电力的资金偿还了2亿元的贷款,并将原贷款中的1多亿元和未成立明伦集团前的贷款1950万元转嫁给明星电力担保。在明伦集团的操控下,明星电力注册成立了明星商社与明星康桥投资公司,而所投入资金到账后,随即被明伦集团转入其下属公司,之后资金又被不断转出、转入。2005年明星电力检查明星商社财务时,明伦集团制作了虚假销售合同等应对检查。后明伦集团又转回部分资金,投入明星康桥修建的捷美商务中心,后又擅自将该中心以5.1亿元转让给卓越集团,转让金基本用于了与明星电力无关的还债、投资和日常开支、经营等方面。在明星电力催收投资款情况下,明伦集团通过循环倒账虚增投资的方式,将江西共青城高尔夫球场的投资虚增至5.5亿元,准备置换明星电力投资款,后因遂宁市政府不同意未果。案发前,经遂宁市政府、明星电力公司的追收,明伦集团以中安经贸公司的名义收购明星康桥股权的形式,还回明星电力投资款1.65亿元,其余被明伦集团非法占有。一审法院认为明伦集团的行为已构成合同诈骗罪。二审维持。

第二节　要约收购制度

一、要约收购概述

(一) 要约收购的概念

要约收购是指投资者通过证券交易所向目标公司全体股东发出收购其股份的意图,由受要约人分别承诺,从而获得该公司控制权的行为。要约收购可分为一般收购和继续收购。持有公司总股本5%以上、30%以下者,视为一般收购行为;持有公司总股本30%以上者,视为继续收购。也可分为自愿收购与强制收购。区分的法律意义在于不同收购方式法律要求的规则有所不同。

(二) 要约收购的要件

(1) 要约人须为有控制目标公司意图的投资者,受要约人则是目标公司的全体股东。

(2) 要约含有受要约约束的意思表示。要约主要对收购人有拘束力,受要约人在收购要约期满前可撤回或撤销其同意接受要约的意思表示。因而,受要约人在收购要约期满前接受要约的意思表示只是预受,并不构成承诺。[①]

---

① 罗培新等:《最新证券法解读》,第139页。

(3) 要约必须公开发出且内容明确具体。以要约方式收购上市公司股份的,收购人应当编制、公告要约收购报告书,聘请财务顾问,通知被收购公司,同时对要约收购报告书摘要作出提示性公告。①

(三) 要约收购的特征

1. 要约收购范围具有普遍性

即收购人应向目标公司的全体股东发出收购要约。即收购要约不能只向目标公司的部分股东发出。《证券法》第 88 条规定允许收购人收购目标公司的部分股份,并不是允许投资人向被收购的上市公司的部分股东发出收购要约。

2. 要约收购条件具有统一性

收购要约提出的各项收购条件,适用于被收购公司的所有股东(《证券法》第 92 条)。

3. 要约收购方式具有公开性

即收购人应通过要约公告的方式向目标公司全体股东送达收购要约。

4. 要约收购期限具有法定性

收购要约约定的收购期限不得少于 30 日,并不得超过 60 日(《证券法》第 90 条)。收购要约公告后,收购要约便开始生效。②

二、要约收购的一般规则

(一) 权益公开规则

权益公开,也称"5%规则"。是指通过证券交易所的证券交易,投资者持有或者通过协议、其他安排与他人共同持有一个上市公司已发行 5%股份或其后又发生一定比例的增减变化时,必须依法定程序公开披露其持股情况的制度。权益公开规则实质为一种提前警示制度,也是一项重要的信息披露制度,对规范上市公司收购、维系证券市场稳定和有序发展都有积极意义。

1. 权益公开的内容

权益公开的内容包括:(1) 持股信息公开。通过证券交易所的证券交易,投资者持有或者通过协议、其他安排与他人共同持有一个上市公司已发行的股份达到 5%时,应当在该事实发生之日起 3 日内,向国务院证券监督管理机构、证券交易所作出书面报告,通知该上市公司,并予公告。(2) 持股变动公开。投资者持有或者通过协议、其他安排与他人共同持有一个上市公司已发行的股份达到 5%后,其所持该上市公司已发行的股份比例每增加或者减少 5%,应当依规定进行报告和公告(《证券法》第 86 条)。

2. 权益公开的条件

权益公开的条件主要为:(1) 投资者控制上市公司已发行股份总数的 5%。投资者控制上市公司股份的方式有两种:一是投资者单独持有上市公司已发行股份总数的 5%,二是投资者通过协议、其他安排与他人共同持有上市公司已发行的股份达到 5%。(2) 投资者控制上市公司已发行股份总数的 5%是通过证券交易市场产生的。若不是通过证券交易所产生,

---

① 要约收购报告书应当载明的事项,可详见《证券法》第 89 条、《收购办法》第 28、29 条之规定。
② 关于要约的生效理论,计有表达说、发出说、到达说、了解说等。我国《合同法》对于要约的生效采到达说,而从《证券法》第 90 条所规定的收购要约来看,所采应是发出说。可参见《证券法释义》,第 142 页。

则不属权益公开规则规制的对象。但对于投资者控制上市公司已发行的股份是否有非上市的,是否是流通股则在所不问。

3. 权益公开的形式

权益公开的形式主要表现为上市收购报告书、通知和公告等。收购人应当向国务院证券监督管理机构、证券交易所作出书面报告,通知目标公司,并予以公告(《证券法》第86条)。收购人在报送上市收购报告书之日起15日后,公告其收购要约。在此期限内,国务院证券监督管理机构发现上市公司收购报告书不符合法律、行政法规规定的,应当及时告知收购人,收购人不得公告其收购要约(《证券法》第90条)。书面报告和公告应包括持股人的名称、住所,持有的股票的名称、数额,持股达到法定比例或者持股增减变化达到法定比例的日期等内容(《证券法》第87条)。

(二) 慢走规则

慢走规则,又称"台阶规则"或"爬坡规则"。是指投资者在持有上市公司一定比例的股份以及其后每增减法定比例时,于法定期限内不得再行买卖该种股票的制度。其目的在于控制大股东交易股份的节奏,以防止大股东操纵市场,并能使信息得到广泛传播,以便中小股东有充分时间接受和消化信息,慎重考虑,使其利益得到较好保护。①

依法律规定,慢走规则体现在:(1) 通过证券交易所的证券交易,投资者持有或者通过协议、其他安排与他人共同持有一个上市公司已发行的股份达到5%时,在该事实发生之日起3日内,不得再行买卖该上市公司的股票。(2) 投资者持有或者通过协议、其他安排与他人共同持有一个上市公司已发行的股份达到5%后,其所持该上市公司已发行的股份比例每增加或者减少5%,应依规定进行报告和公告。在报告期限内和作出报告、公告后2日内,不得再行买卖该上市公司的股票(《证券法》第86条)。需注意的是,收购人以集中竞价方式增持股份达到目标公司发行在外股份总数的30%,并需要继续增持的,应改为要约收购方式。

(三) 强制要约规则

强制要约规则是指通过证券交易所的证券交易,投资者持有或者通过协议、其他安排与他人共同持有一个上市公司已发行的股份达到30%后继续进行收购的,应依法向目标公司所有股东发出收购上市公司全部或者部分股份的收购要约制度(《证券法》第88条)。其目的也在于保护中小股东利益。股权较为分散时,持有30%股份的股东就可对公司进行控制,也易对中小股东造成压榨等损害情形,据此,应赋予中小股东以合理的价格强制出售其股票给大股东的权利,即选择退出公司的权利。

强制要约规则的生效要件为:(1) 投资者持有或者通过协议、其他安排与他人共同持有目标公司30%的股份。(2) 该股份是通过证券交易所的证券交易取得的。(3) 投资者决定继续收购。继续收购目标公司的股份是以意思表示为核心的行为,而不是一种事实。投资者持有或者通过协议、其他安排与他人共同持有目标公司30%股份并停留在这一比例时,则不负有向目标公司所有股东发出收购要约的义务。(4) 应向目标公司所有股东发出收购上市公司全部或者部分股份的收购要约。一方面,投资者发出收购要约的发出对象是所有股东,而不能是部分股东;另一方面,要约所指向的对象是所有股东,而不是所有股份。同时,

---

① 但也有学者认为这种慢走规则与上述权益公开规则对于收购人是不公平的。可参见张舫:《公司收购法律制度研究》,第131—133页。

须注意的是,向全体股东发出收购要约并不是强制收购人必须全面进行收购,而是既可收购全部股份,也可收购部分股份。收购上市公司部分股份的收购要约应当约定,被收购公司股东承诺出售的股份数额超过预定收购的股份数额的,收购人按比例进行收购,而不得适用"先售先买"的原则。其立法目的在于避免目标公司的股东在时间压力之下匆忙作出决断,从而损害其合法权益。①

(四) 终止上市规则

终止上市规则是指收购人在收购要约期限届满时,被收购公司股权分布不符合上市条件的,该上市公司的股票应当由证券交易所依法终止上市交易(《证券法》第 97 条)。

(五) 强制接受规则

强制接受规则是指收购人在收购要约的期限届满而被收购公司股权分布不符合上市条件时,仍持有被收购公司股票的股东,有权向收购人以收购要约的同等条件出售其股票,收购人应当收购(《证券法》第 97 条第 1 款),即科以大股东强制接受的义务。

(六) 收购期间禁止收购人另行买卖目标公司股票规则

为防止收购炒作、恶意收购等行为,《证券法》规定,采取要约收购方式的,收购人在收购期限内,不得卖出被收购公司的股票,也不得采取要约规定以外的形式和超出要约的条件买入被收购公司的股票(《证券法》第 93 条)。而且,收购人持有的被收购的上市公司的股票,在收购行为完成后的 12 个月内不得转让(《证券法》第 98 条)。

(七) 要约收购价格从高规则

收购价格为收购要约的重要内容,我国《收购办法》第 35 条规定,收购人进行要约收购的,对同一种类股票的要约价格,不得低于要约收购提示性公告日前 6 个月内收购人取得该种股票所支付的最高价格。要约价格低于提示性公告日前 30 个交易日该种股票的每日加权平均价格的算术平均值的,收购人聘请的财务顾问应当就该种股票前 6 个月的交易情况进行分析,说明是否存在股价被操纵、收购人是否有未披露的一致行动人、收购人前 6 个月取得公司股份是否存在其他支付安排、要约价格的合理性等。

(八) 收购要约的撤销与变更规则

在收购要约确定的承诺期限内,收购人不得撤销其收购要约。收购人需要变更收购要约的,必须事先向国务院证券监督管理机构及证券交易所提出报告,经批准后,予以公告(《证券法》第 91 条)。

三、要约收购的程序

(一) 报送和提交上市公司收购报告书

上市公司收购报告书是由收购人制作以表明收购意向的法律文件。收购人必须事先向国务院证券监督管理机构报送,同时应提交给证券交易所。

(二) 公告收购要约

收购人在依规定报送上市公司收购报告书之日起 15 日后,公告其收购要约。在上述期限内,国务院证券监督管理机构发现上市公司收购报告书不符合法律、行政法规规定的,应当及时告知收购人,收购人不得公告其收购要约。要约收购报告书所披露的基本事实发生

---

① 罗培新等:《最新证券法解读》,第 142 页。

重大变化的,收购人应当在该重大变化发生之日起2个工作日内作出公告,并通知被收购公司(《收购办法》第41条)。收购要约约定的收购期限不得少于30日,并不得超过60日;但是出现竞争要约的除外(《证券法》第90条、《收购办法》第37条第1款)。对于要约价格,采取从高规则(《收购办法》第35条)。在收购要约确定的承诺期限内,收购人不得撤销其收购要约。收购人需要变更收购要约的,必须及时公告,载明具体变更事项,并通知被收购公司。收购要约期限届满前15日内,收购人不得变更收购要约;但是出现竞争要约的除外。出现竞争要约时,发出初始要约的收购人变更收购要约距初始要约收购期限届满不足15日的,应当延长收购期限,延长后的要约期应当不少于15日,不得超过最后一个竞争要约的期满日,并按规定追加履约保证。发出竞争要约的收购人最迟不得晚于初始要约收购期限届满前15日发出要约收购的提示性公告,并应当根据规定履行公告义务(《证券法》第91条、《收购办法》第37条第2款、第39条第2款、第40条)。

(三)预受

预受,是指被收购公司股东同意接受要约的初步意思表示,在要约收购期限内不可撤回之前不构成承诺。同意接受收购要约的股东即预受股东,应当委托证券公司办理预受要约的相关手续。收购人应当委托证券公司向证券登记结算机构申请办理预受要约股票的临时保管。证券登记结算机构临时保管的预受要约的股票,在要约收购期间不得转让。在要约收购期限届满3个交易日前,预受股东可以委托证券公司办理撤回预受要约的手续,证券登记结算机构根据预受要约股东的撤回申请解除对预受要约股票的临时保管。在要约收购期限届满前3个交易日内,预受股东不得撤回其对要约的接受。在要约收购期限内,收购人应当每日在证券交易所网站上公告已预受收购要约的股份数量。出现竞争要约时,接受初始要约的预受股东撤回全部或者部分预受的股份,并将撤回的股份售予竞争要约人的,应当委托证券公司办理撤回预受初始要约的手续和预受竞争要约的相关手续(《收购办法》第42条)。

(四)收购

收购要约提出的各项收购条件,适用于被收购公司的所有股东(《证券法》第92条、《收购办法》第39条第1款)。在要约有效期内,收购人应按收购要约的条件购买受要约人的股份,不得卖出被收购公司的股票,也不得采取要约规定以外的形式和超出要约的条件买入被收购公司的股票(《证券法》第93条)。某些强制收购要约必须经过特殊程序,如上市程序、强制出售程序、变更和更换程序。收购要约的期限届满,股权分布不符合上市条件的,该上市公司的股票由证券交易所终止上市交易;收购行为完成后,被收购公司不再具有股份有限公司条件的,应当依法变更其企业形式(《证券法》第97条);收购行为完成后,收购人与被收购公司合并,并将该公司解散的,被解散公司的原有股票由收购人依法更换(《证券法》第99条)。

(五)报告与公告

收购行为完成后,收购人应当在15日内将收购情况报告国务院证券监督管理机构和证券交易所,并予公告(《证券法》第100条)。

【相关案例】16-2　以要约收购获控制权却未获股权证书者,可提股东资格确认之诉①

1994年6月,乙市彩电配件总厂和乙市机电器材厂投资,并定向募集内部职工股,将甲市彩电配件公司改制为乙公司。1995年3月15日起,乙公司在A市证券交易自动报价系统挂牌进行流通股交易。1998年证监会发出清理整顿场外非法股票交易方案。A市政府成立工作领导小组进行清理。1999年7月12日,甲公司为配合政府的清理工作,与乙公司签订委托收购乙公司流通股的协议,约定:收购时间为1999年7月19日至8月13日,收购完毕后2个月内与系统核对无误后由乙公司发给股权证。7月14日,甲公司发布收购乙公司挂牌流通股的公告,收购方式为在证券交易报价系统上进行网上定价收购。截止到1999年8月17日,甲公司通过证券交易报价系统以每股1.12元的价格共收购乙公司流通股若干。此后,双方又于2000年8月4日发布公告,继续通过证券交易报价系统收购,但未成交。1999年10月甲公司经乙公司通知参加了第三届股东大会。至诉讼时乙公司尚未向甲公司签发股权证书,股东名册中无甲公司登记,乙公司也未变更工商登记。乙公司因未参加年检被工商部门于2001年7月吊销营业执照。2001年6月,甲公司向法院提起诉讼,请求判令确认甲公司在乙公司的股东资格和持股数额。

【相关案例】16-3　要约收购弃购与缔约过失责任②

全柴集团由某县政府持有100%股权,2011年安徽产权交易中心受某县政府委托发布转让公告,转让县政府持有的100%股权。4月,熔盛重工与某县政府签署产权交易合同,将受让全柴集团100%股权。因全柴集团持有上市公司全柴动力44.39%股权,触发了要约收购30%的红线。熔盛重工因此向全柴动力其他股东发出要约收购书,并向安徽产权交易中心缴纳竞买保证金6.3亿元。6月,证监会发出材料补正通知书,要求熔盛重工报送国资委等相关批复文件。自8月熔盛重工取得批复文件后长达一年的时间里,一直未上报材料。离国资委批复文件有效期截止日仅剩9天时,熔盛重工向证监会申请撤回申请材料,终止要约收购计划。弃购消息一出,2012年8月复牌的全柴动力股价短时间内连续暴跌,使得部分投资者遭受了重大损失。9月,兴业全球基金公司对熔盛重工提起了诉讼,认为熔盛重工严重违反先合同义务,违背诚实信用原则,应承担缔约过失责任,要求其赔偿本公司持续投资全柴动力所造成的1637万元的损失。一审、二审及再审均驳回了兴业基金的诉讼请求。2013年熔盛重工以安徽产权交易中心、某县政府为被告,提出退还竞买保证金。某县政府于11月提起反诉,请求判令保证金归属县政府,熔盛重工向县政府支付违约金等。

---

① 本案例编自中国法律应用数字网络服务平台(法信)。
② 本案例摘编自《16.8亿元大案背后的调判"功课"——安徽高院妥处中国A股首例要约收购违约案始末》,http://www.110.com/ziliao/article-517317.html,访问时间:2016年6月22日。

第三节 协议收购制度

一、协议收购概述

(一) 协议收购的概念

协议收购是指收购人在证券交易所之外与目标公司的股东签署个别协议而获得该公司控制权的行为。也有认为协议收购有广狭两义。狭义即是指持有上市公司30％股份以上的收购人,以协议方式收购股票的行为。广义则泛指以协议方式购上市股票的行为。由于非上市股票变现能力差,其收购价格相对上市股票低得多,通过协议收购可降低收购成本,兼之法律监管相对宽松,政府又多给予支持,因而实践中协议收购相对比较普遍。

(二) 协议收购的特征

1. 交易对象具有限定性

协议收购仅限于目标公司的少数特定股东,而要约收购指向目标公司的全部股东。

2. 收购标的具有特定性

要约收购仅限于流通股,而协议收购包括流通股和非流通股。基于我国现实,我国协议收购是国有股和法人股等非上市股票的主要流转方式。非上市股票主要包括国家股股票、法人股股票、内部职工股股票三类。非上市股票虽可依法转让,但不进入证券交易所交易,也不采取集中竞价方式,而依场外交易的特殊规则进行交易。

3. 协议过程具有不公开性

协议收购采取个别协议方式进行,即通过一一协商确定收购条件,无须遵守收购条件适用于全体股东的规则。由于收购人与目标公司的股东是通过私下商谈的方式,故协议过程不具有公开性。但基于收购人应按法定期限和要求向国务院证券监督管理机构及证券交易所作出书面报告并予公告,且公告前不得履行收购协议,故该收购方式也具有相对的公开性。

4. 收购价格具有自主性

协议收购不同于要约收购,其价格并非随行就市,而是双方协商的基础上确定。

二、协议收购的基本规则

协议收购与要约收购存在共同规则,如终止上市规则、强制接受规则、转让股份限制规则等。此外,协议收购还具有如下规则：

(一) 自愿规则

采取协议收购方式的,收购人可依法律、行政法规的规定同被收购公司的股东以协议方式进行股份转让。与一般股权转让相同,都是双方的自愿行为。其具体交易条件均依双方协议办理,故一般属于善意收购。

(二) 公告规则

以协议方式收购上市公司时,达成协议后,收购人必须在3日内将该收购协议向国务院证券监督管理机构及证券交易所作出书面报告,并予公告。在公告前不得履行收购协议(《证券法》第94条);收购行为完成后,收购人应当在15日内将收购情况报告国务院证券监督管理机构和证券交易所,并予公告(《证券法》第100条)。

(三)保管存放规则

采取协议收购方式的,协议双方可以临时委托证券登记结算机构保管协议转让的股票,并将资金存放于指定的银行(《证券法》第95条)。目的是借此提供物质保障以消除和减少收购失败或收购协议无法履行造成的消极结果;借助证券登记结算机构清楚股权变动情况的便利和银行良好信誉来降低风险、实现交易安全。但须注意的是,股票保管和资金存放须双方协商一致,并非证券登记结算机构和银行的法定职责。

(四)国家股批准规则

收购上市公司中由国家授权投资的机构持有的股份,应当按照国务院的规定,经有关主管部门批准。国务院证券监督管理机构应依《证券法》的原则制定上市公司收购的具体办法(《证券法》第101条)。

三、协议收购的程序

(一)订立收购协议

收购协议是收购人与目标公司的股东之间订立的以收购目标公司股份为内容的书面合同。其主要条款一般包括:收购人和目标公司的名称、住所;收购目的;收购股份的详细名称、股权性质、数量;收购的期限、收购的价格;股款支付与股票交付的方式和地点;违约责任等。

(二)收购时的报告与公告

见前述公告规则。

(三)履行收购协议

在收购协议公告之后,收购人和目标公司的股东应按照收购协议的内容行使权利、履行义务。如果临时委托证券登记结算机构保管了股票,则双方应到证券登记结算机构办理过户手续。通过要约收购或者协议收购方式取得被收购公司股票并将该公司撤销的,属于公司合并,则应实施改组或合并计划,被撤销公司的原有股票,由收购人依法更换。

(四)结束后的报告与公告

收购公司行为结束后,收购人应当在15日内将收购情况报告国务院证券监督管理机构和证券交易所,并予以公告。

【相关案例】16-4　协议收购并以股份置换大股东资产的首例尝试[①]

小鸭电器股份公司2001年至2002年连续亏损,为保住上市公司壳资源,由中国重汽对小鸭电器进行收购。2003年9月,中国重汽分别与小鸭电器控股股东小鸭有限公司及第二大股东中信信托公司签订股权转让协议,受让前者47.48%、后者16.3%的小鸭电器的股份。同年11月山东省人民政府作出批复,同意小鸭电器以5742万元人民币债务以外的全部资产与重汽集团的重型汽车生产、销售资产(含负债)进行置换,差额以现金支付。12月,

---

① 本案例摘编自中国法律应用数字网络服务平台(法信)。

证监会同意实施重组。根据小鸭电器与中国重汽签订的资产置换协议,中国重汽将重汽卡车类生产经营性净资产29468万元置入小鸭电器,同时置出小鸭电器的家电类净资产29836万元。为避免关联交易,保护中小股东利益,股东大会还通过了以股份置换大股东资产预案,即由小鸭电器以股份置换中国重汽卡车公司的车桥厂、锻造厂、离合器厂、设备动力厂的经营性净资产,置换价格每股不得低于1元。2004年1月18日,小鸭股份公司的工商登记名称变更为重汽集团济南卡车股份公司,将经营范围、住所地以及法定代表人均作了变更登记。

前沿问题

◆ 善意收购、恶意收购与管理层反收购

收购行为表面上表现为合同关系,其责任看似为违约行为,但其实质上不仅影响目标公司,同时也影响到投资人以及市场秩序。善意收购与恶意收购主要是看其主观动机,然是否存在主观恶意而客观致使目标公司及其股东利益增进之情况?究竟以收购后的客观结果作为主观恶性之判断还是以收购时的主观表现为界定?管理层以恶意收购为由启动反收购举措时,应作何种评价?

【思考题】

1. 简述上市公司收购的特征及法律意义。
2. 简述要约收购的一般规则。
3. 如何进行协议收购?

【司法考试真题】

16-1 根据《证券法》的规定,关于上市公司收购的说法,下列哪些选项是正确的?(2008年四川)

A. 收购期限届满,被收购公司股权分布不符合上市条件的,依法终止上市交易
B. 收购人持有的被收购的上市公司的股票,在收购行为完成满12个月以后可以转让
C. 收购期限届满,其余仍持有被收购公司股票的股东,有权向收购人以收购要约的同等条件出售其股票,收购人应当收购
D. 收购行为完成后,收购人与被收购公司合并,并将该公司解散的,被解散公司的原有股票由收购人依法更换

16-2 甲公司持有乙上市公司30%的股份,现欲继续收购乙公司的股份,遂发出收购要约。甲公司发出的下列收购要约,哪些内容是合法的?(2005年)

A. 甲公司收购乙公司的股份至51%时即不再收购
B. 甲公司将在45日内完成对乙公司股份的收购
C. 本收购要约所公布的收购条件适用于乙公司的所有股东
D. 在收购要约的有效期限内,甲公司视具体情况可以撤回收购要约

第四编 | 票据法

第十七章 票据和票据法概述
第十八章 票据法律关系
第十九章 汇票
第二十章 本票和支票

第十七章

票据和票据法概述

【章首语】 票据是媒介商品交换的重要工具,其不仅发挥着最有效的结算手段的功能,同时,它又是一种可依法流通转让的有价证券。票据在市场经济社会中所发挥的汇兑、支付、结算、信用以及融资等重要作用是任何一种商品所不能替代的。而票据法对票据种类、票据行为以及票据关系的正确规范是票据发挥上述作用的重要保证。

本章应着重学习票据的概念和特征、票据的作用,票据法的概念和特征、票据法的调整对象和我国的票据立法等内容。

第一节 票据概述

一、票据的概念和特征

(一) 票据的概念

票据是指由出票人签发的,委托付款人或者由出票人自身向收款人或持票人无条件支付确定金额,并可依法流通转让的有价证券。从学理上考察,票据的概念一般可以从广义和狭义两个方面进行理解。广义的票据,泛指商业活动中的一切票证,包括各种有价证券和凭证,如钞票、发票、提单、仓单、保单、车票、船票、机票、入场券、借据、债券、股票、汇票、本票、支票等。狭义的票据,仅指出票人依票据法签发,由本人或委托他人在见票时或票载日期无条件支付确定金额给收款人或持票人的一种有价证券。[1]《票据法》所指的票据仅指狭义的票据,亦即汇票、本票和支票(《票据法》第2条第2款)。

票据当事人一般包括以下几种:(1)"出票人",是指签发或发行票据之人,可以是银行,也可以是一般企业与个人,属于票据关系中的义务主体。(2)"收款人",是指出票人在票据上记载的权利人,也是票据最初的或原始的权利人。(3)持票人。"持票人"属于内容不确定名词,通常指经转让而取得票据的人。若票据未经转让,则收款人就是持票人。有时,依继承、公司分立或者合并、税收、法院判决或者行政处罚决定而取得票据的人或者履行完追索义务而取得票据的人,也称为持票人。

此外,票据当事人还包括承兑人、背书人、被背书人、票据保证人、票据被保证人、参加承兑人、参加付款人等。理论上将凡随出票行为出现的票据当事人,称为票据基本当事人,如

---

[1] 见范健、王建文:《商法学》,第419页。

汇票、本票与支票的出票人,汇票与支票的付款人,汇票与本票的收款人。

(二)票据的特征

1. 票据为设权证券

设权证券是指票据权利的发生,必须以票据的作成为前提,没有票据,就没有票据上的权利。票据的作用不是单纯的证明已经存在的权利,而是在于创设一种权利,这与仅以证明一定权利存在为特征的证权证券如股票、仓单、提单等不同,票据具有设权性。

2. 票据为完全有价证券

票据与一定的财产权利或价值结合在一起,并以一定货币金额表示其价值。票据的权利随票据的制作而发生,随票据的出让而转移,票据权利的行使以提示票据为必要,权利与票据不可分离。这与不完全有价证券如股票、公司债券等不同,后者的权利和证券在一定情况下可以分离,即使不占有证券,也可以主张权利。

3. 票据为金钱债权证券

根据证券权利所代表的经济内容,可以将证券分为物品证券、资本证券和货币(金钱)证券。票据所表示的权利内容,是一种以给付一定数量的金钱为标的的债权。易言之,票据请求给付的标的是一定数额的货币(金钱),而非其他物或为一定行为。所以,票据属于金钱证券,不是物品证券。

4. 票据为流通证券

票据权利通过背书或交付方式进行转让的证券为流通证券,与其他财产权利的转让应当以通知债务人为要件不同,票据转让不必通知债务人,只要依法让渡票据本身,就能产生票据权利转让的效果。因此,比一般财产权利的转让更为灵活、方便,具有明显的流通性。一般而言,于无记名票据,仅以交付即可转让票据权利;于记名票据,须经背书交付方能转让票据权利。

5. 票据为要式证券

票据的制作应当符合法律规定的要式,并以准确的文字加以记载,否则,该票据无效。[①]票据作为要式证券有三层含义:第一,票据欠缺票据法规定的绝对记载事项之一的,构成票据的无效;第二,票据记载了票据法未规定的记载事项的,不发生票据效力;第三,不仅包括票据的作成,而且包括票据的承兑、背书、保证、参加也要求依票据法规定的方式表示。

6. 票据为文义证券

票据所创设的一切权利和义务,必须完全地、严格地依票据法上所记载的文字而定,票据记载之外的任何理由、事项或证据都不能作为解释或确定票据权利的根据。即使票据上记载的文义存在错误,也要以该文义为准,体现的是票据的文义性特征。

7. 票据为无因证券

无因证券是指票据关系与原因关系相分离,票据权利的成立以具备法定条件为必要,而与票据产生、取得的原因无关。这些原因是否存在、是否有效,原则上都不影响票据的效力。在行使票据权利时,只需验看票据本身是否真实、合法,在票据无瑕疵或者持票人不属恶意取得时,就应当无条件支付票面金额。

---

① 见《支付结算办法》第9条。

8. 票据为提示证券

票据的权利人请求债务人履行票据上的义务时,必须向债务人提示票据,以证明其占有票据的事实,否则债务人有权拒绝履行,并不负债务不履行或迟延履行的责任。因此,票据具有提示性。

9. 票据为返还证券

我国《票据法》第 55 条规定,持票人获得付款的,应当在汇票上签收,并将汇票交给付款人。当持票人向票据债务人提示付款并收到票据金额的全部给付时,必须将此票据交还给付款人,以示票据上债权债务关系的消灭。如果票据债权人不交还票据,票据债务人可以拒付票据金额而不负票据责任。这是由票据上的权利与票据不可分离的性质所决定的,可避免付款人对持有票据的善意第三人再度付款等弊端。[①]

二、票据的作用

票据在加强商业信用、促进商品流通、加速资金融通等方面发挥着非常重要的作用。

(一) 汇兑作用

汇兑功能是指票据的使用具有解决现金支付在空间上存在障碍的作用。异地之间,尤其是国际之间的经济往来在没有汇票之前,用现金结算,风险大,不安全。以票据代替现金后不仅方便而且安全。因此,汇票已成为异地交易、支付金钱的最佳工具,以支票代替现金的也不少。目前,我国票据的异地汇兑作用主要是通过银行汇票和银行承兑汇票实现的。

(二) 支付作用

票据具有代表定额货币,可以代替现金支付的基本功能。票据被用作支付工具,这是票据最基本和主要的作用。票据本身因具有代表定额货币的属性,同时又具有便于支付、安全支付的特点,票据已经成为广泛使用的交易支付工具。

(三) 结算作用

票据作为支付手段,在当事人互相持有对方所发票据,从而发生相互支付关系时,可用来抵消作相互间的债权债务。在收付的票据中,由银行作为中介,以票据交换的方式进行划转冲抵,就可以完成这种货币收付,债务清算。

(四) 信用作用

在票据到期之前,票据的持有人可以利用出票人和承兑人的信用取得一定时期的信用利益:他既可以向银行办理票据贴现,从而融通资金获取银行信用;也可以通过背书将票据转让他人;还可以将票据设定质押,取得第三人的信用。对于信用欠佳的当事人,还可以利用信用较好的当事人所签发、承兑或保证付款的票据进行支付,使其经济活动得以开展。[②] 票据的信用功能是票据其他诸功能得以发挥的基础和保障,被称为"票据的生命"。

(五) 融资作用

票据的持票人可以在票据到期日前通过法定程序和条件得到资金,以解决只能用现金

[①] 关于票据的特征见陈本寒:《商法新论》,第 385—386 页;刘心稳:《票据法》,第 14—20 页;覃有土:《商法概论》,第 295—296 页;于莹:《票据法》,第 5—6 页。

[②] 范健、王建文:《商法学》,第 421—422 页。有关票据信用功能的论述,见覃有土:《商法学》,第 304、316 页;施天涛:《商法学》,第 530 页;赵万一:《商法》,第 191 页。

才能解决的问题。票据的这种融资功能主要是通过票据贴现、转贴现和再贴现来实现的。票据未到期之前,发生资金运用困难的持票人,将票据卖给买卖票据的经营者,称为票据贴现。现代金融中,票据贴现属重要业务,票据贴现制度的发展,增强了票据的融资功能,甚至国家也常通过发行商业票据来进行融资,或将其作为调节经济的金融手段。[①]

三、票据的起源与发展

(一) 西方国家票据的起源与发展

西方票据的起源,可以追溯到古希腊。古罗马时代的"自笔证书"被视为是票据的最早雏形。现代意义上的票据,起源于12世纪意大利商人间流行的一种兑换证书。当时,意大利与地中海地区的沿岸商业很兴盛,但因在不同的国家有不同的币制,因而商人异地送款极为不便。为解决这一问题,专营货币兑换的商人发行了一种兑换证书(也称"付款委托书"),以供异地取款。13世纪以后,付款委托证书逐渐独立发生付款证书的效力,始脱胎而成汇票,发展至今。随着商品经济与国际贸易的发展,到16世纪票据制度已逐步完备,逐渐形成背书、承兑、交换等各种制度,至银行出现后又出现了专门由银行付款的支票。学者们普遍认为,支票制度起源于荷兰,17世纪中叶传至英国。19世纪中叶以后,支票制度已从英国普及到欧洲各国,进而遍及世界。[②]

(二) 我国票据的起源与发展

在我国,票据的使用也有悠久的历史,唐代的"飞钱"类似于汇票。当时有的商人把货物运到京城出售后,为避免携带大量钱币的麻烦与风险,便将钱交给各地驻京城的机构或商家汇回。汇兑的凭证是发给商人一张文牒或文据,文据分成两半,一半交汇款人收执,另一半寄回所属地方机关。商人回到本地区后,将所执一半文据与地方机关的一半文据合对无误,便可领取所汇款项。到宋代,又出现了类似于现在本票的"交子""官交子"等票券,供商人异地运送现款之用。明清时期,出现了专营兑换或兼营放款的"银庄""钱铺"及山西票号,发行汇券、汇兑票、庄票、期票等票券。这个时期的单证票券虽类似于票据,但名目繁多,款式各异,管理混乱,与今天的票据仍有很大差别。

清朝末年,西方国家纷纷来华设立银行,引进了西方票据,并为我国金融业所采用,我国固有的票据遂为西方票据所取代。1929年国民党政府颁布《票据法》,规定使用汇票、本票、支票三种票据,完全采用西方国家的票据制度,其他原来的票据形式逐渐消失。尽管我国票据制度起源很早,但在商品经济不发达情况下未能建立完善的票据制度,所以终为西方的票据制度所代替。[③]

新中国成立以后,由于我国的经济体制所决定,票据使用的范围很小。改革开放以后,票据的使用范围才逐渐有所扩大。特别是随着我国社会主义市场经济体制的确定和深入发展,有关机构加快了票据法的编纂工作,并于1995年颁布了《票据法》。

---

① 见曾月英:《票据法律规制》,第6—7页。
② 见赵旭东:《商法学》,第305页。
③ 于莹:《票据法》,第30—31页。

第二节 票据法概述

一、票据法的概念和特征

（一）票据法的概念

票据法，是指调整票据关系以及与票据关系有关的其他社会关系的法律规范。票据关系是指票据当事人之间因票据行为而产生的票据权利义务关系。与票据关系有关的其他社会关系是指为保障票据关系的依法产生、变更、实现而产生的社会关系。①

票据法是对在长期的票据使用过程中形成的有关票据使用规则和习惯的制度化、规范化、法律化。在理论上也有广义和狭义之分。狭义的票据法，又称形式意义上的票据法，是指主要规范票据关系并以"票据法"命名的法律、法规及其实施细则，如我国的《票据法》、《票据管理办法》以及《关于审理票据纠纷案件若干问题的规定》等。通常所谓的票据法，就是狭义上的票据法。广义的票据法，也称实质意义上的票据法，是指一切有关票据和票据法律关系的法律规范的总称。除了以"票据法"命名的法律以外，还包括民法、刑法、民事诉讼法、破产法、银行法以及其他法律法规中有关票据的具体规定。

（二）票据法的特征

票据法特有的调整对象，决定了它与其他商事法具有不同的法律特征。

1. 强行性

票据关系的设定、变更或消灭，均以法律规定为行为准则。票据的内容由法律直接规定，不依当事人的意愿变更。例如，票据的种类、票据的格式以及当事人享有的权利和承担的义务，都不允许当事人依自己的意思选择或变更适用。具体而言，票据法的强行性主要表现在票据的种类法定化和票据的严格要式化两个方面。

2. 技术性

票据法的技术性，是指票据法律规范的制定，是为了保证票据使用的安全，确保票据的流通与付款，从方便与合理的角度，由立法者专门设计出来的。如关于票据形式、票据行为的无因性、背书的连续、抗辩切断、付款责任等等，都属于技术性规则。所有的票据当事人，都必须按照其技术规则进行操作，否则将会承受不利后果。

3. 国际统一性

票据是各国通用的信用和支付工具，如果各国票据法规定各不相同，互相冲突，必然会阻碍世界经贸的发展。为促进票据的跨国流通，票据法不宜过于强调一国特色，而应更多地采用共同的技术性规范，使票据业务的操作遵循统一的规则。现代各国的票据法已逐渐趋向统一，票据立法的国际统一化运动也取得了相当的成果，充分体现了票据法国际性的特点。

二、票据法的调整对象

票据法主要调整票据关系，即票据当事人基于票据行为所直接发生的票据上的债权债

---

① 覃有土：《商法概论》，第298页。

务关系,此外还调整票据返还关系和利益返还关系。票据关系的核心在于票据权利,我国《票据法》第4条第4款规定,票据权利是指持票人向票据债务人请求支付票据金额的权利,包括付款请求权和追索权。其中,票据收款人或者持票人为债权人,票据付款人和在票据上签章的其他当事人为债务人。

票据当事人主要包括出票人、持票人、付款人、被背书人和保证人。所以票据法的调整对象主要就是这些票据当事人之间的权利义务关系。在通常情况下,上述五主要的票据当事人之间,可能发生以下十种关系:(1) 出票人与持票人的关系;(2) 出票人与付款人的关系;(3) 持票人与付款人的关系;(4) 持票人与背书人的关系;(5) 被背书人与付款人的关系;(6) 被背书人与出票人的关系;(7) 保证人与出票人的关系;(8) 保证人与持票人的关系;(9) 保证人与被背书人的关系;(10) 保证人与付款人的关系。这些关系综合地构成了票据法律关系。其中,出票人、持票人、付款人三者之间的关系是票据的基本法律关系,也是票据法调整的主要对象。

三、我国的票据立法

(一) 旧中国的票据立法[①]

1. 清末立法

在我国,虽然票据起源很早,但没有票据的成文法,有关票据的事务均按习惯处理。我国票据立法始于清末。1903年清政府设立了商部,其成为清政府制定商事法及相关法律的主要机构之一。1908年10月,清政府从日本聘请法学家志田甲太郎执笔,拟定《大清商律草案》,共1008条,自1909年起陆续脱稿。票据法作为商法的一部分,置于该草案第四篇。该草案结合我国旧有的票据习惯,参照海牙统一票据规则和德、日两国票据法,设总则、汇票和期票(即本票)3篇,共13章,94条。但同年随着清政府灭亡,该草案也告终结。[②]

2. 中华民国立法

1913年民国政府法典编纂会以志田甲太郎为顾问,起草票据法。后来,又先后起草了多个草案,到1929年终于公布了我国历史上的第一部票据法。该法参考了德、日、英、美等国的票据法。现在,我国台湾地区使用的票据法,就是该法在多次修订基础上的延续。

(二) 新中国的票据立法

新中国成立后,民国时期的法律全部被废弃。从1950年起,国家开始逐步限制票据的使用。到1952年取消个人使用支票制度,汇票、本票也先后被停用。在结算支付方式上,以转账支票、托收承付、托收无承付、委托付款为合法,票据的管理,完全用行政手段。

党的十一届三中全会后,随着我国社会主义市场经济的发展,票据重新出现在经济生活中,进入资金市场,票据业务逐渐得到发展,票据立法也被提到议事日程上来。1982年,中国人民银行上海市分行制定了《票据承兑、贴现办法》。1983年,中国人民银行开办银行汇票结算业务。1985年,中国人民银行实行了《商业汇票承兑、贴现暂行办法》。1987年6月,中国人民银行等联合发布《华东三省一市汇票结算试行办法》,在江苏、浙江、安徽、上海推行汇票。1986年6月,上海市人民政府发布《上海市票据暂行规定》,该规定虽为地方性票据规

[①] 详见王红曼:《中国近代金融法制史研究》,第216页以下。
[②] 见同上书,第217页。

定,但因其内容、立法精神、立法原理等与国际通行的票据立法接轨,所以被认为是一部较好的票据规范。从1990年起,国家加紧票据立法,至1992年9月,反复讨论修改,四成其稿。1994年12月国务院提请全国人民代表大会常委会审议《票据法(草案)》。1995年5月全国人民代表大会常务委员会通过并颁布了了新中国第一部《票据法》。

为配合《票据法》的有效实施,中国人民银行先后发布了《关于施行〈中华人民共和国票据法〉有关问题的通知》《商业汇票承兑贴现与再贴现管理暂行办法》《票据管理办法》《关于执行〈支付结算办法〉有关问题的通知》《支付结算办法》《支付结算业务代理办法》以及《关于办理银行汇票及银行承兑汇票业务有关问题的通知》《粤港港币支票联合结算管理办法》等。2000年11月最高人民法院又发布了《关于审理票据纠纷案件若干问题的规定》。2004年8月28日第十届全国人民代表大会第十一次会议对《票据法》进行了修正,删去了原第75条规定后,重新公布。

此外,伴随着票据电子化发展和电子票据的出现,我国于2004年8月28日适时公布了《电子签名法》,为电子票据的实际操作奠定了一定的法律基础。① 值得一提的是,《关于审理票据纠纷案件若干问题的规定》作为一项与票据法配套施行的重要的、系统的司法解释,不仅有利于保护票据活动中当事人的合法权益,而且有助于规范票据行为,维护金融安全和金融秩序,促进社会主义市场经济的可持续发展。②

前沿问题

◆ 票据业务电子化及《票据法》之应对

进入21世纪后,随着电子技术、现代通信技术的发展,票据的无纸化、票据业务的电子化进程渐次加快,如何适应和应对这一新的发展趋势,成为世界各国票据立法和实践中新的课题。当前,我国学界虽对电子票据相关问题的认识尚存有争议,彰显出电子票据相关问题的特殊性、复杂性及其制度困境。纸质票据易遗失、伪造、克隆等弊端以及电子票据具有的以数据电文代替纸质凭证、以计算机设备录入代替手工书写、以电子签名代替实体签章、以网络传输代替人工传递等特点,渐次显现出电子票据的重要作用:提高票据业务透明度、时效性,优化票据业务管理,防范和遏制违规承兑、贴现等行为发生;有效克服纸质票据弊端,降低纸质票据携带和转让风险;抑制假票、克隆票据等犯罪行为;节省成本,提高票据标准化水平,简化交易过程,提高交易效率;促进统一的票据市场形成,促进金融市场的流通和发展等。我国虽于2005年颁行了《电子签名法》,为电子票据的实际操作奠定了一定的法律基础,积累了相关立法经验。然而,《电子签名法》仅解决了电子票据的安全性这一技术性问题,与《票据法》规定的票据的纸质载体、签章制度、提示等制度缺乏形式上的统一及相关内容的有效衔接。之后,中国人民银行虽曾先后发布了一系列旨在促进和规范票据电子业务发展的单行管理办法,但因其立法层次低、体系散乱、内容重复等,难以有效适应和应对我国

---

① 见朱大旗:《金融法》,第319页。
② 沈德咏:《金融司法解释理解与适用》,第225页以下。有关《票据法》修订等方面的论述,见吴京辉:《〈票据法〉修订:私法本性的回归》,载《法商研究》2013年第3期,第25—31页。

票据业务的电子化要求。如此,积极适应电子化交易的要求,在总结我国电子立法实践经验的基础上,将电子票据的性质、流通、当事人的权利义务等,纳入《票据法》予以规制,乃我国票据立法现代化之题中应有之义。①

【思考题】

1. 票据的概念和特征是什么?
2. 票据有哪些作用?
3. 票据法的特征与调整对象是什么?
4. 如何理解票据是无因证券?
5. 为什么说票据法是强制性法律规范?

【司法考试真题】

17-1 依票据法原理,票据具有无因性、设权性、流通性、文义性、要式性等特征。关于票据特征的表述,下列哪一选项是错误的?(2014年)

A. 没有票据,就没有票据权利
B. 任何类型的票据都必须能够进行转让
C. 票据的效力不受票据赖以发生的原因行为的影响
D. 票据行为的方式若存在瑕疵,不影响票据的效力

17-2 熊某因出差借款。财务部门按规定给熊某开具了一张载明金额1万元的现金支票。熊某持支票到银行取款,银行实习生马某向熊某提出了下列问题:你真的是熊某吗?为什么要借1万元?熊某拒绝回答,马某遂拒绝付款。根据票据法原理,关于马某行为,下列哪些选项是正确的?(2007年)

A. 侵犯熊某人格尊严　　　　　　　　B. 违反票据无因性原理
C. 侵犯持票人权利　　　　　　　　　D. 违反现金支票见票即付规则

---

① 见朱大旗:《金融法》,第320—324页;王峙焊:《电子票据行为的正当性研究》,载《北方法学》2014年第3期,第35—40页。

第十八章

票据法律关系

【章首语】 票据法律关系是票据法所要调整的对象,票据法上的法律关系包括票据关系和非票据关系。以发生票据权利义务为目的,依票据法而实施的票据行为是票据法律关系的重要基础,而以票据上记载的一定的金钱支付为目的的票据权利是票据法律关系的重要内容。

本章应着重学习票据法律关系的概念和特征、票据关系、非票据关系和票据行为以及票据权利、票据抗辩等内容。

第一节 票据法律关系概述

一、票据法律关系的概念和特征

(一)票据法律关系的概念

票据法律关系,是指由出票人依法出票、收款人取得票据而形成的各种权利义务关系。根据票据法律关系的形成是否依据票据本身而产生,票据法律关系可分为票据关系和非票据关系。① 票据关系是票据当事人基于票据行为而发生的债权债务关系。非票据关系是由票据法直接规定的,非基于票据行为而发生的法律关系。根据非票据关系成立的法律依据,非票据关系可分为票据法上的非票据关系以及民法上的非票据关系,后者亦称为票据基础关系。

(二)票据法律关系的特征

票据法律关系是当事人之间基于票据行为发生的债权债务关系,即持票人与在票据上签名的人之间的一种权利义务关系,实质上是一种特殊的民事法律关系。在该关系中,债务人是在票据上的签名者,债权人则是持有票据者,具有如下特征。

1. 票据法律关系基于票据行为而发生

票据上权利义务的成立,必须基于票据行为。票据行为是唯一能够引起票据关系发生的法律行为,票据行为之外的行为,无论是否合法,均不能产生票据权利义务关系。所以,票据行为为票据法律关系产生的唯一基础。

---

① 范健、王建文:《商法学》,第423页。

2. 票据法律关系具有多重性和主体的相对性

出票人签发票据后,持票人可以通过背书转让,且可多次转让,加之承兑、保证等票据行为,在同一张票据上就产生了多个票据关系,有了多个票据当事人,使得票据法律关系具有多重性特征。同时,在票据行为引起的票据法律关系中,票据关系主体又具有相对性特征。如在背书引起的背书关系中,背书人相对于前手是债权人,相对于后手则是债务人,体现了票据法律关系主体的相对性。

3. 票据法律关系以金钱债权为内容

在票据法律关系中,当事人权利义务指向的对象只能是票据上所记载的一定数额的金钱,这由票据是一种金钱债权证券所决定的。票据债务人不履行票据义务时,权利人所行使的追索权依然是金钱债权。

二、票据关系

（一）票据关系的概念和特征

1. 票据关系的概念

票据关系,是指由票据法调整,以票据权利义务为内容的社会关系。在票据关系中,享有权利者为票据债权人,如收款人、持票人。承担义务者为票据债务人,如出票人、背书人、承兑人。收款人、持票人对出票人、背书人、承兑人等所享有的权利称为票据权利。出票人、背书人、承兑人、参加承兑人、保证人所承担的义务称为票据义务。[①]

2. 票据关系的特征

作为特殊的民事法律关系,票据关系具有如下特征:

（1）票据关系是一种独立的债权债务关系。票据关系是依据票据而成立的法律关系,票据一经作成即可产生,不依附于其他关系而独立存在,且依票据法的规则而发生、变更、消灭或解除,因此是一种独立的债权债务关系。

（2）票据关系是基于票据行为而产生的债权债务关系。票据法限定能够产生票据关系的行为仅为票据行为,没有票据行为便不能产生票据关系。

（3）票据关系是分离于基础关系的无因性法律关系。即票据关系与基础关系在法律上被强行分离,票据关系不受其基础关系的影响。在票据关系中,付款人承担无条件付款的义务。

（二）票据关系中的当事人

票据关系中的当事人,简称票据当事人,是指在票据关系中享有票据权利和承担票据义务的主体。票据当事人可分为基本当事人与非基本当事人。

1. 基本当事人

基本当事人,是指随出票行为而出现的当事人。如汇票与支票的基本当事人有出票人、付款人与收款人,本票基本当事人有出票人与收款人。基本当事人是构成票据法律关系的必要主体,基本当事人在票据形式上不存在或不完全,票据法律关系就不能成立,票据也就无效。

[①] 覃有土:《商法学》,第 323 页。

2. 非基本当事人

非基本当事人,是在票据签发之后通过其他票据行为而加入到票据关系中的当事人,如承兑人、背书人、被背书人、保证人等。非基本当事人并不是任何票据都存在的,非基本当事人的存在与否不影响票据的法律效力。一般而言,票据债务人为非基本当事人时,在票据法律关系中所承担的义务较基本当事人轻,仅为副票据义务或辅助的票据义务。

$$票据关系的当事人\begin{cases}基本当事人:出票人、收款人、付款人\\非基本当事人:承兑人、背书人、被背书人、保证人\end{cases}$$

票据当事人之间,依其相互间的位置关系,可分为前手和后手。前手是指在票据签章人或持票人之前签章的人,后手是指在票据签章人之后签章的其他票据债务人。前手与后手的关系是债务人与债权人的关系。根据我国票据法,所有前手对其后手持票人均承担连带责任。持票人可以不按照票据债务的先后顺序对其中任何一人、数人或者全体行使追索权。

因票据关系中可以成为债务人的当事人为多数,在请示履行票据债务的时候,应有一定的秩序才能避免发生混乱,因此,票据债务人履行债务需确立一定的顺序。依应履行债务的先后次序,结合票据发生和付款的原理,票据债务人可以区分为第一债务人和第二债务人。所谓第一债务人,是指履行票据债务应在第一顺序的人,又称主债务人。是负有直接付款义务的人,如汇票的承兑人,本票的出票人等。持票人应首先向第一债务人行使付款请求权。所谓第二债务人,是指履行票据债务应在第二顺序的人,又称从债务人。是在持票人没有获得付款或者没有获得承兑时,可以向其行使追索权,以请求偿还的人。持票人只有在向第一债务人行使付款请求权遭到拒绝时,才能向第二债务人行使追索权,而不能直接向第二债务人请求偿还。第二债务人通常是票据付款人之外在票据上签字的当事人,如票据的出票人、背书人,保证人等。[①]

三、非票据关系

（一）票据法上的非票据关系

票据法上的非票据关系,是指票据法直接规定的,虽与票据有关但不是基于票据行为而直接产生的法律关系。票据法为了保障票据人之间的票据关系,使票据债权人顺利行使权利,对与票据行为密切相关的一些特定行为作了规定,由此而在当事人之间发生的一定权利义务关系就是票据法上的非票据关系。

1. 票据返还关系

票据为完全有价证券,一般谁持有票据,谁就享有票据权利,但在某些情况下,持票人尽管持有票据,也不得享有票据权利。根据《票据法》第 12 条规定,恶意或重大过失取得票据者,不仅不享有票据权利,并负有类似于民法上物之返还的票据返还责任。另外,在票据已获付款的情况下,付款人与持票人之间也要发生票据返还关系,即持票人应将票据交还付款人。

2. 利益返还关系

《票据法》第 10 条第 2 款、第 18 条规定:"票据的取得,必须给付对价,即应当给付票据

---

① 施天涛:《商法学》,第 532 页。

双方当事人认可的相对应的代价。""持票人因超过票据权利时效或者因票据记载事项欠缺而丧失票据权利的,仍享有民事权利,可以请求出票人或者承兑人返还其与未支付的票据金额相当的利益。"据此,在基于票据时效超过或者票据保全手续的欠缺而致使票据权利人丧失票据权利后,票据权利人仍然享有民事权利,正当持票人与出票人或承兑人之间就可能发生利益返还的非票据关系。①

3. 复本、誊本、原本的发行和返还关系

为鼓励票据交易和促进票据流通,多数国家法律规定了票据复本、誊本、原本的发行和返还关系,也属于票据法上的非票据关系。此类关系主要有:汇票持票人与发票人之间请求发给复本的关系、汇票复本持票人请求接受人返还复本的关系、票据付款后请求持票人交还复本的关系、汇票誊本持有人请求原本接受人返还原本的关系(见《法国票据法》第173、175、177条;《日本票据法》第66、68条和《德国票据法》第64—68条)。我国票据法目前没有规定此项制度,因此,在我国没有票据复本、誊本、原本的发行和返还关系。②

票据法上的非票据关系,与票据关系是不同的法律关系:第一,权利产生的原因不同。票据关系中的权利产生于票据行为;非票据关系中的权利则直接产生于法律规定。第二,权利内容不同。票据关系中的权利为票据权利,权利内容是票据上所记载的票据金额;非票据关系中的权利,则是票据作为物或权利财产的返还或交换利益的返还,以及因违反义务而产生的损害赔偿。第三,权利行使的依据不同。票据关系中的权利是票据上的权利,以持有票据为依据;非票据关系中的权利,不是票据上的权利,以持有票据以外的原因为依据。

(二)民法上的非票据关系

民法上的非票据关系,指导致票据关系产生的基础关系,又称票据的基础关系或实质关系。其不为票据法调整,但与票据行为、票据关系有密切的关系。民法上的非票据关系当事人一旦因故发生的纠纷不属于票据纠纷,人民法院解决此类纠纷的管辖不属于票据纠纷的专属管辖。最高人民法院明确规定,因非票据权利提起的诉讼,依法由被告住所地人民法院管辖,此与票据纠纷由被告住所地或付款地人民法院管辖有所区别。③

民法上的非票据关系,包括票据原因关系、票据预约关系和票据资金关系。④

1. 票据原因关系

票据原因关系,指以当事人之间授受票据的原因所形成的权利义务关系。依票据法的规定,原因关系只存在于授受票据的直接当事人之间,票据一经转让,其原因关系对票据效力的影响力即被切断。票据原因主要有:(1)支付价金或劳务费或者其他费用;(2)借贷;(3)交付定金;(4)票据本身的买卖;(5)债权担保;(6)赠与;(7)委托取款。

票据原因关系可分为有对价的和无对价的两种类型。《票据法》第10条是关于有对价原因关系的规定,而第11条规定了无对价的原因关系。⑤

票据原因关系与票据关系之间又存在分离关系和牵连关系两种相互关系:

第一,分离关系。二者互相分立、独立存在是票据法的基本原理,是票据为无因证券的

---

① 如《日本票据法》第85条、《德国票据法》第89条均有此规定。
② 覃有土《商法概论》,第305—306页;覃有土:《商法学》,第329页。
③ 覃有土:《商法学》,第329—330页。
④ 施天涛:《商法学》,第533页。
⑤ 赵旭东:《商法学》,第309页。

主要原因。这种分离关系主要体现在三方面:(1) 票据发行、背书只要具备法定要件,即可产生有效的票据关系,原因关系的有效、无效和解除,不影响票据关系的效力;(2) 票据权利人行使权利,仅以持有票据为要件,不需证明取得票据的原因及其合法性;(3) 票据债务人一般不得以原因关系及其缺陷抗辩票据权利人。

第二,牵连关系。票据关系与原因关系在特定情形下发生一定的牵连关系,主要有三种情况:(1) 转让票据的直接当事人之间,票据债务人可以用原因关系抗辩票据关系;(2) 无偿或以不相当的对价取得票据的持票人,不得享有优于前手的权利,要受前手票据关系中原因关系的抗辩;(3) 持票人明知前手的票据关系中存在原因关系的抗辩,但仍取得票据的,前手原因关系的抗辩可以延续对抗知情持票人(《票据法》第11、13条)。这种相牵关系属于票据无因性的例外。①

2. 票据预约关系

票据预约关系,是指票据当事人之间以接受票据为标的的协议关系。② 票据当事人之间有了原因关系之后,在授受票据之前,还必须就票据的种类、金额、到期日、付款地等事项达成协议,此协议就是票据预约。票据预约实际上是沟通票据原因和票据行为的桥梁,其属于民法的范畴,预约行为本身并不能产生票据关系。票据法对票据预约并无具体规定,当事人如果不履行票据预约则属于民法上的不履行合同的违约行为,与票据的效力无关。所以,票据预约是票据行为的基础,当事人之间先有原因关系,再有预约关系,然后才产生票据关系。

3. 票据资金关系

票据资金关系,是指汇票或支票的付款人与出票人之间委托付款中的资金供给关系。一般而言,资金关系的存在或有效与否,均不影响票据的效力。出票人不得以已向付款人提供资金为由拒绝履行其追索义务;付款人也不因得到资金而当然地成为票据债务人。作为汇票来说,付款人的承兑行为才是其承担票据债务的法定条件。

在票据关系中,付款人无付款义务。为了确保付款人付款,出票人与付款人之间需要建立资金的供给关系,由出票人向付款人提供资金,由付款人为票据付款。此处的资金供给关系主要包括:(1) 出票人与付款人之间的各种合同关系。如借贷合同、买卖合同等付款人对出票人负有债务,通过票据付款清偿债务。(2) 付款人与出票人有资金存储关系,付款人从出票人处受款项。(3) 出票人与付款行为属无因管理,从而形成无因管理之债的关系。③

票据资金关系只存在于汇票和支票中。本票由于是自付证券,不存在委托他人付款的问题,因此也就不存在资金关系。

票据原因关系、票据资金关系、票据预约关系构成票据基础关系,票据基础关系与票据关系存在着相互牵连的二重关系。

---

① 参见王保树:《商法》,第394页。
② 参见覃有土:《商法学》,第330页。
③ 参见同上书,330—331页。

【相关案例】18-1　缺少基本当事人之票据无效[①]

某油田公司从某机械厂购得机器10台,为支付货款,签发了一张面额为200万元的即期汇票,付款人为某银行A分理处,但油田公司没有在该汇票的出票人栏签章即将其交付给机械厂。某机械厂认为,银行为付款人,只要记载了付款人的票据即为合法有效,而疏忽了漏填出票人这一事实。某机械厂于收到汇票后第10天到某银行A分理处要求支付票据款项,银行拒绝。某机械厂遂将某银行A分理处告上法庭。

法院经审理认为,票据的必要记载事项不能缺少,否则票据无效。该汇票欠缺出票人签章,缺少这一必要记载事项,不符合票据法的规定,票据属无效。判决驳回机械厂的诉讼请求。

第二节　票据行为

一、票据行为的概念和特征

（一）票据行为的概念

票据行为,即票据法律行为,是产生票据法律关系的基础,票据上的权利和义务都是由票据行为引发的。[②] 票据行为有广义和狭义之分。广义的票据行为是指可以引起票据法律关系发生、变更、消灭的所有法律行为,包括出票、背书、承兑、参加承兑、保证、保付、付款、参加付款、见票、提示、划线、变更、伪造、变造、涂销等行为。狭义的票据行为,是仅指以发生或转移票据上权利、负担票据上债务为目的的要式法律行为。包括出票、背书、承兑、保证、参加承兑、保付等。其中的参加承兑和保付,我国票据法未予规定。狭义的票据行为又可分为基本票据行为和附属票据行为。基本票据行为仅为出票行为,又称主票据行为,附属票据行为包括了背书、承兑、保证、付款等,又称从票据行为。狭义票据行为的概念及范围,主要强调了当事人的意思表示内容及其效力,票据行为一般仅指狭义票据行为。[③]

（二）票据行为的特征

票据行为除具有一般民事法律行为的基本特征外,同时具有一些特有的特征。

1. 要式性

要式性,是指在票据上所为的各种票据行为都必须依法定形式进行,不允许行为人任意加以选择或变更,否则无效。票据的要式性具体表现在票据行为是书面行为和票据行为为格式行为两方面。主要包括:(1) 必须有行为人签章;(2) 票据行为应当是书面行为;(3) 票据行为必须按照一定的格式为之。行为人违反票据行为要式性规定的,除票据法另有规定外,会产生两种后果:一是欠缺法定必须记载事项,导致票据无效或票据行为无效。二是在票据上记载了依法不得记载的事项,会导致所记载事项本身无效或票据行为无效。票据法

---

① 于永芹:《票据法案例教程》,第10页。
② 于莹:《票据法》,第32页。
③ 同上。

规定票据行为的要式性,目的在于使票据款式明确、统一,便于当事人在票据流通中能清晰地辩认票据上的权利和义务。

2. 无因性

无因性,是指票据行为具备法定形式有效成立后,即与其基础关系相分离,即使基础关系存在瑕疵或无效,对票据行为的效力均不产生影响。尽管票据行为一般均建立在一定的原因关系基础上,但原因关系是否成立、有效,是否被变更、撤销等均不影响票据行为的成立与生效。① 票据行为的无因性,具体表现在:(1)票据行为的效力独立存在。(2)持票人不用证明给付原因就可行使票据权利。(3)票据债务人不得以原因关系对抗善意第三人。票据行为无因性的意义在于票据关系的效力不受各种票据行为的基础关系的侵害,有利于票据流通和票据交易安全。

3. 文义性

文义性,是指票据行为的内容只能以票据所记载的文字意思来确定,即使文字记载与实际情况不一致,仍以文字记载来确定,不允许当事人以票据以外的证据对票据文义予以更改或补充。根据票据法的规定,票据出票人制作票据,按照票据上所记载的事项来承担票据责任,即所谓票据行为的文义性。票据行为的文义性,目的在于保护善意持票人,使票据上的签名者不得以票据文字记载以外的事实对抗善意持票人,从而保证票据的流通性。

4. 独立性

独立性,是指票据行为之间互不依赖而独立发生效力。票据行为独立性的意义在于:(1)各票据行为虽然在同一张票据上进行,但发生票据行为的基础关系各自独立,票据虽然流通,但基础关系并不流通,各个票据行为在实质上是独立进行的。(2)票据具有流通性。票据行为独立原则,能够切断票据行为无效危险的扩散,保障票据的流通和商事交易安全。②

5. 连带性

票据是流通证券,在流通中,票据所记载的债务并不因流通而改变,在同一张票据上进行的各种票据行为都是负担同一票据债务的承诺。因此,所有票据债务人应对票据债务共同负责或协同负责或连带负责,这就是所谓的票据行为的连带性或协同性。票据行为的该特征反映了票据法促进票据流通,保障票据交易安全,维护票据秩序等多方面的立法目的。③

二、票据行为的要件

票据行为的要件,是指构成票据行为并使其发生票据权利义务的必要条件。一般认为,票据行为属于民事法律行为的范畴,但由于其涉及"票据"这一特殊对象,除了应具备民法上规定的一般民事法律行为的构成要件之外,还应当具备票据法规定的特别构成要件。根据票据法理论,通常将民法规定的一般民事法律行为的构成要件,称为票据行为的实质要件;将票据法规定的票据行为形式上的要求,称为票据行为的形式要件。

---

① 见覃有土:《商法学》,第353页。
② 关于票据行为的特征,见刘心稳:《票据法》,第48—50页;赵旭东:《商法学》,第313—314页。
③ 王保树:《中国商法》,第514—516页。

(一) 票据行为的实质要件

1. 行为人必须具备票据能力

票据能力包括票据权利能力和行为能力。票据权利能力是指票据当事人可以享受票据权利或承担票据义务的资格。票据行为能力是指票据当事人独立以票据行为取得票据上权利或承担票据上义务的资格。票据当事人的票据权利能力和行为能力原则上适用民法有关民事权利能力和行为能力的规定。这些规定应用于票据行为时，一般合称为票据能力。票据能力因自然人和法人而有所区别：

(1) 自然人的票据能力。自然人的民事权利能力始于出生，终于死亡。据此，自然人可以成为票据关系中的主体，其票据权利能力属于民事权利能力之一种。因此，所有的自然人只要"出生"，均赋予其民法意义上的"资格"，不论其是否具有意思能力，终生得享有票据权利能力。关于票据行为能力，我国《票据法》第6条把限制民事行为能力人和无民事行为能力人都规定为无票据行为能力人。限制民事行为能力人和无民事行为能力人，只有在其法定代理人事前同意并由代理人在票据上签章，注明代理关系的情况下，票据行为始生效力。对于行为能力的划分标准，《票据法》未另作规定，应适用《民法通则》第11条至第14条相关规定。

(2) 法人的票据能力。根据《民法通则》第36条第2款之规定，法人的行为能力与权利能力一致。法人具备票据权利能力的，即具备票据行为能力。我国《票据法》允许任何一个法人享有票据权利、承担票据义务，因而法人具有票据能力。与自然人不同，法人的权利能力和行为能力受其经营范围的限制。《民法通则》第42条规定："企业法人应当在核准登记的经营范围内从事经营。"现实中经常出现两种情况：一是超越经营范围所进行的票据行为，法人应当对此承担责任。并且，票据为无因证券，法人的经营范围不显现于票据上，其签发或转让票据的原因关系也不显现于票据上，难以为票据关系人所知悉。因此，结合民法和票据法两方面的规定，法人超越经营范围所进行的票据行为，仍应为有效行为。二是对于法定代表人超越法人章程授权或滥用权限而代表法人进行的票据行为，《民法通则》第43条规定："企业法人对它的法定代表人和其他工作人员的经营活动，承担民事责任"。对这种超越权限的行为等，因他人难以知悉法人章程的授权范围，法人签章具有代表法人的权利外观，所以票据行为应为有效，由法人承担票据责任。[①]

2. 意思表示必须真实

意思表示真实是一般民事法律的有效要件之一，因此，票据行为的意思表示原则上适用民法关于意思表示的一般规定。[②] 然而，为促进票据的使用和流通、保护善意第三人，票据法重在外观形式，即行为如果具备票据法所要求的形式要件，票据记载事项与真正事实是否相符，对于票据行为的效力不产生影响。《票据法》第4条规定："票据出票人制作票据，应当按照法定条件在票据上签章，并按照所记载的事项承担票据责任。其他票据债务人在票据上签章的，按照票据所记载的事项承担票据责任。"可见，我国票据法采用的就是"表示主义"。[③]

[①] 见王保树：《中国商法》，第516—517页。
[②] 有关票据行为意思表示问题的论述，见陈芳：《票据行为意思表示探究》，载《法学评论》2009年第5期，第118—122页。
[③] 刘心稳：《票据法》，第52—53页。

我国《民法通则》有关意思表示瑕疵而导致民事行为无效或被撤销的规定,应根据票据的特殊性质变通后适用于票据行为:(1)对以欺诈、胁迫的手段从事的票据行为,《票据法》第12条规定:"以欺诈、偷盗或者胁迫等手段取得票据的,或者明知有前列情形,出于恶意取得票据的,不得享有票据权利。持票人因重大过失取得不符合本法规定的票据的,也不得享有票据权利。"可见在此情形下所为的票据行为无效。但与民法不一致的是,这种无效只能对抗授受票据的直接当事人,而不得向善意的持票人主张抗辩。(2)对重大误解或显失公平的票据行为,当事人可以申请人民法院或仲裁机构予以撤销,但因撤销而无效的票据行为,也仅能对抗直接当事人和知情当事人,不能对抗善意持票人。

3. 行为的合法性

民事法律行为的合法性包括形式合法和内容合法。《民法通则》规定,民事法律行为不得违反法律和社会公共利益。票据行为是一种要式行为,其记载事项必须符合法律规定,否则将直接导致票据行为无效。由于票据行为的抽象性,如果票据行为的形式不符合票据法的规定,该行为当然无效。因此,票据行为的合法性仅指形式合法。基于票据行为的特殊性,票据行为在内容上违法,不影响票据行为的效力,票据行为人仍要承担票据责任。

(二)票据行为的形式要件

票据行为是一种要式行为,除具备实质要件外,还必须根据票据法规定的一定形式进行,方能产生效力。票据行为的形式要件主要包括记载事项、票据签章以及票据交付。

1. 以书面方式记载法定内容

不论是汇票、本票还是支票,都是由金融机关或企业统一印制的票据用纸供当事人使用,当事人不能自由选择票据用纸。票据的记载事项就是票据所要记载的具体内容。票据记载还有格式问题,记载格式则是记载事项在票据上的位置及顺序,通常采用统一的票据样本。[1]

依票据法的规定,票据记载事项有不同的效力。根据记载事项效力的不同,票据法理论通常将票据记载事项分为:

(1)应记载事项,是指依票据法规定,应当在票据上记载的事项,分为绝对必要记载事项和相对必要记载事项。绝对必要记载事项是指票据法规定票据上必须记载,如果不记载就会使票据无效的记载事项。在我国表明各类票据的文句、确定的票据金额、无条件支付的委托、出票日期、付款人和收款人的姓名、出票人签章均属绝对必要记载事项(《票据法》第22、75、84条)[2]。相对必要记载事项是指票据法规定应记载,其效力根据记载而确认,若不记载,并不影响票据效力的记载事项。如《票据法》上的付款日期、付款地和出票地等属于相对必要记载事项(《票据法》第23、76、86条)。

(2)可以记载事项,也称任意记载事项,即记载与否由行为人自主决定,通过记载确认效力,不记载不影响票据效力的事项(《票据法》第27条第2款、第34条)。但是,一经记载,即发生票据上的法律效力。

(3)不具有票据效力的记载事项,《票据法》规定记载和不记载时均不影响票据效力或

---

[1] 见《票据法》第108条、《票据管理实施办法》第5、35条规定。
[2] 有学者对我国票据金额记载规则予以反思,见赵新华:《〈票据法〉上票据金额记载规定的立法完善》,载《法学》2011年第9期,第27页。

票据行为效力,但会产生其他效力的记载事项。例如,出票人在票据上记载一定金额支付的同时,还记载了一定物品的支付,其关于一定物品的支付,不具有票据效力。但如符合合同要求的,其可以产生合同效力,在直接当事人之间适用。[1]

(4) 不得记载事项,又称有害记载事项,是指依票据法的规定,行为人在票据上不应该记载的事项或内容,如果行为人一旦记载了此类事项,将导致票据或票据行为无效的后果。例如,汇票承兑时,如记载附有条件的,其承兑无效或视为拒绝承兑。

2. 票据签章

票据签章是表明票据行为人所必要的,最低限度的形式要件,[2]也是作成各种票据行为的必备要件。所谓签章是指签名、盖章或签名加盖章。票据行为人只有在票据上进行了真实签章,才能对其票据行为负票据责任。

票据签章依签名主体不同可作如下分类:(1) 自然人签章。指自然人作为票据行为主体在票据上签名并盖章的行为。我国《票据法》第 7 条第 3 款规定:"在票据上的签名,应当为该当事人的本名"。据此,自然人签章为本名签章,签章人可以选择手书签名、加盖印章或者签名与盖章同时使用等方式。[3] (2) 法人签章。是法人和其他使用票据的单位作为票据行为人在票据上进行的签章。依《票据法》第 7 条规定,法人签章必须具备两个要素:一是法人或单位的公章;二是法定代表人或授权代理人的签名、盖章或签名加盖章。欠缺两个要素之一者,其法人签章应为无效。(3) 共同签章。在票据上签章的,如为二人及以上的多数人(包括自然人和法人)时,为共同签章。共同签章因为是数人进行同一票据行为,所以应负连带责任,票据债权人可以向共同签章人之一,或其中之数人,或其全体行使票据债权,但不以必须向其全体共同签章的人行使票据债权为限。

3. 票据交付

票据交付是票据行为有效成立的最终要件,是指票据行为人将票据实际交给对方持有。不同的票据行为,其接受交付的相对人也不一样。如,出票人须将票据交付给收款人,背书人须将票据交付给被背书人,而承兑人及保证人则须将票据交付给持票人。只有在票据交付后,票据行为才最终完成。因此,在票据未交付前,如因遗失或被盗窃或者其他非基于行为人真意的事由而使票据为第三人取得时,由于票据行为尚未完成,行为人不必承担票据责任。但是,如果第三人为善意持票人,行为人仍应负责。[4] 目前世界各主要国家的票据法都承认交付为票据行为的成立要件之一。《票据法》第 20 条规定:"出票是指出票人签发票据并将其交付给收款人的票据行为。"可见,我国的法律将交付作为票据行为的成立要件之一。

三、票据行为的代理

票据代理作为代理制度的一种,当然具有代理制度的功能。民法上关于民事法律行为代理的相关规则,一般都适用于票据代理,但票据法对票据代理特别规定了一些形式上的要求。

---

[1] 王保树:《商法》,第 397—398 页。
[2] 曾月英:《票据法律规制》,第 41 页。
[3] 有关票据法签章规则的修改意见和建议,见董惠江:《我国票据法签章规则的修改》,载《法学》2011 年第 9 期,第 21 页。
[4] 见刘心稳:《票据法》,第 58 页。

(一) 票据行为代理的概念

票据行为的代理,简称"票据代理",是指由他人按照本人的授权或者法律规定,代理本人在票据上签章,为票据行为的行为。无代理权而以代理人名义在票据上签章的,应当由签章人承担票据责任;代理人超越代理权限的,应当就其超越权限的部分承担票据责任。该规定表明了票据代理的发生条件、票据代理的记载事项、无权代理和越权代理的法律后果等。

(二) 票据代理形式要件的严格性

票据代理的有效成立,除必须具备一般法律行为代理的实质要件,还必须具备相应的形式要件:(1) 必须在票据上载明本人的名义,即记载被代理人的名称;(2) 票据上应当记载代理人为本人代理的意思,即记载关于代理意旨的文句;(3) 代理人必须在票据上签章。不具备上述形式要件,其后果根据不同情况分别处理:(1) 代理人仅以自己的名义签章于票据上时,因缺乏表明代理意旨文句,由代理人自负票据责任;(2) 代理人仅写明代理意旨而缺乏代理人签章时,因不明何人所为代理行为,代理行为无效,被代理人也不负票据责任;(3) 代理人直接以被代理人名义签章时,如果实际上享有代理权,则视同于被代理人自己的行为,由被代理人负票据责任。如实际上没有代理权,则成为无权代理或冒用签章。

(三) 无权代理或越权代理的后果

依《票据法》及《民法通则》的规定,票据无权代理必须具备下列构成要件:(1) 无权代理人在票据上为代理行为符合票据代理的形式要件,即无权代理人在票据上签章、记载被代理人名称以及"代理"意旨文句。(2) 无权代理人不具备实质授权要件。为避免票据债权和票据债务人不确定的危险,并且方便票据流通,《票据法》第5条规定,如果代理人没有代理权而以代理人名义在票据上签章的,应当由签章人承担票据责任。

票据越权代理即票据行为代理人有代理权,但是超越了被代理人的授权范围所为的票据代理行为。越权代理的表现形式通常表现为:增加票据金额的越权代理,变更票据到期日的越权代理,变更付款地的越权代理,附加票据转让条件的越权代理等。根据《票据法》第5条第2款的规定,代理人超越代理权限的,应当就其超越权限的部分承担票据责任。显然,票据的无权代理人无论在何种情况下都要对自己的行为负责。这样,即可以保护善意持票人,也可以使无权代理人受到制裁。

(四) 表见代理

表见代理是指代理人虽无代理权,但却在外观上有足以使第三人相信其有代理权的理由而为的行为。我国《票据法》对票据表见代理问题未予以明确规定,参照民法有关表见代理的规则[①],票据表见代理的成立需符合主客观方面的要件。主观方面,相对人在接受票据时,须属善意且无过失,否则不能成立表见代理。即相对人不知道或者不可得知代理人与被代理人之间不存在代理关系。在客观方面,代理人虽没有代理权,但该种行为在外表上有足以使第三人相信代理人与被代理人之间存在着代理关系的理由。比如,代理人的越权代理;代理人在代理权消灭或撤销后所为的代理行为;被代理人实际并未授权,但被代理人的行为使第三人相信,他已经授权给代理人或者明知他人为自己代理而不表示反对等情形。

在民法上,表见代理成立的,被代理人须承担此类代理所带来的后果。如果表见代理不

---

① 相关论述见董惠江:《票据表见代理适用及类推适用的边界》,载《中国法学》2007年第5期,第96—106页。

成立,那么,被代理人则可以无权代理对抗相对人,而由行为人自己承担责任。但在票据法上如何处理,对此没有规定。从保护善意持票人角度考虑,应当赋予持票人以选择权,即持票人可以要求被代理人承担表见责任,或者可以要求行为人承担无权代理的责任。从被代理人方面来说,被代理人应当对表见代理的发生负有一定的过错责任,即被代理人可能没能尽到合理的代理管理职责而导致表见代理的发生。从行为人方面说,其行为本身缺乏被代理人的授权依据,当然应当承担责任。从善意持票人方面说,因为其取得票据是善意的,所以享有票据权利。至于其权利行使的对象,则应从方便权利人行使权利的角度来考虑,这样才符合促进票据流通和保护合法持票人的利益。①

因为票据为无因证券,票据行为具有严格的要式性和文义性,较一般法律行为更注重其形式与外观,因而更容易形成表见代理。因此,民法上表见代理的规定应适用于票据行为。成立表见代理时,善意持票人得基于表见代理请求本人履行授权人的义务,同时也得基于无权代理追究签章人(无权代理人)的责任,无权代理人不得基于表见代理而拒绝承担票据责任。但是,持票人依法对其中任何一方主张票据责任并获得给付以后,不得再向另一方追究责任。基于自身的故意或过失而不知有关代理人无代理权的持票人,不得基于表见代理而对本人主张票据权利。②

四、票据瑕疵

票据瑕疵,是指影响票据效力的行为。票据瑕疵与票据形式欠缺不同,票据形式欠缺是指票据不具备法定的形式要件,此种票据当然无效,而且这种无效对任何人都可主张;而票据的瑕疵则是在票据形式之外存在一定问题,票据并非因此当然无效,也并非对任何人均主张无效。③ 票据瑕疵,通常分为票据伪造、票据变造、票据的更改和票据涂销。

(一)票据伪造

票据伪造,是指未经他人授权,而假冒他人的名义所进行的票据行为,属于违法行为。票据伪造可分为伪造基本票据行为和伪造附属票据行为两种。前者为伪造票据的签发,后者为伪造背书、保证、承兑等。无论何种伪造,都必须具备假冒他人名义进行票据行为的条件。

伪造的票据无法律上的效力,持票人无论是善意还是恶意,被伪造的人均不承担票据责任。伪造人因其并没有在票据上签上他真正的名字,所以也不承担票据责任,但必须承担民法上的因伪造侵权行为而发生的侵权损害赔偿责任。情节严重的,还应承担伪造金融票证罪的刑事责任。基于票据行为的独立性,票据上有伪造的签章的,不影响票据上其他真实签章的效力。

(二)票据的变造

票据的变造和票据的伪造虽一字之差,但含义迥异。票据的变造,是指无权更改票据内容之人,对票据上签章以外的记载事项加以改变的行为。票据变造须具备四个条件:(1)所变更的票据是已成立的有效票据。(2)变更的内容是票据上签章以外的能引起票据权利、

---

① 施天涛:《商法学》,第544页。
② 见于永芹:《票据法案例教程》,第42—43页。
③ 赵万一:《商法学》,第405页。

义务变化的记载事项。(3)变更票据上的内容必须是无变更权限之人所为。(4)必须是以行使票据权利为目的而进行变更。其他记载事项被变造的,在变造之前签章的人,对原记载事项负责;在变造之后签章的人,对变造之后的记载事项负责;不能辨别是在票据被变造之前或者之后签章的,视同在变造之前签章。变造人应负民法上的侵权责任,如果触犯刑法,还要承担刑事责任(《票据法》第14条、第102条)。

(三)票据的更改

票据的更改,是指有更改权限的人更改票据上记载事项的行为。票据更改依法应当由原记载人改写,并应在改写处签章证明。签章证明是更改后的记载事项产生效力的唯一条件,更改的事项必须是法律允许更改的事项。依《票据法》第9条规定:"票据金额、日期、收款人名称不得更改、更改的票据无效。对票据上的其他记载事项,原记载人可以更改,更改时应当由原记载人签章证明。"如果确属记载错误或需要重新记载,只能由出票人重新签发票据。

(四)票据的涂销

票据的涂销,是指将票据上的签章或者其他记载事项加以涂抹或消除的行为。涂销可以有多种方法,如用化学方法,或用笔墨、贴盖方法等。如果涂销的程度严重,在外观上已很难辨认票据内容时,则视为票据作废。

[相关案例]18-2 越权代理人应就其越权部分承担票据责任[①]

北方某海洋水产公司(简称"水产公司")委托员工王某到南方购买一批带鱼,水产公司向王某出具了一张授权委托书,授权书表明"王某代本公司到南方购买带鱼20吨"。另外,水产公司交给王某一张限额15万元的空白转账支票,授权王某签订购买合同后代为签发,作为货款。王某到南方某海滨城市后,得知南方带鱼价值最近上升,20吨带鱼须20万元方可购买。王某在未征得水产公司领导同意的情况下,同某远洋捕捞公司(简称"捕捞公司")签订了购买20吨带鱼的合同,价值20万元,王某将转账支票填写20万元金额、捕捞公司为收款人、水产公司为出票人等事项后,并在其上签名、记载自己为水产公司代理人,将支票交给捕捞公司。一个星期后,捕捞公司委托其开户银行向支票付款银行办理收款。但水产公司认为王某所签发支票金额20万元,超出了其限额15万元的授权范围,所签发的支票无效,告知付款银行不能付款。捕捞公司支票被退票后,将水产公司告上法庭,要求其承担票据责任。法院经审理认为:被告水产公司委托王某到南方购买带鱼,并交给其一张限额转账支票,委托关系成立;王某在票据上签章并表明了代理关系,票据代理有效成立。被告应当承担全部票据责任,判决被告支付票据款项。

[①] 于永芹:《票据法案例教程》,第36—37页。

第三节　票据权利

一、票据权利的概念和特征

（一）票据权利的概念

所谓票据权利,是指持票人向票据债务人请求支付票据金额的权利,包括付款请求权和追索权(《票据法》第4条第4款)。票据权利在性质上属于债权[①],其包括三个要件:(1)持有票据。票据为完全有价证券,只有持有票据,才能行使票据权利。(2)向票据债务人行使。票据权利的行使对象为基于票据行为而承担票据责任的票据债务人。(3)请求一定金额支付。票据权利的内容,为票据上记载的一定数额的金钱支付。

（二）票据权利的特征

1. 票据权利是凭票据才能行使的权利

票据权利与票据密不可分,票据权利以票据为其载体,票据以票据权利为内涵,两者互为一体。票据权利的发生首先要作成票据,票据权利的转移要交付票据,票据权利的行使必须持有票据。离开票据,权利人不能主张自己的权利,票据权利与票据不可分离。

2. 票据权利是向票据债务人行使的权利

票据权利人行使票据权利时,原则上应当首先向第一债务人,即付款人请求付款,只有在付款人拒绝付款后才能向第二债务人,如出票人、背书人、保证人等,行使追索权。

3. 票据权利具有短期时效性

票据是一种信用支付工具,其权利的行使以迅捷为原则,票据法为督促权利人尽快行使权利,加快债权债务的清偿速度,规定了比一般民法债权时效要短的消灭时效,如果持票人不在法定的消灭时效期间内行使权利,就会丧失票据权利,所以票据权利是短期时效性权利。

4. 票据权利是以取得票据金额为目的的权利

票据为金钱证券,其目的在于获取一定金额的支付。如果不是以获取一定的票据金额支付为目的,则不能成立票据权利。[②]

二、票据权利的取得、行使和保全

（一）票据权利的取得

票据权利的取得,是指持票人合法、有效地取得票据的所有权。票据为完全有价证券,合法、有效地占有票据就成为享有和行使票据权利的前提。票据权利主要有如下取得方式。

1. 因出票而取得票据权利

出票是创设票据权利的票据行为,从出票人手中收受票据的人,即取得票据权利。因出票行为取得票据的,属于票据权利的原始取得。(1)票据形式合法。票据上绝对必要记载事项必须有完全记载;票据上文字必须清晰;金额须以中文大写和阿拉伯数码同时记载且一

---

① 有学者认为,票据权利的内容不包含票据法上的非票据权利。见于永芹:《票据法案例教程》,第45页。
② 施天涛:《商法学》,第548页。

致,否则票据无效;不得记载导致票据无效的有害记载事项。票据形式不合法的,虽有出票行为却不能发生票据权利,取得票据者自然无从取得票据权利。(2)票据取得行为合法。出票人须为完全民事行为能力者,且不存在胁迫、欺诈、恶意、重大过失、偷盗等情形。拾得他人遗失的票据,即使失票人不采取失票救济措施,拾票人也不得取得票据权利,应按照民法上拾得物返还制度处理。拾得他人遗失的无记名现金支票,在失票人采取挂失止付等救济措施前擅自填记收款人姓名或名称,从银行支取票面金额的,应负民法上的返还之债,甚至要承担刑事责任或者行政处罚责任。① (3)须经交付。交付是转移权利的意思表示,欠缺交付行为,持票人也不能有效地取得票据权利,例如盗窃、拾遗等。

2. 因背书而取得票据权利

票据为流通证券,因转让背书行为而流通,持票人从出票人以外的其他票据合法人手中,依背书行为而取得票据的,称为因背书而取得票据。背书转让的要件有:(1)须票据形式上有效;(2)须经交付;(3)须背书连续。

3. 因清偿而取得票据权利

保证人、被追索的票据债务人对持票人所进行的支付,称为清偿票据债务,因清偿票据债务,清偿人便代位于原持票人而成为新的持票人。如保证履行后,保证人可取得票据;被追索人清偿票据债务后,可以享有再追索权的被追索人可以从追索权人手中取得票据。因清偿而取得票据的要件有:(1)须实际履行票据清偿义务;(2)须经交付票据。②

4. 善意取得

善意取得是指票据上的受让人依据票据法所规定的转让方法,善意地从无权利人处取得票据,从而享有票据权利的行为。我国《票据法》没有规定票据权利的善意取得制度,票据权利善意取得的构成要件可以适用《物权法》第 106 条的规定。

票据权利善意取得的构成要件有:(1)须从无权利人处取得票据。(2)须取得时无恶意或重大过失。(3)须依票据转让方法而取得票据。只有通过背书或交付而取得票据的,才构成善意取得,否则,不能取得票据权利。(4)须支付对价而取得票据。对价是指取得票据时向让与人支付的相当于票据金额的金钱或者其他财产。票据关系具有无因性,本不受对价关系的影响。但在善意受让的情况下,有无对价关系以及对价是否充分,将会给善意取得票据的受让人带来一定影响。也就是说,票据债务人对善意持票人的前手能行使的抗辩,也能对善意持票人行使。③

5. 依其他法律规定而取得票据权利

票据权利除依票据法规定可以取得外,还可因其他法律的规定而取得,如遗产继承、公司合并、破产清偿、赠与等方法。

(二)票据权利的行使和保全

1. 票据权利的行使和保全的概念

票据权利的行使,是指持票人向债务人提示票据请求其履行票据债务的行为。票据权利的保全,是票据权利人为防止票据权利消灭所进行的行为。票据权利属于债权,适用时效

---

① 刘心稳:《票据法》,第 67—68 页。
② 王保树:《中国商法》,第 526 页。
③ 施天涛:《商法学》,第 550 页。

制度,票据权利人在一定时间不行使权利,将会导致权利消灭。因此,为防止票据权利因时效期间届满而消灭,就应当采取必要行为,保全权利。

票据权利的行使和保全的方法通常有:按期提示、作成拒绝证书、起诉、中断时效等。

2. 按期提示

票据权利人应按票据法规定的时间,向票据债务人出示票据,要求其履行票据债务。提示必须在法定期间内作出,否则丧失票据权利。

3. 作成拒绝证书

拒绝证书是用以证明票据权利人已经依法行使票据权利而被拒绝,或者无法行使票据权利的一种证明文件。票据权利人在向票据债务人请求付款而遭到拒绝后或者票据权利人根本无法行使票据权利时,票据权利人就应当请求票据债务人作成拒绝证书,以便行使追索权。[①]《票据法》第65条规定:"持票人不能出示拒绝证明、退票理由书或者未按照规定期限提供其他合法证明的,丧失对其前手的追索权。"因此,依期作成拒绝证明,是保全票据权利的行为之一。

4. 中断时效

我国票据法规定票据权利在票据时效期限内不行使的,因时效届满而消灭。因此,中断票据时效而不使票据时效届满或逾期的行为,也是票据权利的保全行为之一。可以中断票据时效的行为主要有:提起诉讼;当事人一方提出要求履行债务;当事人一方同意履行义务等(《民法通则》第140、141条)。

5. 票据权利行使和保全的地点和时间

持票人对票据债务人行使票据权利,或者保全票据权利,应当在票据当事人的营业场所和营业时间内进行,票据当事人无营业场所的,应在其住所进行(《票据法》第16条)。票据权利的行使和保全的时间则是在债务人的营业时间内,若行为期限的最后一日为非营业日,则以非营业日之后的第一个营业日为最后一日。

三、票据权利的消灭

票据权利的消灭,是指票据上的付款请求权或者追索权因法定事由的出现而归消灭。票据权利的消灭其实就是票据法律关系的消灭,当票据法律关系消灭后,票据上的当事人基于票据法律关系而享有的权利归于消灭,义务也随之消灭。依《票据法》规定,票据权利因下列事由而消灭。

(一) 付款

付款,是指票据付款人向持票人支付票面金额的行为。我国《票据法》不允许部分付款,其第60条、第89条都规定付款人应当足额付款,因此票据权利只能因付款而全部消灭,而不会发生部分消灭的情况。

(二) 被追索人清偿票据债务及追索费用

持票人遇有不获承兑、不获付款时,得向背书前手或者出票人及其他有被追索义务的人行使追索权,请求偿还票面金额、利息及为追索所支付的费用,被追索人清偿应有债务后取得票据,原有票据权利即归消灭。

---

① 施天涛:《商法学》,第551页。

（三）票据时效期间届满

在《票据法》中，尽管对付款请求权和追索权的消灭时效期间规定长短不同，但相同的是付款请求权和追索权都可因时效而消灭（《票据法》第17条）。

（四）票据记载事项欠缺

《票据法》第18条规定，因票据记载事项欠缺的，丧失票据权利，享有利益返还请求权。此条所称票据记载事项，应为绝对必要记载事项，欠缺其记载，票据无效。[①]

（五）保全手续欠缺

持票人为保全票据权利，应完成保全手续，手续欠缺的，不生保全效力，票据权利仍然消灭，消灭的是追索权。持票人不能出示拒绝证明、退票理由书或者未按照规定期限提供其他合法证明的，丧失对其前手的追索权（《票据法》第65条）。

除以上事由外，票据物质形态的毁灭也使票据权利消灭，民法上一般债权消灭的事由如抵消、混同、提存、免除等也可使票据权利消灭。[②]

四、票据的丧失和补救

现实中，常有持票人非基于自己的本意而丧失票据占有的情形，此即票据的丧失。由于票据的权券不可分性，票据一旦丧失，就会造成权利人无法行使权利、他人冒领票款的后果，故各国多规定了票据丧失的补救规则，以对权利人提供特别的法律救济。

（一）票据的丧失及其后果

1. 票据丧失的概念和分类

票据丧失，是指持票人因票据灭失、遗失、被盗、被抢等失去了票据占有，简称失票。[③]

依票据是否现实存在，其丧失可分为两类：（1）绝对丧失，又称为票据灭失。是指票据作为一种物已不存在，如票据因焚烧、撕毁、严重涂抹或以化学方式、物理方法或其他方法使票据上的记载事项已难以辨认。（2）相对丧失，又称为票据遗失。指票据仍然存在，但因遗失、被盗、被抢等违反权利人的意思而脱离其占有的事实。

2. 票据丧失的法律后果

（1）票据丧失后，票据权利人即不能行使票据权利是票据的绝对丧失和相对丧失的相同后果。但票据绝对丧失的，没有被他人冒领票据金额或被他人善意取得的可能。（2）票据相对丧失的，因票据作为权利财产仍然存在，所以有被他人冒领票据金额或被他人善意取得票据，从而失票人丧失票据权利的风险，是与绝对丧失不同的后果。为了保障票据交易安全，公平保护善意取得票据人和失票人的权利，票据法规定了票据丧失后的补救方法。（3）失票人未及时采取法定救济方法，票据款项被他人冒领而无法查明或善意第三人取得票据的，失票人承担损失（《票据法》第57条第2款、第92条）。

此外，失票人不得请求善意取得人返还票据。善意取得人受"善意取得制度"之保护，其已成为票据权利人。同时，失票人也无权要求票据债务人对善意取得人拒绝履行票据义务，善意取得人既然为票据权利人，持有票据，票据债务人不能因原持票人的失票，对抗善意取

---

① 详见《票据法》第22、75、84条的规定。
② 刘心稳：《票据法》，第72—73页。
③ 同上书，第107页。

得人的票据权利。

(二)票据丧失的补救方法

《票据法》第15条规定,票据丧失,失票人可以及时通知票据的付款人挂失止付。但是,未记载付款人或者无法确定付款人及其代理付款人的票据除外。收到挂失止付通知的付款人,应当暂停支付。失票人应当在通知挂失止付后3日内,也可以在票据丧失后,依法向人民法院申请公示催告,或者向人民法院提起诉讼。该规定表明,为使权利人的票据权利能够实现,我国法定的对票据丧失后的权利补救措施有挂失止付、公示催告和提起诉讼。[①]

1. 挂失止付

挂失止付,是指失票人将票据丧失的事实通知票据的付款人,并要求付款人停止支付票据款项的补救办法。票据权利人在丧失票据占有时,为防止可能发生的损害,保护自己的票据权利,首先由失票人通知付款人。付款人收到通知后,应立即查明该挂失票据的基本情况,如票据是否到期、是否已被人冒领等,如没有被人冒领,应立即停止支付该票据款项。在挂失止付后付款人支付该票据款项的,无论善意与否都应该承担赔偿责任。票据本身并不因挂失止付而无效,失票人的票据责任并不因此免除,失票人的票据权利也不能因挂失止付得到最终的回复。当然,未记载付款人或者无法确定付款人及其代理付款人的票据,不得申请挂失止付。此外,被国家司法机关扣押、没收或判决归他人所有的票据,也不得申请挂失止付。挂失止付只是票据丧失后对票据权利提供的临时救济措施,因此票据挂失止付后,失票人应及时申请公示催告或提起诉讼。

2. 公示催告

公示催告,是指人民法院根据失票人申请,以公告的方法,告知并催促利害关系人在指定期限内,向人民法院申报权利、提出证券,如不申报权利,人民法院通过判决的形式宣告其无效,从而催促利害关系人申报权利、提出证券的一种特别诉讼程序。根据我国《民事诉讼法》第219—222条的规定,人民法院在决定受理公示催告申请后,应当同时通知支付人停止支付,并在3日内发出公告,催促利害关系人申报权利。公示催告的期间,由人民法院根据情况决定,但不得少于60日。公告期间转让票据权利的行为无效。人民法院收到利害关系人的申报后,应当裁定终结公示催告程序,并通知申请人和支付人。如果没有人申报权利的,人民法院应当根据申请人的申请,作出判决,宣告票据无效。判决应当公告,并通知支付人。自判决公告之日起,申请人有权向支付人请求支付。

3. 提起诉讼

失票人在丧失票据后,以付款人为被告可以直接向人民法院提起民事诉讼,请求人民法院判令票据债务人向其支付票据金额。提起诉讼是对公示催告制度的完善和补充,因为票据的流通范围极广,企业和银行难以注意到自己收受的票据是否已被公示催告,从而承担着较大的风险,且停止支付通知难以送到一个确定的付款银行,所以采取诉讼的办法更有利于保护票据权人的利益。[②] 我国票据法没有对该程序作出详细规定。一般认为,在失票人选择诉讼途径救济自己的票据权利时,应当向人民法院提供有关的书面证明,证明自己对所丧失

---

① 有学者逐一就上述三种制度的功能和作用进行比较研究,见李伟群:《我国票据丧失补救制度的不足及完善——兼谈我国票据法第15条第3款的修改》,载《法律适用》2011年第11期,第21—26页。
② 覃有土主编:《商法学》(第二版),高等教育出版社2008年版,第367页。

的票据享有所有权,同时还应向人民法院说明所丧失票据上的有关记载事项。此外,失票人在起诉时还应当提供必要的担保,以补偿票据债务人因支付失票人票据款项可能出现的损失。

五、票据抗辩

(一)票据抗辩的概念

所谓票据抗辩,是票据债务人所为的行为;票据债务人应根据票据法的规定,提出"一定合法事由"进行抗辩;票据债务人享有的对票据债权人拒绝履行义务的权利,即抗辩权。票据法规定抗辩权的意义在于,通过行使抗辩权,可以阻止票据权利人行使票据上的权利,以保护票据债务人自身合法权益。票据抗辩权包括付款请求权和追索权。[①]

(二)票据抗辩的种类

通常根据抗辩事由和抗辩效力的不同,将票据抗辩分为物的抗辩和人的抗辩两类。[②]

1. 物的抗辩

物的抗辩,又称为绝对抗辩、客观抗辩。即票据债务人以票据本身的内容发生的事由而向一切票据债权人行使的抗辩。票据债务人行使物的抗辩权并不因持票人的变更而受到影响,也不管持票人取得票据时是善意,还是恶意,均可以相对抗。根据行使抗辩权的债务人的不同,可以将物的抗辩作如下分类。

(1)一切票据债务人可以对一切票据债权人行使的抗辩。这种抗辩是指基于票据要件的欠缺、到期日尚未届满、付款地不符、除权判决、票据债务已合法履行或提存等事由进行的抗辩。该抗辩权可以由一切票据债务人向一切票据债权人行使,即:① 欠缺法定必要记载事项、有法定禁止记载事项或不符合法定格式;② 到期日尚未届至。一切票据债务人均可以付款日未截止而进行抗辩;③ 票据上记载的付款地与持票人请求的地点不符,票据记载金额与持票人请求的金额不符;④ 背书不连续;⑤ 票据债务人已依法履行或提存而票据权利归于消灭,任何票据债务人都可依此为抗辩;⑥ 除权判决的抗辩(《票据法》第8、9、22、76、85条;《关于审理票据纠纷案件若干问题的规定》第16条)。票据权利人丧失票据,可向法院申请除权判决,票据因法院作出除权判决而被宣告无效。在此情况下,票据债务人只对除权判决的申请人支付票据金额,如有人再凭该票据行使票据权利,债务人可以以此进行抗辩。

(2)特定票据债务人对一切票据债权人的抗辩。这种抗辩是指基于抗辩只能由特定债务人对一切票据债权人行使。具体包括:① 欠缺票据行为能力的抗辩;② 无权或越权代理的票据行为的抗辩;③ 票据伪造或变造的抗辩;④ 欠缺票据权利保全手续的抗辩;⑤ 超过票据权利特定时效的抗辩(《票据法》第5、6、14、17条;《关于审理票据纠纷案件若干问题的规定》第16条第2项)。

2. 人的抗辩

人的抗辩,又称相对抗辩、主观抗辩。即票据债务人只能对抗特定持票人的抗辩。如票

---

① 见曾月英:《票据法律规制》,第145页。
② 有学者对此分类提出质疑,见董惠江:《票据抗辩的分类》,载《法学研究》2004年第1期,第49—58页。也有学者对相关票据抗辩理论予以梳理和检讨,见郑宇:《票据抗辩理论的流变及其再构成》,载《当代法学》2011年第5期,第100—106页。

据的持票人欠缺领受能力或缺乏实质性受领资格,在直接当事人间,票据债务人可以原因关系的不法、欠缺或消灭等事由对抗持票人。据主观抗辩事由人的不同可作如下分类。

(1) 一切票据债务人可以对特定票据债权人行使的抗辩。此类抗辩主要是针对特定票据债权人的资格而言的。具体包括:① 对票据债权人欠缺实质受领票据金额能力的抗辩。如票据债权人被宣告破产或其票据债权已被法院扣押禁止付款时,则票据债权人就欠缺受领能力。② 对票据债权人欠缺形式上受领票据金额能力的抗辩。按照票据法的规定,持票人应以背书的连续证明其票据权利,如果记名票据上的背书不连续,而持票人又不能合法证明其票据上权利,则票据债务人也有权拒绝支付票据上记载的金额(《票据法》第 31 条;《关于审理票据纠纷案件若干问题的规定》第 16 条第 4 项)。

(2) 特定票据债务人可以对特定票据债权人行使的抗辩。这种抗辩是指在特定的票据当事人之间发生的原因关系。票据的原因关系是指授受票据的直接当事人之间基于授受票据的理由而产生的法律关系。具体包括:① 原因关系不合法;② 原因关系欠缺或消灭;③ 无对价或无相当对价取得票据;④ 票据行为无效,如出票人制作成票据,在尚未交付持票人之前丢失,出票人可以此为由对盗窃人或拾得人进行抗辩;⑤ 票据债务已抵消、已清偿或已免除,但却因故未在票据上记载,在直接当事人之间债务人可以进行抗辩;⑥ 基于当事人之间特别约定的抗辩,即授受票据的直接当事人之间对于票据签发或转让有特别约定,若持票人违背该项特别约定时,则票据债务人可以此为由主张抗辩。①

(三) 票据抗辩的限制

票据抗辩和一般民事抗辩的最大区别就在于票据法对票据抗辩规定了一些限制,即所谓的抗辩切断制度。对于对物的抗辩来说,由于是因为"物"即票据本身的原因发生的,可以对所有的票据权利人主张,因而不存在抗辩的限制问题,故票据抗辩的限制主要是指对人的抗辩的限制;而对于人的抗辩来说,则仅能够对存在抗辩事由的直接当事人主张,对非直接当事人不得主张,存在一定的限制。抗辩切断要切断的就是对人的抗辩,将票据抗辩中关于人的抗辩限制在直接当事人之间,不允许特定人之间的抗辩扩大到后手当事人之间的票据关系中去。只有在作为非直接当事人的持票人取得票据有恶意或重大过失的情况下,票据债务人才可以向其主张抗辩。

对此,《票据法》第 13 条第 1 款规定:"票据债务人不得以自己与出票人或者持票人的前手之间的抗辩事由,对抗持票人。"可见,票据抗辩权与民法上的抗辩权在原理上有所不同,有其特殊性。② 然而,持票人明知存在抗辩事由而取得票据或者持票人无对价取得票据的,则不适用票据抗辩限制的规定。

1. 票据抗辩限制的内容

票据抗辩限制的内容包括:(1) 票据债务人不得以自己与出票人之间的抗辩事由对抗持票人;(2) 票据债务人不得以自己与持票人前手之间的抗辩事由对抗持票人。③

---

① 范健、王建文:《商法学》,第 433 页。
② 有学者认为,票据抗辩是以民法上的抗辩为基础的,但两者之间存在明显的差异。见于永芹:《票据法案例教程》,第 105 页。
③ 详见范健、王建文:《商法学》,第 434 页。

2. 票据抗辩限制的例外

票据抗辩限制制度的确立,旨在对票据抗辩进行限制,以保护票据权利人实现其票据权利,促进票据流通、维护票据交易安全。所以,对于票据转让中的非交易行为,不必适用票据抗辩限制的规定;对于票据交易中的恶意行为,无维护之必要;交易中的重大过失,基于公平和诚信原则,也不应以票据抗辩限制制度去维护。因此,各国法律在确立票据抗辩限制制度的同时,又对此作了例外性的规定,我国《票据法》亦如此。

(1) 持票人无对价取得票据的,不受抗辩切断的保护。《票据法》第10条第2款、第11条第1款规定:"票据的取得,必须给付对价,即应当给付票据双方当事人认可的相对应的代价。""因税收、继承、赠与可以依法无偿取得票据的,不受给付对价的限制。但是,所享有的票据权利不得优于其前手的权利。"据此,无对价取得票据的,票据债务人得以自己与持票人前手的抗辩事由来对抗持票人。

(2) 持票人恶意取得票据的,不受抗辩切断的保护。《票据法》第12条规定:"以欺诈、偷盗或者胁迫等手段取得票据的,或者明知有前列情形,出于恶意取得票据的,不得享有票据权利。"票据抗辩限制制度是基于保护善意第三人的需要,在票据交易过程中,第三人不可能,也不应当知道票据债务人与其前手或票据债务人与出票人之间是否存在抗辩事由。所以法律为维护票据安全,特确立抗辩限制制度。然而,当持票人在取得票据时明知该票据权利存有瑕疵(票据债务人有抗辩权),法律对其无特殊保护的必要(《票据法》第13条第1款)。①

[相关案例]18-3 票据权利的行使必须依据合法有效的票据②

原告于2011年4月27日取得由昌邑市瑞昌纺织机械有限公司为出票人(出票日期为2011年4月14日,承兑日为10月14日,金额为5万元),昌邑市围子镇中密祥奎铸造厂为背书人,潍坊银行昌邑支行为承兑人的银行承兑汇票一张,承兑金额5万元。原告于该承兑汇票到期日兑付时被拒绝承兑,因为该承兑汇票已被昌邑利鹏无纺布有限公司申请挂失冻结,并于2011年7月22日被该院作出昌邑利鹏无纺布有限公司有权向支付人请求支付的判决。因此原告向三被告主张权利,承担连带赔付5万元承兑汇票及利息的法律责任。

被告张祥奎称,张祥奎与原告素不相识,未发生任何业务关系。张祥奎的个体企业昌邑市围子镇中密祥奎铸造厂并未将票据背书给利鹏公司,而是在2011年4月15日利鹏公司借张祥奎承兑汇票四张,并出具了借据,承兑汇票的号码分别为31300052-20648217,31300052-20648226,31300052-20648240,31300052-20648254。票面金额分别为3万元、5万元、2万元、5万元。后来据利鹏公司说这四张汇票都掉了,利鹏公司申请挂失。

被告昌邑利鹏无纺布有限公司、昌邑市瑞昌纺织机械有限公司均称,原告主张的事实当中,取得该承兑汇票的时间及取得该票据的基础事实应当提供证据证明;该票据遗失后,向昌邑市人民法院通过公示催告作出了除权判决,原告要求承担连带偿还责任无法律依据。

---

① 关于票据抗辩,详见覃有土:《商法学》,第340—351页。
② 《中国法院2014年度案例·金融纠纷》,第124页。

第四节 空白授权票据

一、空白票据的概念及其特点

(一) 空白票据的概念

空白票据,又称为"空白授权票据",或叫未完成票据。是指出票人签名于票据之上,将票据其他绝对必要记载事项的一部分授权持票人补充的票据。① 在我国,票据法上规定的空白票据仅限于空白支票。汇票和本票则不允许空白票据的出现,否则,将一律归于无效(《票据法》第85条、第86条第1款)。

(二) 空白票据的特点

(1) 已由出票人签章,并记载了部分记载事项的票据;(2) 是授予相对人对票据上的空白行使补充权的票据;(3) 是由相对人最终完成的一种特殊票据。出票人授权他人填写,即授权他人将空白票据补充成为完全票据。

此外,在票据实务上要把空白票据与空白格式票据、空头票据区分开来。空白格式票据,是已经作成固定格式,并标明为何种票据,但未作任何记载的空白票据凭证,空白格式票据未同任何特定的法律主体及票据行为相联系;空头票据是一种欺诈或诈骗行为,空头不等于空白。空白是将票据的记载事项有意空留,待以后补填。空头是通过透支行为,多填票据金额,从而达到欺诈或者诈骗的目的,是对票据流通秩序的一种破坏行为。因此,填写空头票据的签发人要负法律责任。

二、空白票据的要件和效力

(一) 空白票据的要件

(1) 空白票据的成立须有出票人的签章。签章是空白票据区别于空白票据凭证的关键,欠缺出票人签章者,票据无效;(2) 空白票据的构成须预留部分应记载事项空白。所谓空白,主要是指空白出票时的绝对应记载事项中除签章以外的其他事项;(3) 空白票据行为人须对第三人授予空白填充权。空白填充权可在票据预约合同中规定,也可依转让票据的实际原因关系认定,但空白票据本身,足以证明附以空白填充权,未依空白填充权的预约而填充空白事项的,出票人仅能以违反授权或违反预约对抗收款人,仅能以明知或知情对抗知悉空白填充预约的持票人,对其他持票人仍应依票据记载事项承担票据责任。(4) 须有空白票据的实际交付。欠缺交付行为,出票人可以欠缺交付为抗辩,但仅能抗辩收款人或未经交付取得票据的持票人,对其他正当持票人则不能抗辩,仍应依票据记载事项承担票据责任。

(二) 空白票据的效力

(1) 空白票据在补充权行使前的法律效力。空白票据在补充权行使前为未完成票据,不发生票据法上的效力,持票人不得持未完成票据行使票据权利,签章人对未完成票据亦不负票据责任。

---

① 刘心稳:《票据法》,第137页。

（2）空白票据在补充权行使后的法律效力。空白票据在补充权行使后为完全票据，可行使票据权利，且具有追溯空白票据发行行为的效力。根据此效力，出票人及其他人不得以票据发行欠缺要件为由进行抗辩。收款人未依授权而填充空白，然后又转让的，授权违约仅能对抗收款人和知情后手人；其他人填充空白的，视同出票时完成票据，如违反填充空白的，只有直接当事人可以依预约违约相对抗。

（3）空白票据在滥用填充权后的法律效力。如果填充权人未按授权填补空白事项，即填充权人滥用填充权的，出票人仍应对善意第三人（持票人）负票据责任，而不得以此抗辩善意持票人；但是出票人可以对恶意或重大过失取得票据的持票人以及滥用填充权人提出抗辩。①

【相关案例】18-4　对滥用填充权而填充的空白支票出票人无权抗辩②

2000年9月11日，华夏纸业公司为购买原材料，派采购员刘某到外地采购，签发了转账支票一张，其金额和收款人授权刘某根据采购原材料的实际情况填写，但明确告知支票的金额最多可填写50万元。该公司为刘某出具了授权委托书。然而，刘某听信其朋友林某之言，欲先做一笔煤炭批发生意，在短时间内赚取个人利润后再到外地采购原材料。2000年9月13日，刘某在支票收款人栏填写林某的公司商号，支票金额填写为80万元，交由林某，然后由林某将支票背书转让给某煤炭公司。但所购煤炭转手成功之后，全部款项均被林某卷逃。煤炭公司委托开户银行办理提示付款，支票付款行以"华夏纸业公司存款账户上资金不足80万"予以退票。煤炭公司于是以华夏纸业公司为被告提起诉讼，请求支付全部票款80万元。

华夏纸业公司辩称：该支票系采购员刘某违背公司授权的限额和用途而签发的。责任人为刘某，受益人为林某，煤炭公司应向刘某和林某追索，本公司对该支票不负任何票据责任。

前沿问题

◆ 票据无因性及补正

票据的无因性不仅是票据法学上的一个重要理论问题，同时也是一个实践性很强的问题。票据无因性更是票据流通性的基础，否认票据的无因性就等于否定票据的流通性，将从根本上动摇票据存在的基础。但我国《票据法》第10条第1款、第21条规定，"票据的签发、取得和转让，应当遵循诚实信用的原则，具有真实的交易关系和债权债务关系""汇票的出票人必须与付款人具有真实的委托付款关系，并且具有支付汇票金额的可靠资金来源。不得签发无对价的汇票用以骗取银行后者其他票据当事人的资金"。对此规定学术界颇有争议，

---

① 于永芹：《票据法案例教程》，第147页。
② 同上书，第144页。

有观点认为该条规定的票据签发和转让应当有真实的交易和债权债务,违反了票据法理,否定了票据无因性,极大地妨碍了票据的流通使用,建议删除该规定。也有不少观点认为该规定仅为宣示性条款,无碍票据的无因性。为维护票据的无因性和票据行为的独立性,避免票据债务人滥用《票据法》第10、21条等条款以及《关于审理票据纠纷案件若干问题的规定》第14条对《票据法》相关规定予以限制性解释,即票据债务人以《票据法》第10、21条的规定为由,对业经背书转让票据的持票人进行抗辩的,人民法院不予支持,实际上对该条的不合理性予以适当的补正。

【思考题】

1. 什么是票据关系?它有哪些特征?
2. 如何理解票据行为的独立性?
3. 如何理解票据行为的无因性?
4. 怎样区别票据的伪造与变造?
5. 票据丧失会发生什么样的法律后果?票据丧失的补救方法有哪些?
6. 什么是票据抗辩?如何理解对人抗辩权?
7. 如何理解空白票据的效力?

【司法考试真题】

18-1 甲向乙购买原材料,为支付货款,甲向乙出具金额为50万元的商业汇票一张,丙银行对该汇票进行了承兑。后乙不慎将该汇票丢失,被丁拾到。乙立即向付款人丙银行办理了挂失止付手续。下列哪些选项是正确的?(2014年)

A. 乙因丢失票据而确定性地丧失了票据权利
B. 乙在遗失汇票后,可直接提起诉讼要求丙银行付款
C. 如果丙银行向丁支付了票据上的款项,则丙应向乙承担赔偿责任
D. 乙在通知挂失止付后15日内,应向法院申请公示催告

18-2 甲未经乙同意而以乙的名义签发一张商业汇票,汇票上记载的付款人为丙银行。丁取得该汇票后将其背书转让给戊。下列哪一说法是正确的?(2013年)

A. 乙可以无权代理为由拒绝承担该汇票上的责任
B. 丙银行可以该汇票是无权代理为由而拒绝付款
C. 丁对甲的无权代理行为不知情时,丁对戊不承担责任
D. 甲未在该汇票上签章,故甲不承担责任

18-3 关于票据丧失时的法律救济方式,下列哪一说法是错误的?(2012年)

A. 通知票据付款人挂失止付
B. 申请法院公示催告
C. 向法院提起诉讼
D. 不经挂失止付不能申请公示催告或者提起诉讼

18-4 甲公司签发一张汇票给乙,票面记载金额为10万元,乙取得汇票后背书转让给丙,丙取得该汇票后又背书转让给丁,但将汇票的记载金额由10万元变更为20万元。之

后，丁又将汇票最终背书转让给戊。其中，乙的背书签章已不能辨别是在记载金额变更之前，还是在变更之后。下列哪些选项是正确的？（2012年）

A. 甲应对戊承担10万元的票据责任　　B. 乙应对戊承担20万元的票据责任
C. 丙应对戊承担20万元的票据责任　　D. 丁应对戊承担10万元的票据责任

18-5　潇湘公司为支付货款向楚天公司开具一张金额为20万元的银行承兑汇票，付款银行为甲银行。潇湘公司收到楚天公司货物后发现有质量问题，立即通知甲银行停止付款。另外，楚天公司尚欠甲银行贷款30万元未清偿。下列哪些说法是错误的？（2011年）

A. 该汇票须经甲银行承兑后才发生付款效力

B. 根据票据的无因性原理，甲银行不得以楚天公司尚欠其贷款未还为由拒绝付款

C. 如甲银行在接到潇湘公司通知后仍向楚天公司付款，由此造成的损失甲银行应承担责任

D. 潇湘公司有权以货物质量瑕疵为由请求甲银行停止付款

18-6　甲公司购买乙公司电脑20台，向乙公司签发金额为10万元的商业承兑汇票一张，丁公司在汇票上签章承诺："本汇票已经本单位承兑，到期日无条件付款。"当该汇票的持票人行使付款请求权时，下列哪一说法是正确的？（2009年）

A. 如该汇票已背书转让给丙公司，丙公司恰好欠汇票付款人某银行10万元到期贷款，则银行可以提出抗辩而拒绝付款

B. 如该汇票已背书转让给丙公司，则甲公司可以乙公司交付的电脑质量存在瑕疵为抗辩理由拒绝向丙公司付款

C. 因该汇票已经丁公司无条件承兑，故丁公司不可能再以任何理由对持票人提出抗辩

D. 甲公司在签发汇票时可以签注"以收到货物为付款条件"

18-7　甲向乙开具金额为100万元的汇票以支付货款。乙取得该汇票后背书转让给丙，丙又背书转让给丁，丁再背书转让给戊。现查明，甲、乙之间并无真实交易关系，丙为未成年人，票据金额被丁变造。下列哪些选项是正确的？（2008年）

A. 尽管甲、乙之间没有真实交易，但该汇票仍然有效

B. 尽管丙为未成年人，但其在票据上的签章仍然有效

C. 尽管票据金额已被丁变造，但该汇票仍然有效

D. 戊不能向甲、乙行使票据上的追索权

18-8　朱某持一张载明金额为人民币50万元的承兑汇票，向票据所载明的付款人某银行提示付款。但该银行以持票人朱某拖欠银行贷款60万元尚未清偿为由拒绝付款，并以该汇票票面金额冲抵了部分届期贷款金额。对付款人（即某银行）行为的定性，下列哪一选项是正确的？（2007年）

A. 违反票据无因性原则的行为　　B. 违反票据独立性原则的行为
C. 行使票据抗辩之对人抗辩的行为　　D. 行使票据抗辩之对物抗辩的行为

第十九章

汇　　票

【章首语】 汇票是票据中最重要的票据类型,票据法关于票据的规定也最为详尽和全面,有关汇票的相关制度体现了票据法的基本原理。《票据法》对汇票本身以及与汇票相关的重要票据行为作了明确规定,并准用于其他票据的相关部分。所以,全面了解汇票制度对于学习和掌握整个票据法的内容非常重要。

本章应着重学习汇票的概念和种类、汇票的出票、背书、承兑、付款、保证、追索权等内容。

第一节　汇票的概念和种类

一、汇票的概念和特征

(一) 汇票的概念

《票据法》第19条第1款规定:"汇票是出票人签发的,委托付款人在见票时或者在指定日期无条件支付确定的金额给收款人或者持票人的票据。"因汇票有到期日,并委托第三人支付,又称为信用证券或委托证券。

(二) 汇票的特征

与支票和本票相比,汇票具有以下特征:

1. 汇票是有承兑程序的票据

承兑是汇票独有的法律行为,是汇票区别于本票和支票的重要特征。定日付款或者出票后定期付款的汇票,持票人都应当在汇票到期日前向付款人提示承兑(《票据法》第38、39条)。付款人承兑汇票后,承担到期付款的责任,未经承兑的,持票人无权要求付款人付款。相反,支票和本票都无需承兑。汇票的承兑程序由汇票的性质所决定。汇票的出票行为是单方法律行为,委托他人付款,所以不能为付款人设定必须付款的义务,付款人是否承担无条件付款的义务,需要有本人的意思表示,承兑就是这种意思表示。①

2. 汇票是委托他人支付的票据

汇票的出票人签发汇票应与付款人之间存在真实的委托付款关系,并且具有支付汇票金额的可靠资金来源。出票人不得签发无对价的汇票用以骗取银行或者其他票据当事人的

---

① 刘心稳:《票据法》,第117页。

资金。

3. 汇票上须有一定的到期日,而且不一定是见票即付

汇票具有信用证券的性质,所以汇票出票人对到期日有足够的自由决定权,可供远期付款之用。汇票到期日的指定方式一般有四种,即定日付款、出票后定期付款、见票后定期付款及见票即付。

4. 无条件支付

出票人签发的金额须无条件支付给收款人或者持票人。汇票未背书转让时,则应无条件支付给收款人,汇票已经背书转让的,则应无条件支付给持票人。这里的无条件支付包括两层意思:一是出票人签发汇票时,不得附有任何条件,否则,可导致票据无效。二是付款人付款应是无条件的,即要么按照出票人的命令无条件付款,要么拒绝付款。票据支付的无条件性主要由票据的支付工具性决定的,如果票据金额的支付附带条件,无疑将严重影响票据的支付性。[1]

二、汇票的种类

(一)我国《票据法》上规定的汇票种类

依出票人身份的不同,汇票可分为银行汇票和商业汇票。

1. 银行汇票

根据《支付结算办法》第53条的定义:"银行汇票是出票银行签发的,由其在见票时按照实际结算金额无条件支付给收款人或持票人的票据。"可见,银行汇票的出票人是银行,付款人是出票银行委托的异地的银行或者其他金融机构,收款人可以是汇款人自己,也可以是汇款人指定的人。银行汇票还可以进一步分为银行现金汇票和银行转账汇票。银行现金汇票是汇票上有签发银行按规定载明"现金"字样的汇票。票据上载有"转账"字样或未记载"现金"字样的,是银行转账汇票。所谓转账,即通过银行,将应付金额从付款人资金账户划转收款人资金账户,不发生现金支付,但效果与现金支付相同。

2. 商业汇票

商业汇票是收款人或付款人签发的,由承兑人承兑,并于到期日向收款人或持票人支付款项的票据。商业汇票的出票人为银行以外的企业和其他组织,其付款人既可以是银行,也可以是银行以外的企业或其他组织。因承兑人不同,承兑汇票又可分为商业承兑汇票与银行承兑汇票。凡由银行承兑的,称为银行承兑汇票;凡由银行以外的付款人承兑的,称为商业承兑汇票。商业汇票因其主债务人不一定为社会公众所熟知,其流通性远逊于银行汇票。

(二)汇票的其他分类

1. 国内汇票与国外汇票

依汇票的发行与流通领域不同,可将其分为国内汇票与国外汇票。国内汇票是指向境内发行并在境内付款或向境内居民付款的汇票。国外汇票是指汇票的出票地及付款地均在境外或其一在国外者。这是英美票据法系国家的一种分类,其意义是在汇票被拒绝承兑或拒绝付款时,只有国外汇票才须制作拒绝证书。

---

[1] 施天涛:《商法学》,第563页。

2. 即期汇票与远期汇票

依付款期限的长短为标准，可分为即期汇票与远期汇票。即期汇票是指未载明付款期限，或载明凭票即付或见票即付或凭票提示即付等字样的汇票。这种汇票以持票人提示付款为到期日，持票人可随时向付款人提示要求付款。但为防止汇票无止境地流通，保护票据债务人的利益，促使票据关系及时了结，许多国家一般都规定持票人应自发票日起一定期限内提示付款，否则将丧失追索权。远期汇票是指汇票上记载了一定的付款日期，在该日期到来之前，不得请求付款的汇票。远期汇票又可分为定日付款、出票后定期付款、见票后定期付款三种。①

定日付款汇票，或称为定期汇票、板期汇票，是指在签发汇票时记载确定到期日的汇票，如 2016 年 6 月 1 日签发汇票，而在票据上记载 2016 年 6 月 15 日为到期日。出票后定期付款汇票，或称为计期汇票，是指自出票日起算，经过一定的期间后而为付款的汇票，如出票后 3 个月付款的汇票。见票后定期付款汇票，或称为注期汇票，是指自提示承兑之日起算经过一定的期间而为付款的汇票，如见票后 3 个月付款。这种汇票须持票人提示承兑后才能计算到期日。

3. 记名汇票、无记名汇票与指示汇票

依汇票记载收款人的形式为标准，可分为记名汇票、无记名汇票与指示汇票。记名汇票是指汇票上明确记载收款人的姓名或者名称的汇票。出票人签发这种汇票后，必须将此汇票交付给票据上记载的收款人，才发生票据的效力。收款人如转让该票据，仅能依背书的方式；无记名汇票是指出票人在票面上没有记载收款人姓名、或仅记载"付来人"、"持票人"等文句的汇票。对这种汇票，收款人仅依交付就可转让，持票人也可以在此汇票上记载自己或他人的姓名或名称，使之变为记名式汇票；指示汇票是指在票面上载明收款人姓名或名称，还附记"或其指定的人"文句的汇票。出票人对这种汇票，不得禁止收款人依背书而转让。收款人如转让票据，只能依背书方式。区别以上三种汇票的意义，在于持票人转让汇票权利的方式不同。记名汇票只能依背书转让，但出票人或背书人可以记载"禁止转让"；无记名汇票，仅依交付就可发生转让的效力；指示汇票仅通过背书而转让且出票人或背书人不得记载"禁止转让"。

4. 一般汇票与变式汇票

依汇票当事人中是否有一人兼任两种或两种以上身份为准，汇票可分为一般汇票与变式汇票。一般汇票是指出票人、收款人、付款人这三种汇票基本当事人分别为不同的人的汇票。一般汇票是常见的汇票。变式汇票是指一人同时兼具出票人、收款人、付款人这三种基本当事人中的两种或两种以上身份的汇票。按兼具身份的种类不同，又可分为指己汇票，对己汇票、付受汇票、己受己付汇票。指己汇票又称己受汇票，是指出票人以自己为收款人的汇票；对己汇票又称己付汇票，是指出票人以自己为付款人的汇票；付受汇票是指付款人和收款人两种身份集于一人的汇票；己受己付汇票指出票人以自己为收款人和付款人的汇票，即出票人、付款人、收款人同为一人。

5. 光票与跟单汇票

依汇票的承兑或付款是否要求跟附单据分为光票与跟单汇票。光票是指无须附带任何

---

① 施天涛：《商法学》，第 564 页。

商业单据,付款人或承兑人仅依汇票本身即可付款或承兑的汇票。跟单汇票,又称押汇汇票或信用汇票,是指必须附带与交易有关的商业单据才能获得承兑或付款的汇票。

第二节 出 票

一、汇票出票的概念

汇票的出票,又称汇票的发票或汇票的发行。《票据法》第 20 条规定:"出票是指出票人签发票据并将其交付给收款人的票据行为。"出票由"签发"票据和"交付"票据两种行为构成。签发票据,是指出票人依法定格式将汇票上应记载事项记载完备。交付票据,是指出票人基于自己的意思将汇票转让他人。出票若无交付行为,则该票据尚不能发生效力,不能算做出票行为的完成。汇票的出票是基本的票据行为,汇票的背书、承兑、保证、付款、追索等都以出票行为为基础和依据。

二、汇票出票的款式

汇票出票的款式,是指出票人签发汇票时在票据上所记载的事项内容及其记载形式。因为汇票为要式证券,所以其记载事项必须符合票据法的规定,否则会产生不同的法律后果,甚至导致汇票无效。

（一）绝对必要记载事项

根据《票据法》第 22 条规定,汇票必须记载以下事项:(1) 表明"汇票"的字样;(2) 无条件支付的委托;(3) 确定的金额;(4) 付款人名称;(5) 收款人名称;(6) 出票日期;(7) 出票人签章。汇票上未记载上述事项之一的,汇票无效。

（二）相对必要记载事项

相对必要记载事项,也是汇票上必须应记载的内容。但相对必要记载事项未在汇票上记载,并不影响汇票本身的效力。《票据法》第 23 条第 1 款规定:"汇票上记载付款日期、付款地、出票地等事项的,应当清楚、明确。"

1. 付款日期

付款日期,即到期日,指汇票上记载的应当付款的日期。依《票据法》第 23 条第 2 款规定,汇票上未载明到期日的,视为见票即付。付款日期是确定履行汇票义务时间的依据,因此一般应当在汇票上明确记载。

2. 付款地

付款地,是指汇票债务人履行汇票义务的地点,对确定支付货币的种类、拒绝证明的作成、管辖法院等具有重要意义,因此在汇票上应明确记载付款地。《票据法》第 23 条第 3 款规定:"汇票上未记载付款地的,付款人的营业场所、住所或者经常居住地为付款地。"

3. 出票地

出票地,是指出票人在发行汇票时,形式上所记载的出票地点。汇票上记载出票地,主要是为了确定出票行为的准据法。如果汇票上未记载出票地,则以出票人的营业场所、住所或者经常居住地为出票地。

(三) 记载不产生票据法律效力的事项

我国票据法实践中的汇票事实上还印制有其他得记载事项,其中较为重要的为交易合同号码、承兑协议编号和信用证编号等均可在汇票上记载,但该记载只有证明作用,不产生票据上的效力(《票据法》第 24 条)。

三、汇票出票的效力

(一) 对出票人的效力

《票据法》第 26 条规定:"出票人签发汇票后,即承担保证该汇票承兑和付款的责任。"出票人在汇票得不到承兑或者付款时,应当向持票人承担偿还责任。由此可见,出票人须对其出票行为承担担保责任。所谓担保责任是指持票人请求承兑遭到拒绝或者持票人请求付款遭到拒绝时,出票人均应当向持票人承担偿还责任,包括担保承兑和担保付款。[①]

1. 担保承兑

担保承兑,是指汇票在到期日前如付款人拒绝承兑时,持票人在取得有关拒绝承兑的证明后,向汇票出票人行使追索权,出票人依法承担清偿票据金额的义务。

2. 担保付款

担保付款,是指汇票在到期不获付款时,出票人应负清偿票据的义务,担保付款责任。如出票人擅自在汇票上记载免除担保付款责任的,该记载不具有汇票上的效力。

(二) 对付款人的效力

汇票的出票人签发汇票后,就产生出票人的担保责任,但付款人的付款责任并没有随之产生,出票行为所产生的只是付款人可承兑的地位或者资格。汇票是否承兑,由付款人自行选择。但是,付款人一经承兑,出票人所签发的汇票就对其产生效力,付款人即成为承兑人,负有到期绝对付款的责任。在付款人拒绝承兑时,则没有任何票据上的责任,持票人只能要求出票人履行担保承兑义务。

(三) 对持票人的效力

汇票出票行为对持票人产生的效力,主要表现为产生了持票人的票据权利,包括付款请求权和追索权两种,并且这两项请求权可依票据法经背书而随票转让。付款请求权,是指持票人向付款人请求支付票据金额的权利。付款人在对汇票进行承兑之前,票据上权利不确定,因为付款人可以承兑,也可以拒绝承兑,此时收款人的付款请求权是一种期待权。当付款人承兑后,付款请求权才成为现实的请求权。追索权是指在汇票不获承兑或不获付款或有其他法定原因时,持票人向其前手请求偿还票据金额以及其他金额的权利。付款请求权和追索权的关系是付款请求权是第一次请求权,追索权是第二次请求权,一般只有在第一次请求权不能实现时,持票人才可行使第二次请求权。

[相关案例] 19-1　未经出票人签章的汇票不能作为有效的票据使用[②]

2009 年 1 月 22 日,恒昌公司根据与赛格公司签订的买卖摩托车协议,签发了金额分别

[①] 施天涛:《商法学》,第 567—568 页。
[②] 史正保:《商法学》,第 383—384 页。

为450、650万元,到期日分别为同年11月16日、12月16日,收款人为赛格公司的两张银行承兑汇票,均为郊区农业银行承兑。这两张银行承兑汇票被恒昌公司在交给赛格公司前遗失。恒昌公司曾于2009年8月2日登报声明汇票作废,又于同年9月2日向人民法院申请公司催告。人民法院于当天通知郊区农业银行停止支付。在公示催告期届满时,恒昌公司未向人民法院申请除权判决。恒昌公司后来交付给赛格公司的是遗失的银行承兑汇票第一联(此联由承兑行支付票款时作借方凭证)复印件和郊区农业银行于2009年8月28日出具的说明函。在银行承兑汇票第一联复印件上的汇票签发人签章栏内,加盖了郊区农业银行的汇票专用章,但没有恒昌公司的签章。郊区农业银行说明函的内容是:由于银行承兑汇票被出票人遗失,出票人已登报声明作废,因此,同意在遗失汇票的底联复印件上加盖本行汇票专用章,作为收款人向本行收款的有效依据;汇票到期后,收款人必须派员凭此复印件结算票面款项。赛格公司按复印件记载的日期,在到期后持上述遗失汇票第一联的复印件向郊区农业银行提示付款时,遭到郊区农业银行拒付。

第三节 背　　书

一、汇票背书的概念和特征

(一) 汇票背书的概念

背书,是指持票人以转让汇票权利或授予他人一定的汇票权利为目的,在汇票背面或粘单上记载有关事项并签章的附属票据行为(《票据法》第27条第4款)。背书是《票据法》规定的转让票据权利的唯一方式。背书成立后,该持票人称为背书人,该第三人称为被背书人。具体来说,汇票背书的记载要求如下:(1) 背书是一种要式行为,背书须记载被背书人名称与背书人签章,否则背书无效。(2) 以背书转让的汇票,背书应当连续。(3) 背书不得附有条件。(4) 背书人在汇票上记载"不得转让"字样,其后手再背书转让的,原背书人对后手的被背书人不承担担保责任。[①]

票据是流通证券,而票据流通的前提就是票据的转让。票据转让的方式有两种,一是背书交付,二是单纯交付。就汇票而言,单纯交付只适用于无记名汇票和空白背书汇票。由于我国《票据法》不承认这两种汇票,因此背书是《票据法》规定的唯一汇票转让方式。[②] 票据的持票人将汇票权利转让给他人或者将一定的汇票权利授予他人行使时,应当背书并交付票据。凡持票人都可以成为背书人,持票人背书后,被背书人就成为新的持票人,背书人和被背书人的关系表现为前手和后手的关系。我国票据法规定票据均得背书转让,不限制持票人的背书权。但因出于结算管理以及现金管理上的某种需要,根据《支付结算办法》的规定,对于填明"现金"字样的银行汇票,不允许持票人进行背书转让;此外,对于区域性银行汇

---

① 范健、王建文:《商法学》,第443—444页。
② 有学者对"票据只能通过背书方式转让,不能以单纯交付方式转让"的主流观点予以批驳,见董翠香:《论票据单纯交付转让的效力》,载《法学论坛》2012年第2期,第146—151页。也有学者提出了相反的观点,见傅鼎生:《我国票据制度未赋予交付转让的效力》,载《法学》2009年第12期,第110—120页。

票,也仅限于在本区域内进行背书转让。但该规定应属于结算上的规则,并不是票据法的规则。

(二)汇票背书的特征

1. 背书的附属性和独立性

背书的附属性是指背书行为以出票行为为其发生前提,必须先有出票行为,然后才有背书行为。如果汇票因出票行为缺乏某一法定要件从而导致汇票在形式上无效时,背书行为也将因此而无效。另外,背书又具有独立性,是指背书行为虽然以出票行为为前提,但背书行为一旦成立就独立存在,只要出票行为在形式上为有效,即使出票行为的原因关系无效,如因伪造、出票人无行为能力等,也不影响背书的效力。

2. 背书是以转让票据权利为主要目的的行为

背书是以转让票据权利或者将一定的票据权利授予他人行使为目的,具体包括两种情形:一是持票人可以将汇票权利转让给他人;二是持票人可以将一定汇票权利授予他人行使,如委任背书和设质背书。委任背书是指以委托他人代为取款为目的的背书;设质背书是指以在汇票上设定质权为目的的背书。依《票据法》规定,票据转让只能以背书方式进行,并且,只能以记名背书方式进行,不允许以空白背书或无记名背书方式转让(《票据法》第30条)。

3. 背书具有不可分性

由于背书人背书时,不仅要在票据上记载有关事项,还必须将票据交付相对人,而票据本身在交付时,是无法分割的。因此,背书只能就票据的全部金额进行,将汇票金额的一部分转让的背书或者将汇票金额转让给二人以上的背书,是我国法律所不允许的(《票据法》33条第2款)。

4. 背书具有单纯性

单纯性是指背书行为须是单纯的、无条件的。《票据法》第33条第1款规定:"背书不得附有条件。背书时附有条件的,所附条件不具有汇票上的效力。"

5. 背书是在票据背面或粘单上所为的票据行为

背书人应该在票据的背面签名或盖章,并记载一定的事项,以与出票人的出票行为、付款人的承兑行为以及参加人的参加承兑行为等区别开来。

6. 背书是持票人的行为

背书是已经从出票人处获得票据权利的人基于某种目的而将其票据权利转让给他人的行为。因此,票据如果转让,第一次背书的转让人就是收款人,收款人转让票据的,就是背书人,受让人就是被背书人。被背书人成为持票人后,如果需要转让票据,又是背书人,依次类推。①

二、汇票背书的种类

(一)转让背书与非转让背书

依背书的目的不同可将背书分为转让背书与非转让背书:

---

① 施天涛:《商法学》,第568—569页。

1. 转让背书

转让背书,是指持票人以完全转让票据上权利为目的,而在票据上进行的背书,其基本效果在于使票据上权利转移。转让背书是背书的基本类型,由于转让背书实质上具有权利转让的效力,因此,转让背书又可称为实质背书、正则背书或固有背书。

2. 非转让背书

非转让背书,是指持票人不是以转让票据权利为目的,而是因为其他目的而为的背书,可分为委托背书和设质背书两种。背书记载"委托收款"字样的,被背书人有权代背书人行使被委托的汇票权利。但是,被背书人不得再以背书转让汇票权利。汇票可以设定质押,质押时应当以背书记载"质押"字样。被背书人依法实现其质权时,可以行使汇票权利。如果出质人只记载了"质押"字样而未在票据上签章,或者出质人未在汇票或粘单上记载"质押"字样而是另行签订质押合同、质押条款的,不构成票据质押。非转让背书由于在实质上不具有权利转让的效力,因此,又可称为形式背书、变则背书或非固有背书。

(二)一般转让背书与特殊转让背书

依转让背书是否存在法律上的特殊情况,可将转让背书分为:

1. 一般转让背书

一般转让背书,是指以是否记载被背书人姓名或商号为标准,在票据上所做的不存在特殊情形的转让背书。

2. 特殊转让背书

特殊转让背书,是指有特殊的背书情形的,在效力上与一般转让背书有所不同的转让背书,票据法上认其有一定的特别效力。特殊转让背书主要有限制背书、回头背书、期后背书。限制背书是指在票据上记载了"不得转让"字样,此时,若出票人在汇票上记载"不得转让"字样的,汇票不得转让。再转让,背书无效。若背书人在汇票上记载"不得转让"字样,其后手再背书转让的,原背书人对后手的被背书人不承担保证责任。回头背书又称"还原背书""逆背书"等,是指持票人以票据上债务人为被背书人的背书。持票人为出票人的,对其前手无追索权;持票人为背书人的,对其后手无追索权。期后背书是指背书人在付款提示期间经过后,票据被拒绝承兑后或者拒绝付款证书作成期限届满后所为的背书。期后背书包含三种情形:汇票被拒绝承兑、被拒绝付款或者超过付款提示期限。理论上,期后背书应当无效,不能发生一般背书的效力。只能具有通常的债权转让效力。但票据法规定,期后背书的背书人仍需要承担票据责任。

(三)完全背书与空白背书

依一般转让背书的记载方式不同可将一般转让背书分为:

1. 完全背书

完全背书,也称正式背书或记名背书,是指背书人在票据的背面或者粘单上记载背书的旨意,背书人的名称并签章的背书。

2. 空白背书

空白背书,也称略式背书或无记名背书。是指背书人不记载被背书人的名称,仅由自己签章的背书。

背书的上述分类,可归纳如下:

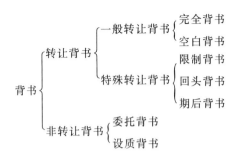

三、背书的记载事项

(一) 背书的位置

背书作为一种票据行为,必须记载在票据背面或者粘单上。在汇票正面进行背书,不发生效力。票据凭证不能满足背书人记载事项需要的,可以加附粘单,粘附于票据凭证上。粘单上的第一记载人,应当在汇票和粘单的粘接处签章。一般认为,在汇票背面有空余位置的情况下,应当在背面空余位置进行背书,不必粘附粘单,如果在粘单上进行背书,此时,背书不发生效力。

(二) 记载事项

背书的记载事项分为:

1. 绝对必要记载事项

根据我国票据法的规定,在进行背书时,背书人及被背书人两项事项,为绝对必要记载事项,必须进行记载。在该记载欠缺时,背书无效。(1) 背书人。即进行背书行为的行为人。我国票据法规定,背书应由背书人签章。无背书人的签章时,不能发生背书的效力。背书为自然人时,应为其本名签章;背书人为法人时,应是法人公章加其法定代表人或者其授权的代理人签章。(2) 被背书人。即由背书人依背书记载而指定的、票据权利的受让人。《票据法》第 30 条规定:"汇票以背书转让或者以背书将一定的汇票权利授予他人行使时,必须记载被背书人名称。"由此看出,在我国票据法上,仅承认记名背书,而禁止空白背书的使用,只有记载了被背书人,才成立背书行为,发生背书转让的效力。

2. 相对必要记载事项

在我国票据法上,作为背书行为的相对必要记载事项只有一项,即背书日期的记载。[①]《票据法》第 29 条规定:"背书由背书人签章并记载背书日期。背书未记载日期的,视为在汇票到期日前背书。"背书日期的记载,其意义主要在于确认背书的效力。

3. 任意记载事项

一般背书的任意记载事项为禁止转让记载。禁止转让记载,是背书人为免除对被背书人后手的担保义务,而在背书中附加的记载。《票据法》第 34 条规定:"背书人在汇票上记载'不得转让'字样,其后手再背书转让的,原背书人对后手的被背书人不承担保证责任。"包括不担保承兑和不担保付款,也就是说,其非直接后手人对其不享有追索权。

4. 不得记载事项

不得记载事项是指票据法禁止背书人在背书中记载,并且依法将导致该记载本身无效

---

① 见史正保:《商法学》,第 372 页。

或者将导致背书无效的事项。《票据法》第 33 条规定:"背书不得附有条件。背书时附有条件的,所附条件不具有汇票上的效力。将汇票金额的一部分转让的背书或者将汇票金额分别转让给二人以上的背书无效。"由此看出,票据法规定了两种不得记载事项:(1) 附条件背书。它是指背书中对背书效果附条件的记载事项,包括附停止条件和附解除条件。(2) 部分背书。是指背书将汇票金额中的一部分进行转让,或者以同一背书将票据金额分别转让于数人的记载内容。由于票据债权属于不可分之债,不可能进行部分转让,所以,部分背书记载无法发生效力,属于不得记载事项。

四、背书的效力

背书的效力即一般转让背书的效力,一般转让背书的效力有四个方面。

（一）权利转移效力

转让背书成立后,票据上的一切权利,包括对付款人、承兑人、出票人、背书人、保证人等票据债务人的权利,全部移转给被背书人。质押背书成立后,被背书人取得了票据质权。委托取款背书成立后,被背书人取得了代背书人收款的权利。

（二）责任担保付款效力

除委托取款背书外,其他背书行为成立后,背书人都应当担保票据的承兑和付款。持票人不获承兑或付款的,有权向背书人追索。

（三）权利证明的效力

持票人以背书的连续证明其汇票的权利。连续背书的第一背书人应当是在票据上记载的收款人,最后的票据持有人应当是最后一次背书的被背书人。在空白背书中,背书的连续应理解为其次的背书人视为前空白背书中的被背书人;最后的背书为空白背书时,持票人为最后的被背书人,此时持票人应在最后的背书栏中签章。我国《票据法》不允许连续空白背书。《票据法》还规定以背书转让的汇票,后手应当对其直接前手背书的真实性负责。

（四）抗辩切断的效力

票据经背书后,票据债务人便不得以自己同持票人前手的抗辩事由对抗持票人。[1]

【相关案例】19-2　票据质押背书须以完全背书方式为之[2]

1999 年 10 月 12 日,大华实业公司向宏升制版厂借款 20 万元,同年 12 月 20 日,大华实业公司还款 5 万元。针对欠款 15 万元,经宏升制版厂的多次催要,大华实业公司于 2000 年 3 月 5 日签发了一张定日付款的汇票,票据金额为 15 万元,付款人为某商业银行,收款人为宏升制版厂,付款日期为 2000 年 7 月 5 日。后宏升制版厂因为向丽华公司购买纸板,欠 15 万元的货款,宏升制版厂将其持有的汇票交付丽华公司,且签订了一份票据质押合同,合同约定,宏升制版厂欠丽华公司 15 万元货款,在 2000 年 6 月 30 日前不能还款时,丽华公司可以享有该汇票上的权利。但双方在票据上没有作任何记载。

2000 年 6 月 30 日,宏升制版厂没有履行还款协议。同年 7 月 8 日,丽华公司持汇票向

---

[1] 覃有土:《商法学》,第 389 页。
[2] 于永芹:《票据法案例教程》,第 187—188 页。

某商业银行提示付款,商业银行以票据背书不连续为由,予以退票。7月9日,丽华公司找到宏升制版厂,要求其承担票据责任,宏升制版厂认为自己没有在票据上签章,不是票据债务人,不承担任何票据责任。7月10日,丽华公司找到出票人大华实业公司,大华实业公司认为票据背书不连续,丽华公司不是合法的持票人,拒绝承担票据责任。2000年7月14日,丽华公司将出票人大华实业公司、设质人宏升制版厂告上法庭,要求承担连带票据责任。

第四节 承 兑

一、汇票承兑的概念和特征

(一) 承兑的概念

承兑,是指汇票付款人在汇票上明确表示在汇票到期日支付汇票金额的一种附属票据行为(《票据法》第38条)。具体而言,银行汇票均为见票即付,因而无需承兑,而商业汇票则必须承兑。

承兑的意义在于确定汇票上的权利义务关系。付款人承兑后就负有到期向收款人付款的义务,而收款人取得到期向承兑人请求付款的确定权利。付款人承兑汇票的,应当在汇票正面记载"承兑"字样和承兑日期并签章;见票后定期付款的汇票,应当在承兑时记载付款日期。汇票上未记载承兑日期的,以《票据法》第41条第1款规定期限的最后1日为承兑日。付款人承兑汇票,不得附有条件;承兑附有条件的,视为拒绝承兑。[①] 付款人承兑汇票后,作为汇票承兑人,便成为票据的主债务人,应当承担到期付款的责任。

(二) 承兑的特征

1. 承兑是一种附属票据行为

承兑是建立在出票行为之上的附属的票据行为,先有汇票的出票行为,后才可能有承兑行为。

2. 承兑是汇票特有的制度

承兑虽然是付款人的行为,但只有汇票才有承兑制度,本票、支票无承兑制度。承兑虽为汇票独有,但并不是一切汇票都必须承兑,如见票即付的汇票就无需请求承兑。见票即付的汇票因为没有到期日,所以,当持票人提示付款时,付款人要么付款,要么拒绝付款。

3. 承兑是表示承诺支付委托的票据行为

汇票出票人虽然已为无条件支付的委托,但付款人却不因之而当然成为票据债务人,必须经其表示承诺支付委托后才成为汇票的主债务人。所以,汇票一经付款人承诺付款后,就应当承担到期付款的责任。

4. 承兑是汇票付款人在汇票正面所为的行为

汇票承兑是付款人承诺负担票据金额支付责任的意思表示,一般来说,承兑的意思应在

---

① 注意三大票据行为附条件的区别:(1)背书附条件,背书有效,所附条件不发生票据法上的效力;(2)保证附条件,保证有效,所附条件视为无记载;(3)承兑附有条件的,视为拒绝承兑。

汇票正面所为。通常是在票据上记载"承兑"或"照兑"字样以及承兑日期，并由承兑人签章。①

5. 承兑是要式法律行为

票据行为都是要式行为，承兑行为也不例外。

二、汇票承兑的方式

（一）正式承兑与略式承兑

以承兑的方式为标准，可将承兑分为正式承兑与略式承兑。

1. 正式承兑

正式承兑，是指在汇票正面签章并记载承兑应记载事项的承兑，又称完全承兑。《票据法》第42条规定："付款人承兑汇票的，应当在汇票正面记载'承兑'字样和承兑日期并签章；见票后定期付款的汇票，应当在承兑时记载付款日期。"

2. 略式承兑

略式承兑，是指仅由付款人签章而不在汇票上作任何"承兑"文句记载的承兑。《票据法》规定承兑应采用正式承兑，不允许略式承兑。

（二）单纯承兑与不单纯承兑

以承兑有无限制为标准，可将票据分为单纯承兑与不单纯承兑。

1. 单纯承兑

单纯承兑，是指付款人完全依票据文义予以承兑，而不附加任何条件的限制，又称一般承兑。一般来讲，汇票的承兑以单纯承兑为原则，不得附带条件，如附有条件，或者改变汇票的应记载事项的，视为拒绝承兑（《票据法》第43条）。

2. 不单纯承兑

不单纯承兑，是指付款人对票据文义加以限制或变更而进行的承兑，又称限制性承兑。不单纯承兑，依其限制的情形不同，可分为三种：(1) 一部承兑，是指经持票人同意，付款人仅就部分金额进行的承兑，又称部分承兑。(2) 附条件承兑，即付款人对汇票金额的承兑附加某些条件的承兑。(3) 变更记载事项的承兑，指付款人对票据上的一定记载事项予以变更后，再给以承兑的，如付款人变更汇票的到期日等。《日内瓦统一票据法》和英美票据法均对单纯承兑与不单纯承兑有规定，我国票据法上的承兑都是单纯承兑。②

三、汇票承兑的款式和程序

（一）承兑的款式

关于承兑的款式，即承兑的记载事项，各国票据法的规定不同。依《票据法》的规定，承兑的必要记载事项有：(1)"承兑"文句；(2) 付款人签章；(3) 见票后定期付款汇票的付款日期；(4) 承兑日期。其中，前三项为绝对必要记载事项，缺一不可，如未记载，承兑不生效力。第四项为相对必要记载事项，如未记载的，以付款人收到提示承兑的汇票之日起第三日为承兑日期。

---

① 施天涛：《商法学》，第573页。
② 见刘心稳：《票据法》，第164—165页。

(二)承兑的程序

承兑程序是付款人对出票人向其委托的债务做出表示、持票人确定自己权利的程序,是确立完善的票据关系的重要步骤。

1. 持票人提示承兑

提示承兑,是指汇票的持票人向付款人出示汇票,并要求付款人承诺付款的行为。提示承兑行为的提示人,是汇票的持有人;被提示人是汇票上记载的付款人。提示不是票据行为,只是承兑的前提。提示既是持票人行使汇票权利的表现,也是其保全票据权利的手段。我国法律规定,定日付款或者出票后定期付款的汇票,持票人应当在汇票到期日前向付款人提示承兑;见票后定期付款的汇票,持票人应当自出票日起一个月内向付款人提示承兑;见票即付的汇票无需提示承兑(《票据法》第39条、第40条)。如果持票人未在上述期间内提示承兑,持票人将丧失对前手的追索权。

2. 付款人承兑或拒绝承兑

《票据法》第41、42条规定,付款人应当自收到提示承兑的汇票之日起3日内承兑或拒绝承兑。付款人承兑汇票的,应当在汇票正面记载"承兑"字样和承兑日期并签章;见票后定期付款的汇票应当在承兑时记载付款日期。拒绝承兑的,应当注明"拒绝"字样,以使持票人得以行使追索权。

3. 交还汇票

付款人为承兑时,必须临时占有汇票,否则就无法进行承兑的意思表示。付款人为承兑的意思表示一旦完成,应立即将汇票交还持票人。承兑自付款人交还汇票与持票人后即产生效力。尽管付款人已在汇票上进行了承兑的意思表示,但未交还与持票人之前,承兑因没有最终完成不发生效力,付款人仍可以撤回其承兑。交付的方式大体有面交、邮寄、书面通知等方式。凡未在规定的承兑期限内交付汇票的,即视为拒绝承兑。[①]

四、汇票承兑的效力

承兑一经作出并送达持票人,即具有法律效力。

1. 对付款人的效力

付款人承兑后,应当承担到期付款的责任。付款人变为承兑人后,即成为汇票的第一债务人,在汇票到期时,负有绝对的付款责任。

2. 对持票人的效力

对汇票的持票人而言,承兑具有确认和保全其票据权利的效力,使持票人所享有的票据权利由期待权转变为现实权。因此,汇票一经承兑,其票据权利便由承兑前的期待权变为现实的权利,于到期日前,向承兑人请求付款。承兑人到期不付款的,持票人即使是出票人,也可以就票面金额、利息和其他支出款项,直接向承兑人进行追索。

3. 对出票人和背书人的效力

汇票经付款人承兑之后,出票人和所有的背书人都免受期前追索。若付款人拒绝承兑,则持票人可以此行使期前追索权。

承兑人是持票人付款请求权的第一请求对象,处于"第一债务人"顺位,其他票据债务人

[①] 见范健、王建文:《商法学》,第447页。

则是第二顺位债务人,持票人必先请求承兑人付款,承兑人无法定理由而拒不付款的,持票人可持已承兑的汇票,请求法院强制执行付款。在承兑人被依法宣告破产或者因违法被国家主管机关责令终止业务活动,使付款成为不能时,或者承兑人死亡、逃匿、持票人无法请求付款时,持票人才能行使追索权,请求第二顺位的票据债务人履行票据债务。[①]

【相关案例】19-3 附条件承兑不能产生承兑的效力[②]

1997年10月8日,双元公司与外地的经贸公司签订了一份购销合同,由双元公司向经贸公司供应价款为200万元的优质钢材,交货期限为1998年1月下旬,经贸公司交付银行承兑汇票。合同签订后,经贸公司向其开户行A银行申请办理了银行承兑汇票,A银行在汇票上记载"承兑"文字并签章,同时注明"汇票到期出票人账户上有足够资金将予以付款"。汇票上记载付款日期为1998年4月12日。双元公司收到汇票后,马上向其开户行B银行申请贴现。B银行在审查凭证时发现无供货发票,便发电报向A银行查询该承兑汇票是否真实,收到的复电是"承兑有效"。据此,B银行向双元公司办理了汇票贴现。临近付款期,经贸公司派人去催货,才发现双元公司根本无货可供,于是告知A银行拒绝支付票据款。1998年4月13日,汇票到期,B银行提示付款,A银行拒付,理由主要有二:(1)B银行明知双元公司无供货发票,仍然为其办理了贴现,具有重大过失;(2)A银行在汇票上所为承兑是附条件承兑,依法无效。同年5月10日,B银行以A银行、双元公司以及经贸公司为被告起诉至法院,请求三被告支付汇票金额及利息。

第五节 保　　证

一、汇票保证的概念和特征

（一）汇票保证的概念

汇票保证,是指票据债务人以外的第三人以担保票据债务为内容的票据附属行为。在票据保证关系中,保证人是进行保证行为的当事人;被保证人是票据关系中的债务人,它可以是出票人、背书人、承兑人,也可以是参加承兑人;保证关系中的债权人是被保证人的后手,被保证人如果是承兑人的,持票人是保证关系中的债权人。[③] 票据保证是单方法律行为,其不同于民法上的一般民事保证。[④] 我国的票据保证制度仅适用于汇票和本票,不适用于支票。

---

① 有关汇票承兑的效力,见《票据法》第44条、第68条、第70条的规定。
② 于永芹:《票据法案例教程》,第194—195页。
③ 覃有土:《商法学》,第391—392页。
④ 有关票据法上的保证与民法上保证的异同见刘心稳:《票据法》,第169—170页。

(二) 汇票保证的特征

1. 汇票保证是附属票据行为

汇票保证只能在合法成立的票据上作成,其效力以原始票据行为的形式合法有效为前提。汇票保证的债务也同样从属于票据上的主债务,在票据上被保证的债务得到完全清偿或者被完全消灭时,票据保证之债也随之消灭。

2. 汇票保证是单方法律行为

与民法上的保证不同,汇票保证只须保证人签章并依法记载一定事项,保证关系即告成立。保证人无需被保证人的后手同意,就能产生保证效力,并且不因被保证债务的实质无效而失效。所以,与其他票据行为一样,汇票保证是一种单方法律行为。

3. 汇票保证是要式票据行为

票据保证人在进行保证时,必须按一定的方式,在汇票或其粘单上记载"保证"文句、被保证人的名称、保证日期、保证人签章等绝对必要记载事项,若不记载,保证无效。如果保证人在票据以外的其他文件上承诺保证的,不构成票据保证,仅产生民法上保证的效力,不发生票据保证的法律效力。

4. 汇票保证以担保票据债务履行为目的

汇票保证旨在对特定汇票债务人履行其债务提供担保,从而增强汇票的信用和安全、促进票据流通,确保持票人实现其汇票权利。这一宗旨决定汇票保证是以担保汇票债务按期履行为目的的票据行为。而且该票据债务须确实存在且尚未履行,保证才有存在的必要。

5. 汇票保证为票据债务人以外的第三人所为

《票据法》第45条第2款规定,保证人由汇票债务人以外的他人担当。由于票据债务人本身负有依票据文义承担票据责任的义务,如果允许其作为保证人,等于允许票据债务人相互间提供担保,对于票据保证的目的和票据的信用而言有害无益,所以票据保证人必须是票据债务人以外的第三人。[①]

二、保证的分类

(一) 全部保证与部分保证

依担保的票据金额为标准,可分为全部保证与部分保证。全部保证,是指对票据金额的全部所进行的保证;部分保证,是指仅对票据金额的部分所进行的保证。根据《票据法》第50条规定,我国未规定部分保证,因此,保证应采用全部保证。

(二) 单独保证与共同保证

依保证人的人数为标准,可将票据保证分为单独保证与共同保证。单独保证,是指单独一个人所为的保证;共同保证,是数个人共同所为的保证。票据保证一般为单独保证,而在共同保证中,保证人之间承担连带责任。《票据法》第51条规定,保证人为二人以上的,保证人之间承担连带责任。

(三) 正式保证与略式保证

依票据上记载的内容为标准,可将票据保证分为正式保证与略式保证。正式保证,是指

[①] 见于莹:《票据法》,第172页;刘心稳:《票据法》,第168—169页;覃有土:《商法学》,第392页;陈本寒:《商法新论》,第425—426页;施天涛:《商法学》,第577页。

保证人在票据上记载"保证"字样并签章的保证;略式保证,是指保证人仅在票据签章但无"保证"意思记载的保证。我国《票据法》不承认略式保证,因此票据法上的保证都是正式、全部保证。

(四) 单纯保证与附条件保证

不附加任何条件和限制的保证,为单纯保证;附加一定条件的保证,为附条件保证。《票据法》第 48 条规定:"保证不得附有条件;附有条件的,不影响对汇票的保证责任。"可见,我国法律不承认附条件保证。不过,附条件保证不影响票据保证的有效成立。①

三、保证的当事人和款式

在票据保证中,票据保证的行为人为保证人,被保证票据债务的债务人为被保证人,而被保证债务的债权人为票据权利人。票据保证成立后,在三方当事人之间即形成因保证而发生的票据关系。

(一) 票据保证人

在我国票据法上,对于票据保证人的资格有一定的限制,汇票的保证人只能是汇票债务人以外的第三人(《票据法》第 45 条第 2 款)。作此限制,目的在于:票据债务人已基于一定的票据行为而承担了票据债务,再由其为其他票据债务人进行保证,无非是重复其已承担的票据责任,没有实质意义。② 依相关规定,票据保证人须具备如下要求:(1) 保证人具有代为清偿票据债务的能力(《票据管理办法》第 12 条);(2) 国家机关、以公益为目的的事业单位、社会团体、企业法人的分支机构和职能部门不得为保证人,但经国务院批准为使用外国政府或者国际经济组织贷款进行转贷,国家机关提供票据保证的,以及企业法人的分支机构在法人书面授权范围内提供票据保证的除外(《关于审理票据纠纷案件若干问题的规定》第 60 条)。

(二) 票据被保证人

票据保证的被保证人,是已经在票据上签章,从而已承担票据债务的票据债务人。对于票据保证的被保证人,在票据法上无任何限制,票据保证人可以为任何票据债务人的票据债务进行保证,包括出票人、承兑人、背书人等。对于未承兑的付款人,由于其不是票据债务人,不得充当被保证人。

(三) 保证的款式

票据保证作为一种要式票据行为,应当由保证人在票据上签章并记载"保证"等法定事由。依《票据法》的规定,保证人须在汇票或其粘单上记载以下事项:

(1) 表明"保证"的字样。如记载"保证""保付""担保"等字样,以区别于其他票据行为。保证人未在票据或者粘单上记载"保证"字样而另行签订保证合同或者保证条款的,可发生一般民事保证的效力,而不能发生票据保证的效力(《关于审理票据纠纷案件若干问题的规定》第 62 条)。

(2) 保证人签章。票据行为人只对自己的签章负责,票据保证人应当在票据或其粘单上签章,否则保证无效。保证人可以是一个,也可以是二个以上的人。数人共同保证时,应

---

① 王保树:《商法》,第 435 页。
② 同上。

当同时签章,负连带保证责任。此外,票据保证不得附有条件;附有条件的,所附条件无效,保证责任不受影响。

(3) 保证人的名称和住所。保证人为票据行为时,应当记载保证人的名称和住所,以便票据权利人能够及时了解保证人的情况,方便持票人向保证人主张票据权利。

(4) 被保证人的名称。在票据保证中,保证人承担的责任与被保证人相同,被保证人在票据关系中承担的责任直接决定了保证人的责任,因此票据保证应当载明被保证人。但是,保证人未记载被保证人的,已承兑的汇票以承兑人为被保证人;未承兑的汇票,以出票人为被保证人(《票据法》第 47 条第 1 款)。

(5) 保证日期。保证日期是确定保证人何时为保证行为及其所负责任的依据之一。《票据法》第 47 条第 2 款规定,保证人未载明保证日期的,以出票日期为保证日期。

在票据保证的各记载事项中,(1)(2)(3)项属于绝对必要记载事项,(4)(5)项属于相对必要记载事项。另外,依《票据法》第 48 条规定,有关票据保证附带条件的记载事项,不发生票据法上的任何效力。

四、保证的效力

(一) 票据保证人的责任

1. 保证人与被保证人负同一责任

所谓负同一责任,是指保证人所承担的责任与被保证人所承担的责任完全相同。被保证人与保证人在票据责任范围、债务顺序、抗辩权等方面具有同一性,即被保证人应承担何种责任,保证人也应承担何种责任。

2. 保证人承担独立责任

一般认为,票据行为具有独立性,票据保证责任又在一定情况下可以独立于被保证债务。被保证之债无效,不影响保证责任,保证人也不能以被保证债务人的抗辩事由对抗债权人。根据《票据法》第 49 条规定,票据保证人的责任是独立责任,除票据因欠缺法定记载事项而无效外,保证人的责任均不受影响。

3. 保证人与被保证人承担连带责任

依《票据法》第 50 条规定,票据保证人为二人以上的,即使两个保证人在建立保证关系时无意思联络,分别为同一个被保证人提供担保,该保证人之间彼此承担连带责任。保证人之间的这种连带责任与保证人和被保证人对持票人承担的连带责任一样均由相关法律直接规定,当事人不得依特约免除。在票据保证关系中,保证人不享有一般民事保证中保证人的先诉抗辩权。

4. 免除被保证人后手的责任

保证人一旦履行了票据债务,除为承兑人的保证外,被保证人的后手的责任被免除。[①]

(二) 保证人的权利

票据保证人承担了保证责任后,即取得了持票人的权利,有权向被担保的票据债务人进行追索。票据保证人清偿汇票债务后,其保证责任消灭,被保证人的主债务也消灭,保证人取得持票人的法律地位,享有向被保证人及其前手行使追索权的权利。而被保证的后手则

[①] 覃有土:《商法学》,第 393 页。

因保证人清偿债务已免除被追索责任,因此,保证人不可再向被保证人的后手行使追索权(《票据法》第52条)。

【相关案例】19-4　保证人应当与被保证人对持票人承担连带责任[①]

1998年8月6日,广发行北京分行与华润谷粮油公司签订承兑合同。合同约定,广发行北京分行同意承兑华润谷粮油公司签发的号码为01175740的银行承兑汇票,票面金额为936万元,承兑期限6个月,汇票到期日为2000年1月6日,汇票收款人大连天润公司;华润谷粮油公司应按汇票金额的30%交付承兑保证金,并支付票面金额的0.5%的承兑手续费;如其违约应支付汇票金额的2%违约金。同日,广发行北京分行与东郊粮库签订保证合同,约定其对华润谷粮油公司在承兑合同项下的债务承担连带保证责任。如违约按936万元的1%向广发行北京分行支付违约金。上述合同签订后,广发行北京分行在华润谷粮油公司签发的银行承兑汇票上加盖了承兑章。同时华润谷粮油公司交付了汇票保证金280.8万元。2000年1月4日,东郊粮库偿还了票据款400万元。该承兑汇票生效经背书转让贴现后,广发行北京分行于2000年3月22日和4月6日分两次向合法持票人中信实业银行大连分行春柳分理处兑付了汇票金额本息总计938.0451万元。华润谷粮油公司尚欠255.2万元票据款本金一直未付。

法院经审理后认为,本案实质是基于承兑合同和保证合同中承兑汇票而产生的债权债务关系,广发行北京分行已按约履行了自己的承兑汇票中应尽的义务,而华润谷粮油公司作为出票人负有无条件支付票据款项的义务,并对其尚欠部分应负的票据款,承担合同约定的违约责任。东郊公司亦应承担连带保证责任。

第六节　汇票的付款与到期日

一、汇票的付款

（一）汇票付款的概念与特征

付款是指汇票的付款人向持票人支付票据金额以消灭票据关系的行为。付款有广义与狭义之分。狭义的付款是指汇票承兑人或付款人及其代理付款人无条件履行付款义务,消灭票据的债权债务关系的票据行为。广义的付款,泛指一切票据债务人支付票据金额的行为。[②]

汇票的付款,具有如下特征：

第一,付款是以支付票据金额为目的行为。票据是一种金钱证券,票据权利的内容表现为一定权利的支付请求,付款必然是支付汇票上记载的金钱。从这个意义上讲,票据上的付

[①] 曾月英:《票据法律规制》,第102页。
[②] 见王保树:《商法》,第437页。

款与民法上的清偿相当,但民法上的清偿不仅限于金钱支付。付款限于票款的支付,除特殊情况一般不得以其他财产替代。

第二,付款是付款人的行为。票据法上的付款,限于票据付款人向持票人支付票据金额,并非任何支付金钱的行为都是付款行为。如偿还义务人的付款只能使追索权发生转移,而不能使票据关系绝对地消灭。因此,付款专指付款人的行为,即只有付款人才是汇票付款行为的主体。因为,只有付款人的付款行为才可以使票据关系彻底消灭。

第三,付款是消灭票据关系的行为。票据关系因付款人的付款行为而彻底消灭,因此,付款具有消灭票据关系的效力。但是,由于这种行为不必在票据上为任何意思表示,亦不签章,而是支付票据款项、收回票据,予以注销。因此,付款行为不属于票据行为,而是一种准票据行为。付款虽非票据行为,但却至关重要,因为票据的最终目的在于付款。可以说,票据以出票为起点,以付款为终点。[①]

(二) 汇票付款的程序

付款在程序上要经过如下三个步骤:

1. 付款提示

付款提示,是指持票人向付款人或担当付款人出示汇票,并请求其支付票据金额的行为。提示是付款的前提,在付款的提示中,提示人为持票人或其代理人,被提示人原则上为付款人,但也可以是付款人的代理人或票据交换系统。根据《票据法》第 53 条第 1 款的规定,持票人应当按下列期限提示付款:(1) 见票即付的汇票,自出票日起 1 个月内向付款人提示付款;(2) 定日付款、出票后定期付款或者见票后定期付款的汇票自到期日起 10 日内向承兑人提示付款。如持票人不在提示期间内为付款的提示,则丧失对其前手的追索权。

另据《票据法》第 53 条第 3 款规定,通过委托收款银行或者通过票据交换系统向付款人提示付款的,视同持票人提示付款。

2. 付款

《票据法》第 54 条规定,持票人依规定提示付款的,付款人必须在当日足额付款。由此,持票人一经提示票据,付款人应当即时付款,不得延期。付款应当按票据记载的币种支付,记载为人民币的,不得以其他币种替换。汇票金额为外币的,按照付款日的市场汇价,以人民币支付。汇票当事人对汇票支付的货币种类另有约定的,从其约定(《票据法》第 59 条)。

付款人在付款时,对持票人是否为合法权利人负有形式审查义务。[②] (1) 对票据作形式审查,即审查票据格式是否合法,绝对必要记载事项是否完全,是否有禁止记载的事项等。(2) 对持票人资格作形式审查,即对收款人至持票人的背书是否连续作审查,背书连续的,付款人的付款即合法有效,付款人可免除责任;对背书不连续的票据,付款人付款的,付款人的付款责任不绝对免除,即事后有真正权利人请求付款的,付款人仍可能有付款的责任。(3) 付款人的付款应无恶意及重大过失,恶意是指明知持票人不是真正的权利人或很容易查明持票人不是真正的权利人而故意不调查并向其付款;重大过失是指只要稍加注意即可

[①] 施天涛:《商法学》,第 579 页。
[②] 关于票据付款人形式审查义务的相关论述,见汪世虎:《关于票据付款人的几个问题》,载《法学》2011 年第 9 期,第 38 页。

发现持票人非真正权利人而疏于注意,没有发现并向其付款。①

3. 交还汇票

汇票是交回证券,《票据法》第 55 条规定:"持票人获得付款的,应当在汇票上签收,并将汇票交给付款人。持票人委托银行收款的,受委托的银行将代收的汇票金额转账收入持票人账户,视同签收。"这表明,持票人负有签收和交还汇票的义务,而付款人在付款后有权要求持票人签收和收回汇票。② 至此,付款程序即告终结。

(三) 期外付款

期外付款,是指付款人不在法定或约定的提示期间内所为的付款。根据付款的具体时间不同,又可分为期前付款和期后付款两种。

1. 期前付款

期前付款,是指到期日之前付款。见票即付的汇票的提示日即为到期日,因而不会发生期前付款问题。而定日付款、出票后定期付款或见票后定期付款的汇票均先有确定的到期日,所以可能发生期前付款问题。在汇票到期日前,作为持票人不得请求付款,付款人当然可以拒绝这种请求。同样,付款人也不得要求持票人接受期前付款,持票人没有必须接受的义务。如果付款人为期前付款,将由其自行承担由此所产生的责任(《票据法》第 58 条)。

2. 期后付款

期后付款,是指付款提示期间经过后或拒绝证书作成后所为的付款。期后付款不仅可发生于远期票据,也可发生于即期票据,但对于未经承兑的远期票据,则不适用。期后付款的效力,因付款人是否为承兑人而有所不同:

(1) 付款人已为承兑的期后付款。付款人为承兑后,即成为汇票上的主债务人,负绝对的付款责任,该责任只有在时效届满时才能免除。在汇票的付款提示期间已过或已作成拒绝证书的情况下,付款人仍负付款责任,其所为的期后付款与到期付款具有同样效力(《票据法》第 53 条第 2 款)。

(2) 未经承兑的付款人的期后付款。未经承兑的汇票,由于付款人是汇票的主债务人,没有支付汇票金额的义务。这时如果持票人已进行了行使或保全票据权利的行为(作成拒绝承兑或拒绝付款证书),则持票人已具有追索权,付款人对其付款,当然有效,即与到期付款有同一效力;如果持票人未在法定期限内为付款的提示,则丧失对其前手的追索权。此时付款人不应再向其付款,即使付款,也不产生付款的效力,只能属于民法上的无合法原因的给付,对持票人来讲,则属于不当得利。因为,付款人未承兑,持票人对其无付款请求权;持票人未在法定期限内提示付款,保全手续欠缺,丧失了追索权,这样,持票人已没有票据权利。③

(四) 付款的法律效力

1. 消灭票据关系的效力

根据《票据法》第 60 条规定,汇票经全部付款后,汇票上的权利义务关系全部消灭,不仅

---

① 相关论述见陈本寒:《商法新论》,第 429 页;施天涛:《商法学》,第 581 页;王保树:《商法》,第 440—441 页。
② 有学者认为,《票据法》第 55 条规定反映了我国相关立法的义务本位思想。参见汪世虎:《关于票据付款人的几个问题》,载《法学》2011 年第 9 期,第 39 页。
③ 刘心稳:《票据法》,第 175—176 页。

付款人免除汇票上责任,在汇票签名的所有票据债务人都因之而免责。在承认部分付款的国家和地区,部分付款只能消灭部分汇票关系,持票人对未获付款部分仍可行使追索权。部分付款是我国票据法所不允许的,因此,我国付款的效力都是指全部付款的效力。

2. 不消灭票据关系的效力

付款人如果未尽审查义务,或者有恶意或重大过失,或者不足额付款,不仅付款人应当自行承担责任,而且其余汇票债务人的责任也不能因付款而解除。依最高人民法院《关于审理票据纠纷案件若干问题的规定》第70条的规定,恶意或重大过失付款的情形主要包括:(1)未依票据法的规定,对提示付款人的合法身份证明或者有效证件以及汇票背书连续性履行审查义务,而为错误付款;(2)在公示催告期间对公示催告的汇票进行付款;(3)收到人民法院的止付通知后进行付款;(4)其他以恶意或者重大过失为付款。如果付款人或者代理付款人不能识别出伪造、变造的票据或者身份证件而错误付款,即属于《票据法》第57条意义上的重大过失,如给持票人造成损失,则应当依法承担赔偿责任(《关于审理票据纠纷案件若干问题的规定》第69条)。[①]

二、汇票到期日

(一)汇票到期日的概念

到期日,又称付款日期,是指票据权利人行使权利和票据债务人履行义务的日期,其和履行债务的日期、提示付款日期、时效的计算、追索权的行使都密切相关。汇票的到期日由当事人依法约定并明确记载于汇票之上,如未记载,该汇票视为见票即付。汇票的到期日必须确定,不得附有条件,否则汇票无效。

(二)汇票到期日的种类

依《票据法》第25条规定,汇票到期日的确定有如下形式。

1. 见票即付

见票即付,是以持票人进行付款提示的日期为到期日,即持票人一经提示,就意味着汇票到期。这种汇票通常由出票人在出票时记载"见票即付"字样,出票人如在汇票上未记载"见票即付"字样,也未记载到期日的,应视为见票即付。为避免持票人长期不提示票据致使付款人无法履行债务,各国均规定了见票即付汇票的提示期限。[②]《票据法》第53条第1款第1项规定,自出票日起1个月内,持票人应向付款人提示付款。持票人不在法定提示期间内提示付款的,丧失对出票人以外的前手的追索权。

2. 定日付款

定日付款,即以汇票上所记载的特定年月日为到期日,又称为"定期汇票"。这种汇票到期日最为简单明确,普通汇票都采用此种方式。

3. 出票后定期付款

出票后定期付款,是指自出票日起经过一定的期间而为付款。所谓定期,是指由出票人在出票时记载于汇票上的一定期间,由出票人自己决定。该期间的末日即为到期日。如出票人记载"请于出票日后6个月付款。"若出票日为2016年2月15日,到期日就是2016年8

---

① 有关付款效力的论述见于莹:《票据法》,第186页;王保树:《商法》,第441页。
② 见何勤华、李秀清:《外国民商法》,第462页。

月 15 日。出票后定期付款的汇票,又称计期汇票。

4. 见票后定期付款

见票后定期付款汇票,是指见票后经过出票人规定的一定期间而付款的汇票。所谓"见票"是指持票人出示汇票向付款人提示承兑,付款人承兑或拒绝承兑的行为。因为这种汇票在未承兑之前,无从确定其到期日,对票据债务人将极为不利。所以持票人为确定汇票的到期日,必须请求付款人承兑。这样就以承兑日或拒绝承兑证书作成之日为起算日,以出票人在汇票上记载的一定期间的终了之日为到期日。《票据法》第 40 条规定,见票后定期付款的汇票,持票人应当自出票日起 1 个月内向付款人提示承兑。

(三) 到期日的计算

定日付款的汇票,以汇票上所记载的特定年月日为到期日;见票即付的汇票,其提示日即为到期日,这两种汇票到期日都不用计算,容易确定。出票后定期付款的汇票和见票后定期付款的汇票的到期日都须经过计算才能确定。由于一个月的天数有多有少,易发生争执,因此,各国都规定了具体的计算规则。① 我国《票据法》第 107 条规定:"本法规定的各项期限的计算,适用民法通则关于计算期间的规定。"

【相关案例】19-5　票据付款必须符合法定的程序②

2001 年 1 月 2 日,金瓷公司与珠海市恒利辉发展有限公司(简称"恒利辉公司")签订了一份工矿产品购销合同,双方约定:恒利辉公司供给金瓷公司冷轧卷板 550 吨,金瓷公司把 2340500 元贷款申请办理银行汇票,将该汇票第二联交给恒利辉公司,恒利辉公司 12 天内将货发到金瓷公司,双方验收完毕的当天,金瓷公司将该汇票的第三联(解讫通知)交给恒利辉公司结算等。合同签订后,金瓷公司在京港农行申请办理了金额为 2340500 元,票号为 CB/01 00170308 的银行汇票,并将该银行汇票第二联交给恒利辉公司。恒利辉公司收票后,未按约定发货,将该汇票第二联背书转让给珠海市伟明有限公司,伪造了该银行汇票的第三联,于 2001 年 1 月 8 日在吉大农行请求付款,吉大农行工作人员在审查该汇票第二联无误后,将该汇票票款解付。法院另查明:2001 年 1 月 20 日,吉大农行以汇票被骗向珠海市公安局报案,珠海市公安局予以立案侦查。同日,吉大农行对解付过程中使用的银行汇票第三联进行鉴定,结论为该联汇票系伪造。

本案中,吉大农行在解付本案银行汇票时,未能审查出持票人所持解讫通知是伪造的,致金瓷公司受损,吉大农行应承担相应的民事责任。

---

① 见何勤华、李秀清:《外国民商法》,第 463 页。
② 曾月英:《票据法律规制》,第 124—125 页。

第七节　追索权

一、追索权的概念和种类

追索权制度是票据法所特有的制度，它适用于各种票据。票据法确立追索权的意义主要在于维护票据权利人的利益，保障其票据权利的实现，从而确保票据的流通与交易的安全，并维护着票据制度的稳定和有效运行。

（一）追索权的概念

追索权，也称偿还请求权，是指持票人在汇票到期不获付款或期前不获承兑或者有其他法定原因时，对于前手（背书人、出票人及其他债务人）可以请求偿还汇票金额、利息及有关费用的权利。[①] 与付款请求权不同，追索权是一种第二次权利，是付款请求权无法实现或其实现有困难而后主张的票据上的权利，非因付款请求权受阻不得行使（《关于审理票据纠纷案件若干问题的规定》第4条）。[②] 在票据关系中，享有票据追索权的主体是持票人。但付款人履行了票据支付义务后，也就取得了持票人的地位，从而也享有票据的追索权。追索权的范围，不仅限于票据金额，而且包括利息及追索费用等。

追索权作为票据权利的保障性权利，具有如下特点：(1) 被追索对象的可选择性，即持票人可不按汇票债务人的先后顺序，对汇票的出票人、背书人、承兑人、保证人中的任何一人、数人或者全体行使追索权。(2) 可变性，即持票人行使追索权不受已经开始的追索权行使的限制，持票人有权进行新的追索，直至满足自己的票据追索权为止。(3) 代位性，即持票人行使票据追索权得到满足、被追索人在清偿债务后，即与持票人享有同一权利，可向其前手再进行追索，直至追索到最终的债务人（《票据法》第68条第2、3款）。[③]

（二）追索权的种类

持票人行使追索权，即为追索。追索依不同情形，可以分为：

1. 期前追索

未到汇票上记载的到期日之前而进行追索的，为期前追索。期前追索仅发生在定期汇票上，见票即付的汇票无事先确定的到期日，其提示之日即为到期日，所以不会发生期前追索。

2. 期后追索

在汇票到期及其以后进行的追索，为期后追索。任何一种汇票都可以发生期后追索。

3. 再追索

第一次追索之后，如仍有票据债务人而继续追索的，为再追索；再追索可以多次进行，直至承兑人或出票人履行票据责任为止。[④]

[①] 施天涛：《商法学》，第584页。
[②] 例外情形有期前追索，因不可抗力不能行使付款请求权的追索。
[③] 覃有土：《商法概论》，第365页；陈本寒：《商法新论》，第430页。
[④] 王保树：《商法》，第442页。有关追索权的种类及行使原因，见陈本寒：《商法新论》，第430—431页；施天涛：《商法学》，第584页；范健、王建文：《商法学》，第452页。

二、追索权的主体和客体

（一）追索权的主体

1. 追索权利人

追索权利人，即追索人，指依法享有追索权的人。追索人主要有两种：(1) 持票人。最后持票人是票据上的权利人，是最初追索权人。持票人在行使付款请求时遭到拒绝或具备其他法定原因时，即可对出票人、背书人及其他债务人行使追索权。但持票人为出票人时，对其前手无追索权；持票人为背书人时，对其背书的后手无追索权，以避免循环追索。(2) 因清偿而取得票据的人。除了最后持票人以外，因清偿而取得票据的人也可行使追索权。一般称之为第二次偿还权利人或者再追索的追索权人，包括背书人、保证人和参加付款人（《票据法》第68条第3款）。

2. 追索义务人

追索义务人，即被追索人，也称为偿还义务人。是指票据到期不获承兑或付款时，负责偿还汇票金额、利息和其他费用的人。包括汇票的出票人、背书人以及其他票据债务人，如保证人、参加承兑人。① 保证人因自己的保证行为，而与被保证人负同一票据责任，所以，保证人也负有偿还义务，也是追索权行使的对象（《票据法》第61条第1款）。②

（二）追索权的客体

追索权的客体，是指追索权人可以向被追索人请求偿还的一定金额。该金额是持票人因不获付款或不承兑而受到的损失，故不以票据上记载的金额为限，一般可分为最初追索金额和再追索金额两种。

1. 最初追索金额

依《票据法》第70条的规定，最初追索金额包括：(1) 被拒绝付款的汇票金额；(2) 汇票金额自到期日或者提示付款日起至清偿日止，按照中国人民银行规定的利率计算的利息；(3) 取得有关拒绝证明和发出通知书的费用。需要注意，被追索人清偿债务时，持票人应当交出汇票和有关拒绝证明，并出具所收到利息和费用的收据。

2. 再追索金额

依《票据法》第71条的规定，再追索金额包括：(1) 已清偿的全部金额；(2) 前项金额自清偿日起至再追索清偿日止，按照中国人民银行规定的利率计算的利息；(3) 发出通知书的费用。同样需要注意，行使再追索权的被追索人获得清偿时，应当交出汇票和有关拒绝证明，并出具所收到利息和费用的收据。

显然，最初追索与再追索中的求偿金额范围有所不同。随着追索次数的增加，追索的金额也在逐次递增，这主要体现在利息的增加和支出费用的增加上。③

三、追索权的保全与行使

（一）追索权的保全

追索权的保全，是指行使追索权应履行的手续和程序。持票人行使追索权应先为一定

---

① 陈本寒：《商法新论》，第431页。
② 根据我国《票据法》第68条的规定，一般是承认承兑人作为汇票被追索人的地位的。
③ 陈本寒：《商法新论》，第432页。

的追索权保全行为,否则将丧失对其前手的追索权。追索权的保全是持票人行使追索权的前提条件。追索权的保全程序分为以下两个步骤:

1. 票据提示

持票人要行使追索权,首先要向付款人提示汇票,请求承兑或付款。如持票人不在规定期间内提示汇票,则因此丧失其追索权。票据提示是持票人的重要义务,但是,如果有法定原因发生,持票人的这一义务可以免除。免于提示的情形有:承兑人或者付款人死亡、逃匿;承兑人或者付款人被依法宣告破产或者因违法被责令终止业务活动的;因不可抗力事实,持票人不能在法定期限内提示承兑或付款的;依除权判决进行追索时,无须提示汇票。

票据提示须按规定的期限进行。关于汇票提示承兑的期限,《票据法》规定:见票即付的汇票无需提示承兑;定日付款或者出票后定期付款的汇票,持票人应当在汇票到期日前向付款人提示承兑;见票后定期付款的汇票,持票人应当自出票日起1个月内向付款人提示承兑。关于汇票提示付款的期限,《票据法》规定:见票即付的汇票,自出票日起1个月内向付款人提示付款;定日付款、出票后定期付款或者见票后定期付款的汇票,自到期日起10日内向承兑人提示付款。

2. 作成拒绝证书

拒绝证书是指证明持票人曾经依法行使票据权利而被拒绝或者无法行使票据权利的要式公证书。持票人行使追索权,应以其票据权利不获承兑、不获付款等法定事由不能实现为前提。关于拒绝证书的种类,《票据法》规定:(1)持票人提示承兑或提示付款被拒绝的,应由承兑人或付款人出具拒绝证明或退票理由书。[①] (2)承兑人或付款人被法院宣告破产的,法院的有关司法文书,具有拒绝证书的效力。(3)承兑人或付款人因违法被责令终止业务活动的,有关行政部门的处罚决定,也具有拒绝证书的效力。(4)因承兑人或付款人死亡、逃匿或其他原因不能取得拒绝证明的,可以依法取得其他有关证明[②],如死亡证明书、宣告死亡的判决书、宣告失踪的判决书等。这些证明文件具有拒绝证书的效力。

拒绝证书具有保全追索权的作用,若持票人不能及时作成拒绝证书,将丧失对其前手的追索权。但根据《关于审理票据纠纷案件若干问题的规定》第19条之规定,持票人丧失对其前手的追索权,不包括对票据出票人的追索权。因此,如果持票人未及时取得拒绝证书或证明,并不意味着票据权利的全部灭失,持票人不能对背书人等行使追索权,但仍可以向出票人行使追索权。

(二)追索权的行使

各国票据法均将持票人不获承兑和不获付款作为追索权的发生原因,我国《票据法》也不例外。

1. 追索权行使的原因

追索权的行使须具备法定原因,可称为追索权行使的实质要件。追索权行使的原因由于追索权分期前行使和到期行使而有所不同。

(1)到期行使追索权的原因。依《票据法》第61条第1款规定,汇票到期被拒绝付款是持票人行使到期追索权的法定原因。因为汇票到期被拒付,持票人的付款请求权也不能实

---

① 有关《票据法》第62条所称"拒绝证明"应当包括的事项,见《票据管理办法》第27条。
② 见《关于审理票据纠纷案件若干问题的规定》第71条、《票据管理办法》第27条。

现,得借助追索权来维护其利益。

(2) 到期日前行使追索权的原因。依《票据法》第61条第2款规定,汇票到期日前,有下列情形之一的,持票人也可以行使追索权:汇票被拒绝承兑;承兑人或者付款人死亡、逃匿的;承兑人或者付款人被依法宣告破产的或者因违法被责令终止业务活动的。承兑人、付款人被宣告破产或被责令终止业务活动的,其付款能力随之丧失,票据虽然未届到期日,持票人也有权行使追索权。①

2. 追索权行使的程序

当出现行使追索权的原因时,持票人可按以下程序行使追索权:

(1) 提供拒绝证明。持票人对不获承兑、不获付款应负举证责任,证明方法以提供有关证明为限。提供有关拒绝证明,即是持票人保全票据权利的方法,同时也是持票人行使追索权的首要步骤。

(2) 拒绝事由的通知。②《票据法》第66条第1款规定:"持票人应当自收到被拒绝承兑或者被拒绝付款的有关证明之日起3日内,将被拒绝事由书面通知其前手;其前手应当自收到通知之日起3日内书面通知其再前手。持票人也可以同时向各汇票债务人发出书面通知。"拒绝事由的通知是行使追索权的程序之一,根据此规定,书面通知应当记明汇票的主要记载事项,并说明该汇票已退票。期限的计算采取发信主义,即在规定的期限内将通知按照法定地址或者约定地址邮寄的,视为已经发出通知。书面通知是否逾期,以持票人或者其前手发出书面通知之日为准;以信函通知的,以信函投寄邮戳记载之日为准。③ 对于持票人未按照规定期限通知的后果,《票据法》第66条第2款规定:"未按照前款规定期限通知的,持票人仍可以行使追索权。因延期通知给其前手或者出票人造成损失的,由没有按照规定期限通知的汇票当事人,承担对该损失的赔偿责任,但是所赔偿的金额以汇票金额为限。"

(3) 确定追索对象。持票人依法发出拒绝事由通知后,如果有票据债务人自动偿还,持票人应受领,追索权也因此而实现。如果无人愿为清偿,持票人应确定具体的追索对象以进行追索。④ 持票人在确定追索对象时可采取如下两种方式:一是选择请求,持票人可以不按照汇票债务人的先后顺序,对其中任何一人、数人或者全体行使追索权;二是变更请求,持票人可以对被追索人中的一人或数人提出追索后,再向其他被追索人提出追索。⑤

(4) 请求偿还。在确定了追索对象后,追索权人应向被追索人出示汇票以及拒绝证明,请求被追索人支付票据金额、利息及其他费用(《票据法》第70条第1款、第71条第1款)。

(5) 受领。被追索人如为清偿,追索权人应当受领,与此同时交出汇票和有关拒绝证明,并出具所收到利息和费用的收据(《票据法》第70条第2款、第71条第2款)。至此,追索权的行使程序即告结束。

四、追索权的效力

追索权的效力可分为对人的效力和对物的效力两个方面。前者是指对追索权人和被追

---

① 见覃有土:《商法学》,第402页。
② 关于拒绝通知的性质,见陈本寒:《商法新论》,第434页。
③ 见《票据法》第66条第3款、《关于审理票据纠纷案件若干问题的规定》第21条。
④ 关于确定追索对象问题,见《票据法》第68、69条的规定。
⑤ 见陈本寒:《商法新论》,第434页。

索权人所产生的效力,后者是指对追索金额所产生的效力。

(一) 对人的效力

根据《票据法》第 68 条的规定,追索权的对人效力表现在如下方面:

1. 连带责任

汇票的出票人、背书人、承兑人以及其他票据债务人(如保证人),对持票人承担连带责任,这是票据行为相互独立的结果。当然,票据债务人的此种责任并非民法上的真正连带责任,因为承兑人是付款义务人而非偿还义务人,承兑人的付款虽然能够免除全体偿还义务人的责任,但偿还义务人的清偿不能免除承兑人的责任,即后手的付款不能免除前手的责任。

2. 选择追索权

选择追索权,又称飞跃追索权,是指持票人在行使追索权时,可以根据自己的意思,自由选择其前手债务人为被追索人(《票据法》第 68 条第 2 款)。追索权行使的原则是后手向前手追索,但前手不得向后手追索。

3. 变更追索权

变更追索权,又称转向追索权,是指持票人即使已对票据债务人中的一人或者数人进行追索的,只要票据上还存在其他未被追索的债务人,持票人仍可以对其他汇票债务人行使追索权,即持票人可以改变追索方向(《票据法》第 68 条第 3 款)。

4. 代位追索权

被追索人清偿债务后,与持票人享有同一权利,即对其前手债务人行使追索权。此时的追索权即为再追索权或者代位追索权。[①]

(二) 对物的效力

追索权的对物效力主要表现为一定的追索金额的支付,包括最初追索金额和再追索金额的支付。

最初追索金额,是指持票人向汇票债务人行使追索权请求支付的金额。[②] 根据我国《票据法》第 70 条第 1 款规定,持票人行使追索权,可以请求被追索人支付下列金额和费用:(1) 被拒绝付款的汇票金额;(2) 汇票金额自到期日或者提示付款日起至清偿日止,按照中国人民银行规定的利率计算的利息;(3) 取得有关拒绝证明和发出通知书的费用。

再追索金额,是指偿还义务人行使再追索权时要求其前手清偿的金额。根据我国《票据法》第 71 条第 1 款规定,被追索人按照前条规定清偿后,可以向其他汇票债务人行使再追索权,请求其他汇票债务人支付下列金额和费用:(1) 已清偿的全部金额;(2) 前项金额自清偿日起至再追索清偿日止,按照中国人民银行规定的利率计算的利息;(3) 发出通知书的费用。行使再追索权的被追索人获得清偿时,应当交出汇票和有关证明,并出具所收到利息和费用的收据。

《票据法》第 72 条规定:"被追索人依照前二条规定清偿债务后,其责任解除。"

[①] 见施天涛:《商法学》,第 585—586 页。
[②] 范健、王建文:《商法学》,第 454 页。

【相关案例】19-6　持票人可以对背书人、出票人及汇票的其他债务人行使追索权①

2001年6月17日,山东省青州市永茂公司与潍坊某制革公司签订购销合同,约定永茂公司一次付给制革公司订金承兑汇票100万元人民币。合同签订后,青州黎纳公司去中国银行青州支行申请办理了3张共计100万元的银行承兑汇票。票面上均写明出票人黎纳公司,收款人永茂公司,出票日期为2001年6月18日,汇票到期日为2001年10月18日,由青州支行承兑。永茂公司当日取得3张汇票后转让给制革公司,并在第一背书人栏内加盖永茂公司财务章和法定代表人私章,但未记载被背书人名称和时间。制革公司于2001年6月20日和25日去某供应中心购买猪原皮,先后交付上述2张汇票。供应中心于25日将所持2张汇票第一被背书人补记为供应中心,并在第三被背书人栏内加盖中心公章和代表人私章,亦未记载被背书人名称和时间。之后,供应中心去开户银行沂南县城农村信用社申请贴现。信用社委托中国银行沂南支行于同日电报查询2张汇票的真伪,青州支行于28日回电称属实。同日信用社为其贴现。2001年10月15日,信用社在第二被背书人栏内补记信用社和2001年10月15日字样,并通过开户行办理委托收款。青州支行电告沂南支行称汇票已于2001年10月8日办理挂失止付。永茂公司称汇票丢失,向青州支行办理挂失止付并申请青州法院将上述3张汇票裁定停止支付。2001年10月8日,青州法院裁定停止支付3张汇票。青州支行将信用社提示付款的2张汇票扣留,2001年12月7日,信用社向山东省沂南县人民法院提起诉讼,请求判令供应中心、黎纳公司、永茂公司、青州支行、制革公司立即支付现金60万元,承担汇票到期日至付款日利息并赔偿损失。

前沿问题

◆ 我国《票据法》中的背书制度急需完善

一般而言,票据的流通是通过票据的转让而实现的,而合法有效的票据转让通常须借助背书的方式。也正是基于此,背书制度成为票据法中维护票据流通,实现票据功能的一项重要制度,地位突出,作用显著。我国《票据法》第27—31条、第33—36条、第69条,《关于审理票据纠纷若干问题的规定》第3、47、49、50—55、58条以及《支付结算办法》第29条、第30条第2款、第33条第2款等法律、法规虽然较为详尽地规定了背书制度。但是,其至少存在如下几个较为突出的问题:其一,有关禁止转让背书条文的含义不清,不仅难以理解,而且也与其他条文逻辑上存在一定的混乱;其二,持票人为保证人时,其追索权效力如何,并未予明确;其三,关于期后背书问题的规定表述不够明确;其四,未对无担保背书作出规定,因而缺乏无担保背书制度,与其他发达国家的票据法形成了较大差距。这些不足在越来越发达的国际贸易中,不仅影响我国国际贸易的进一步拓展,而且越来越成为我国出口依赖型企业发展的瓶颈。因此,应该重视票据法中背书制度的修改完善,建立更加科学合理,有利于我国市场经济发展的票据法背书制度。在具体做法上,既有必要借鉴和适当吸收发达国家的票

---

① 董安生:《票据法》,第207页。

据法背书制度,又要结合我国票据实务中存在的具体问题,予以可具操作的对策建议。

【思考题】

1. 简述汇票的概念与特征。
2. 什么是背书?背书会产生什么效力?
3. 什么是期前付款?它有什么风险?
4. 简述汇票保证的效力。
5. 简述我国汇票追索权的保全与行使的程序。

【司法考试真题】

19-1 甲从乙处购置一批家具,给乙签发一张金额为40万元的汇票。乙将该汇票背书转让给丙。丙请丁在该汇票上为"保证"记载并签章,随后又将其背书转让给戊。戊请求银行承兑时,被银行拒绝。对此,下列哪一选项是正确的?(2015年)

A. 丁可以采取附条件保证方式
B. 若丁在其保证中未记载保证日期,则以出票日期为保证日期
C. 戊只有在向丙行使追索权遭拒绝后,才能向丁请求付款
D. 在丁对戊付款后,丁只能向丙行使追索权

19-2 关于汇票的表述,下列哪些选项是正确的?(2013年)

A. 汇票可以质押,当持票人将汇票交付给债权人时质押生效
B. 如汇票上记载的付款人在承兑之前即已破产,出票人仍须承担付款责任
C. 汇票的出票人既可以是银行、公司,也可以是自然人
D. 如汇票上未记载出票日期,该汇票无效

19-3 甲公司开具一张金额50万元的汇票,收款人为乙公司,付款人为丙银行。乙公司收到后将该汇票背书转让给丁公司。下列哪一说法是正确的?(2011年)

A. 乙公司将票据背书转让给丁公司后即退出票据关系
B. 丁公司的票据债务人包括乙公司和丙银行,但不包括甲公司
C. 乙公司背书转让时不得附加任何条件
D. 如甲公司在出票时于汇票上记载有"不得转让"字样,则乙公司的背书转让行为依然有效,但持票人不得向甲行使追索权

19-4 甲公司向乙公司签发了一张付款人为丙银行的承兑汇票。丁向乙公司出具了一份担保函,承诺甲公司不履行债务时其承担连带保证责任。乙公司持票向丙银行请求付款,银行以出票人甲公司严重丧失商业信誉为由拒绝付款。对此,下列哪一表述是正确的?(2010年)

A. 乙公司只能要求丁承担保证责任
B. 丙银行拒绝付款不符法律规定
C. 乙公司应先向甲公司行使追索权,不能得到清偿时方能向丁追偿
D. 丁属于票据法律关系的非基本当事人

19-5 甲公司在与乙公司交易中获得由乙公司签发的面额50万元的汇票一张,付款人

为丙银行。甲公司向丁某购买了一批货物,将汇票背书转让给丁某以支付货款,并记载"不得转让"字样。后丁某又将此汇票背书给戊某。如戊某在向丙银行提示承兑时遭拒绝,戊某可向谁行使追索权?(2009年)

A. 丁某　　　　B. 乙公司　　　　C. 甲公司　　　　D. 丙银行

19-6 甲公司在交易中取得汇票一张,金额10万元,汇票签发人为乙公司,甲公司在承兑时被拒绝。其后,甲公司在一次交易中需支付丙公司10万元货款,于是甲公司将该汇票背书转让给丙公司,丙公司承兑时亦被拒绝。下列哪一选项是正确的?(2008年)

A. 丙公司有权要求甲公司给付汇票上的金额
B. 丙公司有权要求甲公司返还交易中的对价
C. 丙公司有权向乙公司行使追索权要求其给付汇票上的金额
D. 丙公司应当请求甲公司承担侵权赔偿责任

19-7 汇票持票人甲公司在汇票到期后即请求承兑人乙公司付款,乙公司明知该汇票的出票人丙公司已被法院宣告破产仍予以付款。下列哪一表述是错误的?(2006年)

A. 乙公司付款后可以向丙公司行使追索权
B. 乙公司可以要求甲公司退回所付款项
C. 乙公司付款后可以向出票人丙公司的破产清算组申报破产债权
D. 在持票人请求付款时乙公司不能以丙公司被宣告破产为由而抗辩

19-8 乙公司与丙公司交易时以汇票支付。丙公司见汇票出票人为甲公司,遂要求乙公司提供担保,乙公司请丁公司为该汇票作保证,丁公司在汇票背书栏签注"若甲公司出票真实,本公司愿意保证"。后经了解甲公司实际并不存在。丁公司对该汇票承担什么责任?(2005年)

A. 应承担一定赔偿责任
B. 只承担一般保证责任,不承担票据保证责任
C. 应当承担票据保证责任
D. 不承担任何责任

19-9 甲、乙签订一份购销合同。甲以由银行承兑的汇票付款,在汇票的背书栏记载有"若乙不按期履行交货义务,则不享有票据权利",乙又将此汇票背书转让给丙。下列对该票据有关问题的表述哪些是正确的?(2005年)

A. 该票据的背书行为为附条件背书,效力待定
B. 乙在未履行交货义务时,不得主张票据权利
C. 无论乙是否履行交货义务,票据背书转让后,丙取得票据权利
D. 背书上所附条件不产生汇票上效力,乙无论交货与否均享有票据权利

19-10 甲公司于2004年4月6日签发一张汇票给乙公司,到期日为2004年7月6日。乙公司于2004年5月6日向付款人提示承兑,被拒绝。乙公司遂将该汇票背书转让给丙公司。乙公司在此汇票上的背书属于什么性质?(2004年)

A. 回头背书　　B. 限制背书　　C. 期后背书　　D. 附条件背书

第二十章

本票和支票

【章首语】 本票和支票是我国《票据法》规定的汇票之外的两种重要的票据。其中,见票是本票的特有制度,而由于支票的有效期很短,因此其信用功能较汇票和本票弱,主要用于支付。另外,在包括汇票在内的票据关系中存有涉外因素时,该票据就成了所谓的涉外票据,《票据法》对其法律适用作了特别规定。

本章应着重学习本票的概念、特征及种类,本票的出票和见票;支票的概念、特征及种类,以及支票的出票、提示、付款以及涉外票据法律适用等内容。

第一节 本 票

一、本票的概念及特征

(一)本票的概念

本票是指出票人签发,在指定的日期内由自己无条件支付一定的金额给持票人的票据或书面承诺,是一种预约支付证券,也称预约证券。本票为见票即付,无须承兑。我国票据法上的本票,是指银行本票。

(二)本票的特征

与汇票相比,本票具有如下特征:

第一,本票是票据的一种。本票具有票据的共同性,即具有共同的经济功能、法律规则和法律原则,因此也属于完全的有价证券。同时,本票又有自身特有的性质和表征,不能用其他票据替代。

第二,本票是出票人无条件的支付承诺。本票由出票人付款,来源于出票人预先作出的支付一定金额的承诺,即出票人记载于本票上的自己到期无条件付款的意思表示,对出票人有绝对的约束力。

第三,本票是自付证券。本票是出票人自己对收款人或者持票人付款,并承担绝对的付款责任的票据,所以本票是自付证券。这是本票与汇票、支票的区别所在。

第四,本票的基本当事人只包括出票人和收款人。本票的付款人就是出票人自己,这是

---

① 相关论述见王保树:《商法》,第448页;施天涛:《商法学》,第589—590页;陈本寒:《商法新论》,第439页;范健、王建文:《商法学》,第456页;赵旭东:《商法学》,第351—352页。

本票区别于汇票和支票的根本点。汇票、支票的基本当事人有出票人、付款人和收款人,而本票为自付票据,缺少付款人。

二、本票的种类

1. 记名本票、指示本票与无记名本票

依权利人记载方式不同,本票分为记名本票、指示本票与无记名本票。记名本票又称抬头本票,是在本票上明确记载收款人的姓名或名称的本票;指示本票是在本票上除记载收款人姓名或名称外,还附加记载"或其指定人"字样的本票;无记名本票又称来人本票,是在本票上未记载收款人的姓名、名称或仅记载为"持票人""来人"字样的本票。①

我国《票据法》第 75 条规定,本票必须记载收款人名称。因此,《票据法》规定的本票只有记名式本票一种,不承认指示本票和无记名本票。

2. 即期本票与远期本票

依指定到期日方式的不同,本票分为即期本票与远期本票。即期本票即见票即付的本票;远期本票是指在本票上记载了一定的付款日期,在该日期到来之前,不得请求付款的本票;远期本票又可分为定期本票、出票日后定期付款本票以及见票日后定期付款本票等三种。我国票据法上的本票都是见票即付本票(《票据法》第 73 条第 1 款)。

3. 银行本票与商业本票

依本票的出票人,本票可分为银行本票与商业本票。银行本票由银行签发,商业本票由企事业单位、机关、团体等组织签发。我国票据法只承认银行本票,不承认商业本票(《票据法》第 73 条第 2 款)。②

三、本票的出票

(一) 本票出票的概念

本票的出票,是指出票人签发本票并将其交付给收款人的票据行为。从形式上看,本票的出票行为与汇票的出票行为一样,都由作成票据和交付票据构成。但就实质而言,二者存在着一定的区别。汇票出票人的出票行为是以委托付款人付款为目的的票据行为,体现了委付证券的性质;本票出票人的出票行为是出票人以自己无条件支付票据金额为目的的票据行为,体现了自付证券的性质。③

(二) 本票出票的款式

本票出票的款式,是指出票人在出票时在本票上记载的事项。出票人签发本票必须记载:(1) 表明"本票"的字样④;(2) 无条件支付的承诺;(3) 确定的金额;(4) 收款人名称;(5) 出票日期;(6) 出票人签章。本票上未记载前述事项之一的,本票无效。除上述绝对必要记载事项外,出票人还可记载付款地、出票地等相对必要记载事项。本票上如未记载付款地的,以出票人的营业场所为付款地;未记载出票地的,以出票人的营业场所为出票地(《票

---

① 见陈本寒:《商法新论》,第 440 页。
② 见范健、王建文:《商法学》,第 457 页;陈本寒:《商法新论》,第 440 页。
③ 陈本寒:《商法新论》,第 440—441 页。
④ 在我国票据实务中,由于空白票据凭证是由中国人民银行统一印制,"银行本票"的票据文句事先已印载于票据凭证之上,故出票人不必另行记载。

据法》第75、76条)。

(三) 出票的效力

出票人一经依法制作并交付本票,出票行为即告成立,出票人与收款人之间即发生票据上的债权债务关系。本票出票的效力,是指出票人签发本票后承担的责任以及收款人因此享有的权利。

1. 对出票人的效力

《票据法》第77条规定:"本票的出票人在持票人提示见票时,必须承担付款的责任。"根据此规定,出票行为一经完成,出票人应当对持票人负担直接、无条件付款的票据责任。(1) 出票人的这种付款责任是第一次责任。出票人是第一债务人或主债务人。直接付款责任,是指持票人于到期日有权直接请求出票人付款,而出票人必须直接向持票人付款,对此不得附加任何条件。(2) 无条件付款责任。是指出票人直接付款责任具有绝对性。持票人于本票权利有效期内请求付款,出票人必须直接支付,不受任何条件的限制。依《票据法》第79条的规定,本票的持票人未按照规定的期限提示见票的,虽然丧失对其前手的追索权,但仍然可以向出票人行使追索权。(3) 出票人的付款责任是一种最终责任,即出票人一经付款,全部本票关系就归于消灭。

2. 对持票人的效力

对于持票人或收款人来说,出票人签发本票后,收款人及以后的持票人就取得本票上的权利,包括付款请求权和追索权。由于本票无承兑制度,本票一经出票,主债务人即确定,因此,收款人取得的付款请求权是一种现实的权利。而汇票在经付款人承兑前不存在主债务人,收款人享有的付款请求权仅仅是一种期待权,只有经付款人承兑后,该期待权才转化为现实权利。当付款人拒绝付款时,持票人可以向其前手行使追索权。追索权只有在付款请求遭到拒绝,依规定作成拒绝证书后才可行使,这一点与汇票相同。①

四、本票的见票

(一) 本票见票的概念

本票的见票,是指本票的持票人按照规定的期限,向出票人提示本票,由出票人在本票上记载"见票"字样及见票日期,并签章的行为。由此:(1) 见票是本票出票人的行为;(2) 见票由持票人提示本票而发生;(3) 见票的目的,是为了确定见票后定期付款的本票的到期日;(4) 见票的方式,是出票人在本票上记载"见票"字样,载明日期并签章。

本票的见票与汇票的承兑具有相似之处,如二者都是持票人提示票据;都具有确定见票后定期付款票据到期日的作用。但二者在实质上又有一定的差别:(1) 目的不同,见票的目的在于确定到期日,而承兑除确定到期日外,更主要的目的是确定付款人的义务;(2) 行为主体不同,见票是本票的出票人所为的行为,而承兑则是汇票的付款人所为的行为,在存在担当付款人时,见票是担当付款人所为的行为,而承兑则不能由担当付款人所为;(3) 适用范围不同,见票仅适用于见票后定期付款本票,见票即付、定日付款、出票后定期付款,本票则没有承兑制度,而承兑除见票即付汇票外,对于定日付款、出票后定期付款、见票后定期付款汇票均适用。

---

① 见施天涛:《商法学》,第592页。

(二) 本票见票的程序和款式

1. 见票的程序

见票的程序,是指见票后定期付款的本票持票人在法律规定的期间内向出票人提示票据,请求其签章、记载"见票"字样、见票日期,以确定本票到期日的起算日期的过程。

见票程序一般分为三步:(1)提示见票。是指持票人于票据法所规定的期限内,向出票人提示本票,请求签见,以确定到期日的行为。(2)签见。持票人提示见票,应将本票交出票人验看,出票人验看无误时,应按照票据法的规定,记载见票应记载事项。持票人提示见票后,也有可能被提示人拒绝见票。此时,持票人应当作出拒绝证书,根据此事实即可不再为付款提示而直接向前手行使追索权。未作成拒绝证明书,持票人会丧失相应的追索权。(3)交还本票。无论签见或拒见,被提示人都应将本票交返持票人,同时收回因暂占有本票而开具的回单。至此,本票的见票即告完成,持票人凭票提示付款或进行追索。[①]

2. 见票的款式

持票人提示见票时,如果出票人在本票上签章,同时应记载:(1)"见票"字样或其他同义文句;(2)见票日期;(3)出票人签章。未记载见票日期的可作推定,见票日期应视为相对必要记载事项。

(三) 见票的效力[②]

本票见票的效力表现在:(1)确定到期日。见票后定期付款的本票,从见票日起计算规定期间而确定到期日。(2)保全追索权。持票人提示见票,出票人可能予以"签见",也可能拒绝见票。签见的,发生到期日确定之效果;拒绝见票的,持票人得在规定的期限内作成拒绝证书,以便行使追索权。如果持票人未在规定期间内提示见票的,丧失对前手的追索权(《票据法》第79条)。[③]

五、汇票规则的准用

因本票和汇票在票据规则上有许多相同之处,在一些国家和地区的票据立法中,将汇票与本票统一立法。[④] 为避免重复规定,我国《票据法》专设了"本票适用汇票规定"的规则。

1. 本票出票对汇票规则的准用

由于本票的出票规则与汇票的出票规则在记载事项的要求上有较大差别,各国票据法均不作准用的规定。《票据法》第80条第2款仅规定当本票记载了法定事项以外的事项,即不具有票据效力的记载事项时,其效力准用汇票的相关规定。依此规则,本票出票时,应按本票出票的特别规则进行应记载事项的记载,本票另记有其他事项的,不因该事项记载而无效,但该事项本身不具有本票的效力(《票据法》第24条)。

2. 本票背书对汇票规则的准用

汇票关于背书的规定,本票一般均可适用。但由于本票没有承兑制度,所以,汇票中关于背书人担保承兑的规定当然不能准用,本票背书人只承担担保付款的责任。

---

① 我国《票据法》未认可见票后定期付款的本票,自无此种规定,在实务中,亦无适用此种程序的票据关系。见刘心稳:《票据法》,第207页;施天涛:《商法学》,第592—593页。
② 关于见票的效力,见施天涛:《商法学》,第593页;赵万一:《商法》,第223页。
③ 刘心稳:《票据法》,第206页。
④ 世界范围内有关本票准用汇票的立法方式迥异,见陈本寒:《商法新论》,第445页。

3. 本票保证对汇票规则的准用

汇票关于保证的规定,包括形式、记载事项、原则、效力等,本票均可适用。由于我国票据法规定的本票仅限于银行本票,基于银行的实力及信用,实践中一般无需他人提供保证,发生银行本票保证的可能性极小,所以本票保证对汇票规则的准用在实践中无多大意义。

4. 本票付款对汇票规则的准用

汇票关于付款的规定,本票也可准用。但也有例外:(1) 付款提示期限。本票的付款期限为自出票日起2个月,所以,付款提示期限及其不遵守提示期限的后果不适用汇票规则。(2) 本票仅为见票即付。所以,《票据法》第58条所规定的期前付款不适用于本票。

5. 本票追索权对汇票规则的准用

汇票关于追索权行使的规定,除涉及承兑的规定外,其余都适用于本票。[①]

【相关案例】20-1　所附条件将导致本票无效[②]

2005年3月19日,某食品厂向本市的某塑料袋加工厂(简称"加工厂")购买一批总价值为10万元的食品包装袋,双方约定以银行本票作为结算方式。食品厂向其开户的某农业银行申请签发了一张收款人为该加工厂、票面金额为10万元的银行本票,该农业银行应食品厂的要求,于出票时在本票上作出如下记载:"若某加工厂提供的食品包装袋质量未达到其与食品厂所签合同的要求,则不予支付票面金额。"该加工厂对此表示同意。该农业银行遂于3月26日将此本票交付给加工厂。当日,加工厂按约定数量向食品厂交付了全部食品包装袋。随后,食品厂在验收时发现有部分包装袋并未达到合同约定的质量要求,于是将该事项通知了农业银行。4月2日,当加工厂前往农业银行请求支付本票10万元金额时,银行以发生了本票上记载的阻却付款事项为由,拒绝了加工厂的付款请求。加工厂遂将该农业银行起诉到法院,请求法院判决确认该本票的效力,并要求农业银行支付本票上记载的10万元金额。

法院经审理查明,在该农业银行所签发的本票上,确有相关字样。认为该本票的记载事项不符合《票据法》相关规定,违背了无条件支付的承诺,最终判决本案所涉及的本票为无效票据,驳回加工厂的诉讼请求。

第二节　支　票

一、支票的概念与特征

《票据法》第81规定:"支票是出票人签发的,委托办理支票存款业务的银行或者其他金融机构在见票时无条件支付确定的金额给收款人或者持票人的票据。"汇票和本票均具有支

[①] 王保树:《商法》,第449页。
[②] 董安生:《票据法》,第268—269页。

付功能和信用功能,支票则主要以支付功能为主,主要用于克服使用现金在空间上的困难。在我国票据法上,支票不同于汇票的制度有:支票出票制度、空白支票制度、空头支票制度和支票付款制度。

作为票据的一种,支票具有以下特征①:

(1) 支票是票据的一种。支票具有票据的一切共性,与汇票、本票一样,本票具有设权性、无因性、要式性、文义性、完全有价性、流通性、提示性、返还性等特性,只是支票更加侧重于其支付功能。在汇票、本票和支票的发展史上,支票出现最晚。但在现代经济生活中,支票却是运用得最广泛和最普遍的一种票据。

(2) 支票是委托办理支票业务的银行等金融机构支付的票据。支票与汇票一样,不是自付证券,而是委托证券,其基本当事人有出票人、付款人和收款人。

(3) 支票的付款人只能是经批准可以办理支票存款业务的银行或者其他金融机构。支票十分注重资金关系,出票人必须在付款人处存有足额的资金才能委托付款人支付票据金额,否则即构成空头支票。《票据法》第82条第2款规定:"开立支票存款账户和领用支票,应当有可靠的资信,并存入一定的资金。"据此,支票的付款人只能是经批准可以办理支票存款业务的银行或者其他金融机构。支票是支付证券,必须对付款人的资格予以限制。同时,银行等金融机构是处理金钱的专家,以其为付款人,不但支票的支付性因此而得到强化,而且就支付技术而言,也必然计算精确、迅速,有利于交易。②

(4) 支票是见票即付的票据。因汇票与本票均为信用证券,不注重现实支付。而支票是支付证券,作为一种支付工具,不像汇票、本票那样有即期和远期之分,其主要功能在于代替现金进行支付,须随时兑换。

(5) 支票的无因性受到一定的限制。③《票据法》第87条规定:"支票的出票人所签发的支票金额不得超过其付款时在付款人处实有的存款金额。出票人签发的支票金额超过其付款时在付款人处实有的存款金额的,为空头支票。禁止签发空头支票。"

二、支票的种类

支票依据不同的标准可作如下分类。④

1. 记名式、指示式与无记名式支票

依支票上记载权利的方式,可将支票分为记名式、指示式与无记名式支票。《票据法》第84条并未将收款人名称作为绝对必要记载事项。《票据法》第86条第1款规定:"支票上未记载收款人名称的,经出票人授权,可以补记。"依此,我国《票据法》承认无记名式支票。

2. 现金支票与转账支票

依支票的付款方式,可将支票分为现金支票与转账支票。《票据法》第83条规定,支票可以支取现金,也可以转账,用于转账时,应当在支票正面注明。支票中专门用于支取现金的,可以另行制作现金支票,现金支票只能用于支取现金。支票中专门用于转账的,可以另

---

① 有关支票特征的论述见刘心稳:《票据法》,第212—214页。
② 施天涛:《商法学》,第595页。
③ 范健、王建文:《商法学》,第458页。
④ 有关支票种类的论述见范健、王建文:《商法学》第458页;陈本寒:《商法新论》,第448—449页;赵万一:《商法》,第224—225页;王保树:《商法》,第450—451页;施天涛:《商法学》,第595—596页。

行制作转账支票,转账支票只能用于转账,不得支取现金。①

3. 一般支票与变式支票

依支票当事人资格是否兼任为标准,可将支票分为一般支票与变式支票。变式支票包括对己支票、指己支票与受付支票。对己支票,是指出票人以自己为付款人而发行的支票。由于付款人只能是银行或其他法定金融机构,因而对己支票的出票人也只是银行或其他法定金融机构。指己支票,是指出票人以自己为收款人而发行的支票。这种支票类似于指己汇票,任何在银行有存款的存户或与银行订有透支合同的当事人都可以签发此类支票。受付支票,是指出票人以付款人为收款人而签发的支票。这种支票的收款人不能是一般的个人或法人,而必须是银行或其他法定金融机构。《票据法》第86条第4款规定:"出票人可以在支票上记载自己为收款人。"据此,《票据法》认可变式支票。

4. 普通支票与特殊支票

依支票付款是否有特殊规定为标准,可以将支票分为普通支票和特殊支票。不包含特殊情形的支票,为普通支票。包含有特殊情形的支票,为特殊支票。特殊支票又包括空白支票、远期支票、划线支票和保付支票。我国《票据法》中未规定后三种支票,但《支付结算办法》认可了划线支票。②

三、支票的出票

(一) 出票的款式

支票的出票,是指在银行或者其他金融机构开立支票存款账户的人,依票据法的规定作成支票并交付收款人的票据行为。由于支票的出票行为在形式上与汇票出票一样,所以,除另有规定外,适用《票据法》关于汇票的规定(《票据法》第93条第2款)。支票的签发,必须使用由相应的银行即充当付款人的银行印制并发出的支票用纸。支票出票的款式,即出票人在签发支票时所应记载的事项。

1. 绝对必要记载事项

依《票据法》第84条的规定,支票出票时必须记载:(1)表明"支票"的字样,即"票据文句"。票据文句事先已印载于票据凭证之上,出票人不必另行记载。(2)无条件支付的委托,即"委托文句"。我国票据实务中,支票印有"上列款项请从我账户内支付"字样,无须出票人另为"委托文句"的书写。(3)确定的金额。(4)付款人名称。支票的付款人不是个人或一般的法人,而是银行或其他法定金融机构。(5)出票日期;(6)出票人签章。支票上未记载上述规定事项之一的,支票无效。与汇票出票的绝对记载事项不同,支票的出票行为不要求必须记载"收款人名称"事项。

2. 相对必要记载事项

依《票据法》第86条的规定,支票的相对必要记载事项主要包括:(1)收款人名称。出票人既可以在支票上记载自己为收款人,也可以暂时不记载收款人名称,而授权他人补记;(2)付款地。支票上未记载付款地的,付款人的营业场所为付款地;(3)出票地。支票上未记载出票地的,出票人的营业场所、住所或者经常居住地为出票地。与汇票出票的相对记载

---

① 我国《支付结算办法》规定支票有现金支票、转账支票、普通支票三类。
② 有关特殊支票的论述见施天涛:《商法学》,第599—606页。

事项不同,支票的出票行为不要求必须记载"付款日期"事项。

3. 任意记载事项

支票的任意记载事项包括:(1)禁止背书文句。即出票人在支票上记载"不得转让"字样的,支票不得转让;背书人在支票上记载"不得转让"字样,其后手再背书转让的,原背书人对后手的被背书人不承担保证责任。(2)币种支付文句。即支票的当事人对支票支付的货币种类另有约定的,依其约定。

4. 不得记载事项

凡有悖支票性质和有害支票权利的事项,均不得记载于支票上。不得记载事项包括记载本身无效的事项,如付款日期的另行记载无效,免除担保付款责任的记载无效;记载使支票无效的事项,如附条件的委托付款,分期付款的记载。[①]

(二) 出票的效力

支票出票的效力是指支票出票行为完成后,该支票的出票人、付款人和收款人应承担的义务或享有的权利。

1. 对出票人的效力

一般而言,出票人一经签发支票,就应承担担保支票付款的责任。《票据法》第89条第1款规定:"出票人必须按照签发的支票金额承担保证向该持票人付款的责任。"由此,对出票人的效力是指支票的出票人签发支票后,依支票文义所承担的担保付款的责任。[②] 支票是委付证券,支票主债务人为付款人,出票人得承担绝对的担保支付票据金额的义务。即如果到时支票付款人拒绝付款,出票人要负责有关支票金额及其他法定费用的偿还。出票人的这一义务,不因超过提示付款期限而免除。

2. 对付款人的效力

出票人签发支票是委托付款人付款的行为。付款人接受这一委托是因为出票人与付款人之间订有支票合同,即出票人在付款人处开立支票存款账户,存入一定资金,约定由出票人发出支票,付款人按支票所指示的数额从存款中付款。支票合同的订立与存在是支票出票人签发支票与付款人付款的前提。付款人承担付款责任是有条件的,即只有出票人在付款人处的存款足以支付票据金额,且持票人在付款期限内提示付款时,付款人才必须在见票时足额付款。如果持票人超过提示付款期限提示付款,付款人可以不予付款。如果出票人签发空头支票,即金额超过其付款时在付款人处实有的存款金额的支票时,付款人当然有权拒绝支付。

3. 对收款人的效力

出票人一经签发支票,便取得向付款人请求付款的权利。由于支票属于委付证券,付款人承担的付款责任相对且有条件。因此,持票人无法确切知晓付款人是否将会付款,该权利只有在收款人现实地受领票款时才成为现实的权利,并且因权利得以实现而消灭。除请求付款外,收款人也可以在付款人拒绝付款时行使追索权。

---

① 见我国《票据法》第90条的规定。
② 关于支票出票人担保责任的性质,见范健、王建文:《商法学》,第458页。

四、支票的付款

（一）付款提示

付款提示是指持票人向付款人出示支票，请求其付款的行为。支票同汇票一样，均为提示证券，在行使权利前必须先提示票据。汇票的提示包括承兑提示和付款提示，而支票为见票即付的支付证券，所以仅有付款提示。如果权利人未出示票据而以其他书面形式或口头形式向付款人提示付款，则不产生付款提示的效力。

1. 提示期限

《票据法》第91条规定："支票的持票人应当自出票日起10日内提示付款；异地使用的支票，其提示付款的期限由中国人民银行另行规定。"由于支票为见票即付的支付证券，故其适用较短的付款提示期限。而对异地、同地支票规定不同的提示期限，是各国票据法的惯例。以上提示期限，自出票日的次日计算。

2. 提示的方式

我国《票据法》对提示的方式未作规定。一般有：(1) 在约定的付款地点直接向付款人提示，没有记载付款地的，以付款人的营业场所或居所为付款提示地；(2) 通过票据交换所提示；(3) 邮件提示。

3. 提示的效力

持票人应在法定的付款提示期限内为付款提示，不按期提示付款的，将产生不同的法律效果。

(1) 持票人在法定提示期间内为付款提示，如果付款人拒绝付款的，持票人可以依法作成拒绝证书向前手行使追索权；持票人如果未在法定提示期间内为付款提示的，丧失对出票人以外的所有前手的追索权。

(2) 持票人超过付款提示期限的，如果出票人未撤回付款委托，付款人可以付款，也可以拒绝付款。如果付款人已撤回委托或支票自签发之日已达6个月者，则付款人不能付款，否则付款人应对出票人负损害赔偿的责任。

(3) 持票人怠于在法定提示期间内向付款人为付款提示，并因此造成出票人损失的，对出票人应负损害赔偿的责任，但其赔偿金额一般不应超过支票的票面金额。

(4) 出票人在法定提示期间内不得撤回付款委托，其撤回委托付款在提示期间内不生效力，但支票被盗、遗失等特殊情况除外。持票人在法定提示期限内为付款提示的，付款人应依法律规定，对背书是否连续进行审查，审查无误的，付款人应当在当日足额付款。

（二）支票的付款

1. 付款的期限

支票限于见票即付，不得另行确定付款日期。由于支票的提示期限较短，持票人从出票日起随时可以向付款人提示票据请求付款。如果持票人超过付款提示期限时，依《票据法》的规定，付款人可以不予付款。但并非绝对不予付款：(1) 当出票人因支票付款期限已过而撤销付款委托，或者持票人提示付款的时间超过了法定的消灭时效期间，付款人对持票人的付款请求可以拒绝，不予付款。(2) 如法定的付款提示期限虽已届满，但出票人未撤销付款委托，出票人在付款人处仍存有足以支付支票金额的资金时，付款人可以按照提示一样，当日足额付款。

2. 付款人的责任与权利

支票为支付证券,注重资金关系。因而,当出票人在付款人处的存款足以支付支票金额时,付款人则应当在当日足额付款。我国《票据法》的这一规定,对无故占票、压票,以此无偿占用他人资金行为予以强有力的约束。对付款人而言,在提示当日足额付款后,其有权要求持票人在支票上记载"收讫"字样,并交出支票。

3. 付款的效力

《票据法》第 92 条规定,付款人依法支付支票金额的,对出票人不再承担受委托付款的责任,对持票人不再承担付款的责任。依此,付款人一旦付款完毕,其责任免除。但是,付款人以恶意或者有重大过失付款的除外。所谓"恶意",即付款人明知背书或其他签名是伪造,或明知持票人为非票据权利人,仍予以付款。所谓"重大过失",即付款人应当审查绝对必要记载事项是否记载完全,而未予审查,对绝对必要记载事项未记载完全的无效支票仍予以付款,或者不核对签名或印鉴,而对签有与预留的签名式样不符或者对盖有非预留印鉴的支票进行付款。对于支票付款人以恶意或者重大过失付款的,不能解除其对真正的出票人所承担的受委托付款的责任,也不能解除其对真正的持票人所承担的付款责任。如果真正的权利人出现,付款人不能因已经付款而免除其付款责任。

五、出票人的责任以及汇票规定的准用

(一)票据上的责任①

出票人签发支票后,应该承担票据上的责任。

1. 担保付款责任

在支票付款人拒绝付款时,出票人对于收款人及其后手,均负偿还责任。《票据法》第 89 条第 1 款规定:"出票人必须按照签发的支票金额承担保证向该持票人付款的责任。"出票人的这种担保付款责任,与汇票的承兑人、本票的出票人责任相同,是绝对责任、最终责任,不能依特约免除。此外,出票人的担保付款责任不以票面金额为限,还包括利息及其他必要费用。

2. 提示期限经过后的责任

由于出票人是支票的最后偿还义务人,其担保付款责任为绝对责任,所以,虽然付款提示期限经过,出票人对于持票人仍应负担保付款责任。但是,如果持票人因怠于提示,使出票人遭受损失的,持票人应负赔偿之责,赔偿的金额,以不超过票面金额为原则。

3. 付款提示期间不得撤销付款委托的责任

只有在付款提示期限经过后,出票人才能撤销其付款委托。出票人经过合法手续撤销付款委托后,即免除其付款责任。这是支票所特有的责任,目的就在于维护支票的信用,促进票据的流通和保障交易安全。

(二)签发空头支票的责任

空头支票一方面损害了持票人的合法权益,使其票据权利不能实现。另一方面,扰乱了

---

① 《票据法》第六章是关于票据法上责任制度的集中规定。有学者认为,我国票据法上的责任制度包括票据责任制度和其他法律责任制度。前者如《票据法》第 4、26、37、44、50、68、70、71 条等规定的票据责任。后者如《票据法》第 14、18、57、62、65、66、102—106 条等。参见于永芹:《票据法案例教程》,第 282—283 页。

正常的金融秩序。为维护票据信用,加强票据管理,《票据法》明文规定禁止签发空头支票。对于签发空头支票的,《票据法》及相关法律、法规规定了民事、行政以及刑事三方面的责任。[1]

（三）故意签发与其预留的本名签名式样或者印鉴不符的支票的责任

为防止他人盗窃空白票据骗取资金,或利用票据制度形式的严密性,欺骗收受支票的当事人,故意使支票得不到兑付,《票据法》规定,支票的付款人支付支票金额除出票人必须在付款人处有足够的存款外,支票上的签章还必须和出票人在付款人处预留的本名签名式样和印鉴一致。否则,即使其签章是出票人本人所为,也可不支付支票金额。关于出票人故意签发与其预留的本名签名式样或者印鉴不符的支票,我国法律规定的制裁措施基本与出票人签发空头支票的制裁措施相同。

（四）汇票规则的准用

支票作为票据的一种,汇票相关规则可直接准用于支票。

1. 支票出票对汇票规则的准用

由于支票的出票与汇票的出票在形式上一样,支票的出票行为,主要准用《票据法》第24、26条关于汇票的规定。但由于支票无须承兑,因此,支票出票人仅承担付款保证的责任。

2. 支票背书对汇票规则的准用

从《票据法》相关规定来看,支票的背书转让与汇票的背书转让并无本质区别。因此,《票据法》有关汇票背书转让的规定,如背书的行为方式、必要记载事项及其他记载事项、效力等可准用于支票的背书行为。

3. 支票付款对汇票规则的准用

支票与汇票均属委付证券,支票的付款与汇票的付款在付款人的审查责任、付款的效力等要求相同。所以除了提示付款期限、付款人的义务以外,其他付款制度可准用汇票付款的规定。

4. 支票追索对汇票规则的准用

根据《票据法》规定,支票追索权行使的实质条件、形式条件、追索权行使的程序以及追索金额等均准用汇票关于追索权的规定。但与支票性质不合的承兑、保证等规定,则应予排除。

【相关案例】20-2　支票出票人不能以其与票据前手之间基础关系的抗辩事由对抗票据后手[2]

原告北京千年禧工贸发展有限公司持有的中国工商银行转账支票,支票金额为3.7万元,出票人为被告豪达文仪家具（北京）有限公司,收款人为原告,出票日期为2012年5月5日,支票有"豪达文仪家具（北京）有限公司财务专用章"和"魏文林印"签章。2012年5月9日,该支票被银行退票,退票理由为密码错误。

---

[1]　见《票据法》第102、103、106条,《票据管理办法》第31条,《关于审理票据纠纷案件若干问题的规定》第73条,《刑法》第194、199、200条等的规定。

[2]　《中国法院2014年度案例·金融纠纷》,第113—115页。

庭审过程中,原告称盛世汉邦公司向其交付上述转账支票用于支付购买纸张的款项,被告认可其将上述支票交付给盛世汉邦公司用于支付画册制作费的事实。

北京市通州区人民法院认为:原告持有的出票人为被告的中国工商银行转账支票系有效票据。原告作为该支票的合法持有人,在上述支票被退票后,向被告行使票据追索权符合法律规定,对原告要求被告给付票据金额 3.7 万元的诉讼请求予以支持。鉴于票据的无因性,原告因为业务关系从盛世汉邦公司取得支票,系支票的合法持有人,依法享有票据权利。由于被告和原告并非直接前后手,双方之间未实际发生业务往来,故票据债务人被告不能以自己与原告的前手之间的抗辩事由对抗原告。被告有关涉案支票系其向盛世汉邦公司支付的画册制作费,因质量问题不应支付票据款的意见,与本案不属于同一法律关系。

第三节 涉外票据法律适用

一、涉外票据的概念

随着国际贸易的不断发展,不同国家之间的票据往来逐渐成为普遍现象。由于不同国家的票据制度有所不同,故国家之间的票据关系的法律适用难免发生冲突。解决冲突的办法是确定票据行为的准据法,即涉外票据的法律适用。① 涉外票据,是指出票、背书、承兑、保证、付款等行为中,既有发生在我国境内又有发生在我国境外的票据(《票据法》第 94 条)。可见,涉外票据不是以持票人是外国人为标准而界定,而是以具体票据行为在我国境内和境外发生的事实来确定的。② 一言以蔽之,依《票据法》第 94 条第 2 款之规定,涉外票据是具有导致票据法律关系产生、变更、消灭的法律事实发生在国外的票据。

二、涉外票据法律适用的基本原则

(一)国际条约优先适用原则

国际法优于国内法,这是法律适用的一般原则,一国一旦缔结相关国际条约,则必须遵守。目前,国际上正式生效的有关票据的国际条约主要有:《日内瓦统一汇票本票法》《日内瓦统一支票法》《解决汇票本票法律冲突公约》《解决支票法律冲突公约》。前两者为票据统一实体法规范,后两者为票据统一法律冲突规范。到目前为止,我国均没有参加上述公约。同时,根据《票据法》第 95 条第 1 款的规定,我国对缔结或参加的国际条约的某些规定,声明保留条款的,不适用"国际条约优先"原则,而以本国法为准。

(二)国际惯例补充适用原则

国际惯例是在长期实践中反复适用而形成的、各国普遍承认的、具有固定的内容的习惯做法。对于涉外票据,如果国内立法有明确规定,则不能适用国际惯例;反之,如果没有国内立法作为裁判依据,则应以国际惯例加以解决,可见,国际惯例的效力处于最低层次,在涉外

---

① 见史正保:《商法学》,第 367 页。
② 赵旭东:《商法学》,第 361 页。

票据纠纷中起到补充作用。①

除上述两原则外,涉外票据适用法律时还应坚持互惠和对等原则。

三、涉外票据法律适用的具体规定

(一) 关于票据行为能力的准据法

《票据法》第96条规定:"票据债务人的民事行为能力,适用其本国法律。票据债务人的民事行为能力,依其本国法律为无民事行为能力或者为限制民事行为能力而依照行为地法律为完全民事行为能力的,适用行为地法律。"这一规定,借鉴和吸收了国际上有关立法的优点。

票据债务人的民事行为能力,因关系到票据行为和票据是否有效等重大问题。所以,是各国票据法的基本制度,涉外票据中如何认定票据债务人的民事行为能力,国际上有三种立法模式:(1) 本国法主义,即票据债务人的行为能力应依其本国法。欧洲大陆一些国家采此立法。(2) 行为地法主义,即票据债务人的行为能力应依票据行为地所属国的法律。英美等国采此立法。(3) 一般适用其本国法,但本国法认为其民事行为能力有欠缺而行为地法认为其为完全民事行为能力的,依行为地法,此为"折衷主义立法"。我国《票据法》采取了折衷主义。德国、日本、瑞士等国家亦如此。

(二) 关于票据形式和票据行为的准据法

一般而言,票据具有要式性,票据行为必须符合法定的款式才能产生票据法上的效力。票据形式和票据行为的法律适用,涉及各种票据行为的记载事项、背书、承兑、保证、付款等内容。国际上一般都以行为地法律为原则,同时附加一定的特别规定。我国《票据法》第97条第1款、第98条规定了票据形式和票据行为的法律适用:(1) 汇票、支票出票时的记载事项,适用出票地法律;(2) 票据的背书、承兑、付款和保证行为,适用行为地法律。同时,《票据法》第97条第2款又附加了关于支票出票的特别规定:"支票出票时的记载事项,适用出票地法律,经当事人协议,也可以适用付款地法律。"之所以如此规定,是因为支票为见票即付的票据,付款提示期限很短,有时适用付款地法,更有利于保护持票人的利益。

(三) 关于票据追索权行使期限和票据权利保全的准据法

追索权的行使和保全手续密不可分,票据权利保全手续欠缺,是追索权丧失的原因,而票据权利保全手续,应在付款人所在地作成,这样就必须涉及到付款地法律。票据追索权的行使期限,即持票人行使初次追索权和再追索权的时效期限。我国《票据法》第99条规定:"票据追索权的行使期限,适用出票地法律。"追索权的时效期限,关系到背书人、保证人、出票人等多方面票据债务人,这些人有可能不是同一国的人,适用付款地或其他地的法律,对追索权的行使都不妥当,而适用出票地法律则较为科学。

基于票据权利的行使和保全手续一般都需要在付款地进行的原理,我国《票据法》规定票据权利行使和保全手续均适用付款地法律。《票据法》第100条规定:"票据的提示期限、有关拒绝证明的方式、出具拒绝证明的期限、适用付款地法律。"

(四) 关于票据权利保全的准据法

《票据法》第101条规定,票据丧失时,失票人请求保全票据权利的程序,适用付款地法

---

① 于永芹:《票据法案例教程》,第276页。

律。各国关于票据丧失后补救措施的规定存在着较大差异：大陆法系国家一般通过公示催告程序对所失票据作除权判决，宣告票据无效；英美法系国家则通过诉讼行使权利。因此，有关票据丧失后进行救济的法律冲突也就较大。但就票据丧失后，持票人请求票据救济发生法律冲突时的准据法确定，各国法律的规定则比较一致，一般都规定适用付款地法律。因为，票据权利必须通过付款人才能最终实现，如果发生票据遗失、挂失止付、公示催告等，均需要依靠付款人的配合方能完成。以付款地法律作为准据法，不仅能阻止非法持票人获得付款，有效地维护失票人的票据权利，而且有利于得到付款地国家法院的执行协助。

【相关案例】20-3　票据行为的款式适用行为地法[①]

1996年2月7日，德国金属处理有限公司（简称"德国公司"）因供给中国资源联合开发总公司（简称"中国公司"）一批旧钢轨而开出一张金额为190万美元、有效期至1996年5月7日、付款人为中国公司、收款人为"我们自己指示的人"的汇票。之后，德国公司以空白背书的形式将该汇票转让给德国B银行。该银行取得汇票后，作出内容为"请付给指示人D银行托收款项"的背书，委托D银行Z分行（在中国大陆注册登记、经营，简称"DZ分行"）收款，并将该汇票邮寄给DZ分行。DZ分行收到该汇票后向中国公司提示承兑，并在汇票左侧上端加盖了托收印章（DZ分行称其加盖印章的意思表示是应德国B银行的要求为该汇票作保证）。中国公司则在托收印章处加盖了其行政印章，但没有其法定代表人或其授权代理人的签章。

在该汇票有效期届满前，DZ分行以书面形式向中国公司提示付款。中国公司于1996年5月6日书面答复：因货物存在与合同要求严重不符的问题，拒绝承付该汇票项下的货款，并请DZ分行慎重处理该业务的货款支付问题。

汇票到期之后，DZ分行数次向中国公司发出付款指示通知书，中国公司均表示拒付。1996年5月13日，德国B银行电传要求DZ分行基于汇票保证人身份支付汇票款项及迟付利息。同年5月17日，DZ分行通过北方信托银行汇付了189万美元到德国B银行的账户，该款已扣除了DZ分行的担保佣金等有关费用1万美元。DZ分行付款后要求中国公司付款未果，便以汇票保证人的身份，依我国相关法律规定，向某市中级人民法院起诉，请求判令中国公司承担付款的票据义务。

前沿问题

◆ 空白支票的法律问题

空白支票是困扰社会和票据法学的问题。一般而言，票据为要式证券，出票时欠缺绝对必要记载事项本会导致票据无效，但从票据实务的角度来说，实践中经常会出现一定的原因

[①] 于永芹：《票据法案例教程》，第272—273页。

导致出票人在出票时尚不能确定绝对必要记载事项的一部分应符合记载,此种情形下就签发了空白票据。我国《票据法》第85、86条规定,支票上的金额可以由出票人授权补记,未补记前的支票,不得使用。支票上未记载收款人名称的,经出票人授权,可以补记。根据此规定,《票据法》不允许签发空白汇票和空白本票,但允许转让空白支票,极大地方便了交易。但是,关于空白票据在补充权行使后的法律效力尤其是滥用填充权的空白支票的效力问题,我国现行立法存在明显缺憾。尽管《关于审理票据纠纷案件若干问题的规定》第68条明确了滥用补充权后对善意持票人利益的保护,但仍未规定出票人对恶意或重大过失取得票据的持票人以及滥用补充权人有抗辩权。同时,在空白支票的流通过程中,有些持票人由于没有在支票上签名,退出了票据关系,最后的持票人在请求付款时不能向这些"曾经的持票人"行使票据追索权。因此,一旦遭到银行拒付而出票人又没有支付能力的时候,持票人就会蒙受损失,如何防止"空头支票"带来的这个负面影响,成为票据理论研究、立法和司法应对的难点问题。

【思考题】

1. 简述本票的概念与特征。
2. 试述本票见票与汇票承兑的异同点。
4. 简述支票及其出票的效力。
5. 何谓空头支票?签发空头支票应承担哪些责任?
6. 简述我国《票据法》对涉外票据的特别规定。

【司法考试真题】

20-1 关于支票的表述,下列哪些选项是正确的?(2015年)

A. 现金支票在其正面注明后,可用于转账
B. 支票出票人所签发的支票金额不得超过其付款时在付款人处实有的存款金额
C. 支票上不得另行记载付款日期,否则该记载无效
D. 支票上未记载收款人名称的,该支票无效

20-2 2005年10月5日,甲、乙签订房屋买卖合同,约定年底前办理房屋过户登记。乙签发一张面额80万元的转账支票给甲以支付房款。一星期后,甲提示银行付款。2006年1月中旬,甲到银行要求支付支票金额,但此时甲尚未将房屋登记过户给乙。对此,下列哪些说法是正确的?(2010年)

A. 尽管甲尚未履行房屋过户登记义务,但银行无权拒绝支付票据金额
B. 如甲向乙主张票据权利,因甲尚未办理房屋的过户登记,乙可拒付票据金额
C. 如被银行拒付,甲可根据房屋买卖合同要求乙支付房款
D. 如该支票遗失,甲即丧失票据权利

20-3 甲公司于2006年3月2日签发同城使用的支票1张给乙公司,金额为10万元人民币,付款人为丁银行。次日,乙公司将支票背书转让给丙公司。2006年3月17日,丙公司请求丁银行付款时遭拒绝。丁银行拒绝付款的正当理由有哪些?(2006年)

A. 丁银行不是该支票的债务人

B. 甲公司在丁银行账户上的存款仅有 2 万元人民币

C. 该支票的债务人应该是甲公司和乙公司

D. 丙公司未按期提示付款

20-4 甲拾得某银行签发的金额为 5000 元的本票一张,并将该本票背书送给女友乙作生日礼物,乙不知本票系甲拾得,按期持票要求银行付款。假设银行知晓该本票系甲拾得并送给乙,对于乙的付款请求,下列哪一种说法是正确的?(2005 年)

A. 根据票据无因性原则,银行应当支付

B. 乙无对价取得本票,银行得拒绝支付

C. 虽甲取得本票不合法,但因乙不知情,银行应支付

D. 甲取得本票不合法,且乙无对价取得本票,银行得拒绝支付

20-5 依据我国《票据法》,下列有关本票与支票的表述中哪些是正确的?(2002 年)

A. 本票包括银行本票和商业本票

B. 本票的基本当事人为出票人、付款人和收款人

C. 支票限于见票即付,不得另行记载付款日期

D. 支票可以背书转让

第五编 保险法

第二十一章　保险法概述
第二十二章　保险合同总论
第二十三章　财产保险合同
第二十四章　人身保险合同
第二十五章　保险业法

第二十一章

保险法概述

【章首语】 商法意义上的保险,是指基于自愿原则,通过支付少量的保险费,以应对意外事故所致损失的一种风险预防和补救机制。保险既是一种经济补偿制度,又是一种商事合同行为。保险法是调整各方当事人之间的保险关系和国家对保险业进行监督管理而发生的各种社会关系的法律规范的总称,包括保险合同关系、保险中介关系和保险监管关系。我国保险法具有较强的社会性,兼有公法和私法的性质,其内容包括保险合同法、保险业法和保险特别法,但不包括社会保险法。保险法的基本原则是制定、解释、执行和研究保险法的出发点和根据。这些基本原则主要包括:诚实信用原则、损失补偿原则、保险利益原则、近因原则。

本章应重点学习与掌握保险的概念、种类,保险法的概念、地位以及我国保险法的各项基本原则。

第一节 保险与保险法

一、保险

(一) 保险的概念与本质

保险法是以保险关系为调整对象的。一般而言,保险有广义和狭义的区分。从广义上讲,保险是由社会多数成员在合理分摊的基础上建立专门用途的后备基金,将其用于对社会少数成员在遭遇同类危险事故并受到经济损失时的经济补偿,从而确保社会成员的生活安定和整个社会经济生活的稳定的一种互助型经济形式。广义的保险主要包括商业保险、社会保险和政策保险。社会保险是指国家通过立法对社会劳动者暂时或永久丧失劳动能力或失业时提供的一种物质帮助,以保障其基本生活的社会保障制度。政策保险是指政府为了一定的政策目的,运用普通商业保险的技术而开办的一种保险。①

狭义的保险,仅指商业保险,即由专业保险公司经营的以营利为目的的自愿保险。它通过集合多数对同类危险有保障需求的社会成员,建立保险基金,对约定危险事故所造成的经济损失进行对等性补偿,从而满足参加保险的成员的保障需求和保险公司自身的营利目的。本编所用"保险"一词,仅指狭义的商业保险。从法律角度讲,保险主要是一种合同或基于合

---

① 许崇苗、李利:《最新保险法适用与案例精解》,第4页。

同产生的权利义务关系。作为一种特殊的商事法律关系,保险关系涉及投保人、保险人、被保险人、受益人等诸多法律关系主体,具有一定的技术性色彩和相当的复杂性。[①]

依《保险法》的规定,所谓保险是指投保人根据合同约定,向保险人支付保险费,保险人对于合同约定的可能发生的事故因其发生所造成的财产损失承担赔偿保险金责任,或者当被保险人死亡、伤残、疾病或者达到合同约定的年龄、期限等条件时承担给付保险金责任的商业保险行为(《保险法》第 2 条)。

由此可知,一方面,保险是一种经济补偿制度,主要是对意外灾害事故进行补偿;另一方面,由于保险既涉及投保人的投保行为,又涉及保险人的承保行为,并且需要当事人双方意思表示一致,故保险又是一种商事合同行为,保险关系是因合同而产生的法律关系。

(二) 保险的构成要素

保险的构成要素,是指成立保险关系必须具备的条件。构成保险必须具备以下要件:

1. 必须有危险存在

无危险即无保险,危险是指将来可能发生、不能完全预测、也不能有效预防的意外事故。危险是构成保险的首要要件。但是,并非任何危险都能构成保险危险,保险制度上的危险必须是:(1)危险发生与否不能确定。(2)危险发生的时间不能确定。(3)危险发生的原因不能确定。(4)危险造成的损失无法确定。(5)危险发生的非故意性。

2. 必须有多数人参加

只有多数人参加保险,才能将个人遭遇的危险分散到可能遇到同类危险的多数人,使危险和损失限制在最小的范围内。即保险是建立在互助共济基础上的。

3. 保险人须对危险所造成的损失给予补偿

保险的功能不在于保证不发生危险,而是在事后能够提供补偿。

(三) 保险的种类

现代保险常见的主要有以下几种分类方法:

1. 财产保险和人身保险

根据保险标的的不同,可分为财产保险和人身保险。(1)财产保险,是指以财产及相关利益为保险标的的保险。财产保险的主要险种有:财产损失保险、责任保险、信用保险、保证保险等。财产保险的最大特点在于以填补损害为目的,并且采取保险责任限定原则。(2)人身保险,指以人的寿命、身体或健康为保险标的的保险。人身保险的险种主要有:人寿保险、健康保险、意外伤害保险等。

2. 自愿保险和强制保险

根据保险责任效力发生依据的不同,可分为自愿保险和强制保险。(1)自愿保险,指投保人和保险人在平等、自愿、互利的基础上,经协商一致而订立的保险合同。自愿保险是我国保险的主要实施形式。(2)强制保险,又称法定保险,指由国家法律、法规规定发生效力或者必须投保的保险。这类保险又可以划分为两种:一为自动发生效力的强制保险[②];二为

[①] 任自力、周学峰:《保险法总论:原理·判例》,第 2 页。
[②] 即无论投保人是否履行了投保手续、或者交纳保险费或者履行续保手续,在投保人和保险人之间当然发生保险的效力。我国现行的旅客意外伤害保险等就属于这种强制保险。

经投保始发生效力的强制保险。[①]

3. 原保险和再保险

根据承担责任次序的不同,可分为原保险和再保险。(1)原保险,也称第一次保险,指保险人对被保险人因保险事故所致的损害,承担直接的、原始的赔偿责任的保险。依据原保险合同,在发生保险事故或者符合保险合同约定的给付保险金的条件时,被保险人或者受益人只能向原保险人请求给付保险金,不能向再保险接受人请求给付保险金。(2)再保险,又称为分保险或第二次保险,指保险人将其承担的保险业务,以分保形式部分转移给其他保险人(《保险法》第28条第1款)。再保险以原保险合同承保的保险责任为标的,再保险人以原保险合同约定的保险责任为限向原保险人承担给付保险金的责任。

4. 单保险和复保险

根据承保同一保险的保险人的人数,可分为单保险和复保险。(1)单保险,是指投保人对同一保险标的、同一保险利益、同一保险事故与一个保险人订立保险合同的保险。(2)复保险,又称重复保险,是指投保人对同一保险标的、同一保险利益、同一保险事故分别与两个以上保险人订立保险合同,且保险金额总和超过保险价值的保险(《保险法》第56条第4款)。对于重复保险,其保险金额总和超过保险价值的,各保险人的赔偿保险金的总和不得超过保险价值。除合同另有约定外,各保险人按照其保险金额与保险金额总和的比例承担赔偿责任(《保险法》第56条第2款)。对于重复保险的保险金额总和超过保险价值的部分,投保人有权请求各保险人按比例返还保险费(《保险法》第56条第3款)。

二、保险法

(一)保险法的概念和特征

保险法是以保险关系以及与保险关系有关的各种社会关系为调整对象的一切法律规范的总称。西方国家的保险法通常有广义和狭义的区分。广义的保险法既包括保险公法(主要指保险业法和社会保险法),也包括保险私法(主要指保险合同法);狭义的保险法仅指保险私法。

我国保险法也有广义和狭义之分。狭义的保险法,也即形式意义上的保险法,专指以保险法命名的法律、法规。而广义的保险法,也即实质意义上的保险法,是指所有调整保险关系的法律规范的总和,除了以保险法命名的即形式意义上的保险法之外,还包括其他法律、法规、规章、司法解释以及国际条约与惯例中有关保险的规定。

作为调整保险关系的保险法,与其他法律相比,具有以下特征:

(1)保险法为技术法。在保险关系中,保险费的收取与保险金的支付都是通过危险发生的概率测算确定的,并最终实现收支总体平衡,而不是保险公司人为的主观决策。保险业是一种特殊的商事行业,其运营均是以数理统计为前提的,保险法中的许多制度都体现了不可忽视的技术性。

(2)保险法为私法与公法的结合。保险法的内容包括保险合同法、保险业法和保险特别法,其中,保险合同法和保险特别法属于私法范畴,保险业法则属于公法范畴。故保险法

[①] 这种保险投保人对于是否投保没有选择的权利,履行投保手续是投保人的义务。我国现行的汽车第三者责任保险、旅客法定责任保险等属于这种强制保险。

是私法与公法的结合。

(3) 保险法为任意法与强制法的结合。保险法的核心内容是保险合同法,这一领域以意思自治为原则;但保险法又与社会公共利益密切相关,保险法中有许多强行性规范。

(4) 保险法具有较强的社会性。以全社会的力量来消除少数成员遭遇的危险,是保险的基本宗旨,它是一种保障社会成员生活安定和社会经济生活稳定的社会制度。

(二) 保险法的立法体例

世界各国大都通过保险合同法和保险业法这两大支柱构建保险法的体系,但在立法体例上,有两种不同的模式:一是分别立法体例,即分别制定保险合同法和保险业法两部法律,如大陆法系的德国、日本、意大利、俄罗斯、韩国等。其中,德国、日本[1]制定了单独的保险合同法和保险业法,意大利、俄罗斯、韩国保险合同没有单独立法,而是规定在民法典或商法典中。二是合并立法体例,即将保险合同法与保险业法合并在一个法典里,制定一部保险法。合并立法模式的主要有法国、中国、越南等国家和地区。[2]

英美法系国家保险立法体例不像大陆法系国家很明显表现为两种体例。尽管如此,除判例外,这种分别或合并的保险立法体例在一定范围内也是存在的。[3]

1995年我国颁布了新中国成立后的第一部《保险法》,该法采取了统一立法体例,将保险合同法与保险业法合并规定,并对保险合同、保险公司及其中介机构的经营和监督管理作了完备的规定。

(三) 保险法的地位

保险法的地位,是指保险法在整个法律体系中属于哪一个层次及其所处的具体位阶。综观各国的立法体例,主要有两种模式:在采用民商合一立法制度的国家或地区,保险法是作为民法的特别法出现的,二者是普通法与一般法的关系;在采用民商分立体例的国家中,保险法一般与公司法、票据法、海商法等一起收入商法典,属于商法的组成部分。[4]

在我国,因民商合一的立法传统,保险法不是一个独立的法律部门,而是从属于民法范畴内的民事特别法。不过,民法和商法分野的现实又使人们在理论上将它归入商法体系中。作为我国市场经济法律体系不可或缺的组成部分,保险法是规范保险活动、保护保险活动当事人的合法权益、加强对保险业的监督管理、保障保险事业健康发展的重要手段和依据。[5]

(四) 保险法的调整对象

保险法以保险关系及其与保险关系有关的社会关系为调整对象。

保险法所调整的保险关系,属于财产关系,其所保障的是被保险人基于财产保险所具有的经济利益。人身保险虽以被保险人的身体或寿命作为保险标的,但保险人如约向被保险人支付人身保险金所保障的仍然是被保险人或受益人的经济利益,即为维持其正常生活的稳定性和连续性提供物质保障。[6]

---

[1] 日本2008年6月以前一直将保险合同规定在《商法典》中,2008年6月,《保险合同法》从《商法典》中分离出来单独立法。

[2] 王保树:《商法》,第459页。

[3] 同上。

[4] 大陆法系及英美法系主要国家有关保险法的地位及保险立法的具体情况,详见任自力、周学峰:《保险法总论:原理·判例》,第25—30页。

[5] 王保树:《商法》,第460页。

[6] 贾林青:《保险法》,第19页。

一般来说,保险法调整的保险关系通常表现为以下内容:

1. 保险合同关系

保险合同关系是保险法调整的核心内容。在市场经济条件下,各类商业保险关系都采取保险合同的形式予以确立。保险法运用保险合同法律规则,规范参与保险活动的各方当事人的行为,实现保险保障的目的。因此,保险合同关系的适用范围最为广泛。

2. 保险中介关系

保险中介关系是保险关系的重要组成部分。各类保险合同的订立和履行,常常需要借助各种保险代理人、保险经纪人与保险公估人的中介服务行为,这是由保险经营特有的专业技术性和经营机制决定的。

3. 保险监管关系

保险业的监督管理关系是发生在国家保险监管机关与保险人及其他各类保险中介人之间的监督管理关系。由于保险经营活动关系到国民经济的整体稳定,关乎社会经济的整体发展水平,因而各国均对保险业实施专门的监管。由此保险监管关系也被纳入保险法的调整范围。

(四)保险法的制度体系

根据上述保险法的调整对象,保险法的制度体系由以下各部分组成:

1. 保险合同法律制度

保险合同法是保险法的核心内容。各国保险合同法内容繁简不一,但主要内容大体相同,一般规定保险合同的订立、履行、变更、终止、解除等内容。在我国,《保险法》第二章"保险合同"是关于保险合同法的专门规定,此外还有《海商法》第十二章关于海上保险合同的特别规定,《民法通则》及《合同法》的相关规定作为合同法的一般规定也可适用于保险合同。

2. 保险业法律制度

保险业法又称保险业监督法或保险事业法,它是国家对保险业进行监督管理的法律,其内容是关于保险组织的设立、经营、管理、监督、破产、解散、清算等的规定。我国《保险法》第三章至第七章全面规定了保险业监管的制度内容,分别从保险公司、保险经营规则、保险业的监督管理以及保险代理人与保险经纪人等方面加以规范,成为我国政府对保险市场实施保险监管的基本法律依据。

3. 保险特别法律制度

保险特别法是指除保险合同法以外,具有商法性质的,调整某一类保险关系的法律、法规。如各国海商法中有关海上保险的规定,就属于典型的保险特别法。此外,目前我国的保险法律体系中,由保险监管机构颁行的《保险公司规定》《专业代理机构规定》《经纪机构规定》《公估机构规定》等单行法规亦可列入保险特别法律制度。我国《海商法》中也有关于海上保险合同的规定。

第二节 保险法的基本原则

保险法的基本原则,是指贯穿于保险法始终的基本准则,它是制定、解释、执行和研究保险法的出发点和根据。在我国目前保险立法尚不够完善的情况下,正确把握好保险法的这些基本原则,对于维护保险当事人的合法权益,准确地按保险法的精神从事保险活动,无疑具有重要的意义。

除遵守法律、行政法规原则和自愿原则外,从保险法的内容看,我国保险法主要确立了诚实信用原则、损失补偿原则、保险利益原则和近因原则四项原则。

一、诚实信用原则

我国《保险法》第5条规定:"保险活动当事人行使权利、履行义务应当遵循诚实信用原则。"由此看来,诚实信用既是民法的一项基本原则,也是保险法的一项基本原则。

在我国,许多的保险法论著都主张,由保险的特点所决定,保险法对诚实信用的要求程度远远高于一般民事法律,故许多学者将这一原则称为"最大诚实信用原则"。[①] 这种观点是值得商榷的。我们认为,诚实信用原则在不同的领域有的只是内容上的区别,而不应该存在程度上的差异。

按照诚实信用原则的要求,从事保险活动以及与保险有关活动的民事主体应注意以下几点:

第一,保险人在接受主管机关的监督管理过程中,必须遵循诚实信用的原则,无论是保险企业的设立、变更、终止,还是接受主管机关对日常保险业务的监督管理,都不得采用蒙骗、虚报等不诚实的手段。

第二,保险人和投保人、被保险人、受益人在保险合同的订立和履行过程中,都必须善意地行使权利、忠诚地履行义务,恪守信用,不得采用欺诈、胁迫等不诚实、不守信的作法。

诚实信用原则在保险法中的体现主要是投保人的告知义务和保证义务,保险人的说明义务,弃权规则和禁反言规则,不可抗辩规则。

(一)投保人的告知和保证义务

1. 保险合同订立时投保人的告知义务

根据《保险法》规定,在保险合同订立时,当保险人就保险标的或者被保险人的有关情况提出询问时,投保人应当如实告知(《保险法》第16条第1款)。

投保人的如实告知义务是国际保险活动的惯例。保险人主要依据投保人对保险标的的陈述和保证来决定是否承保和保险费的大小。如果投保人欺骗或者隐瞒,就有可能导致保险人判断失误,造成保险人利益上不应有的损害。

投保人如实告知的内容主要包括:保险标的的主要危险、危险程度以及是否有防止危险发生的措施等。人身保险一般包括:被保险人的姓名、年龄、性别、健康状况、从事职业、有无重大疾病等事项。

投保人故意或者因重大过失不履行如实告知义务,足以影响保险人决定是否同意承保或者提高保险费率的,保险人有权解除保险合同(《保险法》第16条第2款)。保险合同解除权,自保险人知道有解除事由之日起,超过30日,或自保险合同成立之日起超过2年不行使的,归于消灭;发生保险事故的,保险人应当承担赔偿或者给付保险金的责任(《保险法》第16条第3款)。保险人在合同订立时已经知道投保人未如实告知的情况的,保险人不得解除合

[①] 参见王保树:《商法》,第465页;范健、王建文:《商法学》,第470—472页;覃有土:《商法学》,第424—428页;徐民:《商法学》,第282—283页。

同;发生保险事故的,保险人应当承担赔偿或者给付保险金的责任(《保险法》第 16 条第 6 款)。[1] 投保人故意不履行如实告知义务的,保险人对保险合同解除前发生的保险事故,不承担赔偿或者给付保险金的责任,并不退还保险费(《保险法》第 16 条第 4 款)。投保人因重大过失未履行如实告知义务,对保险事故的发生有严重影响的,保险人对于保险合同解除前发生的保险事故,不承担赔偿或者给付保险金的责任,但应当退还保险费(《保险法》第 16 条第 5 款)。[2]

2. 投保人的保证义务

保证,也称特约,是指投保人和保险人在保险合同中约定,投保人或被保险人对保险人的特定担保事项,如担保某种事项的作为或不作为,或某种事实的真实性等。保证的目的在于控制危险。保证通常采用明示的方式以文字附加在保险单上,如财产保险合同中投保人保证不在保险标的之中存放特别危险品等;人身保险合同中投保人保证在一定时间内不出国。此外,保证还有采用默示方式的。我国《保险法》没有明文规定保证义务,但在我国《海商法》中主要在海上保险合同中对保证条款作了规定,如适航能力、不改变航道、具有合法性等都无须明确表示,但对所有投保人都同样具有拘束力。

(二) 保险人的说明义务

依照我国《保险法》的规定,保险人的说明义务包括两项:一是保险人对保险合同格式条款的一般性说明义务;二是保险人对免责条款的提示和说明义务。即保险人在订立保险合同时应当在投保单、保险单或者其他保险凭证上作出足以引起投保人注意的提示[3],并以书面或口头形式向投保人作出明确说明,未作提示或者明确说明的,该条款不产生效力(《保险法》第 17 条第 2 款)。这一规定意味着如果订立保险合同时,保险人未向投保人明确地说明保险人在何种情况下免责,并使投保人明了的,合同中保险人免责的条款将不发生效力。

保险活动是市场经济条件下的一种商事行为,同其他市场行为一样,应当遵守公认的商业道德。在我国,诚实信用原则既是一项法律原则,也是道德规范的要求,它是以法律形式确认的一种社会主义道德规范。这一原则对于维护正常的竞争秩序,协调保险关系各方当事人的利益起着重要的作用。

(三) 弃权规则和禁止抗辩规则

1. 弃权规则

弃权是一项源于英美法系上的概念。保险法中的弃权是指当保险人已经意识到其有理由解除保单,或者有理由抗辩被保险人保单下的主张时,其通过代理人的行为,明示或者默示地向被保险人传达其自愿放弃上述权利的意思。构成弃权,需要具备四个要件:(1) 投保人、被保险人存在违反法定或约定义务的行为。(2) 保险人知道投保人或被保险人违反法定或约定义务的事实。(3) 保险人知道其享有基于法律规定或保险合同而解除保险合同等

---

[1] 在我国,《〈保险法〉司法解释(二)》第 7 条规定,保险人在保险合同成立后知道或者应当知道投保人未履行如实告知义务,仍然收取保险费,又依照保险法第 16 条第 2 款的规定主张解除合同的,人民法院不予支持。

[2] 在我国,针对实务中保险人以投保人违反告知义务为由拒绝理赔的现象时有发生,2009 年《保险法》的修订,在理念上注重对投保人利益的保护。与修订前的《保险法》第 17 条相比,修订后的《保险法》第 16 条从投保人违反告知义务的主观状态、保险人是否已经知道投保人未如实告知的情况及违反告知义务的法律效力等方面均作出有利于投保人利益的修改。

[3] 有关提示方式、明确说明的认定标准以及举证责任,参见《〈保险法〉司法解释(二)》第 11、12、13 条的规定。

抗辩权。(4)保险人以明示或者默示方法作出放弃其享有的抗辩权的意思表示。

2. 禁止抗辩规则

禁止抗辩也是英美法系上的用语,又名"禁止反悔""不容否认"等。保险法意义上的禁止抗辩,是指当保险人或其代理人对被保险人做了某种错误的陈述,并被不知情的被保险人所信赖,法律禁止保险人否认先前的陈述或改变立场。禁止抗辩的构成要件如下:(1)保险人明知享有保险合同解除权等抗辩权而作出不实的意思表示。(2)该不实的意思表示使得投保人或被保险人相信保险合同具有法律效力。(3)投保人或被保险人的相信是建立在其不知保险人为不实意思表示的善意基础上。(4)投保人或被保险人因善意而实施相应行为导致自身利益受到损害。例如,因相信保险合同有效而向保险人交纳保险费。

弃权与禁止抗辩是相互对应的两个概念,弃权是禁止抗辩的前提,禁止抗辩是弃权引起的法律后果。通过弃权与禁止抗辩的适用,体现保险法的诚实信用原则。

我国《合同法》《保险法》中虽未明确规定弃权规则和禁止抗辩规则,但在司法实践中,已经出现一些法院依据诚实信用原则适用弃权规则和禁止抗辩规则处理纠纷的实例。[①]

二、损失补偿原则

(一)损失补偿原则的含义

损失补偿,是指当保险事故发生使投保人或被保险人遭受损失时,保险人必须在责任范围内对投保人或被保险人所受的实际损失进行补偿。这一原则包含两层含义:一是损失补偿以保险责任范围内的损失发生为前提;二是被保险人不能因保险而额外获利。即被保险人可获得的赔偿数额,以其遭受的实际损失为限。损失补偿原则是保险经济补偿功能的最直接体现,也是保险法中诸多制度和规则的基础。

我国保险法规定,保险金额不得超过保险价值;超过保险价值的,超过部分无效,保险人应当退还相应的保险费(《保险法》第55条第3款)。

(二)损失补偿原则的范围

1. 保险标的的实际损失

在财产保险中,保险事故发生时,最高赔偿额以保险标的的保险金额为限。如有分项保险金额的,最高以该分项保险标的的保险金额为限。

2. 合理费用

合理费用主要指施救费用和诉讼支出的费用。保险事故发生后,被保险人为防止或者减少保险标的的损失所支付的必要的、合理的费用,由保险人承担;保险人所承担的数额在保险标的损失赔偿金额以外另行计算,最高不超过保险金额的数额(《保险法》第57条第2款)。换言之,保险人所承担的损失赔偿额与施救费用最高均不得超过合同约定的保险金额。[②]

3. 仲裁和诉讼费用

在责任保险中,除合同另有约定外,被保险人因给第三者造成损害的保险事故而被提起仲裁或者诉讼的,被保险人支付的仲裁或者诉讼费用以及其他必要的、合理的费用,由保险

[①] 司法实务中适用弃权规则和禁止抗辩规则处理的具体案例可参见任自力:《保险法学》,第41—43页。

[②] 吴定富:《保险法释义》,第142—143页。

人承担(《保险法》第66条)。

4. 其他费用

这些费用一般是指为了确定保险责任范围内的损失所支付的受损标的的检验、估价、出售等的费用(《保险法》第64条)。

需要注意的是,保险标的本身的损失应与各项费用支出分别计算,费用支出的最高赔偿额也以不超过保险金额为限。同时,损失补偿原则的适用也受到一定的限制。各国保险立法及国际惯例原则上排除补偿原则适用于人身保险。原因是人身保险的标的是被保险人的生命或身体,这种保险利益无法估价,因而一般情况下人身保险合同不具有补偿性,其赔付仅具有给付性质,故这一原则大多适用于财产保险。但是,如果人身保险具有明显的补偿性质,也存在损失补偿原则的适用。[①]

在保险实务中,损失补偿的方法通常有货币赔偿、修理、更换和重置。

(三)损失补偿的方式

决定保险补偿方式的主要依据是受损标的的性质以及受损状况。通常采用的保险补偿方式有现金赔付、修理、更换和重置四种。

(四)损失补偿的派生原则

1. 分摊原则

是指在被保险人遭受损失时,由于不足额保险、重复保险、其他保险等情形的存在,要求将被保险人的损失在被保险人与保险人之间、保险人与保险人之间进行分摊,从而使被保险人的损失得以合理分配的一项原则。

2. 代位原则

指依照法律规定或保险合同约定,保险标的因第三人的责任发生保险事故而导致损失,保险人向被保险人支付保险赔偿金后,依法取得对第三人的损害赔偿请求权或取得被保险人对保险标的的所有权。

有关代位权的内容详见本编第二十三章第四节。

三、保险利益原则

(一)保险利益原则的含义及其构成要件

所谓保险利益,是指投保人或者被保险人对保险标的具有的法律上承认的利益(《保险法》第12条第6款)。

许多国家都把保险利益作为保险合同生效的重要条件,其意义主要表现在两个方面:一是遏制赌博行为的发生。二是防止道德危险的发生。所谓道德危险是指被保险人以获得保险赔偿为目的,故意促使保险事故的发生或者在事故发生时放任损失的扩大。投保人对于保险标的若不具有保险利益而与保险人订立了保险合同,很容易发生道德危险。

构成保险利益必须具备三个条件:

[①] 多数学者认为损失补偿原则只能视作财产保险的基本原则,而不宜作为保险法的基本原则。我们认为,是否适用损失补偿原则,不应简单地按照财产保险与人身保险来区分,而应按照保险的补偿性与给付性来区分。在定额的人身保险中,如健康保险、医疗保险以及部分短期意外伤害等保险,明显具有补偿性质,同样应适用损失补偿原则,故损失补偿原则应当作为保险法的基本原则。

（1）必须是合法利益。非法所得的利益不能作为保险合同的标的。

（2）必须是确定利益。即被保险人对保险标的现有的利益或者因现有的利益而产生的预期的利益已经确定。

（3）一般必须是经济上的利益。保险以补偿损失为目的，如果损失不是经济上的利益，不能用金钱来计算，则损失无法补偿。但在人身保险中，保险利益是否应当归结为经济利益关系，值得研究。在英美法系中，在成年子女与父母间，以及兄弟姐妹相互间保险利益的存在，仍以是否有金钱上的利益为准。而在大陆法系国家，均未必然以经济上的利害关系作为认定保险利益是否存在的标准。我们认为，要将人身保险利益从经济利益关系中分离出来，其主要体现为投保人和被保险人之间的人身依附关系或者信赖关系。

有无保险利益，对于投保人或被保险人来说，是至关重要的问题，但投保人或者被保险人究竟应当何时具有保险利益，我国《保险法》明确规定：人身保险的投保人在订立合同时，对被保险人应当具有保险利益（《保险法》第12条第1款）。财产保险合同的被保险人在保险事故发生时，对保险标的应当具有保险利益[①]（《保险法》第12条第2款）。在订立合同时投保人对被保险人不具有保险利益的，所签订的人身保险合同无效（《保险法》第31条第3款）。财产保险合同在保险事故发生时，被保险人对保险标的不具有保险利益的，不得向保险人请求赔偿保险金（《保险法》第48条）。

（二）财产保险的保险利益

在财产保险中，保险利益是指投保人或者被保险人对保险标的所具有的某种经济上的利益。包括现有利益、基于现有利益而产生的期待利益和基于某一法律上的权利基础而产生的期待利益三种。在财产保险中，具有保险利益的人包括：财产所有人或者经营管理人；合法的占有财产的人；虽不占有，但因合同关系对某项财产具有合法的期待利益的人。

一般而言，属于下列情形之一的，可以认定为有保险利益：

1. 享有法律上权利的人

凡对财产享有法律上权利的人，无论此种权利是现有的还是将来的，都可认为有保险利益。所谓法律上的权利，包括一切法律确认的权利，如所有权、抵押权、留置权等。

2. 保管人

保管人对于其保管的货物，也有保险利益，但以其所负的责任为限。因此，仓库所有人就其所保管的货物、运送人就其所运送的货物，均可就标的物毁损灭失所遭受的损失及因此所负的责任投保。

3. 占有

投保人或被保险人对于标的物有占有的事实，即可对标的物全部价额投保，无论占有人对标的物的安全有无责任，不影响其对标的物的保险利益。因此，无因管理人对于其所保管的标的物、拾得人对其拾得的遗失物也有保险利益。但恶意占有的除外。

[①] 这一规定意味着生活中大量存在的团体保险、赠与型保险等险种以及代购代付保险费等行为将名正言顺地受到法律保护。财产保险投保时对保险标的是否具有保险利益不再成为保险公司核保的审核内容，投保时对保险标的不具有保险利益也不能再成为保险公司的拒赔理由。

4. 基于合同而产生的利益

以财产作为履行对象的合同，该财产的毁损灭失势必影响当事人一方因合同而产生的利益，当事人可就该财产投保。如租赁合同中的承租人可就租赁物投保；承揽合同中的承揽人可就承揽标的投保。

5. 期待利益

期待利益分为两种：一是积极的期待利益，指投保人或被保险人对于其经营中的事业或现有财产的安全存在可获得的利益。另一种是消极的期待利益，指基于现有利益而期待某种责任不发生的利益，主要指责任保险。[①]

财产保险的保险利益在保险合同订立时可以不存在，但在事故发生时则必须存在。其理由在于：首先，便于保险合同的订立，有利于交易的迅捷；其次，只有在保险事故发生时有保险利益存在，被保险人才有实际损失的发生，保险人才可据此确定损失及补偿的程度。如果在订立保险合同时存在保险利益，而在事故发生时丧失保险利益，则被保险人对于保险标的已经没有利害关系，对于保险人也无损失与补偿可言。

（三）人身保险的保险利益

在人身保险中，保险利益是指投保人对于被保险人的生命或身体所具有的利害关系。即投保人将因保险事故的发生而遭受损失，因保险事故的不发生而维持原有的利益。人身保险的保险利益与财产保险的保险利益有较大不同。

1. 人身保险利益的特点

首先，人身保险的保险利益不能以金钱估算，其目的也不在于补偿损失，在人身保险中不发生双重受益问题，故不存在所谓的代位求偿问题。其次，人身保险的保险利益必须于合同成立时即存在，否则，合同不发生效力。最后，以第三人的生命投保人寿保险或意外伤害保险的，投保人需对该第三人有保险利益，或者获得第三人的同意。我国《保险法》规定，以死亡为给付保险金条件的合同，未经被保险人同意并认可保险金额的，合同无效（《保险法》第34条第1款）。被保险人同意并认可保险金额，可以采取书面形式、口头形式或者其他形式；可以在合同订立时作出，也可以在合同订立后追认。[②] 各级人民法院审理人身保险合同纠纷案件时，主动审查以死亡为给付保险金条件的合同是否经过被保险人同意并认可保险金额[③]，目的在于强化各级人民法院防范道德风险的意识，以更好地保护被保险人。

2. 人身保险利益的认定

根据《保险法》的规定，投保人对本人、配偶、子女、父母、与投保人有扶养关系的家庭其他成员、近亲属及有劳动关系的劳动者具有保险利益（《保险法》第31条第1款）[④]；除此之外，被保险人同意投保人为其订立合同的，视为投保人对被保险人具有保险利益（《保险法》

[①] 王保树：《商法》，第474页。
[②] 参见《〈保险法〉司法解释（三）》第1条规定。
[③] 参见《〈保险法〉司法解释（三）》第3条规定。
[④] 与修改前的《保险法》相比，新《保险法》第31条第1款第4项规定了与投保人有劳动关系的劳动者对于投保人有保险利益。有了这一规定，在用人单位为职工购买人身保险时，无需劳动者同意或签字，简化了操作程序。这一规定也是对用人单位为职工购买人身保险的一种鼓励和认可，以弥补工伤保险赔付范围和限额的限制，从而激励职工为企业创造更多的价值。同时，为避免引发侵害被保险人利益的风险，保险法禁止投保人擅自将与被保险人没有任何利害关系的人指定为受益人。

第31条第2款)。

任何人对自己的生命或者身体具有保险利益,在投保人以自己的生命或者身体投保人身保险的情形下,不发生保险利益的认定问题。此处主要需界定投保人以他人的生命或身体投保人身保险的各种情况:(1)配偶。配偶间互有保险利益。(2)亲属关系。除本人、配偶、子女、父母以外,投保人对与其有抚养、赡养或者扶养关系的家庭其他成员、近亲属,均具有保险利益。(3)雇佣人与受雇人。雇佣人与受雇人在经济上有较为密切的利益关系,其彼此间互有保险利益。(4)债权人对于债务人。除设有担保物权外,债务人死亡后债权人的债权很可能无法实现,故不少国家保险法均规定,债权人对债务人的生命有保险利益,以使债权人能借助保险措施于债务人为清偿前死亡而保全其债权。(5)合伙人。合伙人之间具有经济上的利害关系,应承认合伙人相互间有保险利益,合伙人可以其他合伙人为被保险人而投保人身保险。①

3. 人身保险利益的存在时间

人身保险的保险利益必须于合同成立时即存在,至于在保险事故发生时是否仍有保险利益存在,则不影响保险合同的效力。② 原因有二:一是避免在订立保险合同时,投保人对被保险人因无法定的利益关系,而引发道德风险,从而危及被保险人的生命安全。二是为保持人身保险合同的公平性。因为人身保险具有储蓄性质,如果在保险合同订立后,因保险利益的消失,即认为保险责任终止,对保单的持有人有失公平。正因人身保险利益有这种时间上的特点,故人寿保险单具有有价证券的性质,并可以转让或质押。

(四) 保险利益的转移和消灭

保险利益的转移,是指在保险合同有效期限内,投保人将保险利益转让给受让人。它对保险合同的影响因引起转移的原因不同而不同。

1. 继承

在财产保险合同中,除保险合同另有约定外,保险利益原则上转移于继承人,即保险合同仍为继承人的保险利益继续存在。但在人身保险中,被保险人死亡,如属死亡保险或两全保险,即为保险事故的发生,保险人应承担给付保险金的责任,保险合同即告终止,故不存在保险利益的转移问题。如属其他类型的人身保险合同,保险合同也因保险标的的消失而终止,同样不存在保险利益的转移问题。但是,投保人死亡,投保人与被保险人不是同一人时,有可能造成保险利益的转移:对于因经济关系而产生的保险利益,只要是依法可以继承的利益,如债权等,投保人对于被保险人的利益可以发生转移,继承人可以取得被继承人(投保人)对被保险人的保险利益;对于因身份关系、信赖关系而产生的保险利益,由于其专属于原投保人,不能作为遗产继承,因此不发生保险利益转移的情形。③

2. 转让

在财产保险中,保险标的转让的,保险标的的受让人承继被保险人的权利和义务。保险标的转让的,被保险人或者受让人应当及时通知保险人,但货物运输合同和另有约定的合同

---

① 王保树:《商法》,第475页。
② 《〈保险法〉司法解释(三)》第4条规定:"保险合同订立后,因投保人丧失对被保险人的保险利益,当事人主张保险合同无效的,人民法院不予支持。"
③ 李玉泉:《保险法学——理论与实务》,第77页。

除外(《保险法》第49条第1、2款)。从该条规定看,我国承认保险标的转让后,保险利益自动随之转移。而在人身保险中,由于保险标的的人格化特征,除因存在债权债务关系等经济上的利害关系而订立的人身保险合同可随债权一同转让外,其他人身保险的保险利益不得因转让而转移。

在财产保险中,保险标的非因保险事故的原因灭失后,保险利益即归于消灭。在人身保险中,保险利益因投保人与被保险人身份关系、信赖关系或经济关系的解除而消灭,如夫妻离婚、债务清偿、劳动关系解除等。

四、近因原则

(一)近因原则的含义

所谓近因,并非指时间上最接近损失的原因,而是指直接促成结果的原因,效果上有支配力或有效的原因。近因原则,是指只有当保险事故的发生和损失结果之间存在近因关系时,保险人才对损失负有赔偿责任的保险赔偿原则。[1] 近因原则是英美等国的法律概念,英国1906年《海上保险法》第55条第1款规定:"根据本法规定,除保险单另有约定以外,保险人对于由其承保危险近因所造成的损失,承担赔偿责任;但是,对于非由其承保危险近因造成的任何损失,概不承担责任。"可见,保险法上的近因,就是保险事故与损害后果之间的因果关系,英美法称之为近因,我国法律称为因果关系。

经过几个世纪的发展,近因原则已为越来越多的国家接受。两大法系的法官在长期的审判实践中,通过判例和学说对近因的判定确立了三项基本规则:第一,近因是造成损失结果的实质性的、重大的并且积极的因素;第二,这一因素自然地连续地发生作用,其中未介入影响结果发生、造成因果关系中断的其他因素;第三,应基于公平正义观念和政策进行分析。[2]

(二)近因原则与因果关系

世界各国的保险立法大都确定了近因原则。在大陆法系国家法律上该原则的对应概念是因果关系。由于因果关系问题的复杂性与抽象性,大陆法系国家的保险立法除规定承保危险与承保损失之间应具有因果关系外,鲜有更进一步的明确规定。但在理论与司法实践中,多采相当因果关系学说。保险法上的相当因果关系学说,是指承保危险的发生与承保损失的形成之间,须有相当因果关系,保险人才对损失负补偿责任。

在具体构造上,保险法上相当因果关系的构造可分为"条件关系"与"相当性"两个组成部分。其中,条件关系的功能在于确定承保危险是否在事实上属于造成承保损失的原因,相当性的功能在于确定承保危险是否在法律上或依照合同约定成为保险人应对承保损失负补偿责任的原因。

除相当因果关系学说外,近年来,日本等国家的司法实践还发展出了比例因果关系学说。所谓比例因果关系说,是指在判断承保危险与承保损失之间是否具有因果关系时,不采用"有"或"无"的做法,而是在具体的事件中根据事实关系判断承保危险对承保损失之发生

---

[1] 任自力、周学峰:《保险法总论:原理·判例》,第107页。
[2] 周玉华编著:《最新保险法经典疑难案例判解》,法律出版社2008年版,第17—49页。

在原因力上占有多大比例,并根据该比例来决定保险公司的保险赔偿责任。[1] 但目前该学说并未居于与相当因果关系学说同等重要的地位,仅是在例外情况下适用。

我国《保险法》并未明文规定近因原则[2],但是,第 22 条至第 24 条等有关保险赔付的规定,即保险事故发生后,投保人、被保险人或者受益人应当向保险人提供其所能提供的与确认保险事故的性质、原因、损失程度等有关的证明和材料,保险人对于属于保险责任范围内的保险事故,应当及时履行赔偿或者给付保险金的义务,以及《海商法》第 251 条关于海上保险合同的保险人支付保险赔偿的规定精神,均体现了近因原则。在保险实务中,保险人确定是否承担赔偿责任时,也是普遍按照近因原则确定保险责任的承担。

保险人对其承保的危险所造成的保险标的的损失承担赔偿责任,是保险人依保险合同应承担的最基本义务。而确认保险人这一责任成立的要件,就是承保危险的发生与保险标的的损害结果之间必须存在因果关系。如果二者之间没有这种因果关系,保险人则不予赔偿损失。在保险合同纠纷中,近因原则主要用于判定较为复杂的因果关系,即一果多因的案件。[3] 近因原则是一个十分复杂的问题,有待于进一步的研讨,在运用过程中若出现争执和纠纷,应本着实事求是的原则,公平合理地处理。

(三) 近因原则与保险法上的举证责任

保险法上的举证责任,具体是指在保险索赔过程中,诉讼当事人所负有的证明其诉讼主张的责任,核心是对保险标的的损失近因的证明责任。主要应当遵循以下几个规则[4]:

(1) 遵循我国《民事诉讼法》中"谁主张、谁举证"的举证责任分配基本规则。

(2) 遵循《民事诉讼证据规定》中的相关规定。[5]

(3) 遵循《保险法》中的相关规定。我国《保险法》第 22 条规定了投保人、被保险人、受益人举证的内容;第 63 条规定了保险人行使代为求偿权时,被保险人协助提供证据的义务。

(4) 遵循优势证据规则确定证据的证明力。当投保人、被保险人或者受益人完成举证责任后,保险人提出相反证据,但双方都没有足够的证据否定对方证据时,法院应当结合案件情况,判断一方证据的证明力是否明显大于另一方证据的证明力,并根据优势证据规则,对证明力较大的证据予以确认。

近因原则强调在保险合同中保险人仅赔偿由保险人承保的、保险责任范围内的原因所致保险标的的损失。其目的是保障保险人的利益,限制保险人的赔偿范围。

【相关案例】21-1　因果关系(近因)的认定[6]

在 1918 年第一次世界大战期间,雷兰得船运公司所属的一艘投保了船舶保险的船舶在

---

[1] 日本关于比例因果关系的判例可参见李玉泉:《保险法学——理论与实务》,第 94—95 页。
[2] 也有学者认为,我国《保险法》第 2 条即是对因果关系的规定。参见同上书,第 93 页。
[3] 关于多种原因造成保险标的损失时,有关因果关系的认定理论与实务,可参见任自力、周学峰:《保险法总论:原理·判例》,第 113—123 页。
[4] 参见同上书,第 123—125 页。
[5] 在最高人民法院《民事诉讼证据规定》中,与保险纠纷相关的举证规定主要有举证不能的后果、合同纠纷的举证责任、人民法院依职权分配举证责任等内容。
[6] 参见贾林青:《保险法》,第 71 页。

驶往哈佛港的途中,被敌国军舰的鱼雷击中。为了躲避灾难,该艘船舶被拖进风平浪静的法国勒阿佛尔港。港口当局因担心该伤船沉在码头泊位上,遂令其驶往外港,故该船被移至港口以外。由于港区以外的海面没有防护设施,海浪较大,在海浪的冲击之下,该船沉入了海底。雷兰得船运公司依据船舶保险合同向保险人诺威治联合火灾保险协会提出索赔要求,但是,得到的却是拒赔通知书,理由是保险船舶沉没的近因是被敌方军舰的鱼雷击中,属于船舶保险合同约定的责任免除事项。雷兰得船运公司提出,导致船舶沉没的近因应是海浪冲击,属于保险责任的范围,保险人应承担保险责任。于是,雷兰得船运公司诉至法院。法院经审理后,认为导致船舶沉没的近因是被鱼雷击中而非海浪冲击。显然,导致本案的船舶沉没的原因包括是被鱼雷击中和海浪冲击。从时间顺序上看,距离船舶沉没最近的原因是海浪冲击。但是,对于船舶沉没起到决定性作用的是鱼雷击中船舶,船舶被鱼雷击中后始终没有脱离危险境地,而海浪冲击则是促使船舶沉没的一个条件。因为,本案所涉及的船舶保险合同约定敌对行为属于责任免除,所以,保险人不承担保险责任。

前沿问题

◆ 中国保险法的立法体例问题

世界各国有关保险法的立法体例主要有分别立法和合并立法两种。分别立法即分别制定保险合同法和保险业法,如德国、日本、俄罗斯等国;合并立法即将保险合同法和保险业法合并在一个法典里,主要有法国、越南和我国。中国清政府、北洋政府时期及国民政府时期的保险立法均采分别立法体例。1949 年之后先采分别立法体例,后改为合并立法体例。合并立法与分别立法虽各有优劣,然总体而言,合并立法体例具有实用型益处,但不符合主要国家保险法立法趋势,易造成法律适用与修订上的困扰和法律制度相互干扰。

【思考题】
1. 试述保险法的地位和作用。
2. 简述我国保险法的调整对象。
3. 诚实信用原则在保险法中有哪些具体体现?
4. 试述保险利益原则。

【司法考试真题】

21-1 甲以自己为被保险人向某保险公司投保健康险,指定其子乙为受益人,保险公司承保并出具保单。两个月后,甲突发心脏病死亡。保险公司经调查发现,甲两年前曾做过心脏搭桥手术,但在填写投保单以及回答保险公司相关询问时,甲均未如实告知。对此,下列哪一表述是正确的?(2015 年)

　　A. 因甲违反如实告知义务,故保险公司对甲可主张违约责任

　　B. 保险公司有权解除保险合同

C. 保险公司即使不解除保险合同,仍有权拒绝乙的保险金请求

D. 保险公司虽可不必支付保险金,但须退还保险费

21-2 关于投保人在订立保险合同时的告知义务,下列哪些表述是正确的?(2014年)

A. 投保人的告知义务,限于保险人询问的范围和内容

B. 当事人对询问范围及内容有争议的,投保人负举证责任

C. 投保人未如实告知投保单询问表中概括性条款时,则保险人可以此为由解除合同

D. 在保险合同成立后,保险人获悉投保人未履行如实告知义务,但仍然收取保险费,则保险人不得解除合同

21-3 根据《保险法》规定,人身保险投保人对下列哪一类人员具有保险利益?(2010年)

A. 与投保人关系密切的邻居

B. 与投保人已经离婚但仍一起生活的前妻

C. 与投保人有劳动关系的劳动者

D. 与投保人合伙经营的合伙人

21-4 关于保险利益,下列哪些表述是错误的?(2009年)

A. 保险利益本质上是一种经济上的利益,即可以用金钱衡量的利益

B. 人身保险的投保人在保险事故发生时,对保险标的应当具有保险利益

C. 财产保险的被保险人在保险合同订立时,对保险标的应当具有保险利益

D. 责任保险的投保人在保险合同订立时,对保险标的应当具有保险利益

21-5 保险法中的保险利益原则是指投保人应当对保险标的具有法律上承认的利益,否则会导致保险合同无效。下列哪些选项符合保险利益原则?(2007年)

A. 甲经同事乙同意,为其购买一份人寿险

B. 丙为自己刚出生一个月的孩子购买一份人身险

C. 丁公司为其经营管理的风景区内的一颗巨型钟乳石投保一份财产险

D. 戊公司为其一座已经投保的仓库再投保一份财产险

21-6 下列关于保险合同原则的哪些表述是错误的?(2006年)

A. 自愿原则是指保险当事人双方可以自由决定保险范围和保费费率

B. 保险利益原则的根本目的是有效弥补投保人的损失

C. 近因原则中的近因是指造成保险标的损害的主要的、决定性的原因

D. 最大诚信原则对保险人的主要要求是及时全面地赔付保险金

第二十二章

保险合同总论

【章首语】 保险合同是保险活动的最基本的法律表现形式。保险合同是射幸合同、诺成性合同,具有诚信要求,其基本条款多已格式化。保险合同依据不同标准有不同类型。保险合同的主体通常涉及投保人、保险人、被保险人和受益人。投保人提出保险要求,经保险人同意承保,保险合同即告成立。投保单、暂保单、保险单和保险凭证是保险合同的书面形式。保险合同必须符合法定条件才能生效。保险合同的变更分为主体变更和内容变更;当事人变更和解除保险合同必须符合法定的条件,履行法定的程序。保险合同的条款包括基本条款、特约条款和格式条款。解释保险合同应遵循文义解释、意图解释、不利解释原则。

学习本章,应重点掌握保险合同的概念、特征,保险合同订立的程序,保险合同的形式、效力,保险合同的变更、解除与终止。

第一节 保险合同概述

一、保险合同的概念和特征

(一) 保险合同的概念

保险合同是投保人与保险人约定保险权利义务关系的协议(《保险法》第10条第1款)。依照保险合同,投保人应向保险人支付约定的保险费,保险人则应在约定的保险事故发生或在约定的人身保险事故(或期限届满)出现时,履行赔偿或给付保险金义务。

从投保人获得的保障来看,保险合同有两种不同的性质,一为补偿性的保险合同,二为给付性的保险合同。凡属补偿性的保险合同,保险人只在保险事故发生后,根据被保险人所遭受的实际损失给予赔偿。多数财产保险合同属于补偿性合同。如属于给付性的保险合同,只要合同约定的特定事故出现(包括一定期限届满),保险人就有履行给付的义务。这种给付有时并不以意外事故的出现或损失的发生作为前提条件。给付性保险合同仅存在于人身保险合同中,但并非所有的人身保险合同都属给付性合同,意外伤害保险及健康保险等人身保险合同,就属补偿性合同。

(二) 保险合同的特征

保险合同属于双务、有偿合同,它具有大多数合同的共同法律属性。由于保险合同是以保险标的的危险分担为目的成立的合同,相对于其他类型的合同,又具有如下特征:

1. 保险合同为格式条款合同

格式条款不同于议商条款,它由一方事先拟定合同的主要内容,另一方不能对合同的条款提出修改。保险合同是典型的格式条款合同。为充分保护投保人、被保险人或者受益人的利益,法律对格式条款的适用及其效力进行了规制。①

2. 保险合同为射幸合同

在保险合同中,由于保险事故或者给付保险金的条件之发生的不确定性,投保人和保险人的利益丧失或者取得,表现为一种机会。因此,保险合同是一种典型的射幸合同,又称之为机会性合同。

3. 保险合同为诚信合同

投保人的如实告知义务、危险增加的通知义务和保险人不承担道德危险引发的风险都是诚实信用原则的体现。就保险人一方而言,投保人必须依赖保险人履行说明义务才能完全了解保险合同的内容,而且保险人是否能够及时获得理赔也取决于保险人的支持与配合。因此,诚实信用对保险合同双方至关重要。

4. 保险合同为诺成性合同

依照保险法的规定,只要投保人提出保险要求,保险人愿意承保,双方意思表示一致,保险合同即成立(《保险法》第13条第1款)。投保人交付保险费的行为是投保人按照约定履行合同义务的行为,不是标志着合同成立的要物行为(《保险法》第14条)。故保险合同是诺成性合同。

二、保险合同的种类

(一)定值保险合同和不定值保险合同

1. 定值保险合同

定值保险合同指由投保人与保险人事先约定保险标的价值的合同。在定值保险合同中,保险标的的保险价值由双方事先约定,在被保险财产全损或推定全损时,无须再进行估价,依双方确定的数额全部赔偿,部分损失的,则按损失程度赔付。定值保险合同多适用于以某些不易确定价值的财产为保险标的的财产保险合同。

2. 不定值保险合同

不定值保险合同指双方当事人在订立合同时不预先确定保险标的的保险价值的合同。这类合同仅载明至危险事故发生后,再估计其价值而确定其损失。不定值保险合同主要适用于火灾保险。不定值保险合同载明保险金额作为赔偿的最高限度,当发生损失时依照保险金额与保险标的的实际价值比例计算保障程度,再按其损失额比例进行赔付。

由于人身保险合同不存在保险价值问题,这种分类只适用于财产保险合同。

(二)补偿性保险合同和给付性保险合同

1. 补偿性保险合同

补偿性保险合同指在保险事故发生后,由保险人按照实际损失给付赔偿金的合同。此类合同应贯彻损失补偿原则,适用重复保险、保险代位权等规则。各类财产保险合同不论是定值保险还是不定值保险都属于补偿性保险合同。

---

① 参见《保险法》第17条、第19条;《合同法》第39条第1款、第40条、第41条。

2. 给付性保险合同

给付性保险合同指当事人双方在保险合同中明确约定保险金额,在保险事故发生后,由保险人按照事先约定承担给付责任的合同。此类合同无需进行损失的金额评定,也不适用有关损失补偿原则或其衍生的规则。大多数人寿保险合同属于给付性的保险合同。

(三)特定保险合同和总括保险合同

1. 特定保险合同

特定保险合同指保险人对所保同一地点、同一所有人的各项财产,均逐项分别列明保险金额的保险合同。当约定的损失发生后,保险人对每项财产在其保险额的限度内承担赔付责任。

2. 总括性保险合同

总括性保险合同指保险人对同一地点、同一所有人的各项财产,不分类别,概括一个总保险金额的合同。发生损失时,保险人不论哪项财产,都在它的保额限度内承担赔付责任。

(四)为自己利益订立的保险合同和为他人利益订立的保险合同

1. 为自己利益订立的保险合同

为自己利益订立的保险合同指投保人为自己设立权利和义务,从而享有赔偿请求权的保险合同。这类保险合同可能是投保人以自己为被保险人,也可能以他人为被保险人,但均未另外指定受益人。

2. 为他人利益订立的保险合同

为他人利益订立的保险合同指投保人自己不享有赔偿请求权的保险合同。这类保险合同是投保人以自己的名义向保险人投保,但因保险合同所发生的利益由第三人享受。为他人利益订立的合同原则上不能为第三人设定义务,受益人即第三人可以独立主张并享有合同规定的权利。

除上述分类外,保险合同还可以分为财产保险合同和人身保险合同、原保险合同和再保险合同、单保险合同和复保险合同等(详见第二十一章"保险法概述"第一节"保险与保险法概述")。

第二节 保险合同的主体

保险合同的主体,指根据保险合同享受权利和承担义务的人。投保人与保险人是保险合同订立者及权利享有者和义务承担者,具有当事人身份,属于合同主体。此外,由于保险合同可以为他人利益订立,保险合同所保障的对象可以是投保人之外的第三人的财产或者人身,因此,保险合同的主体除合同当事人以外,还包括被保险人和受益人。相对于当事人来说,被保险人、受益人称为保险合同的关系人或第三方当事人。[①]

[①] 关于保险合同的当事人,大陆法系与英美法系有不同认识。大陆法系国家保险合同的当事人为保险人与投保人,在当事人之外还有被保险人与受益人。英美法系国家通称保险合同之当事人一方为保险人,另一方为被保险人。由于英美法系一般人通常为自己利益而投保,故投保人与被保险人通常一致。当投保人欲使他人享受保险利益时,通常通过保险金请求权转让、保险合同转让或指定第三受益人等方式实现。我国关于保险合同当事人的规定与大陆法系国家一致,但由此带来一系列复杂的问题。

一、保险合同当事人

(一) 投保人及其应具备的条件

投保人,是指与保险人订立保险合同,并按照保险合同约定负有支付保险费义务的人(《保险法》第10条第2款)。按照《合同法》和《保险法》的规定,投保人应当同时具备以下三个条件:

(1) 具有民事权利能力和民事行为能力(《合同法》第9条第1款)。

(2) 对保险的标的具有保险利益(《保险法》第12条第1款、第2款)。

(3) 履行支付保险费的义务。

(二) 保险人及其应具备的条件

保险人,又称承保人,指与投保人订立保险合同,并按照合同约定承担赔偿或者给付保险金责任的保险公司(《保险法》第10条第3款)。对保险人的资格,各国法律均有限制。在我国,只有依据《保险法》和《公司法》设立的保险公司和法律、行政法规规定的其他保险组织才有资格充当保险人。设立保险公司应当具备法定条件,并经国务院保险监督管理机构批准。保险人应当具备以下条件:

(1) 必须是依法成立并允许经营保险业务的保险公司以及法律、行政法规规定的其他保险组织①,其他任何组织或个人均不能成为保险人。

(2) 必须在核准的经营范围内从事保险业务

保险公司的业务范围包括人身保险业务、财产保险业务和国务院保险监督管理机构批准的与保险有关的其他业务。原则上保险人不得兼营人身保险业务和财产保险业务。保险公司超出核准的经营范围所进行的保险活动无效。

二、保险合同关系人

(一) 被保险人及其应具备的条件

被保险人,俗称"保户",指其财产或者人身受保险合同保障,享有保险金请求权的人(《保险法》第12条第5款)。被保险人可以为投保人本人,也可以是投保人以外的人。成为被保险人的条件主要有两个:

(1) 被保险人是受保险保障的人。财产保险的被保险人是对保险财产有保险利益的人;人身保险的被保险人是对他本人的生命及身体取得保险保障的人。

(2) 被保险人是享有保险金请求权的人。被保险人是因保险事故而遭受损失的人,保险金的赔偿自然应当以被保险人为给付对象。

关于被保险人的资格,一般说来,财产保险的被保险人资格并无严格的限制,自然人和法人都可以作为被保险人。但人身保险的被保险人只能是自然人。依我国《保险法》的规定,无民事行为能力人不能成为死亡保险的被保险人,投保人的未成年子女除外。父母为其未成年子女投保的人身保险,死亡给付保险金额总和不得超过保险监督管理机构规定的限

---

① 修改后的《保险法》第6条在保险业务的经营主体上,规定了"法律、行政法规规定的其他保险组织",是我国保险法借鉴国外保险业监督管理的有益经验的表现,也是与公司法的相关规定相衔接的。

额(《保险法》第 33 条)。①

(二) 受益人及其应具备的条件

受益人,指人身保险合同中,由被保险人或者投保人指定的享有保险金请求权的人(《保险法》第 18 条第 3 款)。投保人、被保险人均可以作为受益人。在财产保险中,领受给付的人是被保险人自己,故无受益人的规定。只有人寿保险,一般才有受益人的规定。受益人应当具备的条件是:

(1) 必须是享有保险金请求权的人。受益人的这一权利属于固有权,并非继受而来,受益人所领取的保险金不是被保险人的遗产。如果发生给付纠纷,受益人可以独立行使诉讼权利,请求得到给付,具有合法的诉讼主体资格。

(2) 必须是由投保人或被保险人在保险合同中指定的人。投保人或被保险人可以在保险合同中明确指定受益人,但投保人指定受益人时需经被保险人同意。被保险人为无民事行为能力人即限制民事行为能力人时,可以由其监护人指定受益人。如果被保险人自己为受益人,则由其继承人领取保险金。

(3) 受益人只存在于人身保险合同中。依照我国《保险法》的规定,财产保险合同只有被保险人为受益人,不能指定他人作受益人。对此,有学者认为,只要不损害国家、集体、他人利益以及社会公共利益,法律应该允许投保人或被保险人在财产保险中指定他人为受益人。② 我们表示赞同。

第三节 保险合同的订立与生效

保险合同的订立,指投保人向保险人提出保险请求,经与保险人协商,保险人同意承保而成立保险合同的过程。保险合同的订立是保险人和投保人之间的双方法律行为,保险合同的订立过程,是投保人和保险人意思表示趋于一致的过程。

一、保险合同订立的程序

按照《保险法》和《合同法》的规定,保险合同的订立必经要约和承诺(也称"投保"和"承保")两大阶段(《合同法》第 13 条)。

(一) 要约

保险合同中的要约,是指由投保人向保险人作出的请求和保险人订立保险合同的意思表示,简称为投保。投保只是投保人单方面的意思表示,非经保险人接受,不产生保险的效力。

由于保险活动和保险合同的特殊性,在订立保险合同过程中,要约通常由投保人提出。投保人的要约表现为投保人的申请,主要有三个方面的内容:一是投保人就保险标的向保险人提出保险要求;二是投保人向保险人提出保险要求时,必须履行如实告知义务;三是投保人愿意支付保险费。

---

① 根据《中国保险监督管理委员会关于父母为其未成年子女投保死亡人身保险限额的通知》(保监发〔1999〕43 号)规定,父母为其未成年子女投保的人身保险,死亡保险金额总额不得超过人民币 5 万元。

② 羊焕发、吴兆祥:《保险法》,人民法院出版社 2000 年版,第 81 页。

实务中,应当将保险公司的要约邀请和投保人的要约加以区别。保险公司拟订并事先印制好的各种保险单证、对保险费率和保险合同条款的统一规定、对保险合同条款和内容向投保人的说明等不是要约而是要约邀请。在保险实务中,大多数保险合同的订立,首先源于保险人的业务人员或代理人主动向投保人提出投保建议。这种建议在性质上也属于要约邀请,而不是要约。[①]

保险合同的格式化,使得投保的基本形式表现为书面形式。在实务中,投保体现为投保人向保险人索取并如实填写保险单,如实回答保险人所需了解的重要事项,认可保险人规定的保险费率和相应的保险条款后,将保险单交付于保险人,即产生保险要约的效力。

(二)承诺

保险合同中的承诺,是保险人作出的同意投保人的保险要约的意思表示,也称为承保。承保是保险合同成立不可缺少的过程。实务中,保险人收到投保人填具的投保单后,经必要的审核或者与投保人协商保险条件,没有其他疑问而在投保单上签字盖章的,就构成承诺。保险人承保保险要约,不能附加条件或者变更投保单的内容。

当然,保险合同的成立,并不总是表现为投保人提出投保要约和保险人作出保险承诺的简单过程。有时,在投保人提出保险要约后,保险人会提出反要约;这使投保人与保险人单纯作为要约人、承诺人的地位互易,而且可能经过数个回合才有一方最后表示承诺。

(三)保险合同成立过程中需要注意的几个问题

1. 保险合同的成立是否以签发保险单为要件

依照我国《保险法》的规定,投保人提出保险要求,经保险人同意承保,保险合同即告成立。保险人应当及时向投保人签发保险单或者其他保险凭证,并在保险单或者其他保险凭证中载明当事人双方约定的合同内容(《保险法》第13条第1、2款)。上述规定表明:保险人签发保险单或保险凭证发生在合同成立以后,是履行法律规定和合同约定义务的行为。故保险单并不是保险合同的法定形式,保险合同也不是要式合同。

承认保险合同为不要式合同的意义在于:只要投保人提出要约,保险人愿意承保,合同就告成立,保险人即应按照约定承担保险责任,而无论是否签发了保险单或者保险凭证。

此外,保险双方当事人也可以不用保险单证而以其他方式直接订立保险合同,这与不使用标准合同文本订立合同一样,也要经过要约和承诺的过程。

2. 保险合同的成立是否以交纳保险费为要件

前文已述明,保险合同属于诺成性合同,交付保险费不是保险合同成立的要件,保险人不能以未交付保险费为由,主张保险合同不成立。

二、保险合同的形式

保险合同为非要式合同。除非法律有明文规定,投保人和保险人可以采用保险凭证等多种形式订立保险合同,也可以采用口头形式订立。

由于保险合同在实践中已被广泛运用,故保险合同的书面形式多已实现格式化。保险合同的书面形式主要有投保单、暂保单、保险单和保险凭证。

---

① 徐民:《商法学》,第298页。

（一）投保单

投保单，又称投保书、要保书，即投保人向保险人申请订立保险合同的书面要约。投保单是由保险人事先准备的以供投保人提出保险要约时使用的具有统一格式的书据。一般载有保险合同的必要条款。

投保单本身不是保险合同的书面形式，而是投保人向保险人提出保险要约的书面形式。但一经保险人接受后，即构成保险合同的组成部分，是保险合同成立的重要凭证。

（二）暂保单

暂保单，又称临时保单，指保险人或其代理人同意承保风险而不能立刻出具保险单或者其他保险凭证时，临时向投保人签发的保险凭证。暂保单的内容比较简单、期限一般较短。在暂保单签发后，直至保险单作成交付投保人之前，暂保单具有与保险单相同的效力。暂保单于正式保险单交付时自动失效。

（三）保险单

保险单，简称保单，是投保人与保险人订立保险合同的正式凭证，是最基本的保险合同凭证。保险单多已格式化，由保险人或者其代理人制作、签章并交付给投保人。保险单一般载明保险合同的各项内容，并包含有投保单和暂保单的内容。

（四）保险凭证

保险凭证，又称小保单，是保险人签发给投保人以证明保险合同已经生效的文件，保险凭证在内容和格式方面较为简化。保险凭证所记载的内容，与保险单具有相同的法律效力。保险凭证未列明的内容，以相应的保险单记载的内容为准。保险人向投保人签发保险凭证的，不再签发保险单。

此外，为贯彻合同自愿原则，在订立保险合同过程中，由于保险标的的特殊性不能采用标准的保险单时，如需要在保险合同中增加新的内容或对部分合同内容进行修改，经投保人和保险人协商一致，也可以采用上述四种形式之外的诸如批单和附加保险条款等形式订立保险合同。[①]

三、保险合同的生效

（一）保险合同的生效要件

保险合同的成立不等于生效。合同生效，是指已经成立的合同符合法律规定的生效要件，发生法律效力。只有已经成立并具备法定生效要件的保险合同，才能对当事人产生法律效力。

保险合同作为民事法律行为的一种，首先必须符合《民法通则》规定的条件才能发生法律效力。在保险合同中，投保人必须具有完全民事行为能力，保险人必须是依照《保险法》设立的保险公司以及法律、行政法规规定的其他保险组织。设立保险公司必须经国务院保险监管机构批准。保险合同的内容不得违反法律、行政法规的强制性规定，如《保险法》有关保险利益、超额保险、死亡保险的强制性规定以及其他法律和行政法规有关合同效力的强制性规定。否则，保险合同无效。

[①] 奚晓明：《〈保险法〉保险合同章条文理解与适用》，第57页。

（二）保险合同的生效时间

依法成立的保险合同，自成立时生效。投保人和保险人可以对合同的效力约定附条件或者附期限（《保险法》第 13 条第 3 款）。

附生效条件的保险合同，自条件成就时生效。[①] 附生效期限的保险合同，自期限届至时生效。在生效期限届至前发生的保险事故，不论保险人是否已经收取保险费或签发保险单，保险合同均未发生法律效力，保险人无须承担赔偿责任。

【相关案例】22-1　保险合同的成立时间[②]

2001 年 10 月 5 日，谢某向信诚人寿保险公司申请投保人寿险 100 万元，附加长期意外伤害保险 200 万元，并填写了投保书。同年 10 月 6 日，谢某缴纳首期保险费 11944 元。信诚人寿保险公司审核谢某的投保资料时发现，谢某没有提供相应的财务状况证明。10 月 10 日，信诚人寿保险公司要求谢某 10 天内补充提供有关财务状况的证明，并按核保程序要求进行身体检查。10 月 17 日，谢某按要求进行了体检，但未提交财务状况证明。10 月 18 日凌晨，谢某被杀身亡。11 月 13 日，谢母向信诚人寿保险公司告知保险事故并提出索赔申请。

2002 年 1 月 14 日，信诚人寿保险公司同意通融赔付主合同保险金 100 万元；但认为保险事故发生时尚未同意承保（未开出保单），拒绝赔付附加合同的保险金 200 万元。

2003 年 5 月 20 日，广州市天河区人民法院一审判决：谢某与信诚人寿保险公司已就保险合同的条款达成一致意见，保险合同及其附加合同成立，信诚人寿保险公司再追加赔付附加合同的 200 万元。

2004 年 11 月 5 日，广州市中级人民法院终审判决：依据《投保书》中投保须知一栏关于"本保险合同自投保人缴纳首期保险费并经保险公司审核同意承保后方成立"的规定，保险合同未成立。判决撤销一审判决，信诚人寿保险公司不必再追加赔付附加合同的 200 万元。

第四节　保险合同的条款和解释

一、保险合同的条款

保险合同的条款，又称保险合同的内容，指由投保人和保险人约定的、记载双方当事人权利义务关系的条文。保险条款既是投保人和保险人意思表示一致的结果，又是保险人承保风险的依据。保险合同的条款主要包括基本条款和特约条款。

（一）保险合同的基本条款

基本条款，是指用于记载保险合同的基本事项的条款。它是法律规定保险合同必须具备的条款，因法律要求和保险合同的性质确定。一般应包括：保险合同当事人和关系人的名

[①]　如果投保人与保险人将交纳保险费约定为保险合同的生效要件，则纯属当事人意思自治的范畴，法律对此并未禁止。

[②]　许崇苗、李利：《最新保险法适用与案例精解》，第 145—156 页。对此案一、二审的法理分析详见该书。

称和住所;保险标的;保险金额;保险费及其支付办法;保险金赔偿或者给付办法;保险责任和除外责任;保险期间;违约责任和争议处理;订立合同的时间;当事人约定的其他事项(《保险法》第18条)。

(二)保险合同的特约条款

保险合同的特约条款,是与基本条款相对而言的,指保险人与投保人在基本条款以外,自由约定的条款。特约条款具有对基本条款修改或者限制基本条款的作用。特约条款包括协会条款、附加条款和保证条款三种。[1]

1. 协会条款

协会条款仅见于海上保险合同中,并且是专指由伦敦保险人协会根据实际需要而拟定颁发的有关船舶保险和货运保险条款的总称。协会条款是目前国际保险市场水险方面运用的条款,其对保险单原有的条款具有修改、补充或限制的效力。

2. 附加条款

附加条款也称"单项条款",是保险合同双方根据需要,在保险单基本条款的基础上,附加一些补充条文,用以扩大或限制原基本条款中所规定的权利和义务。附加条款可以印制成小纸条加贴于保险单上,也可以在保险单空白处书写而成为保险合同的组成部分。

3. 保证条款

保证条款是保险公司特约条款中最重要的条款。其所规定的内容是投保人或被保险人根据具体情况作出关于某种事实的确认或作为与不作为的承诺。对于保证条款,投保人或被保险人必须严格遵守,如有违反,保险人即可依此解除保险合同或拒绝承担保险责任。

(三)格式保险条款

随着保险业的广泛开展,保险条款多已格式化。由于格式条款的拟定具有强势地位和单方意志性,其内容一般不可修改,考虑到保险人和投保人在经济地位上存在优劣之分,为避免保险人利用自己的优势规定有利于自己的条款,损害投保人、被保险人的利益,在《保险法》出台后,对于格式保险条款的制定及其效力作了如下规制:

(1)赋予格式条款使用方提示和说明义务(《保险法》第17条。详见第二十一章"保险法概述"第二节"保险法的基本原则")。

(2)直接规定某些格式条款无效。免除保险人依法应承担的义务或者加重投保人、被保险人责任的条款无效;排除投保人、被保险人或者受益人依法享有的权利的条款无效(《保险法》第19条)。

(3)关系社会公共利益的保险险种、依法实行强制保险的险种和新开发的人寿保险险种等的保险条款和保险费率,必须报保险监督管理机构审批(《保险法》第135条第1款)。

(4)保险公司拟订的其他险种的保险条款和保险费率,应当报保险监督管理机构备案(《保险法》第135条第1款)。

保险人在制定格式保险条款时,应当遵循这一规定。

我国《合同法》对格式条款的使用也有限制性规定,对于这些规定保险人也应当遵守。

---

[1] 陈敬、彭虹编著:《保险法实例说》,湖南人民出版社1999年版,第107页。

二、保险合同条款的解释

(一) 保险合同条款解释的概念和必要性

保险合同的解释,是指在保险合同的条款或者内容发生争议时,当事人对保险合同使用的语言文字有不同认识的,依照法律规定的方式或者常用的方式,对保险合同的内容予以确定或者说明。

(二) 保险合同解释的原则

对保险合同的解释必须遵守合同的一般解释原则。在我国,保险合同解释的原则主要有:

1. 文义解释原则

文义解释,是指按照保险合同条款的用语的通常含义解释保险合同。运用文义解释,应尊重保险合同条款所用词句的文义,所作解释不能超出保险合同所用词句的可能的含义。

2. 意图解释原则

意图解释,是指在保险合同的条款文义不清或者有歧义时,通过判断合同当事人订约时的真实意图,以阐明保险合同条款的内容。运用意图解释,要根据保险合同条款所用文字、订约时的背景和其他客观情况推测当事人订约时所采用条款的真实意图。

3. 不利解释原则

不利解释,是指采用保险人提供的格式条款订立的保险合同,当合同主体对保险合同的内容有争议,对合同条款有两种以上解释时,应当作出不利于保险人的解释(《保险法》第30条、《合同法》第41条)。适用这一原则时应注意:第一,该原则只适用于格式条款;第二,只有在适用文义解释和意图解释原则仍无法判明当事人的真实意图时,才能采用该原则进行解释。

4. 合理期待原则

合理期待原则是美国法院在对保险合同进行解释时所采用的最新原则。该原则是指当保险合同当事人就合同内容的解释发生争议时,应以投保人或被保险人对于合同缔约目的的合理期待为出发点对保险合同进行解释。

合理期待原则是在不利解释原则等保险法的传统理论不能妥善解决保险实务纠纷时应运发展起来的。不利解释原则适用的前提是保险合同条款有疑义,其仍然遵循了"明示合同条款必须严守和履行"这一传统合同法的基本思想。与此不同,合理期待原则旨在保护被保险人的合理期待,该原则在一定意义上超越或背离了"明示合同条款必须严守和履行"这一传统合同法的基本思想。我国法律尚未确立该原则,但各国关于该原则的运用为我们提供了有益的参考。[①]

[①] 有关对合理期待原则解释的研究可参见樊启荣:《美国保险法上合理期待原则评析》,载《法商研究》2004年第3期,第117—126页;王林清:《保险法中合理期待原则的产生、适用及其局限性》,载《保险研究》2009年第5期;第8—13页;李利、许崇苗:《论在我国保险法上确立合理期待原则》,载《保险研究》2011年第4期,第104—109页。

【相关案例】22-2　合理期待解释原则[①]

在1947年的"Garnet案"中,被保险人投保人寿险并支付了保险费,保险代理人在出具给被保险人的"附条件保费收据"中约定:"被保险人须经健康体检合格并经保险人核保及批单后,本保险合同成立。"被保险人体检后尚未经保险人核保和批单就不幸去世。保险人辩称,附条件收据的意旨是清楚的,保险人的承诺或责任只有在经保险人批单后才产生法律拘束力;而本案中投保单尚未递交到保险公司,并没有完成核保的全部程序,本保险合同没有生效。原告则认为,附条件保费收据这种暂保单和投保交易情形诱导它以为暂保单已为其提供了保险保障,因此请求法院适用疑义条款解释规则保护其保单上合理期待的利益。当时法庭大多数人持一种强烈疑义条款解释观念,认为附条件收据的意图不够清楚和明确,并据此作出了有利于被保险人的解释和判决。罗伯特·基顿(Robert. Keeton)法官则坚持认为,附条件收据的意图并不具有模糊不明的特征,与此相反,投保单须经保险人批准才生效的意图非常清晰和明确,并不具备疑义解释条款规则的适用余地。法庭最终确认合同成立生效。这实质上是采用了一种全新的法律观念指导了本案判决,这就是"合理期待法则"。基顿法官的这一观点在当时被誉为"一个伟大的天才的发现"。

第五节　保险合同的变动

保险合同符合法律规定的要件时,即具有法律拘束力,当事人双方不得擅自变更和解除合同。但是,合同生效之后,在尚未履行或未完全履行之前,由于客观情况的变化而使合同不能履行或不宜履行时,在一定条件下,允许变更或解除既存的合同关系。

一、保险合同的变更

保险合同变更是指保险合同依法成立以后,未履行完毕之前发生的当事人、被保险人或受益人的变化以及保险合同内容的修改和补充。保险合同的变更,分为主体变更和内容变更。

(一) 主体变更

在保险合同中,作为保险人的一方不允许变更,投保人只能选择退保来变更保险人。而其他合同的主体如投保人、被保险人的变更,经保险人同意是允许的。投保人或被保险人的变更,又称为保险合同的转让或者保险单的转让,指投保人或者被保险人在保险合同的有效期限以内,将保险合同的利益转让给第三人。

投保人或被保险人的变更,通常是由于被保险财产的所有权或者经营管理权的转移引起。在财产保险合同中,因保险标的的所有权或经营管理权的转移而转让保险合同的,保险标的的受让人承继被保险人的权利和义务。保险标的转让的,被保险人或者受让人应当及时通知保险人。货运保险合同和另有约定的保险合同的转让除外(《保险法》第49条第1

---

① 参见许崇苗、李利:《最新保险法适用与案例精解》,第166页。

款、第 2 款)。被保险人、受益人未履行通知义务的,因转让导致保险标的危险程度显著增加而发生的保险事故,保险人不承担赔偿责任(《保险法》第 49 条第 4 款)。①

转让以死亡为给付保险金条件的保险合同,必须经被保险人书面同意始发生效力(《保险法》第 34 条第 2 款)。

关于受益人的变更,根据我国保险法的规定,被保险人或者投保人可以变更受益人,但应当书面通知保险人。保险人收到变更受益人的通知后,应当在保险单上批注。投保人变更受益人时须经被保险人同意(《保险法》第 41 条)。

(二) 内容变更

在保险合同有效期内,投保人和保险人经协商同意,可以变更保险合同的内容。在变更保险合同的内容时,保险人应当在原保险单或者其他保险凭证上批注或者附贴批单,或者由投保人和保险人订立变更保险合同内容的书面协议(《保险法》第 20 条)。保险合同内容的变更主要包括保险标的的变更、保险金额的变更和保险费的变更。

二、保险合同的解除

保险合同的解除是指保险合同有效成立后,尚未履行完毕之前,依法提前终止合同的效力。保险合同的解除有协议解除和法定解除两种。协议解除是指保险合同双方当事人协商一致解除保险合同关系。法定解除是指保险合同当事人因保险合同成立后的事由,行使解除权而使保险合同的效力归于消灭。我国保险法主要规定了保险合同的法定解除。

(一) 保险合同解除的原因

保险合同成立后,除了法律另有规定或者保险合同另有约定外,投保人可以解除合同,保险人不得解除合同(《保险法》第 15 条)。货物运输保险合同和运输工具航程保险合同,除非合同另有约定,保险责任开始后,投保人和保险人均不得解除保险合同(《保险法》第 50 条、《海商法》第 227 条第 1 款)。

保险合同成立后,发生下列情形,保险人取得解除权,可以解除保险合同。

1. 投保人如实告知义务

投保人故意或因重大过失未履行如实告知义务,足以影响保险人决定是否同意承保或者提高保险费率,保险人可有权解除保险合同(《保险法》第 16 条第 2 款)。

2. 投保人、被保险人或受益人实施了保险欺诈行为

被保险人或者受益人在未发生保险事故的情况下,谎称发生了保险事故,向保险人提出赔偿或者给付保险金请求的;或者投保人、被保险人、受益人故意制造保险事故的,保险人有权解除保险合同(《保险法》第 27 条第 1 款、第 2 款)。在人身保险合同中,投保人申报的被保险人年龄不真实,并且其真实年龄不符合合同约定的年龄限制的,保险人可以解除保险合同(《保险法》第 32 条第 1 款)。

---

① 修改前的《保险法》仅规定保险标的转让的,被保险人或者受让人应当及时通知保险人,未就不通知保险人的法律后果作出任何规定。这一立法缺陷所产生的后果是,保险标的转让后,保险人往往以转让人、受让人未履行通知义务、未经保险人同意继续承保为由拒赔,从而引发大量纠纷。我国现行《保险法》增加了被保险人或者受让人未及时通知保险人的法律后果的规定,为有效解决此类纠纷提供了明确的法律依据。

3. 保险标的的危险程度增加

在合同的有效期内,保险标的的危险程度显著增加,保险人有权增收保险费,如果被保险人不同意增加保险费或者未按照约定的期限缴纳增加的保险费,保险人依法有权解除保险合同(《保险法》第52条第1款)。

4. 保险标的转让导致危险程度显著增加

因保险标的转让导致危险程度显著增加的,自收到通知之日起30日内,保险人可以按照合同约定增加保险费,如果被保险人不同意增加保险费或者未按照约定的期限缴纳增加的保险费,保险人依法有权解除保险合同(《保险法》第49条第3款)。

5. 投保人未履行防灾减损义务

投保人、被保险人违反保险合同约定的防灾减损义务,保险人有权要求增加保险费,如果被保险人不同意增加保险费或者未按照约定的期限缴纳增加的保险费,保险人可以解除保险合同(《保险法》第51条第3款)。

6. 人身保险合同效力中止后,2年内保险双方未达成协议恢复合同效力的

人身保险合同效力中止后,在2年复效期限届满时,保险人有权解除保险合同(《保险法》第37条第1款)。

(二)保险合同解除的后果

保险合同解除以后,合同的效力归于消灭,双方的权利义务关系不再存在。原则上,保险合同视为自始没有发生效力。当事人因合同所接受的对方的财产应当全部或部分返还给对方,法律另有规定或合同另有约定的除外。因投保人故意违反如实告知义务或者投保人、被保险人故意制造保险事故,导致保险人解除保险合同的,已收取的保险费不予退还。如果保险合同的解除是由于一方的过错引起的,并且造成对方经济损失的,则有过错的一方应当赔偿对方的经济损失(《合同法》第97条)。

三、保险合同的终止

保险合同的终止,是指因特定法律事实的出现,使保险合同的效力归于消灭。保险合同的终止,实际上为保险合同的效力对将来停止,不同于保险合同的解除。在保险合同终止前已为法律行为,不因保险合同的终止而受影响。

(一)保险合同终止的原因

(1)因期限届满而终止

(2)因履行而终止

(3)因保险标的灭失而终止

(二)保险合同终止的后果

保险合同终止后,自终止之日起,不论保险标的发生何种损失,保险人对被保险人或者受益人均不再承担保险给付责任。对于已收取的合同效力终止后的保险费,保险人应当退还给投保人;属于人身保险的,符合法律规定或者保险合同约定的退还保险金条件的,保险人还应当按照保险合同的约定退还保险单的现金价值。

【相关案例】22-3　保险合同解除权的限制①

某单位于2000年7月在某保险公司为其30名员工投保了养老保险。根据合同约定,保险公司承担的保险责任有两项:一是被保险人达到法定退休年龄后,保险公司给付养老金;二是被保险人在领取养老金前身故的,保险公司给付身故保险金。合同还约定,投保人于本合同成立后,可以书面通知要求解除本合同,但在被保险人开始领取养老金后,保险人对其不办理退保。2001年6月,被保险人张某在外地出差期间因交通事故身亡。投保单位于2002年2月以被保险人死亡为由,向保险公司申请退保。2002年3月,投保单位从保险公司领走退保金。被保险人家属向保险公司提出两项要求:一是给付保险金;二是向投保单位追偿退保金。

我国《保险法》并没有规定在保险事故发生后投保人不得提出解除保险合同,保险合同也没有作出限制性的规定。按照为第三人利益合同的法律特征,第三人权利生效后,除非基于法律的规定或者合同的约定,合同当事人变更或者解除合同的权利应当限制。因为在保险事故发生后,被保险人已经取得既得的保险金请求权,此时若允许保险合同当事人变更或者解除保险合同,就会损害被保险人的利益,实质上剥夺了被保险人或受益人获得保险赔偿或者给付的权利。因此,本案中投保单位无权解除保险合同。

前沿问题

◆ 我国保险法中是否有必要确立合理期待原则

目前,我国保险立法并未确立合理期待原则。作为一种新兴的合同解释原则,合理期待原则与传统的合同解释原则完全不同:它完全排除了文字解释方法之适用,是对传统保险合同解释原则及其体系的突破与超越。作为格式保险条款的事后规制与司法救济机制,这一原则要求以当事人的合理期待来解释保险合同,有其正当性。目前,我国的保险立法尚不完备,保险领域的规则更优惠于保险人。为促使保险人设计公平合理的格式保险条款,在缔约环节充分披露信息,维护保险合同的诚实信用,保护保险消费者利益,实现实质意义上的契约自由,有必要借鉴美国法院的做法,在我国保险立法上确立合理期待原则。但是,合理期待原则明确否定保险合同中明示条款的清晰文字之效力,是对传统合同法基本原理和理念的背离,且运用这一原则在解释合同时存在较大的主观随意性。实践证明,合理期待原则在被美国法院接受之初,曾一度被滥用,也带来了许多不良后果:一方面保险人提高保险费水平,加重了社会保险成本负担;另一方面,保险人收缩业务量,重新精心设计和起草保险条款,对其含义以定义方式作专门的限定,更加缩小保险责任范围,损害了被保险人的利益。因此,我国在确立合理期待原则时,一方面应明确其适用条件,以有效防止法官滥用自由裁量权;另一方面还要处理好该原则与合同是否成立、缔约过失责任以及公平原则等的关系。

---

① 许崇苗、李利:《最新保险法适用与案例精解》,第325—326页。

第二十二章 保险合同总论

【思考题】

1. 简述保险合同的特征。
2. 试述保险合同的当事人和保险合同的关系人。
3. 简述保险合同的不利解释原则和合理期待原则。
4. 试述保险合同的解除。

【司法考试真题】

22-1 甲公司代理人谢某代投保人何某签字,签订了保险合同,何某也依约交纳了保险费。在保险期间内发生保险事故,何某要求甲公司承担保险责任。下列哪一表述是正确的? (2014年)

A. 谢某代签字,应由谢某承担保险责任
B. 甲公司承保错误,无须承担保险责任
C. 何某已经交纳了保险费,应由甲公司承担保险责任
D. 何某默认谢某代签字有过错,应由何某和甲公司按过错比例承担责任

22-2 依据《保险法》规定,保险合同成立后,保险人原则上不得解除合同。下列哪些情形下保险人可以解除合同? (2011年)

A. 人身保险中投保人在交纳首期保险费后未按期交纳后续保费
B. 投保人虚报被保险人年龄,保险合同成立已1年6个月
C. 投保人在投保时故意未告知投保汽车曾遇严重交通事故致发动机受损的事实
D. 投保人未履行对保险标的安全维护之责任

22-3 2007年7月,陈某为其母投保人身保险时,为不超过保险公司规定的承保年龄,在申报被保险人年龄时故意少报了两岁。2009年9月保险公司发现了此情形。对此,下列哪些选项是正确的? (2010年)

A. 保险公司有权解除保险合同,但需退还投保人已交的保险费
B. 保险公司无权解除保险合同
C. 如此时发生保险事故,保险公司不承担给付保险金的责任
D. 保险人有权要求投保人补交少交的保险费,但不能免除其保险责任

22-4 张某续交保费两年后,由于经济上陷入困境,无力继续支付保费,遂要求解除保险合同并退还已交的保费。对于张某的这一请求,应当如何认定? (2005年)

A. 张某有权解除合同,但无权要求退还任何费用
B. 张某有权解除合同,保险公司应当退还已交的保费
C. 张某有权解除合同,保险公司应当退还保险单的现金价值
D. 张某有权解除合同并要求按规定退还保费,但保险公司有权收取违约金

22-5 张某为甲和张乙投保的保险合同均约定为分期支付保费。张某支付了首期保费后,因长期外出,第二期超过60日未支付当期保费,这有可能引起什么后果? (2005年)

A. 合同效力中止
B. 合同终止
C. 保险人有权立即解除合同
D. 保险人按照约定条件减少保险金额

第二十三章

财产保险合同

【章首语】 财产保险合同以财产及其有关利益为保险标的,大多数属于损失补偿性质,并广泛约定有代位求偿权。根据损失补偿原则,保险人承担保险责任以补偿被保险人的实际损失为限,且不超过保险金额。财产保险合同的种类主要有财产损失保险合同、责任保险合同、信用保险合同和保证保险合同。保险标的、保险金额、保险责任与除外责任等条款是财产保险合同的重要条款。在财产保险合同的有效期,双方当事人均应按约定向对方履行一定的义务。财产保险合同中的代位求偿权制度是保险人的法定权利,是损失补偿原则的派生权利,是各国保险立法所共同承认的一种债权转移制度。在发生保险事故造成保险标的推定全损时,产生将保险标的物的一切权利连同义务移转于保险人的委付制度。保险索赔和理赔是被保险人或受益人和保险人双方行使合同权利、履行合同义务的具体体现。

本章应重点学习财产保险合同的特征、种类,特别是财产保险合同的效力以及保险人的代位求偿权制度。

第一节 财产保险合同概述

一、财产保险合同的概念与特征

(一) 财产保险合同的概念

财产保险合同,是指当事人以财产及其有关利益为保险标的而订立的保险合同(《保险法》第12条第4款)。按照财产保险合同的约定,保险人收取保险费,在被保险人的财产发生保险事故范围内的损失或者依法应当承担民事赔偿责任时,承担保险赔偿责任。财产保险合同主要是以补偿财产的实际损失为目的,故又被称为损失保险合同。财产保险合同,既有以有形的财产作为保险标的的,例如海上保险合同、火灾保险合同等,又有以无形的财产作为保险标的的,如责任保险和信用保险等。

(二) 财产保险合同的特征

财产保险合同除具有一般保险合同的共同特征外,还具有下列特征:

1. 财产保险合同的标的具有特殊性

财产保险合同只能以投保人具有保险利益的财产或者财产利益为保险标的。这里的保险标的有两种:一是"财产",即以一定物质形式存在的有形物质财富,它能以一定的价值尺度进行衡量。二是与财产有关的"预期利益"。

2. 财产保险的目的在于填补损害

保险人给付保险金责任,以保险合同约定的保险金额或者保险责任限额为限,且不能超过保险标的的价值或者保险利益的价值。

3. 财产保险合同广泛约定有保险代位权

在财产保险合同中,如果第三人对于被保险人发生的损失或者责任应当负损害赔偿责任,被保险人向保险人请求保险金给付后,保险人取得对该第三人的代位求偿权。

二、财产保险合同的种类

根据我国保险法的规定,可将我国现行的财产保险合同作以下划分:

(一)财产损失保险合同

财产损失保险合同,是指以有形财产为保险标的而成立的保险合同。财产损失保险的标的,可以是动产和不动产。财产损失保险合同是财产保险合同最为主要的种类。我国现行的财产损失保险合同主要有:家庭财产保险合同;运输工具保险合同;企业财产保险合同;货物运输保险合同、农业保险合同等。

(二)责任保险合同

责任保险合同,是指以被保险人依法对第三人应承担的损害赔偿责任为标的而成立的保险合同。责任保险的标的是一定范围内的侵权损害赔偿责任。责任保险合同是社会成员将其可能承担的民事损害赔偿责任转嫁给保险人的法律手段,它仅适用于民事赔偿责任。责任保险合同的主要种类有:第三者责任保险合同、产品责任保险合同、雇主责任保险合同、公众责任保险合同、职业责任保险合同、机动车交通事故强制责任保险合同等。[①]

(三)信用保险合同

信用保险合同,是指以第三人对被保险人付款的能力或者信用为标的而成立的保险合同。在信用保险中,保险人对被保险人的信用放款和信用售货提供担保,在借款人或者赊货人不能偿付其所欠被保险人款项时,由保险人向被保险人给付保险金。信用保险合同的主要种类有:出口信用保险合同、投资信用保险合同、国内商业信用保险合同等,其中,出口信用保险合同最为普遍。

(四)保证保险合同

保证保险合同,是指保险人向被保险人提供担保而成立的保险合同。在保证保险合同中,投保人按照约定向保险人支付保险费,因保证人的行为或不行为致使权利人受到损失的,由保险人负责赔偿。保证保险合同中的保险人具有双重身份,既是保险人又是保证人。在保证保险关系中,被保险人的风险并没有完全转移给保险人,只是附条件地将连带责任转移给保险人。

第二节 财产保险合同的主要内容

财产保险合同除应当记载当事人的基本情况,双方当事人约定的相互间的权利义务等内容外,一般还应具备保险标的、保险金额、保险责任和除外责任等内容。在财产保险合同

[①] 责任保险合同各种类型的具体内容及实例,可参见任自力:《保险法学》,第262—275页。

中,某些条款具有与人身保险合同不同的特点,本节重点讲述这些条款。

一、保险标的

关于财产保险合同的标的,是指作为保险对象的财产及其有关利益。事实上,财产保险不仅承保财产本身的直接损失,还承保财产发生保险事故造成损失而带来的其他危险和间接损失。除财产损失保险外,还包括责任保险、信用保险和保证保险等。因此,从广义上讲,财产保险合同的保险标的,是指作为保险对象的财产及其有关利益。

在我国,财产保险合同的保险标的范围主要包括可保财产、预期利益和消极利益三种。凡保险人依法可以承保的财产即为可保财产。预期利益是指投保人或者被保险人在订立保险合同时对保险标的的利益尚未存在,但基于其现有权利而未来可获得的利益。预期利益因现有利益而产生,包括因现有利益而产生的期待利益及因合同而产生的利益。消极利益是指免除由于事故的发生而增加的额外支出,又称不受损失的利益。[①]

需要注意的是,一般而言,对于价值的评估没有客观标准、损失率难以预测、道德危险大的物品,不能作为财产保险合同的标的。

二、保险金额

保险金额,是指投保人对保险标的的实际投保金额,也是保险人承担赔偿责任的最高限额和计算保险费的依据。

财产保险合同中的保险金额的确定,是以保险标的的价值为基础的。保险价值则是订立保险合同时或发生保险事故时保险标的所具有的实际价值。依据我国《保险法》,投保人和保险人约定保险标的的保险价值并在合同中载明的,保险标的发生损失时,以约定的保险价值为赔偿计算标准(《保险法》第55条第1款)。投保人和保险人未约定保险标的的保险价值的,保险标的发生损失时,以保险事故发生损失时保险标的的实际价值为赔偿计算标准(《保险法》第55条第2款)。

在实践中,确定保险金额的方法主要有定值和不定值两种(详见第二十二章"保险合同总论"第一节"保险合同概述")。定值法一般适用于处于流动状态的财产,如货物运输保险、运输工具保险等。不定值法适用于大多数财产保险合同中。

三、保险责任与除外责任

保险责任,是指保险人对被保险财产在遭受保险合同中所列明的保险事故所造成的损失时,所负的赔偿责任。保险责任分为基本责任和特约责任。

基本责任又称基本险,是指财产保险合同中载明的保险人承担保险责任的危险范围。不同种类的财产保险合同具体承保的危险范围不同。保险的基本责任分为三种类型:一种是单一险类型,即保险人只承担某种特定危险发生所造成的损害赔偿责任。另一种是综合险责任,即多种危险发生造成的损害赔偿责任。其承保的危险主要有火灾、爆炸、雷电、冰雹、洪水、地震等。最后一种是一切险责任,即保险人承担除列明为除外责任的一切外来的

[①] 王保树:《商法》,第508—509页。

偶然风险造成的损害赔偿责任,是一种责任范围最广泛的基本险。[1]

特约责任又称附加险或者特保危险,是指投保人和保险人约定,将基本责任以外的灾害事故附加承保的赔偿责任。特约责任原则上都是单一危险责任,如附加盗窃险、钩损险等。由于特约险对于保险人而言承担的风险责任较基本险为大,故保险人在承保特约险时,要增加保险费。特约责任实际上是基本责任的扩展。

除外责任,是指依法或依据合同的约定,保险人不负赔偿责任的范围。一般采用列举方式在保险条款中予以明确规定。除外责任通常有战争、军事行动或政府行为、被保险人的故意行为等。

保险责任和除外责任是保险合同的核心条款,也是发生纠纷时当事人争议的焦点问题。

第三节　财产保险合同的效力

财产保险合同的效力主要表现为合同一经生效,就对双方当事人产生拘束力,投保人和保险人都必须严格按照合同的约定履行自己的义务。

一、投保人和被保险人的主要义务

(一) 交纳保险费

交纳保险费是投保人最基本的义务。如投保方未按约定期限交付保险费的,通常的处理办法有两种:一是保险人可以要求其限期交纳并补交利息;二是保险人可以终止合同,并对终止合同前投保方应负担的保险费及利息,仍有权要求其交付。

(二) 安全防损义务

投保人或者被保险人及其代表或者代理人应当遵守国家有关消防、安全、生产操作、劳动保护等方面的规定,维护保险标的的安全。保险人可以按照合同约定对保险标的的安全状况进行检查,及时向投保人、被保险人提出消除不安全因素和隐患的书面建议。投保人、被保险人未按照约定履行其对保险标的安全应尽责任的,保险人有权要求增加保险费或者解除合同(《保险法》第51条)。

(三) 危险显著增加时的通知义务

保险标的危险程度显著增加,是指在保险合同成立后,保险责任范围内的灾害事故发生的可能显著增加,且这种危险程度的显著增加是合同当事人在订立合同时未曾预料到的。此时,被保险人负有通知保险人的义务。保险人有权要求增加保险费或者解除保险合同。被保险人没有履行此项义务的,因保险标的的危险程度显著增加而发生的保险事故,保险人不承担赔偿责任(《保险法》第52条)[2]。

(四) 保险事故发生后的及时通知义务

投保人、被保险人或者受益人知道保险事故发生后,应当及时通知保险人,以便保险

---

[1] 卞耀武主编:《〈中华人民共和国保险法〉释义》,法律出版社1996年版,第50页。
[2] 本条是对原《保险法》第37条的修改,将危险增加的程度修改为"显著"增加,并增加了退费的规定。即只有在保险标的危险程度显著增加时,被保险人才负有通知义务,相应的保险人才有权要求增加保险费或者解除合同。这一修改显然有利于对被保险人利益的保护。

勘验现场和定损。因故意或重大过失未履行及时通知义务,致使保险事故的性质、原因、损失程度等难以确定的,免除保险人对无法确定部分的损失赔偿责任,保险人通过其他途径已经知道或者应当知道保险事故发生的除外(《保险法》第21条)。我国《保险法》没有规定当事人履行通知义务的期限,对此,应参照各国法律规定,明确规定通知的期限。

(五)施救义务

在保险事故发生时,被保险人应当尽力采取必要的措施,防止或者减少损失(《保险法》第57条第1款)。一般情况下,被保险人对被保险财产及其相关情况比较了解,为了促使被保险人积极抢救财产,防止保险事故蔓延,《保险法》明确规定了被保险人的此项义务。违反该义务而导致损失扩大的,保险人可不承担赔偿责任(《海商法》第236条、《合同法》第119条第1款)①。

(六)单证提供和协助义务

发生保险事故后,被保险人请求保险人赔偿被保险财产的损失时,应当提交与确认保险事故的性质、原因、损失程度等有关的证明和资料(《保险法》第22条第1款)。如有第三人应当对被保险财产所受损失负赔偿责任的,被保险人应当将损害赔偿的权利转让给保险人,并协助保险人向第三人追偿。

二、保险人的主要义务

(一)承担损失赔偿义务

在财产保险合同中,保险人的主要义务是在保险事故发生后,负责及时赔偿保险事故所造成的实际损失。如果保险人未及时履行赔偿或者给付保险金义务的,除支付保险金外,应当赔偿被保险人或者受益人因此受到的损失(《保险法》第23条)。

根据《保险法》的规定,构成保险赔偿要具备以下几个条件:

(1)保险事故所造成的损失对象,必须是保险合同中列明的财产或利益。对于未保财产的损失,以及其他间接损失,保险人不负赔偿责任。

(2)被保险财产的损失必须是保险危险引起。对于某些损失,如投保人或被保险人的故意行为、非保险危险造成被保险财产的损失,不能产生保险责任。

(3)对于损失的赔偿或者保险金的给付只限于合同约定的保险金额。

(4)被保险财产的损失,必须是发生在保险合同约定的保险期限以内和合同中订明的存放地点。除法律另有规定或合同另有约定者外,合同已经失效后所发生的损失,或者地点变动未通知保险人,保险人均不负责赔偿。

当保险事故发生后,保险人承担赔偿金的范围,包括保险财产所遭受的实际损失、施救费用、仲裁和诉讼费用及其他合理费用(详见第二十一章"保险法概述"第二节"保险法的基本原则")。

至于保险人履行赔偿的方式,原则上采取的是现金方式,一般不以实物补偿或恢复

---

① 《保险法》第57条仅规定被保险人有避免损失扩大的义务,但未规定被保险人违反该义务的法律后果。对此有两种看法:一种意见认为这一规定并非立法疏漏,因为保险施救决于被保险人的施救能力的大小,且实践中施救行为作用于损失的比例关系恐难以界定,如果立法明确规定未尽施救义务扩大损失不赔,容易造成保险人以此为借口拒赔。我们认为保险法关于被保险人避免损失扩大义务的规定来源于诚实信用原则,属于强制性规定,被保险人必须遵守,否则其应当对于自己这种主观上有过错、客观上不履行义务的行为承担不利后果。

原状。

（二）及时签单义务

保险合同是诺成性合同，因此，保险合同成立后，保险人负有及时向投保人签发证明保险合同已经生效的保险单或其他保险凭证的义务。签发保险单或者其他保险凭证的目的在于，证明保险合同关系的存在，以减少纠纷。

（三）维护保险标的安全的义务

维护保险标的的安全，既是保险人的义务也是保险人的权利。当保险人通过检查发现保险标的的安全状况有问题时，应当及时地向投保人或被保险人提出消除不安全因素和隐患的书面建议。经被保险人同意，保险人可以对被保险财产采取安全预防措施（《保险法》第23条第4款）。

（四）通知义务

在财产保险合同中，保险人主要有两项通知义务：

1. 补充证明和资料的通知

保险事故发生后，按照保险合同请求保险人赔偿或者给付保险金时，投保人、被保险人或者受益人应当向保险人提供其所能提供的与确认保险事故的性质、原因、损失程度等有关的证明和资料。保险人按照合同的约定，认为有关的证明和资料不完整的，应当及时一次性通知投保人、被保险人或者受益人补充提供（《保险法》第22条）。

2. 赔付核定结果的通知

保险人收到被保险人或者受益人的赔偿或者给付保险金的请求后，应当及时作出核定；情形复杂的，应当在30日内作出核定，但合同另有约定的除外。保险人应当将核定结果通知被保险人或者受益人《保险法》第23条第1款）。

（五）说明义务

有关保险人的说明义务，详见第二十一章"保险法概述"第二节"保险法的基本原则"相关内容。

【相关案例】23-1　违反危险程度增加时通知义务的后果[①]

2007年10月8日，张某为其车辆投保，合同约定：被保险人张某，使用性质为家庭自用，投保的险种有车辆损失险、第三者责任险、盗抢险、车上人员责任险、玻璃单独破损险及车辆损失险、第三者责任险、车上人员责任险的不计免赔特约险。其中，车损约定：本保险合同中的家庭自用汽车是指在中国境内行驶的家庭或个人所有，且用途为非营业性运输的客车。还约定：在保险期间内，被保险人或其允许的合法驾驶人在使用被保险车辆过程中发生意外事故，致使第三者遭受人身伤亡或财产直接损毁，依法应当由被保险人承担的损害赔偿责任，保险人对于超过机动车交通事故强制保险各分项赔偿限额以上的部分负责赔偿。另约定：在保险期间内，被保险机动车改装、加装或从事营业运输，导致被保险机动车危险程度增加的，应当及时书面通知保险人。否则，因被保险机动车危险程度增加而发生的保险事故，

[①] 奚晓明：《〈保险法〉保险合同章条文理解与适用》，第347页。

保险人不承担赔偿责任。2007年11月4日,张某将被保险车辆借与李某使用,李某使用被保险人车辆用于搭载乘客,并收取15元的费用。李某驾驶被保险车辆与郭某驾驶的小客车相撞,两车受损。经交通管理部门认定,李某负事故的全部责任。此后,张某支付被保险车辆的修理费7980元,支付小客车修理费11300元。诉讼中,张某变更诉讼请求,要求保险公司赔偿保险金16880元。

审理法院认为:张某请求保险公司赔偿保险金没有事实和法律依据,判决驳回诉讼请求。

第四节 保险人的代位求偿权

一、代位求偿权的概念和特征

保险代位求偿权是各国保险立法所共同承认的债权转让制度。保险代位求偿权仅适用于财产保险。

(一)代位求偿权的概念

保险代位求偿权,是指在财产保险合同中,保险标的因第三人的责任发生保险事故而导致损失,保险人向被保险人支付保险赔偿金后,依法取得对第三人的损害赔偿请求权(《保险法》第60条第1款)。保险代位求偿权制度最早见于英国法官在Randal v. Caxkanyian一案中的阐释:如果补偿人已经支付了补偿金,有关减少损失的收益落入被补偿人手中,衡平法的要求是,已经履行全部补偿义务的补偿人有权收回相应的款项,或权利可得的限度内,免除其自己补偿的义务。①

财产保险的目的,是对被保险人的损失进行补偿。根据损失补偿原则,被保险人不能通过保险获得额外利益。因此,这一制度有利于平衡保险人与第三人之间的利益关系。

关于保险代位求偿权的目的与功能,由于观察角度不同,众说纷纭,主要有"防止被保险人不当得利说""避免第三人脱责说"与"减轻投保人负担说"等。②

(二)代位求偿权的特征

1. 保险代位求偿权是法定权利

在保险人向被保险人支付了保险赔偿金后,被保险人所享有的向第三人请求赔偿的权利自动转移,保险人的代位求偿权相应自动产生,无需征得被保险人或者第三人的同意,也无需被保险人向保险人明示转让债权。③

---

① 奚晓明:《〈保险法〉保险合同章条文理解与适用》,第386—387页。
② 各学说主要观点详见覃有土:《商法学》,第471—473页。
③ 关于保险代位权的生效时间,因"当然代位"方式与"请求代位"方式而不同。"当然代位"是指不需要被保险人明示债权转让给保险人,只需保险人履行赔付义务即可自动取得该权利;"请求代位"是指保险人履行了赔付义务后,还需有被保险人明示转让债权给保险人的凭证,保险人才可以取得该权利。为简化保险人向第三人请求赔偿的程序,提高理赔和求偿效率,世界上大多数国家和地区采用了"当然代位"的方式,我国也采用了这种方式。参见奚晓明:《〈保险法〉保险合同章条文理解与适用》,第388页。

2. 保险代位求偿权的取得须以保险人履行赔偿义务为前提

在保险期限内因第三人的违法行为造成保险标的责任范围内损失,被保险人依法有权向第三人请求赔偿。为了能使被保险人得到及时的经济补偿,保险人在被保险人提出赔偿请求后,应按合同预先给予赔付,即只有在保险人履行了对被保险人的赔偿义务后,才能取得保险代位求偿权。

3. 保险代位求偿权的实质是债权转移

如保险事故的发生造成保险标的损失是由于第三人的违法行为所致,被保险人依法有权向第三人提出赔偿请求。此时,在被保险人与第三人之间形成一种损害赔偿的债权债务关系,同时也产生了被保险人与保险人之间的保险赔偿关系。被保险人具有侵权损害赔偿关系的当事人和保险关系的当事人双重身份。为避免被保险人行使双重请求权而获得双重利益,被保险人从保险人处获得保险赔款后,就必须将向第三人求偿的权利转移给保险人。即保险代位求偿权实际是被保险人将自己享有的对第三人的赔偿请求权转移给保险人的一种法定的债权转移。

4. 保险代位求偿权的范围以保险人的赔付金额为限

设立保险代位求偿权的目的,在于防止被保险人获得双重利益,因此,也不允许保险人获得超过赔款金额的额外利益。保险人行使代位权从第三人处取得的赔偿,超过其向被保险人给付的保险金额的,应当将超过的部分退还给被保险人。保险代位求偿权只能小于或等于保险赔偿金额,即以保险人履行的赔偿金额为限。

二、代位求偿权的行使

代位求偿权的行使主要应注意三个问题,即行使代位求偿权的主体、代位求偿权的行使顺位与对象限制和被保险人在代位求偿权中的义务。

(一)行使代位求偿权的主体

《保险法》《海商法》没有明确规定代位求偿权以谁的名义行使。《海事诉讼特别程序法》首次从立法上明确了保险人提起代位求偿诉讼的名义[①],有利于保险人充分行使代位求偿权,开展追偿工作。此后,《海事诉讼特别程序法司法解释》第65条,以及《保险法司法解释(二)》第16条均明确规定,保险人应以自己的名义行使保险代位求偿权。

(二)代位求偿权的行使顺位与对象限制

1. 代位求偿权和对第三人的赔偿损失请求权的行使顺位

在被保险人对保险人的赔偿请求权与对第三人的赔偿请求权发生重合时,被保险人享有自由选择权,保险事故发生后,其有权要求第三人赔偿,也可以先请求保险人赔偿,但基本原则是其获得的赔偿以不超过实际损失为限。

2. 行使代位求偿权的限制

我国《保险法》规定,保险人对于造成保险标的损害的第三人有保险代位权。但是,如果

---

① 《海事诉讼特别程序法》第94条规定:"保险人行使代位请求赔偿权利时,被保险人未向造成保险事故的第三人提起诉讼的,保险人应当以自己的名义向该第三人提起诉讼。"第95条规定:"保险人行使代位请求赔偿权利时,被保险人已经向造成保险事故的第三人提起诉讼的,保险人可以向受理该案的法院提出变更当事人的请求,代位行使被保险人对第三人请求赔偿的权利。被保险人取得的保险赔偿不能弥补第三人造成的全部损失的,保险人和被保险人可以作为共同原告向第三人请求赔偿。"

第三人是被保险人的家庭成员或者组成人员,除非该第三人故意造成保险事故而致被保险人损害,保险人不能对被保险人的家庭成员或者其组成人员行使代位权。如果被保险人的家庭成员或者组成人员故意损害保险标的,造成保险事故,为维护正常的社会秩序,保险人可以行使保险代位求偿权(《保险法》第62条)。①

(三) 被保险人在代位求偿权中的义务

保险人行使代位求偿权时,被保险人依法负有三项义务:一是向保险人提供行使代位求偿权所必须的有关证明文件(《保险法》第63条)。二是协助保险人向第三人求偿。三是不得放弃对第三人的请求赔偿权,也不得因其过错致使保险人不能行使代位求偿权。

保险人未赔偿保险金之前,被保险人放弃对第三人的赔偿权的,保险人不承担赔偿保险金的责任;保险人向被保险人赔偿保险金后,未经保险人同意,被保险人放弃该权利的,该放弃行为无效;由于被保险人的故意或者重大过失致使保险人不能行使代位权的,保险人可以扣减或要求返还相应的保险金(《保险法》第61条)。

三、委付

(一) 委付的概念和适用范围

委付是海上保险特有的概念,系指被保险人在发生保险事故造成保险标的推定全损时,将保险标的物的一切权利连同义务移转于保险人,而请求保险人全额赔偿的法律制度。委付包含着全额赔偿和转移保险标的的一切权利义务双重内容。

我国《海商法》第249条第1款规定:"保险标的发生推定全损,被保险人要求保险人按照全部损失赔偿的,应当向保险人委付保险标的。保险人可以接受委付,也可以不接受委付,但是应当在合理的时间内将接受委付或者不接受委付的决定通知被保险人。"

在现代国际保险市场上,适用委付的情形主要有:(1) 船舶沉没;(2) 船舶失踪;(3) 船舶不能修复;(4) 船舶或货物被捕获或扣押;(5) 保险货物推定全损。

(二) 委付的构成要件

1. 委付以保险标的推定全损为条件
2. 委付适用于保险标的的整体
3. 被保险人必须在法定时间内向保险人提出书面的委付申请
4. 被保险人必须将保险标的的一切权利转移给保险人并且不得附加条件
5. 委付必须经保险人承诺方为有效

(三) 委付的效力

委付一经依法成立,便对保险人和被保险人产生法律约束力:一方面,被保险人在委付成立时,有权要求保险人按照保险合同约定的保险金额向其全额赔偿;另一方面,保险人接受委付的,被保险人对委付财产的全部权利和义务转移给保险人。

---

① 如何理解"家庭成员",尤其是"组成人员",有不同的认识。详见吴定富:《保险法修订释义》,第154页;徐崇苗、李利:《最新保险法适用与案例精解》,第340—341页;奚晓明:《〈保险法〉保险合同章条文理解与适用》,第416—417页。

【相关案例】23-2 保险代位求偿权的认定[①]

2002年11月6日,某保险公司与A贸易公司签订了机动车辆保险合同,约定A贸易公司投保标致牌小型客车一辆(该车车主为B实业公司,现借给A贸易公司使用)的车辆损失险等险种,保险期限从2002年11月8日零时起至2003年11月7日24时止。2003年11月5日上午,A贸易公司的司机王某驾驶该车到C汽车维修中心洽谈车辆定点维修业务,该中心业务经理林某约其到酒楼商谈,同时指派维修中心的员工陈某将该车代为泊车。陈某在泊车过程中发生道路交通事故,经交警部门调查后认定,陈某应负事故全部责任。之后,该车的车主B实业公司另案向法院起诉C维修中心和陈某赔偿损失,法院以陈某作为C汽车维修中心司机提供泊车服务的行为是雇员职务行为,因其重大过失致投保车辆损坏,其应当与C维修中心承担连带赔偿责任,但因B实业公司所提供的证据不足以证实其车辆的实际损失为由,驳回了B实业公司的诉讼请求。

该案判决后,某保险公司经审核向事故车辆的投保人A贸易公司赔付了295500元(此受损车经公估,定损为341880元),A贸易公司则将其获得保险赔款部分的保险标的的权益转让给某保险公司。某保险公司基于此权利向C汽车维修中心和陈某索赔,要求二被告连带支付赔偿款295500元。

一审法院判决驳回了保险公司的保险代位求偿诉讼请求。二审法院最终判决被告支付295500元给某保险公司。

第五节 财产保险合同的索赔与理赔

一、索赔

(一) 索赔的概念

索赔,即索取赔偿,是指保险事故发生后,根据保险合同的规定,被保险人或受益人向保险人要求履行赔付保险金的行为。索赔是履行保险合同的一个重要环节,是被保险人实现其保险权益的具体体现。

在实践中,索赔请求通常由被保险人提出。被保险人是无行为能力人或限制行为能力人的,由其法定代理人代为行使。当法律有明确规定或者保险合同有约定时,责任保险合同的索赔权利人是受害第三者。除此之外其他人不是保险合同的索赔权利人。

(二) 索赔时效

索赔时效,是指享有保险金请求权的人,就保险事故造成其保险利益的损失诉请人民法院保护其民事权利的有效期限。从性质上看,索赔时效是一种诉讼时效,而不是除斥期间。超过法律规定的期间,权利人不再享有请求人民法院保护的权利,但其实体权利依然存在。我国的保险金请求权诉讼时效有两种,一是人寿保险的索赔时效,期间为5年;二是人寿保

[①] 贾林青:《保险法》,第179—180页。对此案一、二审的法理分析,详冗该作。

险以外的包括财产保险的其他保险的索赔时效,期间为 2 年。索赔请求权由被保险人或受益人行使,诉讼时效自其知道或者应当知道保险事故发生之日起计算(《保险法》第 26 条)。

需要注意的是,作为一种诉讼时效,根据民法有关理论和司法实践,在期间的计算上还有中止、中断、延长等问题,对此,保险法未作规定。这些问题可参照《民法通则》有关规定及相应的司法解释等执行。①

(三)索赔程序

权利人向保险人索赔的一般程序包括以下步骤:在保险事故发生后,被保险人或者受益人首先应将保险事故发生的事实以最快的方式通知保险人,并应采取积极措施,防止损失扩大。同时,应保护出险现场,为保险人提供检验上的方便,及时向保险人递交索赔证明文件。当保险人核实损失并确定应付赔款后,被保险人应及时领取。

二、理赔

(一)理赔的概念和原则

所谓保险理赔,是指根据索赔请求,保险人以保险合同为依据,核定保险责任并履行保险赔付的过程。在某些情况下,理赔还包括预付赔款。理赔是保险人履行合同义务的关键环节和具体体现。

我国保险理赔应遵循"主动、迅速、准确、合理"的原则。

(二)理赔程序

保险人理赔主要分为两个阶段,一是核定保险责任,二是履行赔付义务。具体而言,理赔应按下列程序进行:

1. 立案检验、现场勘查

保险人接到出险通知后,应立即查对保险单立案并派人到现场查勘,了解事故原因、损失情况及原因。

2. 审查单证与责任

审查内容为:索赔权利人提供的有关证明、资料是否齐全、真实;损失是否发生在保险有效期内;受损失的是否属于被保险财产,是否发生在保险责任范围内;被保险人是否及时、适当履行了施救、保护义务;是否存在应对保险事故承担赔偿责任的第三者。上述内容应做好记录,较大的理赔案件还要作出检验报告。

3. 核算损失及赔付

当损失原因确定属于保险责任范围内时,则要具体计算赔款。保险人分别按标的损失、费用支出、损余支出、免赔额等项目,适用约定的赔偿方式和有关限额,计算出赔款数额。经核算确定赔偿额后,保险人应按保险合同约定或法律规定的时间,履行赔付义务。否则,要承担违约责任(《保险法》第 23 条)。保险人作出核定后,对不属于保险责任的,应当自作出核定之日起 3 日内向被保险人或者受益人发出拒绝赔付或者拒绝给付保险金通知书,并说明理由(《保险法》第 24 条)。

4. 损余处理和代位追偿

保险人在全部赔付后,有权取得受损保险标的的全部权利或部分权利(《保险法》第 59

---

① 参见《民法通则》第 135—141 条;《民法通则意见》,第 165 条以下相关规定。

条)。如果损失原因是属于第三人责任时,保险人赔偿后即取得代位求偿权。

【相关案例】23-3　索赔时效的性质①

投保人于2003年7月12日去世后,其配偶(原告)向保险公司(被告)提出理赔申请,同年9月9日,被告向原告送达理赔决定通知书,拒绝理赔。同日,原告签收该通知书,并同时写明"不同意决定"。2006年5月18日,原告向法院提起诉讼。围绕诉讼时效问题,原告认为根据保险法关于人寿保险合同主张权利期限的规定,自事故发生之日起即2003年7月12日起至2008年7月12日期间起诉均不超过诉讼时效期间。被告则主张保险法规定的"5年"是指自知道保险事故发生日起向保险人主张权利、提出理赔申请的期间,自申请人收到保险人拒赔决定之日起应开始计算诉讼时效,原告应在2005年9月9日前起诉。

一审法院认为:5年期间的限制是指向被保险人请求给付保险金的请求期间,只要在5年内向对方提出均为有效,但自收到拒赔决定之日起,应启动诉讼时效期间的计算,时效期间为2年。被告关于原告起诉已超过了诉讼时效期间的主张成立,驳回了原告的诉讼请求。二审法院认为:索赔时效为诉讼时效,"5年"非除斥期间,应为诉讼时效期间,一审判决适用法律错误,因此将案件发回重审。

前沿问题

◆ 重复保险的法律效力及赔付规则

纵观世界各国的立法例,关于重复保险的界定,有广义和狭义说两种。广义说的代表国家(地区)是意大利以及我国澳门和台湾地区,认为重复保险是指投保人对同一保险标的、同一保险利益、同一保险事故,在同一期间与两个以上保险人分别订立数份保险合同的保险。狭义说代表国家是日本、德国、法国、英国及美国,认为重复保险是指投保人对同一保险标的、同一保险利益、同一保险事故,在同一期间与两个以上保险人分别订立数个保险合同,且保险金额总和超过保险价值的保险。我国《保险法》第56条采用狭义说。

关于超额的重复保险是否有效问题,纵观各国立法例,第一种是区分投保人的主观心理状态是否为恶意,确认合同的效力,为多数国家和地区立法所采纳。第二种是不区分投保人的主观心理状态确认合同效力,而是一概规定超过保险价值的部分无效。我国采用第二种模式。关于具体的赔付规则,主要有三种模式:第一,连带赔偿模式(德国为代表)。不论同时还是异时重复保险,均属有效,各保险人在其保险金额限度内对外承担连带责任。保险人在给付保险金后,就各保险合同的保险金额与保险金额总和比例,享有对其他保险人的求偿权。第二,比例分担主义(意大利、法国、瑞士及我国台湾地区为代表)。无论同时还是异时重复保险,各保险人均只按照其所保金额与保险金额总和的比例承担赔偿责任。第三,优先

---

① 奚晓明:《〈保险法〉保险合同章条文理解与适用》,第179—180页。

赔偿主义（日本为代表）。区分同时保险与异时保险，同时保险采按比例分担；异时重复保险，各保险人按照保险合同成立的先后顺序承担赔偿保险金责任，后订立的保险合同的保险人给付的保险金额超过保险标的价值部分无效，即后保险人只承担填补损失责任。我国《保险法》采比例分担模式，《海商法》则采连带赔偿模式。

【思考题】

1. 财产保险合同有哪些特点？
2. 试述保险代位求偿权。
3. 财产保险合同中投保人有哪些主要义务？
4. 简述委付的适用条件。
5. 简述保险理赔的程序。

【司法考试真题】

23-1 甲参加乙旅行社组织的沙漠一日游，乙旅行社为此向红星保险公司购买了责任保险。丙客运公司受乙旅行社之托，将甲运送至沙漠，丙公司为此向白云保险公司购买了承运人责任保险。丙公司在运送过程中发生交通事故，致甲死亡，丙公司负事故全责。甲的继承人为丁。在通常情形下，下列哪些表述是正确的？（2012年）

A. 乙旅行社有权要求红星保险公司直接对丁支付保险金
B. 丙公司有权要求白云保险公司直接对丁支付保险金
C. 丁有权直接要求红星保险公司支付保险金
D. 丁有权直接要求白云保险公司支付保险金

23-2 张三向保险公司投保了汽车损失险。某日，张三的汽车被李四撞坏，花去修理费5000元。张三向李四索赔，双方达成如下书面协议：张三免除李四修理费1000元，李四将为张三提供3次免费咨询服务，剩余的4000元由张三向保险公司索赔。后张三请求保险公司按保险合同支付保险金5000元。下列哪一说法是正确的？（2011年）

A. 保险公司应当按保险合同全额支付保险金5000元，且不得向李四求偿
B. 保险公司仅应当承担4000元保险金的赔付责任，且有权向李四求偿
C. 因张三免除了李四1000元的债务，保险公司不再承担保险金给付责任
D. 保险公司应当全额支付5000元保险金，再向李四求偿

23-3 潘某向保险公司投保了一年期的家庭财产保险。保险期间内，潘某一家外出，嘱托保姆看家。某日，保姆外出忘记锁门，窃贼乘虚而入，潘某家被盗财物价值近5000元。下列哪一表述是正确的？（2009年）

A. 应由保险公司赔偿，保险公司赔偿后无权向保姆追偿
B. 损失系因保姆过错所致，保险公司不承担赔偿责任
C. 潘某应当向保险公司索赔，不能要求保姆承担赔偿责任
D. 潘某只能要求保姆赔偿，不能向保险公司索赔

23-4 甲将自己的汽车向某保险公司投保财产损失险，附加盗抢险，保险金额按车辆价值确定为20万元。后该汽车被盗，在保险公司支付了全部保险金额之后，该车辆被公安机

关追回。关于保险金和车辆的处置方法,下列哪一选项是正确的?(2008年)

A. 甲无需退还受领的保险金,但车辆归保险公司所有
B. 车辆归甲所有,但甲应退还受领的保险金
C. 甲无需退还保险金,车辆应归甲所有
D. 应由甲和保险公司协商处理保险金与车辆的归属

23-5 王某将自己居住的房屋向某保险公司投保家庭财产保险。保险合同有效期内,该房屋因邻居家的小孩玩火而被部分毁损,损失10万元。下列哪些选项是错误的?(2008年)

A. 王某应当先向邻居索赔,在邻居无力赔偿的前提下才能向保险公司索赔
B. 王某可以放弃对邻居的赔偿请求权,单独向保险公司索赔
C. 若王某已从邻居处得到10万元的赔偿,其仍可向保险公司索赔
D. 若王某从保险公司得到的赔偿不足10万元,其仍可向邻居索赔

第二十四章

人身保险合同

【章首语】 人身保险合同是以人的寿命和身体可能发生的事故或者出现的事件作为保险标的的一种合同。这种合同的保险利益是非财产,保险标的是被保险人的寿命或身体,保险期限具有长期性,合同中的被保险人只能是自然人。大多数的人身保险合同都是非补偿性的定额保险合同,具有给付与保障生活的性质。在人身保险合同中一般不存在代位求偿权。人身保险合同可分为人寿保险合同、健康保险合同和意外伤害保险合同。人身保险合同中的受益人由被保险人或者投保人指定或者变更。受益权是一种期待权,具有独立性,既可撤销也可转让。人身保险合同中通常订有不可抗辩条款、不丧失价值条款、年龄不实条款、宽限期条款、复效条款、自杀条款、保险单转让条款。人身保险合同保险金的给付方式主要有一次性支付方式、利息收入方式、定期收入方式、定额收入方式和终身收入方式。

学习本章,应重点掌握人身保险合同的特征和合同中的各项常见条款。同时,应明确合同中有关受益人的各项内容。

第一节 人身保险合同概述

一、人身保险合同的概念和特征

(一)人身保险合同的概念

人身保险合同是指以被保险人的寿命和身体为保险标的而订立的保险合同(《保险法》第12条第3款)。按照人身保险合同,投保人向保险人交纳保险费,在被保险人因意外事故、意外灾害、疾病、衰老等原因导致死亡、残疾或丧失劳动能力,或年老退休,或在保险期限届满生存时,保险人按照约定向被保险人或者受益人给付赔偿金或者保险金。

人身保险合同和财产保险合同的区别在于:人身利益不具有确定的经济内容,不能用金钱衡量其价值。在人身保险合同中,保险人向被保险人或受益人给付的保险金,既不是被保险人人身价值的对价,也不能视为是保险人对被保险人失去寿命或者丧失健康的赔偿金。

(二)人身保险合同的特征

与财产保险合同相比,人身保险合同主要具有以下特征:

1. 人身保险合同的保险标的是被保险人的寿命或身体

人身保险合同中的被保险人是指其人身受到合同保障而享有保险金请求权的人。被保险人可以是投保人本人,也可以是投保人之外的第三人。由于人身保险合同的标的是人的寿命和身体,因此,人身保险合同的被保险人限于自然人,法人或其他组织不能成为人身保险合同的被保险人。

2. 人身保险合同是定额保险合同

人身保险合同保险标的的价值只能由双方当事人根据对保险保障的需要和投保人交付保险费的能力来确定保险金额。该保险金额既非依保险价值确定,也无具体数额的限制。因此,在人身保险合同中不存在财产保险的超额保险、重复保险和代位求偿问题。

3. 人身保险合同具有储蓄及保障生活的性质

人身保险合同尤其是人寿保险合同,其有效期比较长,故订立人身保险合同不仅使投保人得到了保险保障,还可以取得储蓄的权益。因为人寿保险合同所承保的死亡事故必然发生,保险人迟早要向受益人支付保险金。保险人所收取的保险费,除了部分营业开支外,大部分的积累还要返还给被保险人或者受益人,除保险金不能随意支取,要到保险事故发生后才能领取外,其同储蓄十分相似。在人寿保险合同中,保险金的来源有相当部分是投保人自己交付的保险费和保险储蓄运用的收益。

4. 人身保险合同中不存在代位求偿权[①]

在人身保险合同中,被保险人因第三者的行为而发生死亡、伤残或者疾病等保险事故时,保险人向被保险人或者受益人给付保险金后,不享有向第三者追偿的权利,但被保险人或者受益人仍有权向第三者请求赔偿(《保险法》第46条)。其原因是人身保险的标的是人的生命和身体而不是财产,对第三人的赔偿请求权具有身份上的专属性,其他人不得代位行使。

5. 人寿保险合同的保险费不得用诉讼方式[②]请求支付

在人寿保险合同中,投保人如不支付保险费,经保险人催告,投保人仍不支付的,保险人可以中止保险合同或者解除保险合同,但是不得以诉讼方式请求投保人支付保险费(《保险法》第38条)。这是因为,人寿保险合同为长期合同,且带有储蓄性质。保险人不能强制投保人支付保险费,也不得以诉讼方式请求投保人支付尚未支付的保险费。[③]

6. 被保险人的特殊性

由于人身保险合同的标的是人的寿命和身体,因此,人身保险合同的被保险人只能是自然人,法人或其他组织不能成为人身保险合同的被保险人。受益人可以是被保险人本人,也可以另外指定。财产保险合同的被保险人就是受益人。

7. 人身保险合同的适用是以生命表作为承保基础

生命表又称"死亡表",是一个国家或地区的人口生存死亡规律的统计表,反映相应地区的社会成员生存或死亡的规律性。保险人在经营人身保险业务过程中,根据生命表计算所应收取的保险费、所能形成的责任准备金及退保金的数额,保证人身保险经营的科学性和稳定性。以此区别于以危险事故发生的规律性作为承保依据的财产保险合同。[④]

[①] 关于人身保险合同是否一律不适用保险代位求偿权制度,存有争议。参见奚晓明:《〈保险法〉保险合同章条文理解与适用》,第312—314页;许崇苗、李利:《最新保险法适用与案例精解》,第333页。

[②] 此处的"诉讼"一词应作广义理解,因仲裁与诉讼目的相同,性质类似,故这里的"诉讼方式"应包括仲裁在内。

[③] 除人寿保险外,健康保险、意外伤害保险均有补偿性质,与财产保险并无本质差异,故对人身保险中的健康保险和意外伤害保险,应允许保险人以诉讼方式请求投保人支付保险费。

[④] 贾林青:《保险法》,第222页。

二、人身保险合同的种类

人身保险合同主要有人寿保险合同、健康保险合同和意外伤害保险合同三种类型。

(一) 人寿保险合同

人寿保险合同,是指根据投保人和保险人的约定,被保险人在合同规定的年限内死亡,或者在合同规定的年限届满时仍然生存,由保险人按照约定向被保险人或者受益人给付保险金的合同。人寿保险合同的标的是人的寿命,保险事故为被保险人的生存或者死亡,被保险人在约定的期限内死亡,或者生存到保险期限届满时,发生保险人依约给付保险赔偿金的责任。人寿保险的保险金额是投保人与保险人约定的,不体现被保险人的寿命价值,因此不存在超额保险的问题。人寿保险合同又可分为:

1. 死亡保险合同

死亡保险合同即以被保险人的死亡为保险事故的保险合同。它一般包括定期死亡保险合同与终身保险合同两种。

(1) 定期死亡保险合同。即指以被保险人在保险期限内的死亡为保险标的的保险合同。因这种合同不含储蓄性质,如果在保险期限届满前未发生保险事故,保险费不再退还,因而是人寿保险合同中保险费最低的一种,适合经济负担能力较低而又急需保险保障的人投保。

(2) 终身保险合同。是指以被保险人的终身为保险期限,不论被保险人何时死亡,保险人均给付保险金的保险。保险一直承保到被保险人死亡时为止。由于终身保险合同的保险期限长,而且最终必然要给付保险金,因此它的费率就高于定期保险合同。①

2. 生存保险合同

生存保险合同是指以被保险人在保险期限内的生存为保险标的的保险。在保险人生存到保险期限届满时,保险人按照合同的约定支付保险金。如果被保险人在保险期限内死亡,保险合同失效,保险人不承担支付保险金的责任,投保人所交的保险费也不予退还。订立此类合同的目的,是被保险人到了一定年龄时,可以领取一笔保险金以满足其生活需要。

年金保险合同是在被保险人的生存期间或约定期间内,保险人每年给付一定金额的保险合同,年金可按年、按月等分期给付。年金给付,原指每年一次而言,但事实上按期给付,每月、每季或半年给付一次均可。如一次给付,容易造成浪费或因投资运用方法不当而耗失,无法满足安定老年生活的实际需要及投保年金保险的目的。年金保险实则是纯粹生存保险的一种变则,两者同以被保险人或年金受领人的生存作为给付条件,前者为受领人达到一定年龄后分期给付,后者为被保险人达到一定年龄时一次性给付。但比较而言,一般保险的主要目的是在创造整笔资金,而年金保险是在分散整笔资金。②

3. 混合保险合同

混合保险合同由生存保险合同与死亡保险合同合并组成,又称为生死两全保险合同、养老保险合同,简称两全保险合同,是指被保险人不论在保险期限内死亡或者生存到保险期限时,均可领取保险金的合同。

---

① 王保树:《商法》,第523页。
② 李玉泉:《保险法学——理论与实务》,第269页。

（二）健康保险合同

健康保险合同又称为疾病保险合同，是指以被保险人在保险期限内发生疾病、分娩或由此引起残废、死亡为保险事故而订立的保险合同。健康保险合同一般包括：

1. 医疗费用保险合同

医疗费用保险合同是指以被保险人因重大疾病而支出的大额医疗费用为保险责任范围的保险。其目的在于负责被保险人的医疗费用的支付，包括住院费、诊疗费、手术费、护理费、药费等支出。

2. 工资收入保险合同

工资收入保险合同是指投保人以被保险人因疾病所致的工资收入减少为保险责任范围的保险。工资收入保险合同，一般以现金给付。这种给付，以被保险人丧失劳动能力为条件，给付具有一定期限，在这一期限内被保险人可能得到平均工资一定百分比的保险金给付。

3. 残疾或死亡保险合同

残疾或死亡保险合同是指投保人以被保险人因疾病、分娩而致残疾、死亡后由保险人以保险金的形式向被保险人或者受益人给付生活费、教育费、婚嫁费、抚养费、赡养费和丧葬费的保险。①

可见，健康保险合同属于综合性保险合同，不仅承保被保险人的疾病和疾病致残的风险，而且承保被保险人因病死亡的风险。健康保险具有补偿的性质，即补偿医药费的实际支出。

（三）意外伤害保险合同

意外伤害保险合同是指以被保险人遭受意外伤害或者因意外伤害致残、死亡为保险事故的保险合同。构成"意外伤害"必须具备外来的、突发的、非本意的三大要素。

意外伤害保险合同又可分为普通伤害保险合同和特种伤害保险合同。普通伤害保险又称一般伤害保险，特指专为被保险人因意外事故导致身体伤害的保险，其主要适用于被保险人为单个自然人的伤害保险。保险金的给付包括因伤害致死的死亡保险金和因伤害致残的残疾保险金。特种伤害保险合同的保险范围限于特种原因或特定地点所造成的伤害，主要包括旅行伤害保险合同、交通事故伤害保险合同、职业伤害保险等。②

这种保险可以由保险人单独承保，也可以作为人寿保险的附加责任而承保。

除上述分类外，人身保险合同依不同标准还可作其他划分，如为自己利益的人身保险和为他人利益的人身保险；团体人身保险和个人人身保险；自愿人身保险和强制人身保险等。

【相关案例】24-1　重复保险的适用范围③

2006年9月1日，夏某在浙江省泰顺县罗阳镇第二小学报名注册时，泰顺县某人寿保险

---

① 施天涛：《商法学》，第661—662页。
② 有关健康保险合同与意外伤害保险合同的种类，学者有不同的划分。详见王保树：《商法》，第524—525页；施天涛：《商法学》第661—662页；徐民：《商法学》，第314—315页；贾林青：《保险法》，241—248页。
③ 参见任自力：《保险法学》，第183—184页。

公司营销服务部的业务员在报名现场向夏某开具了"学生综合保障计划"保险单。当天,夏某转学至泰顺县实验小学。在实验小学报名注册的现场,中国人寿保险股份有限公司温州分公司的业务员向夏某开具了"国寿学生、幼儿平安保险"。2007年2月14日,夏某在上述保险期间内因病住院治疗,支出医疗费7.2万余元。7月25日,中国人寿保险股份有限公司温州分公司依照约定的分级累进比例,向夏某赔付了住院医疗保险金4.4万余元。随后,夏某要求被告泰顺县某人寿保险公司也按保险合同承担保险责任时,被告人认为夏某重复投保且已获得中国人寿保险股份有限公司温州分公司的理赔款4.4万余元,因此以保险人不应重复理赔为由拒绝赔偿。为此,夏某向法院提起诉讼。

法院审理后认为,《保险法》仅在财产保险合同中规定了禁止重复保险并适用补偿责任原则,在人身保险合同中并未规定和禁止重复保险。因此,被告"重复保险不应理赔"的辩解主张,既无法律依据有无特别约定,判决被告泰顺县某人寿保险公司承担赔偿责任。

【相关案例】24-2　人身保险合同的给付性[①]

甲中学组织初一学生春游,学生们乘坐的校车在行驶中为躲避迎面驶来的卡车,由于司机猛打方向盘,而冲出马路,撞上路边的一栋房屋。车上50名学生中,8名死亡、18名重伤、10名轻伤。因为学校已经代乙保险公司向在校学生收取了保险费,集体办理了每名学生保险金额3000元的学生平安保险合同,伤亡学生家长在获得学校的民事赔偿之后,向保险公司提出了保险索赔。因人身保险合同的保障作用突出表现在其具有的给付性上,被保险人得到民事赔偿与保险给付并不冲突。故学校支付的民事赔偿,不影响伤亡学生向保险公司的保险索赔权。

第二节　人身保险合同中的受益人

受益人,是指人身保险合同中基于被保险人或者投保人的指定,在保险事故发生或者保险合同约定的条件成就时,享有保险金请求权的人。《保险法》对受益人的资格未作限制,可以是自然人、法人和其他组织,也可以是胎儿。[②] 受益人可以是有行为能力人或无行为能力人。人身保险合同允许在被保险人之外另行指定受益人。有关受益人应具备的条件,在第二十二章第二节中已作阐述。本节主要介绍以下三个问题:

一、受益人的种类

人身保险合同中的受益人,通常分为三类:

---

① 参见贾林青:《保险法》,223—224页。
② 依据民法保护胎儿利益的基本理论,胎儿也可以被指定为受益人。胎儿享受权益,以出生时活体为条件,胎儿出生时不是活体的,其受益权自然灭失。

1. 原始受益人

原始受益人即由投保人或被保险人在保险合同中指定的在被保险人死亡时有权领取保险金的人。

2. 后继受益人

后继受益人指在原始受益人死亡时,后续指定的受益人。

3. 法定继承人

法定继承人又称遗产继承人。如果指定的原始受益人、后继受益人均死亡的情况下,或者投保人自己既是被保险人,又是受益人,则被保险人死亡后,其保险金额应作为被保险人遗产,由其法定继承人继承。被保险人死亡后,保险金作为被保险人的遗产,依法主要适用于以下情形:(1) 没有指定受益人,或者受益人指定不明无法确定的;(2) 受益人先于被保险人死亡,没有其他受益人的;(3) 受益人依法丧失受益权或者放弃受益权,没有其他受益人的。受益人与被保险人在同一事件中死亡,且不能确定死亡的先后顺序,推定受益人死亡在先(《保险法》第 42 条)。

二、受益人的指定和变更

(一) 受益人的指定

人身保险合同的受益人由被保险人或者投保人指定(《保险法》第 39 条第 1 款)。投保人或被保险人既可以在订立合同时指定受益人,也可以在合同成立后指定受益人。对所指定的受益人,无需事先征得其本人或保险人的同意。

1. 投保人指定受益人

除被保险人为受益人以外,受益人可由投保人指定。但是,在投保人与被保险人不是同一人的情况下,为了防止发生损害被保险人利益的情况,法律规定,投保人指定受益人的,一般应当经被保险人同意。投保人以与其有劳动关系的劳动者为被保险人订立人身保险合同的,指定受益人的范围只能是被保险人及其近亲属(《保险法》第 39 条第 2 款)。[①]

2. 被保险人指定受益人

人身保险是以被保险人的生命或者身体为保险标的的,受益人获得保险金请求权,本质上是被保险人保险金请求权的转让。因此受益人可以由被保险人指定。被保险人为无民事行为能力人或者限制民事行为能力人的,由监护人行使被保险人的权利(《保险法》第 39 条第 3 款)。监护人指定受益人时,应当从被监护人(被保险人)的利益出发进行指定。

投保人、被保险人指定受益人违反上述规定指定受益人的行为及结果均无效,被指定的受益人不享有保险金请求权。受益人已经从保险人处领取保险金的,保险人可以请求返还。

关于受益人的人数,可以为一人或数人。受益人为数人时,在保险合同中应当规定受益顺序和受益份额。有数个受益人而未确定受益份额的,各受益人按相等份额享有受益权(《保险法》第 40 条)。

[①] 修改后的《保险法》第 39 条第 2 款规定:"投保人为与其有劳动关系的劳动者投保人身保险的,不得指定被保险人及其近亲属以外的人为受益人。"对此种保险的受益人进行约束,主要是考虑保护劳动者的利益,避免用人单位利用与劳动者的不对等关系,把受益人写为对劳动者没有保险利益的人(如写为"用人单位"),从而使保单对劳动者没有利益,不利于对劳动者合法权益的保护。

需要注意的是,投保人确定受益人的顺序和受益份额时,也应当取得被保险人同意。

部分受益人在保险事故发生前死亡、放弃受益权或者依法丧失受益权的,该受益人应得的受益份额按照保险合同的约定处理;保险合同没有约定或者约定不明的,该受益人应得的受益份额按照以下情形分别处理:(1)未约定受益顺序和受益份额的,由其他受益人平均享有;(2)未约定受益顺序但约定受益份额的,由其他受益人按照相应比例享有;(3)约定受益顺序但未约定受益份额的,由同顺序的其他受益人平均享有;同一顺序没有其他受益人的,由后一顺序的受益人平均享有;(4)约定受益顺序和受益份额的,由同顺序的其他受益人按照相应比例享有;同一顺序没有其他受益人的,由后一顺序的受益人按照相应比例享有。[1]

(二)受益人的变更

被保险人或者投保人在指定了受益人后有权进行变更。变更受益人包括增加、减少、取消受益人,以及变更受益顺序及受益份额。变更受益人应当注意以下几点:

(1)被保险人或投保人的通知义务。被保险人或者投保人变更受益人的行为,必须通知保险人才对保险人产生效力。[2] 通知应当采用书面形式。在接到被保险人或者投保人发来的变更受益人的通知后,保险人有在保险单或者其他保险凭证上批注或者附贴批单的义务(《保险法》第41条第1款)。

(2)投保人变更受益人须经被保险人同意。前已述及,投保人指定受益人须经被保险人同意,同样的道理,投保人在变更受益人时也必须经被保险人同意(《保险法》第41条第2款)。未经被保险人同意的,应认定变更行为无效。[3]

投保人或者被保险人变更受益人未履行通知义务的,变更行为对保险人不发生效力。[4] 变更后的受益人不得请求保险人向其给付保险金。

三、受益权的性质和行使

受益权,是受益人按照人身保险合同享有的保险金给付请求权。受益人的受益权只有在保险事故发生后才能实现。因此,在保险事故发生前,受益人的权利只是一种期待权。虽然受益人领取保险金是在被保险人死亡之后,但受益人取得保险金是根据自己所享有的独立的受益权,故受益权不同于继承权。

受益权的行使以保险事故发生时,受益人尚生存为前提。如果受益人先于被保险人死亡的,除另有约定外,投保人或者被保险人对受益人的指定失去效力,保险金的请求权归被保险人,被保险人可另行指定新的受益人。受益权不能作为受益人的遗产由受益人的继承人予以继承。

四、受益权的撤销和转让

受益权的撤销是指投保人或被保险人指定受益人后,如果发现该受益人有不轨行为(如企图谋害被保险人)时,依法取消受益人的受益权。受益权的撤销不同于受益人的变更。我

---

[1] 《保险法》司法解释(三)第12条规定。
[2] 对于投保人或者被保险人变更受益人是否应当通知原受益人,《保险法》没有规定。我们认为,受益人的变更不仅关系到保险责任的承担,而且影响原受益人的利益,因此,投保人变更受益人履行通知义务的对象,应当包括原受益人。
[3] 《保险法》司法解释(三)第10条第3款规定。
[4] 《保险法》司法解释(三)第10条第2款规定。

国保险法没有规定受益权的撤销制度,仅规定了受益权的丧失制度。即受益人故意造成被保险人死亡、伤残、疾病的,或者故意杀害被保险人未遂的,丧失受益权(《保险法》第43条第2款)。其目的在于防止当投保人和被保险人为同一人时,被保险人不可能行使撤销权。

从受益权转让的时间上看,分为保险事故发生之前的转让与发生之后的转让。各国法律一般都规定,受益人在接受受益权后,可将其转让给他人,但事先必须经投保人或被保险人同意,或者保险合同中原先就载明允许转让,否则,转让无效。① 我国仅规定了保险事故发生后的转让,即受益人将与本次保险事故相对应的全部或者部分保险金请求权转让给第三人,当事人有权主张该转让行为有效,但根据合同性质、当事人约定或者法律规定不得转让的除外。②

【相关案例】24-3　投保人、被保险人变更受益人的通知义务③

1996年6月10日,刘某到保险公司投保了人寿保险,保险金额为3万元,指定其妻子关某为受益人。后来,刘某与关某由于感情不和而离婚。不久,刘某又与林某结婚。婚后,刘某与林某到公证处办理了变更受益人为林某的公证书,但是刘某未将变更事宜通知保险公司。1998年8月12日,刘某遭遇车祸身亡。刘某死后,林某即以受益人的身份要求保险公司支付保险金。保险公司以刘某未将变更受益人的情况以书面形式通知保险公司为由,将3万元保险金支付给了刘某的前妻关某。林某到法院起诉保险公司,法院经过审理后认为,保险公司的做法符合法律规定,林某败诉。

【相关案例】24-4　受益顺序与受益份额的确定④

王某作为投保人,以自己为被保险人与保险公司订立了人身保险合同,指定的受益人是王某的父母和儿子王某某(未成年人),但未确定受益顺序和受益份额。保险合同约定,被保险人在保险期间内身故的,保险人向受益人给付保险金10万元。

保险合同成立后,王某与妻子张某离婚,其子王某某由张某抚养。一年之后,王某患病身故。王某的父母向保险公司提出给付保险金的请求。保险公司经审核同意向受益人给付保险金。鉴于保险合同指定的受益人除被保险人的父母外,还有被保险人的儿子王某某。于是保险公司通知王某某的监护人张某,将全部保险金按相等数额分别给付王某的父亲、母亲和儿子。

---

① 王保树:《商法》,第530页。
② 《保险法)司法解释(三)》第13条规定。
③ 参见李玉泉:《保险法学——理论与实务》,第310—311页。
④ 参见奚晓明:《〈保险法〉保险合同章条文理解与适用》,第272—273页。

第三节　人身保险合同的特殊条款

作为保险合同的一种,人身保险合同和财产保险合同一样,应订明法律规定的基本条款,除此以外,由于人身保险合同的性质和财产保险合同不同,保险人在人身保险单上还应明确其他一些特殊条款。人身保险合同的特殊条款非常复杂,在此只介绍一些常见的重要特殊条款。

一、不可抗辩条款

不可抗辩条款,又称为保险人不可抗辩条款,是指投保人违反如实告知义务时,保险人应当在合同特约的期间内行使解除保险合同的权利或主张不负给付保险金的责任。经过保险合同特约的期间后,保险人不得再以投保人违反如实告知义务而拒绝履行保险合同义务的条款。保险合同特约的这个期间称为可抗辩期,超过这个期间即进入不可抗辩期,保险人就不得再提出异议,即使投保人确有告知不实的情形,保险人在保险事故发生后仍负给付责任。不可抗辩条款从性质上看,是保险人对投保人违反如实告知义务行使抗辩权的期限限制。

由于人身保险合同大都是长期性合同,不易查清投保人在投保时是否已经履行了这项义务。一旦保险人以投保人违反如实告知义务而拒绝承担保险责任时,则不利于维护被保险人和受益人的利益。为防止保险人滥用此项权利,各国法律一般都要求保险人和投保人在订立合同时约定不可抗辩条款。

修改后的《保险法》规定了不可抗辩条款对财产保险合同适用:因保险标的转让导致危险程度显著增加的,保险人应当在收到被保险人或者受让人通知之日起 30 日内行使解除权(《保险法》第 49 条第 3 款)。

二、不丧失价值条款

不丧失价值条款,是指被保险人或受益人对保单的现金价值的权利不因保险合同的效力变化而丧失的条款。

因为人身保险合同具有储蓄性质,所以除定期死亡保险外,多数人身保险合同在投保人交付一定时期的保险费后都有现金价值,这种价值一般称为不没收价值或不没收给付。即人身保险合同投保人交纳的保险费,除其中的一小部分用于支付保险人的费用外,尚有剩余的大部分属保险准备金。对于这笔现金,在保险事故发生前,投保人有使用的权利。如果发生保险事故,投保人可以取回全部保险金,即使投保人不愿继续投保而致保险合同失效时,也不能剥夺投保人应享有的现金价值的权利,因此称为不丧失价值条款。

投保人使用此笔现金的方式主要有三种:一是申请借款。保险合同满一定期限后,投保人可以将保单作为质押向保险人申请借款,但所借数目不得超过保险合同的现金价值,并须支付利息。二是将原保单改为缴清保险。保险合同具有现金价值后,如投保人停止继续支付保险费,即可选择将此已有的现金价值作为一次支付的保险费,仍可享受保险保障。三是办理退保。投保人解除合同的,保险人应当自收到解除合同通知之日起 30 日内,按照合同约定退还保险单的现金价值(《保险法》第 47 条)。

三、年龄不实条款

年龄不实条款,是指在人身保险合同中,因投保人或被保险人不如实告知被保险人的年龄所产生的保险人解除保险合同或者调整保险费的条款。

在人身保险中,被保险人的年龄对保险人决定是否承保和确定保险费率都有重大意义,年龄不同承保的危险程度也不相同。但在订立人身保险合同时,保险人不可能对被保险人的年龄逐个进行确认,因此,往往是在发生保险事故或要发放年金时,才核实年龄。

投保人申报的被保险人的年龄不真实,保险人视具体情况选择解除保险合同或调整保险费。其具体做法是:如被保险人的年龄不符合合同约定的年龄限制,保险人有权在知道有解除事由之日起30日内行使解除合同的权利,但自合同成立之日起超过2年的除外。如果保险人在订立合同时已经知道投保人未履行如实告知义务的,保险人不得解除保险合同。如被保险人真实年龄在合同约定的年龄限制范围内,但投保人申报不真实,致使其支付的保险费少于应付保险费的,保险人有权更正并要求投保人补交保险费,或者在给付保险金时按照实付保险费与应付保险费的比例支付。如投保人实付保险费多于应付保险费,保险人应当将多收的部分退还投保人(《保险法》第32条)。

四、宽限期条款

宽限期条款,又称交付保险费的宽限期间,或称优惠期间。是分期缴费的人寿保险合同中关于在宽限期内保险合同不因投保人延迟缴费而失效的条款。这一条款通常规定,在出现投保人未能及时支付保险费的情况时,合同效力并不立即中止,而是再给投保人一定的补交保险费的期限。投保人只要在这一期限内交纳了保险费,保险合同继续有效。

一般的人身保险合同期限较长,难免会出现投保人因为一时疏忽或发生经济困难等原因,无法按时缴纳保险费。有了宽限期,即使投保人未按规定的期限缴纳保险费,但只要没有超过宽限期,保险合同仍然有效。但在宽限期内发生保险事故时,保险人可以在应给付的保险金中扣除欠缴的保险费。投保人超过宽限期未缴保险费,将导致保险合同效力中止或失效。除非被保险人要求复效,否则,保险人不能要求投保人补交保险费。

人寿保险合同的保险费,由投保人按照合同约定分期交纳。如果保险合同约定有交纳保险费宽限期,在这一期限届满之前,不论投保人是否交纳了保险费,保险人对被保险人所发生的保险事故,承担保险责任。但是,除合同另有约定外,投保人经保险人催告之日起超过30日未支付当期保险费,或超过规定的期限60日未支付当期的保险费的,即超过法定或约定的宽限期间不交纳保险费的,人寿保险合同自动中止效力,或者由保险人按照合同约定的条件减少保险金额(《保险法》第36条第1款)。

五、复效条款

复效条款是指人身保险合同约定的、在投保人不能如期交纳保险费而使保险合同效力中止后,经投保人向保险人申请交纳保险费以求恢复合同效力的条款。对投保人而言,恢复原保险合同的效力,自然比重新投保更为有利。

人身保险合同可以复效是由人身保险的特点决定的。我国《保险法》规定:在投保人因超过宽限期未支付保险费而导致人身保险合同效力中止的情况下,自合同效力中止之日起2

年内经过投保人和保险人协商一致,在投保人补交合同中止期间的保险费后,人身保险合同的效力恢复。但是,自合同效力中止之日起满2年双方未达成协议的,保险人有权解除保险合同。但保险人应按照合同约定退还保险单的现金价值(《保险法》第37条)。

需要说明的是,《保险法》第37条规定的复效条件为"保险人与投保人协商并达成协议",把能否复效的决定权交予保险人,剥夺了投保人申请复效的权利,使保险合同复效制度丧失了应有的功能。鉴于此,相关司法解释规定,投保人提出恢复效力申请并同意补交保险费的,保险人原则上应予恢复效力,除非被保险人的危险程度在中止期间显著增加。同时,为防止保险人收到复效申请后长时间不作答复,该解释进一步规定,保险人在收到恢复效力申请后,30日内未明确拒绝的,应认定为同意恢复效力。保险合同自投保人补交保险费之日恢复效力。保险人有权要求投保人补交相应利息。[1]

六、自杀条款

自杀条款,是指保险合同约定的,在被保险人自杀时,保险人应当给付保险金的条款。但是,该条款在保险合同成立后经过2年,方为有效。

保险合同是射幸合同和诚实信用合同。投保人、被保险人、受益人故意制造的事故为除外责任。被保险人故意结束自己的生命,既有可能是为了骗取保险金,从而滋长道德风险,影响保险人的经营与核算。许多国家的保险法中都承认这一条款并作了相应的规定。我国《保险法》也明确规定,以死亡为给付保险金条件的合同,被保险人自杀的,保险人不承担给付保险金的责任,但对投保人已经支付的保险费,保险人应按照合同约定退还保险单的现金价值(《保险法》第44条)。保险人以被保险人自杀为由拒绝给付保险金的,由保险人承担举证责任。受益人或者被保险人的继承人以被保险人自杀时无民事行为能力为由抗辩的,由其承担举证责任。[2]

但是,自杀可能因种种因素引起。故大多数国家对自杀都作了时间上的限制,只有在保险合同生效后若干年内所发生的自杀行为,才作为除外责任。我国《保险法》规定,以死亡为给付保险金条件的合同,自合同成立或者合同效力恢复之日起满2年后,被保险人自杀的,保险人可以按照合同给付保险金。

需要注意的是,由于无民事行为能力人的主观意愿难以认定,不符合保险中要求的"故意"这一条件,故依法上述条款的限制不适用于无民事行为能力人。[3]

七、保险单转让条款

保险单转让条款,又称主体的变更条款,是指投保人或者被保险人在保险合同的有效期限内,将保险合同的利益转让给第三人的条款。

在财产保险合同中,投保人或被保险人的变更,通常是由于被保险财产的所有权或者经营管理权的转移引起。但人身保险合同不能变更被保险人,故其转让又不同于财产保险合

---

[1] 《保险法司法解释(三)》第8条规定。
[2] 《保险法》司法解释(三)》第21条。
[3] 参见最高人民法院《关于如何理解〈中华人民共和国保险法〉第六十五条"自杀"含义的请示的答复》(2002年3月6日〔2001〕民二他字第18号)。

同,仅仅是一般民事权利义务的转移。受让人受让后,同时承受因合同而产生的所有权利和义务。一般人身保险条款均规定,保险单的转让,必须经书面通知保险人始发生效力。即保险人不知转让的事实,而将保险金给付原受益人时,不负任何责任。

之所以发生保险单的转让,是因为除定期死亡保险外,多数人身保险合同在投保人交付一定时期的保险费后都有现金价值,因而它与所有的有价凭证一样,具有财产属性,可以转让或用作借款质押。转让的后果是把保险单的所有权完全转移给新的所有权人;用作借款质押时,是将具有现金价值的保险单作为被保险人的信用担保或贷款的出质物,其贷款金额一般不得超过保险单的现金价值,通常受让人只享有保险单的部分权利。

【相关案例】24-5 故意犯罪导致死亡的认定[①]

1998年9月28日,李某向某县寿险公司投保简易人身保险,被保险人是李某之夫向某,李某是受益人,保险期为30年。双方所依据的保险合同是《中保人寿保险有限公司简易人身保险条款(1997版)》,合同订立生效后,李某一直依约缴纳每月72元的保险费,一直缴纳至被保险人向某死亡时止。被保险人向某死亡前是某县寿险公司聘请的业务员,因涉嫌贪污被某县人民检察院于2002年4月15日立案侦查,同年5月1日向某在取保候审期间自杀身亡。同年8月12日,某县人民检察院撤销向某贪污案。李某请求某县寿险公司按保险合同支付保险金47688元。某县寿险公司认为向某是畏罪自杀,属于犯罪导致死亡的情况,依照我国1995年《保险法》第65、66条的规定不在理赔的范围而拒绝理赔。为此,李某诉至法院,要求某县寿险公司支付宝现金47688元。

某县人民法院经审理认为,双方所签订的保险合同合法有效,某县寿险公司应当按照保险合同的约定给李某支付保险金。某县寿险公司认为向某是故意犯罪导致死亡,不应给付保险金理由不充分,不予支持。宣判后,某县寿险公司提起上诉。

某市中级人民法院经审理认为,被保险人向某因涉嫌贪污罪,被某县检察院立案侦查,在取保候审期间自杀身亡,属于因故意犯罪而导致的死亡,某县寿险公司依法不应承担给付保险金的责任。二审依照我国1995年《保险法》第65条第2款,第66条及《民事诉讼法》的相关规定,判决撤销原判,驳回了李某的诉讼请求。

第四节 人身保险合同保险金的给付方式

给付保险金,是保险人在保险合同约定的保险事故发生时,或其他给付保险金的条件具备时,依照保险法的规定或者人身保险合同的约定所承担的基本义务。由于各类人身保险在目的、功能上存在区别,使得人身保险合同具有多种保险金的给付方式,法律允许被保险人、投保人选择保险金的给付方式。在通常情况下,不论在订立保险合同时是否已约定了保险金的支付方式,被保险人或投保人在受益人实际领取保险金之前都可以改变原来的选择。

---

① 任自力:《保险法学》,第199—200页。

在我国目前的人身保险实务中,人身保险合同保险金的给付方式主要有以下几种:

一、一次性支付方式

一次性支付方式是指保险人一次就将依照合同应向受益人支付的保险金全部支付给受益人的支付方式。因被保险人或者受益人实际领受保险金的全部金额,而使保险合同发生终止。这种支付方式主要用于婚嫁、丧葬等方面的保险。其他保险合同往往规定保险期限届满时,如果保险金受领人没有相反表示,保险单按终身收入方式给付。

二、利息收入方式

利息收入方式是指保险金受领人将保险金的全部金额存放于保险人处,按预定的保证利率,按年、季或月向保险人领取保险金的利息,但仍然保留随时领取全部保险金的权利。如果保险人利用保险金取得的投资收益超过保证利率的,则应当增加保险金受领人的利息收益。受益人死亡后,可由他的继承人领取保险金的本息。这种方式与投资基金十分相似。[①]

三、定期收入方式

定期收入方式是指在一定期间内,由保险人按期给付一定金额与受益人,包括给付金额及其保证利息。根据投保人的要求,在约定的给付期间内,按预定的保证利率,以年金结算的方式给付,并计算出每期给付的金额,由保险金受领人按期领取。如果保险人实得的投资收益超过预定的保证利率的,保险人须另行给付超过的利息。定期收入方式保险人实际的给付额每次可能不同,每次给付的时间也是按年、季或月不同,但给付时间一般不超过30年。在约定的给付期间,如受领人死亡,其继承人可以继续领取定期收入,直到期满为止。

四、定额收入方式

定额收入方式是指根据保险金受领人所选择确定的周期和固定金额要求支付保险金的方式。即每期给付金额固定不变。这种支付方式的给付期数应根据保险金的总额和实际的利率来确定,直领到保险金本金利息全部用尽时为止。如果受领人尚未领完本息死亡,其剩余部分由受领人的继承人领取。

五、终身收入方式

终身收入方式是指受益人将给付的金额用来购买终身年金,保险人按期支付一定收入。受益人可以按时领取年金,直领取到受益人死亡时为止。每次年金给付额要根据保险合同预定的利率、受益人的年龄、性别等因素来决定

终身收入方式又分为单纯终身收入方式和定期保证终身收入方式两种。前者为年金给付到受益人死亡时为止,如有余额,保险人不予退还;后者受益人可以终身领取年金,如果受益人在保证期内死亡,其遗属可以在保证期限内继续领取年金或一次领取剩余年限的年金。[②]

[①] 王保树:《商法》,第531页。
[②] 同上。

前沿问题

◆ 人身保险中保险代位求偿权的适用问题

一般而言,以填补损害为原则,保险代位求偿权不适用于人身保险,仅适用于各类财产保险。人身保险分为人寿保险、健康保险和意外伤害保险三类,各自有不同的特点,是否一律不适用保险代位权,各国和地区保险立法的态度不完全相同。我国台湾地区保险法规定,人寿保险之保险人,不得代位行使被保险人或受益人因保险事故所产生的对第三人之请求权。在保险业发达的美国,各州关于保险代位权的态度也存在一定的差异,一般规定人身保险不适用保险代位权,特别排除人寿保险适用保险代位权。对于健康保险和意外伤害保险,原则上不能适用保险代位权,但是健康保险和意外伤害保险约定有保险代位权的,可以适用约定保险代位权。因为人身保险中的健康保险和意外伤害保险,在一定程度上具有财产保险所有的填补损害的性质,为保险代位权的适用提供了一定的条件。我国《保险法》规定,所有种类的人身保险,包括人寿保险、健康保险和意外伤害保险均不适用保险代位求偿权。我们认为,对于该问题,应当从保险代位求偿权制度适用的标准、争议险种的性质与保险市场的商业运行规则综合予以考量。

【思考题】

1. 试述人身保险合同和财产保险合同的区别。
2. 人身保险合同有哪些特殊条款?
3. 简述受益人的指定和变更。

【司法考试真题】

24-1 甲公司交纳保险费为其员工张某投保人身保险,投保单由保险公司业务员代为填写和签字。保险期间内,张某找到租用甲公司槽罐车的李某催要租金。李某与张某发生争执,张某打碎车窗玻璃,并挡在槽罐车前。李某怒将张某撞死。关于保险受益人针对保险公司的索赔理由的表述,下列哪些选项是正确的?(2013年)

A. 投保单虽是保险公司业务员代为填写和签字,但甲公司交纳了保险费,因此保险合同成立

B. 张某的行为不构成犯罪,保险公司不得以此为由主张免责

C. 张某的行为属于合法的自助行为,保险公司应予理赔

D. 张某的死亡与张某的行为并无直接因果关系,保险公司应予理赔

24-2 甲向某保险公司投保人寿保险,指定其秘书乙为受益人。保险期间内,甲、乙因交通事故意外身亡,且不能确定死亡时间的先后。该起交通事故由事故责任人丙承担全部责任。现甲的继承人和乙的继承人均要求保险公司支付保险金。下列哪一选项是正确的?(2012年)

A. 保险金应全部交给甲的继承人

B. 保险金应全部交给乙的继承人

C. 保险金应由甲和乙的继承人平均分配

D. 某保险公司承担保险责任后有权向丙追偿

24-3 丁某于 2005 年 5 月为其九周岁的儿子丁海购买一份人身保险。至 2008 年 9 月，丁某已支付了三年多的保险费。当年 10 月，丁海患病住院，因医院误诊误治致残。关于本案，下列哪一表述是正确的？（2009 年）

A. 丁某可以在向保险公司索赔的同时要求医院承担赔偿责任

B. 应当先由保险公司支付保险金，再由保险公司向医院追偿

C. 丁某应先向医院索赔，若医院拒绝赔偿或无法足额赔偿，再要求保险公司支付保险金

D. 丁某不能用诉讼方式要求保险公司支付保险金

24-4 某保险公司开设一种人寿险：投保人逐年缴纳一定保费至 60 岁时可获得 20 万元保险金，保费随起保年龄的增长而增加。41 岁的某甲精心计算后发现，若从 46 岁起投保，可最大限度降低保费，遂在向保险公司投保时谎称自己 46 岁。3 年后保险公司发现某甲申报年龄不实。对此，保险公司应如何处理？（2006 年）

A. 因某甲谎报年龄，可以主张合同无效

B. 解除与某甲的保险合同，所收保费不予退还

C. 对某甲按 41 岁起保计算，对多收部分保费退还某甲或冲抵其以后应缴纳的保费

D. 解除与某甲的保险合同，所收保费扣除手续费后退还某甲

24-5 在张某为其女儿张乙（8 岁）投的意外伤害保险中，受益人如何产生？（2005 年）

A. 因张乙为无民事行为能力人，故张某可以监护人身份指定受益人

B. 张乙虽无民事行为能力，但因她是保险合同的被保险人，故她可以指定受益人

C. 因张乙无民事行为能力，她可以委托张某指定受益人

D. 张某作为投保人可以指定受益人，但必须征得被保险人张乙的同意

24-6 张某到保险公司商谈分别为其 62 岁的母亲甲和 8 岁的女儿张乙投保意外伤害险事宜。张某向保险公司详细询问了有关意外伤害保险的具体条件，也如实回答了保险公司的询问。请回答下列题。在张某为其母亲甲投保的意外伤害保险中，依法可以确定谁为受益人？（2005 年）

A. 以被保险人甲为受益人

B. 以被保险人甲指定的张乙为受益人

C. 以投保人张某为受益人，但须经甲同意

D. 以投保人张某和被保险人甲共同指定的第三人为受益人

第二十五章

保 险 业 法

【章首语】 保险业法是对保险业进行监督、管理的法律规范的总称,属于公法范畴。保险公司的设立、变更与终止均应按照保险法和公司法规定的条件和程序进行。保险组织在从事保险业务活动时应当遵循分业经营、偿付能力管理、经营风险、资金运用、保险公司及其员工业务行为等法定规则。保险代理人、保险经纪人和保险公估人应具备法定的任职条件与资格,取得保险监管机构颁发的资格证书。

保险业监管机关通过法律监管手段、行业自律手段和企业自控手段,对经营保险业务的主体和参与保险活动的主体的主体资格及其实施的保险行为进行监督与管理的活动。我国保险业监管的目标是维护保险市场秩序,保护投保人、被保险人和受益人的合法权益。我国保险监管的内容侧重于偿付能力监管、保险条款和保险费率的监管。保险监管主要采取责令限期改正、整顿、接管和撤销保险公司组织清算等措施。保险业自律组织是指保险企业自愿参加的、进行自我约束管理和相互协调的行业组织,其性质属于独立的社团法人。

学习本章,应重点掌握保险公司的组织形式,保险公司设立、变更、终止的条件和程序,保险业的各项经营规则,法律对保险代理人、保险经纪人和保险公估人的具体要求,保险业监管的目标、主要内容与措施等。

第一节　保　险　公　司

一、保险公司的组织形式

在我国的保险市场上,保险公司是指根据《保险法》《公司法》《公司登记条例》等有关法律、法规的规定设立的经营保险业务的专业性公司。基于社会经济制度、经济管理体制、经营传统的差别,各国对保险公司组织形式有着不同的要求;如美国规定保险公司应以股份有限公司和相互保险公司两种形式设立;日本规定保险公司的组织形式应为股份有限公司、相互保险公司、保险互助合作社(又称相互保险社)三种。① 从各国实践来看,相互保险公司比较适合于那些保险合同有效期限长,投保人变动不大的各种人身保险,而不适合于保险合同

---

① 有关相互保险公司、保险互助合作社相关保险组织形式的介绍详见施天涛:《商法学》,第 671—672 页。

有效期限短,投保人变动频繁的各种形式的保险。①

我国1995年《保险法》第70条曾规定,保险公司应当采取股份有限公司和国有独资公司两种形式设立。由于这一规定所限定的公司组织形式无法适应保险实践的需要,2009年修订的《保险法》删除了关于保险公司组织形式的规定。这意味着关于保险公司的组织形式,可直接适用《公司法》的规定,换言之,目前非国有性质的投资主体也可以设立有限责任保险公司。实践中我国已经有一些财产保险公司(如美亚、太平等)采取了这种组织形式。可以预见,我国在全球化的潮流下,保险业发展之后,将引入更多的保险组织形式,这也与《保险法》第6条关于经营保险业务的主体,除保险公司外,还包括法律、法规规定的其他保险组织的规定相对应。② 保险公司以外的其他依法设立的保险组织经营商业保险业务,也适用《保险法》的规定(《保险法》第181条)。

股份有限公司因有众多的股东持股而能够集聚众人资本和劳动力,规模较大,它能最大限度地分散减轻企业的投资风险。因而,股份有限公司是当今世界各国保险业最主要的组织形式。有限责任公司在股东人数、设立手续、公司机关、股东对外转让股权、组织与经营等方面与股份有限公司存在显著区别,是一种适应中小企业规模的公司。

二、保险公司的设立

(一)保险公司的设立条件

设立保险公司不仅要符合《公司法》关于公司设立的一般规定,还要符合《保险法》、《保险公司规定》的特殊要求。根据《保险法》第68条规定,设立保险公司在资本额、章程、管理人员、组织机构和管理制度、营业场所和设施五个方面应当符合法律规定。

1. 最低资本额

设立保险公司注册资本的最低限额为人民币2亿元,该注册资本必须为实缴货币资本。保险监督管理机构根据需要可以调整其注册资本的最低限额,但是,不得低于法定最低限额。

2. 章程

保险公司章程是规范保险公司业务经营活动和组织机构的行为准则,也是公司法和保险法要求的保险公司必须具备的法律文件。公司章程对外向社会公众表明该保险公司的经营宗旨、运行方式、方法、实力强弱等内容。

3. 管理人员

保险公司的高级管理人员包括但不限于正副总经理、业务主管部门经理、财务会计、法律顾问等。保险业务的专业化程度较高,要求保险公司的从业人员,尤其是高级管理人员必须具备任职的专业知识和业务工作经验,并在任职前取得保险监督管理机构核准的任职资格③,且不得具有《公司法》第146条和《保险法》第82条中高级管理人员任职的禁止性

---

① 有学者认为,在我国,并没有相互保险公司和相互保险社的区分,而是笼统的称为保险合作社。保险合作社主要由需要保险的农民或农村集体经济组织,在自愿的基础上组织起来,采取合作的方式办理保险的非营利性的互助自救组织。参见王保树:《商法》,第538页。

② 有关我国保险公司的组织形式问题的讨论,详见徐崇苗、李利:《最新保险法适用与案例精解》,第360—361页。

③ 有关保险公司及其分支机构的高级管理人员的任职资格条件,详见《保险公司高级管理人员任职资格管理规定》。

规定。

4. 组织机构和管理制度

保险公司的组织机构应当符合《公司法》的相关规定。股东会、董事会、监事会这三个机构相互独立、权责分明、相互制约,以保证投资者的利益和保险公司自主独立地开展保险业务。此外,还必须建立健全的管理制度,如工作制度、工资分配制度、保险营销制度、代理制度、再保险制度等。

5. 营业场所和设施

设立保险公司,必须具有与其经营规模相适应的营业场所和设施,保险监督管理机构对保险公司的营业场所和设施有专门规定的,保险公司应当遵照执行。

(二)保险公司设立的程序

保险业是一种特殊的行业,对保险公司的设立,世界各国均采取许可主义,我国也不例外。在我国,保险公司的设立除必须具备《保险法》规定的条件外,还必须经保险监督管理机构批准,方可办理注册登记。

按照我国《保险法》的规定,其设立程序主要有初步申请与批准筹建、正式申请与批准设立两大阶段:

1. 初步申请与批准筹建

在申请阶段应当向保险监督管理机构提交以下文件和资料:(1)设立申请书,申请书应当载明拟设立的保险公司的名称、注册资本、业务范围等;(2)可行性研究报告;(3)筹建方案;(4)投资人的营业执照或者其他背景资料,经会计师事务所审计的上一年度财务会计报告;(5)投资人认可的筹备组负责人和拟任董事长、经理名单及本人认可证明;(6)保险监督管理机构规定提交的其他资料(《保险法》第70条)。

保险监督管理机构收到当事人申请设立保险公司的文件和资料后,应当就该申请进行审查,自受理之日起6个月内作出批准或不批准的筹建的决定,并书面通知申请人。决定不批准的,应当书面说明理由(《保险法》第71条)。

申请人应当自收到批准筹建通知之日起1年内完成筹建工作,筹建期间不得从事保险经营活动(《保险法》第72条)。

2. 正式申请与批准设立

筹建工作完成后,申请人具备保险法第68条规定的设立条件的,可以向保险监督管理机构提出开业申请。保险监督管理机构自受理保险公司开业申请之日起60日内,作出批准或者不批准开业的决定。决定批准的,向申请人颁发经营保险业务许可证;决定不批准的,应当书面通知申请人并说明理由(《保险法》第73条)。

申请人凭经营保险业务许可证,向工商行政管理机关办理登记,领取营业执照(《保险法》第77条)。但是,自取得保险经营业务许可证之日起6个月内,无正当理由未向工商行政管理机关办理登记的,其经营保险业务许可证即失效(《保险法》第78条)。

三、保险公司的变更和终止

(一)保险公司的变更

保险公司的变更,是指保险公司在依法存续期间,其重要事项发生变化。保险公司变更的,必须经保险监督管理机构批准(《保险法》第84条)。

根据《保险法》的规定,保险公司的变更事项主要包括:(1) 变更名称;(2) 变更注册资本;(3) 变更公司或者分支机构的营业场所;(4) 撤销分支机构;(5) 公司分立或者合并;(6) 修改公司章程;(7) 变更出资额占有限责任公司资本总额5%以上的股东,或者持有股份有限公司股份5%以上的股东;(8) 国务院保险监督管理机构规定的其他情形。

股份有限保险公司在发生上述事项变更时,均应由股东大会作出决议,报保险监督管理机构批准,并向公司登记机关办理变更登记。国有独资保险公司在发生上述事项变更时,由公司董事会拟定方案,报保险监督管理机构决定,并办理变更登记。如果涉及减少实收货币资金时,必须通知债权人。

(二) 保险公司的终止

保险公司的终止,是指因为出现法定事由导致保险公司丧失商事主体资格。保险公司终止的,应当依法成立清算组进行清算。保险公司终止的原因主要有以下几种:

1. 依法解散

保险公司因分立、合并需要解散,或者股东会、股东大会决议解散,或者公司章程规定的解散事由出现,经保险监督管理机构批准后解散。保险公司解散的,应当依法成立清算组进行清算。由于人寿保险的长期性和储蓄性,为保护被保险人的利益,经营有人寿保险业务的保险公司,除因分立、合并或者被依法撤销外,不得解散(《保险法》第89条)。

2. 依法宣告破产

保险公司在保险市场的竞争中,因经营不善或其他原因,不能支付到期债务,包括保险金的赔偿或给付责任,经保险监督管理机构同意,由人民法院依法宣告破产;保险监督管理机构也可以依法向人民法院申请对该保险公司进行重整或者破产清算(《保险法》第90条)。

保险公司依法破产的,破产财产优先支付其破产费用和共益债务后,按照下列顺序清偿:(1) 所欠职工工资和医疗、伤残补助、抚恤费用,所欠应当划入职工个人账户的基本养老保险、基本医疗保险费用,以及法律、行政法规规定应当支付给职工的补偿金;(2) 赔偿或者给付保险金;(3) 保险公司欠缴的除第(1)项规定以外的社会保险费用和所欠税款;(4) 普通破产债权。破产财产不足以清偿同一顺序的清偿要求的,按照比例分配。破产保险公司的董事、监事和高级管理人员的工资,按照该公司职工的平均工资计算(《保险法》第91条)。

同时,经营有人寿保险业务的保险公司被依法撤销或者被依法宣告破产的,其持有的人寿保险合同及责任准备金,必须转让给其他经营有人寿保险业务的保险公司;不能同其他保险公司达成转让协议的,由保险监督管理机构指定经营有人寿保险业务的保险公司接受转让。转让或者由保险监督管理机构指定接受转让以上人寿保险合同及责任准备金的,应当维护被保险人、受益人的合法权益(《保险法》第92条)。

3. 依法撤销

保险公司因违法经营,被保险监督管理机构依法吊销经营保险业务许可证的,或者偿付能力低于保险监督管理机构规定标准,严重危害保险市场秩序、损害公共利益的,依法撤销并公告,依法及时组织清算组进行清算(《保险法》第149条)。

第二节 保险业经营规则

保险经营是指保险公司所从事的各项保险和再保险活动。保险经营规则是指为规范保险市场秩序,确保保险公司的偿付能力和开展有序的公平竞争,维护被保险人的利益,要求保险公司在经营保险业务中必须遵守的法定准则。这些规则主要有:分业经营规则、偿付能力管理规则、经营风险规则、资金运用规则和保险公司及其员工业务行为规则。

一、保险公司分业经营规则

保险公司分业经营规则又称为保险业务分业核定经营规则。这一经营规则主要表现为对经营范围的控制,即保险公司必须在保险监督管理机构依法批准的业务范围内从事保险活动,具体而言,就是《保险法》所规定的保险人不得兼营财产保险业务和人身保险业务,即保险业务的两大基本类别须分开经营。且保险公司只能在被核定的业务范围内从事保险经营活动(《保险法》第95条)。

1. 保险公司的分业经营

实行财产保险与人身保险分业经营的规则,主要是考虑保险业务的风险较大,财产保险和人身保险的性质不同,技术要求不同,承保的手续、保险费的计算基础与方法、保险金的给付数额与方法等迥然不同。而且,从经济、法律方面考虑,如果同一保险公司兼营财产保险和人身保险,其业务过于庞杂,会造成资金运用混乱,偿付能力减弱,势必影响投保人、被保险人或受益人的合法权益,甚至影响社会公共利益。分业经营也有利于实现保险公司的规范化经营、规范化管理,便于保险监督管理机构进行监督。

虽然财产保险业务和人身保险业务按法律规定要分业经营,但这并不等于从事财产保险业务的保险公司就可以经营财产保险的所有险种,或者从事人身保险业务的保险公司可以经营人身保险的所有险种。根据业务核定规则,保险公司只能在保险监督管理机构核定的险种范围内进行营业。

值得注意的是,从保险原理看,短期健康保险和意外伤害保险虽是人身保险业务,但属于短期保险,与财产保险同样具有补偿性,精算基础和财务会计处理原则也相同,在国际上通常被视为"第三领域",大多数国家和地区都允许财产保险公司和人身保险公司同时经营短期健康保险和意外伤害保险业务。因此,我国《保险法》也作了同样的规定(《保险法》第95条第2款)。

2. 保险公司的兼业

2009年修订的《保险法》删除了原《保险法》第92条第4款关于"保险公司不得兼营本法及其法律、行政法规规定以外的业务"的规定,表明保险公司的业务范围将进一步拓展,保险公司可以兼营监督机构批准的与保险有关的其他业务。这些业务主要是指:新型农村合作医疗保险、失地农民养老保险、城镇职工补充医疗保险、企业年金管理业务等。

超出保险监督管理机构核定的业务范围经营的,保险监督管理机构有权责令其限期改正,没收非法所得并依法予以罚款;逾期不改正或者造成严重后果的,责令停业整顿或者吊销业务许可证(《保险法》第160条)。

二、保险公司偿付能力管理规则

所谓偿付能力是指保险公司承担保险责任,履行赔偿或者给付保险金义务的能力。保险公司只有具备了偿付能力,才可以依法存在和经营。这一规则既是保护被保险人利益的需要,也是保险公司自身稳定经营的需要。目前,尽管世界各国保险监管的侧重点、方式、方法各不相同,但监管核心是确保保险公司的偿付能力。保险公司的偿付能力主要表现为保险公司的偿付资金。保险公司的偿付准备金由资本金和准备金构成。各国保险法都对保险公司偿付能力管理规则作了规定。

根据《保险法》及《偿付能力规定》[①]的规定,保险公司偿付能力经营规则包括以下几个方面的要求:

1. 提取保险责任准备金

保险责任准备金是保险公司为了承担未到期责任和处理未决赔款而从保险费收入中提存的一种资金准备。保险责任准备金不是保险公司的营业收入,而是保险公司的负债,因而保险公司应有与保险责任准备金等值的资产作为后盾,随时准备履行其赔付责任。[②] 保险责任准备金主要包括未到期责任准备金和未决赔款准备金。

未到期责任准备金,是指保险公司为了承担未了结的预期保险责任而依照法律规定从保险费中提取的责任准备基金。它通常应是当年出具的保险单在下一财务年度仍然有效保险单的保险费之和。未决赔款准备金,又称赔款准备金,是指在每一财务年度决算以前因发生保险责任应付而未付的赔款,在当年所收取保险费中提存的资金。保险事故发生后,保险组织未履行赔付和给付义务前,应提取未决赔款准备金。保险公司提取和结转保险责任准备金的具体办法由国务院保险监督管理机构制定(《保险法》第98条)。

2. 提取保险公积金

保险公积金是指保险公司不作为股利分配,而储以备用的那部分净利润。保险公积金是保险公司的储备基金。保险公积金的用途是保险公司为了增强其自身的资产实力、扩大经营规模以及预防亏损而依法从公司每年的税后利润中按照一定比例提取的积累基金。保险公司应当按照有关法律、行政法规及国家财务会计制度的规定提取公积金(《保险法》第99条)。由于《保险法》未对提取公积金的具体办法作出规定,故公积金的提取应适用《公司法》的相关规定。

2. 提取保险保障基金

保险保障基金也称后备基金,是保险公司的总准备金或者自由准备金,指保险公司为发生周期较长、后果难以预料的巨大灾害或巨大危险而提取的资金,属于后备资金。其目的是保障被保险人的利益,支持保险公司的稳健经营。[③] 它从税后利润中按一定比例提取并逐年积累,用于应付巨大赔款时的弥补亏损,只有在当年业务收入和其他准备金不足以赔付时方能运用。

保险公司应当按照保险监督管理机构的规定提存保险保障基金。保险保障基金应当集中管理,并在下列情形下统筹使用:(1) 在保险公司被撤销或者被宣告破产时,向投保人、被保险人或者受益人提供救济;(2) 在保险公司被撤销或者被宣告破产时,向依法接受其人寿保险合同的保险公司提供救济;(3) 国务院规定的其他情形。保险保障基金筹集、管理和使用的具体办法,由国务院制定(《保险法》第100条)。

---

① 《偿付能力规定》对保险公司偿付能力评估、偿付能力报告、偿付能力管理、偿付能力监督等方面作了详尽规定。
② 范健、王建文:《商法学》,第496—497页。
③ 施天涛:《商法学》,第677页。

4. 最低偿付能力维持规则

保险公司应当具有与其业务规模和风险程度相适应的最低偿付能力。保险公司偿付能力额度是衡量保险公司偿付能力的标准。国家对保险公司偿付能力最为直接有效的干预就是规定法定的最低偿付能力额度,以确保保险企业偿付能力的最低限额。我国《保险法》规定,保险公司的认可资产减去认可负债的差额,不得低于保险监督管理机构规定的数额;低于规定数额的,应当按照保险监督管理机构的要求采取相应措施达到规定的数额(《保险法》第101条)。

5. 提取保证金规则

保险保证金,是指保险公司应当依法提取并向保险监督管理机构指定的金融机构缴存的、用于担保保险公司偿付能力的资金。国家可以通过保证金掌握保险企业的一部分实有资金,以保证保险企业的变现资金数额,故缴存保证金是国家控制保险企业偿付能力的有效办法。应当缴存的保证金数额,按照保险公司的注册资本总额的20%提取,除公司清算时用于债务清偿外,不得动用(《保险法》第97条)。

保险公司未按照规定提取或者结转各项保险责任准备金,缴纳保险保障基金或者提取公积金,提存保证金或者违反规定动用保证金的,保险监督管理机构有权责令改正并处以罚款;对情节严重的,可以限制其业务范围、责令停止接受新业务或者吊销经营保险业务许可证(《保险法》第164条)。

三、保险公司经营风险规则

保险业务具有较高的风险性。为了将这种风险控制在可以承受的范围内,法律要求保险公司必须遵守经营风险规则。

1. 自留保险费限制规则

限制自留保险费的数额是限制经营财产保险业务的保险公司承担过大风险的一个基本方法。保险费不是保险公司的资本,而是保险公司的负债。自留保险费越高,表明保险公司的负债越高,承担的风险越大。[1] 各国保险法普遍对经营财产保险业务的保险机构自留保险费做了限制性规定,其目的在于确保保险公司维持一定水平的偿付能力。我国《保险法》规定:经营财产保险业务的保险公司当年自留保险费,不得超过其实有资本金加公积金总和的4倍(《保险法》第102条)。

对于经营人身保险业务的保险公司,其当年的自留保险费不受限制。

2. 强制再保险规则

再保险,即原保险人将其风险转移于其他保险人,由接受此项转移的再保险人分担保险责任。再保险的目的在于分散保险公司的经营风险,控制其承保责任能力。保险公司按照保险监督管理机构的规定办理再保险时,应审慎选择再保险接受人(《保险法》第105条)。

3. 承保责任限制规则

为确保保险公司的财政稳定性与偿付能力,各国保险法普遍规定,保险公司的每一笔业务或每一危险单位的最高自留额不得超出公司资本与公积金之和的一定比例,否则必须参加再保险。我国《保险法》规定,保险公司对每一危险单位,即对一次保险事故可能造成的最

---

[1] 施天涛:《商法学》,第677页。

大损失范围所承担的责任,不得超过其实有资本金加公积金总和的10%;超过的部分应当办理再保险。保险公司对危险单位的划分应当符合保险监督管理机构的规定;保险公司对危险单位的划分方法和巨灾风险安排方案,应当报保险监督管理机构备案(《保险法》第103、104条)。

保险公司未按照经营风险规则的要求办理再保险分出业务的,保险监督管理机构有权责令限期改正并处以罚款;对情节严重的,可以限制业务范围、责令停止接受新业务或者吊销经营保险业务许可证(《保险法》第164条)。

四、保险公司资金运用规则

保险资金是保险公司在其营运过程中积累起来的,用以履行保险责任的基金。保险资金具有负债性、时差性和不确定性。由此决定保险资金具有可运作性。① 保险资金的运用,是指保险公司在经营过程中,将积聚的部分保险资金用于融资或投资,使资金增值的活动。保险公司的资金能否充分有效的利用,关系到保险基金的积累。保险公司的资金运用不当,将严重损害保险公司的偿付能力,影响其竞争能力,最终损害被保险人的利益。我国《保险法》规定,保险公司的资金运用必须稳健,遵循安全性原则,并保证资产的保值增值(《保险法》第106条第1款)。

1. 保险资金运用形式

保险公司的资金运用,限于银行存款;买卖债券、股票、证券投资基金份额等有价证券;投资不动产②;国务院规定的其他资金运用形式。保险公司资金运用的具体管理办法,由保险监督管理机构制定(《保险法》第106条第2、3款)。③

3. 保险资产管理公司

保险资产管理公司是指经保险监督管理机构会同证券监督管理机构批准,依法登记注册,受托管理运用保险资金的保险类机构。④ 保险公司设立资产管理公司对保险资金进行专业化运作是国际上比较通行的一种模式。保险资产管理公司从事证券投资活动,应当遵守《证券法》等法律、行政法规的规定。保险资产管理公司的管理办法,由保险监督管理机构会同国务院有关部门制定(《保险法》第107条)。⑤ 目前,保险监督管理机构已批准保险资产管理公司受托运用的资金不限于保险资金。

保险公司违反规定运用保险资金的,保险监督管理机构有权责令改正并处以罚款;对情节严重的,可以限制业务范围、责令停止接受新业务或者吊销经营保险业务许可证(《保险法》第164条)。

---

① 负债性是指保险资金,除资本金之外,属于保险人的负债。这意味着保险人不得将此项资金作为盈余进行分配,也不能作为经营利润上缴税收,只能用来履行赔付责任。时差性是指保险人收取的保险费与支付赔偿在时间上存在着一定的差距,由此决定始终有一部分保险资金处于闲置状态。不确定性是指由于保险事故的发生具有不确定性,使得保险资金是否用于保险赔付也不确定。保险资金的上述属性决定了保险资金的可运作性。参见施天涛:《商法学》,第678页。
② 修改后的《保险法》规定保险资金可用于买卖企业债券、股票和证券投资基金。虽然保险资金用于证券投资基金和股票更具有风险性,但随着保险公司自我风险控制的加强,考虑与国际接轨,有必要拓宽保险资金的运用渠道。
③ 具体规范参见《资金运用办法》《资产投资不动产办法》《资产投资股权办法》。
④ 吴定富:《保险法释义》,第238页。
⑤ 保险资产管理公司是我国近年来出现的新型保险市场主体,作为专业的保险资金运用机构,逐渐成为资本市场重要的机构投资者。有关保险资产管理公司的监管内容,详见《资产管理公司规定》。

五、保险公司及其员工业务行为规则

这一规则是指保险公司及其工作人员在从事保险业务活动时,禁止实施某些违法行为。在这个规则中,"保险公司"是指作为独立商事主体的公司的整个行为;"工作人员"是指领取固定报酬为保险公司工作的人,包括保险代理人和保险经纪人。

根据《保险法》的规定,保险公司及其工作人员在保险业务活动中不得有下列行为:(1)欺骗投保人、被保险人或者受益人;(2)对投保人隐瞒与保险合同有关的重要情况;(3)阻碍投保人履行保险法规定的如实告知义务,或者诱导其不履行保险法规定的如实告知义务;(4)给予或者承诺给予投保人、被保险人、受益人保险合同约定以外的保险费回扣或者其他利益;(5)拒不依法履行保险合同约定的赔偿或者给付保险金义务;(6)故意编造未曾发生的保险事故、虚构保险合同或者故意夸大已经发生的保险事故的损失程度进行虚假理赔,骗取保险金或者牟取其他不正当利益;(7)挪用、截留、侵占保险费;(8)委托未取得合法资格的机构从事保险销售活动;(9)利用开展保险业务为其他机构或者个人牟取不正当利益;(10)利用保险代理人、保险经纪人或者保险评估机构,从事以虚构保险中介业务或者编造退保等方式套取费用等违法活动;(11)以捏造、散布虚假事实等方式损害竞争对手的商业信誉,或者以其他不正当竞争行为扰乱保险市场秩序;(12)泄露在业务活动中知悉的投保人、被保险人的商业秘密;(13)违反法律、行政法规和保险监督管理机构规定的其他行为(《保险法》第 116 条)。

保险公司及其工作人员违反《保险法》的规定实施上述行为,由保险监督管理机构依法进行相应处罚;对构成犯罪的,由司法机关依法追究刑事责任。

第三节 保险中介组织

一、保险中介组织概述

保险中介人,是指介于保险人与投保人、被保险人或者受益人之间,专门从事保险业务咨询与招揽、风险管理与安排、价值衡量与评估、损失鉴定与理算等中介服务,并依法从中收取佣金的机构或者个人。

保险中介人是随着保险市场的发展而产生的,是保险市场精细分工的结果,并逐渐成为一个独立的行业,它是保险市场日益成熟的标志。保险中介人的存在有利于提高保险服务质量,充分实现保险保障功能,促进保险市场的专业化分工,完善保险市场,保障保险人的规范化经营与发展,促进保险市场国际化,降低保险经营成本,增强保险人的市场竞争力。

保险中介人一般包括保险代理人、保险经纪人和保险公估人等类型。

至 20 世纪 90 年代我国保险市场形成以后,完整的保险中介人体系才随之出现。根据统计,截止到 2010 年 9 月,在我国保险市场上,取得职业资格的个人保险代理人(保险营销员)为 314 万人次,获准开业的保险代理公司为 1864 家,保险经纪公司为 381 家,保险公估公司为 301 家。[①]

---

① 贾林青:《保险法》,第 287 页。

目前,保险中介人制度在我国的发展结构尚不平衡。主要表现为:第一,各类保险中介人发展不平衡。较之保险代理人,保险经纪人和保险公估人的比重过小。第二,地区发展不平衡。在内陆地区、边远地区,尤其是广大的农村地区,我国现有的保险中介组织还很薄弱。第三,保险代理制度的发展不平衡。表现为个人代理业务和兼业代理业务在保险代理业务总量中比重过大,而代表着专业化趋势、独立承担法律责任的保险代理公司数量少,业务量也不大。

二、保险代理人

(一) 保险代理人概述

保险代理人是根据保险人的委托,向保险人收取佣金,并在保险人的授权范围内代为办理保险业务的机构或者个人(《保险法》第117条第1款)。保险代理人必须在保险人的授权范围内、以保险人的名义从事保险业务,其从事保险业务所产生的法律后果由保险人直接承担责任(《保险法》第127条第1款)。

随着保险业的发展,保险代理活动已成为我国保险业良性运作和全面发展的重要基础。保险代理活动为完善保险市场,沟通保险供求,促进保险事业的发展发挥了十分重要的作用。

(二) 保险代理人的资格

保险代理人分为专业代理人、兼业代理人和个人代理人三种:

1. 专业保险代理人及其条件

专业保险代理人,是指经保险监督管理机构批准,办理工商登记的保险代理公司及其分支机构。设立保险专业代理公司,应当具备下列条件:(1) 股东、发起人信誉良好,最近3年无重大违法记录;(2) 注册资本最低限额为人民币5000万元;(3) 公司章程符合有关规定;(4) 董事长、执行董事、高级管理人员符合本规定的任职资格条件[①];(5) 具备健全的组织机构和管理制度;(6) 有与业务规模相适应的固定住所;(7) 有与开展业务相适应的业务、财务等计算机软硬件设施;(8) 法律、行政法规和中国保监会规定的其他条件(《专业代理机构规定》第6、7条)。

保险代理公司的业务范围主要是代理销售保险产品、代理收取保险费和代理相关保险业务的损失勘查和理赔(《专业代理机构规定》第28条)。[②]

2. 兼业保险代理人及其条件

兼业保险代理人指受保险人的委托,在从事自身业务的同时,指定专人为保险人代办保险业务的单位。其应当具备三个条件:(1) 具有所在单位法人授权书;(2) 有专人从事保险代理业务;(3) 有符合规定的营业场所。

兼业保险代理人的业务范围只限于代理销售保险单和代理收取保险费。兼业保险代理人只能代理与本行业直接相关,且能为投保人提供便利的保险业务,实践中多是特定行业范

---

① 保险业务具有专业性,需要有专门的人员进行管理,以保证保险专业代理机构业务的正常运转。为此,《专业代理机构规定》对保险专业代理机构的高级管理人员的经营能力和任职资格作了具体规定和严格要求,详见该《规定》第19—24条。

② 任自力:《保险法学》,第347—348页。

围内的单位,如从事对外贸易、远洋运输、路上运输、航空运输、旅行业的运输公司、航空公司、铁路部门、教育部门、银行等。因这些部门业务与某些保险险种关系密切,保险公司委托其在日常经营中一并代为承保。从我国目前兼业代理的现状来看,兼业代理主要采取行业兼业代理、企业兼业代理、金融机构兼业代理和群众团体兼业代理几种形式①;兼业代理人有金融部门、协会或者学会等群众团体组织、城市的街道居委会、农村的村委会、城乡的公安派出所等基层组织、企事业单位等。②

3. 个人保险代理人及其条件

个人保险代理人,指接受保险人委托,向保险人收取代理手续费,并在保险人的授权范围内代为办理保险业务的自然人。个人保险代理人应当品行良好,具有从事保险代理业务所需的专业能力(《保险法》第122条)。但曾受过刑事处罚或曾违反有关金融保险法律、行政法规、规章,受到处罚者,或者中国人民银行认定的其他不宜从事保险业务者,或者是保险监督管理部门、保险公司和保险行业协会现职人员的,不得申请领取保险代理人资格证书。凡持有资格证书并申请从事个人代理业务者,必须与保险公司签订《保险代理合同书》,持有所代理保险公司核发的《执业证书》,并由所代理保险公司报经其所在地的中国人民银行分行备案后,方可从事保险代理业务。个人代理人的业务范围仅限于代理销售保险单和代理收取保险费,不得办理企业财产保险和团体人身保险。

根据《保险法》的规定,符合上述条件的保险代理机构,要正式从事保险代理业务,还必须具备下列条件:(1) 取得保险监督管理机构颁发的经营保险代理业务许可证;(2) 缴存保证金或者投保职业责任保险(《保险法》第119、124条)。③

鉴于目前我国个人保险代理人市场秩序较为混乱,迫切需要加以整顿和规范,保险法规定:个人保险代理人在代为办理人寿保险业务时,不得同时接受两个以上保险人的委托(《保险法》第125条)。④

(三) 保险委托代理协议

保险委托代理协议,是保险人与保险代理人就保险代理人为保险人代理保险业务而明确双方权利义务关系的协议。保险人委托保险代理人代为办理保险业务的,应当与保险代理人签订委托代理协议,约定双方的权利和义务及其他代理事项(《保险法》126条)。保险委托代理协议是一种委托合同,其签订除了应遵守《保险法》及相关规定外,还应遵守《民法通则》、《合同法》等法律的有关规定。

1. 保险委托代理协议的内容

(1) 保险公司与保险代理人的名称、住所、法定代表人等各自基本信息;(2) 保险代理人代理的具体业务范围;(3) 代理期限;(4) 手续费的支付标准和方式;(5) 保险公司对保险代

---

① 任自力:《保险法学》,第350—351页。
② 施天涛:《商法学》,第680页。
③ 为配合商事改革,2015年修改的《保险法》取消了对保险代理机构设立的前置审批程序,删除了办理工商登记手续的规定。
④ 有学者指出,我国原则上应提倡专业的保险代理机构模式。理由是个人保险代理人数量众多、人员分散、素质参差不齐,管理难度大,管理成本高。同时,他们与代理公司之间的关系松散,代理公司出于自身利益考虑,也难以对他们进行严格管理,故保险代理人的机会主义倾向较高。任自力:《保险法学》,第351页。我们认为,在我国目前的保险领域中,尤其在寿险业务中,仍有个人保险代理人存在的客观需要,关键是如何制定并严格实施相应的规范以约束个人保险代理人。

理人的业务培训;(6)保险公司为保险代理人代理保险业务应提供的保险单证、具体业务内容、保险合同条款等;(7)保险费交付方式;(8)保险代理人代理工作的质量要求;(9)保险委托代理协议变更、解除条件;(10)违约责任及双方约定的其他内容。

2. 保险代理人的权利义务

(1)保险代理人的权利:获得劳动报酬的权利、诉讼权利、拒绝违法要求的权利、独立开展业务活动的权利、解除代理合同的权利。(2)保险代理人的义务:诚实和告知义务、如实转交保险费的义务、履行合同的义务、维护保险人利益的义务、接受有关培训的义务、接受监督管理的义务。

(四)保险表见代理

保险代理属于民事代理的一种,因此,在代理行为的效果归属上,也适用一般民事代理的规定。即保险代理人根据保险人的授权,以保险人名义办理保险业务的行为,其效果归属于保险人。因此,原则上保险代理人没有代理权、超越代理权、代理权终止后以保险公司的名义实施的保险代理行为,未经保险公司认可的,由保险代理人承担民事责任。但是属于保险表见代理的除外。

所谓表见代理,是指代理人客观上不具有代理权,但因某种表面现象,足以使第三人合理地相信其有代理权,行为人实施法律行为产生的法律后果依然直接归本人(被代理人)承担的法律制度。

我国《合同法》第49条引入了表见代理。由于保险公司业务管理的疏忽,加之个别保险代理人法制观念淡漠,业务素质低,受代理费或佣金的驱使,保险表见代理现象经常发生。为维护保险活动中善意投保人的合法权益,确保交易安全,《保险法》第127条第2款规定了保险表见代理。保险表见代理的构成要件如下:

(1)投保人相信保险代理人有代理权。这种相信是建立在保险代理人与保险公司具有客观、具体的密切联系基础上的。这种密切联系掩盖了保险代理人没有代理权、超越代理权或代理权已经终止的真相,使投保人有理由相信保险代理人具有代理权。这种密切联系可以通过多种形式和事实表现出来。如保险公司与保险代理人签订保险代理合同,保险公司为保险代理人提供保险代理展业证等。

(2)投保人须为善意无过失。所谓善意,是指投保人不知道保险代理人没有代理权、超越代理权或代理权已经终止。所谓无过失,是指投保人对保险代理人的代理权进行了基本审查,没有发现可疑之处。

属于保险表见代理的,保险人应当承担保险责任。在保险人承担责任后,可以向无权代理的保险代理人追偿。

为了加强对保险代理人的管理,《保险法》规定,保险公司应当建立保险代理人登记管理制度,加强对保险代理人的培训和管理,不得唆使、诱导保险代理人进行违背诚信义务的活动(《保险法》第112条)。

三、保险经纪人

(一)保险经纪人的概念

经纪人是市场活动交易各方的中间人员,因其从事业务的不同而具有不同的性质。保险经纪人即是从事保险业务的经纪人。保险经纪人是基于投保人的利益,为投保人与保险人订立保险合同提供中介服务,并依法收取佣金的机构(《保险法》第118条)。包括保险经纪公司及其分支机构。

保险经纪人所从事的业务包括保险代理业务、保险居间业务和保险咨询业务。保险代理业务包括以订立合同为目的,为投保人拟定投保方案、办理投保手续;为被保险人或者受益人代为检验、索赔;安排国际、国内分入、分出业务等。保险居间业务主要是指为撮合保险人与投保人订立保险合同而提供中介服务。保险咨询业务主要包括以订立合同为目的,为投保人提供防灾防损、风险评估、风险管理咨询等服务业务。[①]

保险经纪作为联系保险市场供求双方的媒介,在保险市场中发挥着为被保险人提供全面的服务、为保险人提供一定的服务和为再保险业提供服务的不可替代的作用。保险经纪人不同于保险代理人,二者的主要区别在于:

(1) 代表的对象不同。保险代理人代表的是保险人;保险经纪人代表的是投保人。

(2) 主体范围不同。保险代理人可以是自然人,也可以是单位;保险经纪人只能是单位。只有保险经纪公司才有资格从事保险经纪业务。

(3) 地位及作用不同。保险代理人是根据保险人的授权委托进行保险业务;保险经纪人是为投保人和保险人订立保险合同提供中介服务。

(4) 收取佣金不同。保险代理人向保险人收取佣金;而保险经纪人虽然代表投保人,但其不一定向投保人收取佣金,却有可能向保险人索取佣金。

(5) 法律后果不同。保险代理人所从事的授权范围内的代理后果由保险人承担;保险经纪人所从事的中介活动的法律后果由保险经纪人自己承担。

(二) 保险经纪人的条件

经营保险经纪业务,必须是依法设立的保险经纪公司,包括有限责任公司与股份有限公司两种形式。根据公司资本来源的不同,保险经纪公司分为中资保险经纪公司、外资保险经纪公司和中外合资经纪保险公司。

在我国,设立保险经纪公司应当具备下列的条件:(1) 股东、发起人信誉良好,最近3年无重大违法记录;(2) 注册资本(实缴货币资本)不得少于人民币5000万元;(3) 有符合规定的公司章程;(4) 有符合任职资格条件的董事长、执行董事和高级管理人员[②];(5) 具备健全的组织机构和管理制度;(6) 有与业务规模相适应的固定住所;(7) 有与开展业务相适应的业务、财务等计算机软硬件设施;(8) 法律、行政法规和中国保监会规定的其他条件。[③]

具备上述条件的保险经纪公司,尚需取得保险监督管理机构颁发的经营保险经纪业务许可证,方可从事保险经纪业务(《保险法》第119条)。[④]

(三) 保险经纪人的权利和义务

在我国,保险经纪人的主要权利是向保险人收取佣金。

保险经纪人的主要义务是:(1) 如实向投保人介绍保险信息、订约信息和保险合同的有

---

① 参见《经纪机构规定》第27条。
② 保险业务具有专业性,需要有专门的人员进行管理,以保证保险经纪人业务的正常运转。为此,我国《经纪机构规定》对保险经纪机构的高级管理人员的任职资格作了具体规定和严格要求,详见该《规定》第19条。
③ 参见《经纪机构规定》第7、8条。
④ 为配合商事改革,2015年修改的《保险法》取消了对保险经纪机构设立的前置审批程序,删除了办理工商登记手续的规定。

关情况;(2)向保险人提供订约信息,协助双方订立保险合同;(3)为投保人保密;(4)保险合同订立后,帮助投保人履行保险合同,提醒投保人注意不测事故的发生;(5)在情况发生变化时,及时通知保险人;(6)协助被保险人、受益人向保险人索赔;对因自己在进行保险经纪业务中的过错给投保人、被保险人、受益人造成的损失,承担赔偿责任;(7)禁止保险欺诈行为、不得利用不正当手段强迫、引诱或者限制投保人订立保险合同;接受保险监督管理机构的检查和监督;(8)遵守《保险法》规定的与保险公司及其员工同样的行为规则。

四、保险公估人

（一）保险公估人的概念和特征

指依法设立,接受保险当事人(保险人或投保人、被保险人)委托,专门从事保险标的或者保险事故评估、勘验、鉴定、损估理算等业务,并按约定收取报酬的机构。①

保险公估人作为一类独立的保险中介人,具有以下特点:

(1)保险公估人具有独立性。保险公估人接受保险合同当事人委托,以自己的名义独立的从事保险公估活动,独立承担法律责任。它既不是一方合同当事人,也不代表任何一方当事人的利益。我国《保险法》规定,接受委托对保险事故进行评估和鉴定的机构和人员,应当依法、独立、客观、公正地进行评估和鉴定,任何单位和个人不得干涉(《保险法》第129条第2款)。保险公估机构和其从业人员因故意或者过失给保险人或者被保险人造成损失的,依法承担赔偿责任(《保险法》第129条第3款)。

(2)保险公估行为具有承揽性。保险公估人根据保险合同当事人的要求,实施保险公估行为,属于承揽合同关系。保险公估人以自身的知识、技术和设备,完成保险公估工作,交付工作成果,并自行承担风险。

(3)保险公估行为具有专业性和科学性。保险公估人运用专业特长对于保险标的进行查勘、定责、检验、估损、鉴定、理算等工作,体现其出具的公估报告的专业性和科学性。

(4)保险公估行为具有公正性和客观性。保险公估人的独立性决定了其根据客观事实进行保险公估工作,不受保险合同当事人的左右,公估报告具有的公正性与客观性,起到平衡保护保险合同当事人合法利益的作用。

（二）保险公估人的业务范围和分类

保险公估人的业务范围不同于保险代理人和保险经纪人,重点在于受损标的的评估、鉴定、查勘、估损、理算等环节。根据国际保险市场的惯例,保险公估服务大多集中在财产保险领域,主要是参与财产保险的承保和理赔方面的公估活动。

总结国际保险市场的实践,保险公估的主要业务包括:火险公估业务、工程保险公估业务、海上保险公估业务和汽车保险公估业务等。相应地,保险公估人分为火险公估人、工程保险公估人、海上保险公估人和汽车保险公估人等类型。②

我国的保险公估业尚处于起步阶段,我国保险立法按照保险公估活动所涉及的保险环节,规定了保险公估业务范围:

(1)保险标的承保前的检验、估算及风险评估。

---

① 参见《公估机构规定》第2条第1款。
② 关于各类保险公估人具体的业务范围,详见贾林青:《保险法》,第303—304页。

(2) 保险标的出险后的查勘、检验、估损理算及出险保险标的残值处理。

(3) 风险管理咨询。

(三) 保险公估人的从业资格和执业规则

1. 保险公估人的从业资格

保险公估人的从业资格,首先是其组织形式应当符合有关法律规定和保险管理的规则。在各国保险市场上,鉴于保险公估的行业特性,保险公估组织一般采取合伙或者有限责任公司的形式。按照要求,保险公估机构可以以有限责任公司、股份有限公司或合伙企业形式设立(《公估机构规定》第7条)。

在我国,设立保险公估机构,应当具备下列条件:(1) 股东、发起人或者合伙人信誉良好,最近3年无重大违法记录;(2) 注册资本或者出资不得少于人民币200万元;(3) 公司章程或者合伙协议符合有关规定;(4) 董事长、执行董事和高级管理人员符合规定的条件;(5) 具备健全的组织机构和管理制度;(6) 有与业务规模相适应的固定住所;(7) 有与开展业务相适应的业务、财务等计算机软硬件设施;(8) 法律、行政法规和中国保监会规定的其他条件(《公估机构规定》第8条)。

具备上述条件的公估机构,必须经中国保监会依法批准设立并颁发许可证(《公估机构规定》第15条)。

2. 保险公估人的执业规则

根据《公估机构规定》要求,保险公估人的执业规则包括:(1) 保险公估人在经营中的告知义务和保密义务。在开展保险公估业务的过程中,应当明确告知客户有关保险公估机构的名称、营业场所、联系方式、业务范围等事项(《公估机构规定》第37条)。同时,应当保守在经营过程中知悉的当事人的商业秘密及个人隐私(《公估机构规定》第42条第(七)项)。(2) 保险公估人业务资料的建档及保管义务。保险公估人在开展保险公估业务中,应当建立记载公估业务收支情况的专门账簿和完整规范的业务档案,并承担保管义务(《公估机构规定》第31条)。

第四节 保险业的监督管理

一、保险业的监督管理概述

(一) 保险业监督管理的概念与必要性

保险业的监督管理,是指在一国范围内,国家保险监督管理机关通过法律监管手段、行业自律手段和企业自控手段,对经营保险业务的主体和参与保险活动的主体的主体资格及其实施的保险行为进行监督与管理的活动。

保险业是重要的金融服务行业。随着商品经济的不断发展,保险业已经渗透到社会经济生活的各个领域,成为国民经济的重要组成部分。只有依法促进保险业的健康发展,才能增强整个社会抵御风险的能力,减少社会财富的损失,保证人民生活安定,保障社会再生产持续稳定地进行。基于保险业自身的特殊性及其在国民经济中的重要地位,世界各国普遍重视对保险业的监督管理。我国对保险业一直实行严格的行政监督管理。实践证明,对保险业依法实施政府监督,可以保证保险公司的合法经营,维护公平竞争的保险市场秩序,促进保险事业健康的发展。

（二）保险监管的目标

保险监管的目标由保险业和保险经营的特殊功能所决定，保险监管的最终目标是保证保险功能的实现。在不同国家或地区，甚至一个国家、地区的不同时期，保险监管的目标往往不同。即保险监管的目标具有区域性和阶段性特点。在发达市场经济国家的保险法规和国际保险监管组织的相关规范中，对监管目标的表述虽不尽一致，但基本上包括三个方面：维护被保险人的合法权益；维护公平竞争的市场秩序；维护保险体系的整体安全与稳定。此外，一些新兴市场经济国家的保险监管目标还包括推动本国保险业发展。①

我国保险法规定，保险监督管理机构依照保险法和国务院规定的职责，遵循依法、公开、公正的原则，对保险业实施监督管理，维护保险市场秩序，保护投保人、被保险人和受益人的合法权益（《保险法》第133条）。可见，我国保险业监管的目标主要有两个：维护保险市场秩序，保护投保人、被保险人和受益人的合法权益。

二、保险业监督管理机构及其职责

（一）保险监督管理机构的设立

保险监督管理机构是指由国家政府设立的专门对保险市场的各类经营主体、保险经营活动进行监督和管理的机构。保险监管机构的类型可分为两种：一是单一制的保险监管机构。即国家成立单一的保险监管机关对全国范围内的保险市场实施统一的监管。二是双轨制的保险监管机构。指中央政府和地方政府分别设立保险监管机关，在各自的监管权限范围内分别行使保险监管权力的保险监管体制。从世界各国的实际情况来看，大多数国家采取单一制的保险监管体制，如英国、日本、德国、法国等。只有像美国、加拿大等实行联邦制的国家采用双轨制的保险监管体制。②

尽管监管模式不同，但世界各国对保险业的监督管理一般都是通过设立专门机构来实施。由于各国保险制度差异很大，保险业监督管理机构也不尽相同。在英国是金融服务管理局；美国主要是各州保险署，美国全国保险监督官协会和全国保险代理商与保险经纪人协会也具有部分监管职能；日本是金融监督厅；德国建立了专门的联邦保险监督局。③

在我国，保险业的监管归属几经周折。新中国成立初期，保险监管机构是中国人民银行。1958年基本停办保险业务后，改由财政部监管。20世纪80年代恢复国内保险业务后，重新确定由中国人民银行对保险业实施监管。1998年11月，按照银行、信托、保险分业经营管理的要求，经国务院批准，成立了保险监督管理委员会，代替中国人民银行对全国保险业进行监督管理。该会为国务院的直属机构，是国家专门从事对全国商业保险机构（包括中资和外资保险机构）进行管理与监督的最高机构，这一改革标志着我国的保险事业进入了新的发展时期，也是我国金融体制改革的一个重要方面和成就。

依照《保险法》的规定，国务院保险监督管理机构负责对保险业实施监督和管理（《保险法》第9条第1款）。"国务院保险监督管理机构"指的即是中国保监会。中国保监会在我国

---

① 任自力：《保险法学》，第372页。
② 李玉泉：《保险法学——理论与实务》，第416页。
③ 徐民：《商法学》，第330页。

的保险监管体系中居于核心地位。从我国保险监管的发展历程来看,我国的保险监管整体上是以政府监管为主,以行业自律和社会监督为辅。①

同时,《保险法》还规定,保险监督管理机构依照法律、行政法规制定并发布有关保险业监督管理的规章(《保险法》第134条)。由此可见,作为国务院的直属机构,中国保监会拥有行政监管职权和规章制定权。

(二) 保险监督管理机构的职责

中国保监会作为保险业监管机构,其主要职责包括:

(1) 研究和拟定保险业的方针政策,制定行业发展战略和规划;起草保险业监管的法律、法规;制定业内规章。

(2) 依法对全国保险市场实行集中统一的监管,对中国保监会的派出机构实行垂直领导。

(3) 审批保险公司及其分支机构、中外合资保险公司、境外保险机构代表处的设立;审批保险代理人、保险经纪人、保险公估行等保险机构的设立;审批境内保险机构在境外设立机构;审批境内非保险机构在境外设立保险机构;审批保险机构的合并、分立、变更、接管、解散和指定接受;参与、组织保险公司、保险机构的破产、清算。

(4) 审查、认定各类保险机构高级管理人员的任职资格;制定保险从业人员的基本资格标准。

(5) 制定主要保险险种的保险条款和保险费率,对保险公司上报的其他保险条款和费率审核备案。

(6) 按照国家统一规定的财务、会计制度,拟定商业保险公司的财务会计实施管理办法并组织实施和监督;依法监管保险公司的偿付能力和经营状况,负责保险保障基金的管理,监管保险保证金;会同有关部门研究制定有关保险资金的运用政策,制定有关规章制度,依法对保险公司的资金运用进行监管。

(7) 依法对保险机构及其从业人员的违法、违规行为以及对非保险机构经营或变相经营保险业务进行调查、处罚。

(8) 依法监管再保险业务。

(9) 依法对境内保险及非保险机构在境外设立的保险机构进行监管。

(10) 制定保险行业信息化标准;建立风险评估、预警和监控体系,跟踪分析、监测保险市场运行态势,负责保险统计,发布保险信息。

(11) 会同有关部门审核律师事务所、会计师事务所、审计师事务所及其他评估、鉴定、咨询机构从事与保险相关业务的资格,并监管其有关业务活动。

(12) 集中统一管理保险行业的对外交往和国际合作事务。

(13) 受理有关保险业的信访和投诉。

(14) 归口管理保险行业协会和保险学会等行业社团组织。

(15) 承办国务院交办的其他事项。②

---

① 任自力:《保险法学》,第383页。
② 施天涛:《商法学》,第682—683页。

三、保险业监督管理的主要内容与措施

（一）保险业监督管理的主要内容

由于各国保险市场发育程度、政府干预理念和行业自律能力等有所不同，各国保险监管内容有较大差异。以英国为代表的一些发达国家，侧重保险公司偿付能力监管，保险条款与保险费率并非监管内容。日本、法国等部分发达国家和我国等发展中国家，保险条款和保险费率等市场行为始终是监管的主要内容。①

1. 保险公司偿付能力的监管

通过建立健全保险公司偿付能力监管指标体系的方式，对保险公司的偿付能力实施监控。主要监管内容是：对保险公司各项保险责任准备金、保险公积金、保险保证金的提存监管；资金运用的监督和保险保障基金的管理。对保险公司偿付能力方面的监管是保险业监督管理的核心。

对偿付能力不足的保险公司，保险监督管理机构应当将其列为重点监管对象，并可以根据具体情况采取下列措施：（1）责令增加资本金、办理再保险；（2）限制业务范围；（3）限制向股东分红；（4）限制固定资产购置或者经营费用规模；（5）限制资金运用的形式、比例；（6）限制增设分支机构；（7）责令拍卖不良资产、转让保险业务；（8）限制董事、监事、高级管理人员的薪酬水平；（9）限制商业性广告；（10）责令停止接受新业务（《保险法》第138条）。

2. 保险条款和保险费率的监管

在国外，保险条款通常是由保险人或保险同业公会制定，保险费率则由保险人制定，但关系到社会公共利益的特殊保险的保险条款与保险费率的制定仍须保险监管机构的监管。在我国，保险条款和保险费率虽由保险公司自行制定，但关系社会公共利益的保险险种、依法实行强制保险的险种和新开发的人寿保险险种等的保险条款与保险费率，应当报保险监管机构批准。保险监管机构审批时，应当遵循保护社会公众利益和防止不正当竞争的原则。其他保险险种的保险条款和保险费率，须报保险监管机构备案（《保险法》第135条第1款）。

保险公司使用的保险条款和保险费率违反法律、行政法规或者保险监管机构的有关规定的，由保险监管机构责令停止使用，限期修改；情节严重的，可以在一定期限内禁止申报新的保险条款和保险费率（《保险法》第136条）。

（二）保险业监督管理的措施

1. 责令限期改正

保险公司未按照保险法的规定提取或者结转各项责任准备金，或者未办理再保险，或者严重违反资金运用的规定的，保险监管机构应当责令其限期改正，并可以责令调整负责人及有关管理人员（《保险法》第139条）。

3. 对保险公司的整顿

保险公司未按照保险法的规定提取或者结转各项责任准备金，或者未办理再保险，或者严重违反资金运用的规定，保险监管机构责令其限期改正后，保险公司逾期未予改正的，保

---

① 徐民：《商法学》，第331页。

险监管机构有权决定选派保险专业人员和指定该保险公司的有关人员组成整顿组,对该保险公司进行整顿。整顿决定应当载明被整顿公司的名称、整顿理由、整顿组成员和整顿期限,并予以公告(《保险法》第 140 条)。

整顿组有权监督保险公司的日常业务。被整顿公司的负责人及有关管理人员应当在整顿组的监督下行使职权。整顿过程中,被整顿保险公司的原有业务继续进行。但是,保险监管机构可以责令被整顿公司停止部分原有业务、停止接受新业务,调整资金运用(《保险法》第 141—142 条)。

被整顿保险公司经整顿已纠正其违反保险法规定的行为,恢复正常经营状况的,由整顿组提出报告,经保险监管机构批准,结束整顿,并予以公告(《保险法》第 143 条)。

4. 对保险公司的接管

被整顿的保险公司未纠正其违法行为,公司的偿付能力严重不足,或违反保险法规定,损害社会公共利益,可能严重危及或者已经严重危及公司的偿付能力的,为保护被保险人的利益,恢复保险公司的正常经营,保险监管机构可以对其实行接管(《保险法》第 144 条)。

接管期满,保险监管机构可以决定延期,但接管期限最长不得超过 2 年(《保险法》第 146 条)。被接管的保险公司已恢复正常经营能力的,保险监管机构可以决定终止接管,并予以公告(《保险法》第 147 条)。

4. 撤销保险公司并依法组织清算

保险公司因违法经营被依法吊销经营保险业务许可证的,或者偿付能力低于保险监管机构规定标准,不予撤销将严重危害保险市场秩序、损害公共利益的,由保险监管机构予以撤销并公告,依法及时组织清算组进行清算(《保险法》第 149 条)。

四、保险业的自律管理体制

(一) 保险业自律的概念和作用

保险自律,是指保险业行业组织依据保险法的规定,为解决保险企业之间的利益冲突或者协调保险企业与保险监管机构及其他行业之间的关系,在保险业内部实行的自我管理、自我约束、自我监督的制度。又称为保险业自我监管。其特点是非强制性,即利用行业道德规范的约束力,引导和规范保险行业的从业行为。它是对保险监管制度的补充,目的在于实现保险监管的目标。

保险业自律的作用表现在:弥补行政监管制度的不足,建立保险市场的公平竞争机制和促进保险市场的良性发展。

(二) 保险业自律组织的性质

保险业自律组织是指保险企业自愿参加的、进行自我约束管理和相互协调的行业组织。通常为保险行业公会或者同业公会以及各种专业协会。其性质属于不依附于任何个人和组织的独立社团法人。其成员来自于保险业的各个经营实体,具有专业性。由于非官方性质,决定了保险自律组织的主要目标在于保护保险人而不是被保险人的利益。

(三) 保险业自律组织的管理内容

考察各国保险业自律组织的管理活动,一般涉及以下内容:

(1) 协助国家保险监管机构实施保险监管

(2) 制定本行业成员共同遵守的行业准则
(3) 反映意见和提出建议
(4) 制定标准保险条款和厘定统一的保险费率
(5) 从事保险业的职业教育、资格考试和监管

此外,保险业自律组织作为行业性的自律组织,一般还利用其管理范围广泛性的优势,对于保险界的各种信息、资料进行收集、统计,为组织成员和社会各界提供相应的咨询服务等。

(四)保险业自律体系在我国的适用

我国保险业自律组织的发展较晚,且地区发展不均衡。2000 年 11 月 16 日成立的中国保险行业协会,是在国家民政部登记注册的社团法人,属于全国性的、自愿结成的、非营利性的保险业自律组织。中国保险行业协会只接纳单位会员。协会会员享有如下权利,履行如下义务:(1)审议权、表决权、选举权和被选举权;(2)参加协会举办的各项活动;(3)对协会的工作提出意见和建议以及批评和监督;(4)入会自愿、退会自由的权利;(5)遵守协会制定的各项共同规则,执行协会通过的各项决议;(6)维护协会的合法权益;(7)完成协会委派的各项任务;(8)接受协会的咨询调查,如实反映情况并及时提供所需资料;(9)按期缴纳会费等。①

前沿问题

◆ 保险监管模式问题

在对保险市场实施监管的实践中,各国根据自己的政治体制、经济体制、本国保险市场的规模以及历史习惯等具体情况,形成了各自不同的保险监管模式。根据政府对保险市场的干预程度,可以将各国的监管模式分为严格监管模式和松散监管模式。在严格监管模式下,保险监管机构通常对保险活动进行全面监管,包括对市场准入监管,对保险费率和保险条款的监管,以及偿付能力方面的监管等。松散监管又称财务监管,指保险监管机构放松对市场准入、保险费率和保险条款等方面的监督,而把主要精力放在对资产额度、负债程度等财务目标方面的监管上。由于我国保险市场尚未完全发育成熟,保险业的自律监管也不完善,尤其是缺乏实行松散监管的财会条件,我国目前仍需采用市场行为与偿付能力并重的严格监管模式。存在的问题是对市场行为监管过多,监管重点仍在费率、手续费等细节问题上,对关系到保险公司经营稳定的偿付能力、再保险安排、资产负债匹配和内控机制等重大问题监管力度不够,监管重点不够突出。但保险市场自由化和一体化则表现为监管放松,鼓励本国保险业向世界各地保险业渗透。受世界保险业发展趋势影响,在市场开放的环境下,我国保险监管模式也应随之不断调整。

---

① 贾林青:《保险法》,第 327—330 页。

【思考题】

1. 简要说明我国保险公司设立的条件和程序。
2. 试述保险代理人、保险经纪人和保险公估人的资格条件。
3. 简述保险公司偿付能力管理规则的内容。
4. 简述对保险业监督管理的主要内容。

第六编 | 海 商 法

第二十六章　海商法概述
第二十七章　船舶和船员
第二十八章　海事合同
第二十九章　海上事故
第三十章　海事赔偿责任限制

第二十六章

海商法概述

【章首语】 随着航海贸易兴起而产生、发展起来的海商法是调整海上运输中船、货各方有关当事人之间权利、义务关系的法律规范总称。就其历史发展来看,该法是人类古老的法律规范体系之一,它起源于古代,形成于中世纪,经历了从国际法到国内法,再趋向于国际统一化的历史演变过程,且成为独立的法律部门。

本章应重点学习和掌握海商法的概念和特点等问题。

第一节 海商法的概念、调整对象和特点

一、海商法的概念

海商法目前在国际上尚未形成统一的概念,各国立法规定和学术观点亦不尽相同。

《海商法》第1条规定:"为了调整海上运输关系、船舶关系,维护当事人各方的合法权益,促进海上运输和经济贸易的发展,制定本法。"可见,我国通过立法形式将海商法定义为:调整海上运输关系及其船舶经营关系的法律规范的总和。

海商法有形式意义的海商法和实质意义的海商法。前者专指系统编纂的海商立法。后者是指所有调整海上运输关系和船舶关系的法律法规,既包括海商法典本身,也包括《船员条例》《防治船舶污染海洋环境管理条例》等。通常意义上的海商法都是实质意义的海商法。

海商法有广、狭两义。广义的海商法是指除《海商法》法典外,还包括船舶修建、丈量、检验、管理、救生、信号、沿海港口管理、港口的规章制度、船舶登记、水污染和引水等相关法律、法规和国际公约。狭义的海商法仅指《海商法》法典,其内容主要包括船舶与船员、海上货物运输、海上旅客运输、船舶租用、海上拖航、船舶碰撞、海难救助、共同海损、海事赔偿责任限制、海上保险和海事诉讼等。

英美海商法学者认为,海商法是调整船舶与航运通常使用的术语。[①] 波兰《海商法》第1条规定,海商法是调整有关海上运输法律关系的法律。法国学者则认为,海商法专门调整商业性航海活动。我国台湾地区学者认为,海商法是以海上商事为规范对象的一种商事法。[②]

[①] 参见《英国大百科全书》第11卷和《美国大百科全书》第18卷"Maritime Law"条。
[②] 郑玉波:《海商法》,第1页。

大陆学者认为,海商法是调整在航海贸易中与船舶有关的各种关系的法规的总称。① 也有学者认为,海商法是调整海上运输关系及其船舶经营关系的法律规范的总和。② 由此可见,英美法系国家和大陆法系国家在海商法概念上的区别根源在于对海上运输的性质有着不同的理解,即海上运输是生产活动,抑或商业活动,这是决定海商法性质和定义的基础。③

从商业性航海活动的本质看,在中世纪时期,航海运输的最大特点是船舶所有人与货主为同一人。18世纪末到19世纪初,西欧产业革命的完成,商航一体的时代渐次解体,海上运输便成为独立的部门,此时的海上运输活动是属于生产行为还是商业行为,学术界亦有不同观点。"根据传统的政治经济学理论,判断海上运输是生产行为还是商业行为,最重要的标准应该是以物质的形态变化来区分。那就是,如果物质(货物)只是发生了位置的改变,这就是生产行为;如果物质不但发生了位移,更重要的是发生了形态的变化,即由商品变成货币,这就是商业行为,此时,海上运输是一种以平等民事主体地位从事的服务性活动。"④另外一种意见认为,既然海上运输已经发展成为独立的市场、以平等主体资格提供服务性活动、追求最大化的商业利益是其发展的动力,这就决定了海上运输行为的商业行为性。⑤

值得重视的是,海上运输和船舶发生的社会关系并非一律由海商法进行调整。除海商法规定或合同约定的特殊关系外,其他关系则由港口法、船舶法、船员法、海关法、检疫法和税法等加以调整。

因此,笔者认为,海商法应定义为调整特定海上运输关系和船舶关系的法律规范的总称。

二、海商法的调整对象

不同法律部门具有不同调整对象,即特定的调整对象形成了具体的法律部门。由于人们对事物的本质属性可从不同角度把握和分析,所以,给概念下定义的方式也就智者见智。日本学者认为海商法是关于海上企业,特别是海上运输的法,它是以海上企业为调整对象的法律体系。美国学者认为,海商法的核心是重点调整海上货物和旅客运输的规则、习惯和判例的总和。英国学者认为海商法是调整船舶和航运的法律体系。苏联1968年的《海商法典》第1条规定,苏联海商法典调节商业性航海活动中发生的各种关系,这里的商业性航海活动包括除海上军事活动以外的各种海上活动,如海上货物和旅客运输、海上捕捞、海上开采、海上拖带和海上救助等。

我国海商法规定其调整的对象主要包括海上运输中发生的特定社会关系和与船舶有关的特定社会关系。

海上运输中发生的特定社会关系包括以下内容:(1)与海上运输有关的合同关系。这些关系主要包括提单、租船合同、拖航合同等。(2)海上侵权关系。主要是指因船舶碰撞、船舶污染海洋环境等行为造成的人身伤亡、财产损失或者油污损害的加害方与受害方之间的法律关系。(3)海上特殊风险产生的社会关系。如共同海损中有关各方分摊与补偿的关

---

① 吴焕宁:《海商法学》,第2页。
② 贾林青:《海商法》,第11页。
③ 司玉琢:《海商法》,第2页。
④ 参见司玉琢:《海商法》,第2页。
⑤ 参见韦经建:《海商法》,第14页。

系,海事赔偿责任限制中的船舶所有人、救助人、责任保险人与各限制性债权人之间的关系等。

与船舶有关的特定社会关系包括以下内容:(1)船舶的法律地位。主要围绕船舶国籍、船舶航行权、沿海运输权等方面发生的船舶所有人与船旗国或沿海国有关当局之间的关系。(2)船舶物权。主要涉及船舶所有权、船舶抵押权、船舶优先权、船舶留置权等问题时所产生的船舶所有人与各债权人,或者与法院或仲裁机构之间的关系。(3)船舶安全。主要是围绕船舶适航条件、船员配备等所发生的船舶所有人与港口有关当局的关系。(4)船舶管理。主要是国家就航运管理、航运政策以及船舶登记等方面与海上运输组织、船舶所有人和经营人等之间的关系。

三、海商法的特点

海商法与其他法律部门相比较,具有鲜明的特点。法国学者帕尔德修在其《18世纪海法集》一书的序言中指出,海商法有三个特点:(1)普遍性。海商法不只受一个国家特殊利益和风俗的影响,在各国中是普遍的。(2)不动性。海商法不因政局的变化而受到影响,是不动的。(3)习惯起源性。海商法是根据航海习惯逐步形成的,它本身有其自主自立性。笔者认为海商法具有以下特点:

(1)海商法是以船舶为调整中心而设立的法律规范体系。海商法围绕船舶的使用,在海上运输过程中产生了诸多权利和义务关系,比如,船舶所有人与船舶经营人之间的关系、船舶出租人与承租人之间的关系、承运人与托运人、收货人之间的关系、船舶拖航中的承拖方与被拖方的关系、海难救助中的救助方与被救助方的关系等。与此同时,也形成了海商法特有的法律制度,如海事赔偿责任限制、船舶优先权和船舶抵押权,船舶碰撞、海难救助、共同海损和海上保险等制度。

(2)海商法具有国际统一性,但属于国内法范畴。在实体法规范上,针对船舶优先权和抵押权,就有1926年公约、1967年公约和1993年公约;在船舶碰撞方面,有1901年《统一船舶碰撞若干法律规定的国际公约》;在海事赔偿责任限制方面,1976年有《海事赔偿责任限制公约》。海商法属于国内法范畴。

(3)海商法具有自治性。这种自治性仅指海商法在法律适用、审理机制上存在较大的自治空间。主要表现在:第一,海事案件的专属管辖和司法独立。在我国,海事案件的审理由专门的法院进行,且适用专门的程序法。在英国,从16世纪起就一直设有独立的海事法庭,普通法法院对此不得介入。在美国,海事案件一直由联邦地区法院一个独立的"处"单独审理,并使用特别的专门术语和程序。第二,海商法赋予当事人更高的意思自治。因不可抗力或者其他不能归责于承运人的原因致使船舶不能在合同约定的目的港卸货的,除合同另有约定外,船长有权将货物在目的港邻近的安全港口或者地点卸载,视为已经履行合同(《海商法》第91条第1款)。在《汉堡规则》中,当事人只要在约定时间或"合理时间"内交货,则不构成迟延交货。

(4)海商法的调整方法具有综合性和技术性。比如,海商法在调整海上运输关系时,采用了民事、行政和刑事法律方法。在很多情况下,海商法的调整方法还涉及该国所缔结或参加的国际公约的有关规定(声明保留的条款除外)。如果处理海上运输争议涉及海商法中的冲突规范,则应当适用该冲突规范所确立的准据法——该国法律规范规定的相应调整方法。

另外,各国海商法允许适用当事人在海商合同中协议适用的外国法律或国际惯例来调整具体的海上运输活动,但不得与本国的法律和公共利益相抵触。

(5)海商法具有特殊性。海上运输具有高风险性,这种风险主要源于:海洋本身所带来的风险;巨额投资带来的风险。为鼓励航海运输业发展,针对这种特殊风险,逐步形成了一系列特殊的法律制度,诸如海事赔偿责任限制制度、船舶抵押制度、海事请求保全制度、船舶优先权制度、海难救助制度和共同海损制度等。

第二节 海商法的历史发展、形式和作用

一、海商法的历史发展

(一)国外海商法的历史发展

1. 海商法萌芽时期。海商法的萌芽可追溯到公元前2至3世纪位于地中海东部的罗得岛。公元前9世纪,罗得人和腓尼基人从事海上贸易,其足迹踏遍欧、亚、非三洲。许多海事案件都到罗得岛解决,日积月累,便形成习惯。人们经过几个世纪的汇集,形成了一部习惯法,即"罗得海法",遗憾的是这部法未能保存下来,其规定散见于罗马法学家的著作之中。[①]

2. 中世纪海商法。中世纪时期,在地中海、大西洋和北海的几个中心港口,海商法进入了私人编纂海事习惯和判例时期,最终形成了对后世产生重大影响的三大海法:(1)奥列隆判例法。它收集了12世纪法国西海岸奥列隆市国际海事法庭的判决书和所适用的习惯法,这个惯例集对英美法系和大陆法系的海商法产生了重大影响。(2)康苏拉度海法。其内容收集了地中海沿岸各港口城市的海事惯例,专供海事裁判员处理海事纠纷所用。在1492年西班牙的巴塞罗那出版后,当时被认为是最完备、最具价值的海事习惯法,它对欧洲的航运界产生过深远的影响。(3)维斯比海法。14世纪末,维斯比城市公布了一部海事法典,被称为"最高和最古老的维斯比法"。主要收集了阿姆斯特丹、吕贝克地区的海事习惯,当时,该海法主要适用波罗的海和北海沿岸地区,对后世影响也较大。

3. 近代海商法。这一时期欧洲海商法有了重大发展,近代海商法最为突出的特点是由国家制定海商法,完成了由习惯法到制定法的过渡。

1681年,法国国王路易十四颁布了《海事赦令》(《海商条例》),该赦令主要包括海事审判官和管辖权,船员与船舶,海事契约,海港、海岸、停泊所之警察和海上渔业等五部分。作为资本主义初期的海商立法,《海事赦令》对各国的海商法有着深刻的影响。1807年,《海事赦令》中的私法部分被收入到《法国商法典》中,成为法国的海商法。此后,德国、比利时、意大利等国先后制定了海商法。英美法系国家虽然没有商法典,却以判例和一系列海商单行法规形成了各自海商法体系。

4. 现代海商法。1897年,国际海事委员会在比利时安特卫普成立,标志着现代海商法时代的到来。现代海商法突出特点是海运国际公约大量出现,各国海商法的冲突范围逐渐

---

① 有学者认为,海商法最早在公元前18世纪的古巴比伦王国的《汉穆拉比法典》中已有记载,内容涉及关于船舶碰撞的规定(第240条)、关于承运人交货义务及免责的规定(第112条)、关于船舶租赁的规定(第275—277条)等。参见傅廷中:《海商法论》,第16页。也有学者认为海商法最早可追溯至公元前21世纪前后的《乌尔纳姆法典》。参见刘耀东、李昊:《海商法起源之重新界定——楔形法典中的海商法》,载《河南科技大学学报》2010年第4期,第98页。

缩小，其内容日趋统一。

国际海事委员会致力于统一海商法，制定了许多海运国际公约，如1910年的《船舶碰撞公约》和《救助公约》、1924年的《海牙公约》、1968年的《维斯比规则》等。该组织在海上安全和防止船舶污染方面拟定了大量的国际公约，如1978年的《海员培训、发证和值班标准国际公约》、1969年的《国际油污损害民事责任公约》等。联合国国际贸易法委员会也积极参与海商法的统一运动，由它主持通过的海运国际公约主要有1978年的《汉堡规则》、1980年的《多式联运公约》和1986年的《船舶登记条件公约》等。

(二) 中国海商法的历史发展

我国有悠久的航海史[1]，但海商法却是近代以来才发展起来的。1909年，清政府制定了《大清商律》(草案)，包括海船法263条，内容涉及海船关系人、海损、海难救助、海船债权的担保等，该草案因清政府被推翻未能施行。国民党政府于1929年颁布《海商法》，1930年颁布《船舶法》和《船舶登记法》。这些法律几经修订，至今仍在我国台湾地区施行。

新中国成立后，我国着手《海商法》的起草工作，1951年正式成立"中华人民共和国海商法起草小组"，1952年至1963年，先后起草《海商法》(草案)共9稿，并制定了一些海商法规。因"十年动乱"的影响，海商法的起草工作陷于停顿。1981年以后，我国海商法的起草工作重新开始，1985年完成了新的《海商法》(草案)。后经广泛调查和多次修改，《海商法》于1992年11月7日在七届全国人大常委会第二十八次会议上获得通过，并于1993年7月1日起施行。这是新中国第一部调整海商关系的基本法，对于促进中国海运业的发展具有十分重要的意义。我国《海商法》广泛吸收了国际公约和国际惯例的一些做法，增强了我国《海商法》的国际性。

但是，随着我国航运业的发展，航运实务中涌现许多法律问题，如，国际货运代理人的法律地位和责任问题，船舶造成海洋污染的损害赔偿问题等。与此同时，一些新的国际公约相继出现，我国已加入了《联合国海上货物运输法公约》、1992年《油污民事责任公约》、1993年《船舶优先权和抵押权国际公约》等，这些国际公约在我国现行《海商法》中均未得到体现。我国《海商法》每个章节几乎都在移植国际公约、国际惯例，许多条文在移植过程中存在某些"断章取义"的现象。[2] 因此，我国《海商法》已不能适应国际海事立法的新要求，修改我国的海商法就成为一种必然。也有学者从海法的角度呼吁"面向海洋世纪，确立海法研究体系"。[3]

二、海商法的渊源

海商法的渊源，是指不同国家机关依法制定的各种具有不同效力的有关海事的规范性文件。[4] 一般认为，海商法的渊源主要包括成文法典、判例法、习惯法、国际公约和权威学者

---

[1] 在西汉时期，我国开辟了"海上丝绸之路"。隋唐时期"海上丝绸之路"全面繁荣，明朝时期郑和七次下西洋。如此辉煌成就却未能催生我国海商法，这是值得深思的问题。我们认为原因主要有：(1) 政治因素；(2) 经济因素；(3) 地理环境。参见张岱年、方克立主编：《中国文化概论》(修订本)，北京师范大学出版社2004年版，第20页。
[2] 梁慧星：《修改〈中华人民共和国海商法〉诉求与时机》，载《中国海商法年刊》2010年第2期，第4页。
[3] 海法包括海商法、海上劳动法、海上国际法、海上刑法、海上行政法、海上环境与资源保护法和海上程序法。详见司玉琢：《面向海洋世纪，确立海法研究体系》，载同上书，第1页。
[4] 司玉琢：《海商法》，第7页。

的学说。在我国,海商法的表现形式主要有国内立法、国际条约和国际惯例。

(一)国内立法

在我国,国内立法是海商法的主要表现形式。国家机关制定的关于海事方面的法律、法规、条例、规定、办法、决议和指示等规范性文件都是海商法的表现形式。在所有的规范性文件中,法律具有最重要的作用,始终处于主导地位,具有特殊的法律效力。例如,《民法通则》《民事诉讼法》《海上安全交通法》《海洋环境保护法》和《海商法》等。次于法律的是国务院颁发的海事法规。如《船员条例》《内河交通安全惯例条例》《防治船舶污染海洋环境管理条例》等。另外,还包括诸如《国内水路旅客运输规则》《国内水路货物运输规则》和《船舶最低安全配员规则》等命令、规定、办法、决议和指示等。

(二)国际条约

条约,是指国家间、国家与国际组织间或国际组织相互间所缔结的"而以国际法为准之国际书面协定"[1]属于海商法方面或与海商法内容有关的国际条约很多,但并非一切国际条约都无条件地在任何一个国家内生效。根据国家法和国家主权原则,除要经过一国政府签署、批准或加入的有关海事国际条约的必要程序外,还必须解决国际法与国内法的关系。只有海事国际条约对该国具有法律约束力时,才能成为该国海商法的表现形式。

在处理国际公约与国内法关系问题上,理论界存在"一元论""二元论"之说。前者认为,一国参加的国际公约自然成为国内法。后者认为国际公约与国内法是截然不同的两种法律秩序,若使国际公约成为国内法,必须经过二次立法,采纳或者适用与国际公约相同的国内法规则。

我国不主张上述观点,而是采用在解决具有涉外因素的民事纠纷时,我国参加的民商事国际公约与国内法有不同规定时,国际公约优先适用的原则[2],除非法律或法规另有规定外,无涉外因素的争议均适用国内法。同时,我国与外国签订的有关航海通商的双边条约亦是海商法的一种表现形式。

(三)国际惯例

国际惯例,是指在国际航运中,对同一性质的问题所采取的类似行动,经过长期反复实践逐渐形成的,为大多数航运国家所接受的,具有法律拘束力的不成文的行为规则。[3]

国际惯例可分为任意性惯例和强制性惯例。任意性惯例是指只有在当事人表示援用时,才对其有约束力。强制性惯例无须当事人意思表示,即产生法律上的约束力。在国际航运中,前者居多,如《约克—安特卫普规则》,它是国际民间航运团体提出的建议性的规则,只有当事人通过协商方式在合同中明确采用该项规则时,才对当事人具有法律约束力。

海事国际惯例不仅能弥补国内法和国际条约的不足,而且具有国内法和国际法无法比拟的优越性,在海事审判实践中有重要意义。

国际惯例是我国海商法的表现形式之一。中华人民共和国法律和中华人民共和国缔结或者参加的国际条约没有规定的,可以适用国际惯例(《海商法》第268条第2款),我国《民法通则》亦有类似规定。但是,适用国际惯例不得违反中华人民共和国的社会公共利益(《海

---

[1] 参见1969年《维也纳条约法公约》、1986年《关于国家和国际组织间或国际组织相互间条约法的维也纳公约》。
[2] 参见《民法通则》第142条,《海商法》第268条。
[3] 司玉琢:《海商法》,第8页。

商法》第 276 条)。

三、海商法的作用

(一)促进海上运输和经济贸易的发展

海上货物运输具有运量大、成本低等特点,随着国际贸易的发展,各国海运事业也不断发展。2013 年 9 月和 10 月,中国国家领导人在出访中亚和东南亚国家期间,先后提出"共建'丝绸之路经济带'和'21 世纪海上丝绸之路'。2015 年,我国企业对"一带一路"相关的 49 个国家进行直接投资,投资额同比增长 18.2%,承接"一带一路"国家服务外包合同金额 178.3 亿美元,执行金额 121.5 亿美元,同比分别增长 42.6%和 23.45%。随着"一带一路"国家战略的实施,海上运输业将更加繁荣。因此,调整海上运输关系和船舶关系的海商法,对于促进经济贸易的发展具有重要的意义。

(二)维护海上运输关系和船舶关系的当事人的合法权益

《海商法》第 1 条指出,制定海商法的目的之一,就是为了维护当事人各方的合法权益。海商法所调整的海上运输关系和船舶关系,主要体现为当事人之间的权利义务关系。海商法对这些权利义务关系都有明确的规定,这就为当事人设定权利义务关系以及解决当事人之间的权利义务纠纷提供了根据,从而为维护当事人的合法权益提供了法律保障。

(三)维护国家主权和尊严

海商法具有较强的国际性,海上运输关系和船舶关系往往涉及不同的国家和地区。因此,在海上运输过程中,维护国家的主权和尊严是海商法的一项重要任务。《海商法》规定,具有中国国籍的船舶,有权悬挂中国国旗航行;船舶非法悬挂中国国旗航行的,有关机关有权予以制止(《海商法》第 5 条);外国籍船舶非经批准,不得经营中国港口之间的海上运输和拖航(《海商法》第 4 条)。

第三节 海事法律关系

海事法律关系,是指海事法律规范作用于其调整对象所形成的具有海事权利和海事义务内容的具体社会关系。

一、海事法律关系的主体

(一)海事法律关系主体

海事法律关系的主体就是海事法律关系的参与人,即法定权利和义务的享受者和承担者。

依照民商法理论,海事法律关系的主体包括自然人、法人和其他组织。在早期航海通商贸易中,自然人作为海事法律关系的主体是普遍存在的,直到现在,仍然存在个人直接参加或涉及海事法律的情况。依法取得海上航运经营资格的自然人,在其从事海上航运经营活动中,可成为海事法律关系的当事人。如依法获准经营海上航运的个体工商户(《民法通则》第 26 条)。自然人在日常工作和生活中,可成为与经营海上航运业务的一方当事人相对应的另一方当事人,如海上旅客运输合同中的旅客。随着国内、国际航运事业的发展,法人在海事法律关系中占有越来越重要的地位,如船舶运输公司。与其他生产经营领域中的企业法人、国家机关法人、事业单位法人和社会团体法人都可成为海事法律关系的主体。其他组织成为海事法律关系主体必须符合法定的资格条件。

按照经营海运业务的范围划分,海事法律关系的主体包括:

(1) 船舶所有人。是指运用自己所有的船舶经营海上运输活动的企业法人。船舶所有人依法对其船舶享有占有、使用、收益和处分的权利(参见《海商法》第7条)。

(2) 船舶经营人。在海运市场中,船舶所有权和经营权相分离的经营模式是较为常见的,这就形成了复杂、多样化的海运经营方式,产生了与船舶所有人相分离的船舶经营人。船舶经营人对特定的船舶不享有所有权,但是,基于船舶经营权而得以占有、使用该船舶,并从该船舶的经营中获取收益。在我国,船舶经营人主要表现为国有船舶经营人,且国有船舶经营人的法律地位与船舶所有人相同(《海商法》第8条)。

(3) 船舶承租人。船舶承租人,是指租用他人船舶,按照约定的用途使用船舶的人。依照我国《海商法》之规定,船舶承租权具有物权属性,因此,船舶承租人与船舶所有人、承运人法律地位相同。

(4) 多式联运经营人。是指本人或者委托他人以本人名义与托运人订立多式联运合同的人。多式联运经营人作为具体海事法律关系中的承运人,除了应承担的法律责任与相应的运输区段存在联系外,均适用《海商法》有关承运人的相关规定。

(5) 海上保险人。是指与海上运输的参与者订立海上保险合同,向其收取保险费,并在保险事故发生时,对于被保险人因保险事故造成的保险标的损失承担保险赔偿责任的人。因对海上运输具有保障作用,海上保险的适用范围涉及整个海上运输市场,海上保险人必然成为海事法律关系的主体。

(二) 行政法律关系主体

(1) 国家航运行政机关。国家海运行政机关是海事行政法律关系的必要主体,没有国家海运行政机关参加,海事行政法律关系不能成立。

(2) 海运企业和事业单位。主要包括海运公司、外运公司、理货公司、船舶检验局、商品检验局、卫生防疫站、边防检查站和交通管制中心等。

(3) 公民。是指与海上运输和船舶管理有关的人,特别是船长、船员、引航员或国家航运行政机关的工作人员。如船长可作为船舶所有人的代理人与第三人实施法律行为。船长、驾驶员、轮机长、轮机员、电机员、报务员,必须由持有相应适任证书的人担任(《海商法》第32条)。

二、海事法律关系的内容

海事法律关系内容是指参与海事法律关系的各方主体所享有的海事权利和应承担的海事义务。

依性质来划分,海事权利和义务可归纳为物权关系和债权关系。船舶所有权、船舶抵押权、船舶留置权等即为物权关系。海上货物运输合同、海上旅客运输合同、船舶租用合同、海上拖航合同、海上保险合同以及各项海事赔偿制度等都属于债权关系。

依构成来看,海事法律关系的内容有单务性和双务性之分。单务性海事法律关系是指海事法律关系的一方当事人只享有海事权利,另一方当事人只承担海事义务。双务性海事法律关系是指海事法律关系的各方当事人均既享有海事权利又承担海事义务,且权利和义务互为条件。

依权利和义务的内容角度看,海事权利和义务与一般民事权利和义务相较具有特殊性。海事法律关系的权利人在行使权利时,不仅要符合一般的法律要求,而且要符合海商法的特殊规定。与之相对应,义务人所承担和履行的海事赔偿义务亦应以海商法规定的责任限额为限度,而不适用一般民事法律制度的实际损失实际赔偿的原则。

三、海事法律关系的客体

海事法律关系的客体,是指海事法律关系中主体权利义务所指向的对象。海事法律关系的客体主要有:

(1) 行为。作为海事法律关系客体的行为应当是具有特定意义的行为。如,海上货物运输合同和海上旅客运输合同均以特定的运输行为作为客体,海上拖航合同将海上拖航行为作为客体等。

(2) 劳务。使用船舶离不开人的专业技术劳动,因此,相应技术含量的劳务就是海事法律关系中重要的客体。如,船员与船舶所有人或者经营人以及光船承租人之间的权利和义务关系中,船员在其受雇担任的岗位上,应当认真履行职责,提供相应的劳务。

(3) 财产。海上运输市场中的各种经营活动均属于商品经营活动,故必然涉及各种各样的财产。由于海上运输市场是在船舶使用的基础上以从事海上运输为核心的业务活动,所以,构成海事法律关系客体的财产也就不同于一般的商品经营活动。

(4) 相关利益。是指可以用货币予以衡量的物质性权益,具体包括现实利益、期待利益和责任利益等。最为典型的是海上保险法律关系,海上保险的各个险种具体承保的对象——保险标的是不相同的,主要包括船舶、货物、营运收入、货物预期利润、船员的工资和其他报酬、对第三人的责任等(《海商法》第218条第1款),但其保险利益则是相同的。

前沿问题

◆ 我国《海商法》"法律移植"问题

我国现行《海商法》的各章内容分别来自国际公约、航运惯例或通用格式合同。《海商法》除总则外,第二章吸收1976年《统一船舶优先权及抵押权的若干规定的国际公约》,第四章同时参照了《海牙规则》等三大公约,分别吸收了三大公约的若干成分;第五章按照1974年《雅典公约》,第四章第七节和第六章则采用了几个国际上具有广泛影响的标准租船合同的主要内容等。从移植的内容看,阙如了一些公约缺失但国内法必需的部分。一般而言,公约和国内法不是替代而是引导和补充的关系。显然,我国现行《海商法》在"移植"过程中未能处理好这两方面的关系,导致我国《海商法》不能实现系统化。同时,我国现行《海商法》很难充分符合国内的航运实情,保护我国的航运利益。

因此,《海商法》"移植"和保护我国航运利益就成为研究者必须关注的问题之一。

【思考题】

1. 什么是海商法?特点有哪些?
2. 如何理解海商法的调整对象?
3. 海商法的作用有哪些?
4. 如何理解海事法律关系?

第二十七章

船舶和船员

【章首语】 船舶和船员是海上运输市场中不可或缺的两大要素。船舶在海商法律体系中处于核心地位,几乎所有的海事法律关系都与船舶密切相关。航海运输目的的实现,均依赖于船员对船舶的操作和管理行为,船员制度就自然成为海商法的重要组成部分。

尽管各国对"船舶"的定义尚未形成通说,但明确船舶的法律地位和范围则是各国海商立法首要解决的问题之一。围绕船舶物权关系,各国海商立法普遍适用船舶登记制度,以此作为船舶管理的法律手段和确认船舶国籍、船旗、所有权、抵押权及优先权的法律依据。船员的资格条件、范围和法律地位及其权利义务,船长的法律地位和职责构成船员制度的基本内容。

在本章学习中,应掌握的重点是船舶物权及特点、船舶所有权、抵押权和优先权等;船员的概念和法律地位、权利与义务以及船长的职权和义务。

第一节 与船舶相关的权利

一、船舶的概念、船舶物权及特点

(一)船舶的概念

船舶是指人们用于水上航行的工具,它必须是水上航行设备和人造船体。各国海商法对船舶内涵和外延规定不尽相同[①],这决定了适用该国家或地区海商法船舶的范围也不完全相同。海商法不调整一般意义上的船舶关系,即海商法意义上的船舶必须以法律规定的定义为准。

世界各国或地区的海商法都对船舶作了限制和要求。主要表现在:(1)对船舶的使用目的作了限制。海商法中的船舶多以营利为目的,有些国家海商立法将船舶限于商业营运,专指用于载运货物与旅客和进行渔捞、海洋资源开发的船舶。(2)要求船舶具有航海能力。多数国家立法以不同表述明确了海商法中的船舶指的是海船,或以不同的登记制度赋予船舶以海船的地位。即使未采用海船之提法,但都要求船舶具有航海能力。(3)对船舶吨位

---

① 参见英国《1894年商船航运法》、《日本商法典》第684条第1款、《韩国商法典》第740条、1936年《美国海上货物运输法》、1968年《苏联海商法典》第9条等。

作了限制。(4) 一些不具有船舶外形的其他海上移动式装置①可适用于海商法。如海上移动式石油钻井平台等,甚至美国判例把停留在水面上或进行海上救助时的水上飞机亦视为海商法上的船舶。我国台湾地区的"海商法"对船舶在积极要件和消极要件两方面进行了限制和要求。

我国海商法立法认为船舶有广、狭两义。前者是指各类排水或非排水船、筏、水上飞机、潜水器和移动式平台(《海上交通安全法》第 50 条第 2 款)。后者是指海船和其他海上移动式装置,但是用于军事的、政府公务的船舶和二十总吨以下的小型船艇除外(《海商法》第 3 条第 1 款)。船舶是一个整体,除船体、主机、辅机外,还包括船舶属具(《海商法》第 3 条第 2 款),如锚链、罗经、消防救生设备等。因此,我国《海商法》从三个方面界定了适用该法的船舶:(1) 具有海上航行能力;(2) 总吨位在 20 吨以上;(3) 应用于商业或民用目的。②

另外,我国对建造中的船舶作了特别规定(《海商法》第 14 条),对于不符合《海商法》船舶定义的"船舶",只能适用民法对其规制。

(二) 船舶物权

船舶物权是作为民法特别法的海商法所规定的以船舶为客体的物权,是指权利人对船舶行使并排除他人干涉的权利,通常包括船舶所有权、船舶抵押权、船舶优先权和船舶留置权等。

"物权"起源于罗马法,但作为法律术语,则是后世学者的创造③,在法律上正式使用物权概念始于 1811 年的《奥地利民法典》,后《德国民法典》接受了物权概念,并将"物权"作为其第三编的编名。我国立法中的物权是指权利人依法对特定的物享有直接支配和排他的权利,包括所有权、用益物权和担保物权(《物权法》第 2 条第 3 款),这为我们研究船舶物权问题提供了民法基础。

(三) 船舶物权的特点

(1) 船舶物权属于特别法物权。我国立法中的物权有"普通法物权"和"特别法物权"之分,前者是指民法规定的物权,包括《民法通则》《担保法》规定的物权。后者指特别法规定的物权。对于特别法物权,应优先适用特别法的规定,特别法未作出规定时才适用民法的一般规定。《海商法》属于民法的特别法,因此,船舶物权属于特别法物权。

(2) 客体的单一性和特殊性。作为民法物权客体的物在范围上十分广泛,而船舶物权的客体仅限于船舶,即海商法定义之船舶。

(3) 公示方法具有特殊性。依民法规定,船舶属于动产,动产一般以交付为公示方法。但在船舶物权中,只有船舶留置权以占有为公示方法。船舶所有权和船舶抵押权均以登记为产生对抗第三人效力的公示方法(《海商法》第 9、13 条)。船舶优先权则不具有公示性,即不以占有或登记为其成立和生效要件。对于以同一种物为客体的物权,适用三种不同的公示方法,在民法中则极为少见。

---

① 根据《国际海上移动式装置条约草案》(1995 年修正)的规定,"装置"是指任何实际上不是永久固定在海底的海上结构物,即能够浮在水面或水中,无论其作业时是否接触海底,或用于或将用于勘探、开发、处理、运输或储存海底或海底矿物资源以及相应的辅助作业。"移动式"是指具有海上航行能力,不管是机动或非机动,即靠风帆或橹运行的也包括在内。
② 王保树:《商法》,第 554 页。
③ 李双元、温世扬:《比较民法学》,第 225 页。

（4）优先顺序的多重性。是指在同一船舶上可成立若干不同的船舶物权，这就决定了船舶物权的优先顺序将会涉及多重性问题。这种多重性的优先顺序表现为：第一，船舶物权相对于债权的优先顺序。第二，不同种的船舶物权（如船舶抵押权、船舶优先权及船舶留置权）相互之间的优先顺序。第三，同种船舶物权（如船舶抵押权）之间的优先顺序。第四，由于船舶优先权所担保的海事债权被分为若干"类"（如《海商法》第22条）而每一"类"中又可以有若干"个"。因此，就船舶优先权而言，还存在担保同"类"之中不同"个"的海事债权的船舶优先权的优先顺序问题。①

二、船舶所有权

（一）船舶所有权的概念和特点

1. 船舶所有权概念

船舶所有权是指船舶所有人依法对其船舶享有占有、使用、收益和处分的权利（《海商法》第7条）。英美法系和大陆法系国家的财产法和海商法对船舶所有权定义均未给予法律之规定，相关的国际公约亦阙如船舶所有权的定义。这是因为，船舶所有权只不过是一种以船舶为客体的所有权，在《民法通则》《物权法》已规定所有权定义情况下，海商法对船舶所有权作出定义则显多余，这也是国际上的普遍做法。

既然船舶所有权是以船舶为客体的所有权，这种所有权可被理解为是一种对船舶全面的、概括的支配权，亦具有自物权、独占权、原始物权、完全物权和弹性力与回归力的权利特性。

2. 船舶所有权的特点

船舶所有权的特点主要有：(1) 客体仅限于船舶。船舶所有权客体的船舶并非一般意义上的船舶，必须是《海商法》定义或规定的船舶。(2) 以登记为产生对抗第三人效力的公示方法。由于船舶的特殊性质，各国海商法大都将登记规定为船舶所有权变动产生对抗第三人效力的公示方法。船舶所有权的取得、转让和消灭，应当向船舶登记机关登记；未经登记的，不得对抗第三人（《海商法》第9条第1款）。(3) 船舶所有权人具有特殊法律地位。为确保海上生命和财产安全，各国法律、法规对船舶所有人均规定了许多必须履行的义务。如妥善装备船舶、配备船员，使船舶处于适航状态等。同时，为鼓励建立和保有商船队，各国海商法几乎均规定了船舶所有人责任限制（或海事赔偿责任限制）制度，赋予船舶所有人一定的特权，船舶所有人据此可将自己对于某些海事索赔的赔偿责任限制在一定范围内。

（二）船舶所有权的取得、转让和消灭

1. 船舶所有权的取得

船舶所有权取得可分为原始取得和继受取得。除公法上的国家没收、捕获等，船舶所有权原始取得主要表现为建造船舶。船舶所有权的继受取得实际上就是船舶所有权的转让，包括船舶买卖、继承、接受赠与和委付等方式。通过这些方式转让船舶所有权时，应当签订书面合同（《海商法》第9条第2款）。

在国际上，船舶登记的意义在于：(1) 船舶登记是确定船舶所有权、抵押权、租赁权等船舶权利的依据。(2) 船舶登记是产生船舶国籍、船籍港，并确认船舶航行权的依据。(3) 船

---

① 司玉琢：《海商法》，第28页。

舶登记是对抗第三人,保障权利人合法权益的依据。

我国船舶登记机关为各港口的港务监督机关。船舶所有人申请船舶所有权登记必须提交相关文件(《船舶登记条例》第13条),登记机关有权对船舶所有权登记申请进行审查核实,符合要求的应当颁发船舶所有权登记证书(《船舶登记条例》第14条)。

2. 船舶所有权的转让

船舶所有权的转让,是指船舶所有权人将自己的船舶所有权让与他人的法律行为。船舶的继受取得是一种以船舶转让为基础的取得方式。我国海商法将船舶所有权取得和转让相提并论或同时列出,在概念上是重叠的。

我国《海商法》对船舶所有权的转移时间问题未作规定。因此,应当适用我国民法的一般规定。动产物权的设立和转让,自交付时发生效力,但法律另有规定的除外(《物权法》第23条)。标的物的所有权自标的物交付时起转移,但法律另有规定或者当事人另有约定的除外(《合同法》第133条)。按照合同或者其他合法方式取得财产的,财产所有权从财产交付时起转移,法律另有规定或者当事人另有约定的除外(《民法通则》第72条第2款)。一般而言,当事人可用书面形式在合同或协议中约定船舶所有权转移时间,但若无约定,则船舶所有权应自船舶交付时起转移。但是,为避免争议,《海商法》确有必要就此作出明确的特别规定。

3. 船舶所有权的消灭

船舶所有权的消灭,是指因某种法律事实的出现,使船舶所有人丧失了所有权。我国《海商法》对船舶所有权的消灭未作规定,因此,民法关于物权消灭原因的一般规定适用于船舶的消灭。以船舶所有权消灭的表现形态为标准,船舶所有权消灭可分为相对消灭和绝对消灭。前者是基于买卖、赠与、委付等行为转移船舶所有权而产生的。后者是在不变更所有权主体情况下丧失船舶所有权,如船舶沉没、拆解或船舶在海难事故中实际全损或推定全损等。

(三) 建造中船舶

"建造中船舶"是指处在造船人占有之下的用于和将要用于建造某一特定船舶的材料、机器和设备。它不纳入我国《海商法》对船舶定义之中。建造中船舶所包括的财产或建造中船舶这一特定财产概念的范围随着时间推移而不断变化或增加。在完成建造前,其不具有特定性和完整性。但由于这些暂时处在分离或半分离状态的动产将被用于建造另一个动产——船舶。这又使这些动产具有了整体性,这为将这些财产在法律上拟制成统一财产创造了可能性。

1967年《建造中船舶权利登记公约》第8条规定,国内法可以规定建造中的船舶上登记的权利将附着于造船厂辖区内,并已用标记或其他方法清楚地标明将要安装在某一船上的材料、机器和设备。可见,公约未规定一个统一的强制性界定标准,而只是允许缔约国在国内法中作出如上规定。

因此,界定建造中船舶只须考虑该财产的物的范围,不必过分注重"造船合同的签署"

"作出造船的声明"或"安放龙骨"的时间等因素。①

我国的《船舶登记条例》对建造中船舶的登记问题作了明确规定(参见《船舶登记条例》第 13 条),《〈中华人民共和国船舶登记条例〉若干问题的说明》在对建造中船舶给出立法定义中给出了我国建造中船舶权利登记的基本条件。

三、船舶抵押权

(一) 船舶抵押权的概念与特点

船舶抵押权是指抵押权人对于抵押人提供的作为债务担保的船舶,在抵押人不履行债务时,可以依法拍卖,从卖得的价款中优先受偿的权利(《海商法》第 11 条)。

船舶抵押权的特点:(1)以船舶作为客体。在设定船舶抵押权时,可根据抵押人和抵押权人的约定,可以是包括属具在内的整个船舶,或者仅以船体、设备或属具作为抵押物。(2)所涉及的船舶不转移占有。基于保护抵押权人合法利益需要,抵押权人如果发现船舶有某种危险或其价值减少而影响债务清偿,或者债务人到履行期却不履行债务时,有权诉请法院扣押船舶来实现其债权。(3)以登记作为必要条件。②

(二) 船舶抵押权的设定、行使和消灭

我国法律规定,船舶所有人或者船舶所有人授权的人可以设定船舶抵押权(《海商法》第 12 条第 1 款)。另外,建造中的船舶亦可设定抵押权(《海商法》第 14 条第 1 款)。可见,我国船舶抵押权设定形式法律规定得较为宽松。

实践中,船舶抵押权的行使一般是通过向法院申请强制执行或诉讼来实现。我国立法规定,就同一船舶,如果同时存在船舶优先权、船舶留置权和船舶抵押权,船舶抵押权的受偿顺位应当排在前两种权利之后(《海商法》第 25 条第 1 款)。在同一船舶上设定了两个以上抵押权时,各个抵押权人接受清偿的顺序是按照抵押权登记的先后顺序来排列,以此为根据从船舶拍卖所得价款中依次受偿。对于在同一日登记的各个船舶抵押权,则按照同一顺序受偿(《海商法》第 19 条)。船舶抵押权人基于该抵押权,较之无抵押的普通债权,处于优先受偿的地位。

船舶抵押权的消灭,是指船舶抵押权的不复存在。关于抵押权的消灭,我国法律规定,被抵押船舶灭失,抵押权随之消灭(《海商法》第 20 条)。这一规定较为简单,能够导致船舶抵押权消灭的原因还很多:(1)因船舶抵押权担保的主债权消灭而消灭;(2)因行使而消灭;(3)因抵押船舶被法院裁判、拍卖而消灭。

值得重视的是:(1)担保物权消灭的情形主要有主债权消灭、担保物权实现、债权人放弃担保物权、法律规定担保物权消灭的其他情形(《物权法》第 177 条)。该条款同样适用于船舶抵押权的消灭。(2)船舶抵押权因其所担保的债权消灭而消灭,但船舶抵押权担保的债权并不因船舶抵押权的消灭而消灭。(3)抵押权人应当在主债权诉讼时效期间行使抵押权;未行使的,人民法院不予保护(《物权法》第 202 条)。这一规定亦适用于船舶抵押权。

---

① 《船舶登记条例》未对建造中船舶定义等相关问题作出明确规定,《〈中华人民共和国船舶登记条例〉若干问题的说明》则对建造中船舶给出了定义,建造中船舶是指已安放龙骨或处于相似建造阶段的船舶。可见,我国立法将建造中船舶的登记条件与建造中船舶的财产范围相混淆。

② 也有学者将船舶抵押权的特点归纳为:从属性、不可分性、物上代位性、特定性、顺序性、追及性、公示性、意定性和限定性等。参见司玉琢:《海商法》,第 42—46 页。

四、船舶优先权

(一) 船舶优先权的概念与特点

1. 船舶优先权的概念

船舶优先权是指海事请求权人依照《海商法》第22条的规定,向船舶所有人、光船承租人、船舶经营人提出海事请求,对产生该海事请求的船舶具有优先受偿的权利(《海商法》第21条)。

船舶在营运中,可能会发生各种债务,由于经济、社会和人道的理由存在,法律应当给予某些特殊的海事债权以特殊的保护,如,船员工资、救助报酬、船舶营运中造成的人身伤亡和财产损害等。对特殊的海事债权人进行特殊保护已是国际航运界的共识。

在我国海商立法中,船舶优先权被视为担保物权,并将船舶优先权与船舶所有权、船舶抵押权并列规定在"船舶"一章中。

2. 船舶优先权的特点

(1) 法定性。船舶优先权的发生不由当事人约定,而由法律规定,其实施也必须经过法定程序。(2) 追及性。不论当事船舶航行于何地,船舶所有权发生何种变更,船舶优先权享有人均可追及并主张其权利。(3) 从属性。这种特性既表现在其依附于船舶所有权而存在,也表现为船舶优先权随海事请求权的转移而转移。(4) 应通过法院扣押船舶而行使。船舶优先权应当通过法院扣押产生优先权的船舶行使(《海商法》第28条)。

(二) 船舶优先权的适用范围及受偿顺序

1. 船舶优先权的适用范围

(1) 船长、船员和在船上工作的其他在编人员根据劳动法律、行政法规或者劳动合同所产生的工资、其他劳动报酬、船员遣返费用和社会保险费用的给付请求。(2) 在船舶营运中发生的人身伤亡的赔偿请求。(3) 船舶吨税、引航费、港务费和其他港口规费的缴付请求。(4) 海难救助的救助款项的给付请求。(5) 船舶在营运中因侵权行为产生的财产赔偿请求。但载运2000吨以上散装货油的船舶,持有效的证书,证明已经进行油污损害民事责任保险或者具有相应的财务保证的,对其造成的油污损害的赔偿请求不属于该项海事请求的范围(《海商法》第22条)。

2. 船舶优先权的受偿顺序

《海商法》第22条所列各项海事请求,依顺序受偿。但是,第(4)项海事请求,后于第(1)至第(3)项发生的,应当先于第(1)项至第(3)项受偿;第(1)(2)(3)(5)项中有两个以上海事请求的,不分先后,同时受偿。不足受偿的,按照比例受偿;第(4)项中有两个以上海事请求的费用,后发生的先受偿(《海商法》第23条)。因行使船舶优先权产生的诉讼费用,保存、拍卖船舶和分配船舶价款产生的费用,以及为海事请求人的共同利益而支付的其他费用,应当从船舶拍卖的价款中先行拨付(《海商法》第24条)。

(三) 船舶优先权的消灭

船舶优先权可因下列原因之一而消灭:(1) 在船舶转让时,船舶优先权自法院应受让人申请予以公告之日起满60日不行使(《海商法》第26条)。(2) 具有船舶优先权的海事请求,自优先权产生之日起满1年不行使。该1年期限不得中止或中断。(3) 船舶经法院强制出售。(4) 船舶灭失(《海商法》第29条)。

除上述原因外,导致船舶优先权消灭或不能行使的原因还有:因所担保的债权消灭而消灭、因接受其他形式的担保而不能行使、因责任人设置责任限制基金而不能行使。

必须注意的是,船舶优先权因某一法律事实而消灭,但并不意味着其所担保的海事请求亦随之消灭。一般情况下,其所担保的海事请求仍有可能存在,海事请求人可依法请求债务人履行其债务。

【相关案例】27-1　船舶所有权法律适用问题①

原告:广东省惠东顺发贸易公司;被告:汕头市航运总公司。

原告诉称:1995年9月11日,原告书面委托汕头经济特区船舶交易中心(以下简称船舶交易中心)提供中介服务以购买"浙岭6号"轮。因当时私有船舶不能从事海上运输,原告遂于9月13日书面委托被告以被告名义购买该船,被告予以同意。此后,被告与卖船方(该船原属福建省平潭县苏沃镇斗魁村郑祥立所有,挂靠于温岭市第一外海航运公司)签订了购买"浙岭6号"轮的协议,原告向卖船方支付了全部购船款,卖船方将"浙岭6号"轮交付给原告。10月6日,原告与被告签订了《船舶挂靠协议书》,明确"浙岭6号"轮属原告所有,挂靠于被告处经营,合同有效期至1998年12月31日。"浙岭6号"轮挂靠后更名为"粤海528"轮。1998年12月29日,原告与被告续签《船舶挂靠协议书》,有效期至2001年12月31日。在履行上述协议过程中,原告均按约向被告支付了挂靠费和管理费。现因原告经营困难,原告准备转让"粤海528"轮。请求法院判决确认原告为"粤海528"轮的所有权人。

合议庭认为:原告与被告均认可"粤海528"轮系原告购买,实际所有权属于原告。本案事实也表明,原告委托被告购船,并为此支出了价款,已继受取得船舶所有权。鉴于原告与被告签订的船舶挂靠协议已经解除,故原告提出确认其为"粤海528"轮所有权人的请求合理,应予支持。

第二节　船　　员

一、船员的概念、资格与任用

(一) 船员的概念

从各国立法看,船员有广、狭两义的立法例。② 前者是指包括船长在内所有的船员,后者是指除船长以外的其他船员。我国采纳广义的船员概念(《海商法》第31条)并将船员定义为:依照《船员条例》的规定经船员注册取得船员服务薄③的人员,包括船长、高级船员、普通

---

① 广州海事法院民事判决书,(2001)广海法汕字第8号。
② 一种立法例采取合并方式,即将船长和其他海员统称为船员,如日本和德国等。另一种立法例采取分别规定方式,将船长和船员分别规定,如英国和美国等。
③ 船员服务薄是船员的职业身份证件,应当载明船员的姓名、住所、联系人、联系方式及其他有关事项(《船员条例》第7条第1款)。

船员(《船员条例》第 4 条)。

(二) 船员的资格

船员的资格,是指船员在船舶上能够担任相应职务而在相应岗位上从事工作的身份条件。我国立法规定,船长、驾驶员、轮机长、电机员、报务员,必须由持有相应适任证书的人担任(《海商法》第 32 条),从事国际航行的船舶的中国籍船舶,必须持有中华人民共和国港务监督机构颁发的海员证和有关证书(《海商法》第 33 条)。可见,我国的船员应该具备三个条件:取得船员资格(《船员条例》第 5 条);受船舶所有人聘用或雇佣;服务于船上。

我国立法规定,船舶应当按照标准定额配备足以保证船舶安全的合格船员。[①] 可见,船员配备包括两方面内容:一是船舶应配备的所有船员的总数;二是船舶必须保证持有职务证书的船员的定额。

(三) 船员的任用

在各国实践中,船员任用主要有雇用制和聘任制。采用雇用制的国家,须由船舶所有人或其代理人与船员签订船员雇用合同。此合同可以是定期的,不定期的,也可以是订明一个航程的航程合同。依据《海员协议条款公约》规定,定期合同在规定的期限届满时终止。不定期合同,可由任何一方当事人在任何一个装卸港口声明终止合同,但事先必须发出合同中所规定的预告,此项预告期不得少于 24 小时。

我国船员任用主要采取聘任制,实践中,我国也有部分船员采用了雇用制的做法。

船员用人单位应当依照有关劳动合同的法律、法规和中华人民共和国缔结或者加入的有关船员劳动与社会保障国际公约的规定,与船员订立劳动合同(《船员条例》第 27 条)。同时,"船员工会组织应当加强对船员合法权益的保护,指导、帮助船员与船员用人单位订立劳动合同"(《船员条例》第 28 条)。针对船员劳动合同终止的原因,我国《海商法》只是作了原则性的规定(《海商法》第 34 条)。[②]

二、船员的权利和义务

(一) 船员的权利

1. 工资、津贴请求权

船员有权利要求船方按照船员劳动合同约定的方式和数额,按时支付工资和津贴。船员工资、津贴的债权不在船舶所有人的责任限制之列,且船员的工资、津贴属于一种有优先权担保的债权。我国现行立法对船员支付工资、津贴的义务作了原则性规定,船员用人单位应当根据船员职业的风险性、艰苦性和流动性等因素,向船员支付合理的工资,并按时足额发放给船员。任何单位和个人不得克扣船员工资。船员用人单位应当向在劳动合同有效期内的待派船员,支付不低于船员用人单位所在地人民政府公布的最低工资(《船员条例》第 29 条)。

2. 生活保障请求权

生活保障,包括生活空间(居住舱室)、食品、淡水、医疗和其他必需品。依国际惯例,船

[①] 我国交通部依据《海上交通安全法》《内河交通安全管理条例》和加入的相关国际公约,于 1997 年 8 月颁布了《船舶最低安全配员规则》,2004 年 6 月 18 日通过了《安全配员规则》,使我国船员配备标准具有充分的法律依据。

[②] 关于船员劳动合同的国际公约主要有《海员协议条款公约》和 2006 年《海事劳工公约》。

员有权利要求船方提供上述生活保障。我国立法规定,船舶上船员生活和工作的场所,应当符合国家船舶检验规范中有关船员生活环境、作业安全和防护的要求。船员用人单位应当为船员提供必要的生活用品、防护用品、医疗用品,建立船员健康档案,并为船员定期进行健康检查,防治职业疾病。船员在船工作期间患病或者受伤的,船员用人单位应当及时给予救治;船员失踪或者死亡的,船员用人单位应当及时做好相应的善后工作(《船员条例》第26条)。

3. 受伤、疾病、残废、死亡的补助金请求权

1936年《船舶所有人对海员疾病伤害或死亡应负责公约》规定,船舶所有人应对船员在任职期间的伤害、疾病、残废和死亡负责。依据我国法律,对船员非在船上服务时所受的伤害、因本人的故意行为,过失及不法行为所致的伤害或疾病,或在订立雇佣合同时隐瞒疾病的不负责任。船员在受雇期间因执行职务时患病、受伤而致残的,有权利要求船方按法定或者约定的比例,给付一定时间的残疾补助费。船员退休的,应付给退休金。

4. 休假请求权

1936年《海员休假公约》规定,船员在海上连续服务满1年者,均享有休假的权利。船员休假期间,照常享有各种待遇。我国法律规定,船员在船工作时间应当符合国务院交通主管部门规定的标准,不得疲劳值班。船员除享有国家法定节假日的假期外,还享有在船舶上每工作2个月不少于5日的年休假。船员用人单位应当在船员年休假期间,向其支付不低于该船员在船工作期间平均工资的报酬(《船员条例》第30条)。

5. 返回原港(遣返)请求权

《海员遣返公约》规定,船员在服务期间非因自己的过错而患病,或执行职务时受伤,或因船舶失事,或非因自己原因而被解雇,或者受雇期满时被送登岸者,船员有权要求船方将其送回本国或者其受雇的原港或者船舶开航的港口,并要求船方负担遣返的费用。

6. 获得保险的请求权

船员用人单位和船员应当按照国家有关规定参加工伤保险、医疗保险、养老保险、失业保险以及其他社会保险,并依法按时足额缴纳各项保险费用(《船员条例》第25条第1款)。船员用人单位应当为在驶往或者驶经战区、疫区或者运输有毒、有害物质的船舶上工作的船员,办理专门的人身、健康保险,并提供相应的防护措施(《船员条例》第25条第2款)。

(二)船员的义务

概括各国海商立法,一般要求船员必须承担的义务主要包括:提供劳务的义务、忠实义务、遵纪守法义务和禁止私载、严禁夹带违禁品等义务。

我国立法规定的船员义务主要包括:(1)应当携带《船员条例》规定的有效证件。(2)应当掌握船舶的适航状态和航线的通航保障情况,以及有关航区的气象、海况等必要的信息。(3)应当遵守船舶的管理制度和值班规定,按照水上交通安全和防治船舶污染的操作规则操纵、控制和管理船舶,如实填写有关船舶法定文书,不得隐匿、篡改或者销毁有关的船舶法定证书、文书等。(4)应当参加船舶应急训练、演习,按照船舶应急部署的要求,落实各项应急预防措施。(5)应当遵守船舶报告制度,发现或者发生险情、事故、保安事件或者影响航行安全的情况,应当及时报告。(6)应当在不严重危及自身安全的情况下,尽力救助遇险人员。(7)不得利用船舶私载旅客、货物,不得携带违禁物品(《船员条例》第20条)。

三、船长的职权和义务

(一) 船长的职权

船长,是指依法取得船员资格,取得适任证书并受船舶所有人雇佣或聘用,主管船上行政和技术事务的人。船长是一种特殊职务,其法律地位既不同于一般船员也不同于船舶所有人的一般雇员。

我国《海商法》和《船员条例》对船长职能作了如下规定:

1. 管理职权

船长负责船舶的管理和驾驶(《海商法》第35条第1款),这是船长行使管理职权的法律依据。"船长在其职权范围内发布的命令,船员、旅客和其他在船人员都必须执行"(《海商法》第35条第2款)。船长应当"保证船舶和船员在开航时处于适航、适任状态,按照规定保障船舶的最低安全配员,保证船舶的正常值班"(《船员条例》第22条第3款)。船长在"船舶进港、出港、靠泊、离泊,通过交通密集区、危险航区等区域,或者遇有恶劣天气和海况,或者发生水上交通事故、船舶污染事故、船舶保安事件以及其他紧急情况时""应当在驾驶台值班,必要时应当直接指挥船舶"(《船员条例》第22条第6项)。当引航员上船引航时,就会引起船长与引航员的分工问题,"船长管理船舶和驾驶船舶的责任,不因引航员引领船舶而解除"(《海商法》第39条)。这也是船长职权的绝对性表现之一。

2. 惩治犯罪、维持治安的职权

为保障在船人员和船舶安全,船长有权对在船上进行违法犯罪活动的人采取禁闭或者其他必要措施,并防止其隐匿、毁灭、伪造证据(《海商法》第36条第1款)。船长的这一权力受一定限制,当条件具备时,船长应将犯罪嫌疑人连同有关证据一起移交给有关当局处理,这里的有关当局在习惯上应理解为船舶最初到达港口的我国公安机关。船长在对有违法、犯罪活动的人采取禁闭或者其他必要措施以后,应当制作案情报告书,由船长和两名以上在船人员签字,连同犯罪嫌疑人送交有关当局处理(《海商法》第36条第2款)。

3. 公证职权

公证职权本应由具有公证资格的机构来行使,由于航海的特殊性,法律赋予船长公证职权也就合乎情理。"船长应当将船上发生的出生或者死亡事件记入航海日志,并在两名证人的参加下制作证明书。死亡证明书应当附有死者遗物清单。死者有遗嘱的,船长应当予以证明。死亡证明书和遗嘱由船长负责保管,并送交家属或者有关方面"(《海商法》第37条)。这里的有关方面应理解为船舶最初到达的我国港口的海事机关或我国驻外国的使、领馆。

4. 代理职权

1989年《国际救助公约》第一次确立了船长的代理权。我国法律规定,遇险船舶的船长有权代表船舶所有人订立救助合同。遇险船舶的船长或者船舶所有人有权代表船上财产所有人订立救助合同(《海商法》第175条第2款)。船长的这种代理权不等于剥夺船舶所有人签订救助合同的权利,也不妨碍在时间允许的情况下船长应征求船舶所有人意见的义务。

5. 紧急处分职权

紧急处分职权,是指船长在紧急情况下,为了维护船舶、船上人员及其所载货物的安全而采取非常措施以应付突然事变的权利。这种职权包括:(1) 对人处分权。任何在船人员,当其行为对船上人员和财产安全构成严重威胁且不听制止时,船长可以将其拘禁,暂时限制其人身自由(《船员条例》第24条第3款)。(2)对物处分权。当发现有人未经批准而将易燃、易爆、有毒物品或其他危险物品带上船舶,船长有强制保管和将其丢弃的权利。(3)对事处分权。船舶发生海上交通事故或污染事故时,船长应当采取一切可能措施,防止损害扩大,并做成事故报告书,载明事故详细经过情况,报送事故发生后最初到达中华人民共和国港口的海事机关。若事故发生在国外,应当报送就近的中华人民共和国使、领馆,但事后仍须向船籍港的海事机关递交海损事故报告书等。

如果船长在航行中死亡或因故不能执行职务时,应当由驾驶员中职务最高的人代理船长职务。但在下一个港口开航前,船舶所有人应当指派新船长接任(《海商法》第4条)。

(二)船长的义务

船长的主要义务有:(1)完成航行的义务。船长应当按照预定的航线驶往目的港,非因不可抗力或者海难救助不得改变航线。(2)检查船舶适航能力的义务。船舶在开航前,船长应当对船舶的适航能力进行全面检查。(3)置备相关文件的义务。船长应当置备船舶属具目录海员名册、航海日志、载货文件等法定文件。(4)谨慎注意的义务。船长应当以善良管理人的注意程度执行其职务,保证船舶的安全和秩序。(5)监督船员的义务。船长在海上航行过程中,有义务监督船员的工作和生活,防范船员可能实施的危害船舶、在船人员和财产安全的行为。(6)海难救助的义务。船长在海上接到呼救信号或者发现海上遇险船舶或者人员时,在不严重危及本船、货物和旅客的前提下,应当尽力救助遇险人员。

【相关案例】27-2 船员相关权利之司法保护[①]

原告:王俐君(死者潘其林之妻)、潘晟(死者之子)、潘弋(死者之女)、屠秀华(死者之母);被告:阳春海运有限责任公司(下简称阳春公司)

2005年1月28日,潘其林与阳春公司签订船员劳务合同。2005年5月8日,阳春公司所属"阳雪"轮从中国张家港出发,于5月24日抵达所罗门装圆木。同年6月2日装货完毕,返回中国岚山港。6月25日,船长得知潘其林生病,即与船东联系。船长认为潘其林的病症仅是发烧,没有其他不舒服,随叮嘱其多喝水,注意休息,并派人照顾。当时,船上除潘其林外,还有两名船员有类似症状。6月29日,潘其林感觉难受,船东通知船长立即将船往菲律宾方向行驶,以便救援。6月29日14:25时,潘其林死亡。经检查,潘其林病逝原因为疑似疟疾。

经了解,2005年6月,世界卫生组织网站发布消息,称所罗门群岛地区除东部和南部几个小岛外存在疟疾危险,建议采取预防措施。

原告认为阳春公司侵犯了潘其林的生命健康权,同时,对死者家属造成了巨大的精神损害,请求判令阳春公司赔偿死者收入损失、丧葬费、死亡赔偿金和被抚养人生活费等共计人民币170余万元。

法院认为,被告应赔偿原告死者潘其林的收入损失、丧葬费等合计人民币70余万元。

---

① 应新龙:《上海海事法院海事案例精选》,第202—206页。

前沿问题

◆ **建造中船舶抵押权登记程序问题**

我国现行《海商法》第14条第1款规定,建造中的船舶可以设定船舶抵押权。但这一规定非常笼统,并未涉及建造中船舶抵押权登记程序问题。1994年《船舶登记条例》仅在第13条中规定,就建造中的船舶申请船舶所有权登记的,仅需提供船舶建造合同,也未对建造中船舶的所有权和抵押权登记的具体程序作出进一步明确规定。我国个别省市海事行政部门针对建造中船舶抵押登记规定了具体办法,但由于在实践中建造中船舶设定抵押权个案相对较少,这些办法是否有较强的可操作性,仍有待实践的检验。由于国家层面立法的不完善,导致建造中船舶设定抵押权这一融资担保方式的展开产生诸多困难。

【思考题】

1. 什么是船舶物权？特点有哪些？
2. 如何理解船舶优先权？
3. 船员的权利有哪些？
4. 如何理解船长的职权？
5. 船长的义务有哪些？
6. 船长的职责有哪些？

【司法考试真题】

27-1 依据我国《海商法》和《物权法》的相关规定,关于船舶所有权,下列哪一表述是正确的？（2014年）

A. 船舶买卖时,船舶所有权自船舶交付给买受人时转移
B. 船舶建造完成后,须办理船舶所有权的登记才能确定所有权的归属
C. 船舶不能成为共同共有的客体
D. 船舶所有权不能由自然人继承

27-2 依据我国《海商法》和《物权法》的相关规定,关于船舶物权的表述,下列哪一选项是正确的？（2013年）

A. 甲的船舶撞坏乙的船舶,则乙就其损害赔偿对甲的船舶享有留置权
B. 甲以其船舶为乙设定抵押担保,则一经签订抵押合同,乙即享有抵押权
C. 以建造中的船舶设定抵押权的,抵押权仅在办理登记后才能产生效力
D. 同一船舶上设立数个抵押权时,其顺序以抵押合同签订的先后为准

27-3 关于船舶担保物权及针对船舶的请求权表述,下列哪些选项是正确的？（2012年）

A. 海难救助的救助款项给付请求,先于在船舶运营中发生的人身伤亡赔偿请求而受偿
B. 船舶在运营中因侵权行为产生的财产赔偿请求,先于船舶吨税、引航费等的缴付请

求而受偿

C. 因保存、拍卖船舶和分配船舶价款产生的费用,应从船舶拍卖所得价款中优先拨付

D. 船舶优先权先于船舶留置权与船舶抵押权受偿

27-4 南岳公司委托江北造船厂建造船舶一艘。船舶交付使用时南岳公司尚欠江北公司费用200万元。南岳公司以该船舶抵押向银行贷款500万元。后该船舶不慎触礁,需修理费50万元。如以该船舶的价值清偿上述债务,下列哪些表述是正确的?(2011年)

A. 修船厂的留置权优先于银行的抵押权

B. 船员的赔偿请求权优先于修船厂的留置权

C. 造船公司的造船费用请求权优先于银行的抵押权

D. 银行的抵押权优先于修船厂的留置权

27-5 根据我国《海商法》关于船舶物权问题的规定,下列表述哪些是正确的?(2004年)

A. 船舶抵押权适用抵押地法律

B. 船舶优先权适用受理案件的法院所在地法律

C. 船舶所有权的取得、转让和消灭适用行为地法律

D. 船舶在光船租赁期间设立船舶抵押权的,适用原船舶登记国法律

第二十八章

海事合同

【章首语】 在国际经济交往中,居于首位的是国际货物运输方式。船舶使用和船员作用的实现主要体现在海上货物运输过程中,因此,海上货物运输法律制度必然成为海商法的核心内容。提单在海上货物运输合同中具有重要作用,有关提单的国际公约主要有《海牙规则》《维斯比规则》和《汉堡规则》。我国虽未参加上述公约,但我国《海商法》中的提单制度是以海牙-维斯比体系为基础、吸收《汉堡规则》而设立的。海上旅客运输与其他各项海事法律制度相关联,是各国海商法调整的主要内容之一。我国《海商法》专章规定了海上旅客运输合同,对海上旅客运输合同的订立、解除及当事人的权利、义务等进行了规定。国际经济的发展促使国际贸易参与者采取灵活多样的船舶运营方式,船舶租用便随之产生。目前,尚无有关船舶租用合同的国际公约,各国海事立法对船舶租用合同的规定基本属于任意性规范。海上拖航是海上作业的一种,随着机动船舶的广泛适用而产生。我国《海商法》设专章对海上拖航合同的订立和解除、损害赔偿责任进行了规制。

在海上货物运输合同中,应当重点掌握海上货物运输合同的概念、特点、种类、海上货物运输合同的订立和解除等基础理论,其中,提单制度是中心内容。

第一节 海上货物运输合同

一、海上货物运输合同概述

(一)海上货物运输合同的概念和特点

海上运输,是指承运人收取运费,将货物或旅客经海路由一港运至另一港的行为。海上运输一般分为两类:国内海上货物运输和国际海上货物运输、国内海上旅客运输和国际海上旅客运输。国际社会为规范海上运输行为,出台了《海牙规则》《维斯比规则》和《汉堡规则》,2009年供各成员国开放签署的《鹿特丹规则》[①]旨在替代前三个规则,以便实现国际海上运输的法制统一化。

---

① 2009年9月23日,联合国国际贸易委员会起草的《联合国全程或部分海上国际货物运输合同公约》在荷兰鹿特丹获得16个成员国的签署。这份被业界称为《鹿特丹规则》的国际海事公约,将给海上货物运输各方带来重大影响。该《公约》包含了"允许电子货物运输记录""批量合同""权利转让""货物交付"(含无单放货)"控制权"等诸多革新性特征。

海上货物运输合同①是运输合同的一种,是指承运人收取运费,负责将托运人托运的货物经海路由一港运至另一港的合同。

海上货物运输合同有如下特点:

(1) 高风险性。海上货物运输合同目的是经由海路将所承运之货物送达目的地,为此,承运人不仅要付出劳务和费用,而且应当自行承担海上风险来履行运输义务。尽管科学技术获得前所未有的发展,但从事海上运输的船舶抵御海上风险的能力仍然有限,高风险性仍然存在。

(2) 国际性。海上货物运输是实现国际贸易活动的必要手段,与之相适应,海上货物运输合同当事人一般是不同国家或地区的自然人、法人或其他组织,合同签订地和履行地也会处于不同的国家或地区,从事海上货物运输的船舶经由国际航线航行于不同国家或地区的港口之间,这些都决定了海上货物运输合同的国际性。

(3) 涉他性。一般而言,运输合同效力只及于合同当事人,但海上货物运输合同则涉及其他当事人。在国际货物贸易CFR、CFI价格条件下,托运人是卖方,收货人是买方,即托运人不是收货人,承运人应根据托运人的要求向第三者收货人交付货物(《海商法》第42条第1项)。在此情况下,收货人虽不是海上货物运输合同当事人,但根据约定或法律规定,可直接提取货物、就货物的灭失或损坏向承运人索赔等利益,并承担支付运费、及时提取货物等义务。②

(4) 一般是要式、格式合同。一般来说,海上货物运输合同既可采用书面形式又可采用口头形式,我国法律规定,承运人或者托运人可以要求书面确认海上货物运输合同的成立。但是,航次租船合同应当书面订立。电报、电传和传真具有书面效力(《海商法》第43条)。实践中,当事人一般都采用书面形式订立海上货物运输合同,且由经营海上运输业务的船舶公司事先拟定海上货物运输合同的标准格式,以供托运人适用。③

(二) 海上货物运输合同的种类

1. 班轮货物运输合同

班轮运输合同是指承运人以固定的航线、航期和运费将众多托运人的杂货运至目的地而由托运人(收货人)支付运费的合同。此类合同一般以承运人签发的提单或与提单类似的文件作为证明,当事人无需单独制定海上运输合同。但承运人与托运人希望有单独运输合同时,可在提单外单独签订。

该合同的特点主要有:(1) 承运人按公布的船期表和航线,在固定停靠的港口进行定期航行、运送货物。(2) 所承运的一般是零散的货物。(3) 一般都采用提单作为合同的证明。海运单、电子提单或电子运输记录亦可作为该合同的证明。

---

① 德国人将海上货物运输合同定位为承揽合同。我国台湾地区有学者亦认为"海上货物运送契约,系承揽契约"。参见梁宇贤:《商事法论》,第344页。另外,依法理合同双方法律地位平等是不言而喻的。但海上货物运输合同中的双方地位不平等,目前,国际社会对船舶性能要求不断提高,高性能船舶的造价接近天文数字,掌握了巨额资金和技术优势的航运企业的垄断地位必然得到不断巩固,海上货物运输法律法规也具有较强的强制性。与此同时,我们应认识到海上货物运输之法的"强制性"将无损于海上货物运输合同的自由规则,实际上,世界各国在立法中废除航行过失免责就是提高承运人的责任负担,以体现公平的原则。

② 司玉琢:《海商法》,第94页。

③ 贾林青:《海商法》,第87页。

2. 航次租船合同

航次租船合同，是指船舶出租人向承租人提供船舶或者船舶的部分舱位，装运约定的货物，从一港运至另一港，而由承租人支付约定运费的海上货物运输合同（《海商法》第92条）。航次租船合同可分为单航次租船合同、往返航次租船合同、连续单航次租船合同和连续往返航次租船合同等多种类型。该合同的双方当事人是船舶出租人和承租人，而不被称为承运人和托运人。

该合同的特点主要有：(1) 承租人不负责船舶的经营及其费用。(2) 通过合同约定货物的名称或种类、数量和装卸港。(3) 出租人向承租人提供船舶全部或部分舱位，运费一般情况按所运货物的数量计算。(4) 出租人对船舶和货物负责。(5) 合同中约定用于货物装卸的期限和装卸时间计算办法，并计算滞期费和速遣费。

3. 海上货物运输总合同

海上货物运输总合同，是指承运人与托运人达成协议，由承运人在约定时间内，将一定数量的货物，分批经由海路从一港运至另一港，而由托运人或收货人支付运费的货物运输合同。

该合同的特点主要有：(1) 适用于大批量货物的运输。实践中的运输却以分批量进行，故该合同只约定在一定时间内托运人交运货物的数量或批量，承运人提供的船舶吨位数、装货和卸货的港口、装卸期限、运价等主要内容。(2) 该合同可使承运人和托运人之间形成较为固定的货运关系。

4. 多式联运合同

多式联运合同，是指多式联运经营人以两种以上的不同运输方式，其中，一种是海上运输方式，负责将货物从接收地运至目的地交付收货人，并收取全程费用的合同（《海商法》第102条）。

多式联运合同的最大特点是多式联运经营人以一个运输合同、一次托运过程、一次收费并承担全程责任但采用两种以上的运输方式完成同一批货物的运送。

（三）海上货物运输合同的当事人

1. 承运人

承运人是指本人或者委托他人以本人名义与托运人订立海上货物运输合同的人。具体而言，在班轮运输中，承运人可以是船舶所有人、船舶经营人或者船舶承租人。在航次租船运输中，承运人可以是占有船舶并签发提单的船舶所有人、船舶经营人或者光船承租人、定期承租人等。

2. 实际承运人

实际承运人是指接受承运人委托，从事货物运输或者部分运输的人，包括接受转委托从事此项运输的其他人（《海商法》第42条第2项）。在实践中，实际承运人出现的主要原因有：(1) 在直达运输中，因发生意外情况需要将货物中途转运。(2) 在租船运输中，经常是船舶承租人利用所租用船舶从事海上货物运输而由其作为承运人与托运人签订海上货物运输合同，该船舶的出租人成为实际承运人。(3) 在海上联运或者转船提单项下，自约定的中转港承运货物的二程船以后的各个承运人则属于实际承运人。

3. 托运人

托运人是指本人或者委托他人以其本人名义或者委托他人代表本人与承运人订立海上

货物运输合同或者将货物实际提交给承运人的人(《海商法》第 42 条第 3 项)。我国《海商法》将托运人分为两类:与承运人签订海上货物运输合同的人;将货物实际交给承运人的人。

4. 收货人

收货人是指有权提取货物的人(《海商法》第 42 条第 4 项)。海上货物运输合同中的收货人在大多数情况下是托运人以外的独立民事主体,一般表现为提货凭证的收货人一栏所记载的人。

二、海上货物运输合同的订立和解除

(一)海上货物运输合同的订立

我国《海商法》对海上货物运输合同之订立程序未作规定,但海上货物运输合同作为运输合同的具体类型,自然要遵守《合同法》规定的合同订立程序,经过要约和承诺两个步骤。① 海上货物运输方式的不同决定了海上货物运输合同的订立有所不同。

从事班轮运输的船舶公司,通过其经营机构或代理机构事先将班轮营运的航线、途径、港口、抵离各港的时间等公之于众,这一行为依据我国《合同法》第 15 条之规定属于要约邀请。货物托运人或其代理人根据上述要约邀请向船舶公司或其代理人提出货物运输申请,填具订舱单,写明所需运输货物的名称、数量、装卸港、装船期限等情况,这一系列行为被称为"订舱",即订立海上货物运输合同的要约。如果船舶公司的经营机构或代理机构作为承运人在订舱单上填具船名并签章而接受订舱,构成订立班轮货物运输合同之承诺,班轮货物运输合同即成立。②

航次租船合同的订立需要出租人和承租人,或者委托船舶经纪人与对方磋商租船事宜,属"商议合同"。③ 在实践中,为简化签约过程,很多船舶公司、大货主及其代表船东或货主利益的船运组织、货主组织拟订了相应的租船合同格式,双方可根据实际需要对租船合同范本条款进行修改和补充。

并非所有的海上货物运输合同成立后都能生效,此种情形有:一是海上货物运输合同和作为合同凭证的提单或者其他运输单证中的条款,违反《海商法》海上运输合同规定的无效,此类无效条款并不影响海上货物运输合同中其他条款的效力;二是将货物的保险利益转让给承运人的条款或者类似条款无效(《海商法》第 44 条)。

(二)海上货物运输合同的解除

(1)开航前的任意解除。船舶在装货港开航前,托运人可要求解除合同。但是,除合同另有约定外,托运人应当向承运人支付约定运费的一半;货物已经装船的,并应当负担装货、卸货和其他与此有关的费用(《海商法》第 89 条)。

(2)开航前的不可抗力而使合同解除。因不可抗力或者其他不能归责于承运人和托运人的原因致使合同不能履行的,双方均可解除合同,并互相不付赔偿责任。除合同另有约定外,运费已经支付的,承运人应将运费退还给托运人;货物已经装船的,托运人应负担装卸费用;已经签发提单的,托运人应将提单退回给承运人(《海商法》第 90 条)。

---

① 详见梁宇贤:《商事法论》,第 345 页。
② 《合同法》第 44 条第 1 款规定:"依法成立的合同,自成立时生效。"
③ 范健:《商法》,第 544 页。

(3) 开航后的解除。开航后,由于不可抗力或者其他不能归责于承运人和托运人的原因使船舶不能在合同约定的目的港卸货的,除合同另有约定外,船长有权将货物在目的港邻近的安全港口或者地点卸货,视为已经履行合同(《海商法》第 91 条第 1 款)。船长决定将货物卸载的,应当及时通知托运人或者收货人,并考虑托运人或者收货人的利益《海商法》第 91 条第 2 款)。

(4) 其他法定原因的合同解除。当事人一方迟延履行债务或者其他违约行为致使不能实现合同目的(《合同法》第 94 条第 4 项),当承运人未谨慎使用船舶而造成船舶全损使履约成为不可能,或者因修理船舶延误时间而使合同目的不能实现,托运人依法有权要求解除合同和赔偿损失。

三、海上货物运输合同当事人的责任

(一) 承运人的责任

1. 承运人的责任

承运人的责任主要包括:(1) 提供船舶并使船舶适航(《海商法》第 47 条)。《海牙规则》第 3 条第 1 款规定,承运人在开航前或开航当时,应当谨慎处理,以便使船舶具有适航性;妥善配备船员、设施和船舶供应品;使货舱、冷藏舱和其他载货部位适于并能安全地接受、载运和保管货物。按照国际惯例,承运人承担的这一义务只存在于船舶开航前和开航时。(2) 管货。承运人应当妥善地、谨慎地装载、搬移、积载、运输、保管、照料和卸载所运货物(《海商法》第 48 条)。(3) 按规定航线按时开航、直达航行。承运人负有按时开航的责任。船舶开航后,承运人应当按照约定的、习惯的或地理上的航线直达航行,将货物运往卸货港(《海商法》第 49 条第 1 款),不得进行不合理的绕航,但为救助或企图救助人命或财产而发生的绕航,或者由于自然灾害、意外事故而绕航的,承运人不承担任何责任(《海商法》第 49 条第 2 款)。(4) 在目的港向提单指定的收货人凭提单交付货物。对此,我国《海商法》第四章第五节分别就不同情况作了不同之规定。

2. 承运人的责任期间

承运人的责任期间是承运人在承运货物时,对货物应当承担责任的时间。承运人对集装箱装运的货物的责任期间,是从装货港接受货物时起至卸货港交付货物时止,货物处于承运人掌管之下的全部时间,俗称"港至港"。承运人对非集装箱装运的货物的责任期间,是从货物装上船时起至卸下船时止,货物处于承运人掌管之下的全部时间,俗称"钩至钩"(《海商法》第 46 条第 1 款)。这种责任期间的规定,不影响承运人就非集装箱装运的货物在装船前和卸船后所承担的责任,达成任何协议(《海商法》第 46 条第 2 款)。

3. 承运人的赔偿责任

承运人的赔偿责任包括货物的灭失、损坏和迟延交付等。货物在责任期间内发生灭失或损坏的,除依法可免除责任者外,承运人应当负赔偿责任(《海商法》第 46 条第 1 款)。货物灭失的赔偿额,按照货物的实际价值计算;货物损坏的赔偿额,按照货物受损前后实际价值的差额或货物的修复费用计算(《海商法》第 55 条)。承运人与实际承运人都负有赔偿责任的,应当在责任范围内负连带责任(《海商法》第 63 条)。

4. 民事赔偿责任限制

如果货物用集装箱、货盘或者类似装运器具集装的,提单中载明在此类装运器具中的货

物件数或者其他货运单位数,视为货物件数或者其他货运单位数;未载明的,每一装运器具视为一件或者一个单位(《海商法》第 56 条第 2 款)。

承运人对货物的灭失或者损坏的赔偿限额,按照货物件数或者其他货运单位数计算,每件或者每个其他货运单位为 666.67 计算单位,或者按照货物毛重计算,每公斤为 2 计算单位,以二者中赔偿限额较高的为准。但是,托运人在货物装运前已经申报其性质和价值,并在提单中载明的,或者承运人与托运人已经另行约定高于上述赔偿限额的,按照申报的价值或约定的赔偿限额确定赔偿额(《海商法》第 56 条第 1 款)。

法律规定承运人的赔偿限额,适用于货物的灭失或者损坏。对货物因延迟交付造成经济损失的赔偿限额,为所迟延交付的货物的运费数额(《海商法》第 57 条)。但在货物的灭失或损坏与迟延交付同时发生时,承运人的赔偿限额则适用货物灭失或损坏的限额。

赔偿责任限制是海商法赋予承运人的一项权利,这项权利也会依法丧失。《维斯比规则》和《汉堡规则》将承运人故意行为列为承运人限制权利丧失的法定原因。我国立法亦将承运人的这种主观过错作为丧失责任限制权利的法定事由。"经证明,货物的灭失、损坏或者迟延交付时由于承运人的故意或者明知可能造成损失而轻率地作为或者不作为造成的",承运人不得援用《海商法》关于限制赔偿责任的规定。这一限制同样适用于承运人的受雇人和代理人(《海商法》第 59 条)。

4. 承运人的免责

我国《海商法》第 51 条第 1 款列举了 12 种承运人免责情形。在免责的举证上,我国采用规定承运人在主张免除法律规定原因造成的赔偿责任时,应负举证责任,只有火灾一项的举证责任在索赔人。依照《海商法》第 58 条第 1 款规定,有关货物损失的诉讼无论是依合同抑或侵权行为而提起,均可适用限制赔偿责任的规定。

(二) 托运人的责任

托运人的责任主要包括:(1) 提供约定货物。托运人应向承运人保证,货物装船时所提供的货物的品名、标志、包装或者件数、重量或者体积的正确性。如果由于包装不良或者托运人申报的上述资料不正确而造成承运人损失的,托运人应当向承运人负赔偿责任(《海商法》第 66 条)。托运人应当及时向港口、海关、检疫、检验和其他主管机关办理货物运输所需要的各项手续,并将已办理各项手续的单证送交承运人。因办理各项手续的有关单证送交不及时、不完备或者不正确,使承运人的利益受到损害的,托运人应负赔偿责任(《海商法》第 67 条)。(2) 支付运费。运费支付办法可以是预付运费、到付运费和比例运费。(3) 对承运人财产损失的赔偿。因托运人或其受雇人、代理人的过失造成承运人、实际承运人的损失或船舶损坏的,托运人应当承担赔偿责任。非托运人或其受雇人、代理人的过失造成的除外(《海商法》第 70 条)。

承运人知道危险货物的性质并已同意装运的,仍然可以在该项货物对于船舶、人员或者其他货物构成实际危险时,将货物卸下、销毁或者使之不能为害,而不负赔偿责任,但不影响共同海损的承担(《海商法》第 68 条第 2 款)。

四、提单

(一) 提单的概念和作用

1. 提单的概念

提单是指用以证明海上货物运输合同和货物已经由承运人接收或者装船,以及承运人保证据以交付货物的单证(《海商法》第71条)。我国关于提单的立法与《汉堡规则》第1条第7款的规定相同。经过长期的实践,提单已成为国际贸易与航运的基石。[①]

2. 提单的作用

(1) 提单是海上货物运输合同的书面凭证。提单由承运人在接受货物后签发,它本身不是海上货物运输合同。若承运人和托运人除提单外并无其他协议,提单就可证明当事人之间的权利义务关系。"承运人同收货人、提单持有人之间的权利义务关系,依据提单的规定确定"(《海商法》第78条第1款)。(2) 提单是货物收据。承运人签发提单,就表明其已接管了提单项下所记载的货物,并基于海上货物运输合同实际掌管了该货物,承运人就有义务在目的港将货物如提单所记载的那样向收货人交货。(3) 提单是物权凭证。[②] 原则上,谁持有提单,谁就享有提单上记载货物的所有权。提单可以被用于结汇、流通和抵押。提单持有人即使不直接占有货物,也可通过背书、交付等方式转让提单。

(二) 提单的种类

(1) 已装船提单和收货待运提单。此种划分标准是货物是否装船,已装船提单是指货物装船后由承运人签发的提单(《海商法》第72条第1款)。收货待运提单是指在承运人收取货物但未装船时签发的提单(《海商法》第74条)。

(2) 清洁提单和不清洁提单。此类提单的划分依据是提单是否有批注,清洁提单是指承运人签发的对货物外表状况未加批注的提单(《海商法》第76条)。不清洁提单是指承运人在其上加有货物外观状况不良批注的提单(见《海商法》第75条)。

(3) 直运提单和转运提单。此类提单的划分依据是货物运输方式,直运提单是指从装货港不经转船直接将货物运往卸货港而签发的提单。直运提单上无"转船"或"在某港转船"的批注。转运提单是指货物全程运输须由两个以上承运人完成时所签发的提单。转运提单上通常有"转船"或"在某港转船"的批注。

(4) 记名提单、指示提单和不记名提单。此划分依据是提单正面收货人的记载情况,记名提单是指在提单收货人栏内写明收货人名称的提单。指示提单是指在收货人栏内写明凭指示的提单。不记名提单是指在收货人栏内不作任何记载的提单。

(5) 预借提单和倒签提单。预借提单是指在货物尚未全部装船,或者货物虽已由承运人接管但尚未装船的情况下签发的已装船提单。倒签提单是指承运人在货物装船后,应托运人的要求以早于货物实际装船的日期作为签发日期的提单。

(三) 提单的内容

提单的正面记载事项包括:(1) 货物的品名、标志、包数或者件数、重量或者体积,以及运输危险货物时对危险性质的说明;(2) 承运人的名称和主营业所;(3) 船舶名称;(4) 托运人的名称;(5) 收货人的名称;(6) 装货港和在装货港接收货物的日期;(7) 卸货港;(8) 多式联运提单增列接收地点和交付货物地点;(9) 提单的签发日期、地点和份数;(10) 运费的支付;(11) 承运人或者其代表的签字。提单缺少上述一项或者几项的,不影响其性质(《海商

---

① 关于提单物权效力的法律构成,在学术理论界存在代表说和绝对说之争。详见王文军:《提单物权效力的法律构成》,载《清华法学》2010年第4期,第105页;杨良宜:《提单及其他付运单证》,第1页。

② 美国《统一商法典》规定,物权凭证包括提单、码头收货单、码头收据和仓库的书面指示,也包括任何在正常商业或金融业务中足以证明凭证持有人有权利接收,持有凭证者或所代表的货物的其他凭证。我国在立法中未明确提单和物权的关系,但提单是物权凭证在海运和司法实践中一直被认可。

法》第73条第2款)。

提单背面条款比较复杂,主要包括:(1) 管辖权条款;(2) 法律适用条款;(3) 承运人责任条款;(4) 有关货物的条款;(5) 运费和其他费用条款;(6) 赔偿责任限制条款;(7) 留置权条款;(8) 共同海损条款;(9) 互有过失的碰撞条款;(10) 新杰森条款[①]等。

五、无正本提单交付货物案件之处理

随着无正本提单交付货物[②]案件在司法实践中的逐年上升,我国《海商法》关于提单项下货物交付规定过于原则,又缺失关于提单的单独立法。因此,最高人民法院于2009年2月26日发布《关于审理无正本提单交付货物案件适用法律若干问题的规定》(以下称《规定》),为解决此类案件提供了法律依据。

正本提单持有人可提起违约之诉或侵权之诉。无正本提单交付货物往往产生于货物交付环节,这种违约行为侵犯了提单持有人的提单物权,正本提单持有人既可要求承运人承担违约责任亦可要求其承担侵权责任,出现请求权竞合现象。《规定》第3条赋予了正本提单持有人的诉讼选择权。

承运人不享有限制赔偿责任的权利。无正本提单交付货物行为发生在货物被卸下船舶后,不发生在承运人的运输过程中,不能等同于运输期间的货物灭失、损坏或迟延交付,承运人享有限制赔偿责任的权利不符合《海商法》立法精神。《规定》第4条认为,承运人因无正本提单交付货物承担民事责任的,不适用《海商法》第56条关于限制赔偿责任的规定。

承运人不承担责任的情形:(1) 承运人依照提单载明的卸货港所在地法律规定,必须将承运到港的货物交付给当地海关或者港口当局的,不承担无正本提单交付货物的民事责任(《规定》第7条)。(2) 承运到港的货物超过法律规定期限无人向海关申报,被海关提取并依法变卖处理,或者法院依法裁定拍卖承运人留置的货物,承运人主张免除交付货物责任的,人民法院应予支持(《规定》第8条)。(3) "记名提单不得转让"(《海商法》第79条第1项),但记名提单的托运人在货物交付收货人之前,可变更运输合同的内容,"承运人按照记名提单托运人的要求中止运输、返还货物、变更到达地或者将货物交给其他收货人,持有记名提单的收货人要求承运人承担无正本提单交付货物民事责任的,人民法院不予支持(《规定》第9条)。(4) 承运人签发一式数份正本提单,向最先提交正本提单的人交付货物后,其他持有相同正本提单的人要求承运人承担无正本提单交付货物民事责任的,人民法院不予支持(《规定》第10条)。

在承运人未凭正本提单交付货物后,正本提单持有人与无正本提单提取货物的人就货款支付达成协议,在协议款项得不到赔付时,不影响正本提单持有人就其遭受的损失,要求承运人承担无正本提单交付货物的民事责任(《规定》第13条)。即有关当事人就货款达成

[①] 1910年美国联邦法院在"杰森"一案中裁定提单中规定共同海损疏忽条款,规定承运人提供适航船舶,因其雇佣人员的过失导致的共同海损,货主应当分摊。在实践中,由于船长、船员或引航员的过失发生事故而采取救助措施时,即使救助船和被救助船属同一公司,被救助船仍须支付救助报酬。该救助报酬作为共同海损费用由受益各方分摊。

[②] 我们认为,产生无单放货的主要原因是,随着造船技术的进步、船舶航速不断提高以及在短航次运输或者提单流转迟延的情况下,货物一般先于提单抵达目的港,如果承运人严格凭正本提单放货必定会导致压货、压船和压港,这会阻碍生产流通,造成经济损失。有学者认为,无单放货是个很复杂的问题,它既涉及提单的基本功能又关涉提单的基本性质。详见司玉琢:《海商法专论》,第280页。

协议,在协议款项得不到赔付时,正本提单持有人仍然有权依据提单的记载向承运人主张无正本提单交付货物的赔偿责任。

【相关案例】28-1 海上货物运输合同成立及双方权利义务之确定[①]

原告:上海港泰国际货运代理有限公司;被告:上海伟胜贤国际货运代理有限公司

被告于2006年11月委托原告将一批夹克从上海运往纽约,约定运费为每个40英尺标箱和每个40英尺标箱分别为4400美元和3350美元,美国海关舱单申报费为25美元。原告向被告签发提单,载明托运人为被告,海运费支付方式为到付。后被告通过在原告费用确认单传真件上签字的方式,对涉案海运费7750美元及美国海关舱单申报费为25美元予以认可。被告出具电放保函,请求原告将涉案提单项下货物电放给提单记名收货人。原告依约完成后,于2007年2月委托律师向被告发出律师函,要求被告支付涉案货物海运费及舱单申报费用,但被告未予支付。

原告称:原告已依约履行义务,被告未支付相应费用,请求判令被告支付上述费用及利息。

被告称:双方确认的运费支付方式是到付而非预付,被告也从未出具过更改保函来变更支付的方式,在支付方式为到付的情况下,原告未尽到向收货人要求支付费用的责任,也未证明收货人拒付费用的事实,故被告没有支付海运费的义务。

法院认为:原、被告就货物运输事项的约定意思表示真实,海上货物运输合同成立、生效,并为涉案提单所证明。被告应向原告支付海运费7750美元、海关舱单申报费用25美元并赔偿利息损失。

第二节 海上旅客运输合同

一、海上旅客运输合同的概念和特点

海上旅客运输合同,是指承运人以适合运送旅客的船舶(客船)[②]经海路将旅客及其行李从一港运送至另一港,由旅客支付票款的合同(《海商法》第107条)。承运人是指本人或者委托他人以本人名义与旅客订立海上旅客运输合同的人。旅客是指根据海上旅客运输合同运送的人,经承运人同意,根据海上货物运输合同,随船护送货物的人视为旅客(《海商法》第108条第3项)。客运合同自承运人向旅客交付客票时成立,但当事人另有约定或者另有交易习惯的除外(《合同法》第293条)。

海上旅客运输合同的特点主要有:(1)主体是承运人和旅客。(2)以运送旅客及其行李为目的。(3)用于海上旅客运输的船舶(客船)必须符合相关法律法规的要求。(4)合同是

[①] 应新龙:《上海海事法院海事案例精选》,第24—25页。
[②] 客船是指专门用于运送旅客及其可携带行李和邮件的船舶。根据1974年《国际海上人命安全公约》(SOLAS公约)规定,凡载客在12人以上并领有有关客船证书的船舶均为客船。

非要式合同。合同的订立不一定要以书面形式完成,旅客客票是海上旅客运输合同成立的凭证(《海商法》第 110 条)。客票并非海上运输合同,只是证明合同成立的凭证。(5) 合同是双务、有偿和诺成合同。

二、承运人的义务

承运人的义务主要有:(1) 提供适航船舶并保持适航状态。承运人有义务提供适合旅客运送的船舶,并使其在开航前和开航时及整个航行期间处于适航的状态。(2) 按时开航,合理尽速将旅客送达目的港。承运人应按约定的时间开航,在航行过程中,应当合理尽速地直航至目的港,除非为了救助或者企图救助海上人命或者其他合理情况,承运人或船长才能变更航线。(3) 提供适当的舱位和服务的义务。承运人必须向旅客提供与其客票等级相符的舱位,应当按照客票或者租船合同的要求,向旅客提供相应的运送服务。(4) 免费运送旅客携带的儿童和一定行李的义务。(5) 对旅客的人身伤亡或行李的灭失的赔偿责任。

三、承运人的赔偿责任

我国《海商法》第 114 条对承运人实行完全过错责任的归责原则,并在一定范围内实行推定过错。只要在承运人的责任期间内(《海商法》第 111 条)因承运人或其受雇人、代理人在受雇或受委托的范围内的过失引起事故,造成旅客人身伤亡或行李灭失、损坏的,承运人应当负赔偿责任。

旅客的人身伤亡或自带行李的灭失、损坏,是由于船舶的沉没、碰撞、搁浅、爆炸、火灾所引起或是由于船舶的缺陷所引起的,承运人或承运人的受雇人、代理人除非提出反证,应当视为其有过失(《海商法》第 114 条第 3 款)。对于旅客自带行李以外的其他行李的灭失或损坏,不论由于何种事故所引起,承运人或承运人的受雇人、代理人除非提出反证,均应视为有过失(《海商法》第 114 条第 4 款)。

四、承运人责任的免除或减轻

承运人对旅客携带或夹带在行李中的易燃、易爆、有毒、有腐蚀性、有放射性以及有可能危及船上人身和财产安全的其他危险品,有权在任何时间、任何地点将其卸下、销毁或者使之无害;或者送交有关部门,而不承担赔偿责任(《海商法》第 113 条第 2 款)。

经承运人证明,旅客的人身伤亡或者行李的灭失、损坏,是由于旅客本人的过失或者旅客和承运人的共同过失造成的,可以免除或者相应减轻承运人的赔偿责任。经承运人证明,旅客的人身伤亡或者行李的灭失、损坏是由于旅客本人的故意造成的,或者旅客的人身伤亡是由于旅客本人健康状况造成的,承运人不负赔偿责任(《海商法》第 115 条)。

承运人对旅客自行保管的货币、金银、珠宝、有价证券及其他贵重物品的灭失、损坏不负赔偿责任。但是,上述物品已交由承运人保管的,承运人应对其灭失、损坏承担赔偿责任(《海商法》第 116 条)。

五、承运人的责任限额

我国《海商法》关于承运人责任限额的立法与有关国际公约[①]基本一致。承运人在每次海上旅客运输中的赔偿责任限额,依照下列规定执行:(1) 旅客人身伤亡的,每名旅客不超过 46666 计算单位;(2) 旅客自带行李灭失或者损坏的,每名旅客不超过 833 计算单位;(3) 旅客车辆包括该车辆所载行李灭失或者损坏的,每一车辆不超过 3333 计算单位;(4) 第(2)(3)项以外的旅客其他行李灭失或者损坏的,每名旅客不超过 1200 计算单位(《海商法》第 117 条第 1 款)。

承运人和旅客可以约定,承运人对旅客车辆和旅客车辆以外的其他行李的免赔额。但是,对每一车辆损失的免赔额不得超过 117 计算单位,对每名旅客的车辆以外的其他行李损失的免赔额不得超过 13 计算单位。在计算每一车辆或者每名旅客的车辆以外的其他行李的损失赔偿数额时,应当扣除约定的承运人免赔额(《海商法》第 117 条第 2 款)。

经证明,旅客的人身伤亡或者行李的灭失、损坏是由于承运人、承运人的受雇人或代理人的故意或者明知可能造成损害而轻率地作为或者不作为造成的,不得援用限制赔偿责任的规定(《海商法》第 118 条)。

六、旅客的义务

旅客的义务主要包括:(1) 支付票款。作为享受海上运送服务的对价条件,旅客按照约定支付票价款就成为其首要义务,包括客票票款和托运行李的行李费。(2) 不得携带违禁品和危险品。旅客不得随身携带或者在行李中夹带违禁品或者易燃、易爆、有毒、有腐蚀性、有放射性以及有可能危及船上人身和财产安全的其他危险品。旅客违反规定携带危险品造成他人或者船舶损失的,应当负赔偿责任(《海商法》第 113 条第 3 款)。(3) 遵守客运规章,服从船长的指挥和管理。(4) 提交行李灭失或损坏的通知。

【相关案例】28-2　海上旅客运输中造成旅客伤亡之法律适用问题[②]

原告:王凤魁;被告:中国大连航运集团大连海运总公司。

原告诉称:2004 年 11 月 16 日,原告乘坐被告所属的"辽海"轮出行。该轮发生火灾,造成原告从高处坠落,致使其腰椎骨折。共产生误工费、护理费、治疗费、交通费、因火灾造成的衣物损失费、营养费、公证费等共计 186910.70 元,上述费用由被告支付,并承担本案诉讼费。

被告辩称:(1) 原告未提供证据证明其是"辽海"轮 602 航次的旅客,并在该航次运输中受伤;(2) 如原告确能证明被告辩称的第 1 项内容,根据法律规定,被告的赔偿限额为人民币 40000 元;(3) 如原告确能证明被告辩称的第 1 项内容,出于人道主义考虑,被告愿突破法律规定的赔偿责任限额,向原告赔偿人民币 198275.06 元,赔偿范围包括原告在沈阳铁路局大连医院实际发生的医疗费用人民币 168846.56 元、护理费人民币 6628.50 元、伙食费(原

[①] 国际公约主要包括《1974 年雅典公约》及其 1976 年、1990 年、2002 年议定书和 2006 年的《实施指南》。
[②] 大连海事法院判决书,(2005)大连商外初字第 21 号。

告及其妻子)人民币5700元、血费人民币2100元,以及向原告另行支付包括交通费、后续治疗费、误工费及其他费用等在内的赔偿款人民币15000元;(4)原告要求赔偿公证费,没有法律依据。

法院认为:根据《海商法》第114条第1款、第3款规定,原被告间具有合法有效的海上旅客运输合同,被告对原告的人身伤害应承担赔偿责任。原告因受伤请求被告赔偿损失的金额超过被告依法享有的赔偿责任限额,本院予以支持。

第三节　船舶租用合同

一、船舶租用合同的概念和特征

船舶租用合同是指船舶出租人向承租人提供约定的配备或不配备船员的船舶,由承租人在约定的租期内按照约定用途使用,并向出租人支付租金的合同。[①] 包括定期租船合同和光船租赁合同。

该合同的主要特征有:(1)合同的基本内容是转移船舶使用权给承租人。(2)是双务有偿诺成合同。合同双方当事人之间互相享有权利和承担义务,双方的权利和义务是相对应的。(3)船舶租用合同属于要式合同。依法理,我国《海商法》有关船舶租用合同的规定属任意性规范,"仅在船舶租用合同没有约定或者没有不同约定时适用"(《海商法》第127条)。但是,船舶租用合同应当以书面形式订立(《海商法》第128条)。

二、定期租船合同

(一)定期租船合同的概念和特征

定期租船合同是指船舶出租人向承租人提供约定的由出租人配备船员的船舶,由承租人在约定的期间内按照约定的用途使用,并支付租金的合同(《海商法》第129条)。

学术界对定期租船合同的法律性质有不同的观点。[②] 我们认为,定期租船合同具有财产租赁合同的特质。

定期租船合同的主要特征有:(1)出租人负责配备船长和船员,负责船舶的航行及其内部事务,船员的工资、船舶的维修保养费用、船舶保险费、船舶的备件和补给等费用亦由出租人承担。(2)承租人负责船舶的营运和使用,并承担由此而产生的费用。(3)承租人按照合同约定用途使用船舶。(4)租金按租用船舶的时间和约定的租金率计算。

(二)定期租船合同的格式

国际上使用最广泛的定期租船合同的格式有:(1)《统一定期租船合同》,租约代号"BALTIME",该格式经过7次修订,目前使用较多的是2001年修订后的格式,此格式比较

---

① 贾林青:《海商法》,第151页。
② 概括起来,关于定期租船合同法律性质的不同观点有:"财产租赁合同说""财产租赁和运输合同双重属性说""财产租赁和劳务合同双重属性说"和"海上货物运输合同说"。参见司玉琢:《海商法详论》,第252页;张湘兰:《海商法论》,第148页;於世成:《海商法》,第187页。

祖护出租人的利益。(2)《定期租船合同》,租约代号"Produce Form",此格式经过 5 次修订,在船舶出租人和承租人双方权益的维护上比较公正。

(三)定期租船合同的主要内容

定期租船合同的内容主要包括出租人和承租人的名称、船名、船籍、船级、吨位、容积、船速、燃料消耗、航区、用途、租期、交船和还船的时间和地点以及条件、租金及其支付,以及其他有关事项(《海商法》第 130 条)。

上述内容具体包括:

(1)船舶说明。合同必须对船舶的大小、性能及其他各项经济技术指标作出具体规定。

(2)航行区域和用途。承租人应当保证船舶在约定航区内的安全港口或者地点之间从事约定的海上运输。承租人违反此规定的,出租人有权解除合同,并有权要求赔偿损失(《海商法》第 134 条)。除合同另有约定外,如港口或泊位的不安全系不可抗力所致,承租人对出租人因此遭受的损失不承担赔偿责任(《合同法》第 117 条)。

(3)租期。当事人可根据需要在合同中约定租期,租期计算单位一般是日历月。为适应航海实务的需要,一般当事人还约定宽限期,以此来解决租期届满之日与承租人使用船舶的最后航次的结束之日不相吻合的问题。

(4)租船人指示条款。在定期租船合同中,船长在合同期间应听从租船人的指示。承租人有权就船舶的营运向船长发出指示,但是不得违反定期租船合同的约定(《海商法》第 136 条)。

(5)交船。出租人应当按照合同约定的时间交付船舶,否则,承租人有权解除合同,出租人将船舶延误情况和船舶预期抵达交船港的日期通知承租人的,承租人应当自接到通知时起 48 小时内,将解除合同或者继续租用船舶的决定通知出租人。因出租人过失延误提供船舶致使承租人遭受损失的,出租人应当负赔偿责任(《海商法》第 131 条第 2 款)。在交船条件方面,出租人交付船舶时,应当做到谨慎处理,使船舶适航,交付的船舶应当适于约定的用途。出租人违反交船条件的,承租人有权解除合同,并有权要求赔偿因此遭受的损失(《海商法》第 131 条第 3 款)。

(6)转租。承租人可将租用的船舶转租,但是应当将转租的情况及时通知出租人。租赁的船舶转租后,原租船合同约定的权利义务不受影响(《海商法》第 137 条)。

(7)租金。租金是承租人使用船舶所支付的对价。当事人应当在合同中约定租金数额、货币种类、支付方式、时间和地点等。支付租金之方式一般是现金方式,包括现钞或支票、汇票、银行支付单等。

(8)还船。还船内容涉及还船时间、地点和还船时的船舶状态。承租人向出租人交还船舶时,该船舶应当具有与出租人交船时相同的良好状态,但是船舶本身的自然磨损除外。否则,承租人应当负责修复或者给予赔偿(《海商法》第 142 条)。在承租人还船时,可能涉及最后合理航次问题。经合理计算,完成最后航次的日期约为合同约定的还船日期,但可能超过合同约定的还船日期的,承租人有权超期用船以完成该航次。超期期间,承租人应当按照合同约定的租金率支付租金;市场的租金率高于合同约定的租金率的,承租人应当按照市场租金率支付租金(《海商法》第 143 条)。

(9)留置权。承租人未向出租人支付租金或者合同约定的其他款项的,出租人对船上属于承租人的货物、财产以及转租的收入有留置权(《海商法》第 141 条)。

（10）其他事项。如费用负担条款、共同海损条款、互有过失碰撞条款、救助报酬条款、战争条款、船舶保安条款、法律适用条款和仲裁条款等。

三、光船租赁合同

（一）光船租赁合同的概念和特征

光船租赁合同是指船舶出租人向承租人提供不配备船员的船舶，在约定的期间内由承租人占有、使用和营运，并向出租人支付租金的合同（《海商法》第144条）。

该合同的特征主要有：(1)船舶在租船期内由承租人配备的船员所占有，并由承租人使用和经营。(2)光船租赁关系属于债权债务关系，但具有某些物权的特点。(3)出租人除提供适航船舶和船用文书外，不承担其他义务。(4)光船租赁合同的设定、转移和消灭应当向船舶登记机关登记；未经登记的，不得对抗第三人。

（二）光船租赁合同的主要内容

光船租赁合同的订立应当采取书面形式。目前世界上使用较多的光船租赁合同格式是波罗的海国际航运公会于1974年制定的"标准光船租赁合同"，租约代号为"BARECON"，该格式经过1989年和2001年两次修订，具有A、B两种格式，前者适用于一般光船租赁，后者适用于通过抵押融资新建船舶的租赁。

光船租赁合同的内容包括：

（1）交船。出租人应当在合同约定的港口或者地点，按照合同约定的时间，向承租人交付船舶和证书。交船时，出租人应当做到谨慎处理，使船舶适航。交付的船舶应当适于合同约定的用途。出租人违反上述规定的，承租人有权解除合同，并有权要求赔偿因此遭受的损失（《海商法》第146条）。

（2）保养维修。在租期，承租人应负责船舶的保养、维修（《海商法》第147条）。

（3）保险。在租期，承租人应当按照合同约定的船舶价值，以出租人同意的保险方式进行保险，并负担保险费（《海商法》第148条）。

（4）船舶使用。在租期，因承租人对船舶占有、使用和营运的原因使出租人利益受到影响或者受到损失的，承租人应当负责消除影响或者赔偿损失；因船舶所有权争议或者出租人所负的债务致使船舶被扣押的，出租人应当保证承租人的利益不受影响。致使承租人遭受损失的，出租人应当负赔偿责任（《海商法》第149条）。

（5）转租。在租期，未经出租人同意，承租人不得转让合同的权利和义务或者以光船租赁的方式将船舶进行转租（《海商法》第150条）。

（6）船舶抵押。未经承租人事先书面同意，出租人不得在光船租赁期间对船舶设定抵押权。因此而造成承租人损失的，应当负赔偿责任（《海商法》第151条）。

（7）租金。承租人应当按照合同约定支付租金。承租人未按照合同约定的时间支付租金连续超过7日的，出租人有权解除合同，并有权要求赔偿因此遭受的损失。船舶发生灭失或者失踪的，租金应当自船舶灭失或者得知其最后消息之日起停止支付，预付租金应当按照比例退还（《海商法》第152条）。

【相关案例】28-3　定期租船合同主体权利和义务之确定[①]

原告：蒋泉茂，男，1956年3月3日生，住江苏省兴化市大垛镇天和村五组。

被告：毛顺忠，男，1969年4月26日生，住上海市南汇区书院镇塘北村890号。

原告诉称：2005年2月18日，被告因工程需要与原告签订了船舶租赁合同，约定自2005年2月23日开始租用原告的船舶"浮吊机0508"号。2005年2月23日，被告开始安装机械，同年2月26日，被告开始使用船舶，至5月12日使用船舶结束。按照合同约定，被告应向原告支付租金共计人民币201585元，但在结算时，被告只同意支付租金148305元，原告对此不予认可。至起诉之日，被告仅支付了租金人民币80000元，尚欠租金人民币121585元。请求法院判令被告支付拖欠的租金人民币121585元，并承担本案的诉讼费用。

被告辩称：原告的请求与事实不符：(1) 合同的开始时间为2005年2月23日下午，故该日的租金只能计算半天。(2) 合同的结束时间为2005年4月27日上午，并非5月12日。(3) 2005年2月26日、27日原告在修理船舶，被告无法正常使用，应当扣除两天的租金。(4) 被告预付了人民币20000元油款押金，根据估算，被告实际用油及垫付修船灯费用为人民币6153元，尚余人民币13847元，可在被告所欠租金中抵扣。请求法院查明事实予以判决。

法院认为，原、被告定期租船合同法律关系依法成立，被告作为涉案租船合同的承租人，应当全面、及时履行承租人支付租金的义务。

第四节　海上拖航合同

一、海上拖航合同的概念和特征

海上拖航合同是指承拖方用拖轮将被拖物经海路从一地拖至另一地，由被拖方支付拖航费的合同（《海商法》第155条）。

该合同的特征主要有：(1) 承拖方和被拖方是合同当事人，前者一般为专门经营海上拖航业务的公司或兼营此业务的打捞救助公司，后者一般为被拖物的所有人或利害关系人。(2) 拖航对象是被拖物。包括无自航能力的驳船、海上石油钻井平台、油囊、浮动码头和船坞等。(3) 是诺成、双务、有偿合同。此类合同只要经过双方当事人协商一致，即告成立。尽管我国立法规定，海上拖航合同应当书面订立（《海商法》第156条），但这不能改变海上拖航合同的诺成性质。合同当事人的权利和义务互为条件，构成双务合同。合同核心内容是承拖方以适合相应拖带业务的拖船完成拖带服务而由被拖方向承拖方支付拖航费。

二、海上拖航合同当事人的主要义务

承拖方的主要义务：(1) 提供适航、适拖船舶。承拖方在起拖前和起拖当时，应当谨慎

[①] 上海海事法院民事判决书，(2005)沪海法商初字第282号。

处理,使拖轮处于适航、适拖状态,妥善配备船员,配置拖航索具和配备供应品以及该航次必备的其他装置、设备(《海商法》第157条第1款)。(2)在约定起拖日起拖。(3)负责指挥拖航作业。海上拖航作业一般由承拖方负责,包括负责拖船与被拖物之间的接拖、解拖和拖航的安全。(4)合理尽速、不进行不正当绕航,按约定时间完成拖航作业。(5)交付被拖物。(6)承担拖船营运费用。

被拖方的义务:(1)及时提供约定适拖的被拖物。被拖方在起拖前和起拖当时,应当做好被拖物的拖航准备,谨慎处理,使被拖物处于适拖状态,并向承拖方如实说明被拖物的情况,提供有关检验机构签发的被拖物适合拖航的证书和有关文件(《海商法》第157条第2款)。(2)服从拖船船长的指挥。在拖航中,被拖方及其受雇人员应当服从拖船船长的指挥,采取合理措施配合拖航作业,并随时将被拖物的情况告知拖船船长。(3)保证港口安全。在实务中,起拖港、中途港和目的港一般由被拖方确定,被拖方有义务保证这些港口的安全。(4)支付拖航费和其他费用。

三、海上拖航中的损害赔偿责任

承拖方与被拖方之间的损害赔偿责任。在拖航过程中,本着"谁负责指挥,谁承担责任"的原则,航行指挥一方造成对方损害的,由其承担赔偿责任。在海上拖航过程中,承拖方或者被拖方遭受的损失,由一方的过失造成的,有过失的一方应当负赔偿责任;由双方过失造成的,各方按照过失程度的比例负赔偿责任,承拖方依据该条款又负有免责的举证责任(《海商法》第162条)。

承拖方、被拖方与第三者之间的损害赔偿责任。在拖航过程中,由于承拖方和被拖方的过失,造成第三人人身伤亡或者财产损失的,承拖方和被拖方对第三方承担连带赔偿责任(《海商法》第163条)。如第三者也有过错,承拖方和被拖方作为当事一方,第三者作为另一方,双方按各自的过失程度比例承担连带赔偿责任或者损失。

【相关案例】28-4　海上拖航合同拖航费等确定问题[①]

原告:广州海上救助打捞局;被告:钜业远东有限公司。法定代表人刘振明,总经理。

原告称:1998年12月23日,原告与被告签订《拖航合同》。约定原告派拖轮将被告所属的"OHI5000"浮吊从上海拖至广州,起拖日期为1999年1月15日至18日,在港延滞费为每天7000美元。1月15日19:20时,原告派遣的拖轮抵达起拖地上海。1月19日23:15时,拖轮拖带"OHI5000"浮吊驶离上海。根据合同约定,被告延滞起拖时间3天3小时55分,应向原告偿付延滞费37956美元。原告请求被告支付拖航费、延滞费、拖轮守护费等211086美元,并承担本案诉讼费。

被告称:原告将"OHI5000"浮吊拖至锚位22°07′N/113°47′E(桂山锚地附近)后便解拖。上述锚位既不是合同约定的目的地广州,也不是合同明确的目的地经纬度。为减少损失,被告于1999年2月25日建议原告将"OHI5000"浮吊适当向东南移约2海里(22°06′N/113°

[①]　广州海事法院民事判决,(1999)广海法商字第71号

49′E),以便被告安排的 Hong Kong Salvage & Association 所属的"MAI PO"拖轮接拖,并表示同意根据原告的请求,支付有关费用 182400 美元。但原告予以拒绝,并坚持认为原告已完全履行《拖航合同》,有权不以任何条件为前提收取所有费用。

法院判决认为,被告向原告支付拖航费 91200 美元及其利息,驳回原告的其他诉讼请求。

前沿问题

◆ 如何确定提单持有人和收货人的区别?

我国《海商法》第 42 条第 4 项规定,收货人是指有权提取货物的人。可见,收货人包括提单持有人。该法第 77 条规定,除依照本法第 75 条的规定作出保留外,承运人或者代其签发提单的人签发的提单,是承运人已经按照提单所载状况收到货物或者货物已经装船的初步证据;承运人向善意受让提单的包括收货人在内的第三人提出的与提单所载状况不同的证据,不予承认。我国立法对提单持有人和收货人并未加以区别,在实践中,件杂货物运输合同的托运人可能持有提单,此时的托运人是否属于提单持有人?另外,如果提单最后又回转到托运人手中,其是否也被认定为提单持有人?这就需要立法将提单持有人和收货人加以区别。

【思考题】
1. 如何理解海上货物运输合同中承运人的责任?
2. 如何理解提单的性质?
3. 定期租船合同的主要内容有哪些?
4. 海上拖航合同当事人的主要义务有哪些?

【司法考试真题】

28-1 青田轮承运一批啤酒花从中国运往欧洲某港,货物投保了一切险,提单上的收货人一栏写明"凭指示",因生产过程中水份过大,啤酒花到目地港时已变质。依《海牙规则》及相关保险规则,下列哪一选项是正确的?(2015 年)
    A. 承运人没有尽到途中管货的义务,应承担货物途中变质的赔偿责任
    B. 因货物投保了一切险,保险人应承担货物变质的赔偿责任
    C. 本提单可通过交付进行转让
    D. 承运人对啤酒花的变质可以免责

28-2 中国甲公司通过海运从某国进口一批服装,承运人为乙公司,提单收货人一栏写明"凭指示"。甲公司持正本提单到目的港提货时,发现货物已由丙公司以副本提单加保函提取。甲公司与丙公司达成了货物支付协议,但随后丙公司破产。甲公司无法获赔,转而向乙公司索赔。根据我国相关法律规定,关于本案,下列哪一选项是正确的?(2011 年)

A. 本案中无正本提单的转让无需背书
B. 货物是由丙公司提走的,故甲公司不能向乙公司索赔
C. 甲公司与丙公司虽已达成货物支付协议,但未得到赔付,不影响甲公司要求乙公司承担责任
D. 乙公司应当在责任限制的范围内承担因无单放货造成的损失

28-3 甲国公司与乙国航运公司订立海上运输合同,由丙国籍船舶"德洋"号运输一批货物,有关"德洋"号的争议现在中国法院审理,根据我国相关法律规定,下列哪一选项是正确的?(2010年)
A. 该海上运输合同应适用船旗国法律
B. 有关"德洋"号抵押权的受偿顺序应适用法院地法律
C. 有关"德洋"号船舶优先权的争议应适用丙国法律
D. 除法律另有规定外,甲国公司与乙国航运公司可选择适用于海上运输合同的法律

28-4 一批货物由甲公司运往中国青岛港,运输合同适用《海牙规则》。运输途中因雷击烧毁部分货物,其余货物在目的港被乙公司以副本提单加保函提走。丙公司为该批货物正本提单持有人。依据《海牙规则》和我国相关法律规定,下列哪一选项是正确的?(2010年)
A. 甲公司应对雷击造成的货损承担赔偿责任,因损失在其责任期间发生
B. 甲公司可限制因无正本提单交货的赔偿责任
C. 丙公司可要求甲公司和乙公司承担连带赔偿责任
D. 甲公司应以货物成本加利润赔偿因无正本提单交货造成的损失

28-5 甲公司依运输合同承运一批从某国进口中国的食品,当正本提单持有人乙公司持正本提单提货时,发现货物已由丙公司以副本提单加保函提走。依我国相关法律规定,下列哪一选项是正确的?(2009年)
A. 无正本提单交付货物的民事责任应适用交货地法律
B. 乙公司可以要求甲公司承担违约责任或侵权责任
C. 甲公司对因无正本提单交货造成的损失按货物的成本赔偿
D. 丙公司提走了货物,不能要求甲公司承担责任

28-6 海运单是20世纪70年代以来,随着集装箱运输的发展,特别是航程较短的运输中产生出来的一种运输单证。关于海运单,下列哪一选项是正确的?(2007年)
A. 海运单是一种可流通的书面运输单证
B. 海运单不具有证明海上运输合同存在的作用
C. 第三方以非法的方式取得海运单时无权提取货物
D. 海运单具有物权凭证的特征,收货人凭海运单提取货物

28—7 依照我国《海商法》的规定,下列哪项是正确的?(2006年)
A. 承运人对集装箱装运的货物的责任期间是从货物装上船起至卸下船止
B. 上海至广州的货物运输应当适用海商法
C. 天津至韩国釜山的货物运输应当适用海商法
D. 海商法与民法规定不同时,适用民法的规定

28-8 甲公司委托乙海运公司运送一批食品和一台大型设备到欧洲,并约定设备可装

载于舱面。甲公司要求乙海运公司即日启航,乙海运公司告知:可以启航,但来不及进行适航检查。随即便启航出海。乙海运公司应对本次航行中产生的哪一项损失承担责任?(2005年)

  A. 因遭受暴风雨致使装载于舱面的大型设备跌落大海
  B. 因途中救助人命耽误了航行,迟延交货致使甲公司受损
  C. 海运公司的工作人员在卸载货物时因操作不慎,使两箱食品落水
  D. 因船舱螺丝松动,在遭遇暴风雨时货舱进水淹没了2/3的食品

28-9 依据《海牙规则》的规定,下列有关承运人适航义务的表述中哪个是错误的?(2002年)

  A. 承运人应在整个航程中使船舶处于适航状态
  B. 承运人应在开航前与开航时谨慎处理使船舶处于适航状态
  C. 承运人应适当地配备船员、设备和船舶供应品
  D. 承运人应使货舱、冷藏舱和该船其他运载货物的部位适宜并能安全地收受、运送和保管货物

第二十九章

海 上 事 故

【章首语】 船舶碰撞是直接威胁海上安全的海损事故之一,大陆法系和英美法系国家都运用成文法来调整船舶碰撞关系,并形成若干有关船舶碰撞的国际公约。船舶碰撞的内容主要包括船舶碰撞的概念、构成要件、赔偿责任的认定、赔偿的原则和范围等。海难救助制度是各国海商立法的重要组成部分,国际海事委员会几经努力建立了海难救助国际公约体系,这些公约旨在鼓励人们冒险救助海上遇难人员和财产,减少海难损失,协调、平衡救助人与被救助人之间的利益关系,维护海上航行、生命财产的安全。共同海损的本质是根据民商法的公平原则,着眼于船货双方的共同利益,凡在海损事故中因共同海损行为而受益的各方利害关系人,应当公平地分担损失后果。

在本章学习中,应重点掌握船舶碰撞的概念、归责原则、赔偿责任的认定和范围、海难救助的概念、构成要件、海难救助合同、救助报酬的确定及分配、共同海损的概念、成立要件、共同海损的损失和费用的范围等。

第一节 船舶碰撞

一、船舶碰撞概述

船舶碰撞是指船舶在海上或者与海相通的可航水域发生接触造成损害的事故(《海商法》第 165 条第 1 款)。或者虽未实际同其他船舶发生接触,但应操作不当或者不遵守航行规章,致使其他船舶以及船上的人员、货物或者其他财产遭受损失的,也适用船舶碰撞的规定(《海商法》第 170 条)。①

我国船舶碰撞构成要件融合了《里斯本规则》中较为先进的规定。(1) 船舶碰撞应当发生在船舶之间。我国海商立法排除了船舶与非船舶之间的碰撞,海船与非海商法意义的船

---

① 《海商法》对船舶碰撞的定义在实践中产生了争议,认为无接触碰撞不属于船舶碰撞范畴。最高人民法院《关于审理船舶碰撞和触碰案件财产损害赔偿的规定》(1995 年)第 16 条规定,船舶碰撞是指船舶在海上或者与海相通的可航水域,两艘或者两艘以上的船舶之间发生接触或者没有直接接触,造成财产损害的事故。可见,我国法律所指的船舶碰撞包括有接触和无接触的船舶碰撞。1910 年《统一船舶碰撞某些法律规定的国际公约》(简称 1910 年《碰撞公约》)认为船舶碰撞也包括有接触和无接触的船舶碰撞。1987 年国际海事委员会起草了《船舶碰撞损害赔偿国际公约草案》(《里斯本规则》)将船舶有接触和无接触而产生的灭失或损害均认为是船舶碰撞,并将船舶的定义扩大到机器,井架和平台。

艇之间的碰撞也被排除。① (2) 船舶之间不要求有实际的接触。(3) 船舶碰撞地是海上或与海相通的可航水域。(4) 必须有损害后果。这种损害后果包括船舶损失、船上人身财产损失或第三人人身伤亡。

二、船舶碰撞的归责原则和无、有过失的船舶碰撞

（一）归责原则

实践中，绝大部分船舶碰撞与当事船的过错密切相关，故意碰撞极为少见，过失原则自然就成为船舶碰撞损害赔偿责任的唯一归责原则。

海上航行受自然环境、船舶技术、人为因素、社会因素和政治因素等影响，除当事船过失引起船舶碰撞外，人力不可抗拒的自然灾害、意外事故、甚至无法查明的原因等都可能导致船舶碰撞的发生。只要发生碰撞事故，就要求当事船承担赔偿责任显失公平。因此，"严格责任"②原则必然被排除在归责原则之外。

（二）无过失的船舶碰撞

无过失的船舶碰撞是指由于客观原因或者原因不明造成的、不存在任何人为因素的船舶碰撞。船舶发生碰撞，是由于不可抗力或者其他不能归责于任何一方的原因或者无法查明的原因造成的，碰撞各方互相不负赔偿责任（《海商法》第167条）。③

无过失的船舶碰撞有三种情形：(1) 不可抗力造成的船舶碰撞。(2) 因不能归责于任何一方的原因导致的船舶碰撞。此种原因通常指诸如船舶舵机失灵、电力系统故障、船舶材料的潜在缺陷等。(3) 原因不明的船舶碰撞。在少有的船舶碰撞中，各方当事人都不能证明引起船舶碰撞的具体原因，也无法证明船舶碰撞与当事船之间存在直接因果关系，故各方不承担责任。

（三）有过失的船舶碰撞

有过失的船舶碰撞是指当事船的过失导致的船舶碰撞。包括两种情形：(1) 单方过失的船舶碰撞。单方过失导致的船舶碰撞是指由于一方当事船的过失导致的船舶碰撞。船舶发生碰撞，是由一船的过失造成的，由有过失的船舶负赔偿责任（《海商法》第168条）。(2) 互有过失的船舶碰撞。此种碰撞是指碰撞各方都有过失而造成的船舶碰撞。对此碰撞造成之损害，各国海商法和有关船舶碰撞的国际公约一般规定按照各方的过失比例或过失程度分担损害赔偿责任，如各方的过失相当或不能确定各方过失比例的，应平均分担责任。

三、船舶碰撞损害赔偿责任的范围

（一）船舶损失的赔偿范围

船舶碰撞损害赔偿的要件有：(1) 过失；(2) 损害事实；(3) 过失与损害后果之间具有因

---

① 非海商法意义的船艇包括内河船舶，《海上交通安全法》第50条规定的20吨以下的各种排水和非排水船艇、筏、水上飞机、潜水器和移动式平台等。

② 严格责任是侵权行为法中的一个术语，是一种比由于没有尽到合理地注意而须负责的一般责任标准更加严格的一种责任标准。〔英〕戴维·M.沃克：《牛津法律大辞典》，第863页。

③ 在长期的海事审判实践中。无过失的船舶碰撞中的过失标准采用的是客观标准，即在驾驶船舶、管理船舶过程中，具有通常技术和谨慎从事的航海人员，应当预见碰撞损害的发生而没有预见，或者应该防止碰撞损害而没有防止损害的发生或扩大，在此种情况下所做出的行为或不行为。

果关系。船舶碰撞损害赔偿基本原则主要有恢复原状原则、直接损失赔偿原则和受损方尽力减少原则等。

船舶损失的赔偿范围包括全部损失和部分损失。

船舶全部损失赔偿范围包括:(1) 船舶价值损失,一般依据船舶碰撞地类似船舶的市场价值计算。若无类似船舶市场价值的,则以船舶船籍港类似船舶的市场价格确定。若无市场价格,以原船舶的造价或者购置价,扣除折旧(折旧率按年 4%—10%)计算。若发生推定全损的,其赔偿范围与残骸的残值归属直接相连。(2) 船期损失。(3) 船上其他财产的损失,包括船上所载燃料、物料、备件和供应品等。(4) 船员工资、遣返费用和其他合理费用。(5) 合理救助费用。(6) 利息损失。

船舶部分损失赔偿范围包括:(1) 货物或其他财产灭失或损害导致的价值损失。(2) 合理的船期损失。[1] (3) 其他合理费用,包括因船舶碰撞而产生的拖航费用、共同海损分摊等。

(二) 船上货物和其他财产的损害赔偿范围

(1) 货物或其他财产灭失或损害导致的价值损失。(2) 货物迟延交付的损失。(3) 渔船捕捞的鱼货损失。应以实际损失的鱼货价值计算。(4) 渔船的捕捞设备、网具、渔具损失。(5) 旅客的行李、物品损失以及请求权人作为承运人而依约为旅客保管的物品损失。(6) 船员个人生活必需品损失。(7) 对上述财产进行救助、打捞和清除所产生的费用。

(三) 人身伤亡的赔偿范围

依据我国《民法通则》第 119 条和最高人民法院 1991 年《关于审理涉外海上人身伤亡案件损害赔偿的具体规定(试行)》的规定,赔偿范围分为两类:(1) 人身伤残赔偿范围,具体包括:收入损失、医疗费(挂号费、检查诊断费、治疗费医药费、住院费等)、护理费、安抚费(对受伤致残者的精神损失所给予的补偿)和其他必要费用(运送伤残人员交通食宿的合理费用、残疾用具等合理支出)。(2) 人员伤亡的赔偿范围,具体包括:收入损失、医疗护理费(与伤残者的项目内容相同)、安抚费、丧葬费(运尸、火化、骨灰盒、一期骨灰存放等合理费用)和其他必要费用(寻找尸体、遗属的交通费、食宿费等合理费用)。

[相关案例]29-1 船舶碰撞及责任确定[2]

原告:中海工业有限公司外轮修理厂;被告:宏图兄弟航运有限公司。

2003 年 3 月 23 日 24:00 时,被告所属的"宝贝星"轮在绿华山锚地减载后,装载着 41,676 公吨的散装炼焦煤,由引航员引领,驶往上海港龙吴码头准备卸货。有三艘拖轮"海港 2 号""海港 14 号"和"海港 18 号"助航,"海港 2 号"在前面引领,"海港 18 号"在左舷前护航,"海港 14 号"用缆绳与"宝贝星"轮相连。3 月 24 日 07:25 时,两艘驳船"汇龙 208"轮和"怀远货 0848"轮在"宝贝星"轮船艏前发生碰撞,随即与"宝贝星"轮发生碰撞,"宝贝星"轮左舷舱壁受损,所装的煤炭大量泻入江中。

原告称:所有的损失由被告侵权行为所造成,被告应向原告赔偿因碰撞而造成的码头修

---

[1] 最高人民法院《关于审理船舶碰撞和触碰案件财产损害赔偿的规定》第 10 条第 2 款规定,船期损失,一般以船舶碰撞前后两个航次的平均净盈利计算;无前后两个航次可参照的,以其他相应航次的平均净盈利计算。

[2] 应新龙:《上海海事法院海事案例精选》,第 197—198 页。

理费、设施修理费、被撞四艘船舶修理费等共计人民币28561442.50元。

被告称：本起事故是由"汇龙208"轮和"怀远货0848"轮在被告所属的"宝贝星"轮船头前突然变向，横越被告船头，致使被告船舶避让不及，与之发生碰撞，之后"宝贝星"轮失去了控制，撞上了原告的码头。责任应由"汇龙208"轮和"怀远货0848"轮的船东承担主要责任。请求法院依法驳回原告的诉讼请求。

法院认为，"汇龙208"轮和"怀远货0848"轮在"宝贝星"船头掉头导致事故发生，所造成的损失应由"汇龙208"轮和"怀远货0848"轮承担。

第二节　海难救助

一、海难救助的概念及构成要件

（一）海难救助的概念

海难救助亦称海上救助，是指对遭遇海难的船舶、货物和客货运费的全部或部分，由外来力量对其进行救助的行为，而不论这种行为发生在任何水域。[①] 包括纯救助、合同救助和雇佣救助等。大陆法系国家将海难救助分为救助和救捞，英美法系国家无此区别。1910年《救助公约》将救助和救捞作统一处理。

（二）海难救助的构成要件

1. 救助对象须为法律规定的财产

法律规定的财产包括船舶和其他财产，船舶是指"本法第3条所称船舶和与其发生救助关系的任何其他非军用的或者政府公务的船艇"（《海商法》第172条第1款）。财产是指非永久地和非有意地依附于岸线的任何财产。而海上已经就位的从事海底矿物资源的勘探、开发或者生产的固定式、浮动式平台和移动式近海钻井装置，不属于海难救助的对象（《海商法》第173条）。同一船舶所有人的船舶亦可成为救助对象，"同一船舶所有人的船舶之间进行的救助，救助方获得救助款项的权利适用本章规定"（《海商法》第191条）。根据我国《海商法》第171、174和185条的立法精神，海上人命不属于海难救助对象。[②]

将环境污损作为海难救助的对象是海难救助制度的新发展。1989年《国际救助公约》扩大了公约的适用范围，增设了特别补偿条款。

2. 存在海上危险

对于海难救助的危险，国际公约未统一规定，各国海商法一般也不明列。常见的海上危险主要有台风、火灾、船舶碰撞、船舶搁浅、船被海盗掠走和船舶机械故障等。全面理解海上危险应把握的要点有：危险须发生在海上或与海相通的可航水域、危险必须真实存在且不可避免、不要求对船货的危险是共同的。一般而言，在判断危险的标准上，关键是对危险"合理

[①] 有学者认为海难救助是对物救助，也有学者认为海难救助应包括对物救助和对人救助。详见司玉琢：《海商法专论》，第451页；张丽英：《海商法学》，第312页。

[②] 英国法律承认对人救助具有报酬请求权，但国际公约、我国海商法、德国商法等原则上不承认有报酬请求权，除非既救财产又救人。

性"的认定。

3. 救助必须是自愿行为

自愿救助,是指救助方或被救助方在发生救助法律关系时,其作为或不作为应完全出于自愿。救助方对救助对象实施救助时完全出于其自愿,不救不承担任何法律责任。非自愿的救助包括两种情形:一是法律约束的救助,如船长对物的救助;二是合同约束的救助,如遇难船船员救本船、引航员在履行其职责范围内的救助。

4. 救助要有效果

"无效果,无报酬"原则为国际公约和各国海商法所普遍接受,该原则的主要内容是救助方即使投入了巨大的人力、物力,但最终并未使财产获救,也不能请求救助报酬。救助取得效果包括:一是直接效果,通过救助人直接行为使遇险财产获救或部分获救。二是间接效果,是指某一救助方的行为虽然并未使船舶或货物直接脱险,但该船舶或货物的最终脱险与该救助人的行为存在必然联系;三是无形效果,无形效果是指某人虽然未直接参与对遇险船舶或货物的救助活动,但遇险财产最终获救却与该人的某种行为有着客观联系。

为防止或减轻海洋环境污染,鼓励救助方救助可能或已经造成海洋环境损害的船舶,1989年《救助公约》和我国海事仲裁委员会1994年格式救助合同标准格式增加了"特别补偿条款",实行"无效果,给补偿"原则。

二、海难救助合同

(一)海难救助合同的概念

海难救助合同是指救助方和被救助方订立的,由救助方对海上遇难财产进行救助,由被救助方给付报酬的合同。在合同形式方面,许多专业救助公司和民间组织制作了海难救助合同的标准格式,最为著名的是"英国劳氏救助合同格式"。[1]

(二)海难救助合同的订立和变更

海难救助合同的订立形式包括书面形式、口头形式,或书面和口头并存的混合形式。只要能够证明双方当事人真实明确的意思表示一致,不存在遇险船舶的船长、所有人或其他财产所有人明确的和合理的拒绝,法律均予以认可。通常则由救助人提供标准合同格式。

海难救助合同成立时间的认定,可根据实际情况确定在救助开始之前、救助进行之中或救助完毕之后。只要双方达成协议,救助合同即告成立(《海商法》第175条第1款)。

根据国际条约和各国海难救助法律制度特点,一般明确规定了被救助方的合同订立人资格,但救助人的资格则未加以限制。遇险船舶的船长或者船舶所有人有权代表船上财产所有人订立救助合同(《海商法》第175条第2款)。

海难救助合同多为紧急情况下所订立,因此,我国立法规定,受理争议的法院或者仲裁机构可判决或者裁决变更救助合同:(1)合同在不正当的或者危险情况下的影响下订立,合同条款显失公平的;(2)根据合同支付的救助款项明显过高或者过低于实际提供的救助服务的(《海商法》第176条)。可见,我国立法只确认海难救助合同的变更,对此类合同的解除和无效均未规定。实际上,海难救助合同的紧迫性和及时性决定了救助行为不容延缓,规定

---

[1] 详见王保树:《商法》,第614页。

救助合同的解除和无效并无实际意义。①

（三）海难救助合同当事人的义务

救助方的义务：(1) 以应有的谨慎进行救助；(2) 以应有的谨慎防止或者减少环境污染损害；(3) 在合理需要的情况下，寻求其他救助方援助；(4) 当被救助方合理地要求其他救助方参与救助作业时，接受此种要求，但是要求不合理的，原救助方的救助报酬金额不受影响（《海商法》第 177 条）。

被救助方的义务：(1) 与救助方通力合作；(2) 以应有的谨慎防止或者减少环境污染损害；(3) 当获救的船舶或者其他财产已经被送至安全地点时，及时接受救助方提出的合理的移交要求（《海商法》第 178 条）。

三、海难救助报酬

海难救助报酬是指救助人基于对遇险船舶或其他财产进行救助，并取得效果时，有权要求被救助人给付的款项。救助款项是指依照本章规定，被救助方应当向救助方支付的任何救助报酬、酬金或者补偿（《海商法》第 172 条第 3 项）。但救助报酬不得超过船舶和其他财产的获救价值（《海商法》第 180 条第 2 款）。

（一）确定海难救助报酬的因素

确定救助报酬应当体现对救助作业的鼓励，并综合考虑：(1) 船舶和其他财产的获救价值；(2) 救助方在防止或者减少环境污染损害方面的技能和努力；(3) 救助方的救助成效；(4) 危险的性质和程度；(5) 救助方在救助船舶、其他财产和人命方面的技能和努力；(6) 救助方所用的时间、支出的费用和遭受的损失；(7) 救助方或者救助设备所冒的责任风险和其他风险；(8) 救助方提供救助服务的及时性；(9) 用于救助作业的船舶和其他设备的可用性和使用情况；(10) 救助设备的备用情况、效能和设备的价值（《海商法》第 180 条第 1 款）。

（二）海难救助报酬的分配与承担

海难救助人依据法律、合同享有救助报酬请求权而成为海难救助关系中的债权人。一般而言，这类人员包括：(1) 施救船舶的船长和船员；(2) 救生员、消防员和引航员；(3) 船上旅客；(4) 施救船舶的所有人、经营人和光船承租人等。参加同一救助作业的各个救助方的救助报酬，应当根据《海商法》第 180 条规定的标准，由各方协商确定；协商不成的，可以提请受理争议的法院判决或者经各方协议提请仲裁机构裁决（《海商法》第 184 条）。

海难救助报酬的承担者是被救船舶和其他财产的所有人，救助报酬的金额应当由获救的船舶和其他财产的各所有人，按照船舶和其他各项财产各自的获救价值占全部获救价值的比例承担（《海商法》第 183 条）。

四、海难救助的特别补偿

随着现代航运业发展，油轮在海难救助中遇到新的困难，当油轮遇难时，往往发生起火、爆炸等，在对油轮实施救助时很难有获救财产，救助人不愿意救助。即使救助，由于油轮仍然存在漏油等危险，沿海国可能拒绝其靠港，救助人无法找到安全港口将获救油轮交给船

---

① 贾林青：《海商法》，第 225 页。

东。即使沿海国接受难船,条件亦十分苛刻,救助方可能得不到或仅得到较小的报酬。[①] 这就严重损害了救助人进行海难救助的积极性,特别补偿制度便应运而生。

我国海商立法对海难救助的特别补偿标准进行了规定:(1)对构成环境污染损害危险的船舶和船上货物进行的救助,救助方获得的救助报酬少于依《海商法》规定可以得到的特别补偿的,救助方有权从船舶所有人处获得至少相当于所付出的救助费用的补偿。(2)救助方对构成环境污染损害危险的船舶和船上货物进行的救助,取得防止或减少环境污染损害效果的,船舶所有人依照规定向救助方支付的特别补偿可以另行增加,增加的数额可以达到救助费用的 30%。受理争议的法院或者仲裁机构认为适当,可以判决或裁决进一步增加特别补偿数额,但在任何情况下,增加部分不得超过救助费用的 100%。(3)在任何情况下,救助方的全部特别补偿,只有在超过救助方依法能够获得的救助报酬时,方可支付,支付金额为特别补偿超过救助报酬的差额部分。(4)由于救助方的过失未能防止或者减少环境污染损害的,可以全部或者部分剥夺救助方获得特别补偿的权利(《海商法》第 182 条)。

【相关案例】29-2 海难救助报酬之确定[②]

原告:广州海上救助打捞局;被告:大连顺诚船务有限责任公司。

原告诉称:2000 年 5 月 9 日,被告大连顺诚船务有限责任公司委托原告救助其租用的"中益壹号"轮。原告同日派轮前往救助,于 5 月 11 日将该船安全拖带到深圳赤湾港交付被告。6 月 21 日,原、被告签订结算协议书,双方确认原告本次救助报酬共计为 507600 元,原告考虑到被告实际困难和双方友好合作关系,同意将救助费调整为 380000 元。事后被告仅支付了 180000 元,其余 200000 元一直未予支付。请求法院判令被告支付原告救助报酬 327500 元及其从 2000 年 5 月 19 日到 2001 年 1 月 31 日按年利率 5.85% 计算的利息 13947.5 元。

被告未答辩,也未提交证据。

法院认为:原告在主张权利时,有责任提供相应的证据证明被告有义务支付救助报酬。原告在本案中提供的证据,既不能证明被告与其签订了海难救助合同,也不能证明被告在事后与其达成协议,同意支付救助报酬。因此,原告向被告主张救助报酬和利息,没有事实和法律依据,不予支持。

第三节 共 同 海 损

一、共同海损的概念及特征

(一)共同海损的概念

共同海损是指在同一海上航程中,船舶、货物和其他财产遭遇共同危险,为了共同安全,

[①] 陈宪民:《海商法理论与司法实践》,第 269 页。
[②] 广州海事法院民事判决书,(2001)广海法深字第 30 号。

有意地合理地采取措施所直接造成的特殊牺牲、支付的特殊费用(《海商法》第193条)。为确保发生意外的船舶完成本航程而支出的诸如港口费、船员工资、给养、卸载等费用以及其他损失,应当列入共同海损(《海商法》第194条)。

共同海损完整的概念由共同海损行为、该行为造成的损失和对该损失的处理原则构成。1974年《约克—安特卫普规则》中的A、B、C三条就包括上述内容:规则A指明了采取共同海损行为的目的,规定了该行为成立的条件和确定共同海损损失的前提;规则B规定了承担共同海损行为的原则;规则C区分了共同海损和单独海损的原则标准,划定了属于共同海损的范围。他们之间的相互联系构成了共同海损的完整概念。

共同海损制度最早作为法律形式出现在古希腊的《罗得海商法》第46、49条和第50条等条文中。[①] 这一制度经久不衰的原因在于,海上风险难以避免,如果让船方或货方单独承受共同海损的全部后果,则显失公平,亦不利于当事人为船货共同安全或利益与海难事故作斗争,共同海损制度能较好地解决上述问题。1684年的《路易十四法典》首次提出了类似于现代共同海损中的单独海损和共同海损的法律用语。18世纪后,共同海损制度作为公平保护船货各方权利的法律制度为各国海商法所普遍采纳。

各国海商立法对共同海损的概念规定不尽相同,主要有三种代表性解释:以英国和日本为代表的较窄的解释;以美国和法国为代表的扩大的解释;以《约克—安特卫普规则》为代表的折中的解释。[②]

(二) 共同海损的特征

共同海损与单独海损相比较具有如下特征:

(1) 发生原因不同。前者是由于船舶和货物遭受共同危险之后为了船舶和货物的共同安全,由船长有意采取合理措施造成的损失。后者是由于意外的事故、自然灾害或一方可以免责的过失等原因直接造成的损失。

(2) 赔偿根据不同。前者的赔偿依据是国际惯例。后者的赔偿根据是当事人之间签订的海事合同(如提单、船舶租用合同、拖航合同等)或有关国际公约(《海牙规则》、《维斯比规则》)和国内法。

(3) 两者的处理结果不同。前者的损失,则应由受益方按照各自受益比例分担。后者的损失由受害人自行承担,如果是因某一方不可免责的过失造成的单独海损,由过失方承担赔偿损失的责任。

二、共同海损的构成条件

对共同海损的构成条件,学术界有不同的观点。[③] 根据我国《海商法》第193条第1款规定,共同海损必须具备如下的法定构成条件:

1. 船舶、货物和其他财产在同一航程中遭遇共同危险

这一要件包含双重含义:一是货物和其他财产在同一航程中共同面临危险,"而非仅属

---

① 详见王小波:《〈罗德海商法〉译注》,载《古代文明》2010年第3期,第81页。
② 详见贾林青:《海商法》,第236—237页。
③ 参见同上书,第240—241页;王保树:《商法》,第623—625页;梁宇贤:《商事法论》,第368—369页。

船舶或货物之危险而已"①；一是危险真实存在，而非预想不确定或将来的危险，这种危险绝不能被解释为迫在眉睫的危险。

2. 采取的措施必须是有意而合理的

共同海损的损失是有意造成的，这是共同海损的重要特征之一。合理是指在紧急情况下所采取的措施既符合航海习惯，又损失最小。措施的合理应同时具备三个条件：符合航海习惯；损失应当最小；措施应当最有效。

3. 共同海损的牺牲和费用必须是特殊的

共同海损的牺牲和费用是由于共同危险，为了共同的安全，船长或船上其他有权负责驾驶和管理的人员采取措施所造成的牺牲、费用和损失，超出了船舶在通常情况下所应尽的义务，也超出了船方可以合理预见的正常费用，这种特殊的损失应当列入共同海损。

4. 措施必须有效果

有效果是共同海损的目的，是指通过船长或第三人采取措施，使得船舶和货物所面临的共同危险得以解除或缓解而保全了船舶或货物。如果措施无效，没有获救财产，就不存在分摊损失问题。

三、共同海损

（一）共同海损牺牲

共同海损牺牲是指由于共同海损措施所直接造成的船舶或者货物或者其他财产在形态上的灭失或损坏。②

共同海损牺牲主要包括：(1)抛弃货物，此种损失包含被抛弃货物本身损失和因抛弃货物而引起财产的进一步损失。(2)扑灭船上火灾所造成的损失。(3)割弃残损物。(4)有意搁浅而导致的损害。(5)机器或锅炉的损害。(6)当作燃料而使用的货物、船用材料和物料。(7)在卸货过程中造成的损害。

（二）共同海损费用

共同海损费用是指由于采取共同海损措施而支付的额外费用，它的特点在于此费用不牵涉船舶和货物的实际损失。

共同海损费用包括：(1)救助费用。在船舶和货物遭遇海难时，为了船舶和货物的共同安全，接受或请求他船救助而发生的费用。(2)为了船舶和货物的共同安全或恢复船舶的安全续航能力，船舶不得不驶入最近港口避难或者修理而发生的额外费用。(3)代替费用。为代替可以列为共同海损的特殊费用而支付的额外费用，可以作为代替费用列入共同海损；但是，列入共同海损的代替费用的金额，不得超过被代替的共同海损的特殊费用(《海商法》第195条)。(4)修理费用。(5)其他费用。主要包括共同海损牺牲的利息和垫付手续费(《海商法》第201条)、共同海损检验费、保险费、在避难港的代理费、电报及信函费、人员往来费、理算费以及其他与处理共同海损有关的费用。

---

① 梁宇贤：《商事法论》，第369页。
② 司玉琢：《海商法》，第318页。

四、共同海损理算

(一)共同海损理算的概念

共同海损理算是由提单或租船合同中指定或委托的海损理算人,对与海损有关的各种文件进行必要的审核,确定共同海损损失金额,计算共同海损分摊价值,编制共同海损理算书的工作。[①]

共同海损理算技术性较强,一般由船舶所有人或合同约定的人委托专门办理共同海损理算的机构或理算师进行理算。提出共同海损分摊请求的一方应当负举证责任,证明其损失应当列入共同海损(《海商法》第196条)。

(二)共同海损牺牲金额的确定

(1)船舶共同海损牺牲的金额,按照实际支付的修理费,减除合理的以新换旧的扣减额计算。船舶尚未修理的,按照牺牲造成的合理贬值计算,但是不得超过估计的修理费。船舶发生实际全损或者修理费用超过修复后的船舶价值的,共同海损牺牲金额按照该船舶在完好状态下的估计价值,减除不属于共同海损损坏的估计的修理费和该船舶受损后的价值余额计算。(2)货物共同海损牺牲的金额。货物灭失的,按照货物在装船时的价值加保险费加运费,减除由于牺牲无需支付的运费计算。货物损坏的,在就损坏程度达成协议前售出的,按照货物在装船时的价值加保险费加运费,与出售货物净得的差额计算。(3)运费共同海损牺牲的金额,按照货物遭受牺牲造成运费损失的金额,减除为取得这笔运费本应支付,但是由于货物牺牲而无需支付的营运费用计算(《海商法》第198条)。

(三)共同海损分摊价值的确定

共同海损分摊价值是指共同海损的各方因共同海损避险措施的实施而分别受益的财产价值和因共同海损损失的财产而可以获得补偿的财产金额的总和。[②]

(1)船舶共同海损分摊价值,按照船舶航程终止时的完好价值,减除不属于共同海损的损失金额计算,或者按照船舶在航程终止时的实际价值,加上共同海损牺牲的金额计算(《海商法》第199条第2款第1项)。(2)货物共同海损分摊价值,按照货物在装船时的价值加保险费加运费,减除不属于共同海损的损失金额和承运人承担风险的运费计算。货物在抵达目的港以前售出的,按照出售净得金额加上共同海损牺牲金额计算。(3)运费分摊价值,按照承运人承担风险并于航程终止时有权收取的运费,减除为取得该项运费而在共同海损事故发生后,为完成本航程所本应支付的营运费用,加上共同海损牺牲的金额计算(《海商法》第199条第2款第3项)。(4)免除分摊义务的财产。旅客的行李和私人物品,不分摊共同海损(《海商法》第199条第2款第2项),船长、船员的私人物品、工资等也在此列。

(四)共同海损分摊金额的确定

共同海损分摊金额是指因共同海损而受益的船舶、货物、运费等,按其各自分摊价值的大小应承担的共同海损损失的数额。

各受益方应分摊的共同海损金额可按下列公式计算:(1)共同海损百分率(损失率)=共同海损损失总金额÷共同海损分摊价值总额;(2)船舶共同海损分摊金额=船舶共同海

---

① 王保树:《商法》,第627页。
② 贾林青:《海商法》,第249页。

损分摊价值×共同海损百分比(%),货物共同海损分摊金额=货物共同海损分摊价值×共同海损百分比(%),运费共同海损分摊金额=运费共同海损分摊价值×共同海损百分比(%)。

【相关案例】29-3　共同海损之法律分摊①

原告:海南华联轮船公司;被告:广西国际合作经贸公司。

原告诉称:1999年3月25日,原告所属的"M. V. QINHAI108"("琴海108")轮载运被告经贸公司的货物自马来西亚驶往中国北海港,途中船舶主机发生故障,无法自行修复,为了船货的共同安全,不得不雇请拖轮拖至北海。拖轮费等有关费用是为船货的共同安全而额外支出的,构成共同海损,应由受益的船货方分摊。被告广西人保在原告宣布共同海损后为货方经贸公司出具担保,保证向原告支付经理算确认的应由货方承担的共同海损分摊额。经理算,货方应分摊共同海损费用158622.20美元。虽经原告催讨,但两被告却拒不履行分摊义务,故请求法院判令被告经贸公司分摊该共同海损费用,被告广西人保承担连带责任,并由两被告承担本案诉讼费用。

被告辩称,原告没有从事国际海上运输经营资格,无管理国际海运船舶的能力,船舶自始不适航。经贸公司不是"琴海108"轮所运货物所有人,不应承担共同海损分摊义务;作为经贸公司担保人的广西人保因而也不是适格的被告。原告所诉称的共同海损事故,是作为承运人的原告不可免责的过失造成的,货方有权拒绝分摊。故请求法院驳回原告的诉讼请求。

法院认为,被告以共同海损事故是原告不可免责过失造成为由进行抗辩并拒绝分摊共同海损损失,符合法律之明文规定,本院依法予以支持;原告诉讼请求被告分摊共同海损损失,没有法律依据,应依法予以驳回。

前沿问题

◆ 海难救助报酬留置权问题

我国《海商法》第22条第1款第4项规定,救助人就海难救助的救助款项的给付请求享有船舶优先权,此处的救助款项包括海难救助报酬、人命救助者的酬金和特别补偿。但在有些条款中的救助款项仅被理解为救助报酬。最能引起争议的是《海商法》第188条的规定,被救助方在救助作业结束后,应当根据救助方的要求,对救助款项提供满意的担保。在不影响欠款规定的情况下,获救船舶的船舶所有人对其应当承担的救助款项提供满意的担保以前,未经救助方的同意,不得将获救的船舶或者其他财产从救助作业完成后最初到达的港口或者地点移走。由于学界对"不得……移走"理解产生分歧从而产生争议。

---

① 北海海事法院民事判决书,(2000)海商初字第054号。

【思考题】

1. 什么是无过失的船舶碰撞？情形有哪些？
2. 什么是海难救助？构成要件有哪些？
3. 简述确定海难救助报酬的因素。
4. 什么是共同海损？特征有哪些？
5. 共同海损牺牲金额如何确定？

【司法考试真题】

29-1 某批中国货物由甲国货轮"盛京"号运送，提单中写明有关运输争议适用中国《海商法》。"盛京"号在公海航行时与乙国货轮"万寿"号相撞。两轮先后到达中国某港口后，"盛京"号船舶所有人在中国海事法院申请扣押了"万寿"号，并向法院起诉要求"万寿"号赔偿依其过失比例造成的碰撞损失。根据中国相关法律规定，下列选项正确的是：(2010年)

A. 碰撞损害赔偿应重叠适用两个船旗国的法律
B. "万寿"号与"盛京"号的碰撞争议应适用甲国法律
C. "万寿"号与"盛京"号的碰撞争议应适用中国法律
D. "盛京"号运输货物的合同应适用中国《海商法》

29-2 我国"协航"号轮与甲国"瑟皇"号轮在乙国领海发生碰撞。"协航"号轮返回中国后，"瑟皇"号轮的所有人在我国法院对"协航"号轮所属的船公司提起侵权损害赔偿之诉。在庭审过程中，双方均依据乙国法律提出请求或进行抗辩。根据这一事实，下列哪一选项是正确的？(2008年)

A. 因双方均依据乙国法律提出请求或进行抗辩，故应由当事人负责证明乙国法律，法院无须查明
B. 法院应依职权查明乙国法律，双方当事人无须证明
C. 法院应依职权查明乙国法律，也可要求当事人证明乙国法律的内容
D. 应由双方当事人负责证明乙国法律，在其无法证明时，才由法院依职权查明

29-3 巴拿马籍货轮"安达号"承运一批运往中国的货物，中途停靠韩国。"安达号"在韩国停靠卸载同船装运的其他货物时与利比里亚籍"百利号"相碰。"安达号"受损但能继续航行，并得知"百利号"最后的目的港也是中国港口。"安达号"继续航行至中国港口卸货并在中国某海事法院起诉"百利号"，要求其赔偿碰撞损失。依照我国法律，该法院处理该争议应适用下列哪一国法律？(2007年)

A. 中国法律，因为本案两船国籍不同，应适用法院地法处理争议
B. 巴拿马法律，因为它是本案原告船舶的国籍国
C. 利比里亚法律，因为它是本案被告船舶的国籍国
D. 韩国法律，因为韩国是侵权行为地

29-4 "大鱼"号货轮在航行中遇雷暴天气，船上部分货物失火燃烧，大火蔓延到机舱。船长为灭火，命令船员向舱中灌水。因船舶主机受损，不能继续航行，船长求助拖轮将"大鱼"号拖到避难港。下列哪些损失应列入共同海损？(2005年)

A. 为灭火而湿损的货物
B. 为将"大鱼"号拖至避难港而发生的拖航费用

C. 失火烧毁的货物

D. 在避难港发生的港口费

29-5 悬挂不同国旗的甲、乙两船在公海相撞后,先后驶入我国港口,并在我国海事法院提起索赔诉讼。根据我国《海商法》,我国法院审理该案应适用什么法律?(2004年)

A. 甲船先到达港口,应适用甲船船旗国法律

B. 乙船是被告,应适用乙船船旗国法律

C. 应适用我国法律

D. 应适用有关船舶碰撞的国际公约

29-6 一艘油轮在进入我国某海港时因受海浪影响而触礁,部分原油泄漏,我国某救助公司立即对其进行了救助,将其安全拖带到港口并防止了原油的进一步泄漏。关于此次海难救助,下列说法哪些是正确的?(2003年)

A. 救助报酬不得超过船舶和其他财产的获救价值

B. 获救船舶的船舶所有人和船上所载原油的所有人应就救助报酬承担连带责任

C. 救助费用可作为共同海损费用由利益各方分担

D. 有关救助报酬的请求权时效期间是2年,自救助作业终止之日起计算

第三十章

海事赔偿责任限制

【章首语】 海事赔偿责任限制制度亦称船舶所有人责任限制制度,是海商法特有的、古老的法律制度,它与民法中的民事赔偿责任及其赔偿范围相比较有本质的区别,即将海事赔偿责任人的海事赔偿责任限制在一定范围之内,海事赔偿责任人不承担超出此范围的海事损害责任。该制度可降低海上运输和各种海上作业的责任负担,对保障海上运输业的稳步发展、鼓励海上救助和适应海上保险业务发展具有重要意义。

在本章学习中,应掌握的重点是海事赔偿责任限制的概念和意义,海事赔偿责任限制制度所适用的船舶范围、主体范围、限制性债权范围和海事赔偿责任限制基金的概念、种类、使用和效力等。

第一节 海事赔偿责任限制概述

一、海事赔偿责任限制的概念和意义

(一) 海事赔偿责任限制的概念

海事赔偿责任限制是指在发生重大海损事故时,对事故负有责任的船舶所有人、救助人或其他人,依据法律规定,对于受害人提出的损害赔偿请求,在没有主观故意造成的情况下,只在法律规定的最高限度内承担损害赔偿的责任制度。该制度赋予了船舶所有人、经营人和承租人等的一种特权。

海事赔偿责任限制制度在海上运输市场中的适用有悠久历史,但具体始于何时则缺少史料予以佐证。① 法国的《海事条例》吸收了责任限制原则,最早的形式表现为"委付制度"②,该制度后被编入1807年的《法国商法典》。1900年的《德国商法典》不仅采取了物的有限责任制,而且实行"执行制度"。③ 1734年的英国《乔治法案》改变了以往船东承担无限

---

① 海事赔偿责任限制制度始于何时在学界至今众说纷纭,归纳起来有两种观点:古罗马时期;14世纪。详见贾林青:《海商法》,第275页。

② 根据这一制度,船舶所有人在本身无过错而要对其代理人或雇员负无限责任的情况下,可以将船舶和本次航运委付给债权人而获得免责。

③ 依此制度,船舶所有人的债务和船舶的债务被明确分开,对于因船舶发生的债务,债权人只能对船舶所有人的海上财产请求强制执行,对船舶所有人的其他财产则无强制请求权。值得注意的是,德国在1957年签署的《船舶所有人责任限制统一公约》中抛弃执行制度而采纳金额制度。

责任的做法，代之以"船价制度"①，1854年的英国《商船法》又将股东责任限制改为"金额制度"。② 美国在1851年的《船舶所有人责任限制法》中采用"船价制度"，1935年改为船价制度与金额制度的"并用制度"。

海事赔偿责任限制制度与民法的损害赔偿制度的区别是：在民事损害赔偿责任中，无论责任人是侵权还是违约，是故意还是过失，只要对受害人造成损害，就应全额赔偿；海商法则允许船舶所有人（包括船舶经营人、承租人等）、救助人把自己的损害赔偿责任限制在特定范围内。海事赔偿责任限制与海上货物运输合同中的承运人的责任限制亦存在区别。前者适用于各种合同（海上货物运输合同除外）之债和侵权之债，主要针对一次事故所引起的各类债权的综合性限制；后者仅针对海上货物运输合同承运人对提单项下每一件或每一单位货物赔偿责任的限制。

（二）海事赔偿责任限制的意义

（1）有利于航海运输业稳步发展。经营海上运输业务，投资大，风险大，尽管现代航海技术不断发展，海上的危险仍是陆上运输无法比拟的。如果不对海难事故中船舶所有人的责任限制在一定范围内，由于船舶所有人无力承担赔偿责任，可能造成其破产，这将极大阻碍海上航运事业的发展。

（2）符合"公平原则"的要求。在海运实践中，船舶所有人、经营人与船长、船员实际占有与驾驶船舶相分离，使得处理船舶营运中致人损害问题变得复杂化。如果让船长、船员负赔偿责任，对受害人来说不公平。但要求作为被代理人或雇主的船舶所有人或经营人负无限赔偿责任，尤其是因船长、船员个人的疏忽或过失导致的损失，也未必公平。因此，限制海事赔偿责任是一种公平合理的解决方案。

（3）促进海上救助事业的发展。海难救助事故发生时，救助人员的救助行为往往对被救助人造成一定程度的损害。根据海事赔偿责任限制的规定，救助方在救助作业中也可享受责任限制，这在一定程度上能消除救助人员的顾虑，鼓励救助，促进海上救助事业的发展。

（4）促进海上保险业的发展。海上保险特别是船舶责任保险的产生和发展与海事赔偿责任制度的存在和完善不可分离。通过海上保险，船舶所有人或经营人将海事赔偿责任转移给保险人，使受害人的索赔有可靠保证。

二、海事赔偿责任限制制度的基本内容

（一）海事赔偿责任限制的主体

海事赔偿责任限制的主体是指依海商法规定，享受赔偿责任限制权利的人。③

海事赔偿责任限制主体包括：（1）船舶所有人、救助人。在我国，这里的船舶所有人包

---

① 依照"船价制度"，须根据航次终了时的船舶价值进行估价来决定赔偿限额，估价不仅存在技术、经济的困难，而且容易造成新的纠纷。如果肇事船舶发生全损，就会导致债权人索赔无果。

② 根据"金额制度"，船舶所有人及其他责任人因船舶一次事故而产生的责任以一定的赔偿限额为限，即以船舶的登记吨数乘以法定的每一登记吨的限制赔偿额为责任人的最高赔偿额。

③ 1924年《关于统一海上船舶所有人责任限制若干规则的国际公约》规定责任限制适用于船舶所有人，1957年《船舶所有人责任限制国际公约》将责任限制主体分为两类：船舶所有人、承租人、经理人或营运人；船长、船员及其他为船舶所有人、承租人、经理人或经营人服务的受雇人员。1976年《国际海事赔偿责任限制公约》规定的限制责任主体除上述人员外，还包括海上救助人及其受雇佣的与海上救助作业直接有关的服务人员、海上责任保险的保险人。可见，海上赔偿责任限制主体的主体范围在逐步扩大。

括船舶承租人和船舶经营人(《海商法》第 204 条第 2 款)。船舶承租人是租船合同的一方当事人。经营人是指登记的船舶经营人,或者接受船舶所有人委托实际使用和控制船舶并应当承担船舶责任的人,但不包括无船承运业务经营者(最高人民法院《关于审理海事赔偿责任限制相关纠纷案件的若干规定》第 12 条)。"船舶所有人、救助人,对本法第 207 条所列海事赔偿请求,可以依照本章规定限制赔偿责任"(《海商法》第 204 条第 1 款)。(2) 船舶所有人和救助人的雇用人。包括船长、船员和受雇于船舶所有人、承租人、经营人或救助人的其他服务人员。"本法第 207 条所列海事赔偿请求,不是向船舶所有人、救助人本人提出,而是向他们对其行为、过失负有责任的人员提出的,这些人员可以依照本章规定限制赔偿责任"(《海商法》第 205 条)。(3) 责任保险人。船舶营运人(所有人、承租人、经营人等)通过责任保险可将因发生海损事故而承担的赔偿责任的风险转让给保险人,被保险人可享受责任限制。

值得注意的是,上述主体适用责任限制有一定的条件,各国法律和国际公约都要求责任主体只有在主观上无"实际过失或知情"的情况下,才可享受责任限制的权利。我国海商立法对责任限制也规定了一定的条件,经证明,引起赔偿请求的损失是由于责任人的故意或者明知可能造成损失而轻率地作为或者不作为造成的,责任人无权依照本章规定限制赔偿责任(《海商法》第 209 条)。

(二) 限制性债权和非限制性债权

责任限制的主体只在法定范围内享有责任限制权利,并非对所有海事赔偿请求都能以责任限制为由予以对抗。据此,将海事赔偿债权可分为限制性债权和非限制性债权,前者是指有关责任主体根据海事赔偿责任限制的法律,可以进行责任限制的海事债权,后者是指责任主体根据海事赔偿责任限制的法律规定不能享有责任限制利益的债权。至于哪些债权不能限制责任均由法律来规定,当事人对此不能约定。①

1. 限制性债权②

我国《海商法》第 207 条规定了四类限制性债权,对该范围内的赔偿请求予以明确规定,除法律(《海商法》第 208、209 条)另有规定外,无论赔偿责任的基础有何不同,责任人均享有赔偿责任限制的权利。

(1) 在船上发生的或者与船舶营运、救助作业直接相关的人身伤亡或者财产的灭失、损坏,包括对港口工程、港池、航道和助航设施造成的损坏,以及由此引起的相应损失的赔偿请求。我国立法将港口工程、港池、航道和助航设施造成的损坏纳入限制性债权之中最具特色。③ 在实践中,此类与船舶营运、救助作业相关的人身伤亡或者财产损失,大多是由于海上航运中的致损事故所引起的责任人对于受害方或者第三方的赔偿责任。

(2) 海上货物运输因迟延交付或者旅客及其行李运输因迟延到达造成损失的赔偿请求。实践中,这类经济损失包括承运货物因迟延交付而灭失、损坏或者其他经济损失等,但迟延交付所造成经济损失的赔偿以迟延交付货物的运费总额为限。

(3) 与船舶营运或者救助作业直接相关的,侵犯非合同权利的行为造成其他损失的赔

---

① 王保树:《商法》,第 631 页。
② 1957 年《船舶所有人责任限制国际公约》和 1976 年《国际海事赔偿责任限制公约》对限制性债权作了详细规定。
③ 详见贾林青:《海商法》,第 284 页。

偿请求。我们认为,此类限制性债权的范围与第一类限制性债权的关系为排斥关系,如船舶在航行中触碰导致港口设施损坏,对于该港口设施损坏的赔偿,应当按照第一类限制性债权认定赔偿限额。但由于该港口设施的损坏导致港内交通中断造成的损失,便属于此类限制性债权所针对的"其他损失的赔偿请求"。

(4) 责任人以外的其他人为避免或者减少责任人依照《海商法》规定可以限制赔偿责任的损失而采取措施的赔偿请求,以及因此项措施造成进一步损失的赔偿请求。但是,责任人以合同约定支付的报酬,责任人的支付责任不得适用赔偿责任限制的规定(《海商法》第207条第2款)。"责任人以外的其他人"一般是指与责任人之间订有相关合同的相对人或者是为了避免或者减少损失而主动采取措施的人。

2. 非限制性债权

我国《海商法》第208条规定的非限制性债权,主要包括:

(1) 对救助款项或者共同海损分摊的请求。将这两项请求权列入非限制性债权范围的原因有:一是救助款项请求权是救助方要求被救助方支付救助报酬、救助酬金和救助补偿的权利,根据海难救助法律制度的规定,这些款项已经有最高金额的限制,责任人自然就不能再次享受责任限制。二是共同海损分摊的依据是船货各方按照自己在共同海损中受益的财产价值为限来确定分摊金额。

(2) 中华人民共和国参加的国际油污损害民事责任公约规定的油污损害的赔偿请求。我国已参加1969年《国际油污损害民事责任公约》及其1976年的议定书,依国际条约规定,对装载散装持久性油类货物的船舶在缔约国境内发生的油污损害以及为了减轻或者防止这种损害而采取预防措施的赔偿请求权问题和船方作为责任人享有的赔偿责任限制问题,均应当适用该公约的规定。

(3) 中华人民共和国参加的国际核能损害责任限制公约规定的核能损害的赔偿请求。我国已加入1971年《有关海运核材料民事责任的国际公约》等国际公约,这些公约已对核能损害责任进行了限制,对这类赔偿请求就适用国际公约的相关规定。

(4) 核动力船舶造成的核能损害的赔偿请求。对这类赔偿请求应当适用1962年《有关核动力船舶经营人责任的国际公约》等予以调整。

(5) 船舶所有人或者救助人的受雇人提出的赔偿请求,根据调整劳务合同的法律,船舶所有人或者救助人对该类赔偿请求无权限制赔偿责任,或者该项法律作了高于本章规定的赔偿限额的规定。这类请求权涉及船舶所有人或救助人与其受雇人之间的劳动合同,受雇人提出的有关工资报酬、津贴等赔偿请求权,应以劳动法和劳动合同法的规定为根据,而船舶权利人不得援引赔偿责任限制的规定限制其赔偿责任。

(三) 海事赔偿责任限额

海事赔偿责任限额是指责任主体对所有限制性债权的最高赔偿额。

各国立法和国际公约在确定赔偿责任限额的方法上所采用的制度不尽相同,主要有金额制度、船价制度、执行制度、委付制度和并用制度等。① 现在大多国家海商立法采用金额制度。② 但金额制度首先要确定船舶吨位、每一吨位的赔偿额和货币的种类等,也会涉及采用"航次制度"和"事故制度"等问题。航次制度是指责任人依据法律规定以航次为标准承担赔偿责任和适用赔偿责任限制,事故制度是指责任人根据法律规定以事故次数为标准承担赔偿责任和适用一个赔偿责任限制。船价制度、执行制度和委付制度等都与航次制度一并适用,金额制度则存在于事故制度中。

我国在海事赔偿责任限制方面采用事故制度,《海商法》第210条和第211条规定的赔偿限额适用于特定场合发生的事故引起的,向船舶所有人、救助人本人和他们对其行为、过失负有责任的人员提出的请求的总额(《海商法》第112条)。根据立法精神,将"特定场合"应理解为"特定事故"。一次事故,一个赔偿限额,几次事故,几个赔偿限额。

我国《海商法》对海事赔偿责任限额作了具体规定:

1. 总吨位300吨以上船舶的赔偿限额

(1)人身伤亡的赔偿限额为:总吨位300吨至500吨的船舶,赔偿限额为333000计算单位;总吨位超过500吨的船舶,500吨以下部分适用前项规定;500吨以上的部分,应当增加下列数额:501吨至3000吨的部分,每吨增加500计算单位;3001吨至30000吨的部分,每吨增加333计算单位;30001吨至70000吨的部分,每吨增加250计算单位;超过70000吨的部分,每吨增加167计算单位(《海商法》第210第1项)。(2)非人身伤亡的赔偿限额为:总吨位300吨至500吨的船舶,赔偿限额为167000计算单位;总吨位超过500吨的船舶,500吨以下部分,适用前项规定;500吨以上部分,应当增加下列数额:501吨至30000吨的部分,每吨增加167计算单位;30001吨至70000吨的部分,每吨增加125计算单位;超过70000吨的部分,每吨增加83计算单位(《海商法》第210条第1款)。

2. 不满300总吨的船舶以及沿海运输、沿海作业船舶的赔偿限额

我国交通部的《关于不满300总吨船舶及沿海运输、沿海作业船舶海事赔偿限额的规定》对不满300总吨的船舶以及沿海运输、沿海作业船舶的赔偿限额作了规定:(1)人身伤亡的赔偿限额为:超过20总吨且不满21总吨的船舶,赔偿限额为54000计算单位;超过21总吨的船舶,超过部分每吨增加1000计算单位。(2)非人身伤亡的赔偿限额为:超过20总吨且不满21总吨的船舶,赔偿限额为27500计算单位;超过21总吨的船舶,超过部分每吨增加500计算单位。从事中国港口之间货物运输或者沿海作业的船舶,不满300总吨的,其海事赔偿限额依照本规定所规定的赔偿限额的50%计算;300总吨以上的,其海事赔偿限额依照《海商法》第210条第1款规定的赔偿限额的50%计算。同一事故中的当事船舶的海事赔偿限额,有适用《海商法》第210条或者本规定的,其他当事船舶的海事赔偿限额应当同样适用。

3. 非船救助人的赔偿限额

"非船救助人"指不在救助船上实施救助作业的救助人以及在遇难船上实施救助作业的

---

① 详见贾林青:《海商法》,第286—287页。
② 金额制度的好处在于,当发生责任事故时,便于计算赔偿金额,也有利于鼓励船舶所有人建造价值高的优质船舶,因为价值高的优质船舶与价值低的劣质船舶,其责任限制金额相同,一旦发生责任事故,优质船舶所有人的地位就优于劣质船舶。

救助人。① 这种救助人的损害赔偿责任既不能以救助船的吨位来计算责任限额,也不能用被救船的吨位来计算责任限额。不以船舶进行救助作业或者在被救船舶上进行救助作业的救助人,按照总吨位为1500吨的船舶计算(《海商法》第210条第1款第5项)。

4. 海上旅客运输的旅客人身伤亡赔偿责任限制

海上旅客运输的旅客人身伤亡赔偿责任限制,按照46666计算单位乘以船舶证书载明的载客定额计算赔偿限额,但是最高不超过25000000计算单位。我国沿海港口之间的旅客运输人员伤亡的赔偿限额不适用上述规定,赔偿限额由国务院交通主管部门制定,报国务院批准后施行(《海商法》第211条)。②

第二节 海事赔偿责任限制基金

一、海事赔偿责任限制基金的概念和设立程序

(一) 海事赔偿责任限制基金的概念

海事赔偿责任限制基金是指责任人在有管辖权的法院设立的确保在赔偿限额内清偿限制性债权的保证金。海损事故的发生便产生了侵权行为之债,作为债务人的责任人提供现金或实物设立责任限制基金可表明债权人的债权能够保证得到实现,同时,责任人船舶或其他财产可获得某种特殊保护。③

依照1957年《船舶所有人责任限制公约》规定,责任限制发生在如下地点时,责任人可设立责任限制基金:(1)发生于损害索赔事故的港口;(2)发生于港外的事故的当事船在事故发生后的第一到达港;(3)对人身伤亡或货物损坏的索赔,则在旅客离船地或卸货地港口。依公约规定,一经在上述地点设置责任限制基金或提交了其他形式的担保,则限制性债权人就不得再另行申请法院扣押责任主体的船舶或其他财产,已经扣押的,法院应予以退还。有关责任限制基金的设置、分配及诉讼时效等程序性问题适用基金设置地法律。1976年《海事索赔责任限制公约》规定的基金设置地有四种:(1)事故发生港或当事船第一到达港(事故发生在港外);(2)人身伤亡的索赔,为伤亡人员的离船港;(3)货物损害的索赔,为卸货港;(4)实施扣押的国家。

我国立法规定,责任人要求依照《海商法》规定限制赔偿责任的,可以在有管辖权的法院设立责任限制基金。基金数额分别为《海商法》第210条、第211条规定的限额,加上自责任产生之日起至基金设立之日止的相应利息(《海商法》第213条)。责任人在诉讼中申请设立海事赔偿责任限制基金的,应当向受理相关海事纠纷案件的海事法院提出。相关海事纠纷由不同海事法院受理,责任人申请设立海事赔偿责任限制基金的,应当依据诉讼管辖协议向最先立案的海事法院提出;当事人之间未订立诉讼管辖协议的,向最先立案的管辖法院提出(《最高人民法院关于审理海事赔偿责任限制相关纠纷案件的若干规定》第3条)。

海事赔偿责任基金包括人身伤亡责任基金和财产损害责任基金。

---

① 王保树:《商法》,第633页。
② 我国沿海港口之间的旅客运输人员伤亡的赔偿限额适用交通部在1994年1月1日起施行《中华人民共和国港口间海上旅客运输赔偿责任限额规定》。
③ 范健:《商法》,第603页。

只要某一责任人,如船舶所有人、救助人或责任保险人依法设立了责任限制基金,就应视为上述所有责任人所设立。

(二)设定海事赔偿责任限制基金的程序

我国立法规定,船舶所有人、承租人、经营人、救助人、保险人在发生海事事故后,依法申请责任限制的,可以向海事法院申请设立海事赔偿责任限制基金(《海事诉讼特别程序法》第101条)。当事人在起诉前申请设立海事赔偿限制基金的,应当向事故发生地、合同履行地或者船舶扣押地海事法院提出(《海事诉讼特别程序法》第101条)。凡申请设立海事赔偿责任限制基金的,申请人应当提交书面申请,申请书应当载明设立海事赔偿责任限制基金的数额、理由和已知的利害关系人的名称、地址和通讯方法,并附有关证据。法院在接到申请后,应当在7日内向已知的利害关系人发出通知,同时通过报纸或者其他新闻媒体发布公告(《海事诉讼特别程序法》第105条第1款)。利害关系人对申请人申请设立海事赔偿责任限制基金有异议的,应当在收到通知之日起7日内或者未收到通知的在公告之日起30日内,以书面形式向海事法院提出(《海事诉讼特别程序法》第106条第1款)。利害关系人在规定的期间内没有提出异议的,海事法院裁定准予申请人设立海事赔偿责任限制基金(《海事诉讼特别程序法》第107条)。但是,申请人申请设立海事赔偿责任限制基金错误的,应当赔偿利害关系人因此所遭受的损失(《海事诉讼特别程序法》第110条)。

二、海事赔偿责任限制基金的使用和效力

(一)海事赔偿责任限制基金的使用

依据《海商法》第210条第3、4项之规定,海事赔偿责任限制基金应按下列原则使用:

海事赔偿的发生仅涉及人身伤亡或财产损害的,应分别以人身伤亡赔偿责任限制基金或财产损害赔偿责任限制基金赔偿,基金不足赔偿的,由各请求人按比例受偿。

人身伤亡和财产损害的赔偿请求同时发生的,人身伤亡基金不足以支付全部人身伤亡的赔偿请求的,其差额应当与财产损害的赔偿请求并列,从财产损害赔偿基金中按比例受偿。

人身伤亡和财产损害的赔偿请求同时发生,且财产损害中又包括了港口工程、港池、航道和助航设施的损害的,在不影响人身伤亡赔偿请求的情况下,就港口工程、港池、航道和助航设施的损害提出的赔偿请求,应当较其他财产损害的赔偿请求优先受偿。

(二)海事赔偿责任限制基金的效力

责任人设立责任限制基金后,向责任人提出请求的任何人,不得对责任人的任何财产行使任何权利;已设立责任限制基金的责任人的船舶或者其他财产已经被扣押,或者基金设立人已经提交抵押物的,法院应当及时下令释放或者则令退还(《海商法》第214条)。

[相关案例]30-1　海事赔偿责任限制基金设立及法律适用[①]

原告:长葛市康业废旧物资有限公司;被告1:泰州市生松船务有限公司(简称"泰州生松");被告2:洋浦中良海运有限公司(简称"洋浦中良")。

---

① 上海海事法院民事判决书,(2007)沪海法商初字第549-2号。

2007年1月,原告通过案外人委托洋浦中良承运一批废不锈钢。洋浦中良于2007年1月13日签发了四份集装箱货物运单。该批废不锈钢由"生松1号"轮承运。后"生松1号"轮与"粤顺"轮发生碰撞,导致"生松1号"轮及所载集装箱全部沉没、"粤顺"轮船艏破损。经上海吴淞海事处调查认定:"生松1号"轮对此次事故承担主要责任;"粤顺"轮对此次事故承担次要责任。

事故发生时,"生松1号"轮登记的船舶所有人为被告泰州生松。事故发生后,泰州生松已就"生松1号"轮与"粤顺"轮碰撞事故在上海海事法院设立了海事赔偿责任限制基金。

洋浦中良于2007年12月18日向上海海事法院提出书面申请,请求作为"生松1号"轮的承租人就本次事故所需对外承担的债务享受海事赔偿责任限制,并将之纳入到泰州生松已经设立的限制基金中进行分配。法院就该申请单独进行处理。

法院认为,被告赔偿原告货物损失人民币7821068.64元及该款项利息损失(按照中国人民银行同期活期存款利率自2006年10月23日起算至判决生效之日止),被告洋浦中良海运有限公司和被告泰州市生松船务有限公司承担连带赔偿责任。

第三节 有关海事赔偿责任限制的国际公约

鉴于各国在海事赔偿责任限制立法上采取不同的制度和由此而产生的不便,国际社会早在19世纪末就开始制定相关国际公约。

一、1957年《舶舶所有人责任限制国际公约》

由于1924年《关于统一海上船舶所有人责任限制若干规则的国际公约》采用"并用制度",也存在其他方面的不足而始终未被大多数国家所接受。国际海事委员会于1955年起草了《船舶所有人责任限制国际公约》,并于1957年10月在第10届海洋法外交大会上获得通过。有50多个国家参加该公约。

该公约采用"事故制度"和"金额制度",以"金法郎"作为计算单位,责任限额按船舶吨位(公约吨)计算。[①] 公约将责任主体分为两类,船舶所有人、承租人、管理人和经营人等为第一类;船长、船员和其他受雇于第一类责任主体的人。将船舶本身作为被告时,责任主体亦可适用公约的规定。

公约将限制性债权的三类情形进行规定,并允许缔约国可作出保留。这三类情形包括:(1)船上所载的任何人的死亡或人身伤害,以及船上任何财物的灭失或损害。(2)船舶所有人对其负责的在船上或不在船上的任何人的行为、疏忽或过失所引起的陆上或水上任何其他人的死亡或人身伤害,财产的灭失或损害,或任何权利的侵犯。(3)与清除船舶残骸有关的法律所加于和由于或有关浮起、清除或毁坏任何沉没、搁浅或被弃船舶(包括船上任何物件)而发生的任何义务或责任,以及由于对港口工程、港池或航道所造成的损害引起的任何

---

① 制定公约时,各国对计算吨位的方法产生争议,作为妥协的产物,出现了"公约吨"称谓,其含义是指净吨加上为确定净吨而从总吨中减去的机舱所占空间。

义务与责任。

公约对非限制性债权也作了规定:(1)因救助报酬及共同海损分摊提出的债权;(2)根据调整船舶所有人与其受雇人之间的雇佣合同的法律规定,船舶所有人不得限制责任或虽可限制但限额高于本公约规定的。

对单纯的人身伤亡索赔,按每"公约吨"3100金法郎建立责任基金,各索赔人按比例分配该基金。

公约规定,责任基金设立的地点可以是:(1)发生损害索赔事故的港口。(2)如果事故发生在港外,则在事故发生后,当事船第一到达港。(3)如系人身伤亡或货物损坏的索赔,则在旅客离船地或卸货地港口。

限制责任基金的设立、分配和诉讼时效等程序性问题适用基金设立地法。

二、1976年《国际海事赔偿责任限制公约》

1957年《舶舶所有人责任限制国际公约》生效后,国际航运出现了一系列新情况。国际海事组织经过协商和讨论,制定新的公约草案,并于1976年11月在伦敦召开的外交大会上获得通过,于1986年12月1日开始生效。

该公约与1957年的公约相比较发生的变化主要有:(1)将有权享受责任限制的人扩大至救助人和责任保险人。(2)明确了对于船长、船员或船舶经营人、承租人作为责任人的起诉,其与船东一样,享有责任限制。(3)将1957年的公约规定的责任限制构成条件——一般过失不享受责任限制改为重大过失或故意不享受责任限制,这种规定更有利于保护船东利益。(4)采用"事故制度"和超额递减的"金额制度",并以"特别提款权"作为计算单位。(5)大幅度提高了责任限额。(6)将实施船舶扣押国家规定为责任基金设立地点之一。

一般情况下发生的索赔,按船舶吨位分级计算。人身伤亡分五个等级,财产损害分四个等级。500吨以下(含500吨)的船舶按500吨计算。人身伤亡的赔偿以333000 SDR为基数,财产损害的赔偿以167000 SDR为基数。

该公约是有关船东责任限制方面第一个生效的国际公约,它使船舶所有人责任限制作为一项法律制度在国际上得到初步统一。公约采取单一的金额制,并以与黄金挂钩的金法郎作为计算单位。责任限额按船舶吨位(公约吨)计算。责任限制以事故次数(不以航次)为标准,如同一航次有数次事故,必须按次数负责任。同时,公约明确了责任限制的适用主体。其范围较之1924年的国际公约更为广泛,具体扩大为两类:一类为船舶所有人和承租人、经理人、经营人,但是,在"实际过失或知情"的情况下,上述主体不能享受责任限制。一类为船长、船员及为船舶所有人、承租人、经理人或经营人服务的其他船上人员。

该公约与1924年的国际公约相比较有较大的进步。从内容上看,规定的限制金额显得过低(尤其是对人身伤亡的限制),加之该公约采用单一金额制,以与黄金挂钩的金法郎作为计算单位,当把金法郎换算为各国货币时,会受金价波动的影响而使换算的各国货币不平衡。同时,在一些国家亦出现了通过船长或船员、船舶经营人和承租人来规避船舶所有人责任限制案件。这些都表明该公约的船东责任限制制度已不能适应国际航运业发展的需要。因此,国际海事组织开始着手制定新的公约,但是,该公约迄今仍被适用。

我国虽未加入该公约,但其规定却是我国《海商法》建立责任限制制度的蓝本。

三、修正 1976 年《国际海事赔偿责任限制公约》的 1996 年议定书

1996 年 4 月，国际海事组织外交大会通过了修正 1976 年《国际海事赔偿责任限制公约》的 1996 年议定书。该议定书的主要内容是对 1976 年《国际海事赔偿责任限制公约》的第 6 条和第 7 条所规定的海事赔偿责任限额进行了修正。主要表现在两个方面：一是提高了 1976 年《国际海事赔偿责任限制公约》所适用的小型船舶的最高吨位，由 500 吨提高至 2000 吨，其目的是提高赔偿限额，对人身伤亡提供更高的赔偿标准。但对不从船舶进行救助或者在被救船上进行救助的救助人，责任限额仍按 1500 吨计算。二是议定书以平均 2.5 倍的幅度提高了各项赔偿的责任限额，用以抵消通货膨胀和汇率波动造成的影响。另外，因存在非国际货币基金组织成员的缔约国，1996 年议定书按照 1∶15 的比率换算成代表黄金的货币单位，供缔约国采用。

值得重视的是，我国的海事赔偿责任限制制度完全借鉴了国际立法和行业惯例。表面上看，我国的海事赔偿责任限制制度具有较强的先进性和国际统一性，但由于法律制度在移植过程中与本土的法律文化之间不可避免地出现矛盾与冲突，以及所移植法律制度滞后于原型制度后续发展等因素，使海事赔偿责任限制制度在适用中变得困难重重。① 因此，在海商法律制度的学习、借鉴中，务必将我国本土化的法律资源有机地结合起来，实现国际公约、国际惯例的中国化。

前沿问题

◆ 集装箱箱位承租人海事赔偿责任限制问题

相关国际公约规定了船舶承租人可以享受海事赔偿责任限制，但究竟哪些承租人可以享受这一权利一直存在争议。随着集装箱化运动的不断推进，集装箱箱位租赁以及由此演化的交叉箱位租赁、箱位互换等复杂的"租赁"经营方式不断出现。与传统的散货运输方式中相对清晰的期租、程租相比，如何理解集装箱箱位承租人的法律地位和海事赔偿责任限制对其该如何适用等问题就显得非常复杂。解决箱位承租人责任限制问题，首先，要对国际公约相关条款进行解释；其次，要结合本国海运的实际来解决集装箱箱位承租人海事赔偿责任限制问题。

【思考题】
1. 什么是海事赔偿责任限制？意义有哪些？
2. 海事赔偿责任限制的主体主要有哪些？
3. 简述我国设立海事赔偿责任限制基金的程序。
4. 简述 1976 年《国际海事赔偿责任限制公约》的变化。

---

① 这些困难具体表现为：(1) 法律依据比较混乱；(2) 法律适用有待明确；(3) 适用范围比较狭窄；(4) 限制债权存在争议；(5) 程序规定不完善；(6) 油污赔偿基金制度缺失等。详见王玉凯：《我国海事赔偿责任限制制度的不足与完善》，载《中国水运》2009 年第 3 期，第 54—55 页。

词条索引

A

A股 219
A级债券 219

B

B股 219
B级债券 219
班轮运输合同 479
保荐人 230
保荐制度 230
保险 371
保险保障基金 436
保险保证金 437
保险标的 404
保险代理人 440
保险单 393
保险单转让条款 426
保险法 373
保险公估人 444
保险公积金 436
保险公司 431
保险合同 387
保险合同生效 379
保险监督管理机构 446
保险金额 404
保险经纪人 442
保险凭证 393
保险人 390
保险特别法 375
保险委托代理协议 441
保险责任 404
保险责任准备金 436
保险中介人 439
保险资产管理公司 438
保险自律 449

保证 377
保证保险合同 403
保证条款 395
备兑权证 221
背书 327
背书的附属性 328
被保险人 390
被保证人 337
本国公司 86
本票 352
本票的出票 353
本票的见票 354
变更登记 44
变式汇票 324
变式支票 358
表见代理 442
补偿性保险合同 388
不单纯承兑 333
不得记载事项 306
不定值保险合同 388
不记名公司债券 151
不记名提单 484
不可抗辩条款 424
不清洁提单 484
不丧失价值条款 416、424
部分保证 336
部分代理 36
部分要约 275
簿记券式证券 218
变更追索权 348

C

财产保险合同 402
财产股利 166
财产损失保险合同 403
查阅权 109
产业基金 220

场内市场　247
场外市场　247
诚实信用原则　224、376
承兑　332
承诺　392
承销团承销　241
承运人　480
出票地　325
出票后定期付款　342
除外责任　404
船舶　465
船舶承租人　462
船舶抵押权　469
船舶碰撞　497
船舶所有权　467
船舶所有人　462
船舶物权　466
船舶优先权　469
船员　471
创设合并　183
存托凭证　221
存续分立　185
存续合并　183
船长　472
重复保险　373

D

大商人　24
代办人　29
代位求偿权　408
担保承兑　326
担保付款　326
单保险　373
单纯保证　337
单纯承兑　333
单独保证　336
单方商行为　34
单一险　404
倒签提单　484
敌意收购　275
地方政府债券　220
缔约代理　36
店铺使用人　29

定额收入方式　428
定期会议　111
定期收入方式　428
定期死亡保险合同　418
定期租船合同　489
定日付款　342
定值保险合同　388
董事会　112、141
董事会秘书　138
独家代理　36
独立董事　138
独立性　138
多家代理　36
多式联运合同　480
多式联运经营人　462

E

额面股　219

F

发行资本　89
发起人　127
发起设立　130
法定公积金　164
法定清算　190
法定商人　24
法人股　135
非船救助人　514
非基本当事人　299
非票据关系　299
非破产清算　191
非上市公司　86
非上市证券　218
非显名代理　36
非转让背书　329
分代理　36
分红权　109
分业经营　225
封闭式公司　86
封闭式基金　221
辅助商　4
辅助账簿　61
付款　339

付款地　325
付款日期　325
付款提示　340
负债股利　166
附担保公司债券　219
附加险　405
附加条款　395
附属商行为　34
附有选择权的公司债券　151
复保险　373
复效条款　425

G

格式保险条款　395
个人保险代理人　441
个人独资企业　25
个人股　135
个体工商户　25
给付性保险合同　389
跟单汇票　325
工资收入保险　419
公法　94
公积金　163
公开的集中竞价　247
公开原则　224
公募发行　231
公募债券　219
公募证券　218
公平原则　224
公示催告　314
公司　84
公司财务会计报告　160
公司财务会计制度　155
公司财务制度　155
公司的行为能力　88
公司的经营范围　88、171
公司的权利能力　88
公司法　93
公司法人格否认　92
公司分立　185
公司合并　182
公司会计制度　155
公司解散　187

公司名称　87、171
公司清算　190
公司权证　221
公司型基金　221
公司债券　219
公司章程　170
公司住所　171
公司转投资　88
公司资本　89
公司资产　89
公司组织形式变更　179
公正原则　224
共同保证　336
共同海损　503
共同海损费用　505
共同海损分摊价值　506
共同海损分摊金额　506
共同海损理算　506
共同海损牺牲　505
股东大会　140
股东代表诉讼　204
股东会　111
股东名册　108
股东年会　140
股东派生诉讼　204
股东直接诉讼　146
股份　133
股份发行　136
股份有限公司　125
股份转让　137
股利　165
股票　219
股票发行　231
股票股利　166
股息　165
固有商　4
固有商行为　35
固有商人　24
挂失止付　314
关联公司　200
关联关系　139、199
光船租赁合同　491
光票　324

词条索引

广义的公司法 93
广义的商法 6
国际惯例 460
国家股 135
国内汇票 323
国外汇票 323
国有独资公司 114
国有商法人 26

H

H 股 219
海难救助 500
海难救助合同 501
海商法 456
海上保险人 462
海上货物运输合同 479
海上货物运输总合同 480
海上旅客运输合同 486
海上侵权关系 456
海上拖航合同 492
海上运输 478
海事法律关系 461
海事赔偿责任限额 513
海事赔偿责任限制基金 515
航次租船合同 480
合并立法体例 374、385
合理期待原则 396
合营商法人 26
核准制 233
红利 165
后继受益人 421
换股收购 275
回头背书 329
汇票 322
汇票保证 335
汇票到期日 342
汇票的出票 325
混合保险合同 418
混合收购 275
货币证券 217

J

基本当事人 298

基本商行为 34
基本条款 394
基本险 404
基本责任 404
基金单位发行 231
及时性原则 261
即期本票 353
即期汇票 324
疾病保险合同 419
集体商法人 26
记名本票 353
记名公司债券 151
记名股 135
记名汇票 324
记名提单 484
记名证券 218
记账凭证 61
记账式政府债券 220
季度报告 268
继续收购 274
间接代理 36
间接发行 232
监事会 113
兼并 272
兼业保险代理人 440
减少资本 177
见票后定期付款 343
见票即付 342
建造中船舶 468
健康保险合同 419
交付票据 325
交易安全原则 9
交易便捷原则 9
解散分立 185
金券 217
近因原则 383
禁止抗辩规则 378
经理 112
经理人 28
净资产 89
境内上市外资股 135
境外上市外资股 135
救济 67

拒绝证书 312
绝对必要记载事项 305
绝对商行为 34

K

会计报表附注 161
会计凭证 61
会计账簿 61
开业登记 44
可转换公司债券 219
客观意义上的营业 55
空白背书 329
空白格式票据 318
空白票据 318
空头票据 318
宽限期条款 425

L

累计投票制 141
理赔 411
利润表 161
利息收入方式 428
劣后股 134
临时报告 268
临时会议 111
略式保证 336
略式承兑 333

M

慢走规则 279
媒介代理 36
免责证券 217
面额股 135
民法 96
名称 87
明细账 61
母公司 85
募集设立 131
募集说明书 264

N

N股 219
内幕交易 253
内幕信息 254
拟制商人 24
年度报告 266
年龄不实条款 425
诺成性合同 388

P

爬坡规则 279
派生分立 185
票据 289
票据变造 308
票据表见代理 307
票据代理 307
票据当事人 298
票据法 293
票据法律关系 297
票据更改 309
票据关系 298
票据行为 302
票据行为能力 304
票据交付 306
票据抗辩 315
票据签章 306
票据权利 310
票据权利能力 304
票据丧失 313
票据涂销 308
票据伪造 308
票据瑕疵 308
票据预约关系 301
票据原因关系 300
票据资金关系 301
平价发行 232
凭证式政府债券 220
破产 189
破产法 96
破产清算 191
普通公司债券 219
普通股 134、219
普通合伙企业 27
普通清算 191
普通伤害保险 419

词条索引

Q

期后背书　329
期后付款　341
期后追索　344
期货交易　248
期前付款　341
期前追索　344
期权交易　248
期外付款　341
欺诈客户　255
企业　10
企业法人　84
企业会计报告　62
弃权规则　378
强制保险　372
强制拆分　186
强制法　94
强制接受规则　280
强制解散　187
强制收购　275
强制性惯例　460
强制要约规则　279
清洁提单　484
清算机关　191
清算组　191
权益公开规则　278
权责发生制　158
权证　221
全部保证　336
全部代理　36
全额预缴款方法　237
全面要约　275
全权代理　36

R

人的抗辩　315
人合公司　86
人身保险合同　416
人寿保险合同　418
认定证券　221
任意法　94
任意公积金　164

任意记载事项　129、305
任意清算　190
任意商人　24
任意性惯例　460
日记账　61
融券交易　248

S

S股　219
商法　5
商法的基本原则　8
商法人　24
商个人　24
商行为　33
商号　48
商号权　50
商号选定　49
商合伙　24
商品证券　217
商人　22
商事代理行为　35
商事登记　40
商事登记法　41
商事登记公示　46
商事登记核准　46
商事登记机关　45
商事登记申请　45
商事登记审查　45
商事登记事项　41
商事法律关系　20
商事辅助人　28
商事行为法　6
商事救济　67
商事诉讼　69
商事仲裁　72
商事主体　22
商事主体资格　30
商事组织法　6
商业登记　40
商业名称　48
商业使用人　28
商业账簿　59
上市公司　137

上市公司收购　272
上网定价发行方式　236
设立发行　232
设权证券　218
社会保险　371
射幸合同　388
涉外票据　363
涉外商事仲裁　75
生存保险合同　418
实际承运人　480
实缴资本　89
实物券式证券　218
实质意义上的商法　6
收购人　276
收货待运提单　484
收货人　481
首次会议　111
受益权　422
受益人　391
双方商行为　34
私法　94
私募发行　231
私募债券　219
私募证券　218
私营商法人　27
死亡保险合同　418
损失补偿原则　378
损益表　161
所有者权益变动表　161
索赔　411
索赔时效　411

T

台阶规则　279
特别股股票　219
特别清算　191
特定保险合同　389
特种伤害保险　419
特殊转让背书　329
特约条款　395
特约责任　405
提单　483
提示承兑　334

提示见票　355
同一责任　338
投保单　392
投保人　389
推定商行为　35
托运人　480

W

外国公司　86、206
外国公司的分支机构　206
外资股　135
完全背书　329
完整性原则　261
为他人利益订立的保险合同　389
为自己利益订立的保险合同　389
委付　410
未到期责任准备金　436
未决赔款准备金　436
文义解释　396
无担保公司债券　219
无额面股　219
无过失的船舶碰撞　498
无记名本票　353
无记名股　135
无记名汇票　324
无记名证券　218
无价证券　217
无面额股　135
无因证券　290
物的抗辩　315

X

行为法　94
吸收合并　183
狭义的公司法　93
狭义的商法　6
显名代理　36
现货交易　248
现金股利　166
现金收购　275
现金支票　357
限制背书　329
相对必要记载事项　305

词条索引

相对商行为　34
小商人　24
协会条款　395
协议收购　274、283
新股发行　232
新设分立　185
新设合并　183
信托型基金　221
信息披露制度　259
信用保险合同　403
形式意义上的商法　5
选择追索权　348

Y

要约收购　274
一般代理　36
一般汇票　324
一般收购行为　274
一般支票　358
一般转让背书　329
一次性支付方式　428
一人有限责任公司　117
一致行动　276
医疗费用保险　419
已装船提单　484
异议股东股权回购请求权　120
意图解释　396
意外伤害保险合同　419
溢价发行　232
盈余公积金　164
营利性　7
营业担保　57
营业能力　54
营业所　55
营业委托　57
营业转让　56
营业租赁　57
优先股　135
友好收购　274
有偿　36、152、202、203、224、225、387、487、489、492
有过失的船舶碰撞　498
有价证券　219
有限合伙企业　27

有限责任公司　101
有限责任公司章程　104
预借提单　484
预披露　263
预受　281
原保险　373
原始受益人　421
远期本票　353
远期汇票　324

Z

再保险　373
再追索　344
暂保单　393
责任保险合同　403
增加资本　176
债券发行　231
招标发行　232
招股说明书　263
折价发行　232
真实性原则　260
征集委托书　273
正式保证　336
正式承兑　333
证券　215
证券包销　241
证券承销　240
证券承销商　230
证券承销协议　242
证券代销　241
证券发行　229
证券发行人　230
证券发行注册制　232
证券法　96
证券投资人　230
证权证券　218
证券发行关系　223
证券法　222
证券监管关系　223
证券交易关系　223
证券投资基金　220
证券投资基金份额　220
证券相关关系　223

政府债券 220
支票 356
支票的出票 358
直接代理 36
直接发行 232
直运提单 484
指示本票 353
指示汇票 324
指示提单 484
中期报告 267
中央政府债券 220
终身保险合同 418
终身收入方式 428
终止上市规则 280
仲裁协议 73
主观意义上的营业 53
主要办事机构所在地 130
住所 87
注册商人 24
注册资本 89、172
注销登记 44
专业保险代理人 440
转让背书 329
转运提单 484

转账支票 357
追索权 344
追索权利人 345
追索义务人 345
准确性原则 261
资本不变原则 90
资本公积金 164
资本确定原则 90
资本维持原则 90
资本证券 217
资产负债表 161
资格证券 218
子公司 85
自杀条款 426
自愿保险 372
自愿分立 186
自愿解散 187
自愿收购 275
综合险 404
总代理 36
总括性保险合同 389
总账 61
组织法 93

司法考试真题参考答案

2-1【B】	2-2【A】	2-3【B】	2-4【AB】	2-5【D】
2-6【AD】	2-7【BD】	2-8【C】	2-9【ABCD】	2-10【C】
2-11【BC】				
3-1【C】	3-2【C】	3-3【ACD】	3-4【BD】	3-5【A】
3-6【B】	3-7【B】			
4-1【C】	4-2【A】	4-3【AC】	4-4【CD】	4-5【C】
4-6【A】	4-7【D】			
4-8【D】	4-9【D】	4-10【C】	4-11【D】	
6-1【A】	6-2【C】	6-3【AB】	6-4【B】	6-5【B】
6-6【A】	6-7【ABD】			
6-8【AC】	6-9【C】	6-10【C】		
7-1【A】	7-2【ABD】	7-3【AC】	7-4【D】	7-5【ABD】
7-6【AD】	7-7【C】	7-8【BD】	7-9【BC】	7-10【BCD】[①]
9-1【C】	9-2【ABD】	9-3【C】	9-4【C】	9-5【AD】
10-1【D】	10-2【C】	10-3【AD】	10-4【B】	10-5【ABCD】
10-6(1)【A】	10-6(2)【C】	10-6(3)【CD】	10-7【B】	10-8【D】
10-9【A】	10-10【D】			
11-1(1)【BCD】	11-1(2)【AB】	11-1(3)【CD】	11-2【BC】	11-3(1)【C】
11-3(2)【A】				
12-1【D】	12-2【D】	12-3【BCD】	12-4【BCD】	12-5【ABCD】
13-1【D】	13-2【C】	13-3【D】	13-4【C】	13-5【B】
13-6【AB】	13-7【ABD】			
14-1【BCD】	14-2【D】	14-3【ACD】	14-4【AD】	
15-1【C】	15-2【C】	15-3【ABC】	15-4【ABC】	15-5【AB】
16-1【ABCD】	16-2【ABC】			
17-1【D】	17-2【BCD】			
18-1【BC】	18-2【A】	18-3【D】	18-4【BCD】	18-5【BCD】
18-6【A】	18-7【AC】	18-8【C】		
19-1【B】	19-2【BCD】	19-3【C】	19-4【B】	19-5【AB】

[①] 需注意,公司董事会等在任职期间不得转让所持本公司股份,属于1993年《公司法》的规定(见第147条第2款),2005年修订的《公司法》删除了该规定,修改为公司董事等在任职期间可以转让所持本公司的股份,只是在任职期间每年转让的股份不得超过其所持本公司股份总数的25%,2013年修订的《公司法》肯定了2005年修订的《公司法》的规定。详见2005年修订的《公司法》第142条第2款、现行《公司法》第141条第2款的规定。

19-6 【A】	19-7 【B】	19-8 【C】	19-9 【CD】	19-10 【C】
19-11 【CD】	19-12 【B】	19-13 【B】	19-14 【AD】	19-15 【C】
19-16 【ACD】				
20-1 【BC】	20-2 【AC】	20-3 【BD】	20-4 【D】	20-5 【CD】
21-1 【B】	21-2 【AD】	21-3 【C】	21-4 【BCD】	21-5 【ABCD】
21-6 【ABD】				
22-1 【C】	22-2 【BCD】	22-3 【BD】	22-4 【C】	22-5 【AD】
23-1 【AB】	23-2 【B】	23-3 【A】	23-4 【A】	23-5 【ABC】
24-1 【ABD】	24-2 【A】	24-3 【A】	24-4 【C】	24-5 【A】
24-6 【ABCD】				
27-1 【A】	27-2 【B】	27-3 【ACD】	27-4 【AB】	27-5 【BD】
28-1 【D】	28-2 【C】	28-3 【D】	28-4 【C】	28-5 【B】
28-6 【C】	28-7 【C】			
28-8 【D】	28-9 【A】			
29-1 【CD】	29-2 【C】	29-3 【D】	29-4 【ABD】	29-5 【C】
29-6 【ACD】